国家社会科学基金一般项目
“中华农学会与农业现代性因素的接引研究（1916—1937）”
（12BZS048）成果

河北省社会科学基金规划项目
“中华农学会与近代农业问题研究”（HB11LS016）成果

近代中国的知识与制度转型丛书

桑兵 主编

杨瑞 著

中华农学会研究

农业现代性因素的接引（1916—1937）

生活·讀書·新知 三联书店

Copyright © 2018 by SDX Joint Publishing Company.
All Rights Reserved.
本作品版权由生活 · 读书 · 新知三联书店所有。
未经许可，不得翻印。

图书在版编目（CIP）数据

中华农学会研究：农业现代性因素的接引：1916—1937 / 杨瑞著. —北京：生活 · 读书 · 新知三联书店，2018.5
（近代中国的知识与制度转型丛书）
ISBN 978 – 7 – 108 – 06052 – 5

Ⅰ. ①中… Ⅱ. ①杨… Ⅲ. ①农民协会 – 研究 – 中国 – 1916-1937 Ⅳ. ① D422.2

中国版本图书馆 CIP 数据核字（2017）第 189897 号

特邀编辑 李艳玲
责任编辑 曾 诚
装帧设计 宁成春 刘 洋
责任印制 宋 家
出版发行 生活 · 讀書 · 新知 三联书店
（北京市东城区美术馆东街 22 号 100010）
网 址 www.sdxjpc.com
经 销 新华书店
制 作 北京金舵手世纪图文设计有限公司
印 刷 北京隆昌伟业印刷有限公司
版 次 2018 年 5 月北京第 1 版
2018 年 5 月北京第 1 次印刷
开 本 880 毫米 × 1230 毫米 1/32 印张 19
字 数 425 千字
印 数 0,001 – 3,000 册
定 价 69.00 元
（印装查询：01064002715；邮购查询：01084010542）

目　录

绪论 ________ 1

一　选题缘由 ________ 1

二　先行研究 ________ 13

三　史料与方法 ________ 25

第一章　现代农学者群体与中华农学会的创立 ________ 32

第一节　现代农学者群体的生成 ________ 32

第二节　组织渊源 ________ 52

第三节　中华农学会的创立 ________ 76

第二章　陈嵘与王舜成主会时期农业科学化的进展 ________ 109

第一节　建设全国性农学会的努力 ________ 109

第二节　改良农业之先行：构建美国式农业教育的努力与成效 ________ 146

第三节　农业科学化事业的展开 ________ 190

第四节　学理与应用：农业改良研究诸方面 ________ 211

第三章　许璇长会后农业社会化的新探索 ________ 240

第一节　研究与试验：从中华农学研究院到农学研究所 ________ 240

第二节　走出“研究室”：国民革命前后的社会政治转向 ________ 261

第三节　融入民生建设：南京政府初期的会务与事业 ________ 310

第四节　他山之石：沟通域外农学界 ________ 352

第四章　中华农学会与乡村“组织实验” ________ 376

第一节　“再造中国农村”：中华农学会与乡村建设运动 ________ 377

第二节　谋求国内农学社团的统一 ________ 412

第三节　目光向外：与其他社团联合举事的活动 ________ 440

第五章　1930年代技术、经济和组织并进的解决趋势 ________ 458

第一节　人事与主张：农村复兴机构中的中华农学会会员 ________ 458

第二节　创建“中国独立之农学” ________ 477

第三节　“使科学还之民生”：复兴农村实际问题研究 ________ 497

第六章　中华农学会反思资本主义与变革社会制度的愿景 ________ 524

第一节　“创造农村文明”与启发农民之“觉悟” ________ 524

第二节　“建成社会主义的农村” ________ 542

第三节　革命者、策士与民族战士：国难之际社会角色演变 ________ 568

结语 ________ 579

附录一　中华农学会历任长会人名录 ________ 584
附录二　中华农学会历届年会一览表 ________ 586
征引文献 ________ 589

绪 论

一 选题缘由

中国自古为农耕社会，古老的农耕文明曾经孕育并创造出辉煌灿烂的中华文化，但近代以还它在内外多重压力的逼迫下，不仅失去以往的活力和优势，而且渐至衰败破产边缘，从而引发一系列农业、农村问题。复因西方工业文明浪潮冲击，以及西方强权政治压制，中国农业、农村日益被拖入资本主义世界体系，从而步入一个亘古未有的大变革时代。其结果是，中国农业渐次脱出中古时代相对封闭和守成状态，日益与现代科学和资本主义社会化大生产接触，趋向全新的生产经营模式和农村组织样式。探寻中国农业、农村问题出路，无不受此时代大势之影响和制约。近代历史演进表明，单纯以“科学化”改善生产条件，难以寻得农业的真正出路。反而，整体改造农村社会，根本变革农村生产关系，转变土地私有制度和分散的小作农样式，实现农业社会主义，全面建成现代新农村，是为农业发展的必由之路。由此而言，这也是近代改造中国社会的主要取向与表现样态。

本课题通过中华农学会的具体史事，致力于近代中国接引域外现代农业知识及制度体系，用以解决本土农业、农村问题的取径及变化研究，再现其由技术问题演化为社会改造问题，以及与变革社会制度相联系的历史过程。有人认为近代农业相比于古代农业有以下三种特质：一是进取的，不是退步的；二是革新的，不是守旧的；三是科学化的，不是信鬼神的。具体而言："是由顺天稼穑，进而为科学的种植；是由粗放的农作，渐进而为集约的农作；是由自然的生长，渐进而为人工的栽培；生产方面，乃由少量而增至多量；品质方面，乃由恶劣而改为优良，病虫害的程度渐次而消灭了；工作的效率，渐次而增加了。"质言之，"近代的农业，处处象征着农业的科学化，惟其如此，所以近代农业的进步，大有一日千里之势，远非古代保守性的农业所可比拟"。[1]此论以"科学化"为准判分世界农业之性质与特征，进而揭示科学化是中国农业获得新生的必然选择。

近代农业科学化诉求的产生，既是西学潮流激荡使然，同时缘于对农业问题及其解决之道的特定认知。1891年，孙中山有感于西人"农功有专学，朝得一法，暮已遍行于民间"的实际效果，呼吁清廷"委员赴泰西各国，讲求树艺农桑、养蚕畜牧、机器耕种，化瘠为腴一切善法，泐为专书，必简必赅，使人易晓"。[2]1896年，陈炽刊刻《续富国策》，专辟一节详陈欧洲诸国"讲求农学"情形：英国"农民亦大富，足以与工商相敌"；法国"田少功勤，国亦大富"；德意志诸邦，"略与法同，国中聚集讲求，各有农学之会，则田主不富，不用新机，而亦可以自收大利"。由此主张"兼

〔1〕 林松年：《近代农业的科学化》，《中央日报》1934年7月4日第3张第3版。

〔2〕 广东省社会科学院历史研究室等编：《孙中山全集》第1卷，北京：中华书局1981年，第4—5页。关于此篇的作者历有不同看法：《孙中山全集》编者认为，它由孙中山执笔，经郑观应修改，所以亦被辑入《盛世危言》；更有学者将其直接归为郑氏所作，参见夏东元编《郑观应集》上册，上海：上海人民出版社1982年。

收并采，择善而从”，将中国旧农书“删繁就简”，择其精要刊行，更为重要的是“翻译各国农学，取其宜于中国凿凿可行者”，“散给生童，转教农人之识字者”。[1] 孙中山、郑观应、陈炽等趋新人士，皆表达了移植西方农学知识，借以改良中国传统农业，实现国富民强的宏愿。

晚清时期是中国运用现代科学知识对固有农业进行变革的历史起点，集中体现为对域外农学知识的移植、应用以及农作物新品种的引入、试种与推广。在认知层面，时人把农业问题看作生产问题来解决；在实践层面，这与海通以来农业所面临的国内和国际形势有关。中国农村腹地成为世界资本主义广阔原料产地后，其农产品逐步融入国际农产品市场体系，整体而言，大宗农产品因生产技术落伍、生产效率低下而价格高昂，加之品质低劣，在国际竞争中日处不利地位。“土不抵洋”窘境激发朝野“兴农抵洋”，以堵塞漏卮、挽回利权的“农战”观念。在具体应对上，他们期于将中古式的“经验”农业臻于西方式的“学理”农业，借此改进生产技术，降低生产成本，提升农产品质量，以扭转国际贸易之恶局。在中西竞争而西方明显占优的情势下，“科学化”成为时人寻求农业出路的唯一选项，因为，18 世纪以来，西方世界的农业与科学“一天一天的接近起来”，而收获量与生产品质均较前有“充分的进步”；而“我国农民生活简单，经营方法，还是因袭着几千年以来的古法，与近世科学差不多还不曾接触着”，所以，中国应以近世“科学的农业”，撤换“古代式的农业”，以增进农民的“工作能力”。[2]

---

〔1〕 赵树贵、曾丽雅编：《陈炽集》，北京：中华书局 2014 年，第 173—174 页。

〔2〕 吴觉农：《中国的农民问题》，陈翰笙等编：《解放前的中国农村》第 2 辑，北京：中国展望出版社 1987 年，第 29—30 页。

正如沈宗瀚所言，“中国采用外国科学新法谋改良农业者，初由学校教育入手”。[1]晚清农业“科学化”乃因袭西人做法的产物，纯从农业学校和农事试验场着手。[2]清季设立农业学堂和农事试验场，旨在移植域外的农学知识体系，所以，“学堂”与“试验场”是农业科学化在中国的原初样式。此外，农学会和农会是晚清以来引入、研究与推广域外农学知识的重要管道，它们皆是外来的新事物。农学会是清季众多专门学会之一种。追根溯源，中国本无现代意义上的“学会”，[3]其相关观念首先由清季来华西方传教士引入中土，而后为趋新士大夫所接受；次为清廷外派使节和游历官绅的直接观察和迎受；海外留学生继起鼓吹并创建学会组织。这三种不同身份的人士在不同时段充当了引入或实践域外观念的要角，他们的认知、思想和活动不甚相同，导致农学会在中国的缘起及进展未必与此完全对应。今人追溯农学会起源，或言广州

〔1〕 沈宗瀚：《中国农业科学化的初期》，《沈宗瀚晚年文录》，台北：传记文学出版社1979年，第84页。

〔2〕 1923年钱天鹤言及，19世纪以来，西方各国执政者对于劝农之职“莫敢旷弃”，着手兴办农业学校及农事试验场。世界上最古老的农业学校是法国于1763年设立于La Rochette的地方农科大学；农事试验场滥觞于1843年英国Rothemsted地方农业试验场。钱天鹤：《近世文明与农业》，《钱天鹤文集》，北京：中国农业科技出版社1997年，第163—164页。

〔3〕 有人认为，中国“现代性之学会，昉于清光绪甲午、戊戌之间，实袭西洋体制，尤仿英美教士在华之广学会。其异于往古者，盖为客观化之社团组织，循一定规章以为会员行为之约指，有固定宗旨及专门性之旨趣，会友须负担一定量之会费及年费，为宣扬某种理想，有机关发行之报章书刊，并由选举以组织执行中枢”（王尔敏：《晚清政治思想史论》，桂林：广西师范大学出版社2005年，第111页）；亦有人认为，清代学者潘曾沂在家乡江苏吴县丰豫庄组织的学习研讨农业知识组织“课耕会”，类似现代农学会（王永厚：《潘曾沂及其〈丰豫庄本书〉》，《古今农业》1992年第1期）；还有人认为，1834年潘曾沂创立的丰豫庄课耕会，是“我国第一个具有农学会性质的早期民间团体”（林庆元：《林则徐评传》，南京：南京大学出版社2000年，第42页）。

的农学会，或主上海农学会，均各有理据。比照中外学理及事实，发现中国的农学会虽是模仿西人成例的产物，相比其他专业学会，其复杂性是农会一系与之关联。〔1〕

孙中山的新知识体系主要源自欧美，其对农学及农学会的认知亦然。1890 年，他提出关于“兴蚕桑之利”三条建议：一是“鼓励农民，如泰西兴农之会，为之先导”；二是立会劝诫鸦片；三是“学校之设”，“先立一兴学之会”，逐渐于邑城设“大学馆”。〔2〕无论动机若何，1895 年孙中山在广州首创农学会是历史事实。是年 10 月 6 日，他在广州《中西日报》发表《拟创立农学会书》，明言：

某也，农家子也，生于畎亩，早知稼穑之艰难。弱冠负

〔1〕 近代中国古今中西时空交错，时人亦好用比附，指称同一事物实则概念背后渊源有自，系统各异；看似彼此矛盾的思想、观念及行为，因内在关联而又具同一性。清季“农学会”与“农会”之关系，尤近于前者，须前后左右兼而顾之，贯通史事联系，方可明其本末和来龙去脉。清季农学会的知识主要来源于日本，而且时常将其与农会相提并论，甚至互相借用，难分彼此。戊戌年前后，维新人士所言“农学会”多属“农会”一系。或可言，它是各取农学会和农会部分功能，重新拼装起来的具有中国文化特色的概念或组织。时人未有严加区分，认识模糊、笼统，终不免附会之弊。在日本，两者界限明晰，各有统系。明治以来的日本，把组织农会视为国家农政要项，列为劝农政策之一而厉行之，按照国家法律自下而上逐级创立，层次明晰，组织严密。首先由农民组织市町村农会，为最下级的基层农会，在此基础上，再依次设立上一层级组织，即郡和县府道农会，直至其最高机关大日本农会。明治十四年（1881），“大日本农会”在各级农会组织基础上成立。1897 年，该会附设东京农业专门学校，主持农学教育。日本农会由国家主导，受政府监督，为其提供“助成金”。此外有法定之外而“出于协同主旨”，联系其他部门（不限于农业部门）人士，设立的自主性组织（大隈重信：《日本开国五十年史》下册，上海：上海社会科学院出版社 2007 年，第 947 页）。农学会则为农学专业人士创立的专门学术团体，是研究农学学术的社群，如日本 1890 年成立的农学会，由东京帝国大学农科农学士组成，农科教授横井时敬任干事长。晚清之际中国将二者混合使用的情况，普遍见于戊戌前后各类诏令、奏章以及时论。

〔2〕 孙中山：《致郑藻如书》，广东省社会科学院历史研究室等编：《孙中山全集》第 1 卷，第 1—2 页。

> 笈外洋，洞悉西欧政教，近世新学靡不博览研求。至于耕植一门，更为致方〔力〕。诚以中华自古养民之政，首重农桑，非如边外以游牧及西欧以商贾强国可比。且国中户口甲于五洲，倘不于农务大加整顿，举行新法，必至民食日艰，哀鸿遍野，其弊可预决者。故于去春，孑身数万里，重历各国，亲察治田垦地新法，以增识见，定意出己所学，以提倡斯民。伏念我粤东一省，于泰西各种新学闻之最先，缙绅先生不少留心当世之务，同志者定不乏人，今特创立农学会于省城，以收集思广益之实效。首以翻译为本，搜罗各国农桑新书，译成汉文，俾开风气之先。即于会中设立学堂，以教授俊秀，造就其为农学之师。且以化学详核各处土产物质，阐明相生相克之理，著成专书，以教农民，照法耕植。再开设博览会，出重赏以励农民。又劝纠集资本，以开垦荒地，此皆本会之要举也。〔1〕

以上陈述似与事实出入不小。〔2〕孙中山此前已表明有志于农，郑观应荐函称其“留心西学，有志农桑生植之要术，欲游历法国讲求养蚕之法”，谓：“孙逸仙医生拟自备斧资，先游泰西各国，学习农务，艺成而后返中国，与同志集资设书院教人。”〔3〕荐函本受人之托，未必可尽信。但孙中山对欧洲各国的农学及农学会确

〔1〕此文由兴中会会员区凤墀（基督教会牧师，曾任教于德国柏林大学）执笔。时孙中山筹备武装起义，农学会主要用于掩护革命活动。参见广东省社会科学院历史研究室等编《孙中山全集》第1卷，第24—25页。

〔2〕如果据其发表时间推算，应为1894年春。但实际上，至是年6月，孙中山始得郑观应致盛宣怀荐函，7月拿到护照，又游历京津汉等地，而后出国游历。“去春”应是其在广州筹备时间，而非出国时间。

〔3〕陈锡祺主编：《孙中山年谱长编》上册，北京：中华书局1991年，第72—73页。

有所留意，是其重农思想的主要知识来源。他所立农学会的蓝本源自欧洲，尤以效法法国为高的，说明他已认识到“农学会”对讲求农学、发展农业的功用。

康、梁师徒从功利主义学说立论，强调会集新学人士讲求农学，将会嘉惠民生社稷。谭嗣同等认为，讲求农学、推行农业改良的首要事务是组成“士群”。1896年，罗振玉、徐树兰、朱祖荣、蒋黻等在“合群”观念驱使下在上海设立农学会，“讲农法，开民智”，实开近代中国农学会风气之先。[1] 12月5日，罗振玉、徐树兰等联名声言：“近年西学大兴，有志之士锐意工商诸政，而于农学绝不讲求，未免导流塞源，治标忘本。蒙等不揣固陋，思召集同志创设务农会，以开风气，以浚利源。”[2]次年3月，梁启超主持之《知新报》评论道：“农学为富国之本，中土农学，不讲已久。近上海同志诸君，创设农学会，拟复古意，采用西法，兴天地自然之利，植国家富强之原，甚盛举也。”[3]此会虽被目为“复古意”，本意却在“开新风”，如言：“古人农事最重，《周官》所载，任土辨物，理教粲然。后世以农为贱业，于是有农事，无农学，一切辨土宜，兴水利，制肥料，防螟螣等事，虽叩之躬亲南亩者，亦茫然不能措对。不知其法，遑论其理。今本会翻译欧美日本各种农书农报，创立报章，俾中国士夫，咸知以化学考地质，改土壤，制肥料，以机器省工力，精制造之法之理。”[4]梁启超认为农学会之意义，体现在改变中国

---

〔1〕 有资料称上海农学会成立于光绪二十三年（1897）四月二十四日；亦有考证为1896年夏秋之际，章楷：《务农会、〈农学报〉及罗振玉其人》，《中国农史》1985年第1期。

〔2〕《务农会公启》，《时务报》第13册，1896年12月5日，第343页。

〔3〕《务农会章》，《知新报》第13册，1897年4月22日，第99页。

〔4〕《务农会略章》，《农学报》第1册，1897年5月，第1页。

“学者不农，农者不学”状况，重续古来“农学之统”。[1]

是年，马相伯在《务农会条议》中提及：“本会之设，则仿诸外洋。然风气未开，不能尽仿，亦第就目前所可行者而推广之。”“外洋”主要指日本，旁及欧美各国：“报中所译书，先就日本，取其同于我也。英、法、德、美，其种植粪溉与我迥异。异故难以取法，同则易以为功。”[2]农学会所介绍的农法新理多取自日本，农学会在组织上效法日本也极有可能。农学会同时亦有称务农会、农务会、农务总会、农学会、上海农学会、江南农学会等，即便在同一时期所用名称也各异，这也许反映出内部对于结社宗旨和发展方向尚存歧见。通观农学会历史，有向日本式农会发展的趋向，但终未能实现。[3]

谭嗣同、梁启超等人将现代“学会”比为古之“士群”，或许意味着士绅在保留功名前提下转变其知识结构。因之，农学会特别注重争取各地官绅入会，以为整个官绅体系树立新政典范。[4]上海农学会初步具备现代学会基本要素，由其所办事业可见：首推立农报，译农书；[5]次则延农师，办学堂；[6]再次为进行农事试验，如蚕种

〔1〕梁启超：《农会报序》，《饮冰室合集》文集之一，北京：中华书局1989年，第131页。

〔2〕朱维铮主编：《马相伯集》，上海：复旦大学出版社1996年，第15页。

〔3〕有人即认为上海农学会是最早的农会。章开沅、罗福惠：《比较中的审视：中国早期现代化研究》，杭州：浙江人民出版社1993年，第264页。

〔4〕汪诒年编：《汪穰卿(康年)先生传记遗文》，沈云龙主编：《近代中国史料丛刊正编》第1辑第5册，台北：文海出版社1973年，第261页。

〔5〕1897年5月25日，农学会创办册报，初名《农学》，从第15册起易名为《农学报》(亦称《农会报》)，“专译各国农务诸报，及本会开办后一切情形”。此报初为半月刊，1898年正月改为旬刊，线装石印本，1906年12月停刊，共发行315册，为中国近代最早的农学期刊之一，栏目设有奏折录要、各省农事、西报选译、东报选译、农会博议、农学入门、蚕桑答问、农学初阶、农具图说等。

〔6〕农学会聘请藤田丰八、井原等从事日文书籍翻译工作，1898年5月附设东文学社，培养翻译人才。

试验等。《农学报》所载各文，多是对域外农学知识的简明介绍。受其影响和带动，1907年农工商部准予直隶知府李映庚所请，通饬各省设立农学会，此后各类农业社团遍及南北诸省。[1]它们各自联合同人，传播农学，切磋农艺，对于推动地方农业科学化做了有益尝试。

民国初期的农学社团发展进入一个新境界，中华农学会于1917年应运而生。此后，全国各地样态各异的农学社团竞相成立，但其规模与影响力均无法与之相比。它沟通南北，融汇众流，由东南一隅的区域性组织扩展为全国性农业学术团体。1917—1952年，它在长达30余年的活动中，[2]个人会员近5000人，中央机关会员52个，各省市机关会员43个，各农业学校会员36个，各金融企业、农场团体会员40个，北京、南京、广东、浙江以及日本、美国等地设有分会。[3]它是近代历史最久、会员最多，组织最为稳固，会务最为活跃的全国性农学团体，最大程度地吸纳了与农业相关业界的人士，农业学校师生、农事机关人员、农场经营者、农业行政部门人员、实业家、银行家，甚至外籍人士悉数囊括。从学缘论，它融会不同学术背景的日本、欧美各国留学生以及国内农学生，被公认为国内农学研究之“总枢”。它还长期把持农业行政要津，左右政府决策，其影响力超越学术自身，因而在近代历史上具有举足轻重的地位。

中华农学会见证了近代中国寻求农业问题出路由“技术”转

---

〔1〕《准设各省农学会》，《申报》1907年10月21日“实业”，第2张第12版。与上海农学会同期并立的其他农业团体，多由各地士绅创办并把控，甚至成为维护或扩张家族势力的工具，它们往往间于农学会与农会间，会务开展有限，存在时间不长。

〔2〕1949年，会员分化为大陆和台湾两支，均声称承继中华农学会之统，前者与延安的中国农学会、上海的中国农业科学研究社整合为“中国农学会”，绵延至今；后者则自成一脉，袭用旧称。

〔3〕《中华农学会现有团体会员一览》，《中华农学会通讯》第81、82号合刊，1948年1月，第43—48页。

向社会组织改进和社会制度变革的历史。此期，农业问题的认知逐渐让位于农村问题观念，使其与整个社会经济和政治问题相连，由此导致解决的路径和方式发生社会转向，侧重从农村社会入手，解决整体问题。同时，他们认识到资本主义和工业化是造成近代农业问题的根本因素，职是之故，提出了农业问题的最终出路在于避免走资本主义道路、清除帝国主义势力和封建残余，废除土地私有制，“建成社会主义的农村”，实现农业社会主义。中华农学会对此均有不同程度的回应和表达。由于会员思想源出众流，不同历史时空下的各种农业、农村观念和主张在此交汇和碰撞，世界潮流和时代大势交互激荡下的多元思潮得以集中展现。本课题旨在考察和解读作为重要参与者和当事方，中华农学会因应时代大潮，融入这一历史进程的缘由、表现以及影响等情形，从中透析近代中国探求农业问题解决之道的艰辛曲折。

关于本课题的研究价值，如下所示：首先，从上文对中华农学会在探索近代农业问题出路历史进程中地位的解析，得见研究价值之一斑。但长期以来海内外缺乏深入研究，即便在史料运用方面，也存在不少错漏。以中华农学会为研究个案，既可深究知识界乃至全社会对当时农业、农民和农村问题认知、论争与应对的复杂历史，以及各自路径的渊源、内涵、变化和历史结果，解读农业知识、农业制度接引与破解农业、农村问题之间的内在逻辑，深刻揭示学术团体与其他各方在农业现代化、社会化进程中错综交织的关系，从中亦可透析近代社会变迁的某些重要面相。早在1970年代，王尔敏便认识到近代农业改良与农村重建运动“深广幅度的重大问题”的研究价值，认为这是“以务农思想为动因而展开农业现代化运动的一个论题”，它的发生是“基于思想家现实的（pragmatical）观点，比较新文化运动更深入更具重大意义，但却难激起较多知识分子的认识与兴趣”。〔1〕

其次，借此清理近代中国农业知识和农业制度转型过程中，朝野观念主张、行为方式，以及对解决农业问题所起的实际作用。桑兵认为，晚清民国的知识与制度转型是“近代中外冲突融合的产物”，即“外部世界移植到本土，并且改变中国基本面貌的产物”。可是，中国的文化历史悠久，活力十足，“其巨大张力所产生的延续性，对于近代的知识与制度转型发生着重要的制约作用”。〔2〕在西潮冲击下，朝野以西度中，认定既需要移植域外现代农学知识体系改造传统的“经验型”旧农法，也需要引介其农业制度体系相辅之，实现传统农业的现代变革。中华农学会大多数成员具有海外留学背景，恰是移植域外农业知识和农业行政制度体系的要角，他们试图通过农业科学化和建立现代农政制度，找到一条解决农业问题的切实要道。由此展示其从首创农学研究所，接引域外作物遗传、病虫害、农业化学、农业工学、农业经济学等现代农学知识体系，到推广优种、施用化肥以及引入机器耕作等，对传统靠天吃饭的“经验农业”进行“科学化”“机械化”改造的历程，以及全方位嫁接西方农业行政制度、农业金融及合作制度、美国式农业教育建制，推进中国农业制度典范的整体转移情态。

第三，亦可对在追求农业科学化、现代化，“再造中国农村”

〔1〕王尔敏：《中国近代思想史论》，北京：社会科学文献出版社 2003 年，第 441—442 页。

〔2〕桑兵：《近代中国的知识与制度转型解说》，孙宏云：《中国现代政治学的展开：清华政治学系的早期发展（1926—1937）》，北京：生活·读书·新知三联书店 2005 年，第 4、6 页。

进程中，在农民、政府和学术团体之间，农事、农政和农学各自的功能定位及其相互联系增进了解。中华农学会处于连结农民和政府的枢纽位置，扮演着沟通两者的中间桥梁的角色。它通过自身的组织和事业建设，将民国时期农事、农学和农政连为一体：一是从农事的实际问题中汲取资料，广为研究，再将研究成果推广于农事实际；二是将研究成果建言于政府，通过各级农业推广组织，指导农民，促进农事生产与经营的改进；政府对中华农学会又有赞助、指导之举，并吸纳其参与国家农业建设。

第四，既可再现各方对于变革中国农业和寻求农业问题出路的多元化取向，亦可深刻揭示由技术转向社会经济及制度变革，即社会主义何以成为后人言说中的历史必然性。中华农学会会员构成复杂，既有国民党、中共等党派人士，亦有“中国农村”派、乡村教育和乡村建设各派等，各种思想观念契合与分歧并存，异彩纷呈，反映了近代革新农业进程中的多元而复杂的取向。而且，它与朝野各党派社团有着千丝万缕的联系和互动。应对工业化和资本主义冲击是近代农业的根本问题，各方争论聚焦于土地分配与资本主义存废。而废除土地私有制，走合作化、集体化之路，实现农业和农村社会主义，渐成时代言说的主流，最终导致以社会主义作为解决近代中国问题的归宿。

此外，本课题对于了解中国人探索民生问题解决之道，尤其是重新认识 1949 年前后中国农业发展道路，具有相当的启发和学术价值。由此总结的历史经验与教训对于现今的国情认知和决策，特别对社会主义新农村建设具有必要的借鉴意义。

关于时间断限。本课题研究时段始于中华农学会的酝酿筹备之年，即 1916 年（相关背景追溯至晚清时期），截至 1937 年全面抗战爆发前后。如此划分，并非以政治标准断限，而是从这时起它所面临形势、所肩负使命和所开展事业与此前相比，发生较大差异，具有鲜明的战时特色。抗战期间，粮食、棉花等是国家的重要战略物资，配合国民政府统制经济政策、保障战时军民衣食供应是其第一要务。简言之，此期中华农学会的活动主要围绕“农业抗战建国”展开，具有明显的战时特征。而且，中华农学会的活动，并没有随战事发生而全面削弱，有的方面还较以往有了新的推进，尚需另外的研究著述来加以专门展现。

二 先行研究

20世纪初，国内对于“农会”与“农学会”两个概念的界限基本区分清晰。农会作为农政要项渐次在全国推行，到民初基本确立从中央到地方的体系。[1] 关于此的专门研究起于1980年代，

---

〔1〕 1906年，农工商部奏定职掌事宜第四条即提出在各省组合农会。次年7月，袁世凯批饬成立直隶农务总会后，农工商部通饬各省仿办。同年10月，农工商部在《筹办农会酌拟简明章程折》中指出：“农会之设，实为整理农业之枢纽。综厥要义，约有三端：曰开通智识，曰改良种植，曰联合社会。”稍后，清政府颁布《农务会试办章程》和《农会简明章程》23条，详细界定农会宗旨、组织、会员条件及任务，要求“各省应于省城地方设立农务总会，于府厅州县酌设分会，其余乡镇、村落、市集等处，并应次第酌设分所”，“总会地方应设农业学堂一所，农业试验场一区，造就人才分任地方农务，以挈各分会分所之纲领”。其中特别强调农务会，“应办之事，曰主办报、译书；曰延农师、开学堂；曰储集佳种；曰试种；曰制肥料及防虫药、制农具；曰赛会；曰垦荒”。各省办理情况，可以参看朱英《辛亥革命时期新式商人社团研究》，北京：中国人民大学出版社1991年版，第251页；李永芳《清末民国时期农会组织研究》（博士学位论文，四川大学历史系，2007年）为农会的代表性研究，参见氏著《近代中国农会研究》，北京：社科文献出版社2008年版。其中对农会研究学术史做了较详尽的梳理和总结，但对其渊源流变考察稍显不足。《庄子》有云：“其作始也简，其将毕也必巨。”中国诸多从域外移植来的事物，事实上均经历了演化与流变过程。今人所见情形与其原初状貌不无距离，域内所见也并非完全吻合域外情形。历经沧海，古今中外在同一时空叠加纽结。不同历史时空下社会文化差异悬殊，人的认识在不断变化，域外事物移入本土，难免淮橘为枳，发生移形换位的“态变”。

主要有朱英《清末直隶农会述略》(《中国农史》1988年第3期)、《清末广东农会述论》(《学术研究》1990年第1期)、《清末全国农务联合会述略》(《贵州社会科学》1990年第10期)以及《辛亥革命前的农会》(《历史研究》1991年第5期)等,是为早期农会研究的代表性成果,综合考察了直隶农会、广东农会和全国农务联合会等个案,着重阐释清季农会的渊源及发展等情况。王先明《中国近代社会文化史论》(人民出版社2000年版)一书,从社会文化史角度,考察晚清农会中士绅权力和功能的演变。李永芳研究了晚清至民国时期,不同时段农会组织的样式及其特点,认为,晚清农会是"旨在农业改良的农会";民国早期的农会则成为"政府咨询机构";国民革命时期,农会又"具有政权性质";国民党控制下,农会成为"基层政权补充形式";在中共领导的革命根据地,农会又成为"政权执行机关"。

近年来的研究趋势主要体现在两个方面。一是个案研究不断增多,如颜浩《二十世纪四十年代的鄞县农会研究》(硕士学位论文,宁波大学,2008年)、李应龙《东北农会组织述略(1908—1930)》(硕士学位论文,吉林大学,2009年)、张建和《国民政府时期的陕西省农会研究(1944—1949)》(硕士学位论文,陕西师范大学,2011年)等;二是法史视角下的农会组织研究,如衷海燕《近代中国农会立法之演进及其乡村治理之价值判断》(《南京农业大学学报》2012年第3期)、尹二喜《中国农会法律制度之构建》(硕士学位论文,湖南师范大学,2012年)等。

(一)上海农学会

较早专门考察上海农学会的文章,是潘君祥《我国近代最早的农业学术团体——上海农学会》(《中国农史》1983年第1期)。该文叙述了此会成立的大致背景、经过和开办《农学报》等活动，不同意吴觉农“中华农学会——我国第一个农业学术团体”观点，主张上海农学会是中国首个农业学术团体，而孙中山在广州设立的农学会主要还算“政治性质的团体”。洪震寰《清末浙江的“瑞安务农会”》(《中国农史》1985年第2期)一文，专门考察其“支会”——瑞安务农会，包括组织的成立、活动及其与总会的关系，认为此会已经越出学术范围而对当时政治也造成影响。邹德秀在《农业考古》1992年第3期发表《二十世纪上半叶的中国农业科学略述》，梳理了近代农业学会渊源与进展的大体脉络，认为孙中山最早组织中国的农学会，以及张謇、罗振玉等与上海农学会的渊源以及办报等活动，认其是一个“宣传、普及组织”。亦有从人物角度切入进行研究，如鲁益国《罗振玉与农学会》(硕士学位论文，中国社会科学院，2009年)。

朱仁华《中国近代科学农学的萌芽与发展(1840—1937)》(硕士学位论文，浙江农业大学，1998年)，从中国自身追溯写出去，将其置于中国近代“科学农学”萌发及发展的历史脉络中，考察组织发起宗旨、《农学报》内容以及社会作用和历史意义等。与此选取角度不同，郭欣旺《清末西方农学引进述论——兼论日本学者藤田丰八的作用》(硕士学位论文，南京农业大学，2004年)，将其置于近代西方农学在华传播的历史脉络，通过具体史实梳理展示其扮演的角色和所处的位置；从内容上看，农学会为其重心所在，较详细考察该社团编撰《农学丛书》内容、价值以及藤田丰八的贡献。王鸿志《晚清兴农与经济民族主义》(硕士学位论文，暨南大学历史系，2006年)，将其放在晚清“兴农”与经济民族主义脉络中，详述组织创立前相关社会思潮、创立经过、主要活动以及影响等。近有研究认为，清末最早倡设农学会者是康有为，他在1895年5月“公车上书”中首次提及。实行者是孙中山，也就是同年在广州设立的农学会。关于上海农学会，此文着重于过去研究未予足够关注的《农学报》的推广与农学会的宣传。[1]

（二）中华农学会

中华农学会在其成立15、20和30周年之际，均有专人撰述会史。陈嵘于1932年、1936年分别撰写《中华农学会成立十五周年之经过》[2]《中华农学会成立二十周年概况》[3]；陈方济于1947年撰写《三十年来之中华农学会》。[4]这些与其说是其历史的早期记录，毋宁说是亲历其事者的事后追忆。类似文字展示出会史大体面貌的同时，其中内容互有抵牾，混淆史实者亦复不少。

长期以来学界对此并无关注，直到1980年以后，国内始有一部分成果陆续面世，而国外尚无人问津。当时健在会员开始撰写回忆文章。吴觉农《中华农学会——我国第一个农业学术团体》（《中国科技史料》1980年第2辑）一文，[5]是1949年以来中国内地第一篇专题文章，叙述组织的发起、成立与会务活动，以及人事、经费和会所等情形，重点介绍了陈嵘、邹秉文长会期间的情况。1983年，中国农学会举行66周年会庆，编写《会庆专辑》，后由《甘肃农业科技》汇总编成《中国农学会的创建与六十六年来的发

〔1〕 苏全有：《清末农学会述论》，《历史档案》2013年第4期。

〔2〕 《中华农学会报》1932年7月第101、102期合刊。

〔3〕 《中华农学会报》1936年12月第155期。

〔4〕 《中华农学会通讯》第79、80号合刊，1947年11月。

〔5〕 中国科技史料编委会编：《中国科技史料》第2辑，北京：科学普及出版社1980年。

展》，在该刊第12期刊发，重点介绍此会创建前农学学术活动及其创建、变迁、会报发行、奖学金等情况，相比其他文章其内容最为详尽。1985年，华恕征集史料编成《中国农学会66周年纪念刊——我国农业学术团体之沿革与现状》一书，由中国农学会内部发行，专列《"五四"前夕成立的中华农学会》一节，着重概述创立和发展历程，以及历届会长、年会的重要活动等情形。

1987年，中国农学会70周年"会庆"之际，其会员又撰写若干篇回忆文章，集中发表于《中国农学通报》1987年第3期。包括裘维蕃《庆贺中国农学会成立七十周年》、王善佺《回忆中华农学会》、周汝沆《在上海筹办研究所及试验场始末》、王烜之《回忆十三届年会上蔡元培先生的讲话》、吴福祯《中华农学会的早期科学事业活动回忆》、柯象寅《往事忆语》。至此，中华农学会渐入学术研究视野。1985年，章楷发表《略述中华农学会》(《中国农史》1985年第4期)，概述其从成立至1948年间组织、活动和事业，以及与其他专业社团关系，认为它与上海农学会"没有任何联系"，但此后合并留日中华殖产协会、留美中国农业会以及北京的农学团体。令人遗憾的是，文中所引资料皆无出处。[1]曹幸穗在《抗战时期的中华农学会》(《中国农史》1986年第4期)一文中，首次专题讨论了抗战时期此会西迁经过、主要会务活动以及刊物发行情况，辑录1938—1947年间会员历届年会提交论文篇目。1992年，邹德秀《二十世纪上半叶的中国农业科学略述》(《农业考古》1992年第3期)一文，着重解析其与上海农学会相异之处，认为它是"正规的学术团体"。

---

〔1〕 此文收入王红谊等编著:《中国近代农业改进史略》，北京：中国农业科技出版社2001年。

1998年，朱仁华在《中国近代科学农学的萌芽与发展（1840—1937）》一文中，揭示其与留日中华殖产协会、北京农学会关系，它“不仅团结了国内农林界大多数人士，且也把留学日本、欧美的农科生联络起来了”，其出现标志中国近代科学农学的萌芽与发展。郑林《中国近代农业技术创新体系中的技术供给源研究》（《甘肃农业大学学报》2004年第6期）一文，从科技史角度考察其作为“农业研究机构”“技术供给源”之一，在近代中国“农业技术创新体系”中的作用。王思明《中华农学会与中国近代农业》（《中国农史》2007年第4期）一文，运用现代化理论阐释其与中国现代农业和现代农学关系，认为它是中国现代农业和农学兴起的重要标志，推动了中国现代农业科技体系的建立。

2008年，中国农学会、中国林学会分别组织编写《中国农学会史》和《中国林学会史》，列入中国科学技术协会“中国学会史丛书”，由上海交通大学出版社出版。两书均采用通史的结构和体例，分为“学会史”与“大事记”两个专题，附录学会历任机构组成、职员和出版情况，叙述这两个学会自晚清以迄2007年发展简史，这是迄今为止国内外出现的首部专书。前书首先叙述农学会兴起的经济和社会背景，即传统农业面临的危机和挑战、西学东渐与近代农学的兴起以及晚清农务总会、农务联合会情况，介绍广州农学会、上海农学会基本情况，认为中华农学会是在这些社团组织的基础上建立并逐步发展起来的。第二章叙述此会1917—1949年间会史，简述学会筹建背景与过程、宗旨与组织机构、年会与学术出版、农学研究与技术推广、人才培养与农学奖励、科学咨询与信息服务、国际会议与对外考察。与以往相比，其关注范围拓宽，内容较全。后一书叙述了中华森林会（1917—1922）与中华林学会（1928—1949）历史，简要介绍凌道扬、姚传法、梁希情况。近年关于中华农学会研究出现1篇专题论文，为张丽阳《民国时期的中华农学会研究》（硕士学位论文，东北大学，2012年），此文从科技史的角度切入，其结构与内容分别为中华农学会的成立、发展的阶段性、作用以及评价，述及其科学理念以及对中国农业发展的影响，但其征引资料明显不足，甚至无证立论。

总体而言，这些成果详略不一地呈现了该团体的历史演进脉络，初步考察了其在中国现代农学和现代农业成长过程中的作用。其不足之处：一是史实错漏甚多，须重新考订和澄清，以便于深入解读。二是相关史料丰富，尤以未刊“中华农学会档案全宗”为代表，但未予充分利用，使得视域有所局限，对于组织源流语焉不详。三是研究的广度与深度也有进展余地，此社团在现代农业知识与农业制度接引进程中，观念与行事紧密围绕应对农业、农村问题展开，对此的探讨尤显薄弱。

（三）相关人物

1980年代初，学界出现若干篇关于中华农学会重要成员的介绍性文章。周慧明在《梁希教授解放前在教学科研方面的业绩》（《林业科学》1983年第4期）一文，叙述梁希在林学教学和研究领域的活动与成绩，认为他是传播中国林业科学的先驱者、实干家和中国林产制造化学学科创始人。1986年，许世铮《我国现代农学奠基人之一——许璇》，简要介绍其生平与事业，该文收入潘善庚主编《历代人物与温州》（1986年版）。此文又经作者增补，名为《近世中国农学泰斗——瑞安许璇字叔玑先生》，刊于台北《温州会刊》1995年12月第11卷第6期。

进入20世纪90年代，相关著述有所增加。章楷《邹秉文和我国近代农业改进》(《中国农史》1993年第12卷第4期)，较细致叙述邹秉文从赴美留学至抗战时期改进中国农业活动。同年，华恕撰成《高山仰止——邹秉文博士评传》(刊于《邹秉文纪念集》)长文，叙述邹秉文作为“科学农业的创始者、先行者”及“社会活动家”，其一生中留学、办学、行政等方面活动与事业，以及与政界、学界和实业界联系，因与传主过往较密，并有机缘整理其文稿，因而是著成为迄今邹秉文研究最为翔实和深入之作。周邦任《中国农学界的先驱过探先》(《中国科技史料》1994年第15卷第2期)一文，梳理过探先与中华农学会的渊源，以及在学会中的任职和活动，认为过探先与邹秉文、王舜成等人发起组织中华农学会，参与组织中华林学会。中华农学会成立后，“受到孙中山的赞赏和支持”，以及农林界的一致响应，发展成为团结全国农林界人士，探讨农林科学“最广泛的群众学术团体”。此后，赵英东《过探先——中国现代农林学界先驱者》(政协江宁县委员会编:《江宁人物·现代篇》，1999年版)，概述过探先一生活动与事业，但对其在中华农学会的活动梳理较为简略。蔡曾煜《王舜臣的农业教育思想与实践》(《古今农业》1996年第1期)，专门考察王舜成[1]的农业教育思想及其实践，认为他是中华农学会“首任会长”。

此外，王郁风《吴觉农——20世纪我国茶业的奠基者》(《中国茶叶》2003年第6期)，介绍吴觉农发展中国茶业的活动和思想。同年，王旭烽著《茶者圣——吴觉农传》，由浙江人民出版社出版，叙述吴觉农一生的主要活动和事业，并论及他由中华农学会通讯

〔1〕“王舜臣”应为“王舜成”，因后人轻信问题资料，以致以讹传讹。

员到总干事之经历。

近年相关人物研究成果渐多，梁希研究尤为集中。代表性著作为胡文亮《梁希与中国近现代林业发展研究》（博士学位论文，南京农业大学，2012 年），详述梁希林业思想成长与中国近代林业发展关系。此外，还有若干篇文章分别论述其大林业思想、群众林业建设思想、人文林学思想、生态美学思想及其人生智慧与道德品格等方面内容。[1] 陈嵘研究，较有代表性论文为李文静《陈嵘林业思想与实践研究》（硕士学位论文，北京林业大学，2014 年）。以上各篇对梁希与中华农学会关系未有足够关注。许璇研究的代表性论文为张建华《我国近代农学界的先驱许璇研究》（硕士学位论文，南京农业大学，2009 年），其中专辟一章论述 1924—1934 年间许璇与中华农学会之关系，涉及此期会员、年会、会刊、农学研究与推广、科学咨询以及对外交流等内容。

（四）其他

1970 年左右，王尔敏倡导开展“近代农业改良与农村重建运动”研究。[2] 此后，海内外相关近代农业改良、农业现代化以及乡村建设运动研究著述不断推出。近代农业改良涉及知识、制度以

〔1〕 胡文亮、王思明：《梁希“大林业思想”探析》，《中国农史》2012 年第 1 期；侯波：《梁希的群众林业建设思想及其当代意蕴》，胡运宏：《梁希的人文林学思想及其当代价值》，王全权：《梁希生态美学思想探微》，荆世杰：《梁希的人生智慧与道德品格魅力解析》，分别刊于《南京林业大学学报》2014 年第 1—2 期。

〔2〕 王尔敏曾在 20 世纪 60 年代感叹，近代农业改良与农村重建运动，无论中外学者，以往从来无人做过探讨。原因在于“向日的风气，多把注意力集中到中国工业化的问题上，却忽略了同时还存在着这样有深广幅度的重大问题”。此外，该论题“表面上看来是太平凡而太不新鲜”。参见氏著《近代中国思想研究及其问题之发掘》，《中国近代思想史论》，北京：社科文献出版社 2003 年，第 441—442 页。

及行为等各个层面，以下分别从农业改良思想、农业政策和具体行为列举大要，以窥其进展的大体脉络。乡村建设运动相关研究将根据具体内容展开，有针对性地加以介绍。

1. 近代农业改良思想。代表性论著有：陈炯彰《近代农业改良思想》（硕士学位论文，台湾师范大学历史所，1975年），以知识界与官方思想为论述重心，分别论述近代农业技术改良论、农产品商业化思想、农务改良理论（如"拓土观念"与"护土观念"）以及农政革新的理论等；陈仲瑜《民国初年农业改良思想（1912—1937）》（硕士学位论文，台湾师范大学历史所，1985年），将民国初年知识界的农业改良主张，分为改良农业技术、促进农村组织与解决土地分配问题三个方面，揭示其对于解决农业问题，促使传统农业改变，达到中国农业发展的意义。

2. 农业政策相关。饭塚靖《南京国民政府の農業政策と農業技术专门家》（《近きに在りて》1992年11月第22号）、《中国国民政府と農村社会：農業金融·合作社政策の展開》（東京汲古書院，2005年），阐述南京国民政府与农业专家之间关系以及同时期之农业金融与合作政策等情形。刘椿《中国近代农业现代化研究——以南京国民政府时期农业政策为重心》（博士学位论文，南京农业大学，2000年），主要以南京国民政府土地政策、田赋及附加、农村信用合作以及农业金融政策为考察对象，认为其土地改革、减租减息法律法令、政策方案未能"贯彻始终"，土地问题严重，整理田赋失败，所以，国民党政权的失败首在农村政策的失败，其中土地政策最为关键。薛金艳《民主革命时期国共两党农业政策研究》（博士学位论文，东北师范大学，2008年），通过国共农业政策比较研究，揭示两者"阶级特质"以及各自对中国政局影响。

3．农业改良具体举动。杨明哲《国民政府建设委员会与农业改良——以农田水利建设为中心的探讨（1928—1937）》（博士学位论文，台湾师范大学历史所，1998年），叙述建设委员会“以电动抽水机为改良农业的着力点”，设立模范灌溉场，推进农田水利建设活动。此外，汪巧红《晚清新政时期的农业改良》（硕士学位论文，华中师范大学，2004年），从农业政策、农业教育、农会及民间行为方面考察晚清新政时期农业改良情况；张俊华《民国北京政府时期的农业改良（1912—1928）》（硕士学位论文，华中师范大学，2007年），考察政府、农会、农业试验场等的农业改良举措及效果。[1]

4．近代乡村社会研究。近年来，围绕20世纪乡村社会变迁、乡村与城市社会历史变迁主题的研究论著大量涌现。代表性著作有罗朝晖《富农与新富农——20世纪前半期华北乡村社会变迁的主角》（人民出版社，2010年），曾耀荣《南京国民政府的农业贷款问题研究》（人民出版社，2013年），安宝《离乡不离土：二十世纪前期华北不在地主与乡村变迁》、张启耀《民生维艰：田赋负担与乡村社会变迁——以二十世纪前期的山西为范围》、任金帅《聚同道于乡野：华北乡村建设工作者群体研究（1926—1937）》（山西人民出版社，2013年）等。

---

〔1〕弁纳才一：《南京国民政府の合作社政策——農業政策の一環として》，《东洋学报》1989年12月第1号；《中国の農業近代化に対する抵抗——1920—1930年代浙江省の蚕種改良事業に見る》，《社会经济史学》1993年7月第59卷第2号；《抗日戦争前における浙江省の稲麦改良事業について》，《史学研究》1996年10月第214号；《20世纪前半中国におけるアメリカ棉種の導入について》，《历史学研究》1997年3月第695号。

通过以上梳理，可见中华农学会既有成果系概括介绍，深入系统研究阙如。为此，本课题在充分发掘史料基础上，在以下几个方面着力。

其一，搜求并比证多元史料，发覆历史真义。充分挖掘包括中华农学会自身在内的各方留存史料，尤其是其周边相关党派、社团以及个人的历史记忆，拾遗补阙，比勘同源与异源史料，纠正既有成果史实错误，在重建会史基础上，深入探讨其组织渊源、变化、人脉关系、思想以及活动，揭示其不同时段的历史特质与实际影响。其二，重现其探寻农业农村问题出路的历史过程，考察其在近代农业知识和制度转型历史脉络的位置和作用。以此深化认识近代中国解决农业问题路径的演化，剖解与之相关的古与今、中与西、因与创关系。其三，透过此个案考察近代中国解决农业农村问题诸种方案的渊源、特质与演化，由单纯追求科学化的技术路径，变为从技术、经济和组织等层面改造农村社会，进而要求变革社会制度的整体性思路，从政治、经济、社会等层面加以全面探究。其四，跳出会史介绍的窠臼，前后左右梳理它与各党派团体之间的人脉联系和观念影响，从自身认知变更和外部因素作用两方面的互动，解读此会组织发展及其关于解决农业问题路径的前后转换。既关注会员他种身份、思想和活动与学会整体的关系，又注意非会员人士与会员及学会的复杂纠葛。此外，兼顾它与外部世界的横向联系。一是发现并解析它与各政派、机关、社团以及人士之间的联系；二是廓清其自身思想、活动与世界大势、时代潮流、政局变动以及近代中国的知识与制度转型之间关系。总之，本课题立基于前人成果，将研究引向深入。

三 史料与方法

史料与方法是治史之大要，二者配合恰如其分，庶几接近历史真实。杨联陞“充实而有光辉”，胡适“精细而能见其大”，无不是得道之士的治史经验谈。[1] 中华农学会在30余年的活动中留下了大量史料，除自身载记外，关联资料极多。晚清以还，涉农报刊大量创办，充当引介现代农学知识的重要载体；及至民国，农业机关团体、农业学校以及个人创办农业报刊大量涌现。此外，相关文集、年谱、传记、日记、回忆录等史料亦很丰富。本课题史料范围不受分科局限，竭力搜求包括留存档案、公私文献在内的各类史料，借以多元史料的比勘互证，多视角解析其发展演化脉络，进而显示其解决农业问题的思想、活动及其影响的“近真”面相。

（一）档案

1．未刊：中国第二历史档案馆藏中华农学会档案全宗（1917—1949）。从内容分布看，涉及此会及其分会的组织、人事概况；会员入会申请书及会员名单；年会及理事会、监事会、干事会会议记录；农业学校及农业机关调查表；农业经济、作物育种、农艺化学等方面学术讨论文件及论文；农业专家调查表；此会各种出版物；经费收支及各种募捐文件；学术奖励文件等。还涉及民国农林部、工商部、农商部、农工部、实业部等相关档案。从年代分布看，多为1930年代以后，特别是1936—1948年间。此外，北

〔1〕 严耕望：《治史经验谈》，台北：台湾商务印书馆1981年，第90页。

京档案馆、中国农业大学档案馆、北京林业大学综合档案室收藏部分相关档案。到目前，这批档案未被利用。

2. 已刊:《中华民国史档案资料汇编》第1—5辑、《光绪三十三年留学生史料》等。

（二）文献资料

1. 地方志、年鉴、文史资料。如江苏省地方志编纂委员会编著:《江苏省志·出版志·社团志》《南京社团志》，全国及各地政协文史资料委员会编“文史资料”等。2. 报刊。中华农学会机关刊物《中华农学会报》[1]，1918年12月—1948年11月，共出190期。前期“述学”与“记事”合一，后期二者功能分开。1940年5月，《中华农学会通讯》创刊，专门用以记事，至1949年1月停刊，共出刊83期。会员文章散见于各种报刊，如《殖产协会报》、《农业周报》(农业周报社)、《农业周报》(中国农学社)、《农林新报》(金陵大学)以及各地方农学会创办的《会报》等。其他综合性报刊，如《申报》《大公报》《时事新报》《民国日报》《中央日报》《东方杂志》等刊载相关资料亦复不少。3. 资料汇编。如章有义编:《中国近代农业史资料》，严中平编:《中国近代经济史资料》，《中国科技史料》等多种。4. 文集、年谱、传记、日记、书札、回忆录及口述史料。由于会员数量众多，个人史料散漫，多方搜求，难以竭泽而渔。目前所见《过探先先生纪念文集》《陈嵘纪念集》《梁希文集》《梁希纪念集》《穆藕初文集》《穆藕初先生年谱》《邹秉文纪念集》《吴

〔1〕 此刊名称屡有更改，如《中华农学会丛刊》《中华农林会报》等。

觉农纪念文集》《沈宗瀚自述》《沈宗瀚先生年谱》《七十年来之中华农学会》等，有助于解析相关史事。5. 时人著述。包括中华农学会会员在内的时人农学著作，从研究角度看，这些著作有助于分析农学知识引介的脉络，也可从中发现相关学理与人事联系的雪泥鸿爪。

社团研究是海内外学者颇为关注的领域，近代各类社团几乎均有涉猎。既往成果最为普遍和通用的做法是“专题化”，此法类似于作“社团志”，先将社团整体分解成若干部分，分门别类加以阐述。在谋篇布局上，通常首章叙述社团成立时代背景、发展简史，接下来逐次将史料对号入座，放入切分好的各个单元，最后写历史影响或现实意义。

以学界研究较多的中国科学社为例，先后有 3 篇博士论文、2 篇硕士论文，单篇论文更多。博士论文如下：冒容《科学的播火者——中国科学社述评》（南京大学，1997 年），南京大学出版社 2002 年版；张剑《民国科学社团与社会变迁——中国科学社科学社会学个案研究》（华东师范大学，2002 年），山东教育出版社 2005 年版，书名《科学社团在近代中国的命运——以中国科学社为中心》；范铁权《中国科学社与中国的科学文化》（南开大学，2003 年），人民出版社 2005 年版，书名《体制与观念的现代转型：中国科学社与中国的科学》。还有两篇硕士论文。[1]冒著共 9 章，首章为“缘起”，次为 1914—1949 年间发展史，接下来分别为《科学》月刊、生物研究所，科学社与国内外科学界、教育和实业、五四新文化运动、新民主主义革命关系，最后是历史启

〔1〕 刘伟伟：《中国科学社与中国近代科普教育（1914—1949）》，华东师范大学中国教育史专业，2006 年；蒯义峰：《中国科学社与中国近代学校教育》，华东师范大学中国教育史专业，2006 年。

示。后两著在史料方面均有不同程度突破，在做法上大体同前，内容上则着重加强科学社与“科玄论战”及“科学化”运动部分，弥补了前人研究不足。张著全文共3编，凡10章，首编“中国科学社在激变社会中的演化”，包括科学社创建、发展与消亡；次编“中国科学社与中国科学体制化”，分别写组织体制化、年会与科学交流体制化、生物研究所、科学宣传、科学家角色形成；第三编“中国科学社社员群体与领袖群论”，分别写社员群体的社会结构与社会网络、领袖群体。出版时去掉编次，章节题目略有更改，如第8章由原题“中国科学社与科学家角色的形成”改为“中国科学家社会角色的形成及其变异”，第10章“领袖群体论：以人物传记为中心”，将前半截改为“领导层分析”。类似研究还有吴小龙《少年中国学会研究：从最初的理想认同到政治思想的激烈论争》（中国社会科学院2001年博士论文，上海三联书店2006年版）、孙大权《中国经济学社研究（1923—1953）》（四川大学2005年博士论文，2006年上海三联书店出版，书名《中国经济学的成长——中国经济学社研究（1923—1953）》）等。

社团研究亦为文学研究领域所重视。陈思和、丁帆主持“教育部哲学社会科学研究重大项目——中国现代文学社团史”团队，相继研究了以《新青年》为核心的文学团体、文学研究会、创造社、语丝社、南社、栎社，以施蛰存等为核心的文学团体。[1] 其做法也

〔1〕 金理：《从兰社到〈现代〉：以施蛰存、戴望舒、杜衡及刘呐鸥为核心的社团研究》；陈离：《在“我”与“世界”之间——语丝社研究》；庄森：《飞扬跋扈为谁雄——作为文学社团的新青年社研究》；咸立强：《寻找归宿的流浪者——创造社研究》；许俊雅：《黑暗中的追寻——栎社研究》；栾梅健：《民间的文人雅集——南社研究》；石曙萍：《知识分子的岗位与追求——文学研究会研究》，共7种，上海：东方出版中心2006年版。

是分专题进行。

以上做法看似纲举目张，条理清晰，却如陈寅恪警醒："其言论愈有条理统系，则去古人学说之真相愈远。"[1] 人为打乱历史时空序列，按照主体逻辑重加条理拼接史料，未免主观先行，强史就我，结果反会不同程度背离事实。以事实推演事实，非以逻辑条理事实，或以逻辑统驭事实，应为治史者应有之自觉。矫枉易于过正乃学术与人事常态。在回归依时叙事后，不免陷入另外误区——"通史式"路数，问题意识或研究主题湮没于枝蔓赘述中。实则二者共同局限在就社团论社团，拘于局部，难及整体。过多聚焦团体自身，疏于前后左右上下关联；难以在把握整体的前提下透析局部、贯通整体，以一叶见千秋，以己意度古人，坠入再造历史的歧途。再者，淡化人与事的叙述与辩证，看似围绕团体进行，实则南辕北辙，事倍功半，无助于展现全息性历史图景，研究深度亦受局限。近年走出既定社团研究窠臼的探索已有进展，如台北学者张建俅《中国红十字会初期发展之研究》（中华书局2007年版），呈现中国红十字会从萌芽创立至1949年发展演变历史，按照时间顺序梳理由民间团体到官商共治，再演变为"国家机构"的历史脉络，论由史出，不越雷池，应为社团研究中的规矩之作。

本课题首先致力于整体观照下的社团个案研究。依照时空顺序厘清中华农学会发展演化历史脉络，发现并解析这一"小世界"与近代解决农业农村问题方案、路径及转换的联系。详言之，以

---

〔1〕 陈寅恪：《冯友兰中国哲学史上册审查报告》，《金明馆丛稿二编》，北京：生活·读书·新知三联书店2001年，第280页。

时间为经，以人与事为纬，探讨不同时空下的组织演化，以及解决农业问题的努力（包括态度倾向、观念主张和实际行动等），尤其注重言、行（学术的和非学术的）两面及其相互关系，据此探讨其他相关重要问题。

其次，力求突破社团固有研究路数，以问题为主轴，前后左右考察并解析社团与其周边人事、组织及机构的联系与互动。中华农学会通过多种方式与外界联系：一是征集会员，建立人脉。其内部成员构成多元，不仅有来自其他社团、机关的普通会员，还有相当数量的机关会员。其经费来源很大程度上依赖实业团体、金融组织和政府机关赞助，它们之间在思想与活动方面也多有互动。二是沟通国外农学界。在近代的世界知识体系日益一体化的情势下，它注意与域外农学界互通声气，建立联系，设立海外分会，还与日本农学会结成定期交流机制。三是沟通政治。此会虽为学术社团，但亦时而针对时局发表意见，建言政府，以期影响其决策。当局也试图通过经费赞助、派员指导年会、吸纳会员参与农业行政等方式加以掌控。党派力量介入，展开人脉争夺和思想竞争。以上诸项共同构成其内外关联的复杂性，使其既“在农言农”，究心学术研究，也越位论政，凸显事功一面；既浸淫于学理研究，也注重农业、农民、农村实际问题之解决。唯有多视角考察它与其牵连各方，才有可能愈来愈接近它，以尽可能地达到真了解。

再次，力求突破分科治史局限，努力回到历史现场。本课题不以各门专史为疆界，由虚即实，将思想还原为历史，按照社团组织本来面相正向呈现，以期上溯渊源，下察流变，展示过程，探究问题。不以分科为壁垒，以更为宽广视野，关注社团与其周边相关人事关系，考察近代中国农业农村问题及其解决之道，以及与中华农学会之间的联系。

总之，本课题另辟蹊径，详人所略，依时叙事，纵横交错，将中华农学会置于近代农业现代性因素接引、乡村社会变迁的时空背景下，通过多元史料重建其发展演变的全景式历史，全面深入探讨其组织源流、人脉关系、思想活动以及与周围环境的关系，揭示其不同时段的历史特质和时代影响；以清理近代农业知识与农业制度等现代性因素接引的基本内涵和过程，朝野对农业、农村问题的思想认知和应变机制的历史演进，阐释其如何最终演变为根本变革农村生产关系和社会制度，即打倒帝国主义势力，扫除农村封建残余，废除土地私有制，“建成社会主义农村”的历史进程和现实启示。在尊重历史整体性前提下，努力从较广阔视野考察其发展演化脉络，展现其丰富历史内涵。需要指出的是，上述诸项均为心向往之理想境界，对学人的功力与天分均是极大考验，恐自己力所不逮，虽不能至，然心向往之，唯有下“笨功夫”孜孜以求焉！

第一章

现代农学者群体与中华农学会的创立

近代中国农业领域发生一场亘古未有的“革命”，是以农业知识与农业生产的现代转型为内核的变革，它引导旧式的凭借经验、手工及分散型劳作通向科学化、机械化和组织化的广阔前景。中华农学会系日本、欧美农科留学生以及本土农科生联合发起创立的农学学术社团，亦系中国现代农学知识体系的重要接引者与传播者。农科生群体为近代中国追求农业科学化，移植域外现代农学知识的产物，它分布于各级农业教育、试验和行政机关，且人数不断增长，这为创立现代农学社团奠定了人脉基础。在留学时代，农学留学生分别在欧美、日本等地发起学生学术社团，但因人事轮替，组织多不稳定。归国后，他们联络同道创立类似社团，复因散居各地，活动有限，故成立全国统一的农学社团成为沟通彼此的必然之举。中华农学会的创立，融汇全国各地的留日农科生、留美农科生和本土农科生三股力量。回溯其人脉与组织渊源，将有助于探究它赖以存在的农学界的大体情形。

第一节　现代农学者群体的生成

沈宗瀚把中国近代农业科学发展历程划分为五个时期：第一期为

农业教育之开始（1897—1911）；第二期为农业学校与试验场（1912—1917）；第三期为农业教育之新作风与棉花育种（1918—1927）；第四期为粮食作物育种与新品种（1927—1933）；第五期为中央农业实验所与粮棉增产（1933—1937）。[1] 前三期均以“农业教育”为核心，晚清为其滥觞期，民国为改进、定型期，其实质在于引介域外农业科学学理及技术。中华农学会的成立恰好处于第二期末与第三期始的转捩点，也就是从关注棉花育种开始，渐由“学理”入“试验”，将域外学理与中国农事实际相结合。晚清以来设立的各级农业教育、试验以及行政机构，为农学者聚合搭建了平台。随着日本、欧美农科留学生返国以及国内农科教育兴起，以农科为专业背景的人士进入以上各类机构，逐渐形成以日本留学生为中坚的农学者群体。

一　农业学校与试验场的农学者

在西学东渐以及进化论观念驱动下，中国固有知识和制度体系发生剧烈变动的大背景下，注重引介域外现代农学知识，设立农科和农事试验场，以期传统之“经验农业”趋于科学化。[2]

---

〔1〕沈宗瀚、赵雅书等编著：《中华农业史——论集》，台北：台湾商务印书馆 1979 年，第 275 页。

〔2〕沈宗瀚认为，晚清的农业科学化努力到 1920 年代才收到一定成效，如言：“四千年来中国农业，皆由于累积的经验而缓慢进展。至民国十年以后，科学农业始渐萌芽。农业学校与试验场所始用科学方法，以改良蚕桑棉花，并在附近农村，推广改良品种，少数农民始受到利益。这种科学农业发展甚缓，至民国二十年以后，始迅速发展，推行全国。然仅昙花一现，二十六年抗日战争开始，农业研究改良的工作大受阻碍。”（参见氏著《中国农业现代化的开始》，黄俊杰编：《面对历史的挑战：沈宗瀚与我国农业现代化的历程》，台北：幼狮文化事业公司 1984 年，第 43 页）此处将“科学化”等同于“现代化”，但其表述更倾向用“科学化”。胡适在给沈氏《中年自述》一书所作序言中直称“现代化”，“这三阶段的农学研究推广的历史，就是中国现代农业建设的历史，也就是中国民族的现代建设史的很重要的一叶了”。参见氏著《中国农业科学化的初期》，《沈宗瀚晚年文录》，第 83 页。

清季朝野上下鼓动通过学堂教育培养农学生，引介并学习域外农学知识。于是，农业教育渐次兴起成为造就近代农学者的主要途径。其中，张之洞的作用十分关键。1889年，张之洞督粤时于广州水陆师学堂开设植物学课程，聘请西人葛路模（Percy Groom）教授。[1] 11月10日，他将“植物学”列为五种西学之一，谓：“圣人教民树艺，后世抑为农家。西人穷其绪余而推阐之，遂立植物一学。析其物类性质，辨其水土宜忌，勒为成书。天时之穷，济以人力，人力之穷，辅以机器。于是国无弃地，地无遗力。农桑为生民之本业，方今生齿日多，灾沴时有，岂可不亟为经营，此植物之学宜讲也。”[2]

张之洞转任湖广总督后，在武昌开办湖北农务学堂，[3] 设农、蚕两科，招选“绅商士庶子弟”或“有志讲求农学者”，[4] 规定“年在二十以下，十四以上，已习英文三四年，及未习英文而文理通顺，资性聪颖，身家清白”。[5] 1898年8月，学堂正式开学，但后因发生学潮，教学秩序混乱，办学业绩不佳。同年，杭州知府林启创办浙江蚕学馆，于当年3月开学，须“文理通顺，年二十左右，明敏笃静者”，学制三年，每年招生30人。[6] 以上学堂师

〔1〕《李瀚章：水陆师学堂添设各项奏立案折》，高时良编：《近代教育史资料汇编·洋务运动时期教育》，上海：上海教育出版社1992年，第462页。

〔2〕张之洞：《增设洋务五学片》（光绪十五年十月十八日），赵德馨主编，吴剑杰等点校：《张之洞全集》第2册（奏议），武汉：武汉出版社2008年，第295页。

〔3〕1905年，湖北农务学堂改称“湖北高等农务学堂”，实际仍是中等程度。

〔4〕《湖北农工学堂招考学生示》，《农学报》第42册，1898年9月，第2页。

〔5〕《农务学堂招考农学示》，《农学报》第66册，1899年5月，第1页。

〔6〕《浙江蚕学馆招考章程》，《农学报》第21册，1898年2月，第3页。

资均以日籍教员为主。[1]江浙蚕业部门几被浙江蚕学馆的毕业生所垄断，如中华农学会会员、知名蚕业专家郑辟疆即从此毕业。

1896年6月12日，李端棻上《奏请推广学校折》，建议省学课程为诵经、史、子及国朝掌故诸书，辅以天文、舆地、算学、格致、制造、农桑、兵、矿、时事和交涉等书，以3年为期；首倡开办"京师大学"，课程如省学，"惟益加专精，各执一门，不迁其业"。[2]此议得到孙家鼐、康有为和美国传教士李佳白、狄考文等支持，但农科创办颇费周折。8月，孙家鼐在《议复开办京师大学堂折》中提出大学堂"学问宜分科也，京外同文、方言各馆，西学所教亦有算学、格致诸端，徒以志趣太卑，浅尝辄止，历年既久，成就甚稀，不立专门，终无心得"，拟立10科，其中第七科为"农学科"，"种植水利附焉"。[3]次年，光绪帝诏令兴农学，命各省督抚兴办农学堂，翻译外国农学书籍。[4]

1898年年初，康有为《上清帝第六书》亦主张在"京师立大学"。[5]同年6月，他再上《请开学校折》谓："专门者，凡农、商、矿、林、机器、工程、驾驶，凡人间一事一艺者，皆有学，皆为专门也"，"其

---

〔1〕 1898年2月，张之洞聘请美籍教习布里尔为正教习，以"教导学生农人，研求物理，依法种植"（《湖广总督张之洞兴办农学堂咨文》，朱有瓛主编：《中国近代学制史料》第1辑下册，上海：华东师范大学出版社1987年，第958页）。又大量延聘日本教习，计有蚕学教习峰村喜藏、中西留应，农学士美代清彦、吉田、后藤房治、近藤时太郎、早川正文、真三总三郎、津村哲四郎、南谕吉、富士省三、船冈献治、横山村平等。王桂等编：《中日教育关系史》，济南：山东教育出版社1993年，第625页。

〔2〕 朱有瓛主编：《中国近代学制史料》第1辑下册，第484—485页。

〔3〕 王学珍、郭建荣主编：《北京大学史料》第1卷，北京：北京大学出版社2000年，第24页。

〔4〕 丁致聘编：《中国近七十年来教育记事》，上海：商务印书馆1935年，第7页。

〔5〕 姜义华、张荣华编校：《康有为全集》第4集，北京：中国人民大学出版社2007年，第19页。

所谓大学者，不过合各专门之高等学多数为之”，“英大学分文、史、算、印度学、阿喇伯学、远东学，于哲学中别自为科。美则加农、工、商于大学，日本从之”，而中国“京师议立大学数年矣，宜督促早成之，以建首善而观万国”。[1] 7月3日，总署奏《遵筹开办京师大学堂折》，并附由梁启超起草《京师大学堂章程》，分设博通学、专门学各10种，“农学”列第二十。[2] 8月19日，裕庚提议效法日本，设立大学，分设6科，即法科大学（分二目）、医科大学（分二目）、工科大学（分九目）、文科大学（分九目）、理科大学（分七目）、农科大学（分四目）。[3] 孙家鼐赞同此议，表示将付诸施行。[4] 1901年8月，刘坤一、张之洞上奏“育才兴学四事”，力主参照东西学制，在高等学校开设经学、史学、格致学、政治学、兵学、农学和工学7种专门学。[5]

1902年8月，张百熙主持拟定《钦定京师大学堂章程》，将大学堂分为大学院、大学专门分科和大学预备科三个层级。大学分科略仿日本成例，分设七科：政治科第一，文学科第二，格致科第三，农学科第四，工艺科第五，商务科第六，医术科第七。农学科分为四目：农艺学、农业化学、林学和兽医学。[6]“壬寅学制”未能付诸实施。张之洞会同张百熙、荣庆重订章程，于1904年出

---

〔1〕姜义华、张荣华编校：《康有为全集》第4集，第315—316页。

〔2〕《总理衙门奏拟京师大学堂章程》，王学珍、郭建荣主编：《北京大学史料》第1卷，第82页。

〔3〕朱有瓛主编：《中国近代学制史料》第1辑下册，第640页。

〔4〕《管理大学堂大臣孙家鼐片》，朱有瓛主编：《中国近代学制史料》第1辑下册，第645页。

〔5〕《刘坤一张之洞奏育才兴学四事折》，王学珍、郭建荣主编：《北京大学史料》第1卷，第28页。

〔6〕朱有瓛主编：《中国近代学制史料》第2辑上册，第754—760页。

台《奏定学堂章程》(亦称“癸卯学制”)，规定大学堂分科大学下设八科，即经学科、政法科、文学科、医科、格致科、农科、工科、商科。农科分为农学门、农艺化学门、林学门、兽医学门。[1] 1905年，分科大学开始筹备。1909年2月，罗振玉任农科大学监督，赴日调查农科大学。1910年3月，除医科外，七科分科大学均已开办，农科开办农学门，招收新生17人。不久，变通农科规定暂以日文教授，先设补习科，录取各处优级师范毕业生。8月，开设本科，分农学、农艺化学两科，招收补习科学生。

晚清农业教育形式，除农科大学外，另有实业教育系统各级农业学堂。[2] 大学堂强调“造就通才”和“学术艺能”，各级农业学堂则注重培养学生“技能”，以俾于从事实际工作。1903年《奏定实业学堂通则》颁布，确立初等农业学堂、中等农业学堂、高等农业学堂三个层级，附设实业补习普通学堂、农业教员讲习所。[3] 1902年直隶创办农务学堂，分速成、预备两科，教授农桑各学，1904年改称直隶高等农业学堂，增设林科。1902年山西设

---

〔1〕王学珍、郭建荣主编：《北京大学史料》第1卷，第98、114页。

〔2〕朱有瓛主编：《中国近代学制史料》第2辑上册，第101页。

〔3〕《奏定初等农工商实业学堂章程》规定，初等农业学堂招收初等小学者，以“教授农业最浅近之知识技能，使毕业后实能从事简易农业为宗旨”；《奏定中等农工商实业学堂章程》规定，“已习高等小学之毕业生入焉”，以“授农业所必需之知识艺能，使将来实能从事农业为宗旨”；《奏定高等农工商实业学堂章程》规定，“已习普通中学之毕业生入焉”，以“授高等农业学艺，使将来能经理公私农务产业，并可充各农业学堂之教员、管理员为宗旨”；《奏定实业补习普通学堂章程》规定，此类学堂附设于小学堂、中学堂及各种实业学堂，分为农业科、工业科、商业科和水产科，“以简易教法授实业所必需之知识技能，并补习小学普通教育为宗旨”；《奏定实业教员讲习所章程》规定，该所附设于农工商大学或高等农工商业学堂，“中学堂或初级师范学堂毕业生入焉”，以“教成各该实业学堂及实业补习普通学堂、艺徒学堂之教育为宗旨”。舒新城编：《中国近代教育史资料》中册，北京：人民教育出版社1981年，第742、745、749、758、767、771页。

立农务学堂，1906年改称山西高等农林学堂。1905年江西创办实业学堂，开设农科，1910年增设林科，改称江西高等农业学堂。1906年，山东设立农林学堂，开设农、蚕、林三科，1907年改称山东高等农林学堂。[1]到1909年，全国有农科大学1所；高等农业学堂4所，在校学生530人；中等农业学堂31所，在校学生3226人；初等农业学堂59所，[2]在校学生2272人。[3]初创农科教育基本上是按照日本模式而建立。1906年，在聘外籍教师600余人，其中日籍人士占绝大多数，这种情形一直持续到民初，日本留学生代之而占据主导地位。[4]

民初农业教育大体因袭前朝，但亦有变动。[5]1912—1913年，教育部公布《学制系统案》《学校系统令》，形成“壬子癸丑学制”，分为小学—中学—大学（或专门学校）普通教育，师范教育和实业教育统系。实业教育分为乙种和甲种两级，程度相当于初等、中等，各三年毕业。“高等农业学堂”改称“农业专门学校”，“中等

---

〔1〕周邦任、费旭主编：《中国近代高等农业教育史》，北京：中国农业出版社1994年，第15—16页。

〔2〕亦有统计认为初等农业学堂数目为75所，王笛：《清末民初我国农业教育的兴起和发展》，《中国农史》1987年第1期，第72页。

〔3〕《宣统元年分第三次教育统计图表》，宣统二年（1910）学部总务司编印刊行。

〔4〕时在北京农业专门学校求学的沈宗瀚感同身受：“教授均为中国籍，多系日本留学生及京师大学毕业生。仍多摘译日本课本以为讲义，购用日本动植物标本以代本国实物。农场实习不过播种、除草、施肥、收获等普通简单工作。教授与学生对于中国农业认识甚少，遑论研究改良。”沈宗瀚：《中国农业科学化的初期》，《沈宗瀚晚年文录》，第84页。

〔5〕据说当时本“拟遍采欧美各国之长，衡以本国情形，成一最完全之学制”，但“当时由欧美回国之人，专习教育者绝少，不能窥见欧美立法精神，译出文件，泰半不适用”。而且，“欧美制终不适于国情，结果仍是采取日本制，而就本国实际经验，参酌定之”。蒋维乔：《民元以来学制之改革》，陈学恂主编：《中国近代教育史教学参考资料》中册，北京：人民教育出版社1987年，第164页。

农业学堂”为“甲种农业学校”，“初等农业学堂”为“乙种农业学校”。[1]农业专门学校在于“养成农业专门人才”，[2]中等、初等农业学校则以教授“必需之知识技能”为目的，[3]后者设于乡间，便于传授农人子弟现代农学知识。

次年8月4日，教育部公布《实业学校令》，规定甲、乙种实业学校分别施行完全、简易普通实业教育，种类有农业学校、工业学校、商业学校、商船学校、实业补习学校等，蚕业学校、森林学校、兽医学校、水产学校均属农业学校；省行政长官视地方需要设甲种实业学校，县及城镇乡或农工商会得设乙种实业学校，亦可酌情设立甲种实业学校；各专门学校附设甲种实业讲习科，各专门学校或甲种实业学校附设乙种实业讲习科。以省经费设立者为省立实业学校，以县城镇乡经费设立者为县立或城镇乡立实业学校。8月，教育部公布《实业学校规程》，规定农业学校分为甲、乙两种，甲种农校学科为农学科、森林学科、兽医学科、蚕学科、水产学科等，其专业程度相当于中等学校水平，入学需预科且14岁以上，具有高等小学毕业程度，本科由预科升入，修业期限预科1年，本科3年，以省立为主。乙种农校可设农学科、蚕学科、水产学科，全设或酌设一二科以上，入学需在12岁以上，具有初等小学毕业，学制3年，以县立为主。[4]江苏、浙江、安徽、山东等地相继设立新校，或在清季农校基础上改建。据中华职业教育

---

〔1〕舒新城编：《中国近代教育史资料》下册，北京：人民教育出版社1981年，第225页。

〔2〕《教育部公布大学令》(1912年10月24日)、《教育部公布农业专门学校规程》(1912年12月7日)，《中国近代教育史资料汇编·高等教育》，上海：上海教育出版社1993年，第367、546页。

〔3〕《教育部公布实业学校令》，舒新城编：《中国近代教育史资料》下册，第777页。

〔4〕舒新城编：《中国近代教育史资料》下册，第777—782页。

社调查，1921年全国甲种农校共计79所，乙种农校328所。[1]其中，江苏省立第一、第二农校和浙江省立甲种农校办学成绩较佳。

清季各省农务学堂相继改称农业专门学校。1912年直隶高等农业学堂改为直隶公立农业专门学校；山西高等农林学堂改为山西公立农业专门学校，分设农、林、畜牧三科；江西高等农业学堂改为江西公立农业专门学校，设农、林两科；1913年山东高等农林学堂改为山东公立农业专门学校。[2]川、豫、粤、浙先后创设农业专门学校。1912年，川省在原四川通省农政学堂基础上，设立四川高等农业学校，1914年改为四川公立农业专门学校，设农科、林科、蚕科、殖边科以及甲农科，1912—1919年，由江书祥、凌春鸿、陈彰海等日本东京帝国大学农科毕业生长校。凌春鸿专长农业经济，担任农政学、殖民学、农经学教学；陈彰海专长农业土木，另有余耀彤、向井钧、刁本立、何先恩、聂鑫、邓崇德、冯盛耕、温良、张锡福、徐埏、杜廷凤等任教。[3]1912年，东京帝国大学林科毕业生吴肃筹办河南公立农业专门学校，设农、林两科，师资有黄人俊（留学日本，作物学）、郭须静（法国巴黎凡尔赛园艺专门学校，园艺学）、钱仲南（日本东京帝国大学农科，畜产肥料、气象地质）、万晋（美国耶鲁大学，林业概论）、郝象吾（美国加州大学，遗传学）、俞端甫（地质矿物学）、李天平（动物学）、陆星桥（植物学）、周少牧（蚕桑学）、杜嘉瑜（东京帝国大学林科，造林气象、森林

〔1〕《教育与职业》第35期；邹秉文：《新学制实行后之各省农业教育办法》，《农学》第1卷第1期，1923年2月，第6页。

〔2〕《民国初年农业专门学校一览表》，《中国近代教育史资料汇编·高等教育》，第550页。

〔3〕四川大学校史编写组编：《四川大学校史》，成都：四川大学出版社1985年，第43—44页。

动植物测量、森林工学、林学通论，兼林科主任）、马显扬（东京帝国大学农科，作物土壤农学、农业经济）、宋孝雄（东京帝国大学农科，园艺、植物病理、农产制造）、魏丹铭（养蚕学、缫丝学）、祝少莘（北京大学农艺化学科，农艺化学）、黄作楫（直隶农专，农场场长）等。[1] 1917年，广东将原省农林试验场附设农业、林业讲习所，改为广东公立农业专门学校，设农学科，学制四年，师资有邓植仪、丁颖、沈鹏飞、侯过、利寅等。[2] 1912年，浙江省将“农业教员养成所”改为甲种农业学校，1918年改为浙江公立农业专门学校。

1914年2月，北京大学农科改为北京农业专门学校。3月，复改为农科大学。[3] 农科师资初以日籍人士为主，计有藤田丰八（1909年12月—1911年2月）、橘义一（1909年12月—1912年10月）、小野孝太郎（1909年12月—1913年5月）、三宅市郎（1910年8月—1914年1月）；本土师资有毛鸞（1911年闰6月—11月）、章鸿钊（1911年10月—1912年4月），[4] 林炳炎（狩猎术、森林法律）、瞿祖熊（肥料学、养蚕学）。[5] 校政多由清季旧人掌理，1912年2月叶可樑管理农科大学事宜；1913年1月吴宗栻任农科大学学长，开办农场，添设农学实科；1914年2月，路孝植长校，增设林学科、预科，设立林场；1917年9月金邦正任校长。[6]

〔1〕校史编写组：《河南农业大学校史》，郑州：大象出版社2003年，第1—5页。

〔2〕梁山：《中山大学校史：1924—1949》，上海：上海教育出版社1983年，第4、7页。

〔3〕《北京农业专门学校一览》，1917年，第3页。

〔4〕《前任职员录·乙类》，王学珍、郭建荣主编：《北京大学史料》第1卷，第343—344页。

〔5〕《职员姓名录》，《北京农业专门学校一览》，1917年，第103—104页。

〔6〕《北京农业专门学校一览》，1917年，第4—5页；《农学院沿革》，《国立北平大学一览》，1932年，第1页。

民元以来，农科本土师资增多。1913年7月，许璇从东京帝国大学农科大学农学科获农学士，返国始任北京大学农科教授兼农场场长。许璇（1876—1934），字叔玑，浙江瑞安人，1892年中秀才，1894年补廪膳生员，受甲午战败刺激，遂弃举业，自学东文，因成绩颇著被孙诒让聘为东文教习，1902年入读南洋公学，习理化、博物、外语等科，1904年受聘湖北编书局编辑员兼湖北学报编辑，1905年年初为广东学务公所编纂，同年入京都第三高等学校预备班补习日文，1910年考入东京帝国大学农学科，主攻农业经济学。[1]未久，梁希等人也任教于此，许璇、梁希二人志趣相投，皆有"事功"之志，并建立厚谊。梁希（1883—1958），浙江吴兴人，原名曦，字索五，1905年入浙杭武学堂习军事，因体格原因退出行伍，次年官费东渡日本入弘文书院预科，后入日本士官学校习海军，1907年加入中国同盟会，与陈其美结为好友，后返国参加浙江湖属军政府负责新军训练，南北议和后返日，1913年入东京帝国大学农学科，专攻森林利用、林产制造。与其同学的有许璇、侯过、林骙、俞寰澄等人。河合铈太郎（木材学教授）、本多静六、川濑喜太郎、右田半次郎、三浦伊八朗（林产化学教授）等尤为称道，1916年完成学业回国，先入奉天安东鸭绿江采木公司任技师，后转入北京农科大学任教。[2]

北京大学农科教职员分为三类，教务主任：吴宗栻（农学科），程鸿书（林学科），万声扬（预科）；专任教员：吴宗栻（化学、化学实验），许璇（畜产学、肥料学、地质及土壤学、殖民学），王之栋（作物学、植物学、动物学），程鸿书（森林经理学、森林数学、

---

〔1〕 孙信编：《许叔玑先生年谱》，《中华农学会报》1935年7月第138期，第2页。
〔2〕 陈植：《怀念梁老叔伍先生》；张楚宝：《梁希先生年谱》，梁希纪念集编写组编：《梁希纪念集》，北京：中国林业出版社1983年，第32、154—155页。

物理及气象学），张联魁（造林学、林政学、法律概要），梁希（森林利用、森林工学、林产制造、林产制造实习）；兼职教员：陶昌善（农业土木学），章祖纯（植物病理学），汪扬宝（农业经济学、养蚕学），夏树人（园艺学、农产制造实习），孙宗浩（农产制造学），姚龙光（农政学、农场实习），张仁任（农场实习），徐钟藩（昆虫学），徐莹石（农具学、水产大意），万勖忠（农艺物理及气象学），严培南（数学、测量实习），张际春（兽医大意），凌其炎（法律概要、经济学、财政学），周应时（兵学概要），邓镇瀛（森林测量学、测量实习），魏宗迈（森林植物学、森林动物学、动植物实验），钟毅（森林管理学、狩猎术），廖训椝（森林保护学、林学大意），钱毯孙（农学总论）。[1] 教职员呈现三个特点，一是来源广泛，除专任教员外，其他兼任教员主要来自农林行政和农事试验机构；二是清季旧人仍占有较大比重；三是日本留学生占据主导。沈宗瀚因此称民元以来北大农科教授均为中国籍，多是日本留学生及京师大学堂毕业生，所讲内容多负贩日本，只有许璇等少数教员注重实际问题研究，其《农政学讲义》详论中国关税、土地及人口等政策。[2]

随着农学教育的进展，农事试验场日益受到重视。农事试验场滥觞于戊戌新政时期的上海育蚕试验场，1903 年商部《通饬各省振兴农务折》指出："振兴农务之法，不外清地亩，辨土宜，以及兴水利，广畜牧，设立农务学堂与试验场。"[3] 关于兴办试验场，"凡土质之化分，种子之剖验，肥料之制造，气候之占测，皆设立

---

〔1〕《职员姓名录》，《北京农业专门学校一览》，1917 年，第 97—99 页。

〔2〕秦孝仪主编：《革命人物志索引·沈宗瀚》第 21 集，台北：中央文物供应社 1982 年，第 174 页。

〔3〕高劳：《十年以来中国政治通览·实业篇》，《东方杂志》第 9 卷第 7 号，1913 年 1 月 1 日，第 87 页。

试验场，逐一考求，纵人观览，务使乡民心领其意，咸知旧法之不如新法，乐于变更”。[1]到1904年，直隶、鲁、晋、赣、湘等地分别在省城设立农事试验场。1906年3月18日，广州《羊城日报》刊文呼吁：“当道知欲辟利源，非振兴农业不为功，而试验场之设，尤与学堂相辅而行，纵人观览，互相考求，使农氓智识开通，咸恍然舍其旧而新是图，尤今日劝农之要点。”[2]1906年，农工商部上奏：“泰西各国，罔不以农事为重。美利坚以农立国，富甲全球；日本维新以来，农事改良，遂致物产繁兴，工艺发达。近闻日本之福冈、北海道等处，均有试验场，或数百顷以至千顷，皆为劝农所设”，“京师为首善之区，树艺农桑为臣部所职掌，自宜择地设立农业试验场一所，以示模范”。[3]4月，本着“经营布置，力求进步，期于首善之区，借示农业模范，为广开风气，振兴实业之基础”，农工商部在西直门外设立农事试验场，清末状元刘春霖任场长，标志着全国性农事试验机构的诞生。该场初设树艺、畜牧和蚕桑3科，规模尚小，成绩亦不显。民元后，其内部科别调整为树艺、园艺、蚕桑、化验、病虫害5科，每科均有试验项目，进行谷麦、蚕桑、蔬菜、果品、花卉等作物品种的试验与改良。[4]1913年，新设病虫害科，由章祖纯主持。[5]

---

〔1〕朱寿朋编：《光绪朝东华录》第5册，北京：中华书局1958年，第116—117页。

〔2〕《论考察农业》，《东方杂志》第3卷第6号，1906年9月25日，第96页。

〔3〕穆祥桐：《农工商部农事试验场》，《中国科技史料》第8卷第4期，1987年，第3—4页。

〔4〕李文治编：《中国近代农业史资料》第1辑，北京：生活·读书·新知三联书店1957年，第873—875页。

〔5〕章氏为美国加州大学农学士，专门研究植物病理学，后任中央农事试验场场长；1916年发表《北京附近发生最盛之植物病害调查表》，为国内实地调查植物病害之始；1914—1917年，至北京农专讲授植物病理学课程。董光璧主编：《中国近现代科学技术史》，长沙：湖南教育出版社1997年，第1017页。

1906年，奉天、福建设立农事试验场。奉天的规模最大，初占地300亩，后扩充至1300亩，全场划分为试验区、普通耕作区、蔬菜区、果树区、苗圃、桑园、牧草地、树林区等，附设农业学堂，还在新民、锦州、昌图、海龙、绥中等地设立分场，先期聘用日本场师，1907年后改聘留美生陈振先主持。[1] 据统计，1910年前全国约开办农事试验场共计20余处。[2]

表1-1　全国农事试验场及研究机构一览表（1898—1920年）[3]

成立时间	地点	机构名称	成立时间	地点	机构名称
1898	上海	育蚕试验场	1915	正定	第一棉业试验场
1902	保定	直隶农事试验场		南通	第二棉业试验场[5]
1903	太原	山西农事试验场		武昌	第三棉业试验场
	济南	山东农事试验场		长清	林业试验场
1904	济南	山东林业试验场	1916		农商部林务研究所
1906	北京	农工商部农事试验场[4]	1917	烟台	水产试验所
	大连	奉天农事试验场		临汾	山西棉业试验场
	福州	福建农事试验场		上海	中国合众蚕业改良会蚕种场

〔1〕王红谊等编著：《中国近代农业改进史略》，北京：中国农业科技出版社2001年，第10页。

〔2〕闵宗殿等：《晚清时期我国农业的新变化》，《中国社会经济史研究》1985年第4期，第67页。

〔3〕此表根据以下资料制成，穆祥桐：《中国近代农业史系年要录》，《中国科技史料》第3—4期，1988年；林文照：《20世纪前半期中国科学研究体制化的社会因素》，《自然科学史研究》第13卷第2期，1994年，第99页。

〔4〕1916年，改称中央农事试验场。

〔5〕1928年，改为江苏省立棉作试验所。

续表

成立时间	地点	机构名称	成立时间	地点	机构名称
1908	大连	奉天植物研究所			
	天津	天津种植园			中华植棉改良社植棉试验场
1912	北京	农林部林艺试验场			
	张家口	第一种畜试验场		长沙	湖南省立茶业讲习所[1]
1913	北京	中央农事试验场气象观测所	1918	临清	山东省立棉业试验场
		第二种畜试验场	1919	南京	华商纱厂联合会南京试验场
	凤阳	第三种畜试验场	1920	武昌	第三林业试验场

1912年，北京自治团拟将天坛改为公园，农林部则欲收归改建畜牧场，终因社会舆论反对而作罢。[2] 1913年，张謇出长农商部，推行“棉铁政策”，广设棉业试验场。1915年，河北正定、江苏南通、湖北武昌分别设立第一、二、三棉业试验场；1916年河南彰德设模范棉场；1918年北京设第四棉场，引种美国短绒棉与长绒棉。1916年2月，农商部解释设场办法及缘由：“农事试验场

〔1〕 1928年，改为湖南省立茶事试验场。

〔2〕 有时评说：“农林部亦可以休矣！贵部于全国农林畜牧事业，未闻改良一事，未闻筹建一策，但知有三贝子花园，则攫为农业试验场，今又知有天坛将改公园，则复攫为农林畜牧场。不知贵部果为全国行政而设耶，抑专为贵部攫产而设耶？农业试验及农林畜牧皆当以实绩，不以虚文，非仅仅挂一招牌于北京地面，即可敷衍门面也。贵部若真注意于农林畜牧场，天坛以外随地皆可设置。而北京市民之公园，则除天坛更无相当之地，此事势显然者也。且农林部畜牧场并不宜在市中，而市民公园则非在市中不可。”《公园与农林畜牧场》，《中国日报》1912年11月2日第2版。

之设立，原以图农事之改良。中国幅员广袤，气候土宜，南北互异，举凡选种、施肥、占时、测候以及耕耘之法、辨土之方，苟非随地随时互相印证，则智识无由交换，风气未易从同，自非有提纲挈领之方，难收絜比观摩之效。”此外，农商部直辖北京西直门外农事试验场改称“中央农事试验场”，以“树全国农事之模范”；各省、县所设农事试验场分别改称某省地方农事试验场，“俾得联络接洽，凡关于树艺、园林、土壤、肥料、种子，一切研究试验，彼此直接讨论，则手续既形简捷，研究自易精详”。[1] 此后，江苏在淮阴、铜山筹办省立第一、第二农事试验场。[2] 随着各地农事试验场的开办，不断有农科生进场任事。

二 农政机关的农学者

仿照域外创设农业行政机关，是清季民初政治制度转型的重要内容。它导源于早期维新思想，起于戊戌新政，确立于清季官制改革，民初又有新调整。

1890 年代初，时人观察到“泰西农政，皆设农部，总揽大纲”，“其尤妙者，农部有专官，农功有专学，朝得一法，暮已遍行于民间。何国有良规，则互相仿效，必底于成而后已”，建议清廷“专派户部侍郎一员，综理农事，参仿西法，以复古初”。[3] 1896 年年底，罗振玉、徐树兰、朱祖荣、蒋黻等指出“西国农部各员，无不由

〔1〕《农事试验场联合办法》，《新闻报》1916 年 2 月 14 日第 2 张第 1 版；《中央及地方农事试验场联合办法》，《东方杂志》第 13 卷第 4 号，1916 年 4 月，第 9—10 页。

〔2〕《苏省农业之近况》，《时事新报》1917 年 3 月 7 日第 2 张第 3 版。

〔3〕郑观应：《盛世危言·农功》，夏东元编：《郑观应集》上册，上海：上海人民出版社 1982 年，第 735—737 页。

农学学堂出身者”。〔1〕1898年1月29日，康有为《上清帝第六书》提出以“制度局总其纲”，下辖法律、度支、学校等12局“分其事”，其中之“农局”专“司举国之农田、山林、水产、畜牧，料量其土宜，讲求其进步改良”。〔2〕在朝野鼓动下，清廷决定仿照日本农商务省设立农工商总局。8月21日，光绪帝谕令：“训农又为通商惠工之本，中国向本重农，惟尚无专董其事者，以为倡导，不足以鼓舞振兴，着即于京师设立农工商总局”，派端方、徐建寅、吴懋鼎为督理，专办其事；同时“各直省即由该督抚设立分局，遴派通达时务、公正廉明之绅士二三员，总司其事”。〔3〕旋因戊戌政变，此项新政无疾而终。

1901年9月，刘坤一、张之洞联名上奏：“近年工商皆间有进益，惟农事最疲，有退无进。大凡农家率皆谨愿愚拙不读书识字之人，其所种之物，种植之法，止系本乡所见，故老所传，断不能考究物产，别悟新理新法，惰陋自甘，积成贫困。今日欲图本富，首在修农政；欲修农政，必先兴农学。”〔4〕进而建言专设“督课农务之事”农政大臣，“立衙门，颁印信，作额缺，不宜令他官兼之，以昭示国家敦本重农之意”。〔5〕1902年，岑春煊、袁世凯分别奏称：“农工为商务之本，而商之懋迁，全赖农之物产、工之制造。欧美、日本以商战立国，而于农业、工艺精益求精，经营董劝不

〔1〕《务农会公启》，《时务报》第13册，1896年12月5日，第892页。
〔2〕姜义华、张荣华编校：《康有为全集》第4集，第19页。
〔3〕《清德宗实录》（六），卷423，光绪二十四年七月壬子，北京：中华书局1987年，第539—540页。
〔4〕朱寿朋编：《光绪朝东华录》第4册，北京：中华书局1958年，总第4758—4759页。
〔5〕沈桐生辑：《光绪政要》第27卷，台北：文海出版社1971年，第45—46页。

遗余力”，应效法东西各国，“尤注意务农，专部统之”。[1] 1903 年 9 月，清廷依照考察欧美及日本商务大臣载振建议设立商部，位列外务部之后，分设保惠、平均、通艺、会计四司，各司农、工、矿、交通、财政等项，“平均司”为农政机关，执掌“开垦、农务、蚕桑、山林、水利、树艺、畜牧一切生植之事”。[2] 1906 年，清廷将工部与商部合并，称农工商部；将“平均司”改为“农务司”，专司农政，原隶户部之农桑、屯垦、畜牧、树艺等事，工部之各省水利、河工、海塘、堤防、疏浚等涉农事宜，悉划归该司。[3] 1908 年，清廷颁布新官制，在各省设立劝业道，附设劝业公所，“归本省督抚统属”，管理全省农、工、商、矿及交通等事务。[4]

出国较早的留日农科生顺应了农业等新衙门对专门人才的需求。1906 年，胡宗瀛回国被授予农科进士、农工商部员外郎；1907 年 2 月，田步蟾等 6 人或被派外官或在京师各衙门补实缺。[5] 同年 9 月，农科举人叶基桢被授予农工商部候补艺师。[6] 1908 年 4 月，邱中馨以主事按科分部学习，屠师韩、罗会坦、叶基桢授内阁中书，黄立猷、陈耀西、邓振瀛授七品小京官按科分部学习。[7] 1909 年，陈振先为翰林院编修，齐鼎颐、陆家鼎、程荫南、曹文渊以

---

〔1〕 廖一中、罗真容整理：《袁世凯奏议》中册，天津：天津古籍出版社 1985 年，第 852 页。

〔2〕 高劳：《十年以来中国政治通览·实业篇》，《东方杂志》第 9 卷第 7 号，1913 年 1 月 1 日，第 87 页。

〔3〕 故宫博物院明清档案部编：《清末筹备立宪档案史料》上册，中华书局 1979 年版，第 480 页。

〔4〕《宪政编查馆考核直省劝业道管制细则酌加增改折》，吉林省档案馆、吉林省社会科学院历史所编：《清代吉林档案史料选编·上谕奏折》，长春：吉林省档案馆 1981 年，第 102 页。

〔5〕《学部为请钦定引见进士馆留学毕业学员事奏折》，《历史档案》1998 年第 1 期，第 61 页。

〔6〕《学部带领验看之考取留学毕业生姓名履历分数清单》，《历史档案》1998 年第 1 期，第 63 页。

〔7〕《学部带领验看廷试游学毕业生履历等清单》，《历史档案》1998 年第 1 期，第 67 页。

内阁中书补用。[1]1910年，程鸿书、唐有恒为翰林院检讨，于树桢、周藻祥、彭望恕、周秉琨以主事按科分部补用，吴肃、刘学诚以内阁中书补用，吴达、杨永贞以小京官按科分部补用。1911年5月，凌春鸿、梁赍奎、陈训昶、叶可樑、汪果、崔潮、刘先振廷试一等、经学部考验列最优等，授翰林院编修或检讨；郭宝慈、张正坊、张联魁廷试一等、考验优等，以主事按科分部补用；朱显邦、张明纶、杨熙光、岑兆麟、郑桓、杜慎媿、许文光、黄公迈、吴锡忠、仉绍文廷试二等、考验列最优等，或廷试一等、考验中等，以七品小京官按科分部，俟三年俸满后为候补主事；杨兆鹏、万勖忠、吴燮、胡光普、严少陵、王澄清、瞿祖熊廷试二等、学部考验中等，以七品小京官按科分部补用；刘安钦廷试三等、学部考验优等，以知县分省即用。[2]同年9月，陶昌善、朱继承考试最优等，授农科进士、农工商部主事；黄艺锡、麦应端、何缵、姚龙光、牛献周、王文泰、李嘉瑗、况天爵、沈兢、潘赞化、徐梦兰、孙葆琦、林溥莹、张际春、成振春、林祜光、伍正名、罗应煊、高树藩、鲍化龙、严桐江，考验列优等或中等，均授农科举人以任事。[3]

民国肇建，农政机关建制因袭旧制又有所变更，层级一直保持司级，农林专部昙花一现；人事方面仍以清季留日生为基干。1912年，南京临时政府设实业部，掌管农、工、商、矿各业，设农务司主管农政。袁世凯任大总统后，将实业部分解为农林、工商

〔1〕《唐景崧等为请派游学毕业考试各科襄校官事奏折》，《历史档案》1997年第2期，第55页。

〔2〕《唐景崧等为请照章录用廷试游学毕业生事奏折》，《历史档案》1997年第4期，第53—58页。

〔3〕《溥伟等为请分别给予游学毕业生出身以示鼓励事奏折》，《历史档案》1997年第4期，第60、65页。

两部（1912年4月1日—1913年12月24日），农林部设总务厅及农务、垦牧、山林、水产4司。第一、二任总长：宋教仁、陈振先；次长：陈振先、梁赉奎；农务司长陶昌善，垦务司长田步蟾，山林司长胡宗瀛，水产司长曹文渊。[1]其他农务职员主要有，主事：陈元颖、司徒衍、杨煜奇；参事：刘馥、杨勉之、杨荣鋕、郑宪武；佥事：陈其瑗、易次干、韩安、漆运钧、陈训昶、章祖纯、李恩庆、黄艺锡、杜慎媿、杨景贤、李嘉瑗、齐鼎颐、张际春、张玉琴、邓振瀛、张焌、叶基桢；技正：章鸿钊、谭天池、谢恩隆、陆安、汪扬宝、周维廉、郑桓、唐荣禧、唐有恒；技士：丁宝纶、籍汉梁、崔学材。[2]留日出身者农林部28人，工商部40人。[3]1913年年底，农林、工商两部合组为农商部（1913年12月24日—1927年6月），下设农林、渔牧二司主管农业，陶昌善于1914年1月至1917年9月任农林司长，此后黄艺锡接任；田步蟾于1914年1月至1917年11月长渔牧司长，之后汪扬宝接任。[4]可见，民初以来中央农业行政一直由以陶昌善、黄艺锡等为首的留日生掌控。[5]

---

〔1〕刘寿林编：《辛亥以后十七年职官年表》，北京：中华书局1966年，第73—74页。

〔2〕陶昌善编：《全国农会联合会第一次纪事》，台北：文海出版社1973年版，第23—26页。

〔3〕农林部留日出身者为：司长陶昌善、胡宗瀛、曹文渊；佥事张明纶、陆家鼎、杜慎媿、李嘉瑗、叶基桢、黄艺锡、林祜光、孙葆琦、屈蟠、齐鼎颐、高文炳、周藻祥、徐宗彦、章鸿钊、汪扬宝；视察黄立猷、黄公迈、王文泰、张周伍；主事伍正名、屠师韩、杨用桢、谌晔、刘笏祥；技士徐苇舫。《农林工商两部职员与留日出身》，《顺天时报》1912年12月19日第7版。

〔4〕刘寿林编：《辛亥以后十七年职官年表》，第73—79页。

〔5〕陶昌善（1879—1950），浙江嘉兴人，毕业于北海道帝国大学农科。民元以来，先后任南京临时政府实业部农政司长、北京政府农务司长、农商部农林司长，1917年9月转任吉林省实业厅厅长，1920年任中央农事试验场场长，后任国民政府考试院编撰，1929年任财政部北平印刷局局长，后任财政钱币司科长，1937年3月30日署财政部公债司司长，1941年去职，著有《吉林矿务纪要》。刘国铭主编：《中国国民党百年人物全书》下册，北京：团结出版社2005年，第1993页。

表 1-2 1912—1917 年主要农业行政人员履历表

姓 名	籍 贯	毕业学校及专业	奖励出身	曾任职
陈振先	广东新会	美国加利福尼亚大学，农学博士	农科进士	翰林院编修
梁赉奎	广东南海	游学美国，习农科	农科进士	翰林院编修
胡宗瀛	安徽休宁	东京高等农业学校	农科进士	
陶昌善	浙江附生	东北帝国大学，农科	农科进士	农工商部主事
田步蟾	江苏淮阴		进士	农工商部主事，考察各国政治大臣随员
曹文渊	浙江天台附生	留学日本农科	农科举人	内阁中书补用
汪扬宝	江苏吴县	东京帝国大学，农艺化学科	农科进士	翰林院检讨
黄艺锡	江苏廪生	东京帝国大学，农艺化学科	农科举人	

清季民初以来，随着国内农业教育发展和国外农科留学生归国，农学者群体渐次在各级农业教育、试验和行政部门形成。他们的分布呈现出明显的不平衡特征：一是多集中于各级各类农业学校，农业行政和试验机构相对较少；二是在地域上，江浙及北京等地为主要集聚地。总之，国内农学者群体的生成，有助于彼此联络，建立人脉，组织学术社团开展各种交流、合作和研究活动。

第二节 组织渊源

追根溯源，中华农学会与早期留学生团体以及民初国内农学社团的渊源较深。20世纪初，留学青年对于域外现代学术的内容与建制，经历了一个由好奇到服膺，再到模仿和自创的历程。在观念上，他们希望“兴学术以光大事业”，通过“学战”以强国富民；在组织上，他们建立农学会，以联络感情，切磋学术。他们除进行知识学习、实验研究和田野实习外，还组织社团，开展学术研讨会。他们将此作为返国后“应行事”项的头等要事。〔1〕

一 欧美农科留学生社团

欧美留学生观察到，其留学所在国大学均设有专门学会，集聚各科“翘然杰出者”探讨学术，而且会员入会要履行申请、演说等程序。1909年，穆藕初入美国威斯康星大学习农，翌年便受邀莅临该校农学会演说，深受鼓舞和启发。〔2〕欧美留学生创立的农学组织约有三类，一是校内农科留学生发起的农学会；二是综合学术研究社团附设之农学研究组织；三是留美学生会下设相关团体。

中美名校伊利诺伊大学农学尤为发达，历来为中国留学生所看重。〔3〕1910年年底，蒋守柏、张文廷等人发起农学会，每月聚会两次，探讨农学问题。欧华清为会长，穆藕初为中文书记，张文廷为英文书记，邹树文为会计。欧华清、邹树文等回国后，均入中华农学会。〔4〕翌年夏，穆藕初转至该校后入会。〔5〕关于此会发起缘由及经过，穆氏记述道：

---

〔1〕 陆费执：《我之对于留学生习农学者言》，《留美学生季报》1918年春第1号，第73页。

〔2〕 穆藕初：《藕初五十自述》，赵靖主编：《穆藕初文集》，北京：北京大学出版社1995年，第34页。

〔3〕 黄汉樑：《美国最著大学调查》，《留美学生季报》1915年春第1号，第125页。

〔4〕 《本会会员一览表》，《中华农学会丛刊》1919年3月第2期，第7、13页。

〔5〕 穆藕初：《藕初五十自述》，赵靖主编：《穆藕初文集》，第33页。

去紫加角城百有六十英里，有益力诺大学者，中美著名大学之一也。教科严密而周详，仪器精良而完备。经费充足，岁有羡余。执事热心，职无旁贷。故其名誉之优隆，成绩之完美，虽东美最著名之大学相与并衡，亦未尝稍让者也。大学分科，各别为校，校各有特点，而以农科、机械科两分校为尤著，大学之成实基乎是。农科之卓有声誉者，曰土质学，曰畜牧学，盖主要之科目也。施教于是校者，理想与实验并重。卒业于是校者，学问与应用皆优。然则农科分校之有功于世亦大矣，益力诺大学之名亦盛矣。而丁未之前，我国人未闻大学之名，有志之士尝未得修业之地者，果何哉？盖由学界诸君未尽知农学之益，局步面墙，无以介绍于国人耳。自丁迄辛，我华之留学于是者，骤增数倍，今年且达四十八人，中有女生二人焉，自檀岛至。吾道不孤，有朋远来，洵至乐也。顾农学浩如烟海，教科奚止百数，尝谓侨美十年断难卒读。欲达融会贯通之境，必先集思广益之功。况乃祖国山河荒芜不治，愚氓遍野，游惰无方。以自古重农之国，而农业之窳腐也如此；以沃野千里之国，而农业之凋零也如此。即斯一端，已难与列强并驾，又奚言商战、工战也哉！同人等识惭子产，志切樊迟，爰于庚戌之季，由蒋君守柏，张君镜人等发起农学会于益力诺大学。月凡两聚，以促进行。教员或会员登坛演讲，必从实理。国人及他界问讯，答复尤不厌求详。前以资造就，后以分担负。国之热心君子，其亦不我遐弃欤！〔1〕

〔1〕 穆藕初：《美国益力诺大学中国学生农学会述略》，《湖南教育杂志》1913年第7期，第30—32页。

表 1-3　伊利诺伊大学中国学生农学会会员名录

姓　名	籍　贯	学　科	年　级	备　注
蒋柯亭	浙江宁波	普通农学、植棉学	农学硕士	已回国
欧毅峰	广东	土质学	农学硕士	会长
张文廷	江苏无锡	土质学	农科学士	英文书记
穆藕初	上海	畜牧学	四年生	中文书记
邹树文	江苏苏州	昆虫学	农科学士	会计
吴维勋	广东	畜牧学	四年生	
陆宝淦	江苏常熟	土化学	同上	
杨永言	江苏嘉定	普通农学	同上	
沈文郁	山东	同上	同上	
杨伯罗	广东	同上	同上	
竺可桢	浙江绍兴	森林学	同上	
钱崇澍	浙江海宁	普通农学	三年生	
虞振镛	浙江慈溪	农机学	二年生	
梁杜衡	广东	普通农学	同上	
赵士坤	广东	同上	同上	
汪启愚	江苏苏州	同上	一年生	

1915 年 2 月，此地中国留学生计有 70 余人，农学 11 人，商业 9 人，工程 7 人，化学、铁路工程、铁路管路各 5 人，矿学 4 人，电工科 3 人，机械、银行、法律、文学各 2 人，铁路转运、铁路簿计、卫生、工程、地质、医术、陶冶、植物、教育、算学、政治普通科学各 1 人。中国留学生会会长陈兰生，副会长孙恩麐，英文书记罗景崇，会计李思广，中文书记陆费执，孙恩麐、陆费执均习农科。他们除成立农学会外，还有商学会、文学会、国事研究会等，

探讨学理及现实问题，“可谓极一时之盛”。[1]此外，他们还负责接待国内来访学人，如1916年4月19日开会欢迎金陵大学农林科科长裴义理（Joseph Bailie）前来参观。[2]从资料所见，此会是中国最早的农业专门学会之一，但其会员来源、会务及组织影响大都限于校内。

相比，康奈尔大学农科中国留学生发起的中国科学社影响最大。秉志、金邦正、过探先、邹秉文、钱天鹤等，皆为社内农科研究最早的发起人和主持者。1904年，秉志以举人身份入京师大学堂预科，1909年考取第一届庚款官费生，入康奈尔大学农科习生物学。他自述道：欧美强盛是由“教育与专门科学技术而来，于是遂专心学习科学。又因自然科学是格物致知，破除迷信，与我的性情极合，此学是强国富民的利器，好之尤甚”。严复译赫胥黎《天演论》（*Evolution and Ethics*）对其影响很大，“因夙日喜读进化论等著作，尤倾心于达尔文的学说，以其纯由自然界的观察实验（辩证唯物）入手，是最与思想解放有关。达氏学说在19世纪中期于各种学术的推进有大功，打破了西洋中古时代宗教的迷信，我深好之，乃专习生物学，尤集中于动物学”。[3]1913年，他入该校研究院从著名昆虫学家尼丹（J. G. Needham）习昆虫学，1918年以昆虫解剖论文获哲学博士，又入费城的韦斯特解剖学及生物学研究所（The Wister Institute of Anatomy and Biology，Philadelphia），做研究学侣，随神经学家杜纳森（H. H. Donaldson）从事脊椎动物

〔1〕《各校记事》，《留美学生季报》1915年夏第2号，第137—138页。

〔2〕陆费执：《意利诺大学中国学生会通信》，《留美学生季报》1916年秋第3号，第173页。

〔3〕《自传》，郭建荣、杨慕学编著：《北大的学子们》，北京：中国经济出版社2006年，第4页。

神经学研究。20世纪以来，动物学由观察描述阶段进入到实验阶段，衍生出动物形态学、分类学、胚胎学、生理学、生态学、地理学、寄生虫学、无脊椎和脊椎学等分支学科。留学其间的秉志倾力于昆虫形态学和生态学，首在《科学》创刊号发表《生物学概论》，1915年又在该刊发表《疟蚊之研究》，还在加拿大《昆虫学与动物学》杂志发表《加拿大金杆草上虫瘿内的昆虫》，1917年在加拿大《昆虫学》杂志发表《一种摇蚊的观察》。〔1〕

金邦正亦为首届庚款官费生，入康奈尔大学农科，主修森林学，1914年同黄伯芹（地学）、赵元任（物理）、胡明复（数学），成为美国Sigma Xi科学荣誉学会会员，〔2〕发表《森林三利说》等文。〔3〕同年，获林学硕士，回国出任安徽省立第一农业学校校长、安徽森林局局长。〔4〕素有“质美好学”之誉的过探先，1910年从南洋公学考取第二届庚款官费生，1911年先入威斯康星大学学农，后入康奈尔大学攻作物育种学，同时随作物育种学家贝莱（L. H. Bailey）到农业研究站、推广站实习研究，1914年初取得农学士后，与贝莱合作研究棉花育种，于是年年底破格获得农学硕士。〔5〕相继发表《中美棉业异同论》《棉种选择论》等文。〔6〕邹秉文于1910年

〔1〕周尧等著：《二十世纪中国的昆虫学》，北京：世界图书出版公司2004年，第14页。

〔2〕胡适：《胡适留学日记》上，合肥：安徽教育出版社1999年，第186—187页。

〔3〕见《留美学生年报》1914年1月第3期。

〔4〕北京林业大学校史编辑部：《北京林业大学校史》，北京：中国林业出版社1992年，第48页。

〔5〕周邦任：《过探先——我国农学界的先驱》，无锡市政协文史资料委员会编：《无锡文史资料》第29辑，1994年版，第187页；赵英东：《过探先——中国现代农林学界先驱者》，江宁县政协委员会编：《江宁人物·现代篇》，1999年版，第54页。

〔6〕分别刊于《科学》1915年第1卷第1、第7期。

就读于美国纽约柯克（Cook-Academy，Montour Falls，N.Y.）和威里斯顿中学（Williston Seminary，North Hompton Mass.），1912年补取清华留美官费生，入康奈尔大学农学院。受同在此习昆虫学的堂兄邹树文影响，由机械工程学院转至农科，1915年获农学士，入研究院攻读植物病理学，1916年回国。[1]期间，发表《科学与农业》等文。[2]

以上诸人与胡适、任鸿隽、赵元任互引为同道，他们均感“科学为近世文化之特彩，西方富强之泉源”，中国应追随世界潮流，昌明科学，以建立自己的学术研究中心。1914年，任鸿隽、赵元任、周仁、胡明复、秉志、章元善、过探先、金邦正、杨铨等发起科学社（Science Society），发刊《科学》（*Science*）月报，以“提倡科学，鼓吹实业，审定名词，传播知识”为宗旨。[3]杨杏佛认为，此会初由过探先发起，他和胡明复对会务最为热心。[4]1915年10月，中国科学社及其董事会成立，任鸿隽任会长，赵元任任书记，秉志为会计，胡明复、周仁为成员；杨铨、黄伯芹、沈艾分任编辑部、营业部和推广部部长。[5]1916年，董事会阐明立社缘起：“吾侪负笈异域，将欲取彼有用之学术，救我垂绝之国命。舍图科学之发达，其道未由。顾欲科学之发达，不特赖个人之精研，亦有待于团体之扶翼。试览他国科学发达之历史，莫不以学社之组

---

〔1〕 恽宝润：《邹秉文对谈录》，华恕主编：《邹秉文纪念集》，北京：农业出版社1993年，第137—138页。

〔2〕 《科学》月刊刊发的同类文章，如侯德榜《科学与工业》，任鸿隽《科学与工业》，杨铨《科学与商业》，任鸿隽《科学与教育》等。

〔3〕 胡适：《胡适留学日记》上，第219页。

〔4〕 《过探先先生追悼会纪略》，《农林汇刊》1929年7月第2号，“过探先科长纪念号”，第8页。

〔5〕 《本届职员一览表》，《科学》第1卷第1期，1915年1月。

织为之经纬。盖为学如作工，结社如立肆。肆之不立，而欲工之成事，不可得也。同人窃不自量力，欲于宗邦科学前途有所贡献，是以有中国科学社之组织。”[1]

1916年夏，科学社先后组织生物、农林、化学、电机、土木工程、机械工程、矿冶、理算、普通等9股。翌年7月，又增医药、生计两股，化学分为化学和化学工业两股，总计12股，钱天鹤任农林股股长。[2]至1918年8月，农林股共有成员26人，国内16人，美国8人，调查书目388种。[3]1913年，钱天鹤从清华学校高等科以公费入康奈尔大学农学院，攻读植物育种，于同期加入并当选第二、四届董事，1916—1917年任《科学》月刊编辑员、驻美经理、农林股股长等。[4]期间，他在《科学》月刊发表《玉蜀黍浅谈》（1915年第1卷第9期）、《机器孵卵》（1916年第2卷第1期）、《中国固有之机器孵卵》（1916年第2卷第3期）等。

表1-4　1915—1919年科学社理（董）事会农科生任职情况[5]

姓　名	派遣费别	就读大学及学科	在职届次
秉　志	庚款生	康奈尔大学/生物学	第1—3届
竺可桢	庚款生	伊利诺伊大学、哈佛大学/农学、气象学	第2—4届
钱天鹤	庚款生	康奈尔大学/农学	第2、4届

〔1〕《本社致留美同学书》，《科学》第2卷第10期，1916年10月，第1177—1178页。
〔2〕《中国科学社纪事》，《科学》第3卷第4期，1917年4月，第501—504页。
〔3〕《各分股报告》，《科学》第4卷第1期，1918年8月，第84—85页。
〔4〕《中国科学社社友录》，《科学》第2卷第1期，1916年1月。
〔5〕此表根据《科学》杂志第1—4卷《职员一览表》《社友录》及《纪事》等资料制定而成。

续表

姓　名	派遣费别	就读大学及学科	在职届次
邹秉文	驻美使馆生	康奈尔大学 / 农学	第 3—5 届
过探先	庚款生	康奈尔大学 / 农学	第 4 届
金邦正	庚款生	康奈尔大学 / 森林学	第 5 届

美国留学生认识到学会“关乎我国学术之进步，政俗之研究，最有益于国计民生”，[1] 故而在东美、中美、西美各自立会。东美因其人数较多，力主建立总会。1911 年，留美中国学生会（即总会）成立，分设东美、中美及西美三部，同隶总会，各行年会。此会旨在联络全美中国留学生，促进学术智识交流，研讨农业学术与农业问题为其会务之一。[2] 他们普遍感到“学术之研究，智识之交换，非演说辩论，与夫专门学会不为功。演说辩论，关于普通之学术也；专门学会，关于专门之科学也”，因此，学术研讨与社会问题论辩成为学会活动主要方式。[3] 中美学生会下设文理、农林与工程学会，“各科复设有科长，征集讨论，由专门者，以所学所得，互相交换质证，意至善也”。学生会按照科别组织专门学会，研讨学术，在年会时设立专门辩题，以演说、辩论等形式各施才智，评等颁奖。[4] 1915 年 8 月，西美学生会在加州大学学生青年会所举

〔1〕 刘树杞：《中美中国留学生年会五度纪事》，《留美学生季报》1914 年冬第 4 号，第 82 页。

〔2〕《留美中国学生会小史》，刘真、王焕琛编：《留学教育——中国留学教育史料》第 1 册，台北：“国立”编译馆 1980 年，第 223 页。

〔3〕 张天才：《中美中国留学生年会六度纪事》，《留美学生季报》1916 年春第 1 号，第 127 页。

〔4〕 同上书，第 128 页。

行第十四次年会，讨论教育、生计及农业问题。[1]约同时，东美学生会夏季年会讨论中国振兴实业之必要，用英文辩论“此次救国储金，当用于振兴实业，不应作练海陆军之用”。[2]

邀请专门学者、社会名流演讲。1914年8月底，东美中国学生会开“十龄纪念夏会”，麻省农科大学校长白特斐（Betterfield）莅会演说：“农业为文明之根本，世界将来，必有患农不足之一日，提倡而改良之，今日不可缓之事也。又谓昔人心目中所谓学者，为古貌古衣，日夜拥书之士，今日则不然，学者不特能读书，必须深知而躬行之，然后不愧为士。”[3]同年，加州大学农学教授吉尔谟参加西美中国学生年会，详论中国农业现状及应行的改革。[4]

欧洲中国留学生亦创立类似社团，旅法中国学群为其代表。与留日、留美生的心境异曲同工，留法学人自立组织意在建构中国现代学术过程中争得一席之地。中国学群农学研究会是留法一系农学社团的滥觞。1916年，已然加入中国科学社的留法学人罗世嶷、何鲁等人发起“中国学群”，分设理、工、农、医等9科，并设各科主撰，以与中国科学社比肩而立。8月20日，在法国里昂（Lyon）举行成立大会。首先由群长杨子嘉报告组织发起情形，次由群员演说：“科学为改良社会之良法，必有高尚之学问，而后有新法之发明，持此新法则人类生活得以日进于安乐。科学发达程级之深浅，实与人类幸福相倚。本群同志力求科学之发达，即为

---

〔1〕《留学界记事》，《留美学生季报》1916年春第1号，第129页。

〔2〕胡博渊：《东美中国学生年会记事》，《留美学生季报》1916年春第1号，第117页。

〔3〕杨铨：《东美中国学生会十龄纪念夏会记事》，《留美学生季报》1914年冬第4号，第71页。

〔4〕胡先骕：《西美中国学生年会纪事》，《留美学生季报》1914年冬第4号，第78页。

人类谋幸福。”关于学群章程，胡愕钧以为既以纯粹研究学术为宗旨，宜为“不立一尊”，取消群长一职。何鲁则持反对态度，谓群长一职“实司一切事务之不属诸有专责职员者”。罗世嶷颇为认同，“事权不可集于一人，必须归其可决之权于多数分子之代表”，故应取消群长，议事会设值期议事，由各议事轮次担任。众皆赞成，遂议决章程，选举职员。[1]职员如下：

书记：罗世嶷　经利彬

议事：杨子嘉　熊庆来　胡愕钧　宋梧　何鲁　段子燮

总阅：罗世嶷　何鲁

总撰：罗世嶷　何鲁

各科主撰：医学朱焕　农学罗世嶷　化学杨子嘉
物理何鲁（代）　地质经利彬
植物罗世嶷（代）　动物宋梧（代）　生理经利彬
数学何鲁

中国学群得以创立，首先与蔡元培、李石曾等国民党元老的援手密不可分。李石曾因留学法国蒙伯利埃农业学校而颇具农业情结，对留法后学也多有提携。罗世嶷、何鲁同是川籍学人，于1912年进入留法俭学会预备学校，与吴稚晖、李石曾、张继、张静江、汪精卫等人结缘。同年，二人赴法留学。留法期间，与李石曾、蔡元培的关系进一步密切。学会创立后，农科研究会在罗世嶷主持下，共同研究法国小麦品种，共得通行重要麦种60个，由彭济群带回北京

[1] 《中国学群之成立会》，《科学》第3卷第1期，1917年1月，第89—90页。

万牲园农事试验场试种。[1] 1917年，同人创办《农学杂志》，“志在明农”，委托蔡元培、汪精卫出面解决出版事宜。后经王宠惠协调，该杂志由商务印书馆出版发行。其次，中国学群的创立亦是受中国科学社影响的结果。何鲁、罗世嶷是科学社成员，并有联络科学社，以谋互助合作之意，但其争胜之心表露无遗。蔡元培、李石曾、吴稚晖等人明确表示法国是“民气民智先进一国”，“欲造成新社会新国民”，留学法国最为适宜，力主以法为师。[2] 留法学人对于法国学术文化的倾慕之情，内化为自我认同心理，希望学群能与科学社并驾齐驱，乃至后来居上。两会虽然在口头上表示彼此声援，相互合作，但各自仍暗存竞争之心，分歧在所难免。中国学群引起科学社与国内学界一定关注，但其后续进展似乎并未实现发起者的初衷，影响力难与科学社相提并论。[3] 其农科会员除加入中华农学会外，另将农学研究会改组为新中国农学会。

二　丙辰学社与留日中华殖产协会

留日学生注意到：“欧美学者于凡百科学，莫不有社，比较观

---

〔1〕罗世嶷：《中国学群农学研究会法国小麦研究记》，《农学杂志》第2卷第2期，1918年，第1—2页。

〔2〕《致王宠惠函》，高平叔编：《蔡元培全集》第2卷，北京：中华书局1984年，第334页。

〔3〕如其认为，中国当时之学术团体只有中国科学社和中国学群（《中国学术团体的调查》，《少年世界》第1卷第2期，1920年2月1日，第5页）。丙辰学社社员郑贞文则不以为然，认为中国号为学术团体的组织，虽名目繁复，数量众多，但泥沙俱下，良莠不齐。他将这些团体划分为三类：一是“间接的学术团体”，如译书团体、杂志团体等；二是“类似的学术团体”，如学生团体、技术团体；三是“学者团体”。他区分“学术团体”和“学者团体”，谓：“巴黎的‘中国学群’，成立未久，我不知其详。若‘中国科学社’，怕还在‘学者团体’和‘学术团体’的中间。我们‘丙辰学社’，碌碌无所贡献，污了‘学术团体’的名称，我要先行自首。”言外之意，这些团体尚不配称“学会”。郑贞文：《学术界的新要求》，《东方杂志》第17卷第16号，1920年8月25日，第124页。

摩，挈其短而取其长，本学术无国界之旨，合世界之学者于一堂，而从事讨论焉。其取之也精，其用之也宏。日就月将，而学术之进程，乃欲绝景而驰。分科日趋于精详，讨论日趋于微渺。大则含乎元气，小则入乎无间。吾人日叹其学术发达之速，而不知其非一人一手足之业也。”〔1〕受日本学界学会盛行之风影响，其结社自觉性日渐提升。〔2〕

1916年，留日农科生林骙、蒋继尹、杨景辉、高维巍、周建侯等人，联合东京帝国大学、早稻田大学、高等工业学校、高等师范学校的陈启修、王兆荣、傅式说、杨栋林、张育海等47人，共同发起丙辰学社。12月3日，于东京小石川原町设事务所开成立大会，通过社章，声明以“研究真理，昌明学艺，交换知识，促进文化”为宗旨。〔3〕该社团涵盖文、法、理、工、农诸学科，为跨校综合性学会。农科白鹏飞、顾复、张谦吉、孙宗浩等，于立社当年加入为正式会员，白鹏飞任执行部总务科分驻干事，林骙、蒋继尹任评议部评议员，林、蒋及高维巍任编辑科编辑员。〔4〕1917年4月，其机关刊物《学艺》在东京发刊，首期刊载3篇农学论文，分别是高维巍《连种病之研究》、周建侯《有机杂物肥料之化学研究》、林骙《森林与人生》。

---

〔1〕《丙辰学社宣言书》，《大公报》1916年12月2日第3张第9版。

〔2〕1879年，日本效法法兰西学院，设立东京学士会院。此后陆续成立东京数学会、化学会、史学会、哲学会、法学协会、东京生物学会、工学会、地震学会等。农林团体计有农学会（1890）、札幌农林学会（1908）、林学会（1914）、日本肥料土壤学会（1914）、水产学会（1915）、园艺学会、造园学会等。许兴凯：《日本学术界及学术机关》（下篇），《国立北平研究院院务汇报》第7卷第1期，1936年，第160—161页。

〔3〕《中华学艺社沿革小史》，《学艺》1933年3月，“百号纪念增刊”，第1页。

〔4〕《丙辰学社社员职员录》，《学艺》第1卷第1号，1917年4月。

丙辰学社为农科学人自立社团树立典范。清季以来，留日农科生各在留学学校组织联谊社团，为增进彼此联系，集合力量，组建统一的农科学术社团尤显必要。他们认为中国已处“经济亡国”边缘，急需以科学研究促进实业振兴。1917年1月21日午后1时，东京帝国大学农科同窗会、东京农业大学同窗会、东京兽医畜产学校同窗会、东京高等师范学校博物农科全体、千叶高等园艺学校同窗会全体（东北帝国大学农科同窗会、鹿儿岛高等农林学校同窗会因路远未到）等，共60余人，在神田三崎町吉田屋举行殖产协会成立大会。首由临时主席张谦吉说明结社缘由，旋投票选举各部职员，继由会员自由演说，会后合影纪念。〔1〕

根据《会章》规定，社团定名为“留日中华民国殖产协会”；以“研究殖产学术，力谋殖产发达，调查殖产状况，交换殖产智识”为宗旨；由中国留学日本研究农林、兽医、水产、蚕业、园艺者组织，会址暂设东京；研究范围为农业、林业、兽医、水产、蚕业、园艺。会员资格：凡具有农林、兽医、水产、蚕业、园艺学识经验或有志于殖产事业者，经本会会员2人介绍即可入会；凡捐助本会经费5元以上者为特别会员；凡捐助本会经费50元以上者或补助本会进行者，为名誉赞助会员。机关设置：（1）执行部，会长一人，总理本会一切事务；副会长一人，辅助会长襄理一切事务，会长如因故离职时，副会长代行其职权；会计一人，掌本会一切出入；文牍（书记）二人，掌本会一切通常文件。（2）评议部，评议会中一切“应兴应革事宜”，并负督促执行之责，设评议长1人，评议员5人。（3）调查部，调查殖产状况以谋殖产改良，设调查长1人，调查员

〔1〕《会务纪事》，《殖产协会报》1917年第1卷，第156页。

5人，调查长由调查员推举。（4）编辑部，掌编辑会报事宜，设编辑长和副编辑长各1人，编辑员9人。所有职员任期1年，连举连任，编辑部职员以4个月为限，开例会选举，见表1-5。会期：例会，每年开3次，研究农林、兽医、水产、蚕业、园艺等学科；临时会，如有特别事项，经会员5人以上要求，由评议部议决，并得会长许可召集；研究会，每月一次，临时通知。〔1〕

表1-5 中华民国殖产协会职员一览表〔2〕

<table>
<tr><th colspan="2">年届 / 机关及职员</th><th>1917年（首届）</th><th>1918年（第二届）</th></tr>
<tr><td rowspan="6">执行部</td><td>会长</td><td>张谦吉</td><td>张谦吉</td></tr>
<tr><td>副会长</td><td>赵　煊</td><td>赵　煊</td></tr>
<tr><td>庶务</td><td>徐尔耕</td><td>朱羲农</td></tr>
<tr><td>会计</td><td>杨镇坤</td><td>胡昌炽</td></tr>
<tr><td>书记</td><td>张　恺　蒋继尹</td><td>谢申图　蒋继尹</td></tr>
<tr><td>招待</td><td></td><td>林　骙　王承钧</td></tr>
<tr><td rowspan="2">评议部</td><td>评议长</td><td>朱羲农</td><td>井炽秦</td></tr>
<tr><td>评议员</td><td>萧　诚　林万焜　王承钧　汪传祯　王仁锵</td><td>王邦巩　王仁锵　李　红　刁本立　林万焜</td></tr>
<tr><td rowspan="2">调查部</td><td>调查长</td><td>孙文卿</td><td>殷良弼</td></tr>
<tr><td>调查员</td><td>卞晓亭　井炽秦　竺华云　邓　勋　饶发枝</td><td>傅文震　顾　复　黄杏祺　龙继平　徐尔耕</td></tr>
</table>

〔1〕《留日中华民国殖产协会会章》，《殖产协会报》1917年第1卷，第158—162页。

〔2〕《职员录》，《殖产协会报》1917年第1、2卷，第168页；《职员录》，《殖产协会报》1919年第2卷，第199页。

续表

机关及职员 \ 年届		1917年（首届）	1918年（第二届）
编辑部	编辑长	汪传祯	蒋继尹
	副编辑长	井炽秦	井炽秦
	编辑员	方希立　徐尔耕　王承钧 萧　诚　尉鸿谟　林万烺 缪嘉祥　王仁锵　张谦吉	张谦吉　林　骙　傅文震 赵　煊　李桂馥　陈谋琅 方希立　江　春　朱羲农

1917年，黄希周阐明立会旨趣，他说：

尝闻之，地广民聚，厥国富强。吾国领二万万方里之地，拥四万万优秀之民，信可谓地不改辟，民不改聚，宜其国富民强，冠绝全球，然事乃竟有不然者，抑又何耶？推原其故，实于国计民生问题之未尽善有以致之也。嗟我邦人，苟欲其国足与二十世纪之列强相颉颃而并驾者，则舍首得此项问题，悉心弹虑而研究之，其道无由。夫吾国者，世界之古农国也。缘是农术精华，早已倡明于往昔。上溯三代制度，下征汉唐治绩，罔不以农林兽医渔猎蚕桑为首务。国势雄伟，盖非偶然。洎乎晚近，民德浇漓，举国士夫，皆卑之曳裾而为利禄心所同化，舍本齐末，遂演成今日奄奄欲息之国势。彦士硕人，愁焉心忧。于戏世界交通，文明日进，立国斯世，苟非卓然有可以自立之道者，其究必归淘汰，决非若曩时黑暗之易于侥幸自存者也。故以商著者，商务之盛，人莫知其妙；以工著者，则工艺之精，人亦莫知其巧。我国自古既以农为本，则对于农事上之设施改良，又乌可以一日而缓耶。矧彼工商业之原料，而又基于农产物也哉。同人感时世之变迁，叹国本之衰替，乃有殖产协会之组织，使能群策群力，而达农林、兽医、渔猎、蚕桑达发之目的，以固国本而厚民生，则五族共和之帜，更何难扬威风于神州大陆也哉！〔1〕

留日中华殖产协会前期主要活动：一是开学术讲演会，交换智识。2月18日午后1时，在神田东亚高等预备学校开研究会，50余人参与，讲题如次：朱羲农“吾辈之责任”；尉鸿谟“水产之于国家”；王承钧“兽医与国家”；饶发枝“森林与国家”等。二是欢送毕业生，欢迎新同学，接纳新会员。三是接待国内农林界赴日同人，如4月3日为梁希、夏树人等人开欢迎会。四是编辑会报，刊载会员研究，以供国人参考。会员自由选择研究科目，研究结果分期编入会报。《殖产协会报》于1917年发刊，分为论说、学术、译述调查、杂俎、会务等栏目。〔2〕其第1期目录如下：

第1期（1917年）

殖产协会报叙……………………………………朱羲农

发刊辞……………………………………………希　周

论说

振兴殖产刍言……………………………………井炽秦

利用广土众民振兴森林策………………………萧　诚

---

〔1〕 希周:《发刊辞》,《殖产协会报》1917年第1卷，第3页。

〔2〕《会务纪事》,《殖产协会报》1917年第1卷，第157页。

贵农主义……………………………………………………赵　煊
提倡改良中国农业意见书…………………………………周建侯
论中国急宜广设种畜育成所………………………………张孔怀
对于政府派人至日本购买军马之感言……………………王承钧
论山东牛输出之利害………………………………………孙文卿

学术

林业经营……………………………………………………饶发枝
茶业改良之研究……………………………………………赵　煊
杀菌驱虫剂之种类及其调制法……………………………井炽秦
都市与公园之关系…………………………………………萧　诚
肥料学丛话…………………………………………………周建侯
饲料与家畜疾病之关系……………………………………王仁锵
牛乳之理化学的性状与人乳之比较………………………柳　甫
家畜食盐注射疗法…………………………………………雨　苍
害虫驱除简法………………………………………………李　红
土壤学节录…………………………………………………周建侯

译述　调查

中国棉花生产概况…………………………………………张谦吉
调查张北垦务日记…………………………………………方希申
日本千叶县安房郡清澄农科大学演习林之概要…卞晓亭
留日各农学校已毕业者姓名录……………………………调查部

杂俎

关于畜产事及关于兽医治疗事之问答……………………孙文卿
贮果简法……………………………………………………缪嘉祥

会务

此会广为联络国内政界及社会名流，以拓展会务，扩大影响。前国务总理唐绍仪，前内务、教育总长汤化龙，外交总长汪大燮，驻日公使章宗祥，留日学生监督彭清鹏，前代理留日学生监督金之铮，驻韩仁川副领事金庆章，驻韩汉城副领事黄宗麟等均赞助会务。[1]同时争取路孝植、吴宗栻、程鸿书、许璇、陈嵘、梁希等留日回国人员入会，以加强与国内农学界的联系。至1918年，各类会员将近160人。[2]1918年1月27日9时，斯会在东京神田东亚预备学校开选举大会，更名为“中华民国殖产协会”；修改会章，诸如调查部增加国内调查员若干人（推举），国内会员应有选举权等项；执行部增设招待员2人；增设运动部。[3]总之，此会是中国学人在海外成立的规模最大的农学社团，成为沟通内外农学界的

〔1〕《殖产协会报》1917年第1卷；《殖产协会报》1918年第2卷。

〔2〕特别会员：彭清鹏、李华、熊退、金庆章、罗国是、朱世英、金之铮、宋仲佳、杨清汉、黄宗麟、连天祥、王运麟、黄统、马鸣銮、李济东、张联魁、刘逵九、杨汝钺、朱建章、易象、张锡澍、庞斌、李殿卿、申周勋、徐梦鹰、徐迁瑾、李长元、陈嵘、武振铎；普通会员：刁本立、卞晓亭、井炽秦、文宗潞、方希立、方舜华、王业、王承钧、王仁锵、王曾元、王谟、王祖尧、王邦巩、王荚生、朱羲农、朱文精、朱凤美、米文兴、江春、吉增彰、何德辉、何光澄、何光恩、何缵、何品良、吴耕民、吴桓如、吴焕炎、吴宾駉、吴宗栻、吴蒹伊、吴谦、沈觐鼎、李红、李剑农、李茹涵、李毓茂、汪传祯、杜嘉瑜、竺华云、林骙、林万烺、杜霆肃、周潮、周建侯、武克恭、胡昌炽、俞其能、俞燮、段器之、施景崧、柳汝祥、陈景新、陈应谷、陈方济、陈立干、陈端智、陈时臬、陈振、陈修贤、陈洪畴、陈谋琅、陈怀德、徐尔耕、徐渭贤、孙文卿、孙宗浩、夏树人、夏斗寅、梁希、唐熙年、唐昌治、唐志才、殷良弼、崔麟法、陆瑗、高维巍、尉鸿谟、郭璠、曹绂、张恺、张孔怀、张福延、张谦吉、张子仁、张祖谊、张福仁、张廷钺、童守玉、许璇、黄杏祺、黄德玩、傅文震、彭廷润、彭芝英、曾祥橿、曾希陶、曾厅惠、杨凯、杨镇坤、杨景辉、杨梦兰、程鸿书、汤惠孙、贺世杰、万秉璘、路孝植、赵经之、赵煊、赵之成、邓郧、郑勉、郑贞吉、郑玙、蔡多祥、刘子民、刘范征、刘刚、熊作舟、蒋继尹、蒋士健、钱元、龙继平、钟宝璜、钟毅、谢申图、谢楠寿、韩士淑、韩树德、缪嘉祥、萧诚、萧雨苍、饶发枝、苏琼春、顾复、昌云骞、朱培栋。《会员录》，《殖产协会报》1917年第1卷，第163—167页；1918年第2卷，第288—298页。

〔3〕《纪事》，《殖产协会报》1918年第2卷，第281—282页。

重要桥梁。

三　京师农学社团

留学生社团是中华农学会的海外渊源，北京农学会等则为其国内渊源。从海外归国的农学生以及国内农科毕业生在农业教育、行政和试验机构形成新知识群体，在权势方面，他们虽不能完全取代旧学人士占据主导，但在科学声势日高的情形下，成长为新兴的中坚力量，创立社团显现其互为沟通的自觉意识日渐增长。[1]因此，此种情势正是新旧农业知识与代际兴替的必然结果。

1912年12月8日，《顺天时报》载："农务一项，关系全国命脉，是以各国有专门学校之设，以期造成此项人才，而求种植之完善。近年中国学子亦多注重其事，然于实际尚无何等发达，故经农林部拟于明年开一农林会议，以谋进步等情。兹闻现有农科毕业学生多人组成一农学会，定于今日在铁门安庆会馆内开成立大会，研究种种事宜，以备明年应赴农部之召集云。"[2]可以看出，农学会的诞生与农林部的关系至密，甚而，农林部在其间起了关键性的主导作用，至少有配合中央农业行政的考虑。官方记载一鳞片爪，京城媒体亦"视而不见"，颇为有趣的是，上海的报纸却颇多关注，若多方比对相邻史料，以异源史料考同源故实，当可益近事实本相。翌年1月29日，《申报》同时刊载北京农学会创

〔1〕此时，时任科学社社长任鸿隽仍把"专门人才"不足，作为反对成立专门学会的首要理由。他在1917年9月6日的年会大会上明确指出："目下吾国之形势言之，专门人才不过少数，合之尚难有为，分之将同乌有，设立专门学会，尚非其时。"任鸿隽：《在中国科学社第二次年会上的社长报告》，《科学》第4卷第1号，1918年9月，第1页。

〔2〕《农学开会》，《顺天时报》1912年12月8日第5版。

立、全国农务联合会召开两事，所记学会成立的时间为12月7日，并递呈内务、教育、农林三部立案。[1]此处虽可印证《顺天时报》大部史实，但在时间上相差1天，若细读前报行文，颇觉其文在农学会成立前稿件已成，见报时间稍后又未作更动。

揆诸教育部留存档案，“农学会”于1913年1月在部立案，代表为陶昌善，与《申报》的报道大体吻合，均指向同一“本事”。[2]上海另有媒体报道称，此会以“研究农林、蚕丝、畜牧、水产各学”为宗旨，会务主要有：调查农林、蚕丝、畜牧、水产等事项；倡导农业殖民；编纂专门书籍；刊行杂志；答复会外人之咨询；建筑本会事务所、集会室及图书室等。[3]将《时事新报》与《申报》所载职员表相互印证，可以确定北京农学会的成立时间应是1912年12月7日。[4]

是日，北京农学会开成立会，推农林部农务司长陶昌善为会长，山林司长胡宗瀛为副会长，陈振先、梁赉奎分别以农林总长、次长任名誉会长。评议员：谭天池、林祜光、唐荣禧、罗会坦、吕瑞廷、韩安、王文泰、黄岐春、章鸿钊、李嘉瑗、陆安、黄立猷、黄公迈、孙葆琦、刘先謇；干事员、文牍：曹文渊、黄以仁、周威廉；庶务：路孝植、叶基桢、邓振瀛；会计：汪扬宝、陈训昶。[5]其中，曹文渊为水产司长，韩安、黄立猷、黄公迈等人亦为部中职员。如此人事安排，农学会不啻为农林部的附属团体，甚至唯农林部马首是瞻，浓重的官方味道，使其不可避免地涂染了政治色彩，也

〔1〕《振兴农业之先导者》，《申报》1913年1月29日第1张第3版。
〔2〕《教育部核准注册之文化学术团体一览表》，《中华民国史档案资料汇编》第3辑“文化”，南京：江苏古籍出版社1991年，第617页。
〔3〕《农学会简章》，《时事新报》1913年2月11日第3张第4版。
〔4〕《农学会缘起》，《时事新报》1913年2月1日第3张第4版。
〔5〕《振兴农业之先导者》，《申报》1913年1月29日第1张第3版。

显露了中央农业行政机构要主导全国农学界的雄心。

创建农学会，既有与南方各团体争势的用意，亦为陈振先重塑其政治形象的需要。陈氏取代宋教仁执掌农林部后，遭到对手连篇累牍的舆论讨伐，使其声誉大跌，处境难堪。[1]京师媒体有言，“自其为次长时，即碌碌无所表见。适宋教仁免职后，以国民党党员名义，一跃而跻总长之职。其于国家根本上之计画，固无所知晓，即就农林上之职务言之，亦破碎支离，渺焉不得其大本之所在”。[2]接着，又攻击他推荐康有为心腹门生、粤人汤叡出任农林部参事，为“保皇”之举。[3]舆论还讥评陈振先好用广东同乡，如西直门外农事试验场场长、农业传习所所长皆粤人，其余各司又占二三十名，直呼“农林部”简直成为“广东部”。[4]盖是为了以行动反驳流言，陈振先主导确立农林部六大政纲，即开辟边省荒地、整顿林业、改良农林种植法、改良农械、调查国内外林业、增设农林学校。[5]组织农学会和召开全国农会联合会，既可收联络农学界新旧两派、聚集人气、树中央权威之效，还可乘机介入地方农林事业，确立农林部在全国农林界的最高权威。[6]

---

〔1〕董时进就有不同于时人的认知，“农学家陈振先氏，任农林总长时，发布训令一道，厘定农林要政，于兹十七年多，未见诸实施。然其所举政纲，赅括得要，虽当今谈论农林政策者，亦莫能出其范围，其中多则，且为今日急须提倡举办之要项。作者之卓识远见，洵为后辈所不可望及。”《十七年前之农林政策》，《世界日报》1929年1月13日，“农学周刊”第2期第1版。

〔2〕《陈振先之无意识》，《中国日报》1912年10月21日第2版。

〔3〕《陈振先保皇热》，《天铎报》1912年12月17日第3版。

〔4〕《农林部之腐败种种》，《神州日报》1912年12月30日第4版。

〔5〕《农林部之六大政纲》，《神州日报》1912年11月18日第5版。

〔6〕此事牵涉中央与地方利益划分，各党派和利益集团亦介入其中并围绕议设中央农会、修订《农会法》等展开角逐，台前幕后充满无限曲折和玄机，情势异常复杂，于此另有专文详论。

毋庸讳言，农学会作为专门学术组织，相比于上海同期的组织更为严密完备。如对于会员学术程度要求相对较高，规定以研究农学、林学、农艺化学、畜牧及兽医、水产、蚕丝、博物（动植及地质）各科及其与农学有关的学科，且曾在国内外高等专门以上学校毕业；凡欲加入本会者，须本会会员两人介绍。还详细规定了各种会员的资格、权利与义务，如会员有担任会务、谋本会发达的义务，具有选举、被选举及建议可决、否决的权利。名誉赞助会员：（甲）中外硕学之士并赞成本会者，或在农界中著有声望者；（乙）扶持本会事业捐助款项者。职员：设会长、副会长各1人，干事8人，评议员15人，名誉会长无定额，正副会长、干事及评议员均由全体大会选举，任期1年，连选连任，名誉会长由全体大会公推。[1]

从规章看，北京农学会本意是创建全国性组织，故有意在文化融合性极强的上海“造势”，确要引起各地同道，特别是南方学人的关注，但实际成效并不明显，会员终限于京华一域，1921年演变为中华农学会北京分会。究其原因，这与时局大环境有极大关系，北京处于民国政争中心，农林部也不时被推向各派斗法的风口浪尖，人事变动频繁，农学会也随政治气象的变幻而浮沉。1917年，会长陶昌善远赴吉林任实业厅厅长，会员星散，会务便走向萧条。[2]

农林部主导的农学会衰落后，京师农学社团的活动重心在大学校园。民元京师大学堂农科改为北京大学校农科，1914年农科

〔1〕《农学会简章》，《时事新报》1913年2月11日第3张第4版。
〔2〕《农商部新任参司及实业厅长履历一览》，《晨报》1917年9月10日第3版。

脱离北大，独立建制，改称国立北京农业专门学校，1923 年改为国立北京农业大学，校内社团随新旧体制转承而勃兴，又随主持会务学生领袖之更替而起落，组织的稳定性难以维持。[1]1912 年，张联魁等人在北京大学农科创立林学会，倡导“谋相互沟通，交换智识”。张联魁，字星五，山西代州人，清季赴东京帝国大学农科主修林学，1909 年归国后通过学部考验，被授予举人，两年后廷试获一等，旋以主事入农工商部补用，是最早以林科实学入仕的留学生之一，在京师颇有影响。进入民国始在北京大学农科讲授造林学、林政学等课程，同时加入统一共和党和国民党。此会旨在研究关于森林各种学术，会务包括编辑森林书籍、调查森林事项、刊行林学会报等。[2]其时，张氏的活动重心仍在政治，而非学术，故所列诸项会务多未见诸实行。

翌年 10 月，京师学生自治组织兴起，陆费执、孙钟烜等人发起“国立北京农科大学校友会”，并兼具学会职能，共分书报、著作和讲演三部，会长、各部干事均从学生中选出，陆费执为会长。到 1914 年，人事与机构发生大幅变动，先是陆费执赴美，会长由李永枢接掌，机构扩展为庶务、文牍、会计、编辑、书报五部，各设部长。校方以学生利用社团鼓动风潮为由将其收归学校，变为学校之附属团体，正会长以本校校长担任，副会长和部长由职教员中推选，评议员等职位从学生中推选，学长吴宗栻亲任名誉会长，冯庆桂、王之栋、季闳概任校评长。9 月，作为北京农业专门

〔1〕北农在近代经多次改组：京师大学堂农科大学（1909.4—1912.5）；北京大学校农科大学（1912.5—1914.2）；国立北京农业专门学校（1914.2—1923.3）；国立北京农业大学（1923.3—1927.8）；国立京师大学校农科（1927.8—1928.8）；国立北平大学农学院（1928.11—1937.9）。

〔2〕谢俊美：《政治制度与近代中国》（增补本），上海：上海人民出版社 2000 年，第 369 页。

学校首任校长的路孝植长会，吴宗栻、程鸿书副之，许璇、王之栋等教员为部长。老师地位凸显，学生权力式微，于是起而争权，新章运行不到一年，即废除副会长、部长等职，只设总干事1人，佐理会长，综核会务，另设庶务干事2人，文牍、会计干事各1人，书报干事8人，编辑干事3人，总干事及各职员皆由学生中推选。10月，第二届常年大会公举关鹏万为总干事。1914年3月，校友共话学术的《国立北京农业专门学校校友会杂志》刊印。[1]至1916年6月，会员总数达200余人，农商部陶昌善、汪扬宝，北京农事试验场章祖纯等人名列其间。[2]

总之，北京农业专门学校农学社团毕竟限于校内，难有更大作为。北方其他农科留学生相对集中的鲁、豫、晋等地，更无力组织全国性学会，以江浙为中心的南方农学界崛起，直接促成中华农学会之创设。

第三节　中华农学会的创立

学术社团的创立与学界内外人气的聚积、人脉的建立关系至大。中华农学会首先是江浙农学界人士精诚合作的结果。晚清至民初，江浙地区因农科留学生、本土农校毕业生大量会聚，形成一个人数不少的农学者群体，为中华农学会的孕育和创立营造了必要的学术环境和人际网络。

---

〔1〕《校友会沿革志略》,《国立北京农业专门学校校友会杂志》1916年6月第1期，第2页。

〔2〕《校友会全体会员录》,《国立北京农业专门学校校友会杂志》1916年6月第1期，第4—18页。

一　江浙农业社团与人际网络

民国以来，江浙农学人士各自依托现代大都会上海，发起各类农业农学团体，征集会众，开展活动，以推进现代农学知识的引介、推广与应用。

1912年2月，丁辛垞等发起中国农业促进会，它是民国开国后上海出现的首个农业社团。4月28日，在沪会员开第一次谈话会，推丁辛垞为临时干事长，张养儒、贺庆澄为临时书记员，孙功甫为临时会计员。[1]通过宣传鼓动，组织迅速扩展至奉天、安徽、福建等省，先后在南京、扬州、清江、绍兴、昆山、华亭及日本东京等地设立支会，会员达500余人。丁氏等人热心会务，但对于驾驭迅速膨胀的组织却力有不逮，寻求政界同道的援手显得尤为必要。6月29日，丁氏抬出高凌霨任临时正会长，程祖福、黄庆澜为副会长，同时增添文牍、会计、交际、庶务等职员10余人，实行分科办事。[2]该会标榜研究学术、发展实业，实际其政治底色颇重，如高、程及黄皆是前清旧臣，在民初政坛颇具影响力，高、程加入章太炎等人发起的中华民国联合会（该党经数度改组，先后为统一党、共和党与进步党），程祖福取得孙中山赞同，发起成立“中华民国实业联合会”，黄氏则任上海地方审判厅厅长。又有前清农工商部数人加盟，加速了组织扩张，到同年7月底，各支部会员猛增至3000余人。

7月16日，此会在上海爱而近路纱业公所开成立大会，来自

[1]《农业促进会之谈话会》，《申报》1912年4月29日第2张第7版。

[2]《农业促进会成立有期》，《申报》1912年6月30日第2张第7版。

社会党、进步党、统一国民党、大同民党、国计民生会、明礼教社等党派团体参加，做派与政党性质实无二般。会上，由清军将领反正为革命者的徐绍桢当选正会长，黄祖徽、徐国安当选副会长，范言为评议长，丁辛垞为干事长，评议员10人，干事员20人。遂即，致电农林部，阐明其结社旨趣：

> 民国初建，百端待举。吾国之大患在病，方今之现象，尤急饮鸩止渴，识者忧之。海通以来，各国以工商战胜，吸我脂膏，循是以往，涸可立待。夫各国富强由于工商，工商发达基于农业。我华幅员辽阔，气候适宜，人民勤耐，远为各国所弗及，而转日即于贫弱者，良以农政不讲，倡导未宏，一般农民又复墨守旧法，无从进步，坐令天然沃壤大利抛遗荒土，饥民触目皆是，甚可痛也。同人等不揣县弱，发起斯会，冀借群策群力，全国一致，研究提倡，力谋改良，将以外竞列邦，内纾经济，以为富强本计。[1]

农林部的反应出人意表，认为它名为“研究学术而促进农业之进步”，实为保守人士聚集之政治大本营，拒绝为其立案，并称：“所订章程宜有一定范围，不可稍事逾越一切，进行方法尤宜力崇实际，毋尚虚声。”[2]究其根源，政治派系之分当首在其列，农业促进会显然为政治“保守派”，时农林部被以宋教仁为首的“激进派”所掌控，双方之间天然划上一条鸿沟。但情况因前清旧臣陈

〔1〕《农业促进会成立记事》，《申报》1912年7月18日第2张第6版。

〔2〕《本部批农业促进会呈请立案转咨饬属扩设分会呈》，《农林公报》第1卷第3期，1912年8月30日，第57页。

振先出长农林部发生逆转，很快获得部批、备案。[1]

此会被中央政府认可后，南北分进，拓展组织。高凌霨以名誉会长身份在北京组建支会，周嘉琛作为文牍科长襄助。[2]在其影响下，山西等省开始筹办类似组织。[3]在苏浙一带，王重民、张宽、王大同等人组织苏属吴江农业支部，倡设农业学校；[4]绍兴等地也纷纷响应，主动发起分会。[5]农业促进会由小而大推进各项事业，先从农品赛会和陈列入手，着重普及农业知识，又增编译农书（由周嘉琛、陶菊缘组织编译所）、筹办垦务调查演说团、发行杂志等项。农业银行进展较速，会员华侨兴业银行经理徐经明将上海地产计价100余万元，设为该行基本金。[6]9月16日，通过银行章程，公举徐绍桢为总董，清季农工商部职员黄小农、徐经明等为副总董。[7]农林部与之声气相投，以为创立金融机关"为农业上必要之举"，批准其立案，同时推动了江浙民间商贾的投资认股。[8]

在中国农业促进会的带动下，上海其他团体组织亦"仿照办理"，张庆理、王焕文、俞芝珊、张澂涛等人发起全国农圃公会即为显例，"各界具有党会，以谋求进步，农界同人亦宜结合团体，研究改良……参考各国种植精理，考察各处土地肥瘠以为张

---

〔1〕《本部批农业促进会呈》，《农林公报》第1卷第10期，1912年11月20日，第50页。
〔2〕《农业促进会第一次职员会纪事》，《申报》1912年7月21日第2张第7版。
〔3〕《山西劝业道王行公布农业促进会修正章程及组织支部规则文》，《山西实业报》1912年12月第20期。
〔4〕《组织吴江农业支部》，《申报》1912年10月31日第2张第7版。
〔5〕《农业促进会之响应》，《申报》1912年7月22日第2张第7版。
〔6〕《农业银行成立之先声》，《申报》1912年8月26日第2张第7版。
〔7〕《农业银行开办有期》，《申报》1912年9月17日第2张第7版。
〔8〕《农部准设银行》，《申报》1912年11月17日第2张第7版。

本”。[1]7月4日，选定章水天为正会长，倪学宽为副会长，臧永锡为评议长，程扫涛、方桂卿、高俚庵、顾本鋆为评议员，陆近朱为文牍员，张维新为财政长，胡芝珊为会计员，俞耀朱、沈林为干事员，戚瑞生、王焕文为调查员，张进生、俞锡麟为内外务长。[2]该会通告全国说：“我国土地之大，物产之博，甲于各国，惟种植一门，纯出自天然，从未加以学力而研究其真理。章水天君素抱民生主义，以农圃为民生根本，故极力组织全国农圃公会，专事研究农圃，改良精进方法，并通告全国农家，速图进行，以期早日发达。”该会立足上海总部，着眼在全国拓展组织，先后在余姚、上虞、镇海、富阳、桐庐、绍兴、桐乡、丹阳等地设立支会。[3]至年底，分部达50余处。[4]农圃公会在宣讲农学知识的同时，也热衷于党派政治活动。

沪上立会人士多数出身士绅，相对缺乏农学专门知识，而意在关注实业，所立团体离学术团体标准尚有距离。是时，较早回国的过探先、金邦正和陈嵘等人，占据江浙地区农业教育、行政等要津。

江浙地区经济发达，人文荟萃，农校办学成绩总体较他省为佳。据统计，1907年江苏省实业学堂共有16所，居全国之冠，在校生993人，位列全国第二；1913年共有实业学校31所，位列全国第一。[5]江苏省立第一农校原为1903年创办的江宁高等农业学

〔1〕《农圃公会之发轫》,《申报》1912年6月11日第2张第7版。

〔2〕《全国农圃选举大会记》,《申报》1912年7月6日第2张第7版。

〔3〕《农圃公会之影响》,《申报》1912年9月14日第2张第7版。

〔4〕《讲求农圃好文章》,《民权报》1912年12月2日第10版。

〔5〕江苏省地方志编撰委员会编:《江苏省志·教育志》(上)，南京：江苏古籍出版社2000年，第334—335页。

堂，1912年改易其名，由日本东京帝国大学林学实科毕业生吴桓如长校，学制4年，预科1年，本科3年，设农、林两科。[1]过探先1915年返苏后，先受当局委派调查本省农业教育，后出任江苏第一农校校长。[2]过探先引进海外留学生，师资力量大为扩充。[3]唐昌治任农科主任，陈嵘为林科主任，并担任造林学、测量学的教学与实习课程。[4]曾济宽、萧诚、黄希周等留日生亦来任教。[5]

表1-6 1912—1917年江苏省立第一农校主要教职员名录[6]

姓　名	职　务	籍　贯	履　历
过探先	校　长	无锡	美国康奈尔大学农科硕士
吴之安	学监主任 修身教员	宜兴	日本宏文学院速成师范科，江苏两级师范学校优级理化科毕业，历任省立第一女子师范学校、第四师范学校教员
唐昌治	农科主任	吴江	日本东京农业大学农学科学士
陈　嵘	林科主任	浙江	日本东北帝国大学农科大学林学科林学士，曾任浙江省立甲种农校校长

〔1〕《1913年1—3月江苏省立第一农业学校概况报告》，朱有瓛：《中国近代学制史料》第3辑下册，上海：华东师范大学出版社1987年，第224页。

〔2〕《本科科长过探先先生传略》，《农林新报》1930年5月第171期第1版；谢家声：《过探先传略》，南大百年实录编辑组编：《中央大学史料选》中卷，南京：南京大学出版社2002年，第43页。

〔3〕江苏省视学伍义伯以过探先办理省立第一造林处致使校务荒废，遂将“腐败情形”呈报齐燮元，给其记大过一次，辞退监学吴元涤、教员余乘、会计陶鹤书、农场管理员朱绵生等，过探先主动请辞，宋廷模长校。《苏省农业之近况》，《时事新报》1917年3月7日第2张第3版。

〔4〕陈植：《追念先师陈嵘》，安吉县政协文史资料委员会编：《纪念陈嵘先生诞辰一百周年》，内部发行，1988年，第20页。

〔5〕张楚宝：《陈嵘教授开拓我国中等林业教育的业绩》，中国林学会编：《陈嵘纪念集》，北京：中国林业出版社1987年，第30页。

〔6〕《同校录》，《江苏省立第一农业学校校友会杂志》1917年10月第3期，第6—11页。

续表

姓　名	职　务	籍　贯	履　历
钱崇澍	教　员	浙江	美国伊利诺伊大学格致科学士，芝加哥大学、哈佛大学通儒院植物研究员
余　乘	农场主任	四川	日本东京农业大学毕业
曾济宽	林场主任	四川	日本鹿儿岛高等农林学校林科毕业
卢寿崴	教务监	宝应	江北师范本科毕业，海州开明高等小学教员兼管理宝应县行政公署常任委员，师范讲习所监学兼教员，县教育会会长
吴元涤	舍监兼教员	江阴	江苏优级师范博物科毕业，常州武阳公学师范讲习科主任，公立女子高小主任，江阴第一高小校长，北京国立女师范庶务主任
许苏民	文牍兼教员	嘉定	南洋中学教员，嘉定县知事，省议会议员
陶鸿抡	农场管理员	江阴	江苏省立第二农业学校毕业
施　泽	林场助理	浙江	浙江省立甲种农业学校林科毕业
何　履	书　记	安徽	卢邑官立速成师范毕业
庞　斌	监管畜牧场	吴江	日本东京帝国大学兽医科毕业
萧　诚	林科教员	兴宁	日本东京农业大学林科毕业
王承钧	兽医科教员	黄陂	日本东京帝国大学兽医实科毕业
李允彬		福建闽侯	美国爱荷华州立大学农学士，曾任福建财政厅收支科副科长又税权科副科长
汤锡福	助　教	崇明	本校毕业
潘昌恒	助　教	嘉定	本校毕业
吴　祥	助　教	江阴	本校毕业
陈　浑	研究室助教	平阳	浙江省立甲种农业学校林科毕业

续表

姓 名	职 务	籍 贯	履 历
梁尔嘉	助 教	杭县	浙江省立第一农校林科暨研究科卒业
朱凤美	助 教	宜兴	本校毕业
吉增彰	助 教	盐城	本校毕业
刘庆萱	助 教	江西	本校毕业

江苏省立第二农校原为清季苏州官立农业学堂，1907年知府何刚德命人在吴县设立。[1]辛亥革命后，江苏省临时省议会委派汪扬宝在苏筹办省立第二农校，1912年汪氏转任农林部后，王舜成出任校长，设立农学、蚕学两科。[2]王舜成，字企（契）华，江苏太仓人，诸生出身，由京师大学堂入东京帝国大学农科，获农业硕士。1908年“江北农事试验场”改为“江北农林学堂”，设于淮阴清江浦，1913年复又改为“江苏省立第三农业学校”，教员也以日本留学生为主。[3]1915年，张謇创办的南通乙种农校改办甲种，1919年改办农科大学。此外，苏省的宜兴、淮河、丰县、六合、涟水、如皋、江阴、句容、武进、太仓、泰兴、盐城、沭阳等地相继创办乙种农校。[4]

〔1〕吴县地方志编纂委员会编:《吴县志》第24卷“教育”，上海：上海古籍出版社1994年，第916页。

〔2〕王舜成:《述江苏省立第二农业学校之过去与未来》，朱有瓛:《中国近代学制史料》第3辑下册，第228页。

〔3〕赵国华:《淮阴农校今昔》，淮阴市政协文史资料研究委员会编:《淮阴文史资料》第6辑，1987年，第136页。

〔4〕《民初农业学校调查》，璩鑫圭等编:《中国近代教育史资料汇编》，上海：上海教育出版社1994年，第301—302页。

同期，浙江的甲、乙种农校取得长足进展。[1]笕桥省立甲种农业学校源于1910年创办的浙江农业教员养成所，1912年更名浙江中等农业学校，设立农学科，学制5年；1913年迁入笕桥新校舍，添设森林科，改称浙江省立甲种农业学校。1915年，定学制为4年，预科1年，本科3年，设研究科1班，为原有农学、森林科学生延长1年；1918年添设兽医科，由日籍教员授课。沈宗瀚于1913年考入该校，时校长吴庶晨、教务长余良模均为留日生。同年夏，吴氏辞职，由刚从日本东北帝国大学农科毕业的陈嵘继任。在此，沈宗瀚与吴庶晨、陈嵘等人建立私谊。[2]

陈嵘（1888—1971），字宗一，浙江安吉人，1907年从当地致用学堂东渡，先入东京弘文学院日语速成班，加入中国同盟会，1909年考入北海道东北帝国大学，专攻林业，后被派遣与黄炎培等5人至天津从事革命活动，革命后返回北海道继续学业。[3]陈嵘长校后，开设林业课程，开辟苗圃、林场为实习场地。[4]1915年7月，陈氏赴宁后，黄勋继任1年，由周清接任，并兼农事试验场场长，直至1922年7月。[5]周清，浙江绍兴人，原名周幼山（友山），号越农，16岁考取秀才，后赴杭州学习日文及理化等，

〔1〕有从中日文化交流角度考察浙籍日本留学生归国后的活动，涉及吴庶晨、陈嵘、黄勋、高维巍等农科留学生。吕顺长：《清末における浙江省留日学生の帰国後の活躍》，神奈川大学人文学会编：《中国人日本留学史研究の現段階》，東京御茶の水書房2002年版，第82页。

〔2〕沈宗瀚：《克难苦学记》，北京：科学出版社1990年，第23—24页。

〔3〕陈振树：《我的父亲》；《陈嵘先生生平史略》，中国林学会编：《陈嵘纪念集》，北京：中国林业出版社1987年，第60、70—71页。

〔4〕张楚宝：《陈嵘教授开拓我国中等林业教育的业绩》，中国林学会编：《陈嵘纪念集》，第30页。

〔5〕杭州市教育委员会编纂：《杭州教育志》，杭州：浙江教育出版社1994年，第486—487页。

1913年从北京大学农科毕业，获农学士，始任杭州高等师范学校生物教员，继入笕桥农校任教。[1]同期，与周氏既为浙江同乡又是校友的陆水范亦来任教，1922年7月接替周清任校长兼农事试验场场长。[2]陈嵘、周清长校以来，笕桥农校进展较大，培养了吴觉农、陈石民等一批农学才俊，早期毕业生如施泽、陈浑、梁尔嘉等均入南京一农任教。此期，江浙两省农界间通过毕业生就业而相互沟通，以江苏省蚕桑界为例，职位几被浙人（多为浙江蚕学馆毕业生）所垄断；相应苏省农校不少毕业生进入浙省任事。

表1-7　民初江浙地区甲种农业学校一览表[3]

学校名称	校址	创办时间	校　长	学科	学校变迁
江苏省立第一农业学校	南京	1912	过探先	农科	1928年并入第四中山大学区立南京中学
江苏省立第二农业学校	苏州	1912	王舜成	农学 蚕学	1928年改为国立第四中山大学区立苏州农业学校，1929年改为省立苏州农业学校

〔1〕《北京大学学生毕业名册》，王步峥、杨滔主编：《中国农业大学史料汇编》上册，北京：中国农业大学出版社2005年，第98页。

〔2〕陆水范，浙江余姚人，名鸿初，字海望，清季孝廉，1913年毕业于北京大学农科农艺化学门。

〔3〕据《1922—1931年江苏省主要中等职业学校一览表》编辑而成，戚洪：《民国时期江苏职业教育体系的特点及成因》，《民国档案》2006年第3期，第67—68页；璩鑫圭等编：《中国近代教育史资料汇编：实业教育·师范教育》，上海：上海教育出版社1994年，第301页；中华职业教育社编：《全国职业学校概况》，上海：商务印书馆1934年，第153页。

续表

学校名称	校址	创办时间	校　长	学科	学校变迁
江苏省立第三农业学校	淮阴	1913	陈廷翔	畜牧兽医麦作蚕桑	1928年改为国立第四中山大学区立淮阴农业学校，1929年改为省立淮阴农业学校
江苏省立女子蚕业学校	苏州	1912	郑辟疆	蚕桑科	1924年改称江苏省高级蚕丝科职业学校，设高级和中级养蚕科
江苏省立甲种水产学校	吴淞	1912	张　镠	渔捞制造	1928年隶属于中央大学农学院
南通私立农业大学附设甲种农业学校	南通	1913	张　謇	农科	1921年改为南通大学农科
浙江省立甲种农业学校	杭州	1913	周　清	农科林科兽医科	1924年改为浙江公立农业专门学校，1927年改为国立第三中山大学劳农学院
浙江省立甲种蚕业学校	杭州	1913	朱显邦	正科预科	1934年改为浙江省立蚕丝职业学校
浙江省立甲种水产学校	临海	1916	赵　楣	渔捞制造	1923年更名浙江省立高级水产学校，1926年迁往定海
浙江省立甲种森林学校	建德	1917	袁锵金		1924年并入浙江公立农业专门学校

与此同时，江浙留美生的活动也日益活跃起来。1911 年 9 月，金陵大学算学教授裴义理和张謇等人在南京组织“义农会”，用以工代赈的方式，召集安徽等地灾民在南京紫金山开荒造林，“教以改良农事及园艺之法”，因农林技术人员缺乏，决定在金陵大学开设农科。[1] 1914 年，农科正式开设，裴义理任科长，美国康奈尔大学农学院农艺系毕业之芮思娄（J. H. Reisner）任教授。[2] 翌年，增设林科。1916 年，农、林两科合并为农林科，芮思娄出任科长。他梦想以康奈尔大学农学院为蓝本，在中国“造成一个研究中国农业与训练中国学生的农学院”，将“研究、教育、推广打成一片”。[3] 这对留美生来说颇具吸引力，邹秉文欣然受聘植物病理学教授，兼任普通植物学和植物育种学课程，自言“学而得用，差还满意”。[4] 此后邹树文、凌道扬、谢家声、钱天鹤等亦来任教。

表 1-8　金陵大学农林科教职员名录（1915—1919 年）

姓　名	职　务	籍　贯	履　历
凌道扬	林科主任	广东宝安	1912 年获美国麻省农业大学农学士，1914 年获耶鲁大学林学硕士。归国初曾任职北京农商部，1916 年为金陵大学林科主任。1920 年后历任山东省长公署顾问、青岛农林事务所所长、北平大学农学院森林系主任等职

〔1〕《私立金陵大学六十周年校庆纪念册》，1948 年，第 36 页；费旭等编：《南京农业大学志（1919—1988）》，1994 年内部发行，第 2 页。

〔2〕1914 年居于南京鼓楼的裴义理“夜听江北难民啼哭，激动了慈悲心，遂设法取得华洋义赈会捐款，雇佣难民，在紫金山造林，以工代赈，继感农林人才缺乏，乃创设农林科”。沈宗瀚：《沈宗瀚自述·中年自述》，台北：传记文学出版社 1984 年，第 1 页。

〔3〕沈宗瀚、赵雅书编著：《中华农业史——论集》，第 279 页。

〔4〕恽宝润：《邹秉文对谈录》，华恕主编：《邹秉文纪念集》，第 140 页。

续表

姓　名	职　务	籍贯	履　历
钱天鹤	蚕桑系主任	浙江杭县	1913年清华学校高等科毕业，入美国康奈尔大学农学院攻读植物育种学，1918年获农学硕士，1919年任金陵大学教授
邹树文	教授	江苏吴县	1907年京师大学堂师范馆毕业，1908年赴美国康奈尔大学农学院攻读昆虫学，1912年入伊利诺伊大学获科学硕士，1913年在芝加哥大学研究院从事研究工作。1915年任金陵大学教授，1922年后任东南大学农科教授兼江苏省昆虫局技师、代理局长，1928年任浙江昆虫局局长
邹秉文	教授	江苏吴县	1910年入美国康奈尔大学就读，1915年获农学士，入研究院攻读植物病理学。1916年任金陵大学教授，1917年任南京高等师范教授兼农科主任
谢家声	教授	安徽无为	美国康奈尔大学农学硕士，密歇根大学科学硕士，1916年任金陵大学农林科副科长

随着欧美及日本留学生返国，江浙地区农学者群体形成并逐渐壮大。这一群体与此前发起上海农学会、中国农业促进会以及中国农圃公会人士不同，皆为学有专门的新派人士，且多获得学士以上农学学位。他们在留学时代就多提倡创立学会，并发起组织以为实践，如过探先、邹秉文等人均具有办会经验。他们日益感到联络同人，创建全国性农学会的必要。1916年，过探先、王舜成和陈嵘等人齐集苏州，中华农学会的筹备工作遂即展开。[1]由此及见，中华农学会可谓江浙农学界兴起的直接产物。

〔1〕 吴觉农：《回忆中国农学会》，《文史资料选辑》第115辑，北京：中国文史出版社1988年，第14页。

二　中华农学会的创立

民初，尽管南北农界分别发起组织农学社团，并都有向全国扩展的苗头，但终未能发展成为全国性的专门学会，使之处于各自为战、群龙无首的状态，直至中华农学会成立，才渐有改观。关于其组织创立，既有研究存在大量史实错漏。亲历其事者的事后追忆，也往往与当时的实际情形不符。

中华农学会究竟成立于何时？由于尚无原始资料直接确证，故今人多采信会员的回忆文字。一些会员的回忆却各说各话，不但亲自参与的各主要人物表述不同，就连同一人的说法，先后也不一致。1932 年，陈嵘写道："民国五年秋间开始筹备，六年六月开成立会于上海。"〔1〕时隔 4 年之后，陈氏却又言："辛亥鼎革，民国肇建，我中华农学会亦应运而生，计自民国五年成立迄今已届二十周年矣。"〔2〕1947 年，陈方济在同一文本中对此问题就有两种说法，一种为"民国六年一月正式成立"，另一种则呼应陈嵘的前一种说法。〔3〕如果"正向"考察历史，回到距离"当时"较近的"现场"，所见情况则大为不同。1917 年 2 月 5 日，《申报》报道其成立时间为 1917 年 1 月 30 日。〔4〕参照对比以上诸说，可以确定《申报》所载时间较为可信。众所周知，新闻报道具有很强的时效性，一般出于事实发生之时，或者发生之后，偶有提前报道者，也只

---

〔1〕陈嵘：《中华农学会成立十五周年之经过》，《中华农学会报》第 101、102 期合刊，1932 年 7 月，第 1 页。

〔2〕陈嵘：《中华农学会成立二十周年概况》，《中华农学会报》1936 年第 155 期，第 1 页。

〔3〕陈方济：《三十年来之中华农学会》，《中华农学会通讯》第 79、80 期合刊，1947 年 11 月，第 6、10 页。

〔4〕《中华农学会成立会纪事》，《申报》1917 年 2 月 5 日第 2 张第 7 版。

是预告性质，而并不是实际状态已然。报纸报道此类消息，如无其他外界因素主导篡改，其主体事实多可征信。基于此，可以判断没有哪一家报纸会在2月份刊发6月份的未来“事实”。以此推之，中华农学会成立的时间至少是1917年1月份。陈嵘等人所说的6月，应为刊印之误，抑或本人记忆有误。

关于中华农学会的缘起，据《申报》载：

> 我国农业古来称盛，洎乎今日，世界交通，相形日绌。揆厥原由，非业之不振，实学之不昌。盖现今世界列强之实业竞争，实学问竞争之结果。学理之研究愈精，斯实业之进行愈速。而研究学理，尤以集思广益为功，匪集同志智识终孤，匪设机关研究无自，爰敢求呼将伯。创举斯会，冀收教学相长之效，藉尽鼓吹提倡之职。学理昌明，影响自大，则是会或足开农业改进之先声，亦意中事，宁止侈谈学理而已耶！世有同志，曷胜欢迎。

这表明中华农学会的发起是基于实业竞争实为学术竞争的基本认知，也是农学界对民初以来实业思潮的回应。换言之，欲以研究农业学理促进农业改进与发展。这与晚清以来朝野追求农业科学化和学理化的思路一脉相承，即均期望在“农艺”方面突破传统，开创新局。

据吴觉农回忆，早在1916年秋，王舜成、过探先、陈嵘、唐昌治等人便会聚苏州，发起并筹备成立中华农学会。[1]由于相关

---

〔1〕吴觉农：《回忆中国农学会》，《文史资料选辑》第115辑，北京：中国文史出版社1988年，第14页。

记载付之阙如，尚不能复原具体细节及过程。但透过相关信息可以大致确定，时任江苏省立第一、第二农校校长的过探先和王舜成的作用非常关键。其一，王舜成是清季留日学生，回国较早，资历稍长，在苏省农界已有人脉基础，地位举足轻重；过探先为留美归国新进，结交广泛，与美、日留学生均有密切交往，二氏各有千秋，堪为苏省农界领袖。其二，过探先为人持中，少派系成见，于美、日留学生间善于周旋调和。其三，江浙农界以日本留学生为主体，由王舜成等留日资历稍长人士任事，更易号召群英，见之于行事。陈嵘则因由杭来宁尚不久，本身又为浙籍，一时难以打开局面。〔1〕

据《申报》载，1917 年 1 月 30 日，中华农学会成立大会在上海的江苏省教育会召开。上午 9 时，大会推举王舜成为临时主席，宣布开会宗旨，次即讨论会章内容。下午，会议选举王舜成为正会长，余乘为副会长，林在南为事务部长，过探先为研究部长，邹树文为编辑部长。各科主任由会长及各部部长推举，皆各省的著名学者。〔2〕

表 1-9　中华农学会首届职员名录〔3〕

职　务	姓　名	籍　贯	履历与任职
会长	王舜成	江苏太仓	东京帝国大学农业硕士，1912 年任江苏省立第二农校校长

〔1〕据故交戴龙荪忆，陈嵘与胡先骕、钱崇澍、秉志、邹秉文、梁希、李寅恭等均有“深交”，被推举为发起人之一。氏著《缅怀故交宗一》，安吉县政协文史资料委员会编：《纪念陈嵘先生一百周年》（内部发行），1988 年，第 25 页。

〔2〕《中华农学会成立会纪事》，《申报》1917 年 2 月 5 日第 2 张第 7 版。

〔3〕同上。

续表

职　务	姓　名	籍　贯	履历与任职
副会长	余　乘	四川名山	日本东京农业大学毕业，江苏省立第一农校农场主任
事务部	林在南	浙江奉化	浙江蚕学馆、日本西京蚕业讲习所毕业，先后任教于安徽、山东农业专门学校及江苏省立第二农校
研究部	过探先	江苏无锡	美国康奈尔大学农科硕士，江苏省立第一农校校长
编辑部	邹树文	江苏吴县	从略

关于首任会长问题，历来有不小争议。杨显东在《深切怀念陈嵘教授》的回忆文章中写道：1917 年陈嵘被选为中华农学会第一届会长。[1] 与此相类似，陈方济在中华农学会 30 周年纪念号中梳理会务领导人谱系时，是从 1918 年起始，即陈嵘主持会务的时间。而 1917 年 1 月至 1918 年 7 月这段时间却是空白，不免让人误以为陈嵘即首任会长。既然《申报》登载的关于成立学会的基本事实大体可以征信，没有确凿反证当可定案。换言之，王舜成理所应当是首任会长，而非陈嵘。如果各自按照“届”与“任”的标准来划分，把第一届年会选举的会长，即陈嵘，称为首届或者第一届会长，似不无道理，但是其时间要推至 1918 年 8 月 24 日（第一届年会时）始，而不是 1917 年。沪上媒体对中华农学会第一届年会情形的相关报道，当可印证此说。1918 年 8 月 25 日，《神州日报》第 6 版的《农学会第二周年大会纪略》，载上任会长为王企华

〔1〕 中国林学会编：《陈嵘纪念集》，北京：中国林业出版社 1987 年，第 4 页。

（王舜成字），而这届年会（即第一届年会）新选出的职员分别是，会长：陈嵘（11 票），副会长：王企华（7 票），编辑部长：过探先（4 票）；[1]同日，《时报》第 3 张第 6 版的《农学会第二届年会纪略》，尽管标题略有偏误，但刊载内容同于前报所载。[2]

据吴觉农回忆，当时的创始会员多为美、日留学生，计 50 余人。[3]主要创始会员有：王舜成（东京农业大学农学士，江苏省立第二农校校长）、过探先（康奈尔大学农科硕士，江苏省立第一农校校长）、余乘（日本东京农业大学，江苏省立第一农校农科主任）、陈嵘（日本东北帝国大学林学士，江苏省立第一农校林科主任）、吴桓如（东京帝国大学林实科，上海南菁中学农科主任）、唐昌治（东京农业大学，江苏淮阴农校校长）、王承钧（东京帝国大学兽医实科，江苏省立第一农校教员）、邹秉文（康奈尔大学农学士，金陵大学教授）、周清（浙江省立甲种农校校长）等人，且多为留日中华民国殖产协会、美国伊利诺伊大学中国学生农学会和旅美中国农业会会员。居于北地的邓宗岱观察到江浙农学界的复杂性，认为已显现东西洋之派分，两派"在表面观察故在联络，其实二派之暗斗力极强"，实力上"东洋派胜于西洋派"。[4]中华农学会名义上是日、美留学生"联姻"的具体结果，但究其实，留日生人多势众，居于主导地位，而留美生尚处较为边缘的位置。如 1917—1918 年，中华农学会各省会员总数为 169 人，其中留日生 69 人，而留美生只有 7 人，之后留美人士有所增加，但在整体实力上仍不抵前者。

---

〔1〕《农学会第二周年大会纪略》，《神州日报》1918 年 8 月 25 日第 6 版。

〔2〕《农学会第二届年会纪略》，《时报》1918 年 8 月 25 日第 3 张第 6 版。

〔3〕吴觉农：《中华农学会——我国第一个农业学术团体》，《中国科技史料》第 2 辑，北京：科学普及出版社 1980 年，第 78 页。

〔4〕《实厅代表旅青岛之报告》，《益世报》1922 年 9 月 17 日第 3 张第 11 版。

中华农学会成立以来，会务实际被宁地留日一脉控制，直至 1924 年许璇长会。这期间，学会中枢人物均出自江苏省立第一、第二农校，王舜成为首任会长，陈嵘随后连任四届，之后再由王舜成连任三届。如从地缘上言，初期中华农学会会员几限于江浙两省，在 169 人中，苏籍 77 人，浙籍 45 人。〔1〕

按照学会《章程》确定，其宗旨为：（1）研究学术，图农业之发挥；（2）普及智识，求农事之改进。研究范围“以关于农林畜牧蚕桑水产诸学术为限，并联络各省农界人士，协力进行，以期农业之平均发达”。确定举办事业：刊行杂志报告，编辑教科书籍，研究农业教育，学术演讲，实地调查，答复农事咨询等项。此后又经修订，“本会以联络同志，共图中国农学之发达及农事之改进为宗旨”。〔2〕中华农学会生逢乱世，军人割据，政派林立，存活与发展皆不易。故从一开始，中华农学会与南北各政派皆保持若即若离的关系，揭橥独立自主的纯学术大旗，赢得了发展空间。其主要领导人屡屡声言：“中华农学会乃纯粹研究学术之清洁的会，并无何种党派关系，希望他日成为中国研究农业学术之中心，更希望成为研究世界农业学术之中心。”〔3〕从而，确立了无党派背景的纯学术办会路线。

按照学会《章程》规定，暂设事务、研究和编辑三大部，各部均设农、林、蚕、畜、水产五科；事务部负责会计、庶务、文牍、书记及书报发行等事；研究部负责试验、调查、教育、演讲、建

〔1〕《本会会员一览表》，《中华农学会丛刊》1919 年第 2 期，第 5—19 页。
〔2〕《中华农学会章程》，《中华农林会报》1920 年 9 月第 10 集，第 26 页。此后会章中的“农事”改为“农业”，《中华农学会报》1925 年 11 月第 48 期。
〔3〕《中华农学会在苏开会之第一日》，《新闻报》1923 年 8 月 7 日第 4 张第 3 版。

议、咨询等事；编辑部负责书籍、杂志、报告等的编辑。职员方面，设会长 1 人，副会长 1 人；事务部长 1 人，干事 2 人；研究部长 1 人，分科主任 5 人；编辑部长 1 人，编辑 5 人。以上职员任期均为 1 年，每年开常会选举，可连选连任。会员分为基本会员、通常会员和名誉会员，基本会员条件：（甲）受过中等以上农业教育；（乙）在国内外专门以上农学校肄业；（丙）素来研究农学确有成绩，曾在农学界任教务、技务等职。通常会员为志愿研究农业者，名誉会员为负有时望，赞成本会宗旨，并协助进行者。〔1〕

1919 年 8 月 15 日，中华农学会第二届年会修改会章，调整学会的组织及人事。首先，不再采用会长的名义，办事取合议制，设事务、学艺二部，事务部的名称与职责未作变更；整合原来之研究部、编辑部新设学艺部，负责编辑、调查、演讲、建议、咨询等事。其次，事务部设干事 5 人，互选 1 人为部长（即为本会代表）。学艺部设学艺专员 11 人，互选 1 人为部主任。按照此新章程，选举陈嵘为事务部长，过探先（会计）、唐昌治（书记）、曾济宽（经理会报）、邹秉文（交际）为干事；周清为学艺部主任，凌道扬（林）、高维巍（农）、王舜成（农）、陈嵘（林）、刘子民（农）、过探先（农）、孙恩麐（农）、张公镠（水产）、方悌（畜）、余天御（农）为学艺专员。〔2〕到 1920 年，会员种类新增“赞助会员”一项，共四种：基本会员，“凡研究农学或从事农林事业，辅助本会会务进行者”；通常会员，“凡赞同本会宗旨，志愿研究农学者”；赞助会员，“凡捐助本会经费在二百元以上或于他方面赞助本会事

〔1〕《本会简章》，《中华农学会丛刊》1919 年 3 月第 2 期，第 2—3 页。
〔2〕《本会年会记事》，《中华农林会报》1919 年 10 月第 5 集，第 1—3、21—22 页。

业者”；名誉会员，“凡于农学或农业上著有特别成绩者”。[1]

1921年6月，中华农学会总干事部禀请教育、内务、农商三部立案。8月，教育部准其立案，其他二部由江苏省长咨转。[2]这标志着中华农学会已被认可为合法的学术团体。

三　农科留学生之“总汇”

中华农学会会员绝大多数是留日学生，次为本土毕业农科生，再次为欧美留学生。从学缘论，具有留学背景会员主要毕业于美国的康奈尔大学（Cornell）、伊利诺伊大学（Illinois）和威斯康星大学（Wisconsin），日本的东京帝国大学、东京农业大学、东北帝国大学等。因此，中华农学会成为农科留学生之“总汇”，标志着东西留学人士走向沟通合作。由表1-10，可见其会员学术渊源所自。

表1-10　中华农学会会员名录（1917—1918年）[3]

学术背景	人数	会员名录
留日生	69	王舜成　余　乘　过探先　陈　嵘　唐昌治　庞　斌 曾济宽　林在南　于　矿　周　清　刘子民　方　悌 叶　芸　吴庶晨　许　璇　梁　希　钱樾孙　陈　植 吴桓如　陈方济　汤惠荪　朱显邦　张福仁　朱凤美 陈立干　卞晓亭　杨镇坤　饶发枝　张谦吉　郑　屿 郭葆琳　申周勋　赵　煊　张天才　原颂周　高维巍 王荣显　陈应谷　包　容　陈时臬　江书祥　张福延

〔1〕《中华农学会章程》，《中华农林会报》1920年9月第10集，第27页。

〔2〕《本会纪事》，《中华农学会报》第2卷第10号，1921年8月，第91页。

〔3〕《本会会员一览表》，《中华农学会丛刊》1919年3月第2期，第5—19页；《中华农学会会员录》，中华农学会1935年印行。

续表

学术背景	人数	会员名录
留日生	69	吴 恺 侯 度 赵经之 王传玉 曹观斗 沈 竞 王 骧 吴 祥 李士襄 杜苞九 余季可 陶善松 陈彰海 邓 勋 陈建中 张 镠 张子仁 黄杏祺 彭树滋 黄召裳 童玉民 杨熙光 熊熙圃 鲍化龙 李澄秋 王 鉴 何先恩
留美生	7	邹树文 金邦正 凌道扬 邹秉文 胡先骕 欧华清 韩 安
留欧生	1	范赉（留法）
其他国家	3	石平治 宋廷谟 唐迪先（均就读于菲律宾森林学校）
国内诸校	56	盛建勋 施 泽 梁尔嘉 王荫槐 王泽南 王采南 石琢章 包昌福 朱公怀 朱燕年 何宪文 李永振 汪和耕 杜翼云 杜一桂 吕 荃 金如海 周凤鸣 周 圻 封保鹿 胡润琇 段世长 徐 迁 徐家昌 袁锵金 殷祖翼 陶鸿伦 陈 锋 陈应彬 陈祖康 张保寅 张 岳 张幼松 庄景仲前清廪贡生 张赓韶 章士麟 黄毓嵩 李子帆 单纬章 费承禄 费耕雨 万 育 邬祥赓 郑普一 郑辟疆 刘庆萱 刘种德 潘子英 蔡鸿福 瞿立西 顾宪融 顾在范 徐 淦 孙虹庼 汤成永 吉增彰
不详	33	孔庆人 尹锡熊 朱 鸾 朱光怀 吴慎图 吴希郑 李奎璧 林伟民 周耀昌 徐显文 孙志文 孙先祖 郭义泉 陈 枢 陈湘源 张福畴 张文耀 庄泽宬 杨清辅 杨兴芝 杨伟文 潘岳生 楼鹤书 蒋步瀛 卢书芬 李主荣 聂信余 顾希文 余垂组 司徒润 沈光熙 陈光远 童诗闻
总计	169	

中华农学会与日本农学界渊源甚深，会员早年赴日求学始于

晚清的留日热潮。明治日本学习欧美特别是德国农学，用以建立"日本的农学"，其成功范例对中国朝野产生深远影响。复受甲午战败和日俄战争刺激，一股向日本学习的潮流迅速蔓延，负笈东瀛留学人数快速增长。留日农科教育始于1896年，是年驻日公使裕庚委派理事官吕贤笙在上海、苏州一带招生，唐宝锷、戢翼翚、胡宗瀛、朱光忠、冯訚谟、吕烈煌、金维新、刘麟、韩筹南、李清澄、王某、赵某等13人成为首批留日学生，后4人因"日本食物难以下咽"和日本人嘲弄等原因归国；金维新、刘麟中途退学；剩余7人"以良绩卒三年之业"，唐宝锷、戢翼翚、胡宗瀛转入专门学校就读。[1] 胡宗瀛系目前所见最早的留日农科生，他先入宏文学院习日文及普通科，卒业后入读东京农业专门学校农科，[2] 1905年回国后被授予农科进士。[3]

此后留日习农人数激增，据1901年12月《同瀛录》统计，时日本留学生总计269人。[4] 东京帝国大学农、工、法三科共15人，农科7人；东京专门学校17人；蚕业讲习所3人。[5] 1905—1906年，赴日留学达到最高峰，但各种资料对其确切人数的记载相差

---

〔1〕舒新城编：《近代中国教育史料》第1册，第263—264页；实藤惠秀：《中国人留学日本史》，北京：生活·读书·新知三联书店1983年，第19—20页。

〔2〕田原天南编：《清末民初中国官绅人名录》，沈云龙主编：《近代中国史料丛刊三编》第80辑，台北：文海出版社1989年，第270页。

〔3〕舒新城：《近代中国留学史》，上海：上海文化出版社1989年，第22、182页。

〔4〕1902年，另据记载："九钟，同秦辉祖至支那留学生会馆，识章宗祥、曹汝霖、范源廉、陆士芬、沈琨、何厚倜等。留饭，并赠同瀛录，光绪廿七年十二月调查共二百八十余名，今年倍之。"黄璟：《游历日本考察农务日记》，李德龙等主编：《历代日记丛钞》第149册，北京：学苑出版社2006年，第504页。

〔5〕《日本留学生调查录》，陈学恂、田正平编：《中国近代教育史资料汇编·留学教育》，上海：上海教育出版社1991年，第373页。

悬殊。[1] 有人辑录1901—1939年毕业于日本11所农校的中国学生人数，[2] 各年分布如下表：

1901年	1人	1902年	3人	1903年	1人	1904年	2人
1905年	无人	1906年	5人	1907年	4人	1908年	4人
1909年	10人	1910年	13人	1911年	15人	1912年	20人
1913年	11人	1914年	9人	1915年	12人	1916年	10人
1917年	4人	1918年	14人	1919年	10人	总　计	148人[3]

1897年冬，浙江蚕学馆派稽侃、汪有龄赴日习蚕，后汪有龄改习法科，稽侃初入西原讲习所，卒业后至农科大学专研蚕学。[4]

---

〔1〕综合各家，约有三种版本：其一是7000余人，有据日本外务省档案《在本邦支那留学生关系杂纂第一》卷中的调查统计数字是7283人（二见刚史、佐藤尚子：《中国人日本留学史关系统计》，《国立教育研究所纪要》1978年3月第94号）。其二是8000人左右，1906年驻日公使杨枢奏陈："在东官费自费学生仅逾千人，日增月盛，迄于今日，以至八千余人"（《出使日本大臣杨密陈游学生在东情形并筹拟办法折》，《东方杂志》第3卷第6号，1906年9月25日，第133页）。日本《太阳》杂志所刊《清国留学生同盟归国》一文："清国留学生在东京者，即达八千六百余名"（王晓秋：《近代中日文化交流史》，北京：中华书局1992年，第354页）。青柳笃恒1907年4月《中国留学生与列国》一文谓："有谓中国学生留学日本者，其数达一万三四千之巨，此乃一人同时兼有数校学籍，而以校别统合计算所致也。查最近确实统计，文武男女学生共约八千人，包括文武官费生二千八百人。"实藤惠秀亦认可"实数约为八千名左右"（参见氏著《中国人留学日本史》，第39页）。其三是12000—20000人，如援引清季学部统计，约为12000人（陈青之：《中国教育史》第3册，上海：商务印书馆1936年，第628页）。其他如《中国第一次教育年鉴》《中国近七十年来教育记事》等为12000—13000人，另有据《学部官报》等统计亦支持此说，参见李喜所《清末留日学生人数小考》，《文史哲》1982年第3期，第29—30页。

〔2〕实藤惠秀：《中国人留学日本史》，第113—114页。

〔3〕因辑录者的主观选择性，导致这些数字与当时实际情况出入较大："本名簿原则上不著录满洲人，以及有海陆军身份与中华民国国籍不明者"，因之东北各省毕业生大部分被漏掉；二是东京帝国大学毕业生数字不包括农实科毕业生，北海道帝国大学不包括水产专业毕业生。

〔4〕《浙江蚕学馆表》，《农学报》第41册，1898年8月，第3页；罗振玉：《杭州蚕学馆成绩记》，《农学报》第120册，1900年10月，第1页。

1899年，上海农学会建议南洋大臣派遣东文学社学生王国维、樊炳清、沈纮、萨端4人赴日学农，[1]但似未成行。据考订，1902年2月，王国维始入东京物理学校肄业，后因脚气病发而归国。[2]此期农科留学生由地方官零星派遣，尚难形成规模。1901年8月，张之洞拟定《奖励出洋学生章程》10条，根据东西洋留学生考验等级授予功名。[3]12月，刘坤一、张之洞在"劝农学"中提议，"学生有愿赴日本农务学堂学习，学成领有凭照者，视其学业等差，分别奖给官职；赴欧洲、美洲农务学堂者，路远日久，给奖较优。自备资斧者，又加优焉，令其充各省农务局办事人员"。[4]官方政策有力带动了民间农科留学的发展。1903年，张百熙从京师大学堂速成科选派31人赴日留学，其中之王舜成、朱炳文入东京帝国大学农学科，吴宗栻、成寯、黄艺锡入东京帝国大学农艺化学科。[5]1907年，日本外务省存档记载中国农科留学生在籍人数：札幌农科大学19人，盛冈高等农林学校9人，东京帝国大学农科10人，仅次于法科的18人。[6]据统计，1905—1914年留日农学生合计272人。[7]他们归国

〔1〕《农会绅士上南洋大臣刘请派学生至日本留学农务禀》，《农学报》第90册，1899年12月，第2页。

〔2〕袁英光、刘寅生编著：《王国维年谱长编（1877—1927）》，天津：天津人民出版社1996年，第24、27页。

〔3〕刘真、王焕琛编：《留学教育——中国留学教育史料》第2册，台北："国立"编译馆1980年，第765页。

〔4〕《江楚两制军条陈农政折》，《农学报》第162册，1901年12月，第2页。

〔5〕其他26人分习法政等科：余棨昌、曾仪进、黄德章、史锡倬、屠振鹏、朱献文、范熙壬、张耀曾、杜福垣、唐演、冯祖荀、景定成、陈发檀、钟赓言、王桐龄、刘冕执、席聘臣、蒋履曾、王曾宪、刘成志、顾德邻、苏潼、朱深、周宣、何培深、陈治安等。刘真、王焕琛编：《留学教育——中国留学教育史料》第2册，第604页。

〔6〕转引自王晓秋《近代中日文化交流史》，第358—359页。

〔7〕这仅是官派官费生数量，主要依据刘真、王焕琛编《留学教育——中国留学教育史料》，应有不少遗漏，其实际人数远不止于此，原因是自费人数变动性大，官方统计难得周全。

后通过学部考验，分授功名和官职。

民元教育部暂停选送各省学生出国留学，直至1914年关于留学事务的《规程》颁布，才重启留学教育之门。早先赴日的农学生在留学期间不少已加入中华农学会，其他多数人则在回国后入会，所以，留日生是其名副其实的主力军。

中华农学会会员另外一个重要来源是留美生，其人数较留日生少。外国传教士在中国早期留美教育活动中扮演了重要角色，但其行为多属民间个体行为，数量有限。[1]从所见资料看，1872—1875年清政府派遣的四批赴美官费幼童中，未见有习农者。[2]1881年，谭锡光自费赴美学农，[3]应为近代留美习农的历史起点。此后，留学欧美人员渐增，尤以粤人为最。1901年陈振先自费赴美国加州大学学农；1902—1903年谭天池、王建祖、郑垣、黄日升、梁赉奎等至加州伯克利大学学农。[4]1905年，两广学务委员陈锦涛遣送15人赴美留学，其中之唐有恒、冯庆桂习农科。同年，叶可樑（自费）、唐虞杰（公费）赴美学农。1906年有谢恩隆、黄振华、瞿宝文（耶鲁大学林科）；1907年有韦颂冠、陈华、韩安（康奈尔大学林科）；1908年有章祖纯（加州大学土壤学），吴维勋（伊

---

〔1〕作为近代中国留学之父的容闳，1868年向曾国藩建议其制订的留美计划，“初次可选定一百二十名学额以试行之。此百二十人中，又分为四批，按年递派，每年送三十人。留学期限定为十五年”（容闳：《西学东渐记》，长沙：湖南人民出版社1981年）。1872年，清廷派遣首批30名幼童赴美，至1875年，凡4批，120人。后于1881年分三批撤回国内，此后一度中止。舒新城：《近代中国留学史》，上海：上海文化出版社1989年影印本。

〔2〕刘真、王焕琛编：《留学教育——中国留学教育史料》第1册，第35—47页。

〔3〕周邦任、费旭主编：《中国近代高等农业教育史》，第25页。

〔4〕梁启超：《新大陆游记节录》，《饮冰室合集》专集之二十二，北京：中华书局1989年，第127、130页。

利诺伊大学），陈天杰（俄亥俄大学），黄义清（佐治亚大学）。[1]

1908年，中美双方商定“庚款”计划，此举有力推进了留美教育发展。按规定庚款生所习科目，“以十分之八习农、工、商、矿等科，以十分之二习法政、理财、师范诸学”。[2]据统计，留美生从1900年10余人、1905年30余人，猛增至1910年600余人，1911年700余人。[3]1909—1929年，清华留美学生中有67人习农，涉及农业、畜牧、园艺、森林、渔业等门类，占清华留美总人数的5.2%。[4]另据统计，总数为137人，涉及农、林、畜牧、园艺、渔业、植物、兽医等门类。[5]两相比较，相差悬殊。

留美中华农学会会员留学目的地较为集中。康奈尔大学的秉志、金邦正、邹秉文、过探先、郭守纯等人；伊利诺伊大学的邹树文、竺可桢、欧华清等人；威斯康星大学的邓植仪、裘昌运等人。[6]三校均为美陆名校，以名师荟萃、教科完善、设备先进而为中国学生青睐，近代颇有影响的几位农学家均与其有重要渊源。其中影

〔1〕 周邦任、费旭主编：《中国近代高等农业教育史》，第25页。

〔2〕《外务部、学部：会奏为收还美国赔款遣派学生赴美留学办法折》（1909年7月10日），陈学恂等编：《中国近代教育史资料汇编·留学教育》，第172页。

〔3〕 约翰·格赖安歇明著，杨锦森译：《论中国留美学生》，《东方杂志》第8卷第12号，1912年6月1日，第30页。另有统计1911年留美学生人数为650余人，参见李喜所《清末民初的留美学生》，《史学月刊》1982年第4期，第52页。

〔4〕 工程学专业人数最多，接下来依次是商学、自然科学、经济学、政治学、医科、农业、文学、教育、军事和法学。《历年留美学生分科统计表》，清华大学校史研究室编：《清华大学史料选编》第1卷，北京：清华大学出版社1991年，第56—71页。

〔5〕 具体情况是：1909—1920年，留美农科生计74人；1921—1925年清华留美生中习农林情况：1921年4人，1922年1人，1923年8人，1924年3人，1925年11人，计27人；1922年习兽医2人；1926年，留美农科生34人。周邦任、费旭主编：《中国近代高等农业教育史》，第25页。

〔6〕 刘真、王焕琛编：《留学教育——中国留学教育史料》第1—5册，第200—216、1125—1129页。

响最大的是康奈尔大学，其因有三：一是其毕业生数量较多，人才辈出，且对中国农业教育、研究及行政皆有影响；二是1920年代以后中国农业高等教育以美式教育为学习的典范；三是邹秉文等毕业生长期充当中华农学会的精神领袖。

康奈尔大学农科雄居北美农科之首，“背山临湖，风景为世界大学之冠，校中各科都备，而以农科、土木工程、机械工程，三科为最著。其他医、律、化、理、哲学诸科，虽亦称健者，然都为此三科所掩”。〔1〕有称，其最具优势科目为“农学、土木工程、水力工程”。〔2〕另有调查表明，其最著名科目为农学和工程。〔3〕他们认为，康奈尔农科“在美国农校中当称首屈一指，各门皆甚完备，而尤以园艺（含花艺、果木、园林、蔬园）、奶酪、植物病理、植物进种、家禽诸门为最优”。〔4〕加之，因受赠地学院属性影响，康奈尔大学将农、工两科作为优先发展方向，农科尤受纽约州政府特别基金扶持。相反，哲学、历史及政治等文艺科学（Arts and Sciences）地位要相对逊色。〔5〕威斯康星大学、伊利诺伊大学农学总体上不比康奈尔大学，但也各具优势。〔6〕伊利诺伊大学“尤以

〔1〕《美国大学调查表》，《留美学生年报》1914年第3期，第84页。

〔2〕黄汉樑：《美国最著大学调查》，《留美学生季报》1915年春第1号，第126页。

〔3〕陆费执：《美国著名大学调查表》，《留美学生季报》1918年秋第3号，第103页。

〔4〕陆费执：《美国农业专校调查》，《留美学生季报》1919年春第1号，第114页。

〔5〕以上调查均来自康奈尔校友，结论应属客观。有学者认为哲学系“倒真是康大的一块牌子”，或因轻信胡适自高身价的说法。参见罗志田《再造文明的尝试：胡适传（1891—1929）》，北京：中华书局2006年，第63页。

〔6〕调查显示，伊利诺伊大学“农科为最著，土木、机械、建筑诸工科都佳”；威斯康星大学“最著之科学农科，及理财、政治、化学诸科”（《留美学生年报》1914年第3期，第83—90页）。另有调查显示，伊利诺伊大学擅长学科是农商、化学和建筑，威斯康星大学则以农学、化学和政治为优。陆费执：《美国著名大学调查表》，《留美学生季报》1918年秋第3号，第100、106页。

农科、工程科著”，若“以农事言之，固中美一最著名之大学也”，最具优势的是稼穑学、畜牧学，奶酪学则不如威斯康星大学，树艺则不如康奈尔大学，森林不如耶鲁大学。[1]伊利诺伊大学校友穆藕初则认为，该校“农科、机械科两分校为尤著，大学之成实基乎是。农科之卓有声誉者，曰土质学，曰畜牧学”。[2]缘此认知，1911年他从威斯康星大学转至此，“该大学之教授精神，不亚于威士康辛，而该大学之农科各教授，尤为著名，学问淹博，启发后进，成效卓著，名震遐迩者尤以土壤学主任教员霍泼根斯为最”。[3]留美生虽然人数相对较少，但其学术程度较高，多数人取得学士以上学位，其社会声誉整体也较留日生为佳，故能发挥后发优势，在中华农学会和各自任职部门迅速打开局面，如康奈尔大学“研究—教育—推广”三位一体的思想和体制很快主导中国农学界。

留欧生是中华农学会会员另一个重要来源。其人数相比最少，但作用不可小觑。欧洲大陆是现代农学的发源地，晚清留学虽以日本、美国为首选，但赴欧洲习农亦不乏其人，尤以法国为重要据点。1889年，浙江海关税务司遣江生金、金炳生赴法国蒙伯业养蚕公院学习蚕病防治，二人回国后充任浙江蚕学馆总教习。[4]此后，福建派郑仲甫、贰伊赴法学习蚕桑；1902年李石曾入法国蒙伯利埃城农业学校学习，后入巴斯德学院进修生物学；1903年湖广总督端方选派杨荫蘖、吴国良、汪锺岳、罗葆寅、胡秉柯、魏晨组、贺子才、史青、黄大伟、禄崇、姚业经、杨循祖、邓凤池、刘祥云、

〔1〕《留美学生年报》1913年第2期，第17页。

〔2〕穆藕初：《美国伊利诺伊大学中国学生农学会述略》，《湖南教育杂志》1913年第7期，第31页。

〔3〕穆藕初：《藕初五十自述》，《穆藕初文集》，北京：北京大学出版社1995年，第33—34页。

〔4〕董光璧主编：《中国近现代科学技术史》，长沙：湖南教育出版社1997年，第1031页。

许熊章、喻毓西、程光鑫、刘荫茀、李光驷、王治辉、胡瑞年、李以祜、陈宽沅、李彪等24人，赴比利时学习农林、工商和路矿等实业。[1] 同年，湖北派姚家振、周树廉等8人赴德国，10人赴英国，4人赴俄国，学习农工商实业。[2]

蔡元培等人服膺法国文化学术，“吾国恒言各国科学程度以德人为最高，同人所见法人科学程度并不下于德人。科学界之大发明家多属于法德人，则往往取法人所发明而更为精密之研究，故两国学者谓之各有所长，则可；谓之一优一劣，则不可”。[3] 1912年，蔡元培、李石曾、吴稚晖等人在法国组织留法俭学会，促成大批中国学生赴法勤工俭学。蔡元培认为：“我国本重农之国，惟不究农学，致少进步。清季罗君振玉等曾发行《农学报》数年，此报停后，迄无嗣音。又今世农业之发达，首推美、法二国，惟美国偏重大农业，而法国则偏重小农业。输入法派农学，似于我国尤为相宜。”[4] 国内舆论界大力鼓噪摄取欧洲学术文化精义：“欧洲学术以法德二国执其牛耳，而拉丁民族之开化较早于条顿民族，故德国不过专精形而下学，而法国则无论形上形下皆有登峰造极之观。我国近年以来，艳称德国，而法国文化艺术殆无人研究，深可致惜。”[5] 重新审视并发现欧洲文化，特别是法国文化学术的价值，对留欧农学教育具有重要推进作用，中华农学会内部服膺法国农学者亦复不少，若干人留日后又转道欧洲大陆游学或考察。

---

〔1〕《奏派学生赴比国游学折》，刘真、王焕琛编：《留学教育——中国留学教育史料》第2册，第601页。

〔2〕周邦任、费旭主编：《中国近代高等农业教育史》，第24页。

〔3〕《留法俭学会讲演大会》，《中华新报》1917年5月31日第6版。

〔4〕《致王宠惠函》，高平叔编：《蔡元培全集》第2卷，北京：中华书局1984年，第334页。

〔5〕《告湘学界》，长沙《大公报》1918年8月16日第2张第6版。

1912年川人罗世嶷赴法入蒙伯利埃农校，学习研究法国小麦品种分类，编辑《农学杂志》。[1] 1913年居励今入沙落民农校；1917年贺康入蒙伯利埃农校蚕桑专科学习。据统计，1919年3月—1920年12月，赴法勤工俭学人数达1576人，其中在国内农校及农业专门学校毕业后赴法者30余人，曾在国内农场服务及实习者2人。1919年12月26日《时报》载，赴法的浙江东阳学生蒋步瀛、许奉璋为农科生；1920年11月27日、29日《时事新报》载，留法勤工俭学学生所在学校及人数情况，农校及农学生为伍德农校（Oudes）1人，南锡农校及农专（Nancy，又译朗西）9人，蒙伯利埃农校（Montpellier）1人。[2] 至1923年6月湖南赴法勤工俭学学生122人，农科生5人，分别为傅定堃（朗西农校）、皮作琼（林业专门）、杨广陶、韩俊、黄人俊（农业实习学校）。[3] 法国留学生在求取域外新知之时热衷参政，分属不同政派，他们在加入中华农学会活动同时，发起新中国农学会以与之相竞。

表1-11　民初以来赴法勤工俭学习农科者名单（1917—1927年）[4]

毕业学校	人数	姓名及专业
南锡农校、农专	3	刘慎谔（生物学）　林　榕（林科）　常宗会
巴黎大学农学院	8	黄枯桐　施华麟　于升峰　徐季丹　黄士辉　毛宗良　杨庚陶　伍献文（水生生物）
蒙伯利埃农校	13	张　农　皇甫辉　孙本忠　常宗会　姚　楠　韩旅尘　廖家楠　张富春　谭熙鸿　朱　洗　雍克昌　周太玄　周继先（蚕桑）

〔1〕罗世嶷：《本杂志之言论纲要》，《农学杂志》第1卷第1期，1917年，第1页。
〔2〕陈学恂、田正平编：《中国近代教育史资料汇编·留学教育》，第499—509页。
〔3〕《湖南留法勤工俭学学生姓氏及现状表》，长沙《大公报》1923年6月26日第7版。
〔4〕周邦任、费旭主编：《中国近代高等农业教育史》，第81页。

续表

毕业学校	人数	姓名及专业
里昂大学农学部	5	莫定森　张　玺　夏康农　安　汉　廖家楠
里昂大学生物部	3	汪德耀　李亮恭（植物生理）
都鲁士大学农学部	5	李书华　彭　起（畜牧）王复卿　葛敬中（蚕桑）周　松（农具）
格里侬（Grignon）农业学校	2	蔡无忌（兽医学）季宗傅（兽医）
华纽威农业学校	1	李乃尧
凡尔赛农业学校	2	郭须静　田叔民
法国国立法属属地农业学校	3	李　驹（园艺）黄　晃　熊　佐
不详者	27	盛　成　彭思勤　叶道渊　范　赍　张　敬　张宗文　秦治容　汪呈因　吴文安　薛实甫　王征星　潘　庸　汪庭贤　程兆熊　周　礼　陈　赤　傅　伦　吴树阁　陆鼎伍　韩　奇　叶振钧　曾伯良　刘厚苏　苏世铨　周光熙　曾　慎　赖问农

此外，赴德国留学的中国学生以学习林科为主。主要有：朱惠芳（普鲁士大学森林部）、梁希（萨克逊森林学院）、林渭访、周桢至（德累斯顿塔朗大学）、王毓瓒、王正、贾成章（慕尼黑大学）、皮作琼（巴黑林业学校）、陈泮藻（耶拿大学农艺化学）、张荣光（柏林农业大学）、周昌芸（柏林大学土壤化学）、陈翰笙（柏林大学农业经济学）等。[1]比利时、意大利、丹麦、瑞士、奥地利、荷兰等其他欧洲国家，也有少数中国农科留学生。以上诸人，或在求

〔1〕周邦任、费旭主编：《中国近代高等农业教育史》，第81页。

学期间或于返国后加入中华农学会，其中留日生人数最众。总体看，中国农科留学生从域外不同国家引介互有差异的现代农学知识，并以此为分野，创立各自社团。中华农学会融会日本及欧美留学生，一定程度上实现了不同学派的联合和组织的统一，成为探讨农学和研究农业改良的“总枢”，并对中国农业科学化进程产生深远影响。

第二章

陈嵘与王舜成主会时期农业科学化的进展

王舜成、陈嵘主会期间（1917年1月—1925年8月），中华农学会南北并进，拓展组织，逐步由一个区域性学会发展为全国性的专业学术社团，其学术活动和应对农业问题的“学理化”机制同步展开。它上承晚清以来生发的农业科学化路径，在纯学术办会路线指引下，多管道传播外来农学知识和技术，多样化开展学术活动，效法美国模式改革旧有农业教育体系，以造就中国现代农学和“新农人”，变传统的“经验农业”为“学理农业”，使沉沦中的乡村社会振衰起弊。

第一节　建设全国性农学会的努力

中华农学会立会之初的影响力仅限于江浙一带，但其立会视野着眼于全国农学界，致力于建立一个融会不同学派、覆盖不同地域的综合性学术研究团体。

一　扩设分会

为改变拘于东南一隅的地方性状态，确立其在农界的领袖地位，中华农学会将沟通海内外学人，建立全国性农学社团，作为会务扩张的首要目标。所以，征集会员，扩展组织，成为其立会初期会务的重心。而此项会务的展开，也是其确立在农界领袖地位的过程。

中华农学会成立伊始，会务为江苏省立第一、第二农校留日生控制，首任会长王舜成之后，陈嵘连任四届，再由王舜成连任三届。〔1〕期间国内政局动荡，会所多不固定。〔2〕1917 年，为交通便利起见，会所（总会）暂设于上海江苏省教育会，事务所暂设苏州省立第二农校。〔3〕1918 年 8 月，第二届年会以后事务所迁至南京三牌楼模范马路，会所仍驻留在沪，“俟会务发达后再行指定交通便利之处为机关”。〔4〕1921 年 4 月 4 日下午，事务所因邻居失火被焚，转迁至三牌楼南京省立第一农校。〔5〕10 月，总干事部开会决定盛建勋负责筹备会所及募集基金。〔6〕

1918 年 8 月，中华农学会会员从 50 余人增至 169 人，来自全国 15 个省、市以及日本留学界。通过联络北京农界人士以沟

〔1〕 1918 年 8 月，陈嵘在第一届年会当选第二任会长，连任四届；1922 年 7 月，第五届年会王舜成接替出国的陈嵘，当选会长，连任三届，一直到 1925 年 8 月。

〔2〕 会所地点的问题较为复杂：一则初期会所、事务所分设于不同地点，前者为学会之总枢，为固定机构；后者为常设办事机构，以办事人员变动为转移。后来两者合而为一，会所与事务所多同指一个地点；二则事务所多迁徙。不少人笼统称为会所地点，后人误以为最早的会所设在南京第一农校。

〔3〕《申报》关于“事务所暂设于苏州省立第三农校内，作为通信机关”记载有误，其中之“三”，应为“二”，时江苏省立第二农校在苏州，省立第三农校在淮阴清江浦。会长王舜成、事务部长林在南，皆任职省立第二农校，事务所亦在此地，符合逻辑与事实。

〔4〕《本会年会纪事》，《中华农林会报》1919 年 10 月第 5 集，第 2 页。

〔5〕《本会事务所被焚》，《中华农学会报》第 2 卷第 8 号，1921 年 6 月，第 120 页。

〔6〕《第五届总干事分担事务一览》，《中华农学会报》第 3 卷第 2 号，1921 年 11 月，第 87 页。

通南北农学界，对改变中华农学会的“地方性”别具意义。清季以来，日本留学生一直把持北京农学界，多人任职政府中枢，并成立农学会，沟通政学两界。这些人中不乏饱学名士，不少人既有新学文凭，又有旧学功名。进入民国，这一群体继续执掌京师农界要津，其声望与势力皆甚可观。[1]论学术渊源，南北农界日本留学生多有师友同窗之谊，在天然上易于沟通。京、沪农界的留日派人士早有联络，如他们中不少人同为中华殖产协会会员；金邦正等留美派与过探先、邹秉文又为同窗旧友。基于以上人脉，许璇、梁希、钱樾孙、金邦正、韩安等率先加入中华农学会。[2]此后，苏籍会员庞斌、周圻奉调北上京师，任职于内务部中央防疫局、农商部棉业处，有助于增进南北流通。原北京农学会会员周建侯、章鸿钊、叶基桢、邓振瀛、黄艺锡、唐有恒、葛敬中、刘家璠、孙宗浩等相继入会。[3]1919年8月中华农学会第三届年会召开时，会员总数达到275人，会员覆盖全国17个省、市，新增河南、湖北两省。其中，江苏地区会员增加最多，浙江、北京居次，均增加13人，其中不包括庞斌、周圻二人。从其第二届年会始，各省始设干事，许璇、梁希、金邦正、钱樾孙、周建侯被推为直隶省干事。[4]

---

〔1〕留日期间，章演群（鸿钊）、陶陶群（昌善）、许□群（璇）“三群”齐名，归国后齐聚北京，在农学界地位显赫，前两人均为北京农学会核心成员，许璇归国后则不再用此别号，更少向人道及于此。梁希：《黄垆旧话》，《中华农学会报》1935年7月第138期，第157页。

〔2〕《本会会员一览表》，《中华农学会丛刊》1919年3月第2期，第6—19页。

〔3〕《新入会员一览》，《中华农学会丛刊》1919年5月第3期，第5—9页。

〔4〕《本会职员一览》，《中华农林会报》1919年10月第5集，第22—24页。

表 2-1 中华农学会会员名录（1917—1919 年）[1]

省籍	人数	会员名录
江苏	128	王舜成 余 乘 过探先 邹树文 林在南 陈 嵘 庞 斌 曾济宽 沈 竞 张 镠 唐昌治 于 矿 邹秉文 张文耀 潘子英 吴桓如 王传玉 杜翼云 李士襄 盛建勋 邬祥赓 郑辟疆 郑普一 石琢章 郭义泉 彭树滋 尹锡熊 顾在范 刘种德 吴慎图 孙先祖 王采南 周凤鸣 陶鸿伦 殷祖翼 费耕雨 万 育 张赓韶 吴 祥 周 圻 王荣显 张福延 黄杏祺 李永振 王泽南 凌道扬 费承禄 蔡鸿福 徐 迁 汤 敏 胡先骕 段世长 陈湘源 王荫槐 范 赉 陈 枢 顾宪融 徐显文 林伟民 司徒涧 陈 锋 瞿立西 宋廷谟 吉增彰 陈祖康 王 鉴 徐家昌 张 岳 唐迪先 张幼松 施 泽 包昌福 张天才 原颂周 陈应谷 黄毓嵩 童诗闻 傅焕光 洪锡诰 凌昌焕 王凤书 徐良傅 唐梓才 吴元涤 梅 禹 殷祖叶 邓宗文 储 劲 李金庚 朱兆芝 贾其桓 周成章 潘昌恒 黄希周 薛龙夔 孙恩麐 蔡鸿福 章安元 张若臣 黄吉祺 陈凤文 张恩澍 陈大衡 曹学思 纵衍森 金瑾章 章守玉 姚 参 王 业 关祖同 戴芳兰 王承钧 萧 诚 周 雯 汪修吉 高文华 姚 雯 杨永贞 郭守纯 冯卜和 程干初 王秉南 彭增圻 周宗洛 鲍亦芬 费承禄 马鸿勋 王 实
浙江	58	周 清 刘子民 袁锵金 楼鹤书 方 悌 杨清辅 庄景仲 章士麟 石平治 吴庶晨 邓 勋 叶 芸 吕 荃 杨伟文 朱显邦 潘岳生 胡润琇 陈光远 周耀昌 杨兴芝 李子帆 金如海 张福畴 梁尔嘉

〔1〕此为截至 1919 年 8 月会员数，依照《本会会员一览表》，《中华农学会丛刊》1919 年 3 月第 2 期，第 5—19 页；《本会会员录》，《中华农林会报》1919 年 10 月第 5 集，第 4—21 页。

续表

省籍	人数	会员名录
浙江	58	高维巍　单纬章　汪和耕　朱燕年　朱光怀　余垂组 包　容　童玉民　徐　淦　封保鹿　沈光熙　孙虹庼 陶善松　张保寅　朱公怀　李奎璧　卢书芬　杜一桂 顾希文　朱　鸾　庄泽宬　谢乃绩　堵稻先　徐学尧 陆水范　鲁指南　沈宗瀚　徐一亭　吴志远　沈　超 胡时雍　张礼增　张礼钊　黄毓骥
北京	18	许　璇　梁　希　钱檖孙　金邦正　韩　安　黄艺锡 叶基桢　沈汝桐　孙宗浩　蔡无忌　葛敬中　章鸿钊 钟　毅　邓镇瀛　廖训榘　周建侯　刘家璠　唐有恒
直隶	1	孙志文
山东	5	鲍化龙　杨熙光　卞晓亭　郭葆琳　赵经之
湖南	4	陈时臬　黄召裳　陈建中　朱继承
湖北	2	季少芬　徐家昌
四川	15	何先恩　江书祥　李澄秋　聂信余　陈彰海　王　骧 李主荣　余季可　杜苞九　高玉岗　徐济民　王渭若 邓维新　郑予宜　张祉兹
安徽	15	孔庆人　刘庆萱　郑　屿　蒋步瀛　凌景伊　曾鸣谦 俞卫庭　吴光汉　吴光祖　方希立　吴立元　姚国璋 马寅寿　叶家鼐　李尔珍
河南	1	杜家瑜
江西	9	吴　恺　侯　度　熊熙圃　胡廷玖　孙映魁　黄汝桢 刘行谦　李承忠　章耀祖
福建	3	饶发枝　郭廷耀　何　钻
云南	4	陈立干　杨镇坤　张子仁　曹观斗
山西	2	赵　煊　申周勋
陕西	2	陈应彬　何宪文

续表

省籍	人数	会员名录
吉林	1	吴希郑
甘肃	1	欧华清
日本	6	陈方济　汤惠荪　张福仁　朱凤美　陈　植　张谦吉
总计	275	
备注	上海市名录归入江苏省，北京和直隶分开计数	

1920年以后，北京农学界赵济舟、王棱、尹聘三、程跻云、盛其音、金价人、楼瑞贤和虞宏正等人相继入会。[1]8月25日，中华农学会在无锡举行第三届年会，修改学会章程，调整机构及人事，这对其北上拓展组织产生重要影响。在机构方面，总干事部作为决策中枢，选举总干事11人，互推总干事长1人；在人事方面，学会决策层改变宁地留日派一脉独大的状况，开始注意吸收北京留日派，梁希、钱樾孙进入总干事部。设立推广会务的专职总干事，分别由王舜成、袁希洛、梁希、周清、钱樾孙等南北学者充任，梁希、钱樾孙负责京直地区。庞斌任北京干事，负责与总干事部联络。[2]翌年，总干事部将征集会员作为会务中心，“本会事业之发达，全视会员之多寡以为衡，故总干事部对于征求新

〔1〕分别见《新入会员录》,《中华农林会报》1920年3月第6集，第10页；1920年5月第7集，第9页；1920年9月第10集，第24页；《中华农学会报》第2卷第1号，1920年10月，第6页；第2卷第8号，1921年6月，第116—117页；第2卷第9号，1921年7月，第108页。

〔2〕《会务报告》,《中华农林会报》1920年9月第10集，第24页；《中华农学会第三次年会报告》,《中华农学会报》第2卷第1号，1920年10月，第1—5页。

会员一层颇视为重要”，随即展开全国规模的会员征集活动。[1]据统计，从1920年8月至1921年7月，共征集新会员208人，会员共计540人（殖产协会会员未计），新增人员大多来自北方地区。[2]北京新入会员有吴宗栻、胡宗瀛、陈训昶、黄以仁、林佑光、汪扬宝、张宸、徐钟藩、佟藻宸、杨肇、陆费执、余贻倬、朱文樑、韦可德、赵连芳等，时在北京任职的日籍人士宫地胜彦、山本喜誉司亦加入，共32人。[3]

中华农学会北上之际，北方农学界却陷入空前混乱，北农学潮不断，校政动荡；农林行政部门不时卷入政争，总其事者更迭频繁，南下加盟东南大学农科者不乏其人，留任者也难以重整京师农学会。由此，两会合并时机日渐成熟。1921年9月9日，中华农学会第四届年会在北京中央公园水榭举行，一致赞成两会合并，并设立北京事务所，推举许璇、黄立猷主其事。[4]原北京农学会会长陶昌善当选总干事，许璇、吴宗栻、钱稻孙、谢恩隆等其他京华学者亦然。总干事数由原来的11人，增至15人，北京学者

---

〔1〕《第四年度纪要》，《中华农学会报》第3卷第1号，1921年10月，第125页。具体措施：遣专人分成20队，每队设队长1人，总任其事，每队募集新会员20人或20人以上，期限为5月1日至6月20日。20队名称分别为，国（黄润书、季准平）富（方希立、钱稻孙、周建侯）民（陈凤文、于矿）强（张镠、凌文之），人（过探先、邹秉文）寿（钱天鹤）年（李永振）丰（奚九如）；共（周清）和（吴介人）精（陈时臬、王业）神（杜嘉瑜），农（刘行谦）业（郭葆琳）进（许璇、梁希）步（方仲友、朱文渊）；博（曾鸣谦、郑屿）爱（郑辟疆）群（王舜成、胡昌炽）众（吴希郑、高玉岗），每字为一队。以基本会员与通常会员为限，规定凡会员均可参与集会研究、通信研究，领受定期出版物或本会临时赠予出版物，相应享有选举权或被选举权。《本会征求新会员启事》，《中华农学会报》第2卷第8号，1921年6月，第118—119页。

〔2〕《本会纪事》，《中华农学会报》第3卷第1号，1921年10月，第127页。

〔3〕《本会纪事》，《中华农学会报》第2卷第10号，1921年8月，第91—98页。

〔4〕《第四年度纪要》，《中华农学会报》第3卷第1号，1921年10月，第135页。

占三分之一。此外，叶恭绰任名誉会长之一；陆费执、周建侯和章鸿钊为学艺专员。[1] 1922年，许璇等人以事务所名义开展活动，会所设于北京农业专门学校，下分总干事部及学艺专员七股。[2] 北京农学会全体加盟对推进中华农学会会务向全国性扩张的效果显而易见，“其时所有会员几限于江浙两省，自得北京诸同志之联络呼应，会务乃骤见发达，始由东南一隅而推于全国，所谓中华农学会者，渐得名副其实”。[3] 至此，南北农学界在形式和组织上实现了融合。

1922年7月，中华农学会在济南召开年会，决定在鲁、晋两省各设分事务所，推举郭葆琳、赵煊比照北京分事务所筹备。[4] 次年，鲁、晋两省分事务所成立。此后，陕西、湖北等省亦筹设分事务所。[5] 1923年11月10日，安徽省立第二农校吴庶晨邀集当地同志20余人，计有各道尹公署实业科长周海南、第二农事试验场场长胡蛰庵、第三农事试验场场长朱伯康、通俗教育馆长后孟宣等，决定先行组织芜湖农业改进会以与总会连成一气，通力合作。[6] 各地增设分会，会员数量因此大量增加。据统计，到1923年上半年，会员总数骤增至733人，基本会员446人，通常会员287人，另有机关会员37个，见表2-2。[7] 会员遍布全国21个省及欧美、

〔1〕《第五届职员一览表》,《中华农学会报》第3卷第1号，1921年10月，第136—137页。

〔2〕《募集基金特别启事》,《中华农学会报》第3卷第4号，1922年1月，第60页。

〔3〕《本会纪事》,《中华农学会报》第3卷第1号，1921年10月，第124页。

〔4〕《第五届年会报告》,《中华农学会报》第3卷第10号，1922年7月，第96页。

〔5〕《本会十一年度第一次总干事会纪录》,《中华农学会报》1923年1月第36期，第122页。

〔6〕《农事新闻》,《中华农学会报》1923年9月第44期，第62—63页。

〔7〕《本会纪事》,《中华农学会报》1923年7月第42期，第89—90页。

日本等国。[1]

表 2-2　1923 年中华农学会会员各省分布情况一览表　　单位：人

省籍	基本会员	通常会员	省籍	基本会员	通常会员
江苏	110	60	陕西	2	2
浙江	77	65	甘肃	4	1
安徽	20	18	广东	16	6
江西	18	27	广西	3	4
山东	28	19	福建	11	2
湖南	21	27	云南	6	2
湖北	18	4	贵州	3	2
四川	49	5	奉天	5	8
直隶	20	4	吉林	2	2
河南	14	23	黑龙江	2	1
山西	12	5	日本	5	—
总计	733				

表 2-3　中华农学会各省及国外干事分布一览表

省籍	1919 年[2]	1920 年[3]	1921 年[4]	1922 年[5]	1923 年[6]
江苏	陈凤文 吴桓如 郭守纯	过探先 邹秉文 陈凤文	袁希洛　沈　竞 胡先骕　叶元鼎 陈廷翔　朱羲农	袁希洛 沈　竞 胡先骕	胡先骕　叶元鼎 陈廷翔　童玉明 朱羲农　余　乘

〔1〕《募集基金特别启事》,《中华农学会报》第 3 卷第 4 号，1922 年 1 月，第 60 页。

〔2〕《本会职员一览》,《中华农林会报》1919 年 10 月第 5 集，第 22—24 页。

〔3〕《会务报告》,《中华农林会报》1920 年 9 月第 10 集，第 24—26 页；《中华农学会第三次年会报告》,《中华农学会报》第 2 卷第 1 号，1920 年 10 月，第 4—6 页。

〔4〕《第五届职员一览表》,《中华农学会报》第 3 卷第 1 号，1921 年 10 月，第 136—137 页。

〔5〕《本会职员一览》,《中华农学会报》第 3 卷第 11 号，1922 年 8 月。

〔6〕《本会职员一览》,《中华农学会报》1923 年 2 月第 37 期。

续表

省籍	1919 年	1920 年	1921 年	1922 年	1923 年
江苏	郑辟疆 贾其桓 宋廷谟	吴桓如 郭守纯 贾其桓 宋廷谟	余　乘　张福延 沈宗瀚　朱凤美 都怀尧	叶元鼎 陈廷翔 朱羲农 余　乘 张福延 沈宗瀚 朱凤美 都怀尧 尹聘三	
上海	王凤书 刘季英[1] 王　业	王凤书 刘季英 王　业			
浙江	朱文渊 石平治 袁葆仁 叶　芸 庄景仲 吴庶晨	朱文渊 石平治 庄景仲 吴庶晨	王　业　陆水范 汪和畊　高维巍	王　业 陆水范 汪和畊	王　业　陆水范 汪和畊　高维巍
直隶	许　璇 金邦正 周建侯 钱穟孙 梁　希	金邦正	庞　斌　唐有恒 金邦正　梁　希 季闳概　方希立	庞　斌 金邦正 方希立 梁　希 季闳概	庞　斌　金邦正 方希立　梁　希 谢恩隆
北京		庞　斌			
江西	吴　恺	刘行谦	吴　恺　刘行谦	吴　恺 刘行谦	熊世积　刘行谦

〔1〕刘季英在《中华农林会报》第5集《会员录》中未见，却列于“各省干事”栏。

续表

省籍	1919年	1920年	1921年	1922年	1923年
福建	何　钻				
安徽	曾鸣谦 蒋步瀛	曾鸣谦 郑　屿	李寅恭　吴庶晨 尹聘三	李寅恭 吴庶晨 高维巍	李寅恭　卢光诰 钱开智
山东	郭葆琳	郭葆琳	张　恺　孙文卿	张　恺 孙文卿	张　恺　卞寅宾
山西	申周勋	申周勋 赵　煊	赵　煊　申周勋	赵　煊 申周勋	赵　煊　申周勋
云南			饶茂森	饶茂森	饶茂森
四川	高玉岗	高玉岗	李振旧　江书祥 温　良	李振旧 江书祥 温　良	李振旧　江书祥 温良
湖南	陈建中	陈建中 陈时臬			王季范　方竹雅
湖北					吴焕炎　贺乃章
河南	杜家瑜	杜家瑜 马叙五	杜家瑜　许道纯 马叙五	杜家瑜 许道纯 马叙五	马绍先　杜家瑜 许道纯　马叙五
陕西					钱元
奉天			李金庚	李金庚	
吉林	吴希郑	吴希郑	吴希郑	吴希郑	牛饶丰
黑龙江			朱殿文	朱殿文	朱殿文
日本	顾　复 陈方济		陈植　吴觉农 徐　埏	陈觉生	丁颖；刘瑞兰

续表

省籍	1919 年	1920 年	1921 年	1922 年	1923 年
日本				武振凯 钱仲南 葛敬铭 黄　农	冯言安
美国					赵连芳
法国					黄植
德国					陈泮藻

中华农学会同时注重加强海外联系，推进海外会务扩展，借以沟通国外农学界。中华农学会与留日中华殖产协会的成立时间大致相当，联系亦紧密，人员互有交叉形成诸多“跨会分子”，如后者首批会员约 70 人，其中王承钧、卞晓亭、梁希、高维巍、萧诚、饶发枝、杨镇坤等为中华农学会会员。[1]此后，陈嵘、许璇、唐昌治、吴桓如等陆续加入，1919 年其会员近 140 人，中华农学会会员“实居大半”，包括会长张谦吉、副会长赵煊等。有人因此认为，“两会之缘起则不约而同，工作则殊途同归”，二会合并则“双方互有利益”。[2]顾复、陈方济分任中华农学会日本东京、北海道干事后，两会合并正式启动。[3]

是年，合并议题得到中华殖产协会正面回应，顾复、胡昌炽

〔1〕《会务纪事》,《殖产协会报》1917 年第 1 卷，第 156 页。
〔2〕胡昌炽:《本会过去事业之回忆》,《中华农学会通讯》第 79、80 号合刊，1947 年 11 月，第 4—5 页。
〔3〕《本会职员一览》,《中华农林会报》1919 年 10 月第 5 集，第 24 页。

代表两会商洽合并事宜。[1] 1921年9月，中华农学会在北京议决，正式与留日殖产协会合并，在东京设分事务所。[2] 陈植记道："余于民国十年，与徐君孝恢长殖产协会时，以殖产协会与国内之中华农学会宗旨相若，不如合并，以冀群策群力，共图猛进，会友亦颇韪是议。暑假余返国，即代表赴宁与中华农学会诸干事，面商合并办法。返东后，遂实行合并，改为东京支部。"[3] 10月12日，日本事务所开临时大会，组织日本事务所，选举陈觉生为正干事，武振凯为副干事，钱仲南为书记，葛敬铭为会计，黄农为庶务。[4]

次年1月，日本事务所同人在东京开临时大会，议定分会章程和应办事业。其《章程》规定：组织定名为中华农学会日本分会，以旅日中华农学会会员组织之，旨在"联络同志，协助总会，共图农学之发达和农事之改良"，会址设于会员多数所在地。事业包括刊行杂志及报告、编著书籍、实地调查、促进农业事宜、研究农业教育、学术讲演、答复总会及一般农事咨询和建议农业改进，以尽介绍辅导之任务。会员分为四种：基本会员，凡研究农业或从事殖产事业，辅助本会进行者为之；通常会员，凡赞同本会宗旨及补助本会会务进行者为之；赞助会员，凡捐助本会经费在200元以上或于他方面赞助本会事业者为之；名誉会员，凡于农学或农业上著有特别成绩者，公推之。分会设立总干事、副干事、会计、书记和庶务各1人，每年改选一次，在冬假前后举行，任期1年，

〔1〕《本会纪事》，《中华农学会报》第2卷第9号，1921年7月，第109页。
〔2〕《第四年度纪要》，《中华农学会报》第3卷第1号，1921年10月，第127、135页。
〔3〕陈植：《东游日记之一》，《中华农学会丛刊》1927年6月第55期，第59—60页。
〔4〕《本会纪事》，《中华农学会报》第3卷第2号，1921年11月，第86页。

连选连任。集会分为例会和临时会两种，前者分送别、欢迎和改举三种，后者有特别事行之。[1]

1920年，王兆麟等12人联系中美在读农科留学生，发起中国农业会。关于组织缘起，“并不是因为那时有经济会、工程学会等等相继成立而趋时髦，实在是因为我们觉得我们学农的人有合作的必要。合作的目标并不是为我们个人找饭吃，实在是深深地承认改造中国农业的责任非群力不为功”。是年秋，会员即达31人，遂借中美学生会年会召开之际，在普渡大学（Purdue University）首开年会，通过收集美国农学出版刊物、设立介绍职业部、发行每月通告等案。次年，此会接受世界农会（World Agriculture Corporation）委托，编辑《世界农业》（*World Agriculture*）“中国号”。1923年，会员增至80人，时在美游历之范源濂途经爱母市（爱沃瓦农专），因慷慨赞助会务被举为名誉会员。[2] 1922年，中华农学会在欧美设立通讯处，黄枯桐、赵连芳分任留法、留美通讯处干事。[3] 1919年赵连芳在清华学堂就读时，便发起组织“农社”，1921年加入中华农学会，次年9月入美国爱荷华州立农工学院（Iowa State College），攻读作物土壤科。[4]

---

〔1〕《本会日本分会消息》，《中华农学会报》第3卷第5号，1922年2月，第48—51页。

〔2〕孔繁祁：《中华农学会美洲分社略史》，《中华农学会报》1926年6月第51期，第111—112页。作者参照并取材于刘行骥的英文略史。

〔3〕《本会纪事》，《中华农学会报》第3卷第11号，1922年8月，第85页。

〔4〕1924年6月以“美国农业教育试验与推广配合论”获学士，7月入威斯康星大学研究院，专攻稻作遗传育种，1927年6月以“水稻连锁遗传研究”获博士学位。后入康奈尔大学，在萧勃教授（Prof. Sharp）指导下，研究细胞学及育种，研究期满后考察欧美农业情形，留意农业试验及生物科学研究等，1928年回国执教金陵大学农学院农艺系，讲授作物学。《国外会员通讯》，《中华农学会丛刊》1927年4月第54期，第35页；刘绍唐主编：《民国人物小传》第2辑第14册，台北：传记文学出版社1991年，第382—383页。

通过以上举措，中华农学会初步建立起联系南北及国内外农学界的会员网络和组织体系，为学术事业的发展奠定了人脉和组织基础。

二　募集经费

经费是结社的基本保障。中华农学会扩展组织之时，将多渠道开辟经费来源列为会务要项。因此，征集会员既在于沟通国内外农学界，也意在多方筹集会务活动经费。

中华农学会经费来源有限，“惟会员特别捐及会费是赖”。[1]初创时期，会费分为入会费和常年费，入会费在入会时缴纳，基本会员缴银 2 元，通常会员缴 1 元；常年费在开常会时预缴，基本会员每年缴银 2 元，通常会员为 1 元。如遇特别开支或会费不足时，向会员临时募集。[2]其他进项包括会报销售收入、广告收费等。以上所有收入对于维持会务仍显捉襟见肘，出版刊物需费尤巨，常为经费拮据所困的中华农学会时载启事，催缴会费：“本会所需印刷等费颇巨，入会费暨常年费有未缴者，希即惠下，俾资维持。”[3]

1920 年 8 月，中华农学会第三届年会修订章程，规定增加赞助会员一类，凡捐助经费 200 元以上或于他方面赞助本会事业者为之，通常会员常年费增至 1.5 元。[4]通过四项经费捐助决议：机关捐助，凡各省农林公私团体热心赞助本会事业进行者，酌量缴纳补助经费，

---

〔1〕《第四年度纪要》,《中华农学会报》第 3 卷第 1 号，1921 年 10 月，第 124 页。
〔2〕《本会简章》,《中华农学会丛刊》1919 年 3 月第 2 期，第 3 页。
〔3〕《事务所启事》,《中华农学会丛刊》1919 年 3 月第 2 期。
〔4〕《中华农学会章程》,《中华农林会报》1920 年 9 月第 10 集，第 27、29 页。

当日10余处机关允诺补助；会员认捐，凡会员除缴常年费外，提倡各自认捐（本届到会会员认捐10元、20元或介绍新会员10人）；提倡终身会员，基本会员如一次缴银35元，终身免纳常年费；临时募捐不限。[1]次年，江浙等地27处农业机构缴纳补助常年经费，最高为50元，最低为10元，详细情况见表2-4。此后陆续增加东南大学农科棉作改良委员会（20元）、江苏省昆虫局（20元）、浙江余杭浙西植牧场（10元）、松江松隐园林产种子店（10元）等。[2]北京农业专门学校、山东公立农业专门学校，亦各补助常年费30元。南北补助常年经费的机关，均为机关会员。

表2-4 1921年全国各公私团体补助中华农学会情况一览表[3] 单位：元

机构名称	费额	机构名称	费额
江苏省立第一农校	40	浙江省立森林学校	20
江苏省立第二农校	40	浙江省立甲种水产学校	10
江苏省立第三农校	40	浙江省立农事试验场	20
江苏省立女子蚕桑学校	30	江西公立农业专门学校	10
江苏省立水产学校	30	上海新学会社	50
江苏省立第一农事试验场	30	浙江杭北林牧公司	20
江苏省立第二农事试验场	30	浙江云野林业公司	20
江苏省立第一造林场	20	浙江茂森公司	15
江苏省立蚕桑模范场	20	江苏省教育团公有林总局	待定
江苏省立育蚕试验场	20	浙江省立甲种蚕桑学校	待定

〔1〕《中华农学会第三次年会报告》，《中华农学会报》第2卷第1号，1920年10月，第3页。

〔2〕《中华农学会报》第3卷第6号，1922年3月。

〔3〕《中华农学会报》第2卷第10号，1921年8月。

续表

机构名称	费额	机构名称	费额
浙江省立甲种农业学校	30	浙江省立女子蚕桑讲习所	待定
浙江省立第一苗圃	15	浙江省立第三苗圃	待定
浙江省立第二苗圃	15	浙江省立第四苗圃	待定
浙江省立原蚕种制造场	20		

1921年9月，中华农学会北京年会通过募集经费决议，项目包括基本金、特别捐及机关补助费。[1] 为切实推进此项工作，新一届总干事几乎全都分担经费募集任务。工作分工如表2-5。

表2-5 中华农学会第五届总干事分担事务情况一览表[2]

总干事	任 务	附 注
谢恩隆	募集基金，招登广告	募集基金，以巩固基础；招登广告，以补助会报印刷费；交通及其余方面广告请予接洽，基金募集章程另奉
吴宗栻	同上	同上
许 璇	主持北京分会事务所，募集基金，招登广告	议决北京设分事务所，请主持一切并担任基金募集
钱樾孙	募集基金及招登广告	
郭葆琳	筹备年会及募集基金	议决明年在济南举行第五届年会，同时举行学术研究会，均希主持并担任募集基金
周 清	募集基金及招登广告	

〔1〕《第四年度纪要》，《中华农学会报》第3卷第1号，1921年10月，第135页。
〔2〕《本会纪事》，《中华农学会报》第3卷第2号，1921年11月，第86页。

续表

总干事	任　务	附　注
王舜成	主持农业教育研究会并募集基金	议决于冬假中举行农业教育研究会，请主持一切，并担任募集基金
邹秉文	募集基金及招登广告	
过探先	会计及订定募集基金章程	
盛建勋	筹备会所及募集基金	本会尚无适当之会所，请为筹备并募集基金
顾　复	编辑会报	
曾济宽	同上	
唐昌治	书记	负责来往文牍起草、保存及答复会员通信
陈　嵘	总务	

中华农学会制定第一次募集基金目标及办法，1922 年 3 月 1 日—8 月 31 日，募集经费总额 2.6 万元。（1）会员方面，拟募集永久会员百人，每人 35 元，共 3500 元；（2）机关认捐，暂定 50 处，每处 50 元，共 2500 元。此两项由全体会员承担。（3）对外募集，分 20 队，每队任募千元。设总队长 1 人，分队长 20 人，每队队员 10 人。经总干事会议定，叶恭绰任总队长，第一分队长谢恩隆（北京），第二分队长钱檖孙（直隶），第三分队长吴宗栻（直隶），第四分队长赵煊（山西），第五分队长周清（浙江），第六分队长袁希洛（江苏），第七分队长邹树文（上海），第八分队长李寅恭（安徽），第九分队长吴恺（江西），第十分队长杨熙光（山东），第十一分队长张天才（广东），第十二分队长李明夫（南通），第十三分队长顾倬（无锡），第十四分队长石家麟（四川），第十五分队长

韩烺（江苏），第十六分队长方竹雅（湖南），第十七分队长温良（四川），第十八分队长杜嘉瑜（河南），第十九分队长钱天鹤（南京），第二十分队长季闳概（南通）。

规定凡会员捐助35元以上者为永久会员；非会员个人捐助在200元以上者，为赞助会员；非会员个人捐助在500元以上者，为名誉赞助会员；分队长募集500元以上，队员募集百元以上者赠送纪念章。订定《基金保管办法》《募集基金收款办法》，募捐款项以中华农学会基金名义存于国家银行，非经保管员提议、干事会赞同，不得移存别处；基金只准取用利息，用途由干事会议决，并报告常年大会认可；基金保管员任期6年，每2年举1人，连选连任。[1] 干事会公举蔡元培、黄炎培和郭秉文为基金保管员。[2]

是年底，第24次总干事会决议：尚未担任募集队长、队员的总干事及各省干事分任募捐；机关补助由各总干事及各省干事分任接洽，向官厅募捐用公函托各省干事或干事以外名流。[3]直奉战争爆发，致使中华农学会募捐计划受挫。这对本已困顿的财政状况来说，无疑是雪上加霜。1922年7月，财政亏空已达600余元。他们坚信“会务之进行，悉赖会员之赞助，会员愈发达，进步愈速”，故将下年度应征会员名额定为4000人，不限男女，各省分队长或机关竭力进行原有基金募集计划，以期完成预定任务。[4] 经努力，1922年年初补助常年经费机关达40余处。[5] 中华森林会、农商

---

〔1〕《募集基金办法》，《中华农学会报》第3卷第3号，1921年12月，第81—84页。
〔2〕《会务记载》，《中华农学会报》第3卷第4号，1922年1月，第64页。
〔3〕《第二十四次总干事会议纪要》，《中华农学会报》第3卷第4号，1922年1月，第65页。
〔4〕《第五届年会报告》，《中华农学会报》第3卷第10号，1922年7月，第94—95页。
〔5〕《募集基金特别启事》，《中华农学会报》第3卷第4号，1922年1月，第61页。

部中央农事试验场、上海合众蚕桑改良会、山西省农会、吉林农业学校、安徽滁县省立农林畜牧场等成为常年补助机关。[1]第八分队长李寅恭从安徽募得首批款项76元。[2]但到截止时，只募得400多元，与所定目标相差悬殊。[3]

1923年，为缓解经费紧张，中华农学会决定呈请农商部请予补助经常费，同时增收入会费。[4]第六届年会为此再次修订章程：凡农业机关赞成本会宗旨，愿协助进行者为机关会员，其会费为10—100元，由各机关入会时酌量认定；常年费基本会员每年缴银3元以上，通常会员每年2元。[5]按照此章，此前缴纳常年费的公私团体均为机关会员，共计39处。[6]这样可在会员基数大体不变的情况下，增加收入，以解燃眉之急。总体言之，经济拮据困扰始终，成为制约中华农学会发展的一大要因。

三　组织影响

受中华农学会影响，南北学人相继发起各种农学社团，校园专门团体尤为活跃。因此，1920年代以来各地创立的农学社团多数与其有所牵连，或由其会员直接发起，或有其会员参与其事。

---

〔1〕《本会会务纪要》,《中华农学会报》第3卷第12号，1922年9月，第103、108页；《中华农学会报》1923年1月第36期；《中华农学会报》1923年2月第37期；《本会纪事》,《中华农学会报》1923年5月第40期，第115页。

〔2〕《本会纪事》,《中华农学会报》第3卷第11号，1922年8月，第88—90页。

〔3〕《本会十一年度第一次总干事会纪录》,《中华农学会报》1923年1月第36期，第122页。

〔4〕《本会纪事》,《中华农学会报》1923年4月第39期，第93页。

〔5〕《本会纪事》,《中华农学会报》1923年7月第42期，第93页。

〔6〕《机关会员表》,《中华农学会报》1923年8月第43期，封页；《本会启事二》,《中华农学会报》1923年7月第42期。

中华农学会名义上是日、美两国留学生联络的结果，但短时难以消除派系扞格。首先，前者人多势众，长期主导学会中枢，后者尚处较为边缘的位置；其次，两者在学会路线方面分歧明显，留日生重视与日本学界的交流，对欧美等国则颇显疏离。英美一系另辟他途，自立统系，他们以沪、宁为据点，首先发起全国性林学团体，进而成立综合性农学社团；次为筹建东南大学农科，组建校内团体从事活动。

留美生以创立中华森林会为契机，取得林学界领袖地位。从凌道扬等人发起中华森林会，至姚传法创建中华林学会，均由留美人士主导。中华森林会的发起和创立与上海中华基督教青年会全国协会有密切关系，凌道扬为其灵魂人物。凌道扬清季赴美先后获麻省农业大学农学士及耶鲁大学林学硕士，1914 年回国任农商部技正，后凭借与留美同窗王正廷的私谊转至上海公共租界，负责中华基督教青年会全国协会讲演部。[1]凌道扬以沪、苏、浙为中心，辗转南北各地，进行林业宣讲、普及与调查工作，1916 年 11 月赴天津讲演“森林仪器”；[2]1917 年 3 月赴长沙青年会讲演森林，[3]时评谓：“森林讲演会之组织，诚足以启迪青年智识，唤起国民精神。”[4]他在《美国林业》（第 22 卷第 266 期）发表《在浙江进

〔1〕青年会是一个本色化基督教团体，王正廷任干事长，余日章主持讲演部，分为教育、卫生、农林（凌道扬记为“森林科”）和实验四科。教育科由余日章自兼，卫生科为美国干事毕德辉（W. W. Pender），实验科为美国干事饶伯森（C. H. Robertson），不到一年，余日章接任总干事。江文汉：《基督教青年会在中国》，《文史资料精选》第 5 卷第 19 辑，北京：中国文史出版社 1990 年，第 448—450 页。

〔2〕《凌道扬在天津之森林仪器讲演辞》，《天津益世报》1916 年 11 月 7 日第 2 张第 7 版。

〔3〕《青年会发起森林讲演会》，长沙《大公报》1917 年 3 月 28 日第 2 张第 7 版。

〔4〕《讲习森林》，长沙《大公报》1917 年 3 月 28 日第 2 张第 7 版。

行演讲》一文，[1]并著《森林学大意》一书，谓其缘起："中国自地官守禁之政令不讲而后，已有之林木，旦旦而伐之，荒芜之山麓，一任若彼濯濯耳，故所谓森林，遂未之见；所谓造林，尤未之闻。时至今日，直接则实业之母材缺乏，间接则地方之保安寡赖。膏腴大陆，沦为贫瘠之邦，有心人何忍漠然置之，此中华基督教青年会全国协会讲演部所以有森林科之设也。余膺其任，年余以来，到处讲演，不外本所学以献诸国人，期尽天职于万一……兹故就美国耶鲁大学曩年诸师之教我者，参酌亲历各省调查所得之情形，辑成《森林学大意》一书。"张謇作序称："学森林而有实行之志，其所述林学大意，于世界森林状况言之甚详，且深知中国木荒之痛。"[2]此书最初作为初级农业职业学校教科书，由商务印书馆发行，次年再版，至1948年再版8次。

凌道扬同时借助在青年会积累的人脉，筹备创立森林团体。1917年年初，唐绍仪、张謇、梁启超、聂云台、韩国钧、史量才、朱葆三、王正廷、余日章、陆伯鸿、杨信之、韩竹平、朱少屏、凌道扬等在沪联合发起中华森林会。1月16日，于座英大马路外滩惠中西饭店开首会，推唐绍仪为主席，商讨领山营造模范森林问题；2月12日，在上海青年会食堂开第二次会，商讨造林计划，推举凌道扬、朱少屏、聂云台为干事。[3]该会仿照欧美各国例，以结合同志，振兴森林为宗旨，[4]既重视林业知识引介，同时亦重林业实务，会务分为：（1）提倡，以讲演、杂志灌输国人林

〔1〕张楚宝：《缅怀林学会两位奠基人凌道扬姚传法》，中国林学会主编：《中国林学会成立70周年纪念专集》，北京：中国林业出版社1987年，第15页。

〔2〕凌道扬：《森林学大意·叙言》，上海：商务印书馆1916年初版，第1页。

〔3〕《中华森林会记事》，《申报》1917年3月6日第3张第10版。

〔4〕《中华森林会缘起》，《天津益世报》1917年4月4日第3张第10版。

学常识，研究各种造林法，以备造林者咨询；（2）造林，造成模范林场，种植模范苗圃，以应国人取需；（3）保林，以公函广告通知民众治虫、防火防盗方法。[1] 4月，此会通告全国官民，力陈林政大要，以唤起国人重视林业。[2] 又将学会宗旨修订为“集合同志，共谋中国森林学术及事业之发达”，会务包括：刊行杂志，编著书籍；实地调查，巡行讲演；促进森林事业及森林教育；答复或建议关于森林事项。[3] 此会积极在海内外发展会员，以扩大组织影响力。1921年年初，金陵大学林科高秉坊、李顺卿、鲁佩章、李代芳、吴觉民等27人，成立金陵大学林学会，作为中华森林会支部。6月，日本北海道帝国大学的安事农、吴恺、蒋蕙荪、谢鸣珂等11人成立清明社，作为日本支部。[4] 中华森林会与中华农学会合作还表现为共同办理《中华农林会报》，1920年3月至1921年9月，共出5集。从1921年3月起，中华森林会开始单独编辑出版《森林》杂志，至1922年9月，共出刊2卷7期。后因东南政局动荡，会员离散，其会务走向衰落，组织无形解体。

江苏省各地相继成立地方性农学研究社团，如扬州农业研究会（1920）、武邑农学会（1922）、东台农学会（1922）[5]、崇明农学会（1924）等。以上团体或与中华农学会有密切关系，或由其会员直接倡导发起。此外，东南大学、金陵大学农科占据长江流域农学结社的中心位置。

---

〔1〕《中华森林会试办草章》，《天津益世报》1917年4月7日第3张第11版。

〔2〕《中华森林会通告全国各学校函》，《申报》1917年4月5日第3张第11版；《中华森林会致国会各议员书》，《申报》1917年4月8日第3张第11版。

〔3〕《中华森林会会章》，《森林》第1卷第1期，1921年3月。

〔4〕《森林》第1卷第4期，1921年12月，附录“插图”。

〔5〕《东台农学会成立》，《中华农学会报》第3卷第12号，1922年9月，第88页。

邹秉文不仅是中华农学会的创始会员，也是东南大学农科的重要创始人之一。他通过农事试验场改良中国农业计划受挫后，转向农业教育以造成农学专才。[1]是时，以张謇为首的江苏省教育会直接插手南京高师校内事务，其门生江谦亲任校长。此后，黄炎培、沈信卿等在江苏教育界崛起。他们主张扩充甲、乙种农校，以推进职业教育，还与南京高师商定筹设农业专修科。其时，南京高师的实权派人物郭秉文负责农科事宜。[2]1917年春，郭秉文以留美同学邹秉文为农科主任，协同陈立素、过探先、李仲霞，筹办农科。当年秋设立“农业专修科”，形成留美学人聚集的另一个高地，与金陵大学农科比肩而立。邹秉文以康奈尔大学农学院为蓝本推进农科建设，在人事任用上，以留美农科生为班底，尤偏于吸收康奈尔一系。1922年，南京高师改组为东南大学后，农科师资大为充实，教授骤然增至26人，中国科学社总部移步东南大学后，其农林科会员亦加盟入会。他们仿照美国农科建制，设立农艺系、畜牧系、园艺系、蚕桑系、生物系和病虫害系等，每一系均由数位教授组成，并由有声望的教授担任系主任，全面主持教学、研究和推广工作。[3]

---

〔1〕邹秉文归国始，受过探先之邀任江苏第一农校农业推广部主任，按照凌道扬办法，先作改进农业文章，再赴各地演讲。邹秉文认为此为“自欺欺人”，主张先以相当时间、地亩与设备，进行植物病理研究，得出防治办法后再行推广。他亦设想农业研究推广可由各地农事试验场进行，但安庆之行使他看到试验场开办不良，在于缺乏专门人才，遂使这一想法破灭。恽宝润：《邹秉文对谈录》，华恕主编：《邹秉文纪念集》，第138—141页。

〔2〕郭秉文1908年赴美留学，相继获得乌斯特大学理学士、哥伦比亚大学教育学硕士及哲学博士。期间任全美学生联合会主席、中国学生会（即总会）会长，主编《中国学生月刊》，1915年返国任南京高师教务主任。周邦道：《郭秉文教育事迹》，璩鑫圭等编：《中国近代教育史资料汇编：实业教育·师范教育》，第1016页。

〔3〕恽宝润：《邹秉文对谈录》，华恕主编：《邹秉文纪念集》，第141—143页。

表 2-6　东南大学农科主要教员名录[1]

姓　名	职　务	履　历
邹秉文	主任兼植物病理教授	美国康奈尔大学农学士，金陵大学农科教员
李炳芬	农具学教授	美国密歇根工科大学工程师，美国各大农具公司技师
汪启愚	畜牧学教授	美国伊利诺伊大学农学硕士，先后任北京农业专门学校教员、江苏省立第三农校畜牧科主任
何尚平	名誉蚕桑学教授	比利时国立将伯卢农科大学技师，中国合众蚕桑改良会技师
吴耕民	园艺学教员	北京农业专门学校毕业，日本中央农事试验场实习，北京农业专门学校教员
秉　志	动物学教授	美国康奈尔大学农学博士
胡先骕	植物学教授	美国加利福尼亚大学农学士，江西庐山森林局副局长，江西实业厅技术员
孙恩麐	作物学教授	美国伊利诺伊大学学士，路易斯安那大学硕士，江苏省立第一农校教员，河南农业专门学校教员
原颂周	试验总场主任兼作物学教授	美国爱荷华大学学士，广东及北京农事试验场技师
张巨伯	昆虫学教授	美国俄亥俄州立农科大学学士，昆虫科硕士
费咸尔	名誉蚕桑学教授兼蚕桑试验场主任	法国路赛德蚕桑试验场总技师，法属安南农商监察官，中国合众蚕桑改良会总技师

〔1〕此表据《农业丛刊》1922 年第 1 卷第 1—4 期制。

续表

姓　名	职　务	履　历
过探先	作物育种学教授	美国康奈尔大学农科硕士，江苏省立第一农校校长，省立第一造林场筹办员，螟虫考察团团长，江苏省教育团公有林监理
葛敬中	园艺学教授	法国都鲁士国立大学农学士，北京农业专门学校农场主任
杨炳勋	动物学教授暂代农产制造教员	美国堪萨斯农科大学农学士
叶元鼎	作物学教授兼稻作技师	金陵大学农学士，美国佐治亚大学硕士，华商纱厂联合会植棉干事
钱崇澍	作物学教授兼棉作技师	美国伊利诺伊大学学士，芝加哥大学、哈佛大学通儒院植物研究员，江苏省立第一农校教员、南京金陵大学教授
王善佺	作物学教授兼棉作技师	美国佐治亚大学植棉硕士，南通大学农科棉业第一讲座，北京高等师范植棉学专科教授
王直卿	作物学教授兼通泰农事试验场场长	美国佐治亚大学农学士，河南农业专门学校教务主任
胡经甫	昆虫学教授	美国康奈尔大学昆虫学博士
陈　桢	生物学教授	美国哥伦比亚大学生物学硕士
陈焕镛	森林学教授	美国哈佛大学森林学硕士
张海珊	昆虫学教授	美国加州大学昆虫学硕士
王兆麒	兽医学教授	美国爱荷华大学兽医学博士
盘珠祁	土壤学教授	美国威斯康星农科大学硕士
温　德	昆虫学讲师	美国加州农科大学昆虫学教授，任昆虫讲座一年

以上人员在加入中华农学会之时，亦参与校内农学社团活动。1917年南京高师农科师生共同成立农业研究会，旨在“研究农业”。[1]嗣后该会隶于校自治会执行部学艺科，凡本校农业专修科及其他各科同学均可志愿加入。[2]郭秉文、邹秉文、李炳芬、汪启愚、何尚平、吴耕民、秉志、胡先骕、孙恩麐、原颂周、张巨伯、费咸尔、过探先、葛敬中、杨炳勋、叶元鼎、钱崇澍、吴伟士、王直卿、王善佺、胡经甫、陈桢、陈焕镛、张海珊、王兆麒等留美人士，均任指导员。其事业：一是研究，(甲)指导员出题，会员选定一题研究，以文字或讲演发表；(乙)自由研究，由会员自行拟题研究；(丙)翻译外国名著；(丁)读书团。二是调查，包括假期调查、特别调查和通信调查。三是编辑，分为单行本和丛刊。四是演讲，分为名人演讲、指导员演讲和会员演讲。[3]1921年11月5日，学会更名为“东南大学农业研究会”。至1922年12月，会员发展到190余人。编辑丛书是其活动要项：主要有冯泽芳《棉花栽培》，张季良、尤其伟、吴宏吉《南京植物图谱》，杨开道、胡培瀚《最新实用农具学》，黄绍绪《电气化学栽培法详解》等。[4]

表2-7　东南大学农业研究会演讲情况一览表

时　间	演讲人	演讲者身份	讲　题	资料来源（《农业丛刊》）
1921/4/2	秉　志	本会指导员，博士	天演学	第1卷第1期，第4页

〔1〕《发刊词一》，《农业丛刊》1922年1月第1卷第1期，第2页。

〔2〕《南京高等师范学校农业研究会简章》，《农业丛刊》1922年1月第1卷第1期，第1页。

〔3〕《农业研究会本期会务报告书》，《农业丛刊》1922年1月第1卷第1期，第1页。

〔4〕以上内容，据《农业丛刊》1922年第1卷第1—4期，第1页。

续表

时　间	演讲人	演讲者身份	讲　题	资料来源（《农业丛刊》）
1921/4/23	过探先	本会指导员	近世进种学上之发明与农业关系	第1卷第1期，第4页
1921/5/13	葛敬中	本会指导员	园艺学与农业之关系	第1卷第1期，第5页
1921/10/28	叶元鼎	本会指导员	美国棉业之近况	第1卷第2期，第41页
1921/11/12	邹秉文	本会指导员	日本农业教育之调查	同上
1921/11/17	白特斐	农学博士，美国麻省农科大学校长	研究农业者之真责任	同上
1921/11/19	贺　康	本会指导员	法兰西及意大利蚕桑进步之概况	第1卷第2期，第41—42页
	费咸尔	蚕桑科名誉主任	制种问题	
	何尚平	蚕桑科名誉教授	万国蚕桑改良会近来进行之成效	
1922/3/9	杨炳勋	本会指导员	我国农学生之责任	第1卷第3期，第2页
1922/3/31	王善佺	本会指导员	中棉改良之研究	
1922/3/31	胡培瀚	本会指导员	中美稻作之比较	
1922/4/14	巴　克	金陵大学农科主任	农民	
1922/5/5	秉　志	本会指导员，博士	动物与天演	

续表

时　间	演讲人	演讲者身份	讲　题	资料来源（《农业丛刊》）
1922/5/19	王承钧	第一农业兽医教员	兽医常识	第1卷第3期，第2页
1922/5/28	范源濂	前教育总长	公民之养成与农业教育	
1922/6/16	孙洪芬	化学系主任	化学与农业之关系	
1922年暑期	加滕茂苞	日本九州岛帝国大学教授	稻作	第1卷第4期，第3页
	胡经甫	本会指导员，博士	昆虫	
	江亢虎	名誉教授，博士	俄国农业现况	

东南大学与金陵大学农科地缘相邻，学派相近，学生之间联合成立学会一度十分盛行，由外省籍学人在宁创办的学会十分突出。在异乡创办以本省冠名的学会，原由湘人率先在北方开创，但川人后出而突前，在南京另立组织，南北呼应。1920年代初，旅宁川籍学子分别发起两个同名学会，皆称蜀农学会。1922年暑期，东南大学农科川籍学子余沛华、张季良、黄绍绪，金陵大学农科刘雨若，清华学校程绍迥等联合发起蜀农学会，以期互为联络，研究、改良与推广四川农业。在开过第一次年会后，此会便偃旗息鼓。[1] 1924年，东南大学张文湘、赵孝清与金陵大学同学漆联

〔1〕《蜀农学会在宁举行第一次年会》，《农学》第1卷第1期，1923年2月，第5页。

璧等组织同名学会，由王尧臣担任名誉会员。到1928年左右，因受人事变迁等因素影响，此会亦告辍。[1]

留美人士注意借助外力发起组织，以增进国内影响。1921年10月17日，美国麻省农科大学校长兼世界农学会（World Agriculture Society）会长白特斐来华参观，与留美学人在金陵大学设立世界农学会中国支部，钱天鹤当选会长，卜凯（John Lossing Buck）为书记兼会计，陈嵘、过探先、邹秉文为交际干事。次年，留美生即将南京中国支部升格为中国总部，另在各地设立支部。[2]此后，留美生举旗北上，联系欧阳良设立燕京大学支部，发展会员近20人。[3]

中华农学会向南拓展会务，影响力远及珠江流域。岭南是中国农学会的发源地，直至1920年代左右才出现学术意义的农学会，分属粤港两地。1917年，岭南大学设立农科之始，农学会亦宣告成立，不过“略具形式”而已。[4]香港皇仁书院简壮涛、香港圣保罗书院罗明允等入学后，其会员增至14人。正式定名为“岭南农学会”，以“推行农业教育，发明农学奥理，振起农业精神，考察农业状况”为宗旨，会员分为正式（岭南大学农科生）、普通（岭南大学学生）和名誉（本校监督、农学部员以及各界有心农业者）三种，凡各界有心农学者皆可通函加入。郭以逊任总理，郭仲棠任副理，刘继祖任书记，陈公辅任编辑部长，刘荣基任扩张会务部长，卢宝永任会务部长。[5]至此会务面目一新，呈现勃勃生气。

〔1〕《会务报告》,《蜀农学会会刊》1934年9月“创刊号”，第234页。

〔2〕《农界时事录》,《中华农学会报》第3卷第3号，1921年12月，第97—98页。

〔3〕《华北农业会会议纪录》,《生命》第4卷第4、5期合刊，1924年，第3页。

〔4〕《岭南农科大学之经过》,《南大农学特号》第5卷第4号，1921年，第73页。

〔5〕简壮涛:《岭南大学农学会1917年至1918年纪》,《岭南大学农学季报》1918年9月第1期，第1页。

受美国传教士文化背景影响，岭南农学会以美国农学为学习之鹄的。如其所述："环顾列强，参观各国，农学有科，农学有会，农学有报，分门别类，立说著书，温度雨量，占乎天时，区域土性，辨乎地利，汽机轮轴，代乎人工。举凡种植培养之方，牧畜孳生之法，罔不研求新理，默运精思，用能本其学，以分餉西欧，且能推所学以灌输东亚。此岭南农学会所由发起，即农学报所由刊布也。"〔1〕本着以"农学上应有之常识，输于未受教育之农民"，该会特设"扩张会务部"，专向附近农民灌输农事新知识，向其散发数千册年报。〔2〕

从人事与会务看，它与中华农学会并无直接渊源。与此不同的是，香港的中华农学求新会有不少人加入中华农学会。1920年10月26日，冯其焯、张玉阶、胡炯堂等人，在香港联络同志，发起组织农业研究社，旨在研究农学、改良农业、增进农产。后改名为"中华农学求新会"（C.A.R.A.），志在求新，以"推广农业研究，改良实地试验，以收效果"为宗旨。选举胡炯堂为会长，黄碧荃为副会长，张玉阶、胡竹朋为总务部正副主任，冯其焯、陈少荃为理财部正副部长，何品良、刘志真、陈鉴波为研究部正副部长，何乐琴、黄凤石为试验部正副部长，李翰墀、唐爵为撰述部中西文部长，欧兆明、陈雨泉为调查部正副部长，刘景初、曹仲谅为展览部正副部长，茹灼文为书楼部长，邓星池、梁伯赵为司数部正副部长，潘兰甫、彭广福为稽核部正副部长，黄碧泉、高浩文为交际部正副部长，源仲霖、吴子美为货品部正副部长，席道明为庶务部长。〔3〕

---

〔1〕《岭南大学农学会征求会员启》，《岭南大学农学季报》1918年9月第1期，第1页。
〔2〕《鸣谢捐款》，《岭南大学农学季报》1918年9月第1期。
〔3〕唐爵：《中华农学求新会史》，《农智年刊》1922年7月第1期，第8—9页。

冯其焯强调改良农事从实验始，借化学以为补助，特设立化验科，谢益芳为主任。[1] 此会确立研究、进行与代理三项事业，以“研究为第一要义”，先读书，次试验，再调查；进行则首在鼓吹，唤起农家、各省试验场和普通社会民众考求农学兴趣，次联络各省试验场及农学会互为资益，再通过办报、办学，造就专门人才。[2]

根据粤港农事实际，此会重点办理事项：（1）谈话会（农务演讲），专为研究农事、交换新识所设，先后演讲者有唐爵（农书），李超禄、杨卓民（北方及琼崖一带之农事），曾中瀛（美国制皮厂及制火酒厂），邓树森、毕侣俭（上海、杭州、南通及安南一带之农事），何亮（中国农务之情形），谭锡鸿（中美人工孵卵之比较）等。（2）化学部，理论与实习并重，如胡竹朋、冯其焯等侧重化学与农务之关系。（3）农事试验场，“本我国之旧法，参以外国之新法”，供会员研究、实习之用。（4）阴阳学，研究《易经》及其他阴阳学书籍，以助农智发达。（5）童子团，令会员子侄辈组成模范团，学习化学，听农学家讲农场管理法，每周定期到场实习。（6）棉花展览会。[3]（7）劝农部，尽劝农之责。[4]（8）面向农家子弟，在九龙筹办农业工读讲习所。[5]（9）开设国语班，教授会员及非会员，以俾于农务。[6]

中华农学求新会成立以来，积极与广州、北京、南京、杭州等

〔1〕胡竹朋：《本会会务进行之概要》，《农智月刊》1922年10月第1期，第11页。

〔2〕张才：《本会进行计划表》，《农智月刊》1922年10月第1期，第3—5页。

〔3〕《会务》，《农智月刊》1922年11月第2期，第1—3页；1922年12月第3期，第10—11页。

〔4〕《同人大叙会》，《农智月刊》1923年4月第7期，第10页。

〔5〕《农智月刊》1923年11月第14期，第24页。

〔6〕《本会启事》，《农智月刊》1923年12月第15期。

地同人沟通，还与美国华盛顿农林会建立学术联系。事实上，组织名称虽然冠以“中华”二字，其实活动范围不出粤港两地；会员主要来源于岭南大学、广东公立农业专门学校及广东农林试验场。中华农学会会员邓植仪、欧华清、郭华秀、张天才等均入会。[1]

中华农学会对北方农学重镇北京农业大学影响颇大，但其自发结社的热情依然高涨，并表现出强烈的现实政治关切。1920 年 5 月，学生群体发起“醒农社”，编辑《醒农》半月刊，以“促人民之觉悟，谋农业之改进”为宗旨，提出两个严肃的问题：一是要彻底解决社会问题，不是少数人所能做到的事情，为什么一般人竟忘却了多数的农民？二是空谈玄理于实际无所裨益，为什么不实事求是谋人民的福利？[2] 相形之下，已入中华农学会的乐天宇、杨开智等人直接参与政治活动，他们所发起的社团实际成为中共的外围组织。

1921 年，乐天宇、杨开智等成立社会主义研究小组。邓中夏来年在此基础上，联络李启耕、左正元、胡求仙等人，成立“社会主义青年团北京农业大学支部”（简称 S．Y．）。9 月，乐天宇、杨开智等人发起“农业革新社”，詹乐贫、林孔唐、徐大昌、彭树范等 50 余人入会。[3] 此社目的是发动学生开展农民运动，于是提出“本互助精神，以砥砺学问，促进校务，及改造社会”宗

〔1〕《同人表》，《农智月刊》1922 年 10 月第 1 期，第 15—17 页；《本会会员题名录》，《中华农学会报》第 3 卷第 2 号，1921 年 11 月，第 96、98 页；《新入会员录》，《中华农学会报》第 3 卷第 5 号，1922 年 2 月，第 52 页。

〔2〕《发行醒农的用意》，《醒农》1920 年 5 月“创刊号”，第 1 页。

〔3〕乐天宇：《反帝反封建的革命运动在京郊》，中共北京农业大学委员会党史资料征集小组编：《中国共产党北京农业大学组织史（1921—1937）》，内部资料，1990 年，第 75—78 页。

旨，成立学生会，直接走进农村，开办农民夜校。[1]1926年，会员仍有70余人，显示出较强的生命力。[2]这些社团虽然多由中华农学会会员发起或参与，但因双方立会本意迥然，并没有建立组织层面的联系。

同期，校内不同籍贯学生各以乃师为凭，发起社团组织，形成川、湘竞争格局。1922年2月，中华农学会会员、川籍学生胡子昂，邀集赖宪伯、郑昌明、胡继康等人，倚重许璇、周建侯等教授，发起农声社，提出要"研究农学，改进农业"。[3]他们目标宏大，欲将本校教职员、毕业同学及各地农界同志吸收为名誉会员，在读学生为普通社员，[4]共同"研究致用的农学"，觉悟农民改进农业，转移社会上的"贱农"风气。[5]胡子昂以超强的组织活动能力广为联络，在短时间内征集各类会员近200人，以本校师生为主体，名誉会员80余人，涉及农业行政、教育和试验等部门，如农商部、中央农事试验场、广东农林试验场、山东省立第一甲种农校等，知名者有吴宗栻、许璇、梁希、刘子民、刘运筹、董时进、赵济周、毛恩旭、周建侯、杨景辉、吴景澄、尹炎武、唐有恒、陈宝钧、邓振瀛、朱惟杰、唐廷秩、章祖纯、刘先、章鸿钊、刘家璠、钟赓言、王邦巩、万勖忠、张福延、曾济宽、王璞、侯过、林骙、殷良弼、夏纬瑛、丁棫、刘增辉、任乃强、姚鋈、周汝沆、周桢、

---

〔1〕王步峥、杨滔:《北京农业大学校史（1905—1949）》，北京：北京农业大学出版社1990年，第147页。

〔2〕《农业革新社在农大开年会》，《世界日报》1926年6月4日第7版。

〔3〕胡子昂:《关于北京农业大学由来的片断回忆》，王步峥、杨滔:《北京农业大学校史（1905—1949）》，第2页。

〔4〕《农声社简章》，《新农业》第1卷第1号，1922年2月，第63页。

〔5〕胡子昂:《发刊新农业的旨趣》，《新农业》第1卷第1号，1922年2月，第1—3页。

张孝先、谢恩隆、胡宗灏、王彦祖、庞斌等人。其中，刘运筹和董时进分别在英国爱丁堡大学、美国康奈尔大学留学。[1]

此会发行机关刊物《新农业》，成为刊登会员言论及研究成果的园地，从1922年2月至10月共刊发4期，作者群以北农学生为主，次为该校教员，还有部分校外撰稿人。许璇、周建侯、王邦巩等均有稿件刊发，如许璇《论中国宜速废出口税》；王邦巩《日人在郑家屯经营畜牧之状况及于政治上之影响》《满蒙牧羊业之状况》《兽医警察为畜产之保障》《牛乳在卫生上之价值》《马之原产地与其进化》；周建侯《农业和肥料底关系》《酸酵作用和糖类底分解》《最近世界各国底肥料是怎样的状况》《地方要如何维持又当如何增进》；刘子民《玉蜀黍之研究》《乌桕之二三研究》；刘运筹《英国近日发生之牛病》；杨景辉《大丰盐垦公司调查记》；金陵大学特聘美籍植棉专家郭仁风（J. B. Griffing）《种植美国棉花浅说》。[2]

川人试图建立由本省人主导、统领全校师生的新组织，激起他省学人争胜之心。湘籍教员刘子民、杨景辉等人尽管亦名列其中，但内心显然更倾向于本省学生发起湖南农学会，“冶全省农林人才于一炉”。5月28日，该会在北京中央公园成立，刘子民出任总务主任。6月，胡子昂等人借“驱吴（宗栻）”排挤湘省团体，刘子民、杨景辉等人被迫离校，会务跌入谷底。是年底，大力鼓吹“农村立国”的湘人章士钊主持校政，亲任总务部主任外，亦捐资赞助，甘为湘人之“靠山”。[3]刘子民等人返校，令湘省组织声势大振，确立“联络湘省农界同志，共图农学之发展及农业之改进”宗旨，

〔1〕《农声社社员名录》，《新农业》第1卷第3号，1922年6月，第80—87页。

〔2〕《新农业》第1卷第1—4号，1922年6—10月。

〔3〕《本会之发起及经过情形》，《湖南农学会会刊》1923年12月第1号，第75—76页。

决定开展实地调查研究、刊行杂志、学术讲演和答复农事上咨询及建议农业改进等事务。为和川人争夺资源，对会员资格的规定更为宽松，凡有志农学及有农业经验者皆可为本会普通会员，凡热心赞助本会者，经干事会表决可为名誉会员。〔1〕机构方面，设立总务、学艺和推广三部，章士钊、张伯言任总务部主任，杨景辉、曾公智为学艺部主任，刘子民、廖训椝为推广部主任。〔2〕章士钊有意将其办成湖南人在京聚集讨论农学的团体，故呈文湖南教育司、实业司备案。〔3〕至1926年，在京会员和驻省会员100余人，还有湖南第一农校等4家机关会员。〔4〕

胡子昂离校后，1924年5月14日，川籍学人蓝梦九、周建侯、彭家元、尹静夫等，以北农为总部，联络乡党，成立四川农学会，立其宗旨为“本合作之精神，联络四川农界同志，共事研究，以谋本省农业之发达”，确定实地调查、学术研究、学术讲演、发行刊物、提倡农业教育、促进农林事业六项事业。〔5〕基本会员以毕业或肄业于国内外专门以上农业学校者为限；凡热心赞助本会会务进行者为名誉会员；凡有志农学或富有农业经验者，经会员1人以上介绍为普通会员。〔6〕12月16日，在第一次秋季常年大会上，尹静夫、刘可强、周建侯、彭家元，分别当选总务部、研究部、出版部、推广部主任。为确立川人组织地位，胡子昂提议应筹募基金，以固根本。随后成立募集基金委员会，由周建侯、胡子昂、杨仲

〔1〕《湖南农学会暂行简章》，《湖南农学会会刊》1923年12月第1号，第77页。
〔2〕《本会第二届职员录》，《湖南农学会会刊》1923年12月第1号，第87页。
〔3〕《申报》1926年6月4日，“国内专电·长沙电”，第1张第4版。
〔4〕《本会会员录》，《湖南农学会会刊》1926年4月第2号，第101—109页。
〔5〕《开会纪事》，《四川农学会会刊》1925年6月第1期，第126—128页。
〔6〕《四川农学会简章》，《四川农学会会刊》1925年6月第1期，第140页。

虞、彭家元、廖沛然、刘运筹、曾济宽、何澄清组成。资料显示，募集基金、接洽省内农学人士、调查各地农业成为他们事业的主项。此会吸收60余名会员，以校内川籍师生为主，骨干成员如刘运筹、曾济宽、周建侯、彭家元、蓝梦九皆为中华农学会会员。〔1〕未久，北京政变致其会务中辍，影响亦波及京内其他农学团体。

1923年，“改大”后的北农学风由日本转向欧美。〔2〕表面看，章士钊是推行“新政”的前台主将，但邹秉文才是幕后之操盘者。因为，章士钊之本意志在“根本改组”，故坚拒北京农业专门学校校长，而取国立北京农业大学校长。盖当时章氏内心已存步武欧美的想法。他聘韩安为教务主任，然后亲自奔赴南京，敦请邹秉文北上筹划改革蓝图。经邹秉文擘画，农大的学术建制美国化走向愈趋明朗。〔3〕首先，施行学系制，组建农艺系、森林系、畜牧系、园艺系、生物系、病虫害系和农艺化学系。其次，农科建制架构确立试验、教授和推广的三位一体模式，分设三部，由各系分任之。〔4〕再次，着力引进欧美留学生，尤以留美生为主角。先聘定唐有恒、陆费执、章祖纯为教授。后经邹秉文协调，东南大学钱崇澍任生物系主任，讲授植物学、植物生理学、植物分类学、树木学等课

〔1〕《会员录》，《四川农学会会刊》1925年6月第1期，第136—139页。

〔2〕从记者与北农某教授之对谈，得窥北农东、西洋派分的雪泥鸿爪，此教授说：“该校在金邦正时代，有东洋派西洋派之分，现在已是东西合并了，本无嫌疑。自然将来校长只要资望素著之人，无论出自校内校外，都不大生问题。”记者问以“资望”之内涵，对方答曰：“当然要深知农学，曾久在农业教育机关或行政机关上著有成绩，今后又能活动者才合，若一有所偏，俱不足以当斯任。”《农业专门学校之暗潮》，《晨报》1922年10月20日第6版。

〔3〕傅焕光：《本科与粤农协助北农之经过》，《农学》第1卷第2期，1923年6月，第1页。

〔4〕《国立北京农业大学组织大纲》，《教育公报》1923年第3期。

程；广东农业专门学校沈鹏飞、张天才分任森林系和畜牧系主任；岭南大学谭锡鸿任畜牧系教授。[1] 经此改组，北农大面貌确焕发出新气象，带动了校内结社讲学之风。1923 年 5 月 25 日，农业化学系学生本着“欲求学术进步，非互相切磋不可”，自发组织农业化学学会，以“应用化学原理，解决农业上一切化学问题”为宗旨，内分事务、调查、研究和编辑四股。28 日午后 4 时，该会敦请糖类化学专家、工业教授陈仲韩，讲演“糖类与农业之关系”。[2]

综上，陈嵘、王舜成长会时期，中华农学会南下北上，东西并进，发展成为民国时期历史最久、会员最多、组织最为稳固、会务最为活跃的全国性农学团体，被公认为农学研究之“总枢”。即便如此，终究没能改变农学界内部因派系与利益纠葛而导致的社团分立互竞的实际状态，甚至它自身即是其中的割据者之一。

第二节　改良农业之先行：构建美国式农业教育的努力与成效

近代欧美教育与科学密不可分，任鸿隽论道：“以见教育之事，无论自何方面言之，皆不能离科学以从事。若夫智育之事，自科学本域，言教育者当莫能外，无容吾人之重赘一词。”[3] 他将学校、学会视为建立“科学的学界”重要手段，学校为先。1916 年，蔡元培在杭州总结“欧战”教训时，亦强调“军事皆出科学，非有教育不为功”，农学之于农业重要性而言：“吾国农业自古发达，

〔1〕《本科襄助改造北农之进行》,《农学》第 1 卷第 3 期，1923 年 7 月，第 1 页。
〔2〕《农业化学学会成立》,《晨报》1923 年 5 月 26 日第 6 版。
〔3〕 任鸿隽:《科学与教育》,《科学》第 1 卷第 12 期，1915 年 12 月。

然终不及欧洲者。彼之生产力有方法使之增加，通人皆有科学知识也。初等、中等农校甚多，其良法传播于学校之外。中国恶习，农家子本多服劳，入校则安坐读书，惮于作苦。欧洲农学必实验，一一皆手自试之，故其传播也易。”[1]中华农学会希望步武欧美国家，以学校为输入科学新知、实现农业科学化的媒介，农业教育因之成为发展农业的先决条件，[2]故将其列为重要事业之一，以期为“农者有学”“学者业农”开出一条新路。

一　会员视界：反思日本农业教育病症及其矫治新法

近代趋新人士移入域外现代农学知识体系，开启本土“经验农业”科学化进程。在路径选择上，清季仿行日本教育成例，建立农业学校教育统系，从京师到地方依次设立农科大学，高等、中等、初等农业学堂以及农业教员讲习所，还有茶务、蚕丝等专门学堂。民初学制体系大体因袭于此，但在形式与内容方面有所调整，其重心转向中等、初等教育。

1913年教育部公布《实业学校令》，要求各省普遍设立甲、乙种农业学校，并下移至县城与乡镇，较之清季自是一大进展，但笼统规定以教授“知识技能为目的”，立学宗旨不甚明晰。甲、乙种学校的区分，仅为彼此课程上的“普通”与“简易”之差。若将实施效果比照于欧美范例，发现不仅没有造就大家想象中的“新式农人”、农村“中坚力量”，反而滋生诸多流弊。[3]理想与现实的

---

〔1〕蔡元培：《欧战所得之教训》，《大公报》1916年11月23日第3张第9版。

〔2〕《募集基金特别启事》，《中华农学会报》第3卷第4号，1922年1月，第61页。

〔3〕1913—1914年，沈宗瀚以“耕读世家”子先后入杭州笕桥甲种农校、北京农业专门学校学农，注意到“去学农的并不是出身农家的子弟，大都是考不取别种学校，退而学农的富家子弟。真正出身农家又学农的，我是第一个”；且“新的（转下页）

巨大反差，激起包括中华农学会会员在内各界人士对晚清民初新学制的空前质疑和不满。

1922年，时任中华农学会会长的王舜成，阐述民初以来教育与农业的相互关联：

> 吾国农业教育始自二三十年前。民国纪元以先可目为发端时代，姑不具论。而近十年来，高等、中等、初等之农业教育学校殆遍各省诸县而皆有，近且农科大学相继而起，不可谓非农学教育之发端时代，一进而为发展时代矣。如此进程宁非至幸，而反观农界现象，其事业之进行每不能随教育之行程而向上，此进彼退，各不相关，原因奚在，大足引起吾农学同志之研究，且为本会所急欲求其解决者也。盖教育为改进事业之先导，无教育而事业不进，犹可自为诿解，至教育进而不能影响于事业，则又奚辞。吾人既深信教育万能，亦惟有仍求诸教育而已。[1]

若单从学校数量上论，农业教育的进步无可怀疑。可是，这种进步对农业发展推进效果不但不明显，反而呈现“此进彼退”的诡异现象。从逻辑推论，其缘由约有二端：一是农业教育自身

（接上页）学校教育制度，在开始时对农家子弟比旧科举制度更为不利……故穷农子弟，要从学校求学上进，最为困难”；“当时农校学生几乎均为城市子弟，对于实地农情，极少明了”。城镇富家子弟毕业后自不会沉到农村服务，农业教育与农村发生了断裂。沈宗瀚：《读书与治学》《中国农业科学化的初期》，《沈宗瀚晚年文录》，第40、86页。

〔1〕王舜成：《农业教育专刊·发刊词》，《中华农学会报》第3卷第8号，1922年5月，第1页。

出了问题，有量无质之教育难以对农业发生积极效用；二是从教育到农业中间过程断裂，各行其道之两者不能有效结合。王舜成作为旧制度受益者，显然顾及其校长及留日生身份出言有所保留，重事实描述、提示问题而隐去判断。但他在与黄炎培私人谈话中透露其治校“昔以普及改良农事知识为目的，今新变方针，一以开发社会经济为目的”，故除农学外，颇注意于农艺化学，“将使学生毕业后得以些微之资本，自食其经营之力”，得到黄炎培之赞许。[1]

与王舜成相对含糊的态度不同，留美的邹秉文直指教育部农业学校规程之弊，“吾国农业学校之所以无所成就者，其根本病源，在教育部所定之各种农业学校规程。其中有办法不良，决难造成所希望之农业人才者；亦有宗旨错误，不适于吾国之农业情形者。坐前说之弊者，为吾国之农业专门学校及乙种农业学校；坐后说之弊者，为吾国之甲种农业学校”。[2]他通过梳理中国近代农业教育演进史，明确进展得失，将矛头指向教育制度：

> 吾国农业教育，略可分为三时期。第一时期，约在前清光绪二十八年至民国纪元，其时各省虽设立农校农场，然仅可视为大吏敷饰门面之举，充任校长场长者，类多候补府道，缺乏农事智识之人，其于农民及农业，可谓无丝毫影响，故吾名此时期曰：政治的农业教育时期。此时期对于吾国所有

〔1〕黄炎培：《抱一日记》，中华职业教育社编：《黄炎培教育文集》第1卷，北京：中国文史出版社1994年，第201—202页。

〔2〕邹秉文：《改进吾国农业专门学校办法之商榷》，《时报》1920年8月27日第3张第8版。

之贡献，仅为目前留下数所规模较大之农校，如北京农业大学、山东农业专门学校、保定农业专门学校，皆成立于此时期也。第二时期，约在民国纪元以迄于近今。在此时期内，中级农校与初级农校，各省均增加不少，各场场长，各校校长，大半皆能采用农林出身之人，惟学制过于拘束，农场既无成绩，故农校亦无从采取教材，而本身又不事研究，其结果只能贩运东西洋外国讲义，以为应付。既非本国事实，当然无改良效用。此时期之最显著事实，即为注重书本教育，故吾名之曰：书本的农业教育时期。本时期对于吾国农业教育最大之贡献，即为发见以前农业教育制度办法之恶劣，不可不图一根本改革。[1]

邹秉文批评中国农业教育第一、二期分别为“政治的农业教育”“书本的农业教育”，看似诟病教育背离农事之弊，其实是抨击晚清以来形成的以日本为典范的教育体制。清季农业科学化从学理到制度无不以日本范式为圭臬，留日生把持农业教育、试验和行政各部门；留美生相比归国时间较晚，人数亦不占优，更无论权力分配。欲改变此状况，唯有釜底抽薪、颠覆晚清以至民初的教育制度。换言之，破日制是立美制的前提。留美后的沈宗瀚亦加入批判旧制度行列，对昔日母校亦“冷眼批评”，[2]办学质量稍好之笕桥农校“教员多为日本留学生及京师大学农科毕业生，故多以日本资料解释学理”，“多译述日文笔记充教材”，无非“纸上

[1] 邹秉文:《中国农业教育最近状况》,《农学》第1卷第7期,1924年8月，第1—2页。
[2] 胡适:《介绍一本最值得读的自传》，欧阳哲生编:《胡适文集》8，北京：北京大学出版社1998年，第623页。

空谈，不切实际，于国何用”；最高农业学府之北农“教授均为中国籍，多系日本留学生及京师大学农科毕业生；仍多摘译日本课本以为讲义，购用日本动植物标本以代本国实物；农场实习不过播种、除草、施肥、收获等普通简单工作。教授与学生对于中国农业认识甚少，遑论研究与改良”。[1]可见，对国内农学教育的失望是以沈宗瀚为代表的知识人赴美求知的动因。他所谓“第三时期为农业教育之新作风”，[2]实指以康奈尔大学农学院为典范的金陵大学农科和东南大学农科的建立。

邹秉文、王舜成各自言论，显示了欧美、日本学术派分与权势的攻守势易。民元西方崇拜心理蔓延，农界的学习榜样亦从东瀛转向欧美。[3]留美生地位大幅提升，留日生地位则陡降。[4]为因应世风流变，留日生转学欧美者不在少数。[5]稍老一辈的黄炎培也不免跟从此时趋，“中国兴教育几二十年矣，然皆纸片的、书本的，而非实际的”，“亟须研究改良，锐意进行”，其认知与邹秉

〔1〕沈宗瀚：《克难苦学记》，北京：科学出版社 1990 年，第 25 页；沈宗瀚、赵雅书等编著：《中华农业史——论集》，第 276—277 页。

〔2〕沈宗瀚、赵雅书等编：《中华农业史——论集》，第 275—277 页。

〔3〕1922 年，陶行知发表《我们对于新学制草案应持之态度》一文，指出：“我国兴学以来，最初仿效泰西，继而学日本，民国四年取法德国，近年特生美国热，都非健全的趋向。学来学去，总是三不像。”华中师范学院教育科学研究所主编：《陶行知全集》第 1 卷，长沙：湖南教育出版社 1983 年，第 190 页。

〔4〕这可从农校教员待遇、学生反映中窥见。1918 年沈宗瀚从北农毕业到南京高师与金陵大学“谋微职”，“均遭蔑视”，只好转至江苏省立第一农校，而此地风气亦变，“注重教员留学资格，欧美最优，日本次之，本国毕业生常被轻视”，沈“初来校，资格最浅，年龄最轻，服装亦最不神气，易启学生轻视，战战兢兢，时虞陨越，此为余一生教书最费气力之时”。1920 年后，该校留美师资大多任南京高师及金陵大学教授，余下者“几全为留日教员”，学生借故兴起风潮。沈宗瀚：《克难苦学记》，第 25、59、71 页。

〔5〕《留日学生转学美国之动机》，《申报》1918 年 8 月 8 日第 3 张第 10 版。

文观念相暗合，也将矛头指向“日本式教育”。“九年前，哈佛校长爱里哇德氏东来，盛讥日本式教育之未善。维时同人微有所省悟，亟欲探讨欧美教育。”[1]王、邹二人均与黄炎培交往甚密，他们对农业的职业教育意见颇多契合，为中华农学会与中华职教社的合作奠定了基调。[2]留日生虽然在社会舆论上不抵留美生，但实际权势未必被削弱，双方仍需互相借重。同时，留日生的某些观念亦渐向留美一方靠拢。因此，中华农学会内部基本一致认定旧有农业教育方针与制度不合中国实情，变革势在必行。其间约有两条路径可循，一是彻底告别过去，另立统系，诸如建立乡村学校，推行农村职业教育，直接教育乡村子弟；二是保留大体，改革局部。总体言之，中华农学会等试图融会以上两条路径，尽管各有所重，亦可协同配合，互为补充，殊途而同归。

1919年，吴元涤指陈清季以来农校与社会隔绝之流弊，“今者国内士夫，亦岌岌焉知贫弱之足以自亡，而农业之足以救贫弱，于是农业教育也，农业科学也，奔走号召，经之营之，日不暇给。然今日之效果何如者，将来之希望何如者。前清之季，早亦设农科大学及普通之农业学堂于各省矣，然其时社会锢蔽，不知农业为何事，几亦视为士子利禄进身之阶，与耕田掘土之农完全无与者，是以学校是学校，农业是农业，与社会与农民无关痛痒，复有何效果可言”。及至民国，“农业教育特为注重，增学校，订规

〔1〕“探讨欧美教育”，尤其是了解美国教育体制，是黄炎培与留美新进接触的重要因素之一。中国社会科学院近代史研究所整理：《黄炎培日记》第1、2卷，北京：华文出版社2008年，第63、148页。

〔2〕1916年，黄炎培记录美国麻省农业教育（Agricultural Education）“为职业教育之一种，其意在使适用于农田、畜牧、森林及其他关于农事之生产事业”。中国社会科学院近代史研究所整理：《黄炎培日记》第1卷，第260页。

章，研究教授，较前大进。然至今社会上漠然如故，毕业生之无进路如故，而农业之颓废，国立之穷蹙，且较前犹甚焉”。[1]他将农业与教育脱节的责任归于“社会”一方。因为，晚清趋新人士、民国政府与社会之间在对农业教育的认知上，存在着传布农业科学知识论与追求“利禄之途”工具论的对立和冲突，民众对农业新知的漠视与排拒，使得上层的科学化努力变为单向启蒙。[2]吴元涤与王舜成大体同调，着重剖析制约农业教育发挥实效的社会因素，而非制度本身问题，实则持“外因论”。

翌年，曾济宽亦呼应此论，“英才无实用所学之地”，不良社会环境应“分其责”。首先，“政治之窳败，社会之堕落，官绅之把持，大地主之冥顽，以及乡民之愚昧，在在为农业改良前途之障碍”；其次，旧思想作祟，“人心之急功好利，而鄙视农业为微贱迂缓之事业，复格于数千年士农分途之恶习，即毕业于东西洋农科大学之有数农林专家，语以改进方法，亦以成效未易实现，难引起一般人之信仰”；再次，旧势力强大，“大多数农村，近犹受制于旧人势力之下，彼等视后进之农学生，不啻冰炭之不相容”，国内农校毕业学生“服务社会，著有相当成绩者，虽不乏人，然彼等问世日浅，势力未固，对于地方，绠短汲深，亦莫能有所发展”。而其对于农业教育全部认知，是“多因论”而非“单因论”。在解析社会因素的同时，并不规避农业教育自身问题，但强调后

〔1〕吴元涤：《吾国农业教育之缺陷及改革之商榷》，《中华农学会丛刊》1919年8月第4期，第2页。

〔2〕有载，农民对农事试验就有隔膜，甚至群起排斥。安徽前在屯溪设立茶务讲习所被当地人视为“洋学堂”，其茶园中的木牌标识，每每被村民以“碍其坟向门向”拔去，教其茶业知识，则“将洗耳远遁矣！”。王僊：《论改良华茶亟宜注意之要点》，《中华农学会报》1923年2月第37期，第67—68页。

者之改善取决于社会环境的改良，“欲改进农业教育之先，当研究农业界四围之情况，求其不易改良之病原所在，而谋改革之”。[1]

相形之下，更多人侧重检视农业教育自身的问题，研讨相应的解决办法。1921年8月18日，刘子民在八校公共学术讲演会批评部章造成农业教育与社会的隔绝，“农业是应用的科学，农业教育是与社会连成一片的，不是和社会需要隔绝的，如果社会和教育隔绝，那就学校教育是学校教育，社会是社会了，可说学校可有可无，与社会毫无关系。这种毛病何在，就在部章规定农校各种科学的钟点，不管各省各地风土如何，出产如何，社会上需要若何，要办农校，非照部章支配钟点不可。好比先前所说，医病不管病的种类，病的原因，身体的强弱，总是一个陈方吃到头，你说与病人有什么关系呢！原来这个陈方来自日本，在日本能不能应用还是一个疑问，何况中国地兼三带，各省各地风土不同，出产不同，社会上的需要因之不同，要以一样的规定，使农校教育与社会的要求连成一片，那里能够做得到呢？”[2]教育部照搬日本成制，不求吸收转化，片面求其整齐划一，终致流弊滋生。[3]此类言说颇能迎合社会大众弃旧趋新心理，引发舆论跟风现象，进而演化为社会批判思潮，要求对整个学制体系进行改革。

民国学制在日制与美制间权衡取舍。吴元涤则不以为然，“盖

---

〔1〕曾济宽:《农村社会之改造与农业教育之改进》,《中华农学会报》第2卷第3号，1920年12月，第104页。

〔2〕刘子民:《改造吾国农业教育的方针》,《中华农学会报》第3卷第1号，1921年10月，第85页。

〔3〕此文又刊于《中华新报》1921年9月26日第3张第1版；同时以《改造中等农业教育的方针》为题，刊于《晨报》1921年8月26—28日第7版，长沙《大公报》1921年9月3—6日第3张第9版。

一国有一国之国情，一国有一国之习尚，即欲舍己从人，亦宜辨别其利弊得失，或变通损益而应用之，绝非削踵纳履，而可希冀功效于万一也。”改革须统筹全局，谋定而动，全力施行，避免旋起旋灭，所谓“学术思想，尽可随世界之趋势而变迁，而事实之进行，决不能旋起旋灭，以合时尚，亦不能朝令暮更，以眩新奇。故研究农业科学者，其思想言论不妨时有易，而办理农业事务，身任农业教育者，自当认定目标，洞明情势，坚决施行，则于事实可有济”。[1]曾济宽亦言，农业教育“原为谋农业社会之发展而设施，则其所取方针，自以适应于农业社会之程度为正当。虽办理方法，固可因时、因地以制宜，然设校方针必有确切不易之理”。教育方针游移不定，朝令夕改，办学者自难适从，如言：“时而采用日制，时而采用美制；时而设立农科大学，时而停止。教育当局，漫无规划。”他认为，除农科大学研究学理、造就农业科学人才外，专门及甲、乙种农校皆应以养成实业人才为主、培植师资为辅。[2]因此，刘子民提出改造农校教育方针，必须“因地施教”、因需设校，而非先设校后找出路。[3]

美国学制进据舆论场中心，与此期美国教育家来华之影响不无关系。1917 年，康奈尔大学农学院院长贝莱在华批评中国甲种农校“无宗旨、无办法”；1921 年，哥伦比亚大学教育学院院长孟禄（P. Monroe）在江苏省教育会，认其为“无教育目的之学校”，

---

〔1〕吴元涤：《吾国农业教育之缺陷及改革之商榷》，《中华农学会丛刊》1919 年 8 月第 4 期，第 2—3 页。

〔2〕曾济宽：《农村社会之改造与农业教育之改进》，《中华农学会报》第 2 卷第 3 号，1920 年 12 月，第 111—112 页

〔3〕刘子民：《改造吾国农业教育的方针》，《中华农学会报》第 3 卷第 1 号，1921 年 10 月，第 87 页。

“既非造成农业专门人才之大学校，又非造成乡间农夫之乡村小学”。[1]邹秉文看到，当时来华调查教育的外国人对甲种农校皆持否定态度。[2]外国人的负面评价激发了国内知识界对此问题的关注。方希立指出甲种农校设科“皆无一定之目的”，且“非就地方情形设置之”，毕业生徒“不适用于社会”，“几成为废才”，当因地设科，兼收农家子弟为生徒，注重实习等。[3]刘子民认为，“农业上的中坚人物，就是中等农校卒业的学生”，[4]故中国以中等农业教育最为重要，事实上，由其经营农业的“十不得一二人”，绝大多数或升学或另觅他职（如做教员、普通文官）或服务于农校、农事试验场。[5]按照欧美成例，甲、乙种农校本应培养农家子弟、造就农村人才，中国情形则往往脱离此轨。曾济宽陈其数弊：其一，分科繁多，且不切当地实际，甲种农校本应注重地方上普通农事实施，乙种农校则注重地方上特殊农事发展。其二，视乙种农校为升入甲种农校的预备，所办事项几同于高等小学，视甲种农校为升入专门学校的预备，或增加普通学科分量几等同于普通中学，或教科偏重理论类于专门学校。乙种农校本为收纳欲从事农业而望速成之贫苦子弟或地方有志业农者而设，毕业后即各就所学

---

〔1〕尽管教育部没有明定甲、乙种农校办学目的，各校并非完全漫无目标，如有规定：甲种农校有养成管理人才之责；乙种农校有教育执行农业人才之责。《江苏省立第一农业学校拟办农林职工班意见书》，《申报》1917年8月15日第3张第11版。

〔2〕邹秉文：《吾国新学制与此后之农业教育》，《农业丛刊》第1卷第2期，1922年4月，第1、10页。

〔3〕方希立：《农业改良意见书》，《天津益世报》1922年12月29日第4张第14版。

〔4〕刘宝书：《改造吾国农业教育的方针》（续），《中华新报》1921年9月26日第3张第1版。

〔5〕刘子民：《改造吾国农业教育的方针》，《中华农学会报》第3卷第1号，1921年10月，第84页。

经营农业；甲种农校则为收纳地方农家子弟及有志农业青年而设，毕业后独立经营或就职于地方公私农业团体。其三，学校设备不完全，且与实业机关缺少联络，学生实地练习、实验机会少等。[1]

1914年，黄炎培批评乙种农校，"辟校旁土阜为试验场，面积仅数亩，似未敷用。所授讲义，系自编油印。虽非专事发挥理论，其材料之多少繁简，文义之浅深，是否适用于乙种农业，未敢知也"。[2]两年后，蔡元培强调西方国家农校作用在于"其良法传播于学校之外"。[3]邹秉文认为，农业教育宗旨约有两种，一种为"人才教育"，专以造成各种农业专门人才，为农业专门学校或农科大学之责；另一种为"职业教育"，专以造成"良好之农工"，运用新知识改进农业，此为乙种农校或程度更低学校之责。中国乙种农校相较其他发达国家，不仅学校和学生数量少，且毕业生实际从事农业者甚少，农家中受过农业教育的不足万分之一。而且，乙种农校与中国小农制不相符，其规定程度太高、课程太过普通、在校费用太大。相反应是：学校程度不宜固定、职业课程不必固定、注重公民教育、修业期限不必固定、教员宜少；学校应设于乡间等。[4]既然学校教育不能与农村社会相衔接，于是有另立乡村教育统系之提倡。南京高师仿照丹麦乡村学校制度，于江宁县沙洲围创办乡村农校，便是积极矫正的表现。[5]章太炎对此颇表赞成，

---

〔1〕曾济宽：《农村社会之改造与农业教育之改进》，《中华农学会报》第2卷第3号，1920年12月，第113—114页。

〔2〕中国社会科学院近代史研究所整理：《黄炎培日记》第1卷，第125页。

〔3〕蔡元培：《欧战所得之教训》，《大公报》1916年11月23日第3张第9版。

〔4〕邹秉文：《吾国乙种农业学校之现状及其改进方法》，《时事新报》1920年8月29日第4张第1版。

〔5〕《南京高师农科之成绩》，《天津益世报》1920年10月28日第3张第11版。

言教育要“适用”，乡村教育尤要“以养成农村人才为宗旨，化除阶级，镕合城野”。[1]吴元涤认同改革现有农业教育的同时，更应兴办乡村教育，“现在勠力畎亩手足胼胝之农民，皆有农事之旧经验，而乏农事之新智识者也。然农产之良窳，农事之成败，实此辈农民直接左右之，故欲农业之改进与发达者，则兴办乡村教育，以教育农民，实为当务之急。乡村教育之功，实较学校教育为巨。彼学生所习者，未必即见诸实行，而农民有知，即能施之实用”。[2]李寅恭认为，甲种农校科目繁杂，且偏重理论；乙种农校养成实地操作者及工头，为数太少，应仿照美国多开办乡村学校。[3]另有主张，用“农业的平民教育”解决农民的科学化问题，并视其为“救中国农业衰败的唯一妙法，不二法门”。[4]

无论是以外在社会视角审视，还是从内在理路分析，诸人最终会聚于部章学制规定过于“固定”僵化，不能因地制宜，与时俱进，相应建立富有弹性而又务实的美国式学制已刻不容缓。留美生及“研究—教育—推广”三位一体的美式农学建制渐成新权威，促使东、西与新、老知识人的派分与人脉，以新兴社团为纽带分化组合。中华农学会与各团体趁全国学制改革思潮勃兴之机，结成同盟，彼此声援，促成既有体制新旧代谢。

二　见之于行事：与江苏教育界的合作

中华农学会由“坐而言”到“起而行”，通过人脉与社团纽带

---

[1]《章太炎在湘之两演讲》，《申报》1925年10月11日第3张第9版。

[2] 吴元涤：《吾国农业教育之缺陷及改革之商榷》，《中华农学会丛刊》1919年8月第4期，第3页。

[3] 李寅恭：《农业教育》，《中华农学会报》第2卷第10号，1921年8月，第87页。

[4] 吕一鸣：《谈改良农业的方法》，《天津益世报》1922年1月12日第4张第13版。

聚合民间力量，推动政府将其农业教育改革言说付诸实践。

近代中国相当一部分教育资源渐被各种民间精英集团所掌控，教育会便是其中重要一种。各省教育会借组织声势左右一省教育事务，教育行政机关的决策如没有教育会的实际参与已难推开。换言之，各省教育权力资源被教育会和教育行政机构所共享。江苏省教育会在各省组织中极富代表性，其影响力一度越出本省界，号令全国，风头与权势甚至有超越教育部之势。中华农学会、中华职业教育社和中华教育改进社等全国性社团均与其有着复杂的人脉和事业瓜葛。当学制改革已成不可阻挡时代潮流之时，它们乘势而起，挟团体联盟之余威，以充当民国农业教育改革的先锋与要角。

1925年，吴稚晖在《致张仲仁书》中，纵论江苏省教育界派分格局及走向：

> 省教育会诸公从前利用张季老，以其久不适用，弃之。今又有利用先生之必要，因复以东南大学校长浼先生……如黄任之、沈信卿、袁观澜诸先生，皆贤者也，年来因欲维持其特殊绅士之地位，遂朋串把持，反复谄附，所谓患得患失，竟流而为鄙夫者耳。弟辈激急暴徒，自安其为世俗诟病之素。先生北洋旧雨，亦守其稳健士夫之常，皆予人以共见之底里。惟彼所谓“阳性十姊妹”也者，营狡兔之三窟，图三元之不败。败风俗，患乡里，彼等亦不自知耳。东南大学者，彼等出官之花；省教育会，其大本营；郭秉文、邹秉文之徒，为其出张之傀儡而已。[1]

〔1〕吴稚晖：《致张仲仁书》，周云青编纂：《吴稚晖先生文存》，上海：上海医学书局1925年，第142页。

吴氏由此勾画出江苏省教育界在代际兴替之时，绅士老辈与留学新进、教育会与大学彼此关系谱系。在江苏省教育界，沈恩孚（信卿）、袁希涛（观澜）为同辈人，曾同在上海龙门书院就读，长期执苏省教育界之牛耳；若以年龄论，黄炎培（任之）自属晚辈，事功与地位却不输前辈，其身份复杂而多元，出入于新旧官民，既有举人功名，又是革命先锋，为中国同盟会会员，一度出任江苏省教育司司长，还是民间社会活动领袖，因此，他在江苏省教育界能够脱颖而出，拔得头筹。吴稚晖不仅将三人并列，通称为“特殊绅士”，更将黄炎培列于首位，由此可得而证之。

浸染欧风美雨的留学青年异军突起，而思想并不保守的宿儒老辈依然举足轻重，前者立足上升必先借重老辈，后者欲巩固势力亦须提携新进。因此，留美人士进入江苏任教职后，附丽于省教育会几成任事之必需。〔1〕郭秉文在年龄上与黄炎培相当，在教育界任事却属新辈，但在西学势头正盛之时，美国哥伦比亚大学教育学博士的头衔成为他进入教育界上层的通行证，先后出长南京高等师范及东南大学。行辈足足比郭秉文低一代的邹秉文，具有世家子兼留美生的双重出身，掌控东南大学农科，性喜交游，勇于任事，深得老辈赏识，在教育、实业乃至政界广结善缘。〔2〕黄炎培亦十分关注农业农民问题，无意间拉近二人关系。从《黄炎培日记》得见，邹时常为黄的座上宾，交谊非同一般。欧美新进与绅耆老辈结交，使得民初知识界在总体趋新的大势下，愈益呈

〔1〕1926年8月7日，晏阳初在《致F. S. 薄克曼》中表露心迹：“你要知道，在中国尤其是在教育界和知识界，要想占得一席之地是多么不容易。”宋恩荣主编：《晏阳初全集》第3卷，长沙：湖南教育出版社1992年，第36页。

〔2〕恽宝润：《邹秉文对谈录》，华恕主编：《邹秉文纪念集》，第141页。

现代际交叉的气象，改变了地方或全国教育界格局。

江苏省教育会融汇新旧人士，借助于组织的扩张开疆辟土，使其势力激增，主导全国教育界。在此过程中，美国哥伦比亚大学教育学院毕业生是主力之一，尽管时人对其褒贬不一，讥评之声不绝于耳，但他们推动中国教育学习对象从日本转向美国，增加学制的弹性和灵活度，则不可轻忽。如1921年郭秉文、蒋梦麟，以及康奈尔大学农科毕业生、时任北京农业专门学校校长金邦正等人，联合黄炎培、范源濂、张伯苓等，创立实际教育调查社。类似团体还有郭秉文主导的中国教育扩张会，由邹秉文发起并任农业组组长的江苏省教（教育厅）实（实业厅）联合会，由廖世承发起的中国中等教育协进社等。这些团体均不同程度介入民初以来的农业教育改革，且有农学人士直接参与其事，如邹秉文、过探先担任中华新教育共进社《新教育》杂志“职业教育”栏目编辑，大力鼓吹引入美国农学教育体制，确立研究、教育与推广为一体的新模式，以便于打通农学与农事，不仅造成专门人才，且能担负解决农业问题之责。[1]

新老知识人结盟互助，固然有维系并巩固自身权势的一面，但也是协力推进共同事业的联合阵线。尤具现实意义的是，知识界内部以留学国别为分野形成的派分壁垒松动，并有效整合了制衡教育当局的在野力量，使得京、沪两大改革重镇趋于融合。中华农学会会长王舜成以及担任该会会务推广总干事的袁希洛，皆是清季留日生，黄炎培数度莅临江苏省立第二农业学校，就此二人

〔1〕恽宝润：《邹秉文对谈录》，华恕主编：《邹秉文纪念集》，第203页。

建立深厚交谊；[1]后者为袁希涛胞弟，亦为中国同盟会会员，在江苏省教育界举足轻重，也曾被外界视为江苏省“学阀”之一。中华农学会的成立，与江苏省教育会的支持当有不小关系。5月，黄炎培、范源濂、袁希涛、郭秉文、聂云台、穆藕初、宋汉章等人，以江苏省教育会和浦东同乡会为骨干，联络张謇、梁启超、严修、蔡元培、蒋梦麟等社会名流在沪发起创立中华职业教育社。[2]邹秉文、王舜成、袁希洛等中华农学会会员加入为正式会员，并一度担任董事及议事员。人脉的交叉渗透，为两会联合推进共同事业奠定了基础。

中华农学会、中华职业教育社皆重视农业教育，分别视其为改进农业的“入手工作”与“救济农村”的突破口。仔细分析，具体缘由约有其二：一是，受晚清以来以“教育”实现农业科学化思潮之涤荡，他们迫切寻找符合中国国情的教育模式，以推进现代农学知识传播和传统农业制度现代转换；二是，他们有感于因袭日本的农业教育已百病缠身，民初尽管突出强调农学的本土性、实用性，将“农科大学”改为“农业专门学校”，在县、镇一级广设甲、乙种农校，然而，现实情况非但未能造就“新式农人”及农村的“中坚力量”，反而，农业问题愈趋严重，农民生计濒临破产。鉴于此，各社团将目光投注于农业与农业教育问题，黄炎培因此说“实业教育问题惹起一世之研究”。[3]

针对农业教育现状，“变”已成各方共识，但对于“怎么变”

---

〔1〕《第二农业学校之黑幕》，《中华新报》1916年12月17日第3张第2版。

〔2〕《中华职业教育社之过去与现在》，《晨报》1921年9月15日第6版。

〔3〕中华职业教育社编：《黄炎培教育文集》第1卷，北京：中国文史出版社1994年，第26页。

又各执一词。中华农学会强调普通学校教育与乡村教育需双管齐下，协同配合，既要推进农学研究，也要让农人掌握必要知识。在立会之始，便将“研究农业教育”列为八项事业之一，并不遗余力地加以推进和发展。1920 年学会修改章程后，会务虽有所调整，但仍列其为重要事业之一。[1] 中华职业教育社以为“办理职业教育，尤以农为重要”，所采取的路径是直接针对农人的“农业的职业教育”，也就是，将职业教育施诸农业，对农民进行技术训练。而且，在实际行动中，职教社捷足先登，于 1919 年率先开始调查各地农业教育实况，以备于具体推开。[2]

中华职业教育社力图从观念与制度两个层面矫正民初以来甲、乙种农校的办学之弊，显示出职业教育与普通实业教育各自在办学旨趣及培养目标方面的差别。反过来，也说明旧式农业教育在增进农人技能科学化方面并无有效作为，亟待另辟蹊径。黄炎培的思想认知对于职教社的事业方向有着决定性的影响，他认为，中国兴学以来的教育，特别是农业教育，“皆纸片的、书本的，而非实际的”，求学者不谋实事上之应用，于是，学业与事业，分为两橛，永无联合之期。正确的做法是：“一切事业，须从科学上解决；而一切学问，须从事实上研究。”[3]

他将此衍生为“科学化”与“平民化”的结合，并谓此为“新教育”之特色。中华职教社“高唱职业教育的动机”，旨在“科学解决”社会实际问题，“无论中国外国都起于承认科学，用科学解决，百业有进步；不用科学解决，便无进步。外国用科学较早，

---

〔1〕《中华农学会章程》,《中华农林会报》1920 年 9 月第 10 集，第 26 页。
〔2〕《十六年来之中华职业教育社》，中华职业教育社 1933 年印行，第 23、73、79 页。
〔3〕 中国社会科学院近代史研究所整理：《黄炎培日记》第 1 卷，第 148、243 页。

占了先着；中国落后，就〔因〕为不早用科学”。放眼欧洲历史，“盖十八世纪欧洲工业革命，为最近全世界一种最大的变化。因此动机，而愈感科学的权威，有不可一世的倾向。所以，关于物质的问题，皆将用科学解决；关于人事的问题，皆将用科学方法解决；而教育不啻为扩大科学运动的先声”。职业教育“欲与两者成连锁的形势，就是一方要用科学来解决职业教育问题，一方要用职业教育解决平民问题”。具体落实到农业，就是“农艺化学和农业应用科学问题”。[1]

1917年5月，黄炎培、袁希涛、沈恩孚、蒋梦麟、郭秉文、庄俞等人，联合教育界及实业界名流，发起中华职业教育社。[2] 黄炎培、袁希涛、沈恩孚、郭秉文等人，均为江苏省教育会要员。邹秉文、袁希洛一度担任该社董事、议事员。为切实推进科学与农业相结合，中华职教社筹备成立农业教育研究会，并阐述理由：

> 吾人业农者，居百分之八十五，国内外之贸易物，殆几为农产品，如何而施行一种教育，使业此者能应用新知识及发明，以改良品质，增进产量，因而以致全国农业之发达，农民生计之充裕。使此希望而可满足者，则三万万同胞生计问题，及各国最重大之实业，均得有圆满之解决矣！故办理职业教育，尤以农为重要。本会既确认农业的职业教育，关于吾国前途之巨，故欲竭其全力，以图鼓吹提倡之方。[3]

---

〔1〕黄炎培：《我来整理整理职业教育的理论和方法》，中华职业教育社编：《黄炎培教育文集》第2卷，北京：中国文史出版社1994年，第449—451页。

〔2〕《中华职业教育社之过去与现在》，《晨报》1921年9月15日第6版。

〔3〕《农业教育研究会报告》，《晨报》1921年9月20日第6版。

1920年10月4日，黄炎培、郭秉文、邹秉文、王舜成、沈素生、李敏孚、沈恩孚、郑云卿发起“中华职业教育社农业教育研究会”，推定邹秉文为主任，杜以芬、过探先、盛梦生、唐昌治、林侠农、袁俶畲、陈凤文、储雄伯、原颂周、潘子英、葛敬中、季子峰、杨喆甫、张镠等为委员；公推邹秉文、王舜成就近调查乙种农校状况。随后，二人共同起草《宣言书》，通告全国农业教育机关。[1]1921年年初，在黄炎培主持下，此会公开征求农业教育改进意见，包括农业专门学校，甲、乙种农业学校各自立学宗旨、课程设置办法和能否实现其宗旨及理由，[2]拟就高等、中等及初等农业教育计划，并酝酿实施。[3]

从以上名单看，参与者绝大多数是中华农学会会员，邹秉文、王舜成为骨干成员。盖受中华职教社影响，同年9月，中华农学会第四届年会议决于本年寒假举行农业教育研究会。王舜成、唐志才积极与各学术团体联络，拟定每年4月开讨论会，研究实际问题，发行“农业教育研究专刊”。[4]

上海是中华农学会与中华职业教育社等知识社团活动的大本营，引领全国农业教育改革，与北京呈南北呼应之势。1921年12月，新教育共进社、新教育编辑社、实际教育调查社合并，以“教

---

〔1〕《第一次会议记录》，《教育与职业》1920年第11期，第1—2页。

〔2〕《本社农业教育研究会征求农业教育意见之问题》，《教育与职业》1921年第1期，第1页。

〔3〕高等农业教育：全国北部、中部及南部设立3所农科大学，此后推广至每省1所，下设研究、教授与推广部，造成专门人才，负责解决所在区域农业问题；中等农业教育：暂不设中等农校，由高等教育机关创立农业短期讲习会，招收甲种农校毕业生；初等农业教育：设立如乡村农校般学校，或在农事试验场设讲习会，抑或在普通国民学校设农科。《农业教育研究会报告》，《晨报》1921年9月20日第6版。

〔4〕《第四年度纪要》，《中华农学会报》第3卷第1号，1921年10月，第134页。

育的科学研究”与“科学教育的改善”为口号，在北京创立中华教育改进社，专设“农业教育委员会”，进行调查研究。[1]中华职业教育社、江苏省教育会相继加入为“机关会员”，中华农学会会员许璇、李寅恭、金榜正、郭葆琳、徐廷瑚、邹秉文、葛敬中、谢家声等加入为“个人会员”，并起主导作用。随着关注重心转向乡村教育，“农业教育委员会”不久易名为“乡村教育委员会”，葛敬中任主任，谢家声列为四位委员之一。至此，南北知识界社团基本合流，他们趁全国学制改革思潮勃兴之机，积极谋划参与范围更为广阔的组织联合，促成体制的革新。

综合考量，代表当时教育界新动向的两个外部因素的影响非常关键。其一，以美国麻省农科大学校长兼世界农学会会长白特斐为代表的外籍人士来华及其言论；其二，学制改革浪潮高涨，全国教育联合会制定“学制系统草案”。二者因缘际会，促成各社团由分立到结盟，共同探究农业教育症结，制订并实施改进计划。

白特斐为美国农学大家，素以倡导农学专家下乡“深知而躬行”闻名于世。[2]1921年，他以“英美调查中国教育团”成员身份来华，考察中国农业教育状况，国内农学界借才域外，渴望其为农业教育的改进提供一个有效方案。中华农学会负责具体接待事宜，10月18日，唐昌治在金陵大学农科约见白特斐，双方探讨了中国农业及农业教育问题，推进中外农学交流机制化。[3]他半年多走访调查10余省，广与教育界同人探讨，撰成《改进中国农业与农业教育意见

〔1〕朱有瓛等编:《中国近代教育史资料汇编·教育行政机构及教育团体》，上海：上海教育出版社1993年，第549页。

〔2〕杨铨:《东美中国学生会十龄纪念夏会记事》，《留美学生季报》1914年冬第4号。

〔3〕《本会第五年度会务报告》，《中华农学会报》第3卷第9号，1922年6月，第74页。

书》，就中国农业及农业教育问题，提出一系列真知灼见。[1]此文由中华农学会会员傅焕光译成中文，在南北多家报刊连载，引起社会广泛关注。通观全篇，白氏主要围绕“组织”和“教育”两个中心展开，且互为联系，不可分割。在组织层面，他积极倡导建设现代的“农夫社会”。为此，需要“联合政府中之行政及教育机关，与社会中之商会、铁路协会及其他重要会社为一强有力之组织”，即“农业讨论会”，作为“解决中国农业问题之总机关”，以与“农夫社会”相配合。具体而言，联合政府、农会、教育会、商会代表及个人留心农业者，协力订定各种农业改良计划，妥筹实施方法，再在各地实行。[2]

在教育层面，侧重从组织与教育的关系切入，强调农业“资用科学”的必要性和重要性。如其谓：“以解决农业及农村生活问题，盖教育诚为凡百事业之根本。倘无智识充裕，及经验宏富之指导员，则虽欲组织良好之机关，何从组织之方。今世界各国均注意资用科学，中国欲农业之进步，何能遗此？”[3]他以为，从学制入手解决农业教育问题须具备以下基本条件：凡乡村儿童所受义务教育，须与城市儿童所受程度相等；训练农业领袖，使其愿为农民解决问题；以研究及试验手段，取得各种新知识、新方法；教育成年农民，学习最新农业方法，实行“农业组合”。[4]在此要件基础上，他为中国拟就“农业教育大纲及其进行程序”，如将此

〔1〕傅焕光：《第一届全国农业讨论会记实》，《中华农学会报》第3卷第11号，1922年8月，第64页。

〔2〕白特斐：《改进中国农业与农业教育意见书》，《安徽教育月刊》1922年6月第54期，第14—15页。

〔3〕白特斐：《改进中国农业教育意见书(续)》，《大公报》1922年8月31日第3张第2版。

〔4〕白特斐：《改进中国农业教育意见书(续)》，《大公报》1922年9月1、2日第3张第2版。

后中华农学会等团体制定的类似方案与此相比较，发现二者多有雷同之处，与其说白氏意见书在国内教育和知识界产生了较大影响力，毋宁说是它的忠实追随者。

中华农学会等的相关思想与活动，表达了知识界改革教育体制的集体诉求。民元以来，学制改革的呼声随着知识界集团力量兴起变得愈发强烈。1914年，直隶教育会首倡由各省教育会及特别行政区域教育会组成全国教育会联合会。[1]各省教育会予以响应，并于次年4月在天津召开第一次年会，湖南教育会提出改革学制系统议案，因分歧过大未予表决。此后几年，陆续又有相关议案提出。[2]1919年，第五次大会召开时，浙江省教育会提出师范教育改革案，议决"请分区设国立农业专门学校案"。[3]1920年第六次大会时，安徽、奉天、云南、福建等省再提改革学制系统案，会议决定请各省、区教育会组织"学制系统研究会"，研究结果制成议案。1921年10月27日，第七届联合会在广州召开，广东、黑龙江、甘肃、浙江、奉天、云南、江西、湖南、山西、直隶等省代表，提出11个学制系统改革议案，大会以"广东案"为主，吸收其他方案部分内容，推出"学制系统草案"，同时决定拟订各级课程草案及实施方法。[4]值得注意的是，此会尽管由北方学人发起，而江苏省教育会很快跃居领导者地位，直接主导第七届及此后几届年

〔1〕《直隶教育会致各省教育会公函》，朱有瓛等编：《中国近代教育史资料汇编·教育行政机构及教育团体》，第198页。

〔2〕《全国教育会联合会第一次开会纪略（天津）》，《中国近代教育史资料汇编·教育行政机构及教育团体》，第202页。

〔3〕《全国教育会联合会（第五次）议决案》，《中国近代教育史资料汇编·教育行政机构及教育团体》，第226页。

〔4〕《中国近代教育史资料汇编·教育行政机构及教育团体》，第240—244页。

会。12 月 8 日，黄炎培又连续召集新学制讨论会、农业教育研究会，研究具体实施办法。[1]

“学制系统草案”空前颠覆了旧有制度，一经公布，立即引起各界的极大关注。中华农学会迅速做出反应：其一，发表关于“学制系统草案”建言，对案件施加影响。王舜成等人编成《农业教育专刊》，于 1922 年 5 月出刊，[2] 粤省会员欧华清、沈鹏飞分别发表《根本改造中国农业教育制度的商榷》[3]《我国高等林业教育课程之商榷》[4] 等文章。其二，加入新学制学程研究会。是年 7 月，江苏省教育界展开具体实施计划，筹备组织新学制学程研究会，邀集各科专家草拟各科教材、各学程所需大纲标准，陈嵘、葛敬中、顾复等人被推举为分科委员。[5] 其三，与中华职教社、中华教育改进社联合发起全国农业讨论会。先由邹秉文、袁希洛、王舜成与黄炎培、袁希涛等沟通中华农学会与中华职教社的农业教育研究会，然后联合中华教育改进社，共同促成会议召开。换言之，探讨农业以及农业教育问题的全国农业讨论会，是在国内教育界联合助推下举行的。白特斐本为此论调的始作俑者，学制运动风起云涌则对其见诸实事起了推波助澜作用。因此有称：“前因美国农业博士白特斐，来华考察农业，建议吾国宜组织农业讨论会，著为专书。因是，中华职业教育社暨中华农学会深韪其言。”[6] 此外，

〔1〕 中国社会科学院近代史研究所整理：《黄炎培日记》第 2 卷，第 131 页。

〔2〕《农业教育专刊》，《中华农学会报》第 3 卷第 8 号，1922 年 5 月。

〔3〕 欧华清：《根本改造中国农业教育制度的商榷》，《广东农林季刊》第 1 卷第 2 期，1923 年 4 月，第 9 页。

〔4〕 沈鹏飞：《我国高等林业教育课程之商榷》，《广东农林季刊》第 1 卷第 3 期，1923 年 8 月，第 15 页。

〔5〕《本会第五年度会务报告》，《中华农学会报》第 3 卷第 9 号，1922 年 6 月，第 79 页。

〔6〕《全国农业讨论会请派员赴会》，《天津益世报》1922 年 6 月 16 日第 3 张第 11 版。

正如邹秉文所指“社会之大觉悟”与“农林界之大觉悟”，认识到农业为“国家富强之根本要图”是为内在动力源泉。[1]

中华农学会之意，固然想将各派意见“归于一致”，找到一套破解农业难题的具体方案，但更意在敦促当局切实解决制约农业发展的“瓶颈”问题。1922 年 5 月 19 日，中华农学会、中华职教社的农业教育研究会在上海中华职业学校讨论实施全国农业教育计划大纲及筹划经费办法，决定联合中华教育改进社，发起全国农业讨论会商讨农业上一切重大问题，由邹秉文、陶行知、王舜成、郭葆琳、唐昌治等分途筹备。[2]为确保会议按时顺利举行，中华农学会等团体推举张謇为名誉会长，借以扩大社会影响力；派遣会员分赴各地大力宣传，王舜成、唐昌治赴沪杭，郭葆琳赴京津，邹秉文赴皖、鄂、豫、直等地；[3]又在各地报章刊发《发起全国农业讨论会宣言》，阐发大会宗旨，营造社会舆论。[4]

7 月 4 日，全国农业讨论会在济南山东省教育会举行成立大会暨第一届讨论会。出席大会的全国各界代表共计 17 省约 207 人，包括各省教育厅、实业厅、教育会、农会、农校、农场代表，以及农商部代表陶昌善、钱䅳孙、章祖纯、唐有恒，交通部代表刘式训，张謇代表周百朋，梁启超、张仲仁、袁希涛等政要与名流。[5]大会虽然体现出较为广泛的社会参与性，但以黄炎培为代表的教育

---

〔1〕《全国农业讨论会之茶话会》，《天津益世报》1922 年 7 月 3 日第 2 张第 7 版。

〔2〕《中华教育改进社组织系统图》，《中国近代教育史资料汇编·教育行政机构及教育团体》，第 549 页。

〔3〕傅焕光：《第一届全国农业讨论会记实》，《中华农学会报》第 3 卷第 11 号，1922 年 8 月，第 65 页。

〔4〕《发起全国农业讨论会宣言》，《安徽教育月刊》1922 年第 54 期，第 10—14 页。

〔5〕《农事新闻》，《中华农学会报》第 7 卷第 10 号，1922 年 5 月，第 78 页。

界人士居于主导地位。他在开幕词中阐明："我国向以农立国，何以农业之不能改良，盖半由于教育上无研究之缺点，今组织此会，即可讨论农业教育如何改进，农事试验用如何之科学方法以促成之。鄙人对于农业，虽无研究，然对于农业教育颇加注意，曾行调查全国之农业学校百分之七十六设在都市，故农业教育无确切的研究可知矣！今日聚全国人士于一堂，对于农业教育、农业科学有一确切之讨论，明日即可有决心之实行，此本会所以组织之宗旨也！"这番话为会议定下主题与基调，也就是以探讨农业教育为中心。与会者又以教育界人士为主体，各省教育会会员尤多，故被视为"纯为教育改进年会之副产品"。[1]

会议所涉农业议题十分广泛，在102件相关案件中，计有农业行政41件，农业试验改良22件，农业教育21件，农业意见书14件，包括会后收到的"职业的农业教育"3件、农田水利1件。数量不是最多的农业教育议案却成为中心议题，充分说明"教育"与"农业"之关系或农业教育问题已引起知识界广泛关注。按照会务日程安排，依次讨论农业教育、农业试验改良和农业行政及其他各议案；上午讨论并表决结果，午后开审查会，分组审查。农业教育议案放在首日讨论，会议由邹秉文主持，内容涉及高等、中等和初等农业教育，诸如分划大学区、筹办农科大学、农村学校改造等；[2]审查会由王舜成主持，举出11位审查员，均系农业学校校长。会员对此不仅存有狐疑，而且颇有异议，后邹秉文提议由与会者自由签名，选举产生，争议方告平息。时任河北省立

〔1〕邓宗岱：《农业代表之旅济日记》，《天津益世报》1922年8月29日第3张第11版。

〔2〕傅焕光：《第一届全国农业讨论会记实》，《中华农学会报》第3卷第11期，1922年8月，第66页。

农事试验场场长邓宗岱对此情况记录颇详：

表 2-8 全国农业讨论会农业教育议案审议情形一览表[1]

议案名称	序号	讨论表决情况	审查情况
农业学校均须设立蚕事案	1	议决，交付审查	所有交付审查议案，均通过
农科大学内宜设造庭园艺科案	2	议决，大学农科内，即应有此系，不必专案成立	
变更甲种农校办法案	3	议决，交付审查	
大学内宜设水产专科，以为甲种学校毕业生升转之地案	4	议决，不成立	
发展农业尚便学者与农业社会接近案	5	议决通过，交审查通过	
改造全国乙种农业学校，普及农科教育并先设模范乡村学校案	6	议决，交付审查	
各省已设之农业专门学校请改为农科大学案	7	议决，交付审查修正	
实施全国农业教育计划大纲及筹划经费办法案	8	议决，交付审查	
农校应一律设冬季选科夜校案	9	议决，交付审查修正	
请赞助北京农业专门学校改为农科大学案	10	议决通过，实行赞助	
女校加授蚕学，提请公决案	11	议决女校二字下加“酌量情形”四字，通过	

〔1〕 邓宗岱:《旅济日记》,《天津益世报》1922 年 9 月 5 日第 3 张第 11 版；9 月 6 日第 3 张第 10 版。

续表

议案名称	序号	讨论表决情况	审查情况
派去赴菲留学森林案	12	议决，交付审查	所有交付审查议案，均通过
农村学校改造案	13	议决通过	
指导农事定为各区教育机关专责案	14	议决通过	
改造乙种农校普及农村教育并先设农村模范学校案	15	议决通过	

其中，第7、10号案最受关注，可合并为农专改大学问题。在会议召开前夕，全国已经掀起声势浩大的“专门改大学”运动。应该说，这场运动席卷南北也是事出有因。蔡元培早于1917年1月27日在国立高等学校校务讨论会上，提出大学改制议案：大学专设文、理二科，法、医、农、工、商五科，别为独立之大学，名为法科大学、医科大学等，[1]不啻为“改大”之先声。教育部原则上同意蔡元培之方案，9月27日发布的《修正大学令》规定：“设二科以上者，得称为大学，其单设一科者，称为专科大学”，但未付诸实施。[2]1919年全国教育联合会第五次大会反其道而行，议决“请分区设国立农业专门学校案”，招致坚决反对，诸如邹秉文等留美人士皆力主按照美国学制改革农业专门学校。[3]

全国的农业专门学校大都认为，“专科大学”既经教育部确认就应名实相符，将“农业专门”改为“农业大学”，热情高涨之师

〔1〕蔡元培：《大学改制之事实及理由》，《新青年》第3卷第6号，1917年8月，第1页。

〔2〕潘懋元、刘海峰编：《中国近代教育史资料汇编·高等教育》，上海：上海教育出版社1993年，第372—373页。

〔3〕邹秉文：《改进吾国农业专门学校办法之商榷》，《时报》1920年8月27日、9月3日第3张第8版。

生成为“改大”的急先锋。11月21日，北京农业专门学校成立“大学促进会”，学生领袖胡子昂为会长，以驱逐校长吴宗栻推进“改大”进程。[1]他们发表《国立北京农业专门学校全体学生请改建本校为农业大学理由书》，力陈改办大学的理由及可行性，在京津地区宣传并动员社会力量助阵。经胡子昂、尹聘三等奔走联络，梁启超、严修、张伯苓等社会名流明确表示支持。[2]此事牵一发而动全身，不仅涉及教育界新一轮人事变动与利益再分配，也牵扯朝野竞争态势移易。故而，相比各专门学校的急迫心态，教育部态度淡然，并以经费短缺虚与委蛇，致使运动难有实质性推进。学生对政府渐失耐心，手段亦由平和而激进，不惜鼓动风潮，迫当局就范，强烈要求“更换校长”。[3]

1921年广州年会推倒前案[4]，所通过的“学制系统草案”，对于大学“相对取义”，“设单科者亦得以大学称之，不限定集合某某等科而始成”。[5]这无异于认同蔡元培方案，而且直接影响次年由教育部召集的全国学制会议，所以，由其折中各案形成的“学校系统改革案”，以及由江苏省教育会主导的全国教育会联合会第八届年会的决议案，尽管表述各有其异，但基本上继承了此前精神。后者谓：“大学校设数科，或一科，均可；其单设一科者称某科大学校。”[6]可见，朝野大体形成“单科（或某科）大学”共识，故

〔1〕《农专之大学运动》，《晨报》1920年11月22日第3版。

〔2〕《农专改组大学之赞成声》，《晨报》1921年1月23日第6版。

〔3〕《农专亦发生风潮》，《晨报》1922年10月24日第6版。

〔4〕全国教育联合会第五次大会，曾议决“请分区设国立农业专门学校案”。

〔5〕《学制系统草案》，《中国近代教育史资料汇编·学制演变》，上海：上海教育出版社1991年，第863页。

〔6〕胡适：《记第八届全国教育会联合会讨论新学制的经过》，姜义华编：《胡适学术文集·教育》，第241页。

有言："是项新学制，旧设专门学校与新制单科大学无甚区别，于是引起专门学校升格运动，而大学于是滋多焉。"[1]在学制运动推动下，海内外赞成"改大"的舆论连成一气，如山东、湖北等省教育会、黑龙江实业厅等，还有日本鹿儿岛高等农林学校等的海外留学生相继通电驰援。[2]

尽管相关各方在"改大"立场上大体趋于一致，但在落实的细部上仍有分歧。值此全国农业讨论会的态度和立场显得十分重要，因此成为各方竞相争取的对象。譬如，胡子昂等人恳切请求大会援手，另有教育部人士也试图施加影响。农业讨论会左右权衡，最终决定因应全国形势和学生诉求，通过"全国应设立农科大学八处案"与"全国农业专门学校应酌量情形改为大学案"，[3]认为："北京农专，民国元年本为国立农科大学，农林场三千余亩，规模宏大，设备尚称完全，以之改办大学，实有驾轻就熟之益，旷观全国农林人才之缺乏如此，极应将该校提高程度，改办大学。"同时，电函教育总长："昨大会议决北京农专应改为农科大学，用敢电达务乞俯准照办，以崇教育而重公论。"[4]此举直接促成教育部于10月底允准北京农业专门学校升格为国立北京农业大学，并导致其学术建制由日本模式转向美国化。

大会通过的议案均是涉及农业和农业教育改进的重要议题，如何由"纸面"见诸"实事"，对于知识界努力的成败具有决定性

〔1〕教育部中国教育年鉴编审委员会编：《第一次中国教育年鉴·教育概况》，上海：开明书店1934年，第142页。
〔2〕《农专改组大学之赞成声》，《晨报》1921年1月23日第6版。
〔3〕《国立北京农业专门学校全体学生请改建本校为农业大学理由书》，《中华农学会报》第3卷第12号，1922年9月，第92页。
〔4〕《农事新闻》，《中华农学会报》第3卷第10号，1922年5月，第80页。

意义。按照此会执行部章程，组织执行委员会，负责修订会章，筹划经费，督促实施所通过各项议案，补助或指导各地农业教育及农事设施的改进等。执行委员会事务所附设于中华农学会总事务所，选举邹秉文、郭葆琳、金邦正、陶昌善、王舜成、唐昌治、许璇、唐有恒、何尚平、赵煊、张恺11人为委员，邹秉文为主任。[1]可见，各团体对于农业教育改革并未停留于言论鼓动，更意在将其落实到实际行动，乃至制度层面，不啻为“正对当时的弊病下的猛药”。[2]

总之，全国农业讨论会集中反映了知识界及其新兴团体变革农业教育体制的集体诉求与行动，在全国范围引起不小反响，亦对后来农业教育的走向产生深刻影响。因而，邹秉文总结自经此次提倡鼓吹，农业教育“已渐知其本身责任”，“应为农业与农民努力”，非仅以“毕业生人数为一种之成绩”，并渐入为“有改进农业教育时期”。[3]进而言之，民初农业教育典范整体由日本转向美国，以及中央政府于1922年年底颁布“壬戌学制”，最终将新农业教育思想落实于制度安排，均与知识界社团的结盟和集体努力有着重要关联。

三　承继与调适：对改革学制诸案的因应

全国教育会联合会“学制系统草案”公布后，朝野反应不一，显示了学制改革的多极化走向。教育部出于维护中央教育行政最

---

〔1〕傅焕光：《第一届全国农业讨论会记实》，《中华农学会报》第3卷第11号，1922年8月，第68—70页。

〔2〕胡颂平：《胡适之先生年谱长编初稿》第1册，台北：联经出版事业公司1984年，第305页。

〔3〕邹秉文：《中国农业教育最近状况》，《农学》第1卷第7期，1924年8月，第3页。

高权威出台新案，但毕竟不能摆脱前者影响，转取折中调和主义，颁布“壬戌学制”。中华农学会等利用学制改革之机，建言立论，施加影响，重新树立农业教育的宗旨与样式，以为农业改良和发展开先路。

在南北分治的情势下，教育部无暇亦无力整合全国教育资源，失去学制改革主导权乃势所必然；民间知识团体乘机攫取地方教育主导权，结势以与中央相颉颃。以“学制系统草案”出炉为标志，朝野之间的角力由幕后移至台前。其实，全国教育会联合会决定召开第六次年会时发出邀请，“请部派专员发表关于学制之意见”。[1]对教育部而言，参会无疑确认对方主导、自为配角，权衡左右，未予出席。全国教育联合会形成的“学制系统草案”亦未告知教育部。理由是：其一，“议决之结果有通函各省区教育会者，有通函各省区行政机关者，有函驻外公使者，有发布宣言书者，有函书肆者，有函北京总税务司、银行分会，及整理外债委员会者，而独无陈请政府施行之文件”，并言“抱研究态度，多留实施机关以讨论斟酌余地”，教育部不在此列。[2]其二，施行方法上，“第一步之进行方法，由事务所通函各省区教育会、各高等教育机关，征求意见……并声明请集各教育机关代表及教育行政机关代表组织讨论会，详尽讨论，期得适当妥洽之结果。事务所同时并将本草案函寄全国各报馆、各教育杂志社，请其披露，并征其意见。其第二步之进行方法，如各省区认为可行，应各邀集相当人员，拟订各级课程草案及实施方法，提出于下届联合会。届

〔1〕朱有瓛主编：《中国近代教育史资料汇编·教育行政机构及教育团体》，第240页。
〔2〕同上书，第239页。

时酌量添推各项专家，同赴会，将课程草案分别讨论”，最后指定某校实地试验。[1]从整个过程可见，全国教育会联合会均绕过教育部，自唱独角戏，终于引发对方不满。

教育部即在全国教育会联合会第八次年会前，邀集各省及特别区教育行政机关、教育会代表，国立专门以上学校校长，以及教育总长延聘人员等，召开全国学制会议予以反制，各省反应冷淡，附和者甚少。[2]开会期延至1922年9月20日，报名者仅98人，实到58人。[3]会议形成了“学校系统改革案”。10月11日，教育部派陈容、胡家凤携案赴济南，将此案提交全国教育会联合会第八次年会。教育部本想维持原案，至少不大改。孰料，对方趁机发难，会员情绪激昂，攻击教育部，几乎使场面失控。胡适倡导调和主义，会同姚金绅等从中周旋，最后以广州案和学制会议案为底本，草就修正案，[4]几易其稿，方经表决通过。[5]实际上，此

---

〔1〕《中国近代教育史资料汇编·教育行政机构及教育团体》，第244页。

〔2〕据称，此次会议“本是因为去年广州第七届全国教育联合会的新学制草案而召集的，但部里的人偏要打官话，只提民国元年的教育会议，而绝不提及广州的大会议决案。这一层已很引起了许多会员的恶感”，而遭抵制。胡适：《记第八届全国教育会联合会讨论新学制的经过》，曹伯言整理：《胡适日记全编》（三），合肥：安徽教育出版社2001年，第840页。

〔3〕《教育部召集之学制会议及其议决案》，《教育杂志》第14卷第10号，1922年，第1页。《申报》刊载《学制会议之经过》记载出席会议的约80人，不包括广东、贵州和新疆三省代表，其中不少代表虽未出席开会式，却参加了后几日讨论（《中国近代教育史资料汇编·教育行政机构及教育团体》，第983页）。另有记录参会代表为98人。陶行知：《教育部学制会议经过情形》，华中师范学院教育科学研究所主编：《陶行知全集》第1卷，长沙：湖南教育出版社1984年，第303页。

〔4〕胡适在1922年10月12日记述当时情景：“我们细谈昨日会场的形势，觉得教育部希望我们不更动学制会议的议决案，那是不可能的了。”曹伯言整理：《胡适日记全编》（三），第827—828页。

〔5〕胡适：《记第八届全国教育会联合会讨论新学制的经过》，曹伯言整理：《胡适日记全编》（三），第841—843页。

案只对“学制系统草案”部分修改，保留大体，所以两案出入并不大。[1]表明位居中枢的教育部不愿听命并受制于民间社团以及地方挟持，但在对方日益占据舆论高峰之时，顺势而为反是可取之道。11月1日，徐世昌以大总统令公布《学校系统改革案》，定为“新学制”，亦称“壬戌学制”。

中华农学会借与江苏省教育会沟通合作，对学制改革施加影响。广州案出台后，邹秉文规划未来新学制下农业教育蓝图，亦即全国农业讨论会通过的“实施全国农业教育计划大纲及筹划经费办法案”蓝本。[2]它以贯彻美国学制为核心，将广州案中农业教育层级具体化。与此同时，过探先、王舜成、郭葆琳、唐昌治、唐志才、顾复等人各就农业教育改革发表意见，综其大体，其核心精神与整体架构趋同性明显，均主张以美国学制为基准改进中国农业教育，留日与留美人士观点相当接近。邹秉文融会各人意见，草成《实施全国农业教育计划大纲及筹划经费办法》(简称《大纲》)，提交中华农学会、中华职业教育社联合召开的农业教育研究会适当调整后，作为“实施全国农业教育计划大纲及筹划经费办法案”，提请全国农业讨论会审议通过。总体看，全文提纲挈领，文字简约，将各人观点和最后订定的《大纲》以及朝野各方主张和方案，纵横比较分析，可显现相关思想的源流及变化。

时人认定既有教育制度脱离实际、规定僵化，建立符合本国实情且富有弹性的制度呼之欲出，尤为留美人士鼓吹。广州案中

〔1〕《学制会议之经过》，璩鑫圭、唐良炎编：《中国近代教育史资料汇编·学制演变》，第983页。

〔2〕邹秉文：《吾国新学制与此后之农业教育》，《农业丛刊》第1卷第2期，1922年4月，第2—10页。

等教育采取“纵横活动主义”，顺应时趋，多为人首肯。胡适在全国学制会议前放言，学制由“硬性的变成有弹性的”是一大解放，似在提示广州案已是既成事实，应在此新学制基点上关注课程设置、中学部分。〔1〕这两点正是广州案没有做或者没有做好的部分。此外，诸如高级中学设科表述笼统模糊〔2〕、甲乙种实业学校没有具体改进规定等均引发争议。〔3〕1922年2月，蔡元培提出将乙种实业学校并入小学二年级，甲种实业学校并入高级中学。〔4〕中华农学会历来重视初等、中等农业教育，并视其为农业改良和农村建设的基础工作。

中等农业教育与甲种农校之改革方案及办法

陈宰均认为甲种农校“非驴非马”，实可“裁去不设”。〔5〕类似观点合于主流意见，但众人的设计各有不同。邹秉文赞同将其改为高级中学，以发展中等农业教育，培养农村小学师资，担负农业推广工作。具体言之：专门造就所在区域农村小学农业教员及所在区域农村农业指导员，还特为强调，学校造就何种农业教员及指导员，应视所在区域农业情形及大学或其他研究机关能否供给适当教材为定；认定某区域为特别注意及服务之所，调查其农民及农业情形，确立发达改良该部农业计划，并实行之，派员

〔1〕胡适：《教育部召集的学制会议》，姜义华主编：《胡适学术文集·教育》，第233页。

〔2〕按照广州案，甲种农校自应改为农科高级中学，但无具体表述。

〔3〕李桂林编：《中国现代教育史教学参考资料》，第241页。

〔4〕蔡元培：《全国教育会联合会议决之学制系统草案评》，高平叔编：《蔡元培全集》第4卷，北京：中华书局1984年，第170页。

〔5〕陈宰均：《中国农业革命论》，《东方杂志》第18卷第24号，1921年12月25日，第22页。

下乡演讲农事改良或组织农产品赛会；与省内农业机关联络互助，共为农民谋幸福；可将有成绩的乡村农业教育改为乡村师范学校，以造就农村小学师资。[1]与此相类，唐志才认为中等农业学校以高级中学为“最善”，宜与省立农事试验场合办，设置农村教员养成科与实科，以造成乡村学校教员与实际农业指导人才。[2]过探先同意将其改为农科高级中学，设立“三部”：第一部为预备“升学”学生；第二部为预备“做乡村教员”学生；第三部为毕业后预备“做事”学生。他主张在教课之外，应负农业推广之责，与邹氏观点无异；所不同的是，学校与农事试验场联络合作，以使推广工作有的放矢。总体看，“三部”说较邹秉文之主张，其功能设置多样且全面。[3]

顾复言论与过探先观点颇契合，主张其改为农业高中后，以初级中学毕业生为生源，培养农村中坚人物、乡村小学教员、试验场下级技师、县乡农会办事员、农业推广人员，亦可升读农业专门学校及农科大学。[4]但唐昌治指出，时人对农科高中学生并不预备升学，基本已成“确定之论”。但他认同过探先之论，确定未来新制下农业高中功能极为繁多。[5]如此安排使得农业高中又有

---

〔1〕邹秉文：《吾国新学制与此后之农业教育》，《农业丛刊》第1卷第2期，1922年4月，第7—8页。

〔2〕唐志才：《新学制与农业教育》，《中华农学会报》第3卷第8号，1922年5月，第19页。

〔3〕过探先：《讨论农业教育意见书》，《中华农学会报》第3卷第8号，1922年5月，第15页。

〔4〕顾复：《改进吾国农业教育之商榷》，《中华农学会报》第3卷第8号，1922年5月，第24页。

〔5〕唐昌治：《新学制实行后对于现行甲乙种农业教育制度之改进》，《中华农学会报》第3卷第8号，1922年5月，第42页。

变为农科大学或农业专门预备之虞，混淆普通科与职业科的区分。甲种农校设科漫无边际，滋生流弊；功能设置过多，且将升学与教授、推广合而为一，不仅难以统筹兼顾，而且彼此多生龃龉。当时主流倾向以功能定学校，即先有需求后立学校，将升学任务归入普通科，将农、工、商等设为职业科。至于职业学校开设普通科，不过基础知识教育而已。过探先、顾复等人持论，似与当时改革主潮不合。

而且，众人对广州案中等教育中职业部分亦有异议。原案定有三种职业科，可相应设立三种中等农业学校，即一年期、二年期、三年期的完全农业科；渐减普通、渐增职业的四年期、五年期农业科；完足三年普通、继续三年农业科的农业科。过探先建议不办前两种，而主张后一种，即"三三制"，如其办理得当，则办法尚佳。[1]唐昌治亦认为，第一种模式"决不适用于农业职业科"，"三三制""方合于农业高级中学"，主要因为科目繁杂，"绝非单纯及短少时间所能收效"。[2]顾复也极认同"三三制"，但可缩短为一二年。

初等农业教育与乙种农校之改革方案及办法

众人对乙种农校的去留及改革方向分歧极大。[3]陈宰均认为，此为"传布农业知识，养成良善农夫"的初级机关，不仅应以保留，

---

〔1〕过探先：《对于新学制草案职业教育农科一部分的意见》，《教育与职业》1921年第9期，第42页。

〔2〕唐昌治：《农业教育与新学制之商榷》，《中华农学会报》第3卷第8号，1922年5月，第16页。

〔3〕白特斐主张，农家子弟的农业教育，愈迟愈佳，如为职业教育计，无须设立特殊农业小学。

且“数当大增”，唯其内容与课程须改革，并将其移设乡间以致用实际。[1] 当时“取消论”占据上风。邹秉文认为，初等农业教育机关为当时条件下施行农业职业教育的唯一机关，地位极为重要，但乙种农校办法不良，改良办法是：取消乙种农校之类专门学校，在乡村小学增设农业教员 1 人；为施行农业职业教育起见，如赋予乡村小学农业的职业教育功能，新学制中应在初等教育项下说明：乡村小学不论何年均可增加农业学程；儿童入学年龄应在 10 岁以上，附设农业补习学校。全省乡村农业教育应由农科大学负责，根据农业调查及农业门类，将全省农村划为若干区，全区乡村小学设立该门类教员；未施行农业教育前，须先筹备教材与师资，前者由专家研究发明，后者由大学专科或中等农业学校造就。乡村农业教员应为大学农业推广部部员之一，担任农业教课外，指导当地农民改良农业。大学对于全省乡村农业教员应负指导辅助之责。[2] 郭葆琳赞成广州案规定在小学课程第四年后，斟酌地方情形，增置职业准备之教育，聘高专或农业中学毕业生一二人专教农业课程；为农业职业教育计，将乙种农校改为小学校；农业补习教育附设小学内。[3]

颇为不同的是，过探先强调乙种农校立校目的不是造就“新式的农夫”，而是一般有知识的人，因为，谋农业发展、农民福利，最应当注意的是“教育农家子弟”。所以，应多设乡村学校，传授农家子弟普通天然学和农业知识；将乙种农校改为农业补习学校，

---

〔1〕陈宰均：《中国农业革命论》，《东方杂志》第 18 卷第 24 号，1921 年 12 月 25 日，第 22 页。

〔2〕邹秉文：《吾国新学制与此后之农业教育》，《农业丛刊》第 1 卷第 2 期，1922 年 4 月，第 8—9 页。

〔3〕郭葆琳：《对于农业教育之意见》，《中华农学会报》第 3 卷第 8 号，1922 年 5 月，第 10 页。

以谋农业知识之普及。[1] 其中，多数主张小学之农业科应以“陶冶”性情、灌输基本知识为主，并不主张以职业培训为目的。唐昌治赞同将其改为农村补习学校，但科目不以农科为限，农村自治、卫生、经济及家事均应兼顾；[2] 还强调，为“养成有相当智识之农民”，应一律在小学设农业科，以培养重农观念。[3] 与此相类，唐志才主张在义务学校设立前，急宜设立农夫补习学校，小学添设“陶冶”性质农业科。[4] 顾复的观点颇不同，主张将其改为初级农业中学，招收小学毕业生，以教育中农、小农子弟耕种及改进法。在改设初级农业中学同时，设立高级农业中学，使二者连起来，前二年专教普通科，第三年教博物、化学等科，以便升入农业高中后与专门科学联络，第四年后注意专门科学。[5] 王舜成对新学制关于初等教育的一些僵硬规定不以为然，认为举凡乡村农校、农村补习学校、小学校农业科及农民讲习会等，皆可视为初等农业教育设施，其种类、校数、编制、入学资格与年龄，尽可适应需要，不加限制；凡经营农业而未受教育者，皆有就学机会，不必特设学校，所有乡村小学皆有附设兼办责任。[6]

---

〔1〕过探先:《讨论农业教育意见书》,《中华农学会报》第3卷第8号，1922年5月，第14—15页。

〔2〕唐昌治:《新学制实行后对于现行甲乙种农业教育制度之改进》,《中华农学会报》第3卷第8号，1922年5月，第40页。

〔3〕唐昌治:《农业教育与新学制之商榷》,《中华农学会报》第3卷第8号，1922年5月，第17页。

〔4〕唐志才:《新学制与农业教育》,《中华农学会报》第3卷第8号，1922年5月，第20页。

〔5〕顾复:《对于中等农业教育之意见》,《中华农学会报》第3卷第8号，1922年5月，第25、31页。

〔6〕王舜成:《今后设施农业教育之管见》,《中华农学会报》第3卷第8号，1922年5月，第28页。

高等农业教育改进意见及办法

邹秉文提出高等农业教育改进意见及方案：高等农业教育机关概称大学，唯有专办农科之一部，毕业期限不出3年以上者，概称某种专门学校。大学本科五年毕业，俟中学程度增高后，改为四年，毕业可得农学士学位；农科专门学校毕业，概称某种得业士。另可根据社会需要，办理各种短期讲习科或专科，毕业期限1—3年，毕业后概称某种讲习科或专科得业士。每一科行政组织应分研究、教授和推广三部，科主任之下，每部设有行政专人主其事。全科教授均须就其所长进行一种或多种研究，为农民解决问题。全科各学系中，每系至少1名教授进行农业推广事务。采用选科制，第一、二年多为普通科学、农业基础科学，第三年有少数学分供选择，第四、五年逐渐增加选修学分。每省各设一所完备农科大学，在北京、南京、武昌、成都、广州先行设立。应负责任：制订各省农业发展改良计划，促进实行；解决各省农业上重要问题，协助各省农事试验机关；造成各省所必需农业人才；主持各省农业推广事业，提倡乡村农业教育及农业组合等。

时人颇为鼓吹“分区立系的农业教育”。[1]不同于邹秉文的依省设校，过探先主张将全国分为东、南、西、北、中五部，每部各分若干区，每部设一所农科大学，逐渐扩展为每区一所，均为最高研究农业机关。[2]王舜成类似提议并合数省为一区，每区设一所完备的国立农科大学，每省设一所省立专门学校；大学分部，

〔1〕《黄炎培日记》第2卷，第238页。

〔2〕过探先：《讨论农业教育意见书》，《中华农学会报》第3卷第8号，1922年5月，第16页。

部分学系；专门分科，科有必修和选择之分。同一高等农业教育，一则设部分系，做系统研究，其任务为发明创造；一则设科分必修与选择，完足专科必备知识，做部分研究，其任务为研究改进。[1]但二者亦有差别，过探先主张废止专门，独立逐次发展大学系统；王舜成则主张区、省协调，大学与专门并存，求其相互配合。唐志才服膺白特斐之论，主张大体同于王舜成，有高级大学、初级大学之分，前者为最高学府，以研究纯粹学理为目的，依区域划定创立8所农科大学为高级大学；后者以研究、教授和推广为目的，每省设一所，侧重技术、科学与经济三方面；在边省设置两所拓殖大学，侧重畜牧及“机器农业”，以培养拓殖人才。[2]

最后由邹秉文执笔，以其方案为底本，融会其他会员意见而成的《大纲》，总体反映了中华农学会的主流改革思路。因《大纲》的指导性，故条文内容简约，多为原则性规定，为因地变通实施预留空间。其核心为研究、教育与推广三位一体的农业教育新典范，规定农科大学、农业中学及乡村农业教育三个层级，形成“全国农业教育计划图”，其“最后目的”在于“改良发展全国农业，增进三万万农民之幸福及国家之富力”。[3]其间的损益更动亦可显示各方权衡折中的取舍：

农科大学设立推广部，协助乡村农业教员、农业指导员指导农民改良农业；教授部，造就农业上的研究人才、推广人才、行

〔1〕王舜成：《今后设施农业教育之管见》，《中华农学会报》第3卷第8号，1922年5月，第27页。

〔2〕唐志才：《新学制与农业教育》，《中华农学会报》第3卷第8号，1922年5月，第21页。

〔3〕邹秉文：《实施全国农业教育计划大纲及筹划经费办法》，《中华农学会报》第3卷第8号，1922年5月，第1—6页。

政人才、实用人才，农科大学教授、高级中学农业教员以及其他农业人才；研究部，负责解决各种农业上的困难问题。各分部“联络互助，分工进行”，供给师资与教材。取“大学”与“专门”并存的双轨制，没有反映过探先等人单发展大学一系的思想。[1] 大学功能定位主要吸收邹秉文“教、实联合”思想，未能反映“最高研究农业的机关”，“研究纯粹学理”等以学理研究为核心思想，明确其为“改进发展全国农业之总机关”，既为教育机关，亦为实业机关，故应设立董事会，由教育总长或其代表，农商总长或其代表，大学区各省省长、教育厅厅长、实业厅厅长、省议会会长、省教育会会长、省农会会长，大学区各省农业专家及其他热心农业教育者，农科大学校长及大学教授会所选出代表等组成。关于农科大学分区制的调整，主要在过探先“分部制”和王舜成“分区制”基础上适当取舍，取代邹秉文原仿照南京高师的方案。按地域划分全国为八大区，每区设 1 所农科大学，负有解决全区农业困难问题、改良全区农业及农民生活之责。[2] 应办事业方面，将邹秉文原案中造成“必需农业人才”一条，细化为造就“农业领袖人才及研究专家”；新增“推广成人的农业补习教育”及“提倡襄助改良中国农村生活之组织”条；新增“设立大学研究院，奖励研究事业”条。将农业推广职责归至中等农业学校及乡村农业教育机关，大学仅居辅助地位，反映了大部分人的意见。

---

〔1〕《大纲》实际仍反映以农科大学为主的思路，而对“专门”未作硬性规定，只是弹性表述，即各省区认为必要时，亦可先设各种农业专门学校。

〔2〕八大区分别为：第一区（奉天、吉林、黑龙江），第二区（内外蒙古、热河、察哈尔、绥远），第三区（直隶、山西、河南、山东），第四区（湖北、湖南、江西），第五区（江苏、浙江、安徽），第六区（广东、广西、福建、云南、贵州），第七区（四川、西藏），第八区（甘肃、陕西、新疆）。

农业中学分设推广部，协助乡村农业教员及农业指导员指导农民改良农业；教授部，造就乡村农业教员、乡村农业指导员及其他农业实用人才。在功能上，将两部同样规定为单一的“推广农业机关”，负责实施农业推广，并造就推广农业人才，也就是取邹秉文原案中“教授”与“推广”条，否决过探先、唐昌治等人提议的“升学”条。机构设置上，相应设立教授部、推广部，分别任之。将邹秉文原案中培养“农村小学”各种农业教员，概括规定为造就所在区域“乡村农业教育”各种农业教员。较邹案新增“辅助各乡村农业教员及农业指导员等所进行事业”一条。

由于众人在初等农业教育方面意见分歧较大，故《大纲》只笼统规定乡村农业教育设立乡村农业教员和乡村农业指导员。具体改进意见：一是基本采用邹秉文等人不特设专校主张，只设农业教员原案。改进处为：实行学区制，教授和指导功能分离，新增指导员项。具体方法：每县分为若干学区，每区设农业教员及指导员各一人，或暂以一人兼任，负责教授校内农民子弟农业新知识、新方法，指导校外农民改良农业。二是与农科大学、农业中学联络，即农业教员及指导员将本乡农业问题，报告农科大学研究解决；农业推广方面，则报告农业中学研究解决。

中华农学会等团体共同确立未来中国农业教育的大旨轨辙，伸缩性及对实际操作的指导性较旧制度显著增强。（全国农业教育计划图，见图 2-1）其主旨在于沟通教育与农业、学农者与业农者、农学学理与农事实务，教授、研究与推广环环相扣，将三者既自上而下，又自下而上，连为一个体系，消除以往学校教育脱离农事实际，各不相谋之弊，并对农业教育行政产生积极影响，如教育部学制会议建议案及决议案对其甲、乙种农校改革方

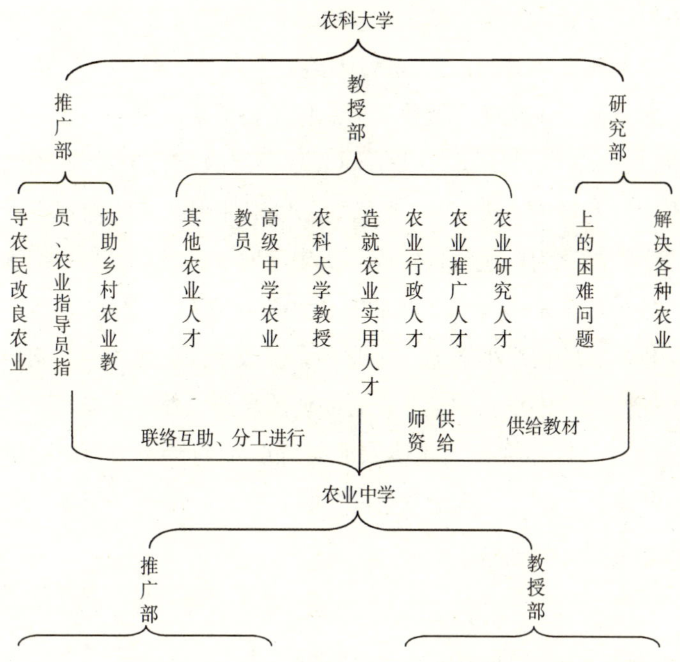

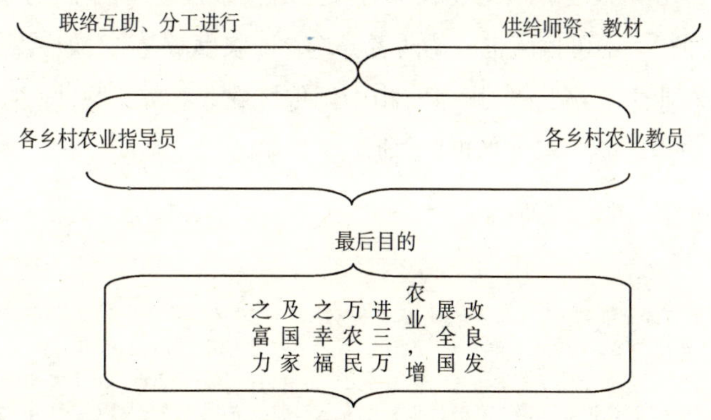

图 2-1　全国农业教育计划图

案予以部分吸收，明文规定：现有乙种实业学校，得改为职业学校；甲种实业学校得改为高级中学农、工、商等科。[1]“壬戌学制”对济南决议案略有调整，但总体维持原貌：其一，选科制得以贯彻落实，新制规定中等、高等教育层级均行选科制。其二，实现甲、乙种农校改革，“改革案”以附注形式，明确规定甲种实业学校酌改为职业学校，或高级中学农、工、商等科；乙种实业学校酌改为职业学校，招收高级小学毕业生，但依地方情形，收受相当年龄初级小学生。[2]学制系统改革面向全国整个教育统系，完全反映中华农学会等在野团体的思路显然并不现实。但通观全案，已然体现民间团体农业教育改革的核心精神与主体内容，基本符合胡适等人所秉持的“择善而从”原则，[3]实现了美国化的学制变革诉求。

第三节 农业科学化事业的展开

1918年，凌毓璜论述农学与农业之关系说：“农学之与农业，相辅而行，不可偏废也。倘两者分途，即农事微矣”，故应谋“农学与农业之联络”。[4]顾复直指中国传统农业之弊，“吾国古来农业，徒恃经验，不讲学理”。他主张参照欧美各国改良传统农法，以建立中国的“学理农业”：

---

〔1〕《教育部公布学校系统改革案》（1922年9月29日），中国第二历史档案馆编：《中华民国史档案资料汇编》第3辑“教育”，南京：江苏古籍出版社1991年，第85页。

〔2〕《大总统公布学校系统令》，《中华民国史档案资料汇编》第3辑，第104—105页。

〔3〕胡适：《拟修正学制系统草案·序言》，曹伯言整理：《胡适日记全编》（三），第828页。

〔4〕凌毓璜：《国立北京农业专门学校丛刊发刊宣言》，《国立北京农业专门学校丛刊》1918年4月第1期，《中国农业大学史料汇编》上，第219页。

近今吾国农民之耕种也，墨守旧法，一成不变，不假思索，仅用劳力。于植物营养之要素、土壤肥料之成分，茫然不解，往往图目前之小利，以至地力衰耗，受永久之损失，所谓经验的农业（Irrational Landwirtschaft，直译应作不合理的农业）也。一八一二年，德儒推拉氏（Albrecht Thaer）著《学理的农业（Rationellen Landwirtschaft）之原理》，首倡经营农业宜根据理化博物之原理，实地应用之，较经验的农业，能改良好效果。此后，欧美各国农业试验场、农业学校，相继设立，皆推拉氏学理的农业之说。[1]

顾氏以“学理农业”与“经验农业”相对，从种子和土地改良、肥料应用、市场组织和农业联合等方面论证前者的必要性和重要性。实际上，通过学校教育及农事试验场，建立“学理农业”，是晚清以至民初知识界渐趋流行的观念，顾复之思路正与此相合。如同期有人指出，中国农业“因袭旧法，不知改良，所以弄得一日不如一日。又因为没有学识，不知利用科学的方法，遂使大好田地，一逢意外，便无法救济”。时人对比中西农业发现：前者是“经验的”，使人保守退步，因袭先人而不能创造；后者为“科学的”“进取的”和“时时发明的”。所以，“中国人应该急图的，就是打破先前的经验的方法，而改用科学的方法”。[2]因为，中国农业的落后方法，意即“不科学的方法”是导致农业退化的根源，所以，改良中国农业就要本着科学方法，从改良农具、讲求水利与发

〔1〕顾复：《晚近农业诸问题》，《东方杂志》第16卷第8号，1919年8月15日，第129、132—133页。

〔2〕吕一鸣：《谈改良农业的方法》，《天津益世报》1922年1月12日第4张第13版。

展农村交通等方面着手。[1]由此及见，时人观念中“学理农业”几乎等同于“科学农业”。

其实，中华农学会在1920年向北京政府教育部呈请立案时，就曾声言建立学理农业是中国农业科学化的必由之路：

> 呈为联合同志，研究农学，创设学会，恳予立案事。窃惟一国经济民生之隆替系乎物产之盈绌；物产之盈绌系乎农业之盛衰；而农业之盛衰尤系乎学术之良否。夷考我国农业在世界为最先，然自十八世纪科学昌明以后，我国则竟瞠乎其后矣。盖学术一道，端赖研究，无研究则无发明，无发明则无进步。矧自欧战告终，世界列强莫不注意于物产问题，则农战农争于今为烈。兴言及此，是用皇然，伏念我中华地藏富蕴，土尽膏腴，本属以农立国，国民勠力畎亩者占十之八，农民之多，既为世界所罕有，而操作之勤劳尤为东西人士所称扬；至于农政有专书，农官有专职，亦历代相沿，永昭典则，视为要端。然农产不惟不增进，而反就减退；农田不惟不加多，而反就荒芜，水潦旱魃之灾，虫伤莠害之报，时有所闻，以致经济紊乱，国力日非，民生日促者，是故何也？毋亦以乏缺学术之研究故耳。
>
> 嵘等窃以为，我国农业有经验而无学识；信自然而不谋人事；知因陈而不知改进。人方一日千里，而我仍故步自封。此无他，保守之义多，而进取之义少也。日本从前农业亦拘泥旧法，维新以后引用欧西科学，改革农事，其进步之速，收效之

〔1〕吕一鸣：《农业改良应注意的事项》，《天津益世报》1922年1月16日第4张第13版。

巨，凡稍知农学者，莫不知之。美利坚未开辟以前，不过荒莽之大陆耳。今其农产之发达，为世界第一等原料国。科学之功效，于此可见一斑矣！我国近今亦憬然自觉于农林垦殖，渐知注意。果能步东西先进国之后尘，急起直追，合上下之群策群力，以事研究，以图革新，则不特于农业经营上获莫大之效益，且于国力民生可收无疆之福利。嵘等专攻农学历有年，所或从事教育，或经营农林，或尚游学他邦，或已学成问世，深慨我国农事之式微，民生之凋敝，而学术之幼稚，知识之锢蔽，处乎今之世，尤岌岌不可终日。爰纠集同志，创设中华农学会，研究学术，以冀农业之改良，农产之增进。[1]

陈嵘直陈传统农业三弊：有经验而无学识；信自然而不谋人事；知因陈而不知改进。正反相对，他既指出旧法之弊，又开出祛弊之方，凸显人利用科学知识改造“经验”世界的能动性和必要性。1921 年，他又公开阐明中华农学会的立会旨趣，意在唤起社会各界共同致力于学理农业和农业科学化，其言道：

窃惟一国经济民生之隆替，系乎学术之盛衰，而学术之盛衰，尤系乎研究机关之有无。欧美各国物质文明竞相夸尚，研究学术之机关林立，故学理日新，事业日广，而国家社会所得之福利亦愈巨。同人等鉴于我国今日农事之式微，学术之幼稚，实以缺乏研究机关之所致。爰集同志，有中华农学

〔1〕原呈由陈嵘执笔，《第四年度纪要》，《中华农学会报》第 3 卷第 1 号，1921 年 10 月，第 125—126 页。

会之组织，以研究学术，冀农业之改良，农产之增进。成立于今，五载有半，会员垂五百余人，均曾受国内外专门教育者，咸愿贡其一得之愚，稍裨补于国家社会，如刊行杂志，编著书籍，推广农业教育，促进农林事业，以及实地调查、讲演、建议、绍介等荦荦大端。比年以来，大都次第举办，积极进行，虽限于经济，未能尽量扩充，而此后前途之发展，端赖众擎易举，集腋成裘。[1]

随着会员集聚，组织扩展，中华农学会的学术事业由单一而多元地渐次展开。王舜成、陈嵘主会期间，学会的日常事务与学术研究分属于事务、研究和编辑等部门，后两部专门负责学术事务。[2] 1919年8月，始设学艺部，将研究、编辑等事务统归其中，负责编辑、调查、演讲、建议、咨询等事。周清被推为学艺部主任，学艺专员有：凌道扬（林）、高维巍（农）、王舜成（农）、陈嵘（林）刘子民（农）、过探先（农）、孙恩麐（农）、张锷（水产）、方悌（畜）、余乘（农）。[3] 1920年，机构和工作机制稍作变动，编辑事务归由总干事担任，学艺部则细化为农学、林学、畜产兽医、农艺化学、蚕丝、水产和生物地质等专门股。[4] 每股设学艺专员2至3人。中华农学会早期学术事业多由此开办，如立会伊始确定举办的八项事业：刊行杂志报告、编辑教科书籍、研究农业教育、学术演讲、实地调查、

〔1〕《中华农学会第一次募集基金启事》，《中华农学会报》第3卷第3号，1921年12月，第81页。

〔2〕《中华农学会成立纪事》，《申报》1917年2月5日第2张第7版。

〔3〕《本会年会记事》，《中华农林会报》1919年10月第5集，第1—24页。

〔4〕《中华农学会第三次年会报告》，《中华农学会报》第2卷第1号，1920年10月，第1—3页。

答复农事上之咨询、建议农业上之改进、尽介绍奖励之任务。[1] 1920年将“编辑教科书籍”改为“编著书籍”，范围拓宽，突出研究；新增“促进农林事业”一条；将第八项调整为“尽介绍辅导之任务”。[2]

一　发刊与编书

学术杂志是现代学会的重要组成部分，也是学者切磋学术的重要园地。邹秉文主张，发展学会既要发展有水平的会员，还要出版学术刊物。[3] 中华农学会以“会报为传布学术之利器，本会事业当以兹为嚆矢”，[4] 陈嵘亦言：“无报便无会，……报之关系于本会岂不大哉！”中华农学会立会初便将刊行杂志作为推进会务的“入手”工作，这也是其最先开办的事业之一。

1918年12月，《中华农学会丛刊》作为机关刊物创刊，自办发行，由上海国光书局印刷。[5] 栏目分为论说、学艺和调查，后增文苑、附录等项，主要刊发会员言论、研究著述、译述、调查报告以及会务情况等，少量刊发会员之外著述。[6] 第1期目录如下：

第1期（1918年）

论说

土地为文明之基础…………美国培蕾讲演　唐荃生译述

---

〔1〕《本会简章》，《中华农学会丛刊》1919年3月第2期，第3—4页。

〔2〕《中华农学会章程》，《中华农林会报》1920年9月第10集，第27页。

〔3〕裘维蕃：《追忆邹秉文先生》，华恕主编：《邹秉文纪念集》，第192页。

〔4〕《第四年度纪要》，《中华农学会报》第3卷第1号，1921年10月，第125页。

〔5〕《中华农学会丛刊》1918年12月第1期。

〔6〕1921年10月第3卷第1号起，分为论说、著述、专载、调查、杂纂各门，每月1册，如有特别著述，临时增刊专册，见此期《本会启事》。

学艺

中国树木志略……………………………………………………陈嵘

螟虫之生活状态…………………………………………………余乘

日本驱除螟虫之方法……………………………………………唐荃生

中国固有除虫药…………………………………………………费耕雨

马匹人工授精术…………………………………………………鲁农

调查

江苏溧阳果树类栽植状况………………………………………黄希周

安徽滁县珠龙桥镇铜漆调查……………………………………谢先进

江西省农林概况…………………………………………………司徒润

1918年12月至1919年10月，《中华农学会丛刊》共出刊5期。旋因经费拮据，转与中华森林会合作办刊，更名为《中华农林会报》，[1]称："本会会报自第五集起，与中华农〔森〕林会合并出版，因农林性质相同，自宜互相联络，俾会报日益发展。已由本会干事部、学艺部共同商榷与森林会决定办法，机关并不合并。"[2]1919年10月至1920年9月，《中华农林会报》共出刊5集，此后两会不再合刊，遂更名为《中华农学会报》。[3]顾复、曾济宽以总干事身份接替前任学艺部长周清，担任编辑，分任农、林编辑事务。[4]编辑人员减少，部门简化且专门化，每年出月刊10册，专

〔1〕陈嵘：《中华农学会成立十五周年之经过》，《中华农学会报》1932年8月第101、102期合刊，第7页。

〔2〕《本会启事二》，《中华农林会报》1920年3月第6集。

〔3〕《中华农学会报》第2卷第1号，1920年10月。

〔4〕《中华农学会第三次年会报告》，《中华农学会报》第2卷第1号，1920年10月，第3页。

刊2册，当年分别出“蚕丝”与“稻作”专刊。[1]

表2-9是会报11年间（1918—1928）出刊情形。除1921年外，其余年份均未能如期出版。其中受两个重要因素影响：一是时局，1924—1925年东南地区发生战事，会务停顿，会报只出4期；二是经费，充足时如期发刊，如1921年发刊12期；困顿时出刊则少，发刊不能固定一致。1923年，驻会总干事唐昌治与总干事长王舜成等，为使发刊时间与期数协调一致，决议改为每年10期，除寒暑假外，每月按时出版1期。[2]

表2-9 中华农学会历年发行会报统计表（1918—1928年）[3]

年 份	出版册数	会报编号	备 注
1918	1册	第1期	
1919	4册	第2—5期	
1920	8册	第6—13期	
1921	12册	第14—25期	内有蚕丝、稻作专刊各1册
1922	10册	第26—35期	内有农业教育专刊1册
1923	9册	第36—44期	内有茶叶专刊1册
1924	3册	第45—47期	
1925	1册	第48期	
1926	4册	第49—52期	内有除螟专刊1册
1927	7册	第53—59期	内有蚕业专刊1册
1928	5册	第60—65期	内有第11届年会专刊1册

〔1〕《本会启事》,《中华农学会报》第2卷第1号，1920年10月。

〔2〕《本会纪事》,《中华农学会报》1924年2月第45期，第89页。

〔3〕陈嵘:《中华农学会成立十五周年之经过》,《中华农学会报》1932年7月第101、102期合刊，第5页。

会刊除会员之间切磋学术外，还向农人普及科学知识、启蒙农民现代意识，所以，中华农学会将"辅导农民"视为其一项重要责任。1922年，王舜成主张每年开年会时，编辑1册年会特刊，发表会员平素研究或重要论文；每月所出会报，"取通俗性质，故立说宜取浅显"。余乘亦提议对于农民应以浅显文字，直接感化农民，为此，会报应取"通俗化"，会员议定用浅说、图谱等形式向农民传播。[1]

1920年，学会定于每月出会报1册，注重一般农学知识，发表研究、调查，鼓吹舆论，促进农林事业；间出专刊1册，应时势需要，组织相关专业人员研究农业重要问题，将其专门论文辑为"专刊"。蚕丝股学艺专员郑辟疆、朱显邦主持编辑"蚕丝"专刊，农学股学艺专员许璇、张谦吉主持编辑"稻作"专刊，分别于次年3月、9月出版，[2]一时颇受农界欢迎，甚至有未买到要求重刊者不在少数。[3]1922年5月，发刊《农业教育专刊》；[4]1922年上半年，茶学专家吴觉农编辑茶叶专刊，于次年2月出版发行。[5]在栏目设置方面，1919年第2期始增文苑栏，聘请东南大学教授陈去病撰录古诗，并任文苑编辑；顾复、曾济宽注意辑录地方农事及会员近况，[6]后增设农事新闻栏，先后从海内外聘定农事新闻访员45人。[7]改版举动不仅使信息量大为增加，也增强了可读性。1924年秋因东南战事会报休刊。1925年夏，学会同人集议重振会

---

〔1〕《第五届年会经过报告》,《中华农学会报》第3卷第10号，1922年7月，第96页。

〔2〕《中华农学会第三次年会报告》,《中华农学会报》第2卷第1号，1920年10月，第2页。

〔3〕《本会纪事》,《中华农学会报》第3卷第12号，1922年9月，第104页。

〔4〕《农业教育专刊》,《中华农学会报》第3卷第8号，1922年5月。

〔5〕《茶专号》,《中华农学会报》1923年2月第37期。

〔6〕《本会启事》,《中华农学会报》第2卷第1号，1920年10月。

〔7〕《本会纪事》,《中华农学会报》第3卷第12号，1922年9月，第102—105页。

务，总干事陈嵘专任编辑，会报开始步入正常发展。[1]

编辑书籍亦为其重要会务之一。1919年，出于推广会报、出版书籍之需，学会吸收上海商务印书馆编译所的凌昌焕、王凤书、刘季英入会。[2]他们还与商务印书馆发行所订立合同，商定在北京、山西、湖北、安徽等地分馆代销会报。[3]浙籍会员庄景仲主持新学会社时，侧重编译日文版农林书籍，推动该社成为常年费补助机关，赞助编辑书籍。[4]1922年，中华农学会参与江苏省新学制学程研究会组织委员会，起草各科教材及学程大纲，制定学程标准，陈嵘、葛敬中、顾复为分科委员。[5]同时，中华农学会谋求独立编订农业教材。是年7月，山西农专教授陈新悟提议："中国农书寥寥，既无参考书又无善良之教本，编辑教科书一事，本会实不容忽视"，此议遂获一致通过。[6]但因经费不足，原与商务印书馆合作专印农书的计划未能实现。[7]1923年8月，苏州第六届年会通过"速推定专家编著农村小学农事课本案"。[8]总之，发刊与编书虽列为重要事业，但因各种主客因素制约结果并不理想。

二　科学名词审查

在现代"科学"的初创阶段，科学名词的引介、转译和审订是

---

〔1〕《本会纪事》,《中华农学会报》1925年11月第48期，第93页。
〔2〕《本会会员录》,《中华农林会报》1919年10月第5集，第4、24页。
〔3〕《本会纪事》,《中华农学会报》第2卷第7号，1921年5月，第1页。
〔4〕沈宗瀚、赵雅书等编著:《中华农业史——论集》，第277页。
〔5〕《本会第五年度会务报告》,《中华农学会报》第3卷第9号，1922年6月，第79页。
〔6〕《第五届年会经过报告》,《中华农学会报》第3卷第10号，1922年7月，第96页。
〔7〕《本会十一年度第一次总干事会纪录》,《中华农学会报》1923年1月第36期，第122页。
〔8〕《本会纪事》,《中华农学会报》1923年7月第42期，第93页。

为奠基性工作。1918年，罗世嶷阐述此项工作的重要性说：

学术之流布，语言之功至狭，盖非文辞则不足致久远也。文辞者，准义法以集字而成，比类而观，中含实字大半，实字即名词。学术所托，即文辞所成，故名词不定，则文辞难修，而学术不独传达甚艰，且必芜乱而鲜进。近年以来，科学东布，名理实物，为诸夏之所乏，沿旧之名，不足济用，是则必将有作于新名审矣。顾凡治学术，莫难于定名。定名之难，最难于创例。无例则无统系，令定名者无途辙可遵。朝拾一字，夕造一名，寡功徒劳，譬如抟沙，掬之盈握，疑若可凝，张手复纷纷坠散矣。草创定名例，非末学能任，其有宏览之儒，达文字之源流正变，通科学之表里精粗者，曷起而试之，企予望之矣！[1]

江苏省教育会及其附设理科教授研究会、博医会、中华民国医药学会、中华医学会联合发起科学名词审查会，专门从事科学术语统一工作。1919年，中国科学社加入。审查会每年定期召开，会期约两周，与会专家审订各学科名词并经通过后，再由教育部公布生效。此举甚至被认作民初学术团体"所着手的学术上最大事业"。[2]

1921年，此会在南京审查病理、化学、动物、物理各科名词，中华农学会内部动议参与，认为："以农学范围广大，在在与科学

---

〔1〕罗世嶷：《农学辞典之先声》，《农学杂志》第2卷第2期，1918年，第1页。

〔2〕郑贞文：《学术界的新要求》，《东方杂志》第17卷第16号，1920年8月25日，第124页。

发生关系”，[1]总干事会决议加入，缴年费50元，公推王承钧、吴元涤、陈方济出席审查。[2]审查会原按中华农学会会员庞斌提议在杭州召开，但因故改至上海，中华农学会干事会议表决同意参加。[3]1922年7月5日，科学名词审查会第八次审查会，审查物理、病理、动物、植物等科名词，中华农学会推秉志、王采南、钱崇澍、庞斌、吴元涤、王承钧等出席。[4]1923年5月，吴元涤、庞斌、王承钧、陈方济等出席上海科学名词审查会，负责审查病理、生理、化学、植物等科名词。[5]6月，朱凤美、潘赞化、陈养材出席上海科学名词审查会，审查植物、病理各科名词。[6]1924年7月，王承钧、庞斌、张海秋、吴元涤、陈养材、陈方济、朱凤美等人参加苏州科学名词审查会。[7]1926年，中华农学会广州年会决议组织科学名词审查会农学组。[8]中华农学会参与科学名词审查工作，统一中国现代科学术语用词，为相关研究的展开奠定了基础。

三　农业调查

农业调查风行于美国、日本等国，民初传入中国后中国知识界视其为学理研究、农事改良之基础。卜凯曾言：“吾国幅员广大，农民繁多，农情大有差别，若不从事调查，鲜有能知其详者。”[9]原

---

〔1〕《会务记载》，《中华农学会报》第3卷第4号，1922年1月，第65页。

〔2〕《第四年度纪要》，《中华农学会报》第3卷第1号，1921年10月，第128页。

〔3〕《会务记载》，《中华农学会报》第3卷第4号，1922年1月，第65页。

〔4〕《本会第五年度会务报告》，《中华农学会报》第3卷第9号，1922年6月，第79页。

〔5〕《本会纪事》，《中华农学会报》1923年5月第40期，第115页。

〔6〕《本会纪事》，《中华农学会报》1923年6月第41期，第84页。

〔7〕《科学名词审查会之进行》，《申报》1924年6月16日第4张第14版。

〔8〕《本会纪事》，《中华农学会报》1926年11月第52期，第124—125页。

〔9〕卜凯编，章之汶译：《农村调查表》，《中华农学会报》1923年4月第39期，第38页。

颂周亦提示“不容漠视”之，“吾国现在之农政，如农业教育，如农事试验，各兴办多年，其得风气之先省，且分途劝导，是三者已循序渐进，农界宜可实受其赐。顾何未满吾人之欲望者，以农业调查之尚未举行也。”[1]其做法是，由学校、农事试验场派员分赴各地，调查乡间地理、农业和农村情形，先调查上海县杨思乡农业，[2]后主持东南大学农科调查会，调查江苏全省农产状况，出版金陵道调查录。[3]

中华农学会认此为“农业上重要问题之一”，立会之初便将“农业调查”定为八项事业之一，分为会员自由调查、委托调查，借以尽辅导社会之义务。[4]1920年，上海浦东稻田发生虫害，余乘、郭廷耀前往调查，写成报告《浦东稻田害虫之研究》。浙江省拟招募华侨辟三门湾为农垦自治区，萧诚、郭廷耀、曾济宽前往调查，撰有调查日记《三门湾旅行记》。[5]以上两篇调查报告，载于《中华农学会报》第2卷第1、2号。唐昌治、陈嵘与山东分会负责人郭葆琳联合发起山东农业调查会，调查鲁省107个县的荒山、旷地、农产以及农民生活状况。[6]在山东省政府补助下，此项调查历时一年，调查结果编印为调查录。此外，学艺专员水产股侯朝海

---

〔1〕他提出具体调查细目：关于地理者有交通、土质、耕地、荒地；关于农业者有栽培法、农作物、蚕桑、病虫害、肥料、售卖；关于农村状况者有经济、教育、治安、组织、民性、农工。原颂周：《调查农业谁之责乎》，《中华农学会报》第3卷第5号，1922年2月，第1页。

〔2〕原颂周等：《调查杨思乡报告书》，《中华农学会报》第2卷第5号，1921年2月，第1页；原颂周：《苏省金陵道属农业调查略述》，《中华农学会报》1923年3月第38期，第59页。

〔3〕《农事新闻》，《中华农学会报》第3卷第11号，1922年8月，第76页。

〔4〕《募集基金特别启事》，《中华农学会报》第3卷第4号，1922年1月，第60页。

〔5〕《第四年度纪要》，《中华农学会报》第3卷第1号，1921年10月，第127页。

〔6〕《本会第五年度会务报告》，《中华农学会报》第3卷第9号，1922年6月，第73页。

于每年春假后，携仪器赴山东青岛、烟台、威海卫等处调查渔业。[1]同年，杨杰建议用"问题法"征集各省农业状况刊载会报，"俾同志得多数研究资料，收效至宏"。[2]

为推广美棉、改良中国棉作，天津设立整理全国棉业处，以育种为中心工作。1923年年初，该处委派中华农学会会员方希立调查直隶棉业，拟定棉作育种场计划书，设立育种场，培育优良纯种。此外，中华农学会期于"北方蚕丝，不致仰给苏浙"，格外重视直省的栽桑育蚕。[3]会员个人其他各项调查，如下表：

表2-10　中华农学会会员农业调查一览表

调查人	年份	调查种类	报告名称	资料出处[4]
司徒涧	1918	农林业	江西省农林业概况	《丛刊》1918年12月第1期
林伟民	1919	林业	滁县珠龙桥之林业	《丛刊》1919年8月第4期
叶家鼎	1919	白莲	安徽无为县白莲调查录	《丛刊》1919年8月第4期
潘仲士	1919	森林	参观日本森林记	《中华农林会报》1920年9月第10集
俞荃芬	1919	造纸	富阳县毛竹造纸调查	《丛刊》1919年10月第5期

[1]《会务记载》,《中华农学会报》第3卷第4号，1922年1月，第66页。
[2]《本会会务纪要》,《中华农学会报》第3卷第12号，1922年9月，第104页。
[3]《中华农学会调查直省实业》,《天津益世报》1923年2月4日第3张第10版。
[4]《会报》指《中华农学会报》,《丛刊》指《中华农学会丛刊》。

续表

调查人	年份	调查种类	报告名称	资料出处
曾鸣谦	1920	森林	安徽省立森林局作业概览	《会报》1920年12月第2卷第3号
党庠周	1920	制糖	日人经营奉天南满洲制糖株式会社史	《会报》1920年12月第2卷第3号
唐玉田等	1921	森林	鸭绿江之森林	《会报》1921年10月第3卷第1号
舒以泰		靛青	缙云靛青栽培及其制造法之调查	《中华农林会报》1920年8月第9集
张福延	1922	林务	青岛林务所业务状况调查书	《会报》1922年7月第3卷第10号
张福延（译）		森林经营	德意志在青岛之森林经营[1]	《会报》1921年2月第2卷第5号；1921年4月第2卷第6号；1921年6月第2卷第8号；1921年11月第3卷第2号；1922年1月第3卷第4号
赵炳麟	1922	农林牧畜	山西农林牧畜大略报告书	《会报》1922年7月第3卷第10号
黄植	1922	法国林业	法国之林业状况	《会报》1923年1月第36期
赵连芳	1922	推广部	美国爱荷华州立农业大学推广部	《会报》1923年1月第36期
童玉明	留学时	美国农务部	美国农务部志略	《会报》1931年12月第94、95期合刊

〔1〕此报告书为1915年2月日本政府派农商务技师、林学博士白泽保美调查青岛林业所形成。

续表

调查人	年份	调查种类	报告名称	资料出处
吴焕炎	1923	林业	日本林业之近状	《会报》1923年5月第40期
郑惠民	1923	农业综合	句曲茅乡农业之调查	《会报》1923年4月第39期
程跻云	1924	林业	济南青岛泰安旅行笔记	《会报》1924年5月第47期
陆费执	1924	实业	海洲实业调查记	《会报》1926年6月第51期
林刚	1925	森林	山西方山县森林之概况	《会报》1926年1月第49期
徐孝恢	1925 1927	农事	四川松理茂懋汶五属农事概况调查录	《会报》1929年6月第68期

是时朝野人士大倡裁兵垦殖、开发西北，西北农业调查因之启动。1923年1月7日，中华农学会在东南大学菊厅举行第一次总干事会议，邹秉文、陈嵘、过探先、唐昌治、潘赞化、汪启愚、陈植等人以为，“现在国家兵额太多，国库空窘，裁兵垦荒则一方尽地利之生产，以增国家之收入，一方则易兵从农，事业稳固，生活安全。本会既有改进农业之责，应力为国家之助，调查边关农林状况，以为将来垦殖之准备。实事求是敦请有名誉之名流为顾问，有学识之实业家为指导”。会议决定邹秉文、唐昌治、潘赞化着手进行，“惟尽能力之所及，以期达到改进农业之目的”。[1]山

〔1〕 觉:《本会十一年度第一次总干事会纪录》,《中华农学会报》1923年1月第36期，第122页。

东、江苏两省因人稠地少、人地矛盾突出，故官民皆力倡向西北拓殖。山东农业专门学校制定《西北垦殖调查之计划》称："水旱刀兵苦鲁人久矣。身受者自救无策，当事者纾解乏术，天祸不已，地力日绌"，故"合群合力，移民开边"，于国于民皆有大利，"愿乡人父老登高一呼，进而与国人共成之，不惟鲁人可解倒悬之苦，即国家前途亦将利赖之矣！"〔1〕

2月21日，全国农业讨论会第二次执行部委员会议在北京日新农工银行召开，邹秉文、陶昌善、金邦正、唐有恒、许璇、唐昌治等人与会，邹秉文主席。西北调查、裁兵垦殖成为重要议题。邹秉文首提裁兵垦殖问题，公决由陶昌善拟"农垦进行大纲"，推许璇起草"缘起"。决定派遣4名专家，东南大学、中央农事试验场、山东农专、江苏省立第一农校各1人，加入山东农业专门学校学生调查团，调查荒山、荒地，搜集材料，实地规划。23日，邹秉文、陶昌善、金邦正、唐有恒、张恺、唐昌治在农商部农事试验场专门讨论"裁兵垦殖"问题，决议通过"宣言"及"大纲"。公推专家有：张乐亭（山东公立农业专门学校），原颂周、于矿（东南大学），钱稼孙、史树瑛（中央农事试验场），汤惠荪（江苏省立第一农校）。〔2〕农业讨论会随即发出关于征集绥远、察哈尔情形著作启事：

敬启者，敝会以裁兵垦荒为救国第一办法，业于本年二月二十一日在北京召集执行部会员开会，议决提倡办法，以调查

---

〔1〕《山东农业专门学校西北垦殖调查之计划》，《中华农学会报》1923年3月第38期，第84、88页。

〔2〕《全国农业讨论会第二次执行部委员会开会纪录》，《中华农学会报》1923年3月第38期，第90—91页。

入手，当即推定山东张乐亭，北京钱檖孙，南京汤惠荪、原颂周四人，分赴绥远及察哈尔调查状况。惟兹事重大，且该处地处边陲，交通不便，情形复多歧异，履行调查恐不能得其真相，特先征求关于两区情况之书籍及笔记，以资参考。其他关于地理、物产、交通情形，与夫农民习惯各事实，尤为欢迎。

全国农业讨论会启〔1〕

唐昌治以为："我国农田垦殖之扩充，在西北而不在东南，且于农业价值上有无限之希望。"他参照山东做法订定《西北垦殖调查之计划》，旨在调查察、绥荒地及农垦情形，以为裁兵兴农及移民开垦之预备；调查地点在察哈尔区内的张北、独石、多伦、丰镇、凉城、兴和、陶林等县，绥远区内归绥、萨拉齐、清水河、托克托、和林格尔、五原、武川、东胜等县，详列调查地点、人员、经费、报告、启程日期；确定调查项目共计 17 项：各县沿革及荒地情形；农垦经营方法；气候与农作关系；各县地质土壤优劣；荒地熟田价格及租税；农作物种类及播种收获时期；农作物播种量、收获量；农产品价格、销路及其与市场距离；铁路运费、交通条件；农作物收入支出预算；每县容纳垦民人数；畜牧情形；林木数量；居民习俗；垦民保护及警备；移民开垦及裁兵开垦之比较；各种荒地及物产图表等。〔2〕后因经费问题改由各机关自行委派，计有东南大学农科汤惠荪、山东农业专门学校张乐亭、中央农事试验场汤锡祥等。〔3〕此次调查由山东农专本届毕业生担任，

〔1〕《全国农业讨论会征求关于绥远及察哈尔两区情形之著作》，《中华农学会报》1923 年 3 月第 38 期，第 89 页。

〔2〕《西北垦殖调查之计划》，《中华农学会报》1923 年 3 月第 38 期，第 88—89 页。

〔3〕《农事新闻》，《中华农学会报》1923 年 4 月第 39 期，第 86 页。

计30余人，分为两队，一队赴察哈尔，另一队赴绥远。汤惠荪随后一队，5月5日，汤惠荪抵达济南晤郭葆琳、张乐亭，6日晨抵天津，经丰台延京绥线至张家口，察哈尔调查队下车；余则继续西行，8日抵绥，汤氏偕张乐亭拜谒都统马福祥。马氏设宴款待调查队一行，赞成垦殖一事。〔1〕还派兵护送至河套地区，到达归化、萨拉齐、包头、五原等地，〔2〕返回途中，又在大同、张家口逗留考察。〔3〕考察历时1月余，汤惠荪于6月19日返宁。〔4〕8月7日，他在中华农学会第六届年会报告调查状况，略谓："绥远之河套地方土质肥腴，水利极便，实为最佳之农区。惟以土匪太多，致令荒芜，殊为可惜，以后本会对于此等地方应注意设法除害，使农民安居乐业。"〔5〕

裁兵移垦的呼声响彻云霄，但政局动荡，政治人物难以顾及，又因牵扯各方利益，当事方阳奉阴违，暗中作梗，故进展的阻力颇大。汤惠荪在返回路经北京途中，目睹政局现状，感慨道及："抵京后，适遇政局变迁，黄陂出走，京中混扰，无从探寻当局之政见，而裁兵农垦之议，已有昔日黄花之讥。惟兹事关系国家根本之大计，岂可随政局之变迁而遂成空言耶！"〔6〕

四 年会演讲、建议与咨询应答

学术讲演会，于每年年会或必要时，敦请中外农林专家及名

〔1〕 汤惠荪：《绥远农垦调查日记》，《中华农学会报》1923年9月第44期，第34—35页。
〔2〕 汤惠荪：《绥远农垦调查日记》，《中华农学会报》1924年2月第45期，第61—69页。
〔3〕 汤惠荪：《绥远农垦调查日记》，《中华农学会报》1924年3月第46期，第35页。
〔4〕 汤惠荪：《绥远农垦调查日记》，《中华农学会报》1923年9月第44期，第34页。
〔5〕《第六届年会纪录》，《中华农学会报》1923年7月第42期，第92页。
〔6〕 汤惠荪：《绥远农垦调查日记》，《中华农学会报》1924年3月第46期，第35页。

人演讲。1921 年，北京年会时，劝办实业专使叶恭绰（谢恩隆代读）演说《农学与农业》，陶昌善、唐昌治、钱樾孙、许璇、庞斌分别演讲农业教育、农业行政和兽医等问题。[1]

表 2-11　1922 年 7 月山东年会演讲一览表[2]

时间	演讲人	题　目
5 日	何尚平	改良中国蚕桑之方针
	吴伟如	中国农业上重要问题（乡村小学宜提倡小工业）
6 日	于蕴苏	粮食问题与麦作改良
	林在南	蚕业与山东之关系
	郭仁风	改良棉业问题
	张仲仁	历史的农业
7 日	袁观澜	义务教育与农业教育之关系
	郭仁风	乡村教育
	钱天鹤	蚕种改良法
	陶昌善	中国十年来过去之农业
9 日	吉　田	中国羊之研究

表 2-12　1923 年 8 月苏州年会演讲一览表[3]

时间	演讲人	题目	主要内容
6 日	王丹揆	水利问题	水利与农田息息相关，江浙太湖水利局设立数年，毫无成绩，略办测量而已。治水必须用人工，而人工必须有经费，每年 80 万经费实难领到

〔1〕《第四年度纪要》，《中华农学会报》第 3 卷第 1 号，1921 年 10 月，第 134 页。

〔2〕《第五届年会经过报告》，《中华农学会报》第 3 卷第 10 号，1922 年 7 月，第 94—95 页。

〔3〕《第六届年会纪录》，《中华农学会报》1923 年 7 月第 42 期，第 88—93 页。

续表

时间	演讲人	题目	主要内容
6日	钱强齐	大农小农	大农乃坐而说之人，小农则为耕作者；大农所有者为高深学艺，对于小农异常隔阂。此后两者应互相研究
	庞斌	种畜问题	种畜事业，第一须重经济，切不可好高骛大，浪费金钱。华人喜购外国种畜，以为其必佳于中国种，其实未必然，亦未必合于中国。一般畜牧管理饲养，若中国种佳亦未必逊于外种
	章士钊	农村立国	农村立国造成一种业治势力，如此则政治势力无形消灭，即可组织一强固正大团体。研究农村立国方法，希望贵会以坚毅精神底于成
7日	韩国钧（蔡道尹代）		农业改良必从科学与机械发展，今诸君子本其绩学而又萃全国农学专家以集思广益，则与苏省教实联合会之意不谋而合，唯言贵起行事、贵实济
	汤惠荪	绥远调查状况	
	李寅恭	农村职业问题	

就农事改良建议于官民，亦为其会务之一。1920年，唐昌治就设立吴江稻作试验场拟就“致吴江父老书”，建议以育种、耕种肥培及驱除病虫害与预防诸法为目的，提出举办办法、职员、经费等项。[1] 1921年5月，陶镕呈江苏省长分送早稻区种法书，建议农民筹赈，根本方法仍在研究农事，改良种植；[2] 1922年，又

〔1〕《本会纪事》,《中华农学会报》第2卷第4号，1921年1月，第1—3页。

〔2〕《本会纪事》,《中华农学会报》第2卷第7号，1921年1月，第1页。

倡议裁兵垦荒，易兵从农。[1] 1923 年，中华农学会第六届年会建议政府设立农业研究所；提议女子教育应注意家庭园艺，设立相应科目以资造就。[2]此外，答复农事咨询，为农事解难释疑为其重要会务之一，如在《会报》的"本会记事"栏，开设"咨询应答"专栏。[3]此举颇得社会认同，"与各界书信往来，质疑问难事务所，几日不暇给"。[4]

第四节　学理与应用：农业改良研究诸方面

1912 年，有西人忠告留美学生："习农学者，不可不研究中国农业之改良。"[5]邹秉文总结德国农业发达经验，在于"科学与经验之联合"。[6]相反，中国农业之落后，皆因"不能利用科学的精神"。[7]中华农学会立会的本意，欲将科学的精神、学理和方法引入中国农业，促进本土农业研究和改良。故此，它在展开各项学术事业之时，分途展开农业学术研究，以为农业改良谋出路。

在组织方面，初期设立综合性研究部，后设立学艺部，按照农、林、畜牧、水产等分科分别设立学艺专员。会员规模扩大后，

---

〔1〕觉：《本会十一年度第一次总干事会纪录》，《中华农学会报》1923 年 1 月第 36 期，第 122 页。

〔2〕《第六届年会纪录》，《中华农学会报》1923 年 7 月第 42 期，第 92—93 页。

〔3〕《本会纪事》，《中华农学会报》第 2 卷第 3 号，1920 年 12 月，第 207 页。

〔4〕《本会纪事》，《中华农学会报》1923 年 7 月第 42 期，第 89 页。

〔5〕杨锦森译《北美洲丛报》所载约翰·格赖安歇明原著《论中国留美学生》，《东方杂志》第 8 卷第 12 号，1912 年 6 月 1 日，第 32 页。

〔6〕邹秉文：《吾国新学制与此后之农业教育》，《农业丛刊》第 1 卷第 2 期，1922 年 4 月，第 5 页。

〔7〕吴觉农：《中国茶叶改革方准》，《中华农学会报》1923 年 2 月第 37 期，第 30 页。

学科分支扩增为农、林、牧、副、渔、蚕桑蚕丝、病虫害等，学艺部细分为农学股、林学股、畜产兽医股、农艺化学股、蚕丝股、水产股和生物地质股等各专门股。会员各自根据自己的学科背景划入相应学科股，专人分任，合作研究。

一　现代森林观念之引入

以欧美现代学理革新老农老圃经验始于晚清，相关知识主要来自汉译外国科学读物和农林著述，如江南制造局译书馆傅兰雅（John Fryer）主编的《格物汇编》，载有《潮水与花草树木有相因之理》《城市多种树木之益》《种树不但有利于己且有益于人》等。此后，学堂渐开林业相关课程，聘请外国教员教授专门知识。约同期，上海农学会着重从日本引介森林知识。从传播主体看，林科留学生对现代森林观念及专门知识的引介具有实质性影响。1906年以来，梁希、陈嵘、侯过、程鸿书、林佑光、钟毅、曾济宽等先后赴日学习林学；韩安、金邦正和凌道扬则赴美学林，成为近代中国林界的开山人物。但从晚清以至民国，现代森林知识的引介、研究与应用效果并不佳，有评论说："吾国以农立国，古昔固重农业，然无专门之科学，其对于森林之培养，土地之肥确，未加研究，所恃以启迪后人者，不过老农老圃之经验而已，迄乎时易世迁，不仅发明者少，即旧法亦将失传，此今日之不可不急加讲求，而尤不可不使一般农民均具此种常识也。"〔1〕

1918年后，林科留学生归国后相继加入中华农学会。其活动主要有：一是鉴取域外森林知识和经验，进行舆论鼓吹，启蒙国

---

〔1〕《讲习森林》，长沙《大公报》1917年3月28日第2张第7版。

内民众重林观念，翻译域外相关著述为其主要途径；二是从事专门研究，将外来学理与本土实际相结合，就其对解决水利问题之影响而言："近年南北屡受旱灾水荒，哀鸿遍野，目不忍见，本会应提倡造林研究、治水计划，图社会永久之安宁。"〔1〕

中华农学会成立先后，"欧战"不仅改变了世界政治版图，也对世界农业产生深刻影响。中国媒体相继发表《法国森林与战事关系》〔2〕《德国森林与战争之关系》，〔3〕分析森林对现代战争的作用。凌道扬、潘学璨、陈植等人，从"欧战"与森林关系的视角，分析世界林业变局对中国的启示。〔4〕凌氏认为，"欧战"中协约国之胜利，全赖于美国"伟大之经济力"，而此又源于"实业发达之故"，林业亦包括其间。"林业为国家福利之原动力乎，森林之产物及森林家之能力，其足以贡献世界而应得无上之荣誉者，未有若此次欧战之彰明较著者也。数十年前，曾有研究以他物代替木材之用者，终未有发见。由兹以往，森林将确信为维持国安、保卫国力之要素，而不得发生分毫之疑义矣。英国内阁总理之演说，有曰战胜之道何由乎？战胜之实力何在乎？战胜之保证何恃乎？一言以蔽之，曰船而已矣。美威尔逊总统于宣战之前，首先计划以最短之时间，造成一大木船联队，遂有联合造船局之设。此局系联合各木场之干事，及与各木场密切相关之人员而成之。自威总统宣布此计划后，不数日间美国著名木工皆群集于华盛顿，以应其国家用人之急。"凌氏据此说明以"科学方法"发

〔1〕《募集基金特别启事》，《中华农学会报》第3卷第4号，1922年1月，第62页。

〔2〕《神州日报》1919年7月24日第3版。

〔3〕《晨报》1919年7月27日第6版。

〔4〕潘学璨：《余对于中国林业之感言》，《中华农学会报》第3卷第9号，1922年6月，第1页。

展林业为中国之急务。美国招木工造木船以应战时之需，另外铁船、飞艇制造亦需大量木材与木工。美国在短时间内满足战时之需，并非“仅为一森林丰富之国，抑亦森林人材济济之国”，既可采取木材，以供军需；亦能利用科学，以维林业。[1]

东西方人士反思森林与战争之关系，对中国林界具有相当之借鉴。美国《森林报》（*Journal of Forestry*）载《法国森林与欧战之关系及其所受之影响》，法国以其国土面积 18% 造林，生产木材，欧战中所受森林利益甚大，如供给制造业原料品、保蓄水力等，这些均为工业上不可或缺要素，不但能保证自给，且能供给比、英、美诸国军需。特别在保障战时交通方面功莫大焉，正如美国将其主要用于船舰制造材料，使得战时海运无阻，“诚以数十年前造林之功”。[2]日本北海道帝国大学林学教授小出房吉，从战争对欧洲林业影响角度，论述欧洲林业格局随着战争进程、战后政治版图和地理疆域变动而此消彼长的情形。[3]为传播域外林学知识，培育本土重林观念，中华农学会会员重视译述域外著述，如萧诚译日本《山林公报》载《青岛之森林》，汪和耕译德国林学博士哈司（Hass）《栽培森林之利益》，萧诚译日本林学博士堀田正逸《北美之林业》，吴觉民译美国耶鲁大学林学教授恰卜门《中国之森林与水灾》，林刚译宾绰达《森林家之训练》为《森林家之智识》，张福延译日本农商务技师林学博士白泽保美调查青岛林业报告书《德意志在青岛之森林经营》，黄枯桐译日本农

〔1〕凌道扬:《欧战与森林之关系》,《中华农学会丛刊》1919 年 8 月第 4 期，第 8—12 页。

〔2〕林刚译:《法国森林与欧战之关系及其所受之影响》,《中华农学会报》1921 年 1 月第 14 期，第 6 页。

〔3〕陈植译:《战后欧洲森林国之消长》,《中华农学会报》1923 年 8 月第 43 期，第 8 页。

商务省山林局编纂《森林与治水》。[1]

康瀚说："森林学，是森林的学问，就是研究怎样可利用农业的弃地，培育林木，使其利益达于极大的限度，且垂于永久，森林家就是创造森林，管理经营森林，及享受森林的利益的。"所以，"森林家唯一的事业，是在使童山变作丛林，非林地变作林地，林产加多，林产之利用加大，使全国上下都不受无森林的害处，而享有森林的益处"。[2]如何推进林业，各人选取角度不同，持论各有所重。马元恺推重德国林学，引"人存政举"古训，首重培植林官，而且其人应有林学专校知识，通晓德语且成绩优长，尤宜于终身专任；其次，林官职守在"新造森林"。具体做法是：制定林规及管理方法，保持一定的连续性；林业实行官督民办，由城镇乡附近居民组织林社承领，政府委任林员教导；租赁国有森林及课税，民间在西北等地旷地合办林社，承领开办；推广普利，以积少成多。[3]饶茂森立足福建实际倡议，发展林业首先图林业教育普及，设立农校或森林学校，培植林业人才，以实习为重，设立学校林场与校外实习林；次要设立森林行政管理机关，省垣设立森林局为管理全省森林行政机关，设局长一人，其下设林务（森林行政）、林业（林业经营设计事务）和地方（监督各道、县林业团林业经营，调查各道县森林）三科；各道、县设置林业团，为

〔1〕《中华农学会丛刊》1919年3月第2期，1919年10月第5期；《中华农林会报》1920年3月第6集，1920年5月第7集；《中华农学会报》第2卷第5号，1921年2月；1924年5月第47期。

〔2〕康瀚：《森林与森林家的生活》，《中华农学会报》第3卷第9号，1922年6月，第68—69页。

〔3〕马元恺：《振兴吾国森林策》，《中华农学会报》第2卷第5号，1921年2月，第19—22页。

林业经营机关。[1]

造林是林业首要环节，故造林学研究也逐步展开。林伟民在江苏省教育团公有林林场，对场内洋槐经长期实地观察研究，对其种子、播种土质、繁殖方法、栽植方法、苗木选择修剪、栽植季节、植后被害状况等均有精细剖析。[2]商业广告以“黄金树”为致富捷径，夸大其词，混淆视听，曾济宽以学理剖解社会疑难。[3]这说明造林之前应有必要的研究和试验阶段，故设立林业试验场进行试验研究为中华农学会会员所关注。1923年全国农业讨论会上，曾济宽、陈植、张福延等联名“提议各省设立林业试验场案”，“林学为应用科学，故其所讲究之学理及方法，非经实际上试验，即难决其实行之可否，且经营林业，其成功须待之数十百年，匪伊朝夕间可获结果者，况森林地位及林木种类，各地互殊，若欲实地经营，宜征之许多实验之平均结果，然后始可着手，庶不致徒耗财殚力于乌有。故欲将他处良种嘉木，移以致用，亦须经一度试验，以觇其适否，若贸然从事，徒遭失败耳！”[4]

以上多属造林技术层面研究，此外，尚需社会经济方面协调配合。曾济宽认为，从造林技术考虑如何使“造林费用可以节约，成绩亦无妨碍”，从造林经济考虑如何使“伐期总决算有最大效果”，关于后者显然重于前者，曾氏谓为“土地经济主义”，其中关

---

〔1〕饶茂森：《振兴福建林业刍言》，《中华农学会报》第2卷第9号，1921年7月，第13—16页。

〔2〕林伟民：《洋槐造林性质之研究》，《中华农学会报》第2卷第2号，1920年11月，第26页。

〔3〕曾济宽：《黄金树造林价值之研究》，《中华农学会报》第2卷第4号，1921年1月，第1页。

〔4〕曾济宽、陈植等：《提议各省设立林业试验场案》，《中华农学会报》1922年12月第35期，第48页。

涉林地的气候、土质及造林成本等自然和经济因素。但中国造林之弊在于农林不调和，表现为“行政上或技术上，均有划然独立之现象，然细察民间之造林家，除少数公司而外，大部分为农家，绝无单以林业而维持一家之生计者。在欧洲先进诸国，其土地利用之方法十分进步，对于农林二业之疆域，不啻显示区别。然在吾国则林业多属农家的副业，由农家经济上言之，似有不可分之性质，且两者同属土地生产业，亦无强为区分之必要，此吾人奖励民间造林之际，正不可不彻底研究农家之经济，而二者之调和，尤感为必要者也”。从民间造林立论，以期农林二业相互调和，互为促进。[1]但多数人将造林事业视为国家或公共团体经营事业。1920年代，“兵祸”接连发生，研究“兵工造林”时兴，以期“弭患”而“增益”。[2]兵工造林的前提为裁兵，途径为“化工”。曾鸣谦主张“模范”与“普及”并行，在林业萌芽时代，尤宜切实造成美林，以为模范，使人民有所观感，然后仿效施行，亟宜扩充省林区以树模范；创办县级苗圃，以谋普及。[3]

沟通林业与他业之研究。饶茂森通过对牧场林进行研究，试图沟通林业与畜产，以便各得其益。林牧冲突，业林者视畜产为害敌，畜牧者视森林如赘疣。中外人士对二者关系之把握多所隔阂，它们彼此之间也互为轻贱，“视林业为畜牧上必须不可缺者，犹未之闻也”。日本东京帝国大学农科之畜产兽医学讲授一般林业知识，林科亦授畜产学门径，但都限于纯粹的畜产学或林学知识，畜产造林

---

〔1〕曾济宽：《吾国今后之造林方法》，《中华农学会报》1924年2月第45期，第49—56页。

〔2〕陈植：《论兵工造林》，《中华农学会报》1924年5月第47期，第1—4页。

〔3〕曾鸣谦：《安徽森林推广计划书》，《中华农学会报》第2卷第1号，1920年10月，第21—22页。

学、森林畜牧论等课程内容“俨如水上加油，殆不相混”，“此非现代之一奇事，畜产上及林业上之一大缺陷，而为一国产业上之重大问题”。[1]谢先进《论国有公有民有森林作业方针之取舍》、马元恺《论国有林之经营》、饶茂森《经营林业须知》专门探讨林业经营。[2]

陈嵘的树木学、树木分类学研究颇有建树。他引入日本学理知识，重视调查，到南京林区实地采集标本，作为研究资料，研究成果以《中国树木志略》题目陆续刊载于《中华农学会报》，共计29篇，辑录针叶、阔叶树木种系（包括变种）约400个。1923年，他赴美国哈佛大学研究树木，将本国标本与欧美标本进行比较研究。回国后两次赴西南采集树木标本、调查树木种系，编成《中国树木学讲义》，后经充实完善，终成权威巨著《中国树木分类学》，1937年9月列入中华农学会丛书正式出版。该著体系庞大，资料浩繁，为国内外林学界、植物学界推重，国内大学林学系将其列为主要教材。

二　建立科学之蚕业

自明治日本设立蚕业学校、讲习所，用近代科学改良蚕丝业大获成功后，日丝不仅在品质上超越华丝，而且一举改写了生丝国际贸易格局。20世纪初，日丝超过中国打开欧洲市场大门。同期，法国、意大利等国丝业亦有发展，基本实现国内自给。从晚清始，中国即仿效东西各先进国改良土种、土丝；“欧战”给其出口贸易

---

〔1〕饶茂森：《牧场林之研究》，《中华农学会报》第2卷第7号，1921年5月，第14—15页。

〔2〕参见《中华农林会报》1920年8月第9集；《中华农学会报》第3卷第6号，1922年3月。

带来转机，中国因此成为此期世界第二大生丝输出国，日本官立生丝检查所紫藤章惊呼中国丝业已成日本之“世界丝业领袖上之劲敌”。[1]但总体看，民国以来的民族丝业的生存环境日益恶化，外部竞争压力有增无减，国内市场亦为洋商操纵，表面风光下的中国丝业界面临整体生存危机。有人清醒指出：“中国土地，自古宜桑，故蚕桑之利夙著于世。惟因墨守旧法，不知改良，遂致蚕病日深，产丝日少，坐令法、意、印度、日本等国超越而上，尤以日本之进步为最速，以我为蚕桑先进国反瞠乎在后，苟复因循怠忽，不务改进，则蚕丝大利必有一落千丈之势。”[2]

朝野改良呼声日高，政府随声附和，所办实务量少效微；民间在鼓动舆论同时，着手进行实际改良。苏、浙、粤历为蚕业重镇，苏、浙依托上海开港优势开展活动。1918年6月，中华蚕业改良会在南京成立，包久、吴伟夫、芮思娄、奚九如、钱天鹤、宋康益、应尚德、吴恺、范汉光、杨长佑、吴培德、胡廷玖、阮英华、殳之仁、王增勋、张钺、顾仑布、李海璋、章伯琴、范钦汝、陈其学、杨播笏、方矿、石平治、王守衡等人参与。此会以“力图蚕事之改良发达”为宗旨，谓：

经济竞争于今为烈，重农主义振古。既然华夏为蚕桑祖邦，蚕桑为农国大利，鉴世界之潮流，农业诚经济之中心，故蚕业一道非协力发扬而改良之，固不可以裕国计而厚民生也。吾国蚕业肇自嫘祖，积四千余年之经验，亿兆人民之精

〔1〕《日本人之中国丝业谈》，《大公报》1917年1月30日第3张第9版。
〔2〕东雷：《整顿蚕桑》，《新闻报》1917年2月11日第3张第2版。

力，宜有伟大之蚕业，优良之蚕种，雄飞世界，乃受挫折于法、意，被压制于日本，今且日沦衰败矣。推厥由来，实为国人拘局成法之劣根性有以致之。瞻念前途，曷胜浩叹，同人等蒿目怵心，苦思焦虑，爰组织斯会共谋改良，趁此法、意酣战未醒，日本实力未充之时，我风土劳力享天独厚之蚕业国崛起而图之，固不难独揽大利，而争雄列邦也。[1]

中华蚕业改良会确立其会务为筹办蚕桑试验场，筹办蚕种改良所，刊行蚕学书报，研究蚕桑病理及救治方法，调查报告各省县蚕桑状况，巡回讲演蚕桑改良方法，凡不利于蚕桑事件应请官厅令行禁止，凡关于改良蚕桑事件应得奖励提倡。规定凡有农业学识、昆虫学识、有志蚕业、经营蚕桑丝织事业者均可入会。[2]此会以金陵大学蚕桑特科教职人员为主体，其中钱天鹤、石平治、奚九如等均为中华农学会会员。

民元以来，苏、浙、皖蚕桑改良事业实际为外人掌控。1916 年，法、意、英、美旅沪丝商联合发起合众改良蚕桑会，共同谋划经营苏、浙、皖三省蚕业改良事业。1918 年，三省丝茧业总公所联合三省丝厂及茧业商会，群起以争取华商权益。最后双方达成妥协，苏、皖、浙丝茧业总公所加入其中，定名为中国合众蚕桑改良会。不久，日商所设改良会也加入。[3]中方的加入未能从根本上改变外人操控的局面，最高权力机关董事会及正副会长均由外人充任，总技师亦为法人费咸尔（M. Viel）。嗣后，广州洋商丝业公会效尤联合粤地

〔1〕《中华蚕业改良会缘起》,《申报》1918 年 6 月 10 日，第 3 张第 11 版。

〔2〕《中华蚕业改良会简章》,《申报》1918 年 6 月 10、11 日第 3 张第 11 版。

〔3〕《组织合众蚕桑改良会之经过》,《申报》1918 年 7 月 27 日第 3 张第 10 版。

华商成立“万国蚕丝改良会”。纵观南北，中国蚕桑改良几为外人操控，难言独立自主。[1] 鉴于此，国内人士本着与外人竞争的心态发起研究团体。吴兼伊集合闽中同志，发起蚕业学会，以联络感情，增进学识，“保持中华特大之利源，抵制外洋呢羽之销路”。[2]

中华农学会中如郑辟疆、朱显邦、钱天鹤、万国鼎等蚕学专家，他们除以会员个体参加活动外，还以社团力量推进研究、改良事业，但对实业界影响有限，更不具备与外人竞争的实力。时人认为，中国蚕桑业的问题源于政府不能“竭力进行”；民间“狃于固有之经验，以为养蚕之术，以我国为先河，不愿步武欧法，且讲求整顿者，亦不能家喻户晓”。改良的关键，在于对数千年来的“习惯”和“经验”加以“学术之改良”，再行传布民间。[3]1920年，中华农学会决定编辑“蚕丝专刊”，蚕丝股学艺专员郑辟疆、朱显邦与股内其他专员共任其事，旨在汇集同人平日研究，推广改良新法，作为各地改良之参照。[4]

蚕业是一个牵连生产、经营和销售环节的社会经济系统，涉及栽桑、养蚕、制种、采茧、缫丝等。就技术论，蚕种改良是蚕业改良中心；就社会经济论，重在理顺生产与销售关系。栽桑技术，诸如桑秧行距、株距等因素均对桑蚕业有重要影响。殷程撰《长安桑秧调查录》对浙江海宁长安镇桑秧产额、家桑种类、亩株数、

〔1〕1923年北京农业大学川籍学生陈安国等30余人，以募集基金发展四川蚕丝业为旨趣，发起“新农蚕丝储金会”。《京农大川籍学生提倡发展蚕丝》，《新闻报》1923年9月13日第5张第3版。

〔2〕《蚕业学会成立》，《天铎报》1922年9月22日第4版。

〔3〕东雷：《整顿蚕桑》，《新闻报》1917年2月11日第3张第2版。

〔4〕《中华农学会第三次年会报告》，《中华农学会报》第2卷第1号，1920年10月，第2页。

肥料，不同时节桑叶、桑枝修剪管理和用途等，详加调查，以为各地的借鉴。浙省宜蚕，杭州、嘉兴、湖州和绍兴等地尤佳，改良发达全省蚕业非仅关注栽桑可至。盛泽生说江浙蚕业虽盛，“惜成法未尽传，新理莫能解，以致常遭失败，终未见有觉悟者。盖教育未普及，知识尚浅薄，亦无怪其然。惟理想的新法，亦有非今日之蚕户所能仿行者，斟酌取舍，尤贵有先后缓急，循循善诱，是所望于指导者也。”[1]

蚕户缺乏科学新知和改良动力，外界引导和推动不可或缺。浙江蚕业学校校长朱显邦、原蚕种制造场场长黄毓骥、女子蚕业讲习所所长吴家映、农事试验场场长叶芸等认为，世界丝业新进国家蚕政要项为教育、奖励、提倡、监督、保护诸端，相比之下，浙省丝业之“当务之急”是：改良蚕种以培其本、广植桑园以固其基、改良饲法以丰其收成、精制丝品以全其利。他们呈请浙江实业厅提出：省城设蚕务总局，各县设分局，俾蚕业有系统发展；各县办理蚕业传习所、养蚕模范场，以谋蚕业普及；普及栽桑，稳固养蚕基础；各县宣讲员、农会宣讲蚕业；颁行蚕业奖励法，以资鼓励；补助模范蚕户，以资农民仿效；内地设立模范制丝厂，以资提倡；各蚕户或毕业生准设茧灶；设生丝贩卖所；提倡共同组合以利于生产；余杭、嵊县、新昌禁止早种以免蚕体虚弱；蚕业兴盛之地推广蚕种制造场，以谋蚕种改良。[2]其中，“准设茧灶”为重要的鼓励政策，各方态度不一，后却因省议会废止“取缔茧行暂行条例”，酿成风潮。

---

〔1〕盛泽生：《养蚕指导述略》，《中华农学会报·蚕丝专刊》1921 年 3 月，第 30 页。

〔2〕朱显邦等：《改良扩充浙省蚕业计划书》，《中华农学会报·蚕丝专刊》1921 年 3 月，第 1—13 页。

1920年11月19日，江苏省议会应议员提议废止“取缔茧行暂行条例”。省长则在江浙丝织联合会、中华国货维持会陈情压力下，交回复议。议会依法审查未竣，南京机工遂纠集数千人直捣议会，殴伤议员。其间牵涉蚕户、茧行（商）、绸商、丝厂（商）、机工等各方利益，风潮肇事者以为茧行开设漫无限制，竞争加剧，茧价因之高涨，蚕户乐于售茧而不愿制丝，无丝则绸织业凋零，影响机工生计。添茧灶设茧行，关涉改良蚕桑事业。钱天鹤调查事实，得出结论，绸业不因茧行（商）开放而消灭，不但与机工生计无关且有益。所以，“茧行之开放，实急不容缓，而毋庸反对者也。至于茧绸机三业之独持异议，实未明真相或为私欲所蒙；蚕户则智识幼稚，团体全无。……凡事互相倚助者，其利益亦互相关连。开放茧行所以救济蚕家，亦即所以救济茧绸机三业，而发展我国之蚕业也”。[1]

改良蚕种为发展蚕业之中心环节。盛泽生实地研究无锡蚕种改良推广法：首先，养蚕与制种分业发展。原因是产茧与制种目的不同，一在产茧丰美，一在产种佳良，故饲育程度与方针各不相同，但蚕户蔽于成见，难以破除，当由地方或丝茧团体奖用良种，筹设模范制种所，引发蚕户改革，以促成制种家。其次，蚕种防护问题。良种保护，设立模范种库以代贮藏。最后，原种问题。蚕种贵统一，纯原种更佳，应设模范原蚕种制造所，制成理想原种，分配制种家，再行改良。[2]钱天鹤从动物学和昆虫学视角，剖析蚕虫纲目属性，并对家蚕、柞蚕、天蚕、樟蚕、樗蚕等

〔1〕钱天鹤：《废止“取缔茧行暂行条例”平议》，《中华农学会报·蚕丝专刊》1921年3月，第23、26页。

〔2〕盛泽生：《蚕种与无锡蚕业》，《中华农学会报·蚕丝专刊》1921年3月，第1—2页。

16个蚕种，考其源流，描述性状，辨别习性，明晰功用，揭示世界各地蚕种甚多，繁衍需要适宜环境，一地不宜者，未必不宜他种，故需交流，改良发展，以发挥其经济价值。[1]

中华农学会会员引介现代生物学知识，用以说明种的优劣与生物遗传之关系。姜伯明就蚕儿遗传问题说："蚕儿遗传问题，关系之事甚多，非有研究，难于开口。近年以来，讲蚕学者，颇有一二好讲蚕儿遗传，而考其所诣，只摭取几句遗传学上之术语，以为谈话吹嘘之材料，使听者莫名其妙，学者亦堕于五里雾中，如此讲法，将见讲蚕儿遗传者愈多，而蚕儿遗传之真理愈晦。"他剖析了蚕儿遗传原理，并对分离遗传（Alternative inheritance）、融合遗传（Blending inheritance）、获得性质遗传（Acquired character inheritance）、归先（Atavism）、返祖（Reversion）等遗传种类条分缕析，明其精义。[2]他经过实验研究，写成《蚕儿趋温性之试验》。是时日本蚕界特别提倡X光线应用，即从蚕卵发生以至成茧用X光线放射，并在实际中成功应用。李振立将三谷三贤著述，翻译为《应用X光线之新问题》，亦将此法引入中国蚕界。

柞蚕是家蚕以外最重要蚕种，柞蚕丝尤为欧美人喜好。柞蚕原产于中国山东，始于汉元帝永光四年（公元39年），至宋元与家蚕并重，后传入日本及欧洲。古来并无专书记载柞蚕，对于柞蚕饲育、缫丝、染织等的片段记载，也都语焉不详。赵良璧入鲁任教后，一面实地考求，征集奉天、山东等地柞蚕茧，以化学、物理的方法研究茧质丝质；另一面搜罗野蚕的断简残编，询问蚕农

〔1〕万国鼎：《蚕种考》，《中华农学会报·蚕丝专刊》1921年3月，第21页。
〔2〕姜伯明：《蚕儿遗传问题》，《中华农学会报·蚕丝专刊》1921年3月，第22页。

放养经过，考察各地缫织方法，写成《柞蚕丝之研究》一文，主要考察柞树栽培、柞蚕放养、柞丝制作及漂白等环节方法与工艺，为柞蚕业发展提供凭借。[1]

丝厂经营改良研究亦受到重视。晚清提倡机器缫丝，丝业生产方式由家庭手工业渐变为工厂制工业，以土法制丝的家庭手工业生产与之并存。在丝业生产链条上，传统养蚕家大部分退出生产领域，变为纯粹的蚕茧原料供应者，其原有之制丝功能转入机器生产的工厂。但丝茧界长期形成的行规，原料供应者与商品生产者不直接发生联系，养蚕家将茧卖给茧商，再由茧商转卖丝厂，茧商为联系养蚕家与丝厂的中间商。如此，茧商不仅主导养蚕家经济运命，亦能左右丝厂的盛衰消长。换言之，茧商在丝茧业中实际居于主导地位。前述苏省机工风潮，表面看是源于生计恐慌，实质是官方在调控各方利益之时，触动茧商独占地位而引发的利益纠葛。既然既有的体制对原料供应者和生产者皆有阻滞作用，改良变通势在必行。

赵良璧时任山东蚕丝劝业场制丝部技师，对丝茧业界内部运作弊病有切身了解。[2]他主张建立养蚕家自动的组织，打破茧行、茧商以及资本家的垄断，求得蚕丝业根本的巩固。第一，“公伙经营”，即组合制丝经营法，养蚕家自动组合经营，以产茧入股，各为股东，共同经营丝厂；第二，设立工厂，集合养蚕家为组合员，由组合员出茧作为原料。[3]此外，盛泽生《经营丝厂之地点问题》，

---

〔1〕赵良璧：《柞蚕丝之研究·绪言》，《中华农学会报》1923年3月第38期，第9—10页。

〔2〕赵良璧：《在山东省立蚕丝劝业场半载之经过》，《中华农学会报·蚕丝专刊》1921年3月，第1页。

〔3〕赵良璧：《我国丝厂经营法之根本改造》，《中华农学会报》1923年1月第36期，第2—4页。

陶平叔《筹设纺丝工厂计划书》，对丝厂设立的各个环节和要素多有精当论述。

三 食粮问题与稻麦改良

无论古今中外，粮食事关国计民生。第一次世界大战期间，粮食供应成为世界性问题，中国亦因内外交困，情形更为严峻。中华农学会感到“今日急急惶惶所可虑之粮食问题”，〔1〕而粮食自给实为“立国之大本”，需要研究切实解救之方。〔2〕1922年7月4日，许璇在全国农业讨论会上对“欧战”引发世界性粮食问题进行省思与回应，指出：

> 欧战而后，粮食问题，宣腾世界，而其议论之中心点，多集于“食物独立”。盖国民所需之农产物，宜竭其力之所能及，不求之外国，而于国内生产之，而于国民之食物为尤然。若食不能独立，在太平无事之时，尚可自外国输入，以弥其缺，一旦国交破裂，粮道断绝，势必至不战而屈。现在世界虽渐趋于平和，然国际关系，不数十年而辄变，故食物独立问题，凡爱国者宜预为研究，以作未雨绸缪之计。我国自古以农立国，农产之丰，久为中外所公认，每年食料品及原料品之输出，实占输出贸易之大部分，似我国农业生产，当不忧其匮乏。然征之海关贸易册，米及谷之输入，遥超于输出，且其超过之数，与年俱增。小麦及麦粉之输入价格，遥超于

〔1〕《募集基金特别启事》，《中华农学会报》第3卷第4号，1922年1月，第63页。
〔2〕陈方济：《我国粮食问题之解决与稻作》，《中华农学会报》1924年5月第47期，第32页。

> 此二者之输出价格。米麦为我国民最主要之食物，而其一部分顾仰给于外国。若此，则将来人口增加，或国民之生活程度昂进，其输入超过之现象，恐更有甚于此者。瞻念前途，不寒而栗！[1]

许璇提议设立粮食问题研究会，从事专门研究。于矿在中华农学会第五届年会提出："粮食问题之重要，应组织委员会，详悉讨论"，并演讲"粮食问题与麦作改良"，赢得与会人员赞同。[2]会员密切关注各国战时食粮政策，解决军民粮食供给的思路和措施。吴元涤翻译日本农商务省农产课长伊藤悌藏《欧美之战时食粮政策挈要》，全文分为战时生产之政策、贸易政策、国内支配政策、消费政策四部分，较为详尽地介绍了战时英、法、美、德等国的食粮政策。[3]汤惠荪著《欧战时列强之粮食政策》，此文不同于伊藤分国别论述，分别按照德、英、法、美等国各自战前、战时与战后时间为序，比较叙述事实，揭示各国政策源流兴革及利弊得失。譬如，德国战前行粮食自给政策，成效颇显；战中粮食日窘，行特别农业政策，以保障战时供应，一是增加生产，具体包括增加劳力与扩张耕地；二是节制消费，即节食政策，以"食票"定量配给。以上举措对战争走势产生重大影响，"德之所以能支持四载余之烽火者，亦惟赖粮食政策，以为后盾也"。[4]

---

〔1〕许璇:《设立粮食问题研究会》,《湖北省农会农报》1922年第8期，第1—2页。

〔2〕荃:《第五届年会经过报告》,《中华农学会报》第3卷第10号，1922年7月，第94页。

〔3〕《中华农学会报》第2卷第2号，1920年11月，第79—88页。

〔4〕汤惠荪:《欧战时列强之粮食政策》,《中华农学会报》第2卷第5号，1921年2月，第18页。

战时权宜之计，不能根本解决粮食匮缺问题。强大的战争机器快速吞噬着日趋萎缩的国民经济；英国推行海上粮食封锁主义，不啻为釜底抽薪，终陷德于粮绝境地，“诚以德意志战败之日，即其国农业破灭之日”。[1] 战时美国曾流行格言“有食粮即获胜利”（Food Wins the War），农业扩张与食粮节约政策并举。在粮食增殖方面，以深化大农制度为中心，设立农业劳力配给所、农业资金借给银行（Federal Loan Bank），充实劳力与扩大放贷，着力提升农业劳动力与资本集约化程度。不特德、美，西欧各国战局均与各自农业政策密切相关，“法以摧残积威之余，与德开衅，屡战屡败，然能实施粮食政策，以为根本之后援，故攻败守危，而卒能战胜也；英吉利以农业衰颓，国本动摇，而鉴于战时粮食之困境，遽能觉醒农业之复兴，此非特战胜之先导，抑亦今后富强之源泉”。[2]

时人将德国战败的原因归结为粮食问题，即因战而粮绝，因粮绝而败战。汤惠荪认为：“德之战败情由，非败于兵器之不利，战士之不振也，在食粮之不足耳。”吴元涤在《欧美之战时食粮政策挈要》后记中言：“联合国之得最后胜利者，乃食粮充实之果；彼强德之终致屈伏者，乃食粮缺乏之因。”各国经此大战，“莫不觉悟食粮充实之必要，即素重工商不事农业之国，亦复形势一变，对于农业政策，皆奋其真挚果敢之精神，以求振兴矣”！欧战引发的农业教训对于中国尤为殷鉴。汤惠荪强调：“欧战之结果，最足以增吾国家的观念者，莫如农业问题，即食粮自给是也”，“吾

---

〔1〕汤锡福：《欧战和平后吾国粮食问题之急宜觉醒》，《中华农林会报》1920年3月第6集，第10页。

〔2〕汤惠荪：《欧战时列强之粮食政策》，《中华农学会报》第2卷第5号，1921年2月，第18页。

国今日，苟不觉醒粮食问题，而施以适当之政策，则将来之险象更不堪设想”。他主张，“增殖计划”为解决粮食问题的根本方策。一要“开源”，在单产不变的前提下，行“开垦僻野荒地”之策，增加可耕地面积，所以需要开垦及拓殖，“吾国本部，荒地广漠，人咸知之。此等荒芜之地，非硗埆不毛之石田，若一经人力耕种，尽为膏腴肥沃之区。诚地无废地，要在吾人善为利用耳。又边疆之地，如满洲、蒙古、西藏、新疆等处，未开垦地，实占大部，此等荒地，能完全利用，实为国家莫大之利源”。二要“增效”，在可耕地面积不变的前提下，通过科学化改良手段，提高单产，增进效益，所以需要“科学的利用而参以经济的应用”，包括米麦品种改良、肥料改良、病虫害驱除及预防等。汤氏更为看重后者，“吾国今日农事之改良，实为第一要图”。[1]陈方济的视角则不甚同，通过对各种农作物产量和食物营养比较分析，视稻作的扩张增殖为解决粮食问题的要道，“在吾国粮食问题之解决上，亦当以扩张稻作面积，并图对于一定面积上增收为要着”。[2]

1919年以来，灾荒侵袭，粮食短缺，粮价飞涨，江苏诸省禁米出境。此举不能从根本上解决粮食问题，且引发外交风波。邹秉文认为米贵的根源是“产米过少”，供不应求，导致运米出洋和米商囤积问题。根本救济在于增加产额，禁米出境仅为“枝节问题”，不能作为唯一政策。[3]具体方法：一是推广种稻面积；二是

〔1〕汤锡福：《欧战和平后吾国粮食问题之急宜觉醒》，《中华农林会报》1920年3月第6集，第18页。

〔2〕陈方济：《我国粮食问题之解决与稻作》，《中华农学会报》1924年5月第47期，第39页。

〔3〕邹秉文：《米贵之根本原因及根本救济的方法》，《大公报》1920年7月31日第1张第2版。

增加亩产额，组织稻作改良委员会，延请专家用科学方法改良。[1] 朱羲农剖析中国米价腾贵是内外因素交互作用的结果。首先，国内人口增长导致需求增加，供给则“无以应”，或需求未增而供给减少；其次，日本以高价大量采购华米，以致输出增加；再次，食米人数增加而米耕作地减少；最后，农事窳败，因灾损失巨大。基于此，救济之方应着眼全局，通盘谋划：增收策——增加生产，首在改良农事机关，增长农民知识；次为开垦荒地，扩张栽培面积；保留策，禁米出口；节约策；分配策，调适生产与消费比例。[2]

从技术层面言，解决粮食问题的核心在于用科学改良农作，提高粮食作物单产，改进栽培技术、培育优良品种为两条重要途径。20世纪初稻作研究尚未引起国人足够重视，唐昌治感叹：“改良稻作，当为社会所赞同。近年对于改良棉麦，已稍见萌芽，而独于最重要之稻作改良问题，尚属无人顾问，良可慨矣！”[3]唐志才亦言：“我国稻之栽培法，墨守旧则，于进步一层，隔离远矣！”[4]1920年，中华农学会决定编辑“稻作”专刊，以文字鼓吹唤起政府及社会注意，许璇、张谦吉联络会员，分工研究稻作改良，以因应“米荒”危机。[5]次年9月，《稻作专号》发刊。1922年，

---

〔1〕邹秉文：《米贵之根本原因及根本救济的方法》，《大公报》1920年8月1日第1张第2版。

〔2〕朱羲农：《米价腾贵之原因及其救济策》，《中华农学会报》第2卷第5号，1921年2月，第7—13页。

〔3〕唐昌治：《农政改进与稻作之关系》，《中华农学会报·稻作专号》1921年9月第22期，第3页。

〔4〕唐志才：《稻之过去现在及将来》，《中华农学会报·稻作专号》，第14页。

〔5〕《中华农学会第三次年会报告》，《中华农学会报》第2卷第1号，1920年10月，第2页。

于矿在济南年会提议设立粮食问题委员会。[1]

此期，中华农学会主要集中研究稻麦栽培技术改良、优良品种的培育和推广。18世纪四五十年代，德国人李比希（J. Leibig）提出植物营养元素归还学说，创立农业化学，对农作物、土壤、肥料做精密的实验分析，引起西方作物栽培和耕作技术革命，促使作物单产和品质大幅提高。19世纪末农业化学知识零星引入中国，但其在作物栽培技术改良中几乎没有发挥实际作用。在南北“粮荒”日重情势下，运用此类知识改进传统栽培方法不容展缓。原颂周主张在改良之前应有必要的试验，而此前应先行对地方稻麦栽培习惯、自然环境等进行调查，重点从肥料试验、机械应用试验与轮栽试验等入手，而后有针对性地提出试验改良之方。[2]

稻麦品种改良对于解决粮食问题十分关键。[3]方悌甚至认为，就维持国计民生论，在积极补救政策中，“改良种作之一端，尤为当务之急”。[4]于矿分析说：“栽培之精致，管理之周到，施肥之充足，四围之境遇佳良等，固有重要关系，特该项讲求，不过为植物后天的一种补助，断不及品种改良，讲求先天能力之确有把握。”[5]故他视品种改良为“稻作之根本的改良”。[6]品种改良方法甚多，采用何种方法仍有斟酌必要。于矿等人认为最易实行且易

---

〔1〕《第五届年会报告》，《中华农学会报》第3卷第10号，1922年7月，第94页。

〔2〕原颂周：《改良推广江苏全省稻麦计划》，《中华农学会报》1923年9月第44期，第32页。

〔3〕其时日本稻作研究尤重品种改良、土壤肥料两项，稻麦品种改良为其农事试验场“最重要之责务”，育种采用最新的纯系淘汰法。汤惠荪：《加藤博士之稻作演讲》，《中华农学会报》1923年1月第36期，第80页。

〔4〕方悌：《浙江稻种之研究》，《中华农学会报·稻作专号》，第1页。

〔5〕于矿：《上海苏省长提倡米麦品种改良意见书》，《中华农学会报·稻作专号》，第1页。

〔6〕于矿：《日本稻作之增殖及改良》，《中华农学会报·稻作专号》，第84页。

见效的方法，莫过于纯系淘汰育种法。此法以单本育成纯良品种，为改良品种通用方法。[1]它较人工交配及其他方法简便，从试验场试验到农家栽培，其试验周期仅3年。[2]童玉民重点研究推广分型育种法。[3]唐昌治译介日本农作物改良学专家宗正雄著作，认为中国改良农事应探究“生物变化之奥妙，与夫利用之所在”，“数年前改良农事之方针，仅拘于肥培深耕为急务，今则不然，欲改良农产，非读生物改良学、遗传学不可。此种学术，在中国甚幼稚，愿我界急起直追”。[4]张谦吉从研究稻种改良，进而深入研究稻的遗传原理和规律。[5]南北各地培育稻麦种类繁多，选取适合本地自然条件的良种，调查工作必要且重要。丁颖注重在试验改良之前的调查，“东西南北广大无垠，气候土宜彼此互异之区域中，加以三四千年耕作之历史，其所驯致育成之水稻品种，为数几何，彼此优劣如何，进化情形如何，系统的关系如何，假使能根据现在科学的方法，一一调查而综合研究之，则不独对于我国将来改良稻作上有莫大贡献，即于世界的学术研究上亦将有莫大影响”。[6]

唐昌治对仅从技术层面从事农作改良的做法深表质疑，主张兼顾社会经济层面。其言：“今之谈改良稻作者，莫不曰增加生产，改

---

〔1〕原颂周：《改良推广江苏全省稻麦计划》，《中华农学会报》1923年9月第44期，第31页。

〔2〕于矿：《上海苏省长提倡米麦品种改良意见书》，《中华农学会报》1921年11月第22期，“稻作专号”，第2—4页。

〔3〕童玉民：《稻之分型育种法》，《中华农学会报》1921年11月第22期，“稻作专号”，还著有《新编作物通论》，上海：新学会社1921年。

〔4〕唐昌治：《选种的本意与生物遗传学之关系》，《中华农林会报》1920年5月第7集，第1页。

〔5〕张谦吉：《稻之遗传》，《中华农学会报》1921年11月第22期，“稻作专号”。

〔6〕丁颖：《稻之特性之调查法》，《中华农学会报》1923年5月第40期，第94页。

良种植，培育优良纯粹之佳种，理想上往往偏于技术，而忽于农政上之改进，如以若是之手腕为改良农事，见效必迟。中国农村顽固，农人缺乏常识，对于灾害，又无力预防，对于经济方面，又乏合作之精神，此数者实为改良稻作之先决问题，此而不解决，安望其有改进之成效哉！”他提出，稻作改良需要突破以下四个问题：一是农村水利问题；二是农民知识问题，需以农村教育解决之；三是农家经济问题，需以兴副业、设银行共同解决之；四是改良问题，需要造就专门人才，一方面鼓吹舆论，另一方面设立试验场，悉心实验研究。[1]唐昌治着眼于整个农村社会问题的解决，稻作改良是其中之一部。

中华农学会注重引介东亚其他国家稻作改良经验与解决粮食问题办法。研究方面，如于矿的《日本稻作之增殖及改良》；翻译方面，如唐昌治译近藤（Jose S. Canrus）论文 *Rice in the Philippines*《菲列宾之稻作》，陈方济译吉村清尚《白米之腐败分解生成物》，汤惠荪译《加藤博士之稻作演讲》。[2]

关于小麦改良研究，顾复超迈时流制定出一个综合性方案，涉及农政、经济与技术等方面。具体程序为：首先，调查总体供需数量、国内外转移数量及国内可垦荒地面积、土质等。其次，制定改良方针，包括增加产额、改良品种、节约费用等。第三，设立试验场，研究试验、应用试验和模范试验依次推进，主要包括纯系育种法、交配育种法和偶然变异育种法等，待确有成绩后，再行应用试验，最后以模范试验推广于农家。第四，开垦荒地，加

〔1〕唐昌治：《农政改进与稻作之关系》，《中华农学会报》1921 年 11 月第 22 期，“稻作专号”，第 1—3 页。

〔2〕《中华农学会报·稻作专号》；《中华农学会报》1923 年 5 月第 40 期；《中华农学会报》1923 年 1 月第 36 期。

以改良。第五，开垦地经营。此方案之特点，表现为凸显试验的中心地位，其种类计有品种试验、栽培法试验、肥料试验、病虫害试验、农具试验、轮栽试验和经济试验等，每一类下再细分条目。育种最为切要，栽培、肥料试验次之。[1] 此外，玉蜀黍是世界实用作物产量最多的，对解决粮食和饲料问题意义重大，刘子民的《玉蜀黍之研究》，为此期研究的主要代表作之一。[2]

四　华茶改良

19 世纪中晚期，随着印度、锡兰、爪哇等国茶业崛起，华茶的优势和地位渐失。1911—1915 年，印茶输出量超越中国，跃居世界第一，中国退居第二，其输出量仅与锡兰相当。[3] 1916 年，日本静冈茶业试验场技师川崎正一调查华茶报告书，提到华茶弊病：树龄老化，树势衰弱，不知施肥、剪枝和栽培改良方法；政府取不干涉主义，对于茶园栽培、茶叶制造的方法不过问和改良；贩路扩张等在“他们的脑筋中，恐怕连痕迹还没有”；摘采方法粗杂，有损树势等。1917 年，Raymand C. Nackay 在美国《茶和咖啡商业杂志》（*The Tea Coffee Trade Journal*）发表长文“China’s Tea & India’s”，分析认为华茶贸易由盛而衰，其重要原因是茶叶栽培不用科学方法，而同期印度、锡兰则反之。[4] 吴觉农亦认为，印茶成

〔1〕顾复：《改良小麦之管见》，《中华农学会报》第 2 卷第 6 号，1921 年 4 月，第 1—20 页；第 2 卷第 7 号，1921 年 5 月，第 1—14 页。

〔2〕《中华农学会报》第 3 卷第 11 号，1922 年 8 月，第 10—27 页。

〔3〕《世界茶叶主要输出输入国及一人平均消费额比较表》，《中华农学会报》1923 年 2 月第 37 期，第 1 页。

〔4〕转引自吴觉农：《中国茶叶改革方准》，《中华农学会报》1923 年 2 月第 37 期，第 19—20 页。

功运用科学方法提升了商品竞争力；华茶则沿袭旧法，以致国际竞争力下降。如其言：“在这种工商业竞争的舞台上，在这种科学主义流行的世界中，我们承袭了闭关主义的余毒，只依恃着自然的一点天惠，两相接触，焉得而不失败，焉得而不落后？”“中国茶业现状这样晦暗，失败到这步田地，一言以蔽之：无非人家能够改良，以图进步；我们只会保守，不知道应时势的需要，以谋发展而已。”[1]

1922年上半年，中华农学会委托吴觉农编辑茶叶专刊，专门研究华茶改良。[2]次年2月，《茶专号》出版，其内容主要包括华茶栽培、制造和贩卖等。王儁指出：“吾国业茶者，多系农民以耕作之暇，就山麓地隙，从事种植，出其家用及馈赠之余，以作副收而已，其少数恃此为主产品者，对于茶业知识复未一闻，种植之后，不加改进；人工制造之时，不计技术之巧，徒恃天然。以此与人之精益求精不遗余力，相角逐于海外市场，宁不声价日替，瞠乎其后耶！”[3]吴觉农历数茶叶栽培八病：栽植不周密、不用剪枝法、不善用肥料、品质复杂、摘采不良、资本少且劳力分配不均、老路不良、规模狭小又乏共同组织。[4]葛敬应特别关注茶树的剪枝，中国栽茶向不剪枝，以致生长不均，作业不便；印度、锡兰和日本讲究剪枝，尤以日本为最，效果良好。[5]对此他提出“品质增进主义的华茶救济”方案，土质、选种、繁殖、耕耘、肥料、剪枝、

〔1〕吴觉农：《中国茶业改革方准》，《中华农学会报》1923年2月第37期，第1页。

〔2〕《本会纪事》，《中华农学会报》第3卷第12号，1922年9月，第102—105页。

〔3〕王儁：《论改良华茶亟宜注意之要点》，《中华农学会报》1923年2月第37期，第67页。

〔4〕吴觉农：《中国茶业改革方准》，《中华农学会报》1923年2月第37期，第20—22页。

〔5〕葛敬应：《茶树剪枝之研究》，《中华农学会报》1923年2月第37期，第90页。

摘叶、病虫害等，均引入科学新法。[1]且茶山设计、茶园整理、茶树更新及其经营管理工作至为繁杂，“每易动摇栽培家之地位，非有植茶试验场以为之范，则民间茶作一切实施，无所取法”，应设立植茶试验场，先试验，再推广。[2]

华茶在制造与销售方面弊病丛生。吴觉农研究认为，在制造方面，如绿茶不蒸叶；制造不洁净；缺乏专门制茶工人；缺乏共制共卖方法；着色不正及茶失信用；日本、印度和锡兰制茶机械化，质优且成本低，华茶则反之。在贩卖方面：手续复杂，中间环节多；不能直接贩卖及不谙外国情形；缺乏团结能力；不知利用广告；缺乏资本；关税厘卡流弊；包装不良；水陆交通不便；外航迂回和船舶匮乏。[3]机制成为制茶改良的中心环节，已成时人共识。陈时杲主张设立制茶试验场，采用机械制茶。华茶滞销的重要原因是不符合欧美卫生条件和习惯，而日、印茶商借“脚”发挥，中伤华茶。如用机制，可有效增加华茶清洁度以绝外人非议，亦可降低成本，扩张国际销量。如此看，应统合全局，把栽培、制造和销售等连成一个整体。曾邦熙认为关键在于召集巨股，在产茶区组织大公司专营茶业，总公司下设栽植部，专门研究栽植茶法，制造部专营进货制造和装货出货，营业部专门负责转运、广告及销售事宜，各部门均由专门人才管理，精益求精。[4]

技术虽然关键，但政府的不作为与功能缺失是导致华茶窳败

---

〔1〕 葛敬应：《品质增进主义的华茶救济谈》，《中华农学会报》1923年2月第37期，第70页。

〔2〕 陈时杲：《改进吾国茶业之商榷》，《中华农学会报》1923年2月第37期，第70页。

〔3〕 吴觉农：《中国茶业改革方准》，《中华农学会报》1923年2月第37期，第23—29页。

〔4〕 曾邦熙：《我对于改良华茶之意见》，《中华农学会报》1923年5月第40期，第8—9页。

的重要原因。厉慕鹗直言各级“政府不能尽提倡之职”，以致华茶恶局。[1]吴觉农指陈政府缺乏保护奖励方法、法制不备、研究机关不备、统计调查缺失。“关于茶业的研究，更连影踪都还没有”，这导致三十年来绿茶品质不及日本，红茶香味不及印度、锡兰。[2]政府固有行政“不作为”之失，但既有制度和行政之弊危害更烈。中外人士皆指出，政治上的腐败和骚扰尤为严重，税则繁重，内地厘金杂税极重，致使茶商难以贩运。王儁通过大量考察，发现茶界改良者实“不良”，“今之真热心于改良者，不能作根本之设施，而官厅间有数纸奉行故事之公文，终亦无补于事，几位夤缘进身毫无茶业学识之市侩或学棍厕身茶界，只能作炎炎詹詹条陈，不施一技于实际，言之非艰，行之维艰。国人惯习，原不足羞，惟以此期达改良之实境，实不异蒸沙求饭，磨瓦作镜矣。此改良人之无良，所以虽改良而未收改良之效果”。

茶农是茶业改良的终端实施者，其自身态度和素质直接决定事业的成败。茶农知识的具备或提升，又依赖于政府或知识社团的传授与引导。但二者往往互有隔膜，甚至对立，前者恃“经验”而轻“智识”，视其为“外行”；后者恃“智识”而贱“经验”，视之为“愚昧”。非“业茶”之改良倡导者努力非但得不到茶农正面回应，反遭抵制。改良者自身徒有改良招牌，而无改良实务，不能见信于农人。王儁即言：“我国业茶者无处不有，改良者断不能顾此而失彼，复不能家喻户晓；即使事能兼顾，而乡愚无知，谁遽信之。”据他讲，安徽前在屯溪设立茶务讲习所，被当地人视为

---

〔1〕 厉慕鹗：《对外茶业发展策》，《中华农林会报》1920年7月第8集，第12页。
〔2〕 吴觉农：《中国茶业改革方准》，《中华农学会报》1923年2月第37期，第29—30页。

“洋学堂”，在茶园中插木牌以为标识，乡民竟以“碍其坟向门向，每每拔去”；教以茶业知识，则将“洗耳远遁”。故“改良禁伪”固为急务，但有“更急者”尚待先行解决，一是甄别人才，毋使滥竽，多设茶业学校及改进茶业之机关；二是凡产茶之区，须由高级茶业机关多派劝导员，向茶农传授茶业学理；再请当地富有学识且有声望者轮流讲演；选茶农优秀子弟入茶业学校，研究高深学理，以为彻底改良预备；学校实习时，请当地业茶者现场参观学习。〔1〕厉慕鹗在其他地方的感受则迥异，对于茶农“告以植茶之改良者，则欣然有喜色”，是故“我国农民虽智识浅陋，而于植茶之改良，尚有挽救之地步。所患者，无劝导改良之力耳”。对此，他主张设立改良茶业劝导队，以富于茶业经验与学识者，巡游城镇乡间的茶厂、茶栈，劝导改良植茶、制茶方法。〔2〕

吴觉农改革茶业方案首重人才，次为团体。其一，茶业人才的养成。选择适当产茶地设立茶业专攻科，如云南、贵州、四川、湖北、湖南、江西、安徽、浙江、江苏、福建、广东各地中学或甲种实业学校，聘请专门技师，教授栽培、制法及化验各法；派遣留学生；设立巡回教师，分赴各省传播茶业知识；甲、乙种农校添设茶业科。江浙稍重蚕业，设有蚕科或蚕桑功课，而对与蚕丝并重的茶业，还“放在特用作物中，不当一件紧要的科学，这是一件很可訾议的事情。查日本于产茶附近的农校，或者附设极大的制茶工场，或者添设茶业的功课，或者定期请茶业家讲演及实习。我国茶业的重要，远过日本，而于衰颓不振的老大茶业国，尤应该

〔1〕王僑：《论改良华茶亟宜注意之要点》，《中华农学会报》1923 年 2 月第 37 期，第 67—69 页。

〔2〕厉慕鹗：《对外茶业发展策》，《中华农林会报》1920 年 7 月第 8 集，第 14—15 页。

特别注意”。其二，筹备茶业团体。在首都设立中央茶业委员会，由各省茶业联合会选派2人，政府聘任专门家10人，农商、财政和外交部各委派4人，每年集会1次；全省茶业联合会，为规划全省茶业事务，由省实业界人士及县市联合会代表组织，下以联络各县，上与中央茶业委员会互通声气；县茶业联合会，凡县内有关茶业的团体及茶业人员都可为会员；乡村茶业者合作社，由乡农组织而成。[1]通过中央、省及县乡各级茶业组织，将政府、改良机关和农民扭合在一起，以形成改良合力。

此期，中华农学会重点关注日本、印度、锡兰等国，而尤以日本为最，主要有胡浩川《日本底茶业趋势》，方翰周《日茶底现势谈》《日本静冈县茶业组合会议所规约》等。

---

〔1〕 吴觉农:《中国茶叶改革方准》,《中华农学会报》1923年2月第37期，第32—35页。

第三章
许璇长会后农业社会化的新探索

1923年东南政局动荡，中华农学会在宁干事相继离散，会所遂迁至苏州。次年为避战祸，会所转迁上海，会务继而停顿。[1]许璇南下杭州，于翌年8月当选干事长，[2]着手在上海设立总部。[3]许璇长会后，会务整顿取得明显进展，会务路线为之一变，由于域外农业社会化理论及农业经济学知识大量引入，超越此前的"技术"科学路径，走出"研究室"，着眼从社会、政治和组织诸层面寻求农业问题出路。在国民革命感召下，它揭橥"三民主义"旗帜，融入国民党的"民生主义"建设，并走出去积极与国外农学界交流，在复杂政治生态中从事学术与社会政治活动。

第一节　研究与试验：从中华农学研究院到农学研究所

许璇在带领中华农学会推进农学学理研究的同时，颇为重视

---

〔1〕陈方济:《三十年来之中华农学会》,《中华农学会通讯》第79、80期合刊，1947年11月，第6页。

〔2〕《中华农学会开会之第二日》,《申报》1925年8月10日第2张第7版。

〔3〕《中华农学会新计画》,《民国日报》1925年8月11日第3张第1版。

农事试验，并借机争取庚款补助经费，谋划成立中华农学研究院。后经苦心擘画，成立农学研究所，附设农事试验场，以为学理研究提供资料，将学理研究与农事试验相结合。

一　倡设中华农学研究院——以英庚款事件为中心

在留学时代，中华农学会中不少人怀有创立本土农学研究机构的梦想。1918 年，留法的蔡无忌以为“农学研究所者，农学或关于农业科学之研究处之统称”，如农业试验场、植物病理研究所、种子试验室、机械试验室等，德国和美国此类组织“最多而最有势力”。前者以“分工及分权的普及”最引人注目，各科别立为专门研究机关；农、工业联合出资予以扶助，使其“位置益稳固而势力益扩张”，如 Bromberg 各院及柏林的发酵工业院；研究所附设于高等农业学校或农学士院，使教员、学生“同得其利益”。后者颇能继承德国精髓，“甚为完备”，研究范围各异，侧重于所在地农业特点，每所均受“农学试验场办事处”监督，使其互有往来，并与议会或民众交换意见，Farmers Tustitutes 即为显例。法国也仿照德、美等国设立研究所，使农学、农业日进。由此，蔡氏认为，“吾国之幼稚农学，实不能与泰西各国相抵抗”，故“欲改良中国之农业，以与世界相争，则非自设立研究农学之机关不可”。[1]

1914 年，中国科学社发起时便提出“设立各科研究所，施行科学上之实验”。社长任鸿隽特别强调“学校”与“学会”是创建中国现代“科学学界”的重要手段，当肩负“研究”使命的高等教育“正在破产的时候”，“研究所”成为“制造科学家的时势”的“终

---

〔1〕 蔡无忌：《欧美农学研究所谈》，《农学杂志》第 2 卷第 4 期，1918 年，第 1—6 页。

南捷径”。[1]他指出中国科学教育的两大缺点：“专注重科学之传授，而不问科学之研究”；“仅以研究之事，委之学校，而不别求直捷有效之途径”。[2]因此，更须“研究所”推进“研究”事业。

1925年10月，留美生唐钺发表《中国学术的最大病根》一文，直指学术界“重编译而轻研究”的偏向，“近年中国科学社在南京办了一个生物研究所，一般社会‘熟视无睹’，而自然科学研究所、社会科学研究所，乃因日本的带了令人怀疑的动机的议论而惹起一般人的注意。这岂不是我们不注重研究的明证吗？”欲建立中国的现代学术，必然要从“裨贩进而为研究”，如言：

> 不久以前，有人著书鄙笑日本人于学术，只能裨贩远西，不能自己恢彍。但就近年的事实看，日本人于医学及他科上曾有几个很重要的发见。就单论我们所最以自豪的国学研究，日本人的成绩也断然可以与我们争短长。这些事实，不特证明日本人不是单能裨贩的；且证明裨贩他国之长是任何国的学术发达史所必有的阶级。因为这个原故，我们并不轻视编译这件事。为什么呢？因为编译是裨贩——说客气些，就是输入——他国学术的一种重要工具。（就是极守旧的人也不应该以裨贩远西为耻，因为晋以后中国的文明，岂不是许多方面受过近西——我们意指印度——之赐吗？近西远西，又何择焉！）
>
> 但裨贩固然是必经的阶级，然而若一国的学术专靠裨贩，

---

〔1〕 任鸿隽：《科学救国之梦——任鸿隽文存》，北京：科学技术出版社2002年，第243页

〔2〕 中国科学社：《科学通论》，上海：上海书店出版社1934年，第462页。

当然是不行的，所以一定要由稗贩进而为研究，才有学术可言。我们今日不应该停止稗贩的功夫……但决不可以稗贩自足。目下国中的趋势，似乎专重编译。学术界中的个人或团体多数以编译单行本或丛书为满足，对于调查研究方面极少予以相当的注意，实不免使人失望。许多学者因为生计困难或设备缺乏，不能做超过稗贩的事业，还是情有可原；而国家方面也只闻有人倡设编译馆，没有人创设研究院，一若我们还活在京师同文馆与江南广方言馆的时代，岂不可怪？[1]

学界鼓吹“研究”，恰是“研究”不足（尤其教育疏离研究）的明证。是时，中国现代学术门类大体划定，因而后创，再造中国的学问日益成为知识界共识，并且主张通过研究所的集众研究快速推进。深谙德国洪堡教育理念的蔡元培对北大进行“学术化”改造，酝酿创立包括法科在内9门研究所，引领教育及学术界。随后，政府及各学术社团研究机构渐次成立。中国科学社移步南京高师后，于1922年8月创办生物研究所，分设植物部、动物部，先后由中华农学会会员秉志、钱崇澍、陈焕镛主持。在尼丹及其中国弟子共同推动下，中国静生生物调查所得以诞生。尼丹的中国弟子众多，诸如中华农学会会员邹树文、秉志、陈桢、胡经甫、刘崇乐、朱元鼎、吴福桢等中国最早一批生物学学者，均是其及门弟子；邹秉文、过探先、金邦正、钱天鹤等与其也有受授渊源。1927年9月，他应中华文化教育基金会之邀来华访问，按照双方约定，本只“辅助发展国内生物科学及其研究”，但金陵学界的众

〔1〕孙怒潮编：《注释国文副读本》中册，上海：中华书局1935年版，第38—39页。

门生却寄望借助乃师之力，设立专门研究所，树立学术典范之际，也可张皇英美一系势力。秉志、邹秉文和胡先骕领衔，广为联络任鸿隽等康奈尔校友，联名致函范渊濂，谓：国际学术大师若“只在学校授课及往各处演讲，其影响较小；若请其组织生物调查所，本其平生之经验，大约一年之内，可以训练人才，使该所之工作渐有端倪。……将来尼氏离华后，其研究者可以与其计划进行，数年以后，必有较大之成绩”。[1]中国静生生物调查所在北京正式设立，秉志出任所长。

中华农学会浸淫在南京浓重的学术研究氛围中，并有科学社生物研究所的直观示范，于1922年提出“将设立各项研究所、试验场、演习林，代社会解决一切疑难问题”。[2]1923年，第六届年会建议政府设立农业研究所，[3]但因经费拮据与政局动荡，未能实行。1925年，上海年会和干事会相继提出设立棉业研究所，组织农村问题研究会、改进茶业及推广海外贸易研究所等项，列为重要会务。[4]中华农学会对“研究”的自觉意识，除自身观念转变外，正如时人所道及是受了外来因素刺激，其中日本的影响尤为明显。明治初期，日本引进美国大农业主义失败，转而移植德国农学，着手建立研究所，大获成功。[5]日本实现从“日本科学”到“日本的科学”转换后，遂按照本国学术典范在中国建立研究所，进行文化输出。1923年3月30日，帝国议会通过“对支文化事业特别会计法”，以庚款余额在华举办文化事业。次年2月6日，中

〔1〕秉志:《致范源濂》，近代史资料编辑部编:《近代史资料》第108号，第124页。
〔2〕《募集基金特别启事》,《中华农学会报》第3卷第4号，1922年1月，第61页。
〔3〕《第六届年会纪录》,《中华农学会报》1923年7月第42期，第93页。
〔4〕《中华农学会之干事会议》,《时事新报》1925年8月11日第4张第2版。
〔5〕杉本勋著，郑彭年译:《日本科学史》，北京：商务印书馆1999年版，第372页。

国驻日公使汪荣宝和日本“对支文化事务局”局长出渊胜次签署“汪—出渊协定”备忘录，分别在沪、京两地设立自然科学研究所与人文科学研究所。前者初设医学、理学二部，理学部下设物理学、化学、生物学和地质学四科，与中华农学会同人专业密切相关。它声称以“自然科学的纯粹学术研究”为目的，办成“由中日科学家共同从事合作研究的场所”。[1]实际包藏祸心，难以掩盖文化殖民的凶险用心，更甚者实际充当日本官方情报据点，而招致中国教育会联合会等教育和学术团体联合抵制。尽管如此，此类机构仍不乏学术典范效应。

学界的反对声音最终未能奏效，退而谋求加入研究。至1925年年底，中国科学社、中华学艺社、中华医学会等学术团体加入为会员，计有章鸿钊（中国科学社副社长、地质学家），郑贞文（中华学艺社社员、化学家），胡敦复、伍连德（中华医学会会长），谢应瑞（中华医学会董事）等。[2]中华农学会设法参与研究，但对方态度不甚积极，未能如愿，因而大生不满。汪厥明愤而指责：“只见医学者占多数人，而无一农学专家插翅其间，岂非恨事！夫医与农，皆与生物有关之应用科学也，医如斯，农岂可落后”，农学界应“急当有所表示也”。[3]中华农学会并不甘心受此“冷遇”，力图扭转局面。1926年4月首次组团赴日参观考察时，汤惠荪在日本农学会和日本农艺化学会联合大会的讲演中，提到中日两国农业问题极为相似，两国农学界需要“相互提携”，并请援助在上

〔1〕转引自梁波:《技术与帝国主义研究》，济南：山东教育出版社2006年版，第168、172页。

〔2〕黄福庆:《近代日本在华文化及社会事业之研究》，台北：“中央研究院”近代史研究所1982年版，第161页。

〔3〕汪厥明:《中国农业之缺陷与农学界之责任》，《中华农学会报》1925年11月第48期，第5页。

海自然科学研究所增加农学部。[1]不久，会员在广州年会上再次提出此案，经大会审查通过，并以学会名义致函中日文化事务委员，但仍未获得肯定答复。这对中华农学会应是不小的刺激，会员当即提出“农业研究分科陆续举行建设案”，[2]预示其自办研究机构的启动。

当时南北分立，政争不断，各政派无暇顾及学术文化事业；学人社团高谈理想，但因经费困顿，无力实施。在这样的时代大环境下，中华农学会试图争取一部分退还庚款，促成农学研究机构本土化。民初，法、英、日等国相继宣布退还部分庚款，引发中国朝野激烈争夺。英国决定将 1922 年 12 月 1 日以后收入赔款，拨充中英两国“有利事业”，本息每年合计 300 余万镑，用途并不限于教育。用款指无定向，颇引起社会论争，各方的分配方案分歧极大，口水战背后却是利益之争。[3]主要有教育学术、实业与军事三种用款取向，“教实”双方是论争主力。[4]在华英国商会主张用于“英国式之中国教育”，并补助在华英国文化教育及医学教育；英国工程师学会坚持用来修筑中国铁路，并联合吴佩孚争取。中国科学社力主用于“研究学术”：纯粹研究，如设立研究所、补贴各大学等；补助研究机关，如设立图书馆、博物馆等；[5]还有呼吁用于“改良司法”。[6]蔡元培在英岛发起退款兴学运动，发表七

---

〔1〕汤惠荪：《中国之佃户问题》，《中华农学会丛刊》1927 年 4 月第 54 期，第 12 页。

〔2〕《本届年会开会志略》，《中华农学会报》1926 年 11 月第 52 期，第 114 页。

〔3〕有主以此款筑川汉、粤汉铁路者；有主用于导淮、修筑宁湘铁路者；有主用于乡村教育，普及国民之知识者；亦有主张用于设立完美之“科学研究院”，并补助“已有效之生产事业”者。杨靖孚：《英国庚款用途之商榷》，《中华农学会报》1926 年 11 月第 52 期，第 68 页。

〔4〕《庚款用途问题》，《天津益世报》1924 年 8 月 4 日第 2 张第 6 版。

〔5〕《教育界与庚子退款》，《大公报》1924 年 7 月 9 日第 1 张第 3 版。

〔6〕祝修爵：《英国庚子退款用途意见》，《时事新报》1924 年 6 月 24 日第 1 张第 1 版。

项意见，其中第一、二项关系农林研究，主张设立科学研究所，并辅助国内有名大学或专门学校，创设或扩充急需的科学或工艺特科，如农林等科。[1]各方激烈争夺，相持不下。[2]

农学界鼓吹庚款兴农，由邹秉文首先发起。1924年，邹秉文拟就《划拨一部分美国退还赔款提倡关于农业之科学研究意见书》，全文共分三部分，陈述六大理由，规划四项事业，设计一项组织。[3]他指出中国以农立国，若能拨一部分款项从事于农业改良的科学研究，是为“协助中国最大多数人民之盛举”，将促进中美邦交“敦睦”，符合美方之愿望；将利用庚款延聘美国专家，帮助中国改良农业。其核心观点是设立“中国农业改良局”，设董事会，由中美双方7—11人共同组成，局内设立棉作、林业试验场和血清制造所，推进试验、研究工作。他主张改良局与各地农事试验场、

〔1〕1924年6月，蔡元培函呈英国国会议员英庚款用途意见：以赔款主要部分设立科学研究所，分为两部，其一置机械的标本及图形，分别表明理化科学进步时期及工业、美术进化各阶段；其二置历史的自然标本，列示人类学自发生起历史上各时期动植物进行程序。另以一部分辅助中国国内有名大学及专门学校，创设或扩充急需科学或工艺特科，如生物学、纺织、工程、化学、医学、农林等。蔡元培因其一度出任中华教育改进社委员长的特有渊源，第一项实际体现了改进社提出应以大部分充设置研究纯粹及应用科学机关经费的主张。《蔡元培之支配英国庚子赔款意见》，《新闻报》1924年6月12日第5张第3版。

〔2〕科学社主张庚款用于研究学术：（1）纯粹研究，如设立研究所、津贴各大学等；（2）补助研究机关，如设立图书馆、博物馆等；（3）普及学术讲演，选派留学生、国际交换教授及在外国设中国文学与哲学讲座等。《教育界与庚子退款》，《大公报》1924年7月9日第1张第3版。

〔3〕理由是农业为其他各业之基础与命脉：（1）农业是中国主要税源，教育经费至少70%源于田赋，如行义务教育，需款更巨，非兴农业不足以“裕税源”；（2）农业是工业基础，其成败“系于原料之丰歉及品质之良劣”；（3）农业发展，增加农产品出口，有助于缓解贸易逆差；（4）中国农业改良最紧要问题为延聘中外专家发明新种子、新方法；（5）改良农事需款巨大，国内不足以解决；（6）美国农业发达，足以为中国改良农业之借镜。《天津益世报》1924年9月3、4日第2张第7版。

农科大学合作解决中国农业问题，并与全国各县立农场、农校及乡村小学合作推广所发明的新种子、新方法。这体现了将农业改良各环节连贯衔接，实现研究、试验与推广的融合，全国各农事机关联络一体的思路。此举对中华农学会应有不小影响。实际上，中华农学会早于1923年便决议加入北京对日庚子赔款问题协会，但因时局动荡，未能展开实际工作，直至许璇主会，相关事项才又提上日程。〔1〕

而此时，外籍人士也颇为关注中国的农业教育与研究事业。1926年3月，美国哥伦比亚大学教育学院院长孟禄（Paul Monroe）列席中华教育文化基金董事会，讨论利用美庚款设立中国农业研究机关。〔2〕4月，英国庚款委员会代表团威灵顿爵士、胡适、丁文江一行6人，赴沪征集各界意见，为中华农学会接洽建言提供了契机。这确与邹秉文有的放矢、直指美国庚款的做法不同，略显被动，“此款重要点虽在主权问题，但既来征求意见，亦应有所表示”。中华农学会与教育、实业界均有人脉与利益相系，其不太积极或许与顾忌卷入教、实纷争有关。既然英方主动相邀，发表看法倒也顺理成章。

英庚款代表团来沪，受到社会各界热捧。中华农学会几经周折，才与该团商定晤谈日程。29日上午10时，中华农学会会员庄景仲、过探先、吴觉农、陈同白、陈焕镛、侯朝海一行，赴客利西饭店代表团寓所，与代表团全体委员相晤。首由威灵顿发言，次由庄景仲宣读《本会致英庚款委员团意见书》，由陈同白翻

〔1〕《第六届年会纪录》，《中华农学会报》1923年7月第42期，第92页。
〔2〕《孟禄来华任务》，《广州民国日报》1926年3月10日第9版。

译。[1]他们以中英两国国情为由头，陈述请款理由：

中国以农立国，故农民实占国民之最大多数，且土地广漠，地质肥沃，虽国家如何扰乱，政治如何变动，而尚能支撑不弊者，是皆农业国之力也。但因水利不修，童山满目，栽培之法又沿用旧习，故作物生产未能增进，农民生活难以改善。此委员团诸君历经各地，必已详细鉴及者矣。故欲谋中国国民真正之福利，非设法从农业上发展不可。

英国系工商国。工商国与农业国关系之密切，不言可知。如能从事中国农业之发展与改良，非但能供给多量与优良之农产品原料于英国，以资英国工业上之应用；且于英国之工业品销售亦有莫大之利益也。英国物品之销售，中国实系一重要场所，但中国因农业生产未能改良，农民生计亦渐入窘境，因之最多数之国民购买力甚为薄弱，故从事改良与发展中国农业一事，实系中英两国最有利之事业也。

且庚款系照各省人口多少之比例而分配，中国各省，农民均占多数，故中国农民负担庚款额亦最大。今以庚款谋中国农民之利益，以发展中国之农业，又实最适宜之用途也。

本会深信，英国此举和贵委员会代表团征求意见，系诚意欲求中英两国之真实利益为前提，故为真实利益计，为中国最多数农民利益计，为中英两国互利计，此款之用途，无更适当于用诸改良农业者，且亦非此不能增进两国国民真正之友谊也。

---

〔1〕《会务报告》,《中华农学会报》1926年6月第51期，第99页。

综上所述，此款之用途应为，(一) 农业智识上之增进；(二) 农民生计之改善；(三) 山林水利之治理；(四) 补助中国各种农学团体等项。[1]

实际上，中华农学会重点表达了两项主张：一是应将英庚款的大部分用于农业改良事业；二是农民及农学团体代表应参与基金董事会事务。双方又经自由发表意见，互相讨论，最后委员团成员一致表示予以采纳，将就大部分庚款用于农业，并请拟具详细计划书。正因此机缘，催生了中华农学研究院的蓝图。

5月1日下午3时，中华农学会召集干事及专家会议，郑辟疆、顾鸣岗、陆焕文、邹秉文、于矿、林骙、沈宗瀚、朱凤美、史国英、侯朝海、陈廷煦、朱羲农、吴觉农13人与会讨论计划书事宜，推举邹秉文、于矿、沈宗瀚、林骙、郑紫卿、侯朝海、朱羲农7人为委员，负责草拟事宜。2日晚，草就计划书；3日，缮写中英文本各一份，送交委员团。[2]计划书全名为《中华农学会提交英庚款委员代表团之计划书》，主要围绕“中华农学研究院”展开，详述其旨趣、组织、人事及所开展事务各项。它侧重从“沟通中外农学”的角度阐释研究院设立缘起：

吾人认农业之研究与改良二事，为吾国目前当务之急。从中国固有之农业言，历来经验结果，诚有不少成绩，如地方之维持，品种之改善，耕作方法之发明，原料之土法加工

〔1〕《本会致英庚款委员团意见书》,《中华农学会报》1926年6月第51期，第100—101页。

〔2〕《会务报告》,《中华农学会报》1926年6月第51期，第101页。

> 等，均不无足观者。顾旧法多得自经验，而昧于原理，如能采用科学的方法，而加以研究，其结果不独旧法可以因而改良，即世界之农业上当亦可得不少贡献也。再从新法言，各国农学在科学上均属先进，而各国之农业方法能资中国之采用与否，亦非待研究之后不为功也。中华农学研究院之倡设，端在于此，即欲藉以沟通中外之农学，为中国农业贡献，更进而为世界谋其贡献之道也。抑更有进者，有此研究院之设，则可以借此聘请各国学者，相互研究，相互发明，同时而中国之后学，亦可藉此而培植其学力，以为农业尽其力，则研究院之设立，如能见诸实行，其有益于中国与世界之农业，顾鲜少耶？〔1〕

为争取英庚款，中华农学会设计计划书时，刻意吸收英国学术因素。从整体框架看，欲仿照英国著名农业研究中心 Rothamsted Research Center，将试验与研究融为一体。1923 年，钱天鹤认为它是近代农事试验场的“源头”，〔2〕虽为私人组织，但成为英国全部农业研究发轫地，并引领世界农业研究机构潮流。〔3〕美国农业研究机构也不同程度地受到它的影响。以此为学习对象，既有助于沟通中英两国农学界，争取对方的同情支持，也将对改进中国农业大有裨益。但计划书并非全部照搬 Rothamsted 模式，又融入美国的 Cornell 因素。中华农学研究院的架构与功能，与此前的中国

---

〔1〕《中华农学会报》1926 年 6 月第 51 期，第 101—102 页。

〔2〕钱天鹤：《近世文明与农业》，《钱天鹤文集》，北京：中国农业科技出版社 1997 年，第 164 页。

〔3〕Sir A. Daniel Hall, “The Future of Agricultural Science”，《中华农学会报》1934 年 12 月第 131 期，第 2 页。

农业改良局多有雷同。

此份计划书极有可能是由邹秉文本其既有蓝本而成。首先，用科学的方法研究及改进中国主要农产物，以稻、麦、棉、茶、蚕丝为主，畜牧、森林、水产等次之，并培养农业特种人才，发表、推广研究结果。其次，确立中华农学研究院组织系统，由研究院、试验场组成。研究院下设动植物育种系、农艺系（土壤、肥料、作物）、农艺化学系、农业生物系（动植物生理、动植物病理、动植物分类、昆虫）、农业经济系；试验场分列稻作、麦作、棉花、茶、蚕丝、森林、畜牧、水产等。相应人事安排：设立院长，由在农学界素负声望、外国著名大学毕业，并曾在农业机关任事5年以上而成绩卓著者担任；各系主任，分任研究与试验部，研究部设立指导员、研究员、助理员、研究生；试验部则设立研究员、助理员和研究生。系主任由院长推荐，经委员会聘任，在国内对于该系最负声望、东西洋留学及经验丰富者任之；指导员由院长会商系主任聘任，要求负有世界声望的外国科学专家担任；研究员由系主任推荐，要求研究院或外国大学毕业者担任；助理员由院长聘任，要求为国内大学毕业者；研究生的条件为大学专门毕业，或有相当资格，须2年以上试验经历并及格，如提出论文并及格，给予学位。

邹秉文不同时段的计划书实际有一以贯之的学术理路，即研究、试验与推广的融合，但因依附主体不同，侧重各异。中华农学研究院的建制图式更类似于此前全国农业讨论会通过的《全国农业教育计划大纲》附设于大学的研究院，注重研究与试验，推广则稍显次要；农业改良局要直面农事实际，故凸显试验与推广的地位。农学研究院规划出台，意味着中华农学会对于农业改良，渐次走出纯粹的知识移植，着意于农事试验和农业推广实务；既引入农学学理，又重视研究本土实情，两相结合，开出科学新法。这是中国第一个综合性农学研究机构的蓝图，尽管理想成分较大，但毕竟体现了时代需求和学界动向，并对后来产生深刻影响。

对于庚款利用这样牵动各方利益的敏感事件，不仅各集团之间主张各异，集团内部也意见不一。是年5月，浙江公立农业专门学校的杨靖孚主张发展实业与教育相统一，颇有平衡教、实冲突的意味，建议每年拨款200万元，创办"全国教育基本财产林"，以每年收入充为教育经费。如谓：

> 窃意此项款额，本为吾国全民所负担，今兹创设事业，亦当以全民利益为原则，庶免畸轻畸重之嫌。吾国连年水旱，气候失调，社会上、经济上均蒙莫大之损失。推原其故，实由森林缺乏所致。兹拟由此款项下，每年拨出一部分，创办森林，名为"全国教育基本财产林"，将来收入，全数拨充教育经费之用。果能见诸实行，一方面既可减少社会水旱之灾；一方面又可确立教育巩固之基础，一举两益，惠及全国，他项事业，计无有逾于是者。〔1〕

8月，中华农学会在广州举行第九届年会，陆精治提出"将各国退还之庚子赔款划出一部或一半以上为筹办交通事业及发展实业并请通电全国一致协助案"；杜时化提出"确定庚款三分之二为发展农业经费草案"。会员对此颇有分歧，经大会审查决定暂为保留，待时机成熟再议。另外又决定：反对各国有条件退还庚款及

---

〔1〕 杨靖孚：《英国庚款用途之商榷》，《中华农学会报》1926年11月第52期，第68页。

“不当的支配用途”，以示“我农学界之公意”，并派员参加“请求其余各国退还庚款运动”。对英庚款的处理，中华农学会一定程度上吸收了陆精治的意见，转而主张以一半款额作为农业经费，另一半用作交通事业，再将后者所得收益仍作为农业发展基金，并取部分充为中华农学会基金。[1]可见，在各方互不退让的情形下，中华农学会的主张不得不有所调整，兼顾教、实利益。

二 农学研究所与农事试验场

中华农学会虽然未能加入上海自然科学研究所，但传达了会务重心转移的信息。1927 年 9 月 5 日，杭州第十届年会通过筹设农学研究所案，[2]将“筹设高等农学机关”正式列为章程的九大事业之一，[3]意味着从制度层面确立研究所的重要地位。其缘由大体有三：其一，许璇是直接的推动者。许氏受浙江瑞安特殊地域文化影响，颇具事功之志，如马叙伦所言，“承先世及永嘉诸子之说，志于事功，以赴国家之急”。[4]他性情笃实，服膺“知行合一”，厌弃坐而论道，“本会既为农学团体，应以解决民生问题为己责，但此非空谈可以做到”。[5]故从长会始，确立农业调查、研究和推广三项事业计划，筹设农学研究所即为整体工作的展开。其二，邹秉文等留美人士的影响至关重要。从人事安排看，邹氏尽管属于学会的核心人物之一，但前期始终没能执掌中枢。究其

〔1〕《本届年会开会志略》,《中华农学会报》1926 年 11 月第 52 期，第 108—113 页。
〔2〕《第十届年会记事》,《中华农学会报》1927 年 12 月第 58 期，第 3 页。
〔3〕《中华农学会会章》,《中华农学会报》1927 年 12 月第 58 期，第 6 页。
〔4〕马叙伦:《故北平大学教授许叔玑先生墓志》,《中华农学会报》1935 年 7 月第 138 期，第 6 页。
〔5〕《中华农学会年会》,《新闻报》1927 年 9 月 6 日第 4 张第 2 版。

原因，内部或明或暗的美、日派系竞争及其实力对比依然是主因。留日生为会员主体，且通过同窗、乡谊等多重人脉结成一系，长期掌控学会，直到抗战爆发。但邹秉文长期充当精神领袖的特殊角色，政出其门。许璇主导规划的学会新路线当与邹秉文等人的竭力鼓吹有重要关系，同时也是农学界趋向美国农学使然。农学研究所的蓝图也多以邹氏的学术理路为圭臬，而远源则可追溯到康奈尔大学农学院。其三，中国传统的经世务实学风与西来研究精神相契合。中国古来士夫观念视农业为“经世”要政，与现实须臾不可分离。但近代生吞活剥地“贩运东西洋外国讲义”，学校所授知识不仅与本土实际格格不入，也与中西学风相抵牾，多被学人与社会所诟病，促使其发生根本转向。中华农学会认同农学为实学，不能仅仅停留于学理引介，更应做切合本土的应用性研究，并与试验、推广相衔接，以改良农业，改善民生。英国 Rothamsted Research Center 恰好将研究与试验相结合，堪称应用农学研究机构的典范，欲步其后尘，设立农事试验场是当务之急。

杭州年会结束后，农学研究所筹备工作启动，试验场率先成立。9 月 7 日，第一次干事会议推举许璇、陈嵘、吴庶晨、王舜成、钱天鹤、葛敬铭、陈方济 7 人为组织委员，确定筹划研究所组织大纲。[1] 10 日，第三次干事会议通过农学研究所组织大纲草案，分设农业生产、农业经济和农业推广三部。[2] 章程规定其宗旨为“图农业之发达及农产之改良”，主要事务是先从试验着手，进而为学

〔1〕《本会一年间大事记》，《中华农学会丛刊》第 64、65 期合刊，1928 年 10 月，第 205 页。

〔2〕《干事会议记要》，《中华农学会丛刊》第 61 期，1928 年 4 月，第 108—109 页。

理的研究。[1]但中华农学会经费困难，单靠日常所入难以支撑，故寻求能够赞助资金的合作伙伴尤显必要，而德国爱礼司氮气肥料公司的出现让它看到了希望。11月19日，双方签订了合作开办农学研究所合同。据吴觉农追述，对方意在进行该公司出产的“狮马牌”化学肥料对稻、麦、棉等农作物的肥效试验。合同规定外方负责提供有关图书和仪器设备，每月拨官银1000两作为试验经费；中方负责具体试验。[2]中外合作不仅可解决开办研究所的经费问题，也可推进农艺化学研究工作；德方则可获产品试验与推销的双利。德商加盟，使得研究所筹备工作迅速推进。25日，中华农学会第四次干事会推定许璇、陈嵘、吴桓如、过探先、钱天鹤、汤惠荪、侯朝海、黄枯桐、徐澄、葛敬铭、袁哲、江汉罗、吴觉农、周汝沆、陈方济15人筹备研究所，制订了试验场组织大纲及进行计划。[3]在资金方面，提取会务基金充为筹备费，至此前期筹备基本就绪。试验场选址工作随即展开，由袁绍、周汝沆负责接洽。[4]众所周知，农业受土壤、气候等自然因素影响甚大，故选址工作相当关键。当然，地价与消费也是考虑要项，“惟上海附近，住民之多，地价之昂，欲觅相当试验场址，诚为筹备中之最感困难者也”。历时两月余，于沪宁线真茹站附近（南新村以北）择定场址，面积约32亩，平坦整齐，灌溉便利，为试验佳地。翌年1月15日，农事试验场正式设立，场技术员周汝沆与工人迁入

〔1〕《研究所概要》,《中华农学会丛刊》第66期，1929年2月，第118页。

〔2〕吴觉农:《中华农学会——我国第一个农业学术团体》,《中国科技史料》第2辑，第80页。

〔3〕《本会一年间大事记》,《中华农学会丛刊》第64、65期合刊，1928年10月，第205页。

〔4〕《会务日记摘要》,《中华农学会丛刊》第59期，1927年12月，第1—2页。

开始办公。[1]

农学研究所生产部的各项工作同步展开，包括征集种子、报告，组织图书室和标本室等。1928年2月14日，在宝山路鸿吉坊设立研究所筹备处，许璇当选农学研究所所长。[2]生产部、经济部也遂告成立，并确定各部人事，梁希任生产部主任兼研究员，陈方济任研究员，周汝沆为技术员，王志鹄、厉熙勤为助理员，孙尚良为会计员；黄枯桐为经济部主任，发行农业经济杂志，专载农政、农村和农民各项重要问题，并拟向欧美及日本捐募图书，设立图书馆等。[3]农业经济部的设立缘由：一是农业经济恶化，日益受以农村为中心问题的时势所迫；二是许璇等人的影响，许氏系农业经济学家，深感农业改良政策、农村问题迫切，有必要联络同道共谋出路。至此，除推广部之外，先期规划各部相继成立，农学研究所架构初步确立。7月1日，许璇提出研究所暂行总则及办事细则，并获通过，研究所正式开始运转。[4]此种建制与中国农业改良局皆突出试验与推广，精神内核又与英国 Rothamsted 十分符合，强调试验工作的重要性，兼容了英、美两国研究所的风格。此举既开农学研究之新风，也为农学界树立典范。试验场成立后，即整理耕地，添置农具、测候器具、肥料试验用具、谷类试验用具等，然后试验，分棉作、水稻、麦作，栽培试验、肥料试验等多个

[1]《中华农学会农事试验场报告》，《中华农学会报》1929年8月第69期，第77页。

[2]《本会一年间大事记》，《中华农学会丛刊》第64、65期合刊，1928年10月，第206页。4月5日，研究所由鸿吉坊迁至法租界金神父路424号。《事务所日记摘要》，《中华农学会丛刊》第61期，1928年4月，第112页。

[3]《干事会议记要》，《中华农学会丛刊》第61期，1928年4月，第109—110页。

[4]《本会一年间大事记》，《中华农学会丛刊》第64、65期合刊，1928年10月，第207页。

试验区，研究育种施肥以及各种改良，成效显著，声名远播。[1]沪上媒体称其设置农事试验场、农业化学实验室及农业经济、农村社会各大系，实乃“会务发达”之“界标”。[2]1928年以来，中央大学农学院师生、第二集团军军官农事训练班学员等相继进场参观。[3]农事试验场的良好运作与陈方济和周汝沆的努力密不可分。此二人与许璇渊源甚深，具有同籍、师友多重关系，又因试验经验丰富而颇受重用。陈方济系浙江海宁人，日本鹿儿岛高等农林学校农林科毕业，先后加入中华农学会、中国科学社和中华学艺社等团体。1926年4月，他受中华农学会委派，赴日本西原中央农事试验场、丰田村静冈县立农事试验场参观，重点考察遗传试验，并与高石政次郎、石井三十郎等知名学者交流。[4]周汝沆系浙江诸暨人，先后就读于浙江省立甲种农业学校、北京农业专门学校，为许璇门生，1921年毕业后留校任教，任试验场技士。[5]

1928年，试验场进行首次试验。具体步骤为：首先，征集良种。向金陵大学、湖南修业棉稻试验场等处，征得稻种60余种，麦种、棉种各20余种。其次，筛选适宜优种。“盖言良种，迁地之劣变也，虽各作物之品种，未必皆然，惟吾人不能不顾虑及此”，特选取在本地栽培长久、栽培面积较广且产量较高者，如稻用荔枝红粳种，棉用朱家木桥种，麦用白皮大头。再次，征集调制肥

〔1〕《本会一年间概况》，《中华农学会报》1929年10月第70期，第122页。

〔2〕《十届年会后中华农学会会务发达》，《民国日报》1927年10月14日第2张第3版；《中华农学会筹备农学研究所》，《申报》1927年10月14日第2张第7版。

〔3〕《中华农学会农事试验场近况》，《民国日报》1928年7月27日第2张第4版；《事务所日记摘要》，《中华农学会报》1929年4月第67期，第98页。

〔4〕汤惠荪：《东游日记之二》，《中华农学会丛刊》第57期，1927年10月，第65、69页。

〔5〕粟海亮主编：《湖南民主人士》，北京：中国文史出版社1991年，第498页。

料。用爱礼司公司的和合肥田粉、硫酸錏，咪吔公司的硫酸钾，日商三井公司的过磷酸石灰、菜实粡、棉实粕，三菱公司的安福肥料（Ammo-Phos，Ammo-Phos B.）等，分别与牛粪、杂草等物混合堆肥。第四，试用耕地机。在上海率先引入西门子公司生产的耕地机，研究机器的速力、消耗与功效。第五，防治、驱除病虫害，计有螟虫与稻热病，棉实虫与炭疽病，麦的黑穗病，制成鳞翅目、鞘翅目、直翅目、有吻目、脉翅目等百余种害虫标本。第六，试验水稻、棉、小麦、马铃薯肥料分施及肥效项目。水稻和合肥田粉肥效试验、和合肥田粉分施试验、氮气肥料肥效比较试验、和合肥田粉适量试验、土性试验，棉花和合肥田粉肥效试验、硫酸碳适量试验、和合肥田粉分施试验、本数试验、土性试验、氮气肥料肥效比较试验、和合肥田粉适量试验，小麦和合肥田粉肥效试验、和合肥田粉分施试验、氮气肥料肥效比较试验、和合肥田粉适量试验、土性试验，马铃薯和合肥田粉肥效试验、土性试验等项。此外，试验场定时观测气象，分别记载气温、湿度、降水量、云量、晴阴雨日数、风等气候参数，制成报告。[1] 1929 年，试验场进行第二次试验。试验作物种类、肥料以及试验形式与第一次基本相同，包括水稻、棉花的围场试验和铅筒试验，以此研究不同肥料施于不同试验区或不同施肥法与农作物生长的关系。[2]

研究所的图书工作进展较大。事务所原设有图书室，专门搜集各机关赠送杂志。1922 年，《会务计划大纲》计划设立农业图书馆，收罗中外农学专书，供给研究人员中外各种资料。[3] 研究所

〔1〕《中华农学会农事试验场报告》，《中华农学会报》1929 年 8 月第 69 期，第 77—123 页。
〔2〕《中华农学会农事试验场报告》，《中华农学会报》1930 年 2 月第 73 期，第 53 页。
〔3〕《募集基金特别启事》，《中华农学会报》第 3 卷第 4 号，1922 年 1 月，第 61 页。

成立后，图书室正式成立。图书来源渠道：一是国内外机关团体赠书，如美国农业部及国际交换处、日本文化部等均有大宗资料相赠；二是自购新旧书刊，如1927年委托山井格太郎并通过日本外务省文化事业部代为购书；[1]订购德、美等国知名报告、杂志10余种，如 *Chemical Abstracts Soils Science*、日本理化研究所汇报、日本农艺化学会志等。[2]另把新旧书刊统一分类编目，资料总量大为扩充。[3]图书室成立一年工作已大有起色，共搜集各类书籍、期刊、研究报告等计1795种。情况如下表所列：

表3-1 农学研究所附设图书室现有图书统计表[4]　　（单位：种）

类别 文别	书籍	杂志	研究报告	单行本	合计
中文	209	55	8	213	485
英文	112	4	12	543	671
德文	—	2	5	15	22
日文	247	20	34	316	617
总计	568	81	59	1087	1795

与此相反的是，研究工作迟迟未能走上轨道。研究所规划设立农艺化学实验室，计划从化学试验入手，进行肥料、土性和农产物分析。1928年8月，该会委托德籍会员应伯利从德国购进实验仪器与药品，但爱礼司公司态度突变，提出“无理要求”，令中

〔1〕《赴日考察团报告》,《中华农学会丛刊》第63期，1928年8月，第109页。
〔2〕《本会一年间概况》,《中华农学会报》1929年10月第70期，第122—123页。
〔3〕《第二届执行委员会会议报告》,《中华农学会丛刊》第66期,1929年2月，第114页。
〔4〕《本会纪事》,《中华农学会丛刊》第66期，1929年2月，第119页。

华农学会大为不满，双方由此产生龃龉。[1]次年，虽经几次沟通，但始终没有实质性进展，致使第二次试验中水稻、棉花的围场试验和铅筒试验中止。陈方济萌生去意，后因执委会一致挽留而作罢。[2]历时一年，双方未能达成一致，中华农学会决定自动解除合约。其中的是非曲直究竟如何，据吴觉农解释说，“梁希这时刚从德国留学归国，鉴于工作横遭干涉，无法开展，就立即提请该学会自动地和该公司解除了合作协约”。[3]大致可以推测，中、德国力相差悬殊，德商也不免盛气凌人的“傲慢”与“无理”，并开出合作的苛刻条件，恰触动了中华农学会同人的心理底线。1929 年 10 月，研究所与试验场工作宣告结束，意味着农学研究所整体工作招致失败，许氏揭橥的新会务路线一定程度受挫。但颇具象征意义的是，中华农学会的新动向表明农学界自觉告别照搬外来经验的表浅做法，走向试验研究，由高谈理想一变为面向现实，将农学研究与农事实际相结合，为中国农业告别传统模式树立典范，也成为近代学风转变的一个历史缩影。

第二节　走出“研究室”：国民革命前后的社会政治转向

1920 年代中后期，“农村问题”超越先前的“农业问题”“农民问题”表述，成为学理探讨和社会改造的核心概念。时人常征引域外通用表述：以农村地域为中心，所生关于社会经济的、政

---

〔1〕吴觉农：《中华农学会——我国第一个农业学术团体》，《中国科技史料》第 2 辑，第 80 页。

〔2〕《第四届执行委员会议决案》，《中华农学会报》1929 年 8 月第 69 期，第 132 页。

〔3〕吴觉农：《我在上海商检局搞茶业工作的回忆》，《文史资料选辑》第 88 辑，北京：文史资料出版社 1983 年，第 152 页。

治的、教育的、秩序的以及生活的问题，涉及各阶级、各职业间，富裕、健康、修养以及权力分配等关系，对社会全体幸福的影响，它较都市问题更为复杂多歧。[1]英文学术话语常释其为“农村生活问题”（Problems of rural life，Problems of village life），举凡出现于农村的一般国民经济问题、文化问题、宗教问题和政治问题等，均寓于其中，亦可谓农村社会生活失调（Maladjustment）的反映。[2]所以，“农村问题”虽然不能简单等同或归属于农村社会学，但其中蕴含深刻的社会学意义。

杨开道破字为先树立社会学派的解释体系：“农学家和农场经济家只知道农业，只看见农场，天天忙着去增加生产，增加收入，去对付农业问题。农业的主人翁——农民——怎么样，他们是不管的。社会主义的信徒，看起来觉得进了一步，因为他们所讨论的，不是农业问题而是农民问题，不是物的问题而是人的问题。但是我们仔细去分析他们的农民问题，无非是资本农的发展，中小农的陷落，劝后者抛弃资本主义的剩余，及早加入无产阶级——都市的工人和农村的雇农佃农——的战线，去打倒资本主义。”由于“农村是农民一个自然的集合体，农民共同生活一个最小的单位”，要解决全体农民问题，促进全体农民幸福，须从农村这个小单位做起。他主张以“农村”为单位，在“社会”视角下，将农业、农村和农民连成一个整体，充分顾及“个个人人，方方面面，使农村社会生活化，农村生活社会化”。[3]

吴觉农亦从“社会”视角定义“农民运动”：“拥扶农民自己的

〔1〕那须皓著，刘钧译：《农村问题与社会理想》，上海：神州国光社1930年，第215页。
〔2〕冯和法：《农村社会学大纲》，上海：黎明书局1931年，第49页。
〔3〕杨开道：《农村问题》，上海：世界书局1930年，“自序”，第1—2页。

权利，增进自己的地位，改善社会组织，并在合理的社会方针之下，作政治的经济的及技术的一种团体运动。”〔1〕这说明晚清以来以农业科学化为核心的农业教育和农事试验、改良及推广的农业问题解决之道，趋向于对农村社会问题的整体把握和解决，日益成为知识界的主流取向。中华农学会认为，“今日急急惶惶所可虑之粮食问题与农村问题”。〔2〕它在持续关注“革新农业状态”，推进农业科学化之时，适时将其重心下移至农村教育、农村组织以及其他农村社会问题。这提示近代以来解决农业问题的路径及其变化：一是学理的，即将域外科学学理运用于中国农事实际，确立中国的农学知识统系，推广并实现农业科学化；二是社会的，即从农村社会问题角度，寻求解决之道，或到民间去、从事农民的知识启蒙运动或政治解放运动，以改造农村社会。

一　关注农村教育

农村教育问题被时人认为是最重要的农村社会问题之一。1926年年初，田倬之提出“不应从其自身范围内寻觅”解决中国农业问题的方法，而应从环境、组织入手改良农民生活，以与改良农艺的方法并重。〔3〕也就是说，在农业技术之外，要注意从土地问题（实现“耕者有其田”）、农业组织、农业教育等方面补救农村，为此，

〔1〕吴觉农：《农民运动的意义与方针》，《中华农学会丛刊》第54期，1927年4月。

〔2〕《募集基金特别启事》，《中华农学会报》第3卷第4号，1922年1月，第63页。

〔3〕他提出改良农艺13条办法：改良品种，改良肥料，驱除病虫害，改良农具，改革蚕、茶业，推广棉业，提倡畜牧，改良稻麦，改良推广甘蔗、甜菜业，建造森林，兴办水利，农业电气化，发展农村交通。此外，农民生活的改良有：促进乡村平民教育、提倡农民合作和建设新农村。田倬之：《中国农业问题》，《世界日报》1926年2月12日“学库”第129号第2版。

土地问题、地税问题、农业组织问题、粮食问题，以及各种农业合作、农民银行和农民教育等的研究势在必行。[1] 8月14日，唐昌治在中华农学会第九届年会开幕会上指出："本会志趣，从前注意农业调查及著作，近年因时代关系而改变方针，对于农村教育、农民生活、农村组织等渐加注意。吾国以农立国，农民占百分之八十以上，此大多数之同胞如不力求生活上、智识上之改善，农业决难进步。"[2]

在学制运动中，中华农学会会员对农村教育便多有关注。1920年，黄枯桐排列农村中诸种"不良"现象，主张用"教育"解决"智识问题"，以"救济的方法"解决"生计问题"，以合作社解决组织问题。[3] 1922年，中华农学会的《会务计划大纲》提出要"注意改进农村"，"本会惟一目的为农民服务，当今我国农村状况极为幼稚，自非积极改进不可，拟以种种方法量力救济，并设模范农村以为创"。[4] 1923年，张天才先后发表《吾粤应提倡乡村教育》《实施广东乡村教育的管见》等文。[5] 顾复则指出："晚近国人鉴于教育与农业之重要，而其最主要之点，尤在教育与农业相联之处，于是研究农业教育与农村教育"，对中国而言，发展农村教育尤为关键，其因有二：其一，"吾国全人口中，农民占百分之七八十，而曾受教育者不过其中百分之二三，故今后办理教育，宜注重农

[1] 刘南陔：《今后农民运动的方针与研究的步骤》，《中央日报》1928年2月8日、2月15日"经济特刊"第2、3号第3张第4版。
[2]《本届年会开会志略》，《中华农学会报》1926年11月第52期，第94页。
[3] 黄枯桐：《农村改良问题》，《广东农林月报》第3卷第2期，1920年1月，第1页。
[4]《募集基金特别启事》，《中华农学会报》第3卷第4号，1922年1月，第61页。
[5] 张天才：《实施广东乡村教育的管见》，《广东农林季刊》第1卷第3期，1923年8月，第6页。

村教育”；其二，“吾国虽以农立国，然近年以来，农家生计日艰，衣食不给，丝茶等之特产品，输出渐减，改进农业，急不容缓；然欲改进农业，当先改造农民，以输入新智识为第一步，故欲振兴农业，亦宜注重农村教育”。[1]

1925年8月8日，中华农学会在上海举行的第八届年会上，会员集中讨论“农村问题”，尤其是农村教育问题。许璇提出应注意农村文化的发展等重大问题；[2]胡先骕援引美国乡村教育觉悟情形，倡导中国农业学校之改良；汤惠荪认为改造农业，既要由上而下，也要从农村问题入手，由下而上；唐志才认为，解决农业问题当然应注重农政与农村问题，唯有农村教育为先决问题。[3]最后，会议通过“注重乡村教育”案、编订全国农校教科书案。[4]11日，许璇邀集在沪干事10余人，决定组织农村问题研究会，并请农学专家编辑农业教科书。[5]此外，决定由于矿负责编辑“农村问题”号。[6]以上均为学会视野下移，转向农村问题的具体例证。

就教育而言，中华农学会的关注重心前后有别。从学会创立至1920年代初，重在农业教育，试图通过全国学制改革，建立更为符合中国实际的农业教育体系。这与中华职教社从农村职业教育入手，培养现代新农民的取径截然不同。这与当时对现代农村问题演成之根本原因的认知密切相关，换言之，近代农业教育未能达到增进农民智识的目标。有人反思道，知识浅陋、生计艰难、

---

〔1〕顾复：《农村教育·例言》，上海：商务印书馆1923年，第1页。
〔2〕《中华农学会开会两日记》，《时事新报》1925年8月10日第4张第2版。
〔3〕《农学会开会第一日》，《新申报》1925年8月9日第3张第10版。
〔4〕《农学会年会之开会程序》，《新闻报》1925年8月7日第4张第4版。
〔5〕《中华农学会之干事会议》，《时事新报》1925年8月11日第4张第2版。
〔6〕《本会纪事》，《中华农学会丛刊》第54期，1927年4月，第37页。

风俗不良、水利不兴、交通阻塞与通俗教育机关缺乏，是中国农村社会主要问题，而施行农村教育是首选。[1]又如田倬之言：

> 农民之所以无论对于耕种方面、生活方面、国事方面，没有良好的技能，或解决的办法，就是因为没有智识，没有受过教育，不识字。所以，为发展农业起见，提高民智，实行民治起见，我们应当极力推广乡村平民教育。否则，任你有许多农科大学、农事试验场，有很好的改良方法，试验结果。但是，农民一个字也识不得，其报告给谁看？方法叫谁施行呢？所以推广乡村平民教育，实是必要的。[2]

可见，乡村教育是对学校教育流弊的矫正。晚近有将农村教育归入农业教育，甚至二者混用，实际是模糊或混淆了它们各自不同的宗旨和界限。顾复就此纠正说，农业教育“乃授与儿童以农业上之智识技能，俾将来能谋自立之生活，并服务于社会是也”；农村教育亦为乡村教育，与都市教育相对，“乃对于乡村人民，施以教育，发展其个性，使适应社会生活，养成乐居乡村，从事农耕之人是也”。[3]张继周区分“农业教育”和“农民教育”各自功能，尤为突出乡村教育在近代中国的迫切性：

> 殊不知农民教育，在吾国不过为目前救急办法，与普通所谓农业教育不同。农业教育以农业为重心，研究高深之农

---

〔1〕钱锺亮：《我国农村社会问题》，《时事新报》1924年7月4日第1张第2版。
〔2〕田倬之：《中国农业问题》，《世界日报》1926年2月12日“学库”第129号第2版。
〔3〕顾复：《农村教育·例言》，第1页。

> 业原理，造就农业上专门人才，于是有初等、中等与高等之分，年限既长，范围亦广。至所谓农民教育者，即欲以速成之方法，短少之时间，简单之科目，灌输于成年之男女农民，如自耕农、佃农、雇农等，使其于工作之余，受相当之教育，其性质较之农业教育，固大有区别也。试观近年来，提倡农业教育之声浪，亦云高矣，如各县设有乙种农校，各首〔省〕设有甲种农校，中央设有农科大学与农业专门学校。此外，私人设立之农校，亦所在多有。但征于实际，各校历年毕业生，服务农田，将所学切于实用，而得一般乡间农民之信仰者，宁有几人？故虽聚精费神，以设立农业学校为急务，而农民仍墨守成法，农业犹未见改良。是则今日救急之策，厥惟普及农民教育，使农民不识字者，均能识字，识字者，得阅览书报，若能同时授以农业智识与时事大要，则不特农业得以改良，农民生活亦将因而改进，乡村改造之基础，舍此未由矣！〔1〕

时兴的“乡村教育的运动”亦是对近代以都市为中心新教育的“反动”。〔2〕1920年，有识之士宣称：

---

〔1〕张继周：《实施乡村改造与普及农民教育》，《江苏旬刊》1928年11月第9期，第18页。

〔2〕有人认为，乡村教育运动约形成于1926年前后，1927年后乡村教育开始向乡村建设方向发展（参见郑大华：《民国乡村建设运动》，北京：社科文献出版社2000年，第70页）。此说大体不差，但细分析之，将某些历史事件或行为列入“运动”的谱系叙述，其实往往难以界定其形成的确切时间点，即使划定了时间断限，也不免难以周全和全部囊括之憾。行事尚如此，思想更无论。中国农村自古并非没有教育之形式和内涵，当然区分于从外国传入的学堂形式的近代教育。此乃学堂代科举而起滋生的流弊所致，新教育设施皆在都市，农村的地位边缘化，农家子弟（转下页）

> 我时常觉得乡村无教育，教育是都市的出卖品，也是特别阶级的专利物。这种教育集中都市的状况，不是社会的一种病象吗？这种集中都市的教育，不是制造特别阶级的教育吗？从事新文化运动的人，嗜爱平民精神的人，不应该把这种情形放在脑筋内打几个转吗？我敢大胆说一句：现在的文化运动是偏枯的，局部的。虽说是过渡时代的必然现象，但是我们不应该以它为满足，不应该延长下去，我们远应该努力乡村的文化运动。乡村教育的运动，就是内面的一种。[1]

乡村教育涉及“学理”与“经验”之关系。1922年，丁双依警醒农村教育“须务实验，非得学理和经验并行不可。如果养成一般不实际的‘农绅’。那么，哪怕遍地都是农校，对于农业改良上，还是隔靴搔痒”。[2]中华农学会认为，20年来农业教育以直译外国教科书为能事，不仅不合国情，而且“专重技术，无益农村”。[3]它转而将关注重心移至乡村教育，除受自身认知驱使外，乡村教育各派影响亦是要因。

中国南北民间社团高标“到民间去”之帜，主张将农村教育从宣传推入实践轨道。事实上，尽管其口号震天，但“实行者甚

（接上页）要么仍到残存私塾发蒙识字，要么到都市城镇就读，寒苦之士为经济所困，往往无缘于现代教育。乡村教育为其矫正之方，黄炎培道其缘起：“我们所以提倡乡村教育，就为是都市教育，全是浮泛在人群表面上的空场面，照此办去，前途危险不得了，所以想到乡村教育”（黄炎培：《与安亭青年合作社谈乡村事业》，《教育与职业》1929年第103期，第107页）。乡村教育在言说与事实方面形成错位，也就是，倡言甚早付诸实际却相对迟滞。

〔1〕《乡村教育的危机》，《神州日报》1920年8月3日第6版。

〔2〕丁双依：《自作农改良之商榷》（续），长沙《大公报》1922年7月16日第3张第9版。

〔3〕《中华农学会现况》，《世界日报》1927年3月17日第6版。

鲜”。[1] 1923年，全国仅有中华教育改进社、中华平民教育促进会筹备或实行“乡村教育”和“平民教育下乡”工作。[2] 1925年8月，中华职业教育社制定《山西划区试办乡村职业教育计划》，谋求在山西开展工作。[3] 此后，乡村教育在各地逐次推开，开办主体约可分为三类：其一，教育类团体，如中华教育改进社、中华平民教育促进会、中华职业教育社等；其二，学校及其组织，如金陵大学、江苏省立师范学校及其分校合组的联合会；其三，学术团体，如中华农学会等。1923年6月，中华教育改进社组织乡村教育委员会，葛敬中任主任，赵叔愚为副主任，桂汝丹、郭仁风（Griffin）、欧元怀、谢家声为委员，朱其慧、晏阳初分任女子教育委员会主任、成人教育委员会主任。[4] 次年，乡村教育组确定具体研究题

〔1〕《河南青年村农村教育之调查》，《时报》1924年7月10日第2张第3版。据该报记者调查，河南青年村村人王璋于1920年在村中创设青年公学，实施农村教育，并改村名为青年村。王氏先后在开封中等以上各校担任教务10余年，赴日调查教育4年。他以为，主张农村立国应先普及农村教育，又以人才集中城市，忽视乡村，于社会前途危险极大。1920年他返里集合乡人，组织青年自治会，捐产创办公学，以“发挥平民精神，改进农村生活”为主旨；以农村需要为本，规划设立幼稚园、小学部、中学部、职业教育、贫儿院、农村师范及各种补习专科、各种工厂。已有教院3处、教室8所、宿舍3处、教职员住宅4处，约90间；运动场3区；校园及师生农林试验场1区；桑园，种湖桑鲁桑。记者观察到，“校舍讲室，均茅檐土阶，碧草如茵，整洁可爱；职教员均大布之衣，朴实而和蔼，无一毫都市气；学生尤勤朴活泼；全校中及青年村中，无一吸水烟者，纸烟更属绝迹；村中妇女三十岁以下，均天足，尤为特色”，叹为“世外桃源”。可见，乡村教育推入实践的时间远比后来研究所得的论断早。

〔2〕《中华教育改进社第三次社务报告》，华中师范学院教育科学研究所主编：《陶行知全集》第12卷，长沙：湖南教育出版社1984年，第70页；《中华教育改进社同社录》，1924年，第105页。

〔3〕黄炎培：《山西划区试办乡村职业教育计划》，《农村教育丛集》1926年第1集，第4页。

〔4〕《中华教育改进社第三次社务报告》，华中师范学院教育科学研究所主编：《陶行知全集》第12卷，第70页；《中华教育改进社同社录》，1924年，第105页。

目，过探先：用教育方法从事改造乡村之计划；俞子夷：对于城乡镇小学之观察与建议；章伯寅：乡村教育观察所得的问题；郭仁风：乡村新教育。[1]中华教育改进社为国内推行乡村教育的核心力量，后经分化为两支，一支以陶行知为首的乡村师范系统，另一支以晏阳初为首的平民教育系统。

1923年8月26日，中华平民教育促进会总会在北京成立，朱其慧任董事长，陶行知任董事会书记，晏阳初以总会总干事身份主持一切，在全国20余省区设立分会，广设平民学校与平民读书处。[2]陶行知力主“平民教育下乡”，“农民所最需要的是自立、自卫、自存。我们应当拿我们思想来凑他们的实际，不要拿他们的前途来供我们的牺牲。农民是目的不是工具。我们是替农民指导正路的，不是要农民一味闭着眼，跟着我们走的。真正的农民合作或联合，要立在教育的农业和农业的教育上”。[3]10月7日，他称平民教育是“到民间去”“到乡下去”运动。[4]1924年秋，晏阳初到该会任职，晏、陶二人在思想及会务路线等方面渐增分歧。1925年，平教会与教育改进社脱钩，晏、陶各立统系，各行其见。[5]晏阳初主导下的平教会遂即在华北地区展开乡村教育实验，

---

〔1〕《记中华教育改进社第三届年会（二）》，长沙《大公报》1924年7月10日第1张第2版。

〔2〕汤茂如：《组织中华平民教育促进会总会的经过》，舒新城：《中国新教育概况》，上海：中华书局1928年，第183页。

〔3〕陶行知：《农民联合会》，华中师范学院教育科学研究所主编：《陶行知全集》第1卷，第480页。

〔4〕陶行知：《平民教育概论》，朱泽甫编著：《陶行知年谱》，合肥：安徽教育出版社1985年，第78—79页。

〔5〕陶行知向中华教育改进社董事会建议，将平民教育促进会总会分立出去，不再属于改进社事业范围。1925年秋，两者分立完毕，此后陶行知、朱其慧未参与晏阳初平教会活动。朱泽甫编著：《陶行知年谱》，第88页。

陶行知则依托教改社试验乡村师范教育。

“师范教育下乡”早先主要由江苏省立师范学校主导推进。1922—1924年，江苏省立第一师范、第二师范、第三师范、第四师范、第五师范相继在吴江、黄渡、洛社、栖霞、界首设立农村分校，并合组五校联合会。[1] 1926年11月24日，江苏第三届省师分校联合会决定联络改进农村生活董事会，共图推广农村教育，并率先在各分校附近试验改进农村生活。[2]1926年年初，陶行知在《师范教育下乡运动》一文中指出，“中国的师范学校多半设在城里，对于农村儿童的需要苦于不能适应。城居的师范生平日娇养惯了，自然是不愿到乡间去的。就是乡下招来的师范生，经过几年的城市化，也不愿回乡服务”，为此，“乡村师范学校负有训练乡村教师、改造乡村生活的使命，师范学校在乡村里设分校，在乡村的环境里训练乡村师资，已经是朝着正当的方向进行了”。“我们要想每一个乡村师范毕业生将来能负改造一个乡村之责任，就须当他毕业之前教他运用各种学识去作改造乡村之实习”。[3] 1926年3月，改进社下设乡村教育研究部，东南大学乡村教育教授赵叔愚、金陵大学农业教授兼农场主任邵仲香为研究员，共同调查沪宁路沿线乡村小学，筹办试验乡村师范。[4]12月3日，陶行知发表《中华教育改进社改造全国乡村教育宣传书》，宣称：“本社的乡村教育政策是要乡村学校做改造乡村生活的中心，乡村教师做改造乡村生活的灵魂。我们主张由乡村实际生活产生乡村中心学校，由

〔1〕蒋致远主编:《第一次中国教育年鉴》，台北：宗青图书公司1991年，第313—314页。

〔2〕《农事新闻》,《中华农学会丛刊》第53期，1927年2月，第119页。

〔3〕华中师范学院教育科学研究所主编:《陶行知全集》第1卷，第600—601页。

〔4〕朱泽甫编著:《陶行知年谱》，第94页。

乡村中心学校产生乡村师范。乡村师范之主旨在造就有农夫身手、科学头脑、改造社会精神的教师。"[1] 12日，陶行知邀集改进社社员在沪开乡村教育讨论会，称乡村教育是"最重要之事业"，[2] 呼吁"教育与农业携手"，"征集一百万个同志，创设一百万所学校，改造一百万个乡村"。[3]次年2月10日，他参与起草《中华教育改进社试验乡村师范学校组织大纲》，着手创立试验乡村师范学校。[4] 3月15日，该校在南京北郊的晓庄开学，即为晓庄师范学校。[5] 此举引起政教各方关注，国民党亦认为"革命成功，乡村教育尤为当务之急"。[6]

中华职业教育社的认知和操作皆不甚同，它虽以"教育"立名，却反对"单从教育着手"，反重视乡村经济等事业，仅将乡村教育作为推行职业教育的方法之一。[7] 1925年5月3日，它联络中华教育改进社、中华平民教育促进会总会、东南大学教育科和农科，以《试验农村改进计划》为指导，订立"试验改进农村生活合作条件"，15日，在南京董事会成立大会通过《联合改进农村生活董事会简章》，黄炎培当选会长，陶行知为副会长，赵叔愚为调查设计委员会主任。[8] 7月5日，董事会议决以江苏昆山徐公桥乡村为第一改进实验区，旨在"从农村入手，划定区域，从事试验，期以教

〔1〕华中师范学院教育科学研究所主编:《陶行知全集》第1卷，第646页。

〔2〕朱泽甫编著:《陶行知年谱》，第101页。

〔3〕陶行知:《中国乡村教育之根本改造》，华中师范学院教育科学研究所主编:《陶行知全集》第1卷，第654页。

〔4〕华中师范学院教育科学研究所主编:《陶行知全集》第3卷，第687—688页。

〔5〕朱泽甫编著:《陶行知年谱》，第111页。

〔6〕《乡村教育发展新讯》，《中央日报》1928年2月14日第2张第4版。

〔7〕黄炎培:《与安亭青年合作社谈乡村事业》，《教育与职业》1929年4月第103期，第1017页。

〔8〕《中华职业教育社社务丛录》，《教育与职业》1926年第76期。

育之力，改进农村一般生活，以立社会革新之基”。[1]该区的事业规划是以教育为中心，还包括改良农事、调剂平民经济、提倡卫生、养成自治能力等。

中华农学会虽然较早关注乡村教育，但相比其他团体，主张见诸实际者并不多。当其关注重心转向乡村教育之时，其他团体早已各据一方，形成各自事业领地。若论势力与影响，以1927年为界，此前中华教育改进社引领乡村教育潮流，此后，因其会务衰落、晓庄师范被封禁，其地位被平教会取而代之。亦应看到，其他各团体及机构中推行乡村教育的重要人物，不少为中华农学会会员，如谢家声、邵仲香、傅葆琛、葛敬中、郭仁风等，他们对推进中华农学会乡村教育，乃至乡村建设的作用和影响下文具体讨论。

中华农学会内部对于推行乡村教育，存有不同看法。李积新初认为，此事应由中华平民教育促进会发起组织，再联络其他团体和个人。因为，乡村教育最初为中华平民教育会、平民教育促进会等少数专门团体提倡办理，其他机关因为“时机没有到”，或没有“相当的好办法”去做。“现在既有了办法，我想他们是一定当仁不让，肯拿出来用的”，“正是他们将会中的钱，拿来为平民教育，为辅助农民用的时候”。[2]意思是，有资格办理乡村教育的显然并不应局限于平教会等团体，当然中华农学会亦在此列。所以，到1927年9月，中华农学会杭州年会将《章程》中“研究农业教

〔1〕中华职业教育社：《试验农村改进计划》，《农村教育丛集》1926年5月第1集。

〔2〕李积新：《乡村教育设施计划的商榷》，《中华农学会报》1926年6月第51期，第17页。

育”一条，修改为“推广农村教育”。[1]

此期，中华农学会对于乡村教育工作规划，一为提倡，二为编订农校教科书。与以陶行知为代表的“晓庄派”相似，它亦重视乡村师范之提倡，一是在会报刊载各地办理乡村师范消息，二是在会报刊载会员相关言论及设施计划。早在1922年年底，会报刊载顾倬专文《办理乡村师范学校之管见》。[2]顾倬为顾复之父，为近代师范教育之积极倡导者和实践者，曾任江苏省立第三师范校长。顾复非常重视乡村师范，编订《农村教育》一书，于1923年由商务印书馆初版，1927年再版，被列为“师范学校用书”，亦为农村师范学校，甲、乙种师范讲习所教科用书。[3]是著参照美国、丹麦等国乡村教育情形，就中国农村情形立论，全书略述农业与农村大要，教学法一章，述及国语、算术、公民、农业和手工五科。其观点与过探先相类，将农村教育中教育农民与教育成人分离，主张将农村教育重心放在农人子弟身上，所以，应以乡村小学为中心。通过农村补习学校、短期讲习会、青年农业俱乐部、图书馆及巡回文库、农民会等多种形式，推广农村教育，指导农村一般人民。举办或推广农村教育，是一个社会性的系统工作，牵涉多个层面，李积新就乡村教育设施及发展规划发表看法，包括学校设置、教材教法、学期、薪水等问题。[4]

中华农学会提倡乡村教育不遗余力，编订全国农校教科书是从学会层面推进的一项重要事业。1925年8月，此事经干事会通

---

〔1〕《中华农学会会章》，《中华农学会丛刊》第58期，1927年12月，第6页。

〔2〕顾倬：《办理乡村师范学校之管见》，《中华农学会报》1922年12月第35期，第9页。

〔3〕顾复：《农村教育·例言》，第1页。

〔4〕李积新：《乡村教育设施计划的商榷》，《中华农学会报》1926年6月第51期，第15页。

过进入实际运作，但成效不彰。1927年中华农学会第十届年会通过“筹备实施农村教育案”“以田赋百分之十五至二十改良农业及筹备农村教育案”等，建议于政府产生了一定的影响。[1]

二　着眼农村社会与组织

1940年，中华农学会对既往工作曾作如是检讨：“本会会员虽于生产技术各方面的改进上，尽了很大的贡献，但对现实的农业问题仍感到无法打开的苦闷。致此之由，有国内的原因，也有国外的原因。前者表示着中国农业问题早已不仅是单纯的技术问题，它需要土地的调整，资金的周转，市场的改良，以及一切有关小农经济生活的问题之解决；后者乃急切地要求着民族经济之独立自主的发展，摆脱次殖民地的经济关系之束缚。”[2]这段话道出了解决农业问题过程中，“技术”不能包揽一切，尚须其他要素与之配合的苦衷。换言之，农业问题的真正出路是应突破单一的“技术”路线，着眼于改善中国的整个社会经济，还有政治环境。

1920年代中后期，诸多人士认识到农业问题并不能单靠“技术”或者其他某一端可以破解。中华农学会的农村问题观念，表明它已超越单纯的科学和技术认知，也并非局限于农村教育一途，而从更广阔的社会视角，将其作为一个整体寻求破解。从工业化冲击下的“农业社会化”理路，充分考虑农村社会中的经济与组织问题，经济问题是其他一切农村具体问题的渊薮，它的解决依赖于农村“组织”的突破。

---

〔1〕《农学会年会之第三日》，《新闻报》1927年9月9日第3张第3版。

〔2〕编者：《论抗战以来的农业问题》，《中华农学会通讯》1940年6月第2号，第1页。

吴庶晨秉持的农业的“根本观念”别于一般时流，认为农之根本在于“厚民生”，而非“利货财”，“所主张农业根本观念者，为普遍的，而非局部的；为因地制宜的，而非枉己徇人的”。他从“民生主义”角度，阐发“厚民生”的三重内涵：一是，“村治”与“农村社会化”。其中之农村社会化有两个方面：“通力合作，计亩匀收，技术社会化之一也；通功易事，盈亏相济，经济社会化之又一也。”欲达此境，必须扫清“梗阻”因素，如言：“我国农村，论技术，少协作之社约；言经济，无通融之机关，故不能期农业之进步，文化之发展。于此而欲改造之，必先去其梗阻之所在。梗阻者何？以族制为运用一也；无支配之区域二也。废族制，定区域，以一家为基础，以分业为调剂。于是，技术之协同，有社约之可行；经济之通融，有行规之可定。合群共治，通力合作，则进而谋农民生活之社会化。”二是，农事教育须有具体斟酌。他批评农业教育不合地方情形：“吾观今之新式农校，往往有设科不以地之所宜，而以其人之所能。茶桑有设大学之议，而稻麦不及焉。事功尚未有证实，而成绩发表焉。是又主张农事教育者，不可不顾及根本。”三是，东西洋农业方法应适应中国情况，不能像“工制器械，可一例仿造之”。〔1〕

翟克认为，发展农业若求之于农学，可从两个方面入手。一是“科学的技术之改良”，属于自然科学的农学研究，如多设农事试验场，以改善农作技术、改良农作品种、发达农业生产；又如推广农业教育，以养成农业专家、普及农业智识。二是“改良农村组织，提高农民生活”，属于社会科学的农学研究，从经济、社

〔1〕吴庶晨：《农业宣传之我见》，《中华农学会报》1926年11月第52期，第33—35页。

会上发达农村经济、改良农村组织。[1]其实，这在1925年江苏省立第二农业学校课程调整中已有体现，如言：

> 农学的科学，本可分为农业生产与农政经济二大部。前者为体，后者为用，体用皆赅，而农事改良之进行，可望顺利。现今农校课程，大都略于农政经济，致毕业学生在地方服务时，仅能为技术上之供给，而于行政一方，每因措施无法，不能展其所学，活动于农业社会。其最大原因，为有体无用。[2]

为此，其附设之农业行政讲习会调整以技术性课程为主的课业结构，大量增加与“体”相关科目，如下所示：

表3-2　江苏省立第二农业学校附设地方农业行政讲习会科目一览[3]

科　目	内容要点	每周时间
农村教育	学校教育、社会教育	2小时
农村改良	农村现状、组织改良	2小时
统计学大意	农业调查统计法	1小时
农业概论	现状、主要农作、改良要点	2小时
蚕业概论	现状、蚕丝大要、改良要点	2小时

〔1〕翟克：《中国农村问题之研究》，广州：国立中山大学出版部1933年，“自序”，第3页。

〔2〕《江苏省立第二农业学校附设地方农业行政讲习会通告》，《时事新报》1925年8月17日第4张第2版。

〔3〕《江苏省立第二农业学校附设地方农业行政讲习会通告续》，《时事新报》1925年8月19日第4张第2版。

续表

科　目	内容要点	每周时间
林业概论	现状、造林必要、本省主要林木、造林之法、苗圃经营管理法	2小时
农业法规		1小时
农会组织及改进法	事业种类、进行方法、办理大要	1小时
农场组织及改进法	方针、办法、改进要项、设计	1小时
本省农业水利		2小时
农业经济	产业合作、农家副业、金融机关及保险	2小时
行政法大意		1小时
农业推广论	事业、方法	2小时
农地利用及整理法	开垦、灌溉、排水、道路、清丈	2小时
地方农业行政	机关之组织、事业、组织、办法、政策之实施、事业种类、实施方法、结果报告	3小时
土壤肥料改良要论	本省土壤肥料概况、改良要点	2小时
病虫害预防驱除概论	本省重要病虫害、预防驱除要点	2小时
设计实习		无定时

鉴于农村经济的基础地位，即使设施农村教育，亦须格外注意经济因素。正如李积新所言：“农民既没有教育，又没有金钱，那里能谈改良农事呢？因为教育和金钱，是改进农业的要着，农民没有教育，就不知道改良；没有钱，就不能改良。既不知道，又不能够，那末，如何能改良呢？所以，现在要讲改良农业，唯一的办法，就是一方面实施农民教育；一方面设法补救农民经

济。”[1] 即如翟克“农村问题之中心，则皆偏重于经济方面”观点。[2] 因此，唐昌治在广州年会总结说，中华农学会颇为关注的农民生活问题，实际为农村经济问题，或更为直接的农民生计问题。农民经济贫困，自然无力改良农业；农业不良，使农民生活更为困苦，农民离村，农村凋敝，城乡差距拉大。1925 年 8 月，中华农学会在上海讨论增进农民生计、促进农村经济发展问题，所提移民屯垦、筹办垦殖大学、设立棉业研究所、组织农村问题研究会、改进茶业、推广海外贸易研究所、提倡产业组合等多项案件，直接或间接与农村经济相关。[3]

从中得见中华农学会解决农村经济问题的具体取径：其一，移民垦殖，扩大耕地面积，纾缓人地矛盾。虞振镛、邓孝可尤为强调将内地人口迁至西北，认为“欲解决国民生计问题，非先解决西北问题不可”，应组织着手调查，开发西北。[4] 其二，农业科学化。其中包括两个层面：一是农业生产科学化，即农业生产新技术、新方法的应用；二是经营管理、组织科学化。中华农学会早先多注意前一层面，即自然科学的取径，1920 年代中后期日益重视后一层面的作用。正如唐昌治所言，因时代关系而转变方针。从学理言，社会科学日益介入农业、农村问题研究；从现实言，农业问题已是社会问题。同期，湘省农业改良中的“科学化”措施，主要有农事试验场、棉业试验场与棉业改良、茶园与茶种

---

〔1〕李积新：《乡村教育设施计划的商榷》，《中华农学会报》1926 年 6 月第 51 期，第 15 页。

〔2〕翟克：《中国农村问题之研究》，“自序”，第 3 页。

〔3〕《中华农学会开会第一日》，《申报》1925 年 8 月 9 日第 3 张第 9 版；《中华农学会之干事会议》，《时事新报》1925 年 8 月 11 日第 4 张第 2 版。

〔4〕《农学会设京事务所》，《天津益世报》1926 年 12 月 21 日第 1 张第 4 版。

改良、桐油保护及奖励、病虫害防治、车水器具等。但有人指出："农业科学化，固为改良农业之要略，而组设农业银行，使农人借贷有门，周转有资，提倡农业合作社，使农人通力合作，减少困难，亦今后促进农业发展不可少之方法。"[1] 准此而论，从自然科学与社会科学的双重维度研究农业问题应对之方，科学化与社会化手段缺一不可。

"农业社会化"与土地制度

近代农业问题之解决不仅牵涉科学化，亦与工业化条件下的社会化互为关联。进入工业资本主义时代，西方各国对于当时出现的社会化（Socialization）思想和运动有不同认知和诠释。就农村社会化的基本含义而言，可表述为农人彼此间联络起来，以求适应农村社会生活，增进社会全体福利，谋求农村整体进步。杨开道推崇的英国社会学家麦基弗《社区》[2] 一书定义相对宽泛，"不问形式如何，程度如何，总以决定适应社会生活之事物，而使之有进展"（Adaptation to social life in any form and any degree）。以广义经济生活论，社会化可解释为通过部分改善现代个人主义的经济组织，限制个人经济的自由活动范围，同时努力增进社会全体幸福的一切设施之总称，其外延包括各种社会政策；从狭义角度讲，它特指"社会主义化"，即以社会主义经济组织颠覆个人主义经济组织，以社会公有制取代资本私有制，实行公平分配，在德国被称为"完全社会化"（Vollsozialisierung），亦谓集产主义、共

---

〔1〕《湖南农林水利实行科学化》,《天津益世报》1929 年 9 月 14 日第 2 张第 6 版。

〔2〕 Robert Morrison Maciver, *Community, A Sociological Study:Being an Attempt to Set Out the Nature and Fundamental Laws of Social Life*, London: Macmillan Company,1917.

产主义或组合社会主义。“农业社会主义化”即狭义的“农业社会化”。[1] 总之，社会化是一个与个人主义相对而言的概念，以实现社会整体利益为旨归，以抑制个人欲望膨胀、矫正私有化社会经济制度为手段，把分散的社会关系转变为有组织的形态，建立造福于全体人群的社会经济组织。

随着探讨的深入，中华农学会渐次触及社会制度和土地所有制等根本问题。1925 年 3 月，汤惠荪在《新农业季刊》第 5 期发表《从粮食问题论农业之社会化》。11 月，发文探讨土地制度与农业社会化关系。他从农业社会化视角，解析农村问题的社会经济制度根源，关注焦点是土地所有制问题，其观点是单纯的科学化是有局限的，农业技术不能从根本上解决问题。他说：

> 晚近科学阐明，技术进步，举凡一切产业，其生产之增加，骎骎乎有一日千里之势，而靡有止境也。农业亦产业之一也，其生产技术之进步，亦随科学之阐明，而有蒸蒸日上之势，固为不可掩之事实矣。然农业较之他种事业，于近代资本主义状态之下，恒处于劣败之地位，故技术之进步，常为工商业之落伍者，证之今日农村之实状，可为明证矣。夫农业之不利于现社会之经济制度者，固由于自身之特性使然……农业自身之特性，乃受天然所支配，难由人力以改革，然则不由经济组织之改造，而欲期农业之发达进步，与他产业并驾齐驱，是犹缘木求鱼，乌乎可得！[2]

---

〔1〕那须皓：《农村问题与社会理想》，第 103—108 页。

〔2〕汤惠荪：《土地制度与农业之社会化》，《中华农学会报》1925 年 11 月第 48 期，第 12 页。

在他看来，农业改良除需技术改进外，更需社会方面革新与之配合，经济组织的变革尤为重要。他把农村土地私有制变革作为农业问题的根本出路，认为只有彻底解决农村的土地制度问题，去除私有化，才能真正为改进农业技术开辟道路。所以，其观点并非弃置“技术”于不顾，而是综合权衡考虑各社会要素，得出农村经济组织和土地制度变革远比技术更关键的结论。

1926年，许璇在中华农学会北京事务所成立会上说：“欧战以后，各国人士对于农业之观念，与欧战前大异，凡讨论政治问题、经济问题、社会问题、国民思想问题及现代文明问题，靡不以农业为中心，而上下其议论，且各国著名政党，亦以农业政策相为号召，故现在各国政治、法制、经济、教育及一切社会问题，实最为重要。本会同人，既治农学，应以解决上述问题自任。”陈翰笙亦谓：“须自动地解决农业上问题。其中农民问题尤为重要，此后政治家，非谙悉农业政策，恐不能解决一切政治上问题”，他直接提出农业“须为社会化”，以使“农业与工业结合”。〔1〕这显示出，中华农学会从社会经济视角为农业问题寻出路。为此，天津《益世报》以副题“注重农业之社会化”予以报道。

欧洲工业革命以来，工业和农业的发展运命截然两分，工业因最大限度地应用新技术、新机器而发展迅猛；相形之下，农业则未能像工业领域那样而导致进展迟缓，两者形成巨大的“剪刀差”。一般观点以为，这是农业生产方式固有特性使然，即有机的农业生产不像无机的工业生产，它是受自然天候之支配，人力难以左右。童玉民认为这种解释虽然“不能成为问题”，但需“另辟新面，

〔1〕《农学会设京事务所》,《天津益世报》1926年12月21日第1张第4版。

研究搜索，以解决农、工业发达之所以有悬殊”，故从农业与社会关系的角度分析：“吾人倘专拘泥于前述农业与自然之关系，如斯难题，自无涣然冰释之一日。试放眼以观察农业与社会之关系，则如斯难题，不难迎刃而解矣！”[1]社会之核心与决定性因素是社会经济制度，而决定农业生产关系的因素，是农业生产资料的社会所有制形式，意即土地归谁所有问题。

近代资本主义生产方式固有矛盾随着时间推移日益暴露，特别是严重的工农差别和城乡对立，引发诸多社会问题，甚至直接诱发社会革命，不能不引起国人深思。汤惠荪认为，社会经济中最足以妨碍农业进步的因素为土地私有制度。其因在于：

> 利用科学之方法，为技术进步之道，生产增加之术，其所获效果，有多少之差焉。盖技术之道，苟尽其能竭其智而利用之，则所获生产之效果以大；反之，则其效果遂小，此不易之理也。然则，生产之效果者，其实际所获之效果，与可能的效果之间，或相一致，或相悬隔，要视利用科学之方法、技术之程度，而千差万别也。夫利用科学之方法，而求技术进步之道，常以生产上所得之利润（Profit）与所谓余剩价值（Surplus Value）者为之，故生产上余剩价值之有无多寡，即为利用科学之程度与技术之巧拙，所由歧也。而所谓余剩价值者，在工商业或可为生产者直接之收入，其在农业则恒为生产者以外之人所剥夺攫取，而生产者反不能享其应有之

[1] 童玉民：《近代资本主义的社会下农业之发达与衰退观》，《中华农学会报》1926年6月第51期，第21—22页。

> 权利，故对于所营之农业，焉有余资足以利用科学，以谋改良之道乎？是不得不出于保守旧法，维持原状之一途矣。[1]

他分别从土地私有制度下佃农制、自耕农制农业经营方式分析，结论是：在私有制下，农业剩余价值被强取豪夺，大多数自耕农沦为佃农，失去了生产资料，靠租种地主土地进行生产。佃农支付地主的地租或佃租，即为佃农农业生产所创造剩余价值的转化形式，且随农业生产增加而增长。地主获取高额地租后，主要用于奢侈生活消费、投资工商业或购地置产，没有用以改进农业技术。实际上，佃农劳动所得绝大部分为地主豪夺，他们最后所得仅为维持全家基本生活的农业工资，没有余资从事农事改良。

自耕农虽有少量土地，自营自足，仍不能摆脱地主的盘剥。首先，自耕农购买地主土地所付地价实为变相地租。因为，自耕农因地价昂贵多无力一次付清，被迫按年分期付给，如此形成的最终地价为每年应纳地租额依普通利息还原而得资本额。即便一次付清，实际地价为购地者将每年应纳地租综合一次而缴纳。地租增加资本还原额随之增加，土地价格因之趋贵，经营者经营资本相应地减少，用于改良技术、增加生产费用随之而减。其次，因地价高昂，购地者不得不以所购土地为抵押而接受高利借贷压榨。同时，自耕农亦常是地主土地兼并对象。可见，自耕农之大多数与佃户的最终境遇其实无异。理论上讲，应用新技术可最大限度地增进农业生产效能，二者成正比例关系，但在土地私有制

---

〔1〕汤惠荪:《土地制度与农业之社会化》,《中华农学会报》1925年11月第48期，第12页。

下，事实并非如此。故汤惠荪强调："然以言农业之改良，农村之振兴，须谋技术方法之进步，农产物生产之增加，方克有济。欲达斯目的，须破除技术进步上的一切阻碍之力，即土地之私有制度，应根本改良，实首要之图也！"〔1〕

童玉民关注资本主义制度下"农业社会化"及土地制度与农业发展之间关系，所得结论与汤惠荪无异。他分析了资本主义社会的土地私有制度、赁银劳动制度，生成物交换、租作费、抵押利息、租税、劳动力等，结论是："农业不欲求其振兴则已，苟欲求其振兴，势非除去抑压农业发达之根本原因不为功，资本主义之撤废即此是也。诚以农业发达之可能性，于资本主义撤废后，方克实现于世。"资本主义之撤废，其实质为"土地私有制度与赁银劳动制度之撤废"。〔2〕由上可见，汤、童二氏均认为土地私有制是阻碍农业发达的根本因素。

以上观点及主张对中华农学会的会务走向具有一定影响。1927年2月28日，北京事务所举行干事会，许璇、陶昌善、黄艺锡、董时进、虞振镛、汤惠荪等均表示，农业土地问题亟应研究，应先从调查入手，各省会员尤应搜集资料以资参考。〔3〕中华农学会对农业社会化与土地制度的探讨，与第一次世界大战后世界政治格局、世界思潮的变动，即社会主义制度确立、社会主义思潮流行以及对土地私有制的反思有关。同时，这些观念主张又与中国革命进程以及反帝、反封建的革命进程相连，进而将农业问题的

〔1〕汤惠荪：《土地制度与农业之社会化》，《中华农学会报》1925年11月第48期，第13—15页。

〔2〕童玉民：《近代资本主义的社会下农业之发达与衰退观》，《中华农学会报》1926年6月第51期，第31页。

〔3〕《中华农（学）会开干事会》，《天津益世报》1927年3月3日第2张第6版。

出路指向社会制度的根本变革。后文对此将有进一步论述。

农村组织的提倡

费维恺认为，20世纪初中国的农业发生了一些细枝末节的变化，某些部分的规模或质量有了改变，但在“技术与组织”方面，1911年与1870年“相去不远”，甚至到20世纪30年代基本上仍保持不变。[1]此论断部分符合中国实际，但也忽略了一个基本事实：近代中国变革农业技术和组织的努力，给古老的农业社会注入了新元素，尽管其分布与实现程度存在口岸地区与内陆地区差异以及区域内的各地差异。

20世纪初，“组织”的思想观念在西方社会由工业领域扩散到农业领域，进而渗透并落实于社会生活领域中。中国受此风影响，知识界渐次认同近代以来组织之有无及力量之大小，决定事业之成败与盛衰。[2]而且，组织被用以解析或解决中国农村问题。杨开道如是描述“组织”的思想观念产生的世界性影响：

> 组织好像是二十世纪新发明的一种万应药，甚么事情都可以用组织的方单去解救。有组织的可以发扬光大，没有组织的便要衰败灭亡，差不多成为社会生活里面一种天演的公例。国际间固然如此，阶级间也是一样的应用。最显著的实例，便是近世工人势力的突兴。他们既没有资本家那么多的钱，又没有农民那么多的人，然而他们团结全部的力量，运

〔1〕费正清编：《剑桥中国晚清史》下卷，北京：中国社会科学出版社1985年，第10页。
〔2〕李景汉：《中国农村问题》，上海：商务印书馆1937年，第85页。

用组织的方法，居然可以和资本家抗衡，没有组织的农民，更不是他们的对手。我们土地的耕种者，全国人民的最大多数，无论是谋共同的利益，或是抵抗外界的侵略，除了用这种灵药以外，简直是不可救药。[1]

时人以为，组织不仅在西方行之有效，在中国亦应同等有效。它是中国农村的“根本的问题”，也是改良中国农村的“先决问题”。不过，他强调“组织”是谋整个社会的改进、全体农民的福利的一种“手段”，“组织体是一种机关”。[2]邹秉文说：“人类若没有严密的组织，产生一种团体力量，来应付一切，终归失败的。可怜中国农民，是散漫无组织的，农民所以甘受他人种种非法压迫，都是因为农民没有组织所造成的。”他认为，农村问题“可分为多种，分析愈细，问题愈多”，不应忽略社会组织是“整个的”，“各个问题的发生是互为因果的”，虽千头万绪，但具有“连环性”，这造成整个农村问题的复杂性，关键是要“利用农民自由组织”和“切定中心问题”，应利用农村合作的“自有组织”，组织农民，联合为“有系统的自治组织”，以推进农业改良事业，因而“改善农村组织，应由提倡合作入手”。[3]杨开道将农村组织分为普通与特殊两种，普通组织包括农村家庭、农村邻落与农村社会（或农村全体组织，Rural Community Organization）三种，特殊组织又细分为阶级组织、事业组织两类，事业组织又可分为教育、行政、公安、

〔1〕杨开道：《农村组织》，世界书局1930年版，“自序”，第1页。

〔2〕杨开道：《农村问题》，第60页。

〔3〕邹秉文：《解决中国农村问题之途径》，《东方杂志》第32卷第1号，1935年1月1日，第15、17页。

合作社等种类。[1]

季云、于矿是中华农学会内较早关注农村组织的人士。季云立足于“农村自治”，认为要达到人民真正的自治，必定“先从村落做起”。旧日农村自治为官僚、士绅把持，结果是“绅士官僚，窃了这自治的好名词，实行他们的阴谋，农民越陷入困苦”；一般资本家“重利盘剥，农民悲苦流离，农村益形败落”。所以，农村自治非从“自身解决不可”，其农村组织系统构想以农村小学校为中心，涵盖农事、教育、治安、交通、金融等农村社会生产、社会公共事业（详见图 3-1）。[2]可见，季云设计的农村社会组织系统，相

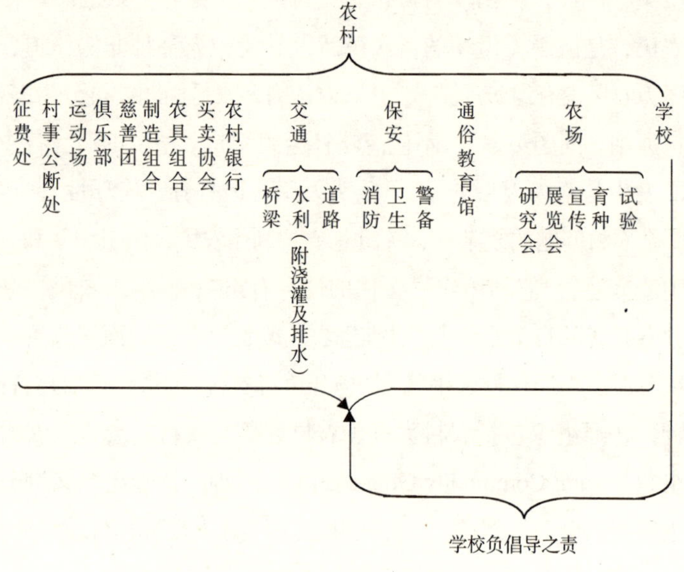

图 3-1　农村组织系统图

〔1〕杨开道：《农村组织》，第 17—20 页。

〔2〕季云：《农村组织之商榷》，《中华农学会报》第 3 卷第 10 号，1922 年 7 月，第 7—9 页。

当于一个自足而独立的农村社会生活共同体。其中，学校居于中心地位，负有教育学生、指导社会之责，以培养和训练农民对组织与自治的觉悟，使其自觉地组织起来，进行农村的自我改造。

于矿着眼于建构完备的农村组织体系，以至于农业进步及农村自治，但具体做法大为不同。他设计了一种“区划制”，以县为单位，县以下为农区—农村两级组织，相应设立区长—村长—户长。各县按照东南西北方位各设一个农区，各就原有地界划定农村。每区设区长 1 人，由实业厅委任 2—3 名助理员，区长受县知事节制，其职责有：执行长官委任事项；督率村长、村副谋农业之进步及农村自治；担任调查、指导及农业推广；报告区内状况及其进行等。居民百户以上者，设村长、村副各 1 人，由村民公举。村长职责为：协助区长办理本村农业进行及农村自治等事项；承区长委托，办理本村农业进行及农村自治等事项；领袖及督率户长，进行本村农业及农村自治等事项。每 20 家设户长 1 人，由居民公推，其职责是：领袖各户进行农事及实行公共事业。[1] 这样的农村组织和农村领袖，“上以援助官厅，下以督率农民，为行政与实地之中间媒介”。他想借此来改组农村，实现农业教育与农业的联合，其中的行政补救亦很重要。

1920 年代中后期，合作化运动在中国渐次兴起。1923 年，华洋义赈会开始在华北等地筹建合作社，“代表着改良者和慈善家建立新经济秩序的全面尝试”。到 1925 年，全国共成立 116 个合作社。[2] 中华农学会对农村组织的重视，集中体现在对农村经济

〔1〕于矿：《农村改组管见》，《中华农学会报》1923 年 6 月第 41 期，第 2—5 页。
〔2〕陈翰笙：《合作社是中国病的万应灵药吗？》，《陈翰笙文集》，北京：商务印书馆 1999 年，第 215 页。

组织的倡导，尤以产业组合为急务。汤惠荪早于1921年便发表意见："凡小之足以御大，弱之足以抗强者，须先聚小者、弱者，勠力同心，协助进行，方克有济。农业者，小规模之企业也，各企业间，苟无共同联络之机会，则小农家均陷于孤立之地位。因是而农民不得不陷于经济上劣败之地，顾欲获斯共同联络之机会，非有共同经营之事业不可。"汤氏所言"合作"乃为产业合作社，认为此种合作的"应行推广，实为振兴农村之要图"。[1] 1924年，童玉民条陈九条合作途径或形式：国际农业合作、农政合作、农会合作、农学者合作、农校合作、农事试验场合作、农村产业合作、农村公益合作、农村阶级合作。农村产业合作又有信用合作、贩卖合作、购买合作、生产合作等形式。他所认为的"合作"其义甚广，实际超越组织形式而趋向一种精神价值的追求，"农业上任何方面，农业上任何问题，均需合作精神，以合作方可圆满解决也。年来政治问题，虽在风雨飘摇之中，幸国民咸知自觉，实业已带合作色彩，为差强人意之事。此后，于农业方面，能奋力于合作运动，则中国农业必将脱离守旧的、退步的，而一变为革新的、猛进的。吾农政界、农业界、农学界诸君，其速图之。"[2]

1925年8月，中华农学会上海干事会决定提倡产业组合；[3] 1927年9月，杭州年会正式将"改良农村组织"一条写入《章程》，[4] 这意味着个体主张上升为集团事业。还在美国威斯康星大学的杨杰提出，解决农村生活须先解决农民经济，而农村信用合

〔1〕汤惠荪：《农村之振兴与农民之自觉》，《中华农学会报》第3卷第3号，1921年12月，第13—14页。

〔2〕童玉民：《农业上之合作问题》，《中华农学会报》1924年2月第45期，第2—4页。

〔3〕《中华农学会之干事会议》，《时事新报》1925年8月11日第4张第2版。

〔4〕《中华农学会会章》，《中华农学会丛刊》第58期，1927年12月，第6页。

作社为解决农村生活之捷径，中华农学会“自应负其责任”，“吾之所希望于本会者，非徒发专刊也，徒尚清谈也，而希望其能实行，故本会应讨论一具体详细方针，然后由各处本会会员，就本地提倡实行。本会虽不能如义赈会之经济充足，有款可借，然亦应代向政府或其他机关请求设法援助”。〔1〕汤惠荪强调：“农业自身之特性，乃受天然所支配，难由人力以改革，然则不由经济组织之改造，而欲期农业之发达进步，与他产业并驾齐驱，是犹缘木求鱼，乌乎可得！”〔2〕此处的“经济组织”实指合作社，如其认为解决中国民生问题“唯一的工具，就是合作主义”。〔3〕过探先认为，农业、农民、农村问题相互连带，而急需注意的有：一是改善农村环境，使农民安居乐业；二是提倡合作，增进公共利益；三是“团结组织，俾生真实之力量”。他还称：“使农民组织化，政治化，发展自己之力量，争生存，争自由，为解决农村问题最终之目的。”〔4〕过氏所言的“组织”，已非单纯的产业或信用合作组织，富有经济与政治的双重内涵。

中国农民分散的个体经营活动无力抵抗近代工业的社会化大生产的强力冲击，更遑论与其同台相竞，农民日益穷困化，农村因之愈趋破败。农民唯有组织起来，创立产业组合，走“集体化”或“集约化”之路，实现社会化，才可能改善其境遇。欧美及日本

〔1〕杨杰：《如何解决农村生活》，《中华农学会丛刊》第55期，1927年6月，第5、17页。

〔2〕汤惠荪：《土地制度与农业之社会化》，《中华农学会报》1925年11月第48期，第12页。

〔3〕汤惠荪：《现代思潮与合作主义》，《中华农学会丛刊》第48期，1927年2月，第13页。

〔4〕过探先：《中国之农业问题》，《农林汇刊》第2号，1929年7月，“过探先科长纪念号”，第39页。

等国推广合作给中华农学会带来的最为直接的观感是其起到了缓和阶级对抗和增进农业经济的作用，所以它想借此组织农民，增强其对抗工业化和资本主义冲击的能力，增进其改良农业、发展农村经济的能力。

三 渐入政治：广州年会与国民党的影响

中华农学会探索农业问题出路路径的转换，与国民党及其主导推进的国民革命等政治因素密不可分。1920年代中期之前，在南北政争的大幕笼罩下，该团体不愿卷入其中，因此讳谈政治，如其主要领导者屡次表明该团体“乃纯粹研究学术之清洁的会，并无何种党派关系，希望他日成为中国研究农业学术之中心，更希望成为研究世界农业学术之中心”。[1]不难想见，他们主张“兴学术以光大事业”，其表乃在区分那些以学术为名而行党争之实的社团，其里乃在借助科学的力量推进传统农业的现代转型。

其实，自国家产生以来，农业与政治不可须臾分开，若在主观上强行分为两橛，改造农业的工作未免落入“专重技术”一途。有人反思并质疑这种做法及其效果：

> 过去常以为，从事农业者不必过问政治也。而农业行政组织之不健全，迄为振兴农业之一大障碍。过去常注重于动植物品种改良，暨作物栽培方法改良之研究，而将其他有关联于农业问题之解决者，置诸其后。于是他项问题之不解决，保留若干重要之因素，使改良品种，改良栽培方法，亦连带

〔1〕《中华农学会在苏开会之第一日》，《新闻报》1923年8月7日第4张第3版。

而鲜济于事。过去常偏重于造就研究之人才，而训练实地经营之人才独少，于是农学与农事截然分离，而不能发生连锁之关系。宜年年谈振兴农业，而未能奏显著之效果也。[1]

以上文字的意思很明确：解决农业问题不能拘泥于“在农言农”、就技术而论技术，尚需关注农业周边以及技术应用的社会政治环境。事实上，从1925年许璇主持会务始，他便推动中华农学会矫正既往偏向，转寻政治解决农业问题的渠道，从而带动了农学知识精英态度和立场的总体转变。具体缘由，盖有其二，一是1923年东南武人争锋击碎了农业科学化梦想，使其深切认识到：在外有帝国主义压榨、内有军阀争斗的社会环境中，单凭科学的力量难以完成改造农业之任务。[2]质言之，农业问题的出路首先仰赖于政治环境的改善。二是在以何种方式解决中国问题的论战中，改良让位于革命，渐次形成国民革命的主流政治话语——对外打倒帝国主义，对内推翻军阀统治。期间，国共两党均重视组织建设，希图动员和组织农民群众，集结反帝、反军阀的革命力量。

很重要的是，许璇对组织的路线转移施加了特殊影响，推动中华农学会开始寻求政治解决农业问题的努力。以下这段话颇能

〔1〕宇:《卷头辞》,《农业周报》第5卷第1期，1936年1月，第1页。

〔2〕中华农学会会员心灰意冷，陈嵘赴美国哈佛大学安诺德树木园，利用收藏丰富的树木标本和文献资料，并在沙坚德、杰克、雷德诸教授指导下，潜心研究树木学，旋受金陵大学资助，赴德国萨克逊森林学院修习1年，取道苏联回国后，任金陵大学农科教授兼森林系主任（陈振树:《我的父亲》,《陈嵘先生生平史略》，中国林学会编:《陈嵘纪念集》，北京：中国林业出版社1987年，第60、70—71页）。梁希则自费赴德国萨克逊森林学院德累斯顿—塔朗脱研究所研究林产，直至1927年回国出任国立北京农业大学教授及森林系主任（陈植:《怀念梁老叔伍先生》,《梁希纪念集》，北京：中国林业出版社1983年，第32页）。

表明其行事旨趣：

> 矧自欧战而后，各国政治经济及国民思想，靡不感厥潮流焕然一变，革新运动如日方升。其间万钧洪钟声震一时者，一为资本主义之扫除，一为土地制度之修正。如俄国之农业革命，属于前者；东欧诸国之农制改革，属于后者是也。我国农业社会，蹈常袭故，厥弊已深，胶柱鼓瑟，势既难能，改弦更张，非旦暮事。是宜顺应世界之思潮，审察国中之情态，通权达变，善厥措施，正本清源，庶臻美善。事得其要，厥效孔彰，譬寸辖制轮，尺枢运关，动止自如矣。然此绝非踞高位，议国政者所能语此，挽狂澜于既倒，障大江而东之。斯尤本会同人之责，而不容自诿者也。[1]

受世界潮流之激荡，以许璇为代表的农学知识精英从苏俄、东欧农业革命的历史，推演“审察国中情态”，使其在以下两个方面达成了基本一致的看法：其一，应重新定位自身的角色，现代知识社群应与改造农业及农村社会发生联系，应为世界潮流的引领者而非旁观者，尤其在政治不良的情势下，甚至充当先锋与主角，以便于造成能够推进农业社会改造的新中国；其二，应从趋重学理、规避现实，转向重视本土实际、积极参与现实，从社会政治以及土地制度入手整体改造农业社会。

与此同时，国民党以“三民主义”政治纲领为指针，倡导“耕者有其田”和解放农民，并在广东等地组织农民协会、农军，开展

〔1〕 许璇：《续刊会报感言》，《中华农学会报》1925年11月第48期，第2—3页。

农民运动，解决农民问题正成为国民革命的核心任务之一。这从1924年1月23日国民党对其重要性的阐发中可以得见："中国以农立国，而全国各阶级所受痛苦，以农民为尤甚。国民党之主张，则以为农民之缺乏田地沦为佃户者，国家当给以土地，资其耕作，并为之整顿水利，移殖荒徼，以均地力。农民之缺乏资本至于高利贷以负债终身者，国家为之筹设调剂机关，如农民银行等，供其匮乏，然后农民得享人生应有之乐。"相应地，制定三项农民政策：第一，严定田赋地税之法定额，禁止一切额外征收，如厘金等类应废绝；第二，清查户口，整理耕地，调查粮食产销，以谋民食之均足；第三，改良农村组织，增进农人生活。〔1〕6月，国民党中央执行委员会将"改良农村组织，增进农人生活"，写入《农民协会章程》之"前文"，并在递孙中山的呈文中写道："欲实现本党对内政策所列举之农民政策，一方固应由政府以政治之设施，为贫困之农民实行解放；一方尤赖贫苦之农民能建立有组织有系统之团体，以自身之力量而拥护其自身之利益。"〔2〕国民党还专门设立农民部，位列九部之一。〔3〕1926年1月，国民党在"联俄、联共、扶助农工"三大政策指引下，通过了农民运动决议案，其中规定：在政治上组织农民，参加国民革命，求得自身解放；在经济上改善农民境遇；实行农村义务教育及补习教育，提高农民智识。〔4〕

〔1〕《中国国民党第一次全国代表大会宣言》，中国第二历史档案馆编：《中华民国史档案资料丛刊》上册，南京：江苏古籍出版社1986年，第87、90页。

〔2〕中国第二历史档案馆编：《中华民国史档案资料汇编》第4辑（一），南京：江苏古籍出版社1991年，第452—453页。

〔3〕《中国国民党第一届中执会第一次全体会议通过中执会各部组织问题案》，中国第二历史档案馆编：《中华民国史档案资料丛刊》上册，第102页。

〔4〕《本党第二次全国代表大会农民运动决议案》，《中国农民》第2期，1926年2月，第1—3页。

以上所列，无不透露出国民党对农民、农村组织的重视，甚至“组织”被其视为解决农民问题的“万应药”，“改良农村组织”被其当作“增进农人生活”的重要“工具”。[1]甚至有人说：“改良农村组织，增进农人生活的声浪，现在已普遍于各地。”[2]当然，国民党这样做的目的是想把农民训练成为“有组织之民众”，[3]既为其所用，亦将散漫之民蜕变为现代国民，显示出强烈的现代民族国家意识。[4]国民党的政策调整，不仅对农民群体具有动员作用，也对摸索农业农村出路的知识精英产生感染力。中华农学会内部对于农业与政治之关系的讨论日多，甚而认为改良农业必先改造政治，“农政问题”因此成为第八届年会的中心议题。[5]董时进总结道：“无论政治是如何龌龊，如何卑污，如何的不生产，吾人都不能不过问他。”[6]他们找到一套整体解决中国农业及农民问题的办法，“必须从教育、经济、政治种种方面求其平均发展”，[7]绝非“专重技术”的狭隘之道。可见，农学知识社群的新取径与同期国共两党以政治革命解决中国问题的路径不谋而合，在改进农业、改

〔1〕杨开道：《农村组织》，“自序”，第1页。

〔2〕吴觉农：《农村文明的创造》，《中华农学会丛刊》第59期，1927年12月，第12页。

〔3〕《本党第二次全国代表大会农民运动决议案》，《中国农民》第2期，1926年2月，第1—3页。

〔4〕解放农民、改造农村集目的与手段为一体，以此作为对农民进行社会动员的手段，如言：“本党负有国民革命历史上的使命，责任既然如此重大，但应怎样方能使其完成呢？吾人须知国民革命之主要分子为国民，国民中最多者莫如农民，故国民革命之唯一要件，为须得农民大多数了解与集中本党旗帜之下，如农民不了解与不集中本党旗帜之下，则革命断无成功之可言，故我国国民革命之成功与否，全在乎农民之了解革命与否一问题。”廖仲恺：《农民运动所当注意之要点》，《中国农民》第1期，1926年1月，第3页。

〔5〕《农学会开会第一日》，《新申报》1925年8月9日第3张第10版。

〔6〕董时进：《农民与政治》，《中华农学会丛刊》第55期，1927年6月，第1—3页。

〔7〕《中华农学会第九届年会宣言》，《广州民国日报》1926年8月17日第6、7版。

善农民生活方面形成诸多共识，这也成为彼此关系由疏而密的重要缘由。

观念的契合固然重要，人脉的沟通亦不可或缺。其实，中华农学会中的不少人与国民党素有渊源。若论远源，梁希、陈嵘、沈鹏飞等核心人物均曾为辛亥志士。邹秉文与孙科同为留美故交，他在岭南学界影响亦大。居粤农学俊彦邓植仪、黄枯桐、丁颖、沈鹏飞、欧华清、郭华秀、张天才、陆精治、戴芳澜等相继入会，邓植仪、黄枯桐、欧华清、陆精治任广东干事。[1]以上诸人均不同程度与国民党保持联系，来自中山大学农学院的邓植仪、黄枯桐、沈鹏飞等人与国民党渊源更为深厚。

胡适曾说过："民十三以后，他（指：孙中山）改造的中国国民党成为一个簇新的社会重心。民十五六年之间，全国多数人心的倾向中国国民党，真是六七十年来所没有的新气象。"[2]斯时农学界在立场和行动上转向国民党，正可印证胡适观察到的"新气象"。1926年，在国民革命已风起云涌之时，中华农学会在革命的策源地广州举行年会，既是国民党召唤的结果，也是彼此携手合作的表征。该会明确说：

> 本会为中国研究农学者结合之学术团体，负有改造中国农业，增进中国农民幸福之重大使命，应尽介绍欧美最新学术，发扬中国农业之任务。溯自民国六年成立以来，迄今九载，会员间切磋琢磨研究学术，不遗余力，深冀科学的农业

〔1〕《本会职员一览》，《中华农学会报》1926年1月第49期。
〔2〕胡适：《惨痛的回忆与反省》，《独立评论》第18号，1932年9月18日，第11页。

方法得以实施，产业经济日以发达；农民生活，日以改善。外以御列强经济侵略之势力，内以树国家坚固之基础。就过去之历史与成绩言，对于社会虽不无若干之影响，然以之与本会所负之使命，所应办之事业相比较，尚不足以语万一。本会同人惕然警惧，故由过去的经验和现在社会观察，决定今后之进行方针，特藉本会开会之机会，发表于社会。本会前此各届年会，均在长江、黄河二流域各省地方举行，广州为珠江流域之重要农区，其气候、土壤、农产等情形，与其他二流域之情形相差悬绝。本会会员五方杂处，见闻各殊，利用年会机会，群集岭表，交换个人智识。此为本会在广州集会之第一原因。

本会前此各届年会，曾予长江、黄河二流域各该省农民以深切之注意，并有相当的尽力。徒以环境恶劣，收效颇微，政治不良，所谋辄阻。证之江苏贷款局之不能举办，亦可知矣。推究其故，乃由于农民自身之缺乏组织，即有组织，其力量亦极薄弱。广州为国民政府所在地，国民政府琛〔深〕知中国农民所受各方面之压迫痛苦，比任何阶级为甚，故为农民谋利益，而有农民协会之组织，实行农民运动。其实施之状况，与本会年来所得诸学理方面、事实方面，请求解放农民之旨，正相吻合。同人等欲为农民谋实际利益，不得不于此有所借鉴。此为本会在广州开第九届年会之第二原因。[1]

这次会议的特殊意义在于它是1925年中华农学会路线转变后

〔1〕《中华农学会第九届年会宣言》，《广州民国日报》1926年8月17日第6、7版。

的跟进。一是眼光向下，调查研究农事和农村问题，将学理研究与中国社会实际相结合；二是关注农村组织，实地考察粤省农民协会及其运作情况；三是以此为契机接洽南方国民党，现场观察革命洗礼后的粤省社会政治情态，通盘考虑以定会务走向。后一点可能更为关键。

1926年，中华农学会第三次干事会决定在粤举行第九届年会后，邓植仪、黄枯桐、曾济宽积极联系广东国民政府。出于争取农学界支持的国民党亦抛出橄榄枝，由广东国民政府、广州市政厅分别赞助1000元、500元专款。[1]8月6日，会员费鸿年、黄菊逸、杨克明、胡浩川、包叔良、赵友三、周勺泉、雷骏观、李仲莹、江汉罗、万春贵、李松乔、林侠农、孙广钊、包容、吴瑞芝、唐昌治、钱义璋、唐启宇、汤惠荪、杜春培、寿黄音、汤言安、沈祖仁、戴啸州、陈襄伯、雷宜文、徐澄，日籍会员桥本、山崎，德籍会员应伯利（Schmidt Imbrek）等人同船赴粤。[2]12日，在黄枯桐的引见下，总会干事唐昌治、陈方济、汤惠荪等相继拜访国民党中央党部、国民政府、广东省政府和广州市政厅。[3]14日上午11时，会议在中山大学农学院正式开幕，出席人数达200余人，会员仅到48人，余下之人来自广州市党政及社会各界，计有国民党中央党部农民部长甘乃光代表国民党党部，广州市政厅厅长孙科代表国民政府、广东省政府，中央教育行政委员会代表许崇清，实业厅厅长李禄超，农民运动讲习所兼中共代表毛泽东等。[4]可见其

〔1〕《第九届年会情形》，《中华农学会报》1926年6月第51期，第109页。
〔2〕《会务日记摘要》，《中华农学会报》1926年11月第52期，第124页。
〔3〕《中华农学会会员已经抵粤》，《广州民国日报》1926年8月13日第3版。
〔4〕《中华农学会开幕日志盛》，《广州民国日报》1926年8月16日第7版。

受关注度甚高。

政要一方侧重向农学知识精英施加政治影响，认为他们不应以研究农学、改良农产为自足，还应关注现实的政治和农村，到民间去，以解放农民为己任。甘乃光提出“我们是否改良农产物了就算完事？也就是农学会是否只管研究生产？我说，现在不但是生产方面，除生产外还要注意到分配。譬如现在科学家研究出微生虫来养蚕，但是蚕养好了是否就算完事？所以，现在更应该讲求分配。研究出了成绩，应该有管理分配权。从此推论，学问是利器，如一支枪，谁可以用，制枪者应该有支配权。科学家发明一样东西后，也应该有支配权”。他强调科学为谁服务，科学家的阶级立场的问题，“学术界需要站在被压迫阶级的利益上，才是真正的学术界。国民党是领导被压迫阶级的革命……诸位是研究农学的科学家，正是农民阶级方面的科学家，国民党甚愿与贵会合作，与贵会诸科学家同站在全国百分之八十以上的农民的主体上。我们的民生革命要如何使它不发生——这绝对不是去压抑，当然是根本救治——就是要请诸位科学家站在民众方面来努力”。所以，“农学会已经不是在研究室内的时候了”。孙科则言：“广州是改革中国的中心，可说是中国的希望；农学会是改良农产的中心，也可说是中国的希望。”许崇清则指出农业革命不同于工业革命，需要“喊起农民运动、农民团结运动，以达到农业之社会化”，而中华农学会则负有指导之责。李禄超更明确提出农学家应“赞成国民党政策及拥护国民政府”。蒋介石的代表陈炳文明言：“我们现在要请诸位加入革命，加入为三民主义的信徒而革命、努力，做到第一步国民革命的成功。诸位要走到研究室外边，去看看社会的情形。只要诸位明了中国现状的堕落和危险，诸位决定会知道革命是不容或已的。”

毛泽东代表中共致辞：“诸位在广东开会，请顶要紧不要忘记了八十万以上的农民。农民是农业的根本，也就是中国的根本。诸位今天参观，最好就下乡去，到民间去，直接去指导农民，唤醒他们守旧的劣根性，根本救治农业。本地在农业学校毕业者很多，外国回来者亦不在少数，但都是受农民的梗阻——其实还是受〔首〕先忘了自己没有去领导农民的梗阻——到今仍没有多好效果！现在农村经济非常枯涩，农民生活非常困难，因此，广东农民问题，当是诸位开会的一个问题，在大家更希望这问题得有完满的解决！”

知识精英一方表示倾心革命、拥护国民政府农工政策，共同致力于农村建设工作，同时不失时机地反向输出影响。中山大学农学院院长邓植仪提议农学家：“一方面以科学的方法来解决补救现在一切的农事上的问题，一方面还得努力参加政治改革运动，使农民农业得有充分的安全的进步。”黄枯桐指出援救农民、振兴农业，只有“一方研究，一方联络有为的国民政府，澄清政治”。〔1〕中华农学会最后发表《宣言》称：

本会以学术团体解决中国农业及农民问题，必须从教育方面、经济方面、政治方面，种种方面，求其平均发展。提高农民之智识及地位，增进农民之生活，更进而谋中国农学之发达，中国农业之改进，以求农民幸福之增加。故对于国民政府保障农民利益之政策，无不竭诚拥护。其他关于农民教

〔1〕《本届年会开会志略》，《中华农学会报》1926年11月第52期，第94—102页。

育、经济、政治等一切设施，苟有所见，愿为最诚恳、最切实之建议，甚而至于愿共同担负此建设之工作，以图完成本会之使命，而促进中国平等自由之地位。此为本会在广州举行第九届年会之希望。邦人君子，幸谅察焉！[1]

8月27日，过探先在广州发表“科学与中国农业之革命”演讲，他向国民党发出忠告，“欲国民革命完全成功，须先尽力农业上的革命工作。盖农业社会革命成功，方得谓国民革命完全成功”。而且，“农业革命不可全赖政治的宣传，同时并须从灌输科学智识，深入农民群众，实地改良农业入手。盖前者为一时的、不彻底的，后者为根本的、彻底的”。[2]

这次年会对于中华农学会而言，意味着其政治态度和立场发生了根本性的转变，也反映出其对农业、农民问题的现实关切，并试图借重国民政府的力量获得解决；对于国民党而论，意味着它争取到了农学界的支持，从而成功地将知识资源转换为政治资源，借以在农民和农村中树立威信、扩大影响乃至增强政权的合法性。中华农学会通过相关重要议案：应组织特别宣传队、加入农民运动案，并由大会商酌具体办法；[3]“凡在国民政府所到之地，均应组设分会”，以赞助革命。[4]广州分会在中山大学农学院应运而生，由沈鹏飞、曾济宽等主持。[5]此外，陆续有中华农学会会员加入国

〔1〕《中华农学会第九届年会宣言》，《广州民国日报》1926年8月17日第7版。

〔2〕《中国科学社年会连日开会情形》，《广州民国日报》1926年9月1日第7版。

〔3〕《本届年会开会志略》，《中华农学会报》1926年11月第52期，第108、114页。

〔4〕《浙江分会成立经过及进行概况》，《中华农学会丛刊》第56期，1927年6月，第18页。

〔5〕《中华农学会最近概况》，《申报》1927年3月8日第2版第7张。

民党，如童玉民以及尚在金陵大学农艺系求学的杨显东、陶咸九、左景烈等均取得临时党证。[1]

四 将“组织”写入会章：杭州集会与宗旨更新

1927年，当国民革命军挺进江浙地区时，农学精英们不仅为之欢呼，而且将其活动融入到国民革命中，以实现“党化农业”为旨归。[2]是年年初，杭州会员以中华农学会分会名义发表《宣言》称：

> 今日社会状况为何如乎？国家地位沦为次殖民地，人民生计，几至终日不得一饱。果土地、气候有变更乎，非也！帝国主义者挟经济势力，将我经济基础破坏无余也。彼帝国主义者之能如是猖獗者，彼有所恃也。所恃者何，科学也。彼因科学进步，凡事均应用科学方法，以求改良。近百年间，竟能使各种产业发达至于极点。虽彼国内形成两大阶级，而其侵略落后国家之野心，至今尚未稍戢，世界社会革命之呼声，所以日甚一日也。反观中国现在悲惨状况，果何由至此乎？莫不众口同声曰帝国主义之侵略，军阀官僚之蹂躏，以致形成今日之现象。殊不知，帝国主义、军阀、官僚固为摧残民众之主因，而帝国主义、军阀、官僚之后台，尚有科学家为之指使。若科学家不为帝国主义、军阀、官僚所利用，我决其必不能称雄于世界。……现在世界进化已至于此，试问尚能回复上古洪荒之世界乎，不能也！今既知其不能，则科学之智识当然有存在之必要，是惟

[1] 吴德才：《从牧童到博士——农业科学家杨显东传》，北京：中国青年出版社1995年，第27页。

[2]《中华农学会最近概况》，《世界日报》1926年9月26日第7版。

在善用其智识而已。若用之于民众方面，则民众受福，社会永跻于升平；若用之于帝国主义者，则是以万物为刍狗，多数人民生计日蹙，革命将无已时。此在欧美发达之国家，尚不能免将来之危险，何况我国科学远不及欧美各国乎！

中国向以农立国。今只就农业而论，不但毫无进步，且日形退化；农民经济已濒于破产，其咎谁属？一方面固受政治之压迫，他一方面未始非自然之障碍。政治压迫，以革命手段尚能为之谋解放；自然障碍，如水旱病虫，势非用科学方法去谋抵抗，农民经济决不能增进丝毫；农民经济不能增进，影响即及于工商各业。革命虽成功，不过政治一部分得到解放而已，此孙总理所以有各种建设事业继其后也。同人等早喻此意，已集中各农学专家，组织中华农学会于上海，研究各种新法，以改良中国农业为目的。但是，前在军阀铁蹄之下，一事不能进行。去年八月，承国民政府之补助，开年会于广州，议决在革命军所到之地方，设立分会，以期彻底。今幸国民革命军，到浙数月，浙江全省已属于国民政府之下，实行农工政策，我浙农学界，岂可不急起直追，加入革命战线，共谋民众利益。[1]

这份宣言站在最大多数的农民阶级立场上，高擎反帝、反军阀和反官僚的大旗，宣布浙省中华农学会会员加入“革命战线”，以“革命手段”为农民“谋解放”，以科学知识为农民谋利益。他们亦借革命的声势扩张其组织，设立浙江分会。广州年会后，

〔1〕《筹设杭州分会》，《中华农学会丛刊》第55期，1927年6月，第26页。

杭州学人吴庶晨即奔波于沪杭间，全力筹备浙江分会。[1]因此，他不仅是该分会的主要发起者，也是该分会的主要精神领袖，其农业社会化思想亦深植其中。4月24日，此分会在浙江省立女子蚕业讲习所举行成立大会，40余人参会。担任大会临时主席的杜时化呼吁，在浙省已属国民政府政治版图情势下，农学界“俾期农业党化之早日实现。以后凡我入会诸会员，务希各承斯旨，以改良农业为己任，努力使数十年陈腐之农业，达改善之目的”。大会选举吴庶晨、吴和叔、葛丹忱、王兢白、王希成、卢亦秋、陈宣昭、陈方济、陈石民为执行委员；梁弃非、曾汉青、周鹤笙、曾勉之、杜时化、顾华孙、刘启周、全成九、朱文园、赵才标为候补执行委员；梁华、宣霞章、王启、虞楼筌、朱谦为监察委员；杜时化、赵伯基、朱文园、陈季棠、周友三为候补监察委员。下午5时，第一次执行委员会会议选举吴庶晨、王兢白、陈石民为常务委员，分别任文牍、会计、庶务以及组织事务所；推定吴和叔、陈方济、王希成、卢亦秋分别为宣传、研究、调查、编译股主任。[2]

浙江分会揭橥“党化农业”之旨，以三民主义为立会基线，为其涂染上了浓重的政治色彩。[3]其“简章”充分体现了这一特点：

第一，立会旨趣。此分会“简章”规定“以遵奉中国国民党主义、党纲、政纲，共谋农业之改良发达，并求农业日趋于科学化、社会化为宗旨”。从中可见其鲜明的党派和阶级立场。“科学化”和“社

〔1〕《中华农学会将在杭州筹设分会》,《申报》1927年4月8日第3版第10张。

〔2〕《浙江分会成立经过及进行概况》,《中华农学会丛刊》第56期，1927年6月，第18、20页。

〔3〕《中华农学会浙江分会简章》,《中华农学会丛刊》第56期，1927年6月，第20—21页。

会化”均是新提法：前者与总会旧章表述不同，但精神实质其实并无分别；后者则完全为新增内容，反映了该会对农村组织等的特别关注。时任浙江大学农学院院长的谭熙鸿对此大加赞成，在其院刊发表专门意见：“改进农业的目标，若简单地来说明，就是谋农业生产之增进和农民生活之改善，故必须农业科学化和社会化。从前未使不从科学上和社会上提倡，然而农业教育却注重书本的究探，缺乏实地的工作。农事设施注重机关的设立，缺乏民间的推行。亦即在科学上手脑不能并用，在社会上机关与民众不相联合，所以关于农业的自然科学知识和技术上的发明发见，就不能应用或不能推广了。”〔1〕

第二，除入会会员学术资格外，新增政治审查一项。它规定以下几种人不能入会：品行不端，有鸦片癖者；有神经病者；曾经宣告破产或被褫夺公权，尚未恢复者；曾为军阀走狗，劣迹昭著者；曾有反三民主义行为者。

第三，新增事业项目，按照其规定有：实地调查农村状况，以供农学研究；参加农民运动，为增进生产及改良农民生活做宣传；研究重要农业问题，建言于政府；推广农村教育及农业改良新法。事业涵盖了农村教育、农村组织和农民生计等问题，充分显示其会务重心已然下移的新取向。而且，浙江分会成立及其新定宗旨和事业，对“总章”修改起了重要推进作用。

9月4日至7日，中华农学会在杭州前浙江省教育会举行第十届年会。4日上午9时半，大会开幕。许璇首先阐明新的建设时代到来之际，民生问题将是中国很长一段时间内最重要的问题。此问

〔1〕谭熙鸿：《发刊词》，《农学丛刊》第1卷第1期，1929年3月，第1页。

题不解决，则一切政治问题、经济问题及社会问题，均无从解决。衣、食、住等项是民生问题中最重要部分，衣食尤为重要，而它们皆源于农业。所以说，解决农业问题是破解民生问题的先决条件。基于此，他提出“调查—研究—推广”三步走的农业发展计划，希望能“将调查研究之所得，推广及于农民，务使农民能应用学理，改良农业”。[1]此番讲话显然更多的是针对国民政府，他在浙省政府招待会上强调：农业政策中的生产政策和经济政策对于改良农业尤为关键，而经济政策中最要者当为农村合作社、农民银行，此为解决民生问题之“要道”。[2]

此次年会的要务是修改学会的总《章程》，确立国民政府治下的宗旨、路线及事业。如果将新旧会章及浙江分会会章相互对比，就会发现前两者间虽有承继性，但变化更为明显，后两者反映出国民党及国民革命对学会思想和活动的共同影响。新会章最大的变化体现在原本无“党派”“主义”背景的宗旨更为遵奉并贯彻“三民主义”之“民生主义”，即“联络同志，研究农学，革新农业状态，改良农村组织，以贯彻民生主义”。[3]还对应增加“改良农村组织”一项。[4]这意味着它将解决民生问题奉为事业的终极目标，研究农学、革新农业状态以及改良农村组织则为实现这个目标的途径和手段。此三者实际可以归结为两大层面：一是技术层面，旨在研究农业科学，

〔1〕《中华农学会年会》，《新闻报》1927年9月6日第4张第2版。

〔2〕《浙政府招待农学会》，《新闻报》1927年9月7日第4张第4版。

〔3〕《中华农学会会章》，《中华农学会丛刊》第58期，1927年12月，第5页。

〔4〕同期有不少学术团体开始关注农村组织问题。1928年4月15日，商章孙、张仙芝、吴味经等人在上海四马路同兴楼发起“中华农业协进会”，推选吴味经、张仙芝、蒋迪先、江汉罗、郑澄清等11人为执行委员，其中张仙芝、郑澄清、江汉罗为常务委员，以“促进农产的增加，改善农村的组织”为宗旨。《中华农业协会成立》，《中央日报》1928年4月16日第2张第1版。

并将农学智识和技术手段应用于改良农业，这是该会一以贯之的主张，体现其继承的一面；其二是组织层面，这是1920年代中期转变往昔“专重技术”路线的结果，将组织革新作为改造农村社会的要项。可见，民生主义和农村组织已取代科学化变为新会章的主旨。

从学会学科分股及事业的变化，亦可窥见其路线和会务重心的转变。旧会章的学科包括农学股、农艺化学股、林学股、蚕丝股、畜产兽医股、水产学股、生物地质学股，共7股，全属“技术”层面；新会章的学科分类增至12股，新增农业经济股、农业教育股、农业推广股、农村社会股，均属“社会组织”层面，另外8股是农艺化学股、农业生物股、农林工学股、作物园艺股、畜牧兽医股、森林股、蚕业股、水产股。新会章的事业分类也集中反映了他们关注农村教育、农村组织和农村生活的新动向，如从“研究农业教育”变为“推广乡村教育”，将浙江分会会章中“参加农民运动”变为“指导农民运动”。

表3-3 中华农学会新旧《章程》及浙江分会章程比照表

类别 内容	总会旧章（1917）	总会旧章（1920）	浙江分会章（1927）	总会新章（1927）
宗旨	（一）研究学术，图农业之发挥；（二）普及智识，求农事之改进	本会以联络同志，共图中国农学之发达及农事之改进为宗旨[1]	本会以遵奉中国国民党主义、党纲、政纲，共谋农业之改良发达，并求农业日趋于科学化、社会化为宗旨	本会宗旨在联络同志，研究农学，革新农业状态，改良农村组织，以贯彻民生主义

续表

类别 内容	总会旧章(1917)	总会旧章(1920)	浙江分会章(1927)	总会新章(1927)
各项事业	刊行杂志报告	刊行杂志报告	刊行杂志及报告	刊行杂志及报告
	编辑教科书籍	编著书籍	译著农业书籍	译著书籍
	实地调查	实地调查	实地调查农村状况，以供农学之研究	调查农业及农民状况，以供研究
		促进农林事业	参加农民运动，为增进生产及改良农民生活之宣传	指导农民运动，以增高农民之地位，并改善其生活
			研究农业重要问题，建议于政府	研究农业重要问题，以宣布社会，建议政府
	研究农业教育	研究农业教育	推广农村教育及农业改良新法	推广农村教育及农业改良新法
	学术演讲	学术讲演	公开学术演讲	公开学术讲演
	答复农事上之咨询及建议农业上之改进	答复农事上之咨询及建议农业上之改进	答复政府及外界农业上之咨询	答复关于农事上之咨询
	尽介绍奖励之任务	尽介绍辅导之任务	尽农业介绍指导之任务	
				筹设高等农学机关

续表

内容＼类别	总会旧章(1917)	总会旧章(1920)	浙江分会章(1927)	总会新章(1927)
资料来源	《中华农学会丛刊》第2期，1919年3月，第1页	《中华农林会报》1920年9月第10集，第26页	《中华农学会丛刊》第56期，1927年6月，第20页	《中华农学会丛刊》第58期，1927年12月，第5页

总体看，总会新章实际是将三民主义政治话语嵌入农业的时代产物，它在精神和内容上部分地借鉴了浙江分会章，而其表述比后者更为明确，体现了时势转换下农学知识精英“农业党化”的取向，快速上升为团体意志并共同的行动指南。[1]中华农学会改变了秉持10年的无党派背景的纯学术办会路线，开始服从服务于国民政府国家建设大政；也反映了国民政府在统一全国政治版图的过程中，渐次强化对学术文化界的领导和掌控，并将其统一到“三民主义”的政治纲领下。这些变化提示中华农学会将进入一个新的发展阶段。

第三节　融入民生建设：南京政府初期的会务与事业

北伐告成预示“建设时代”来临，“因民生主义趋重农业，而

〔1〕随着国民革命的胜利推进，是否拥护三民主义日益成为衡量民间学术团体和社会大众政治正确的准绳。《广州民国日报》（1927年11月21日第2版）以社论形式，发表谢直君的《抹煞民生主义的便是反革命》一文，旗帜鲜明地表明国民党要向全体国民灌输“三民主义”意识形态。

农业始为政府所注意”。[1]农业与农村建设被南京政府列为国家建设事业之一，亦属“三民主义建设”中“民生建设”应有之义。许璇认为，在“三民主义的建设时代”中，“欲贯彻民生主义，非研究农学，改良农业，提高农民地位，扶助农民生活不可”。[2]这是由农业的基础性地位所决定的，其因乃在“农业上建设，为各种建设的基础，农业上建设不实行，则他种建设事业，纵积极进行，亦难见国家或社会健全发达”。但是，这项事业“非少数人所能成，也非短时期所能做得到，必须用群众的力量和科学的方法继续努力，才能得到伟大的效果”。[3]许璇宣示中华农学会“自当负此责任”，显示了知识精英主动参与国家建设、与政府协力解决民生问题的诉求。

一　组织拓展与机构革新

1924年年初，许璇南下整顿会务，扩展海内外组织，调整机构组成。经此努力，海内外分会渐有扩增，组织系统益趋完善。1926年1月29日，中华农学会上海总部召集第二届干事会议，与会人员王舜成、陶昌善、汤惠荪、陈方济、朱凤美、林植夫、朱羲农、潘赞化、童玉民、吴觉农等，就扩张分会问题达成一致意见：分会须有50人以上；会员入会费须缴纳总部；定期汇报由总部发刊；分会成立前会费亦应代为收集交归总部；新收各项会费，得由总部酌量补助四至六成。分会除依照总会章程外，并须负有推

---

〔1〕邹秉文：《中国农业建设问题——在美国中国学术建国讨论会演讲词》，华恕主编：《邹秉文纪念集》，第33页。

〔2〕《中华农学会第十一届年会记事》，《中华农学会丛刊》第64、65期合刊，1928年10月，第190页。

〔3〕《第十二届年会记事》，《中华农学会报》1929年10月第70期，第132页。

行会报、募集基金、特捐或征收会费、协助事业进行等项义务。[1]

由于许璇重视沟通海外农学界，中华农学会海外组织得以扩张，尤以美洲和日本分会为代表。中华农学会适时推进旅美中国农业会与其合并，其目的是“欲达到我们联络同志的宗旨，我们相信合作的精神，是中国现在各种组织上最要紧的道德。我们希望打破各种小小的区别（如省界，如各国归来的留学界及其他），来图全体的联络，以谋中华农界前途的光明”。[2] 1924年，中华农学会留美干事赵连芳、刘行骥开始接洽，称：“因该会旧职员去职而新职员数月尚未产出，故尚无大结果，惟该会会员已通过议案，与其职员以接洽合并之权，想该会职员举出时定可进行。”[3]次年，旅美中国农业会并入，改称中华农学会美洲分会。该分会与《留美学生月刊》合作出刊“农业专号”，并应邀加入中部科学联合会，会员何畏泠、孔繁祁、董时厚莅会宣读论文《白菜黄叶病的研究》《草莓的施肥试验》《一个改造中国农业的政策》。在会务管理方面，改会长独裁制为委员制。1926年春，选举张继忠为总干事，孙清波为分股干事，事务分为谋本分社社友联络、谋与国内总会及国内会友联络以及农学研究工作。[4]嗣后，康奈尔大学中国留学生发起中华农学会绮色佳支会，李先闻任会长，周承鑰任书记，童玉民任翻译，会务集中于联系同人，组织中国农业问题讨论会，

〔1〕《本会纪事》，《中华农学会报》1926年1月第49期，第103—105页。

〔2〕孔繁祁：《中华农学会美洲分社略史》，《中华农学会报》1926年6月第51期，第111页。

〔3〕《会务纪要》，《中华农学会报》1924年3月第46期，第57页。

〔4〕孔繁祁：《中华农学会美洲分社略史》，《中华农学会报》1926年6月第51期，第112页。

并请美国农学家讲演，增进相互交流。[1]但实际会务似不佳，童玉民谓其“若隐若露，无甚生气”。[2]

在日本，1921年设立之分会因会员归国等无形解散。1926年，林植夫、朱凤美、汤惠荪、朱羲农、陈植、陈方济赴日期间，与留东京同志协商重组留日支部。[3]5月2日，日本分会在东京成立，钱樾孙任总干事，杨著诚任副干事，邹景衡、胡昌炽为书记，沙俊任会计及庶务。6月19日，分会干事会议决征集同志入会，调查在日本学农同志，函请会员投稿，以充实会刊等。[4]次年年初，胡昌炽当选分会干事长。[5]11月27日，日本分会假神田中国青年会开冬季例会，20余人与会，选举朱凤美、蔡邦华为正、副干事，蓝梦九为书记，沈性（东京帝国大学农学实科）为会计，陈振铎（东京帝国大学农艺化学科）为庶务。会员进行学术演讲，邹景衡（东京高等蚕丝学校制丝科）：棉花入中国时期考；蓝梦九（日本国立农事试验场农艺化学部）：磷酸定量之钼酸与枸橼酸盐法比较研究；蔡邦华（东京帝国大学农学部动物学、昆虫学研究）：蝗虫杂谈；王兆澄（东京帝国大学农学大学院农艺化学研究）：皮蛋之研究；沈敦辉（东京帝国大学农学大学院遗传学研究）：家蚕丝量之遗传。[6]

海外分会架起了沟通中外农学界的桥梁，有利于彼此取长补短，互通有无。中华农学会亦借此将域外农业及农学的现代性因

〔1〕《本会纪事》，《中华农学会报》1927年12月第59期，第4—8页。
〔2〕《国外会员通讯》，《中华农学会丛刊》第54期，1927年4月，第36页。
〔3〕汤惠荪：《东游日记之二》，《中华农学会丛刊》第57期，1927年10月，第65页。
〔4〕《分会消息》，《中华农学会报》1926年6月第51期，第113页。
〔5〕《本会纪事》，《中华农学会丛刊》第54期，1927年4月，第36页。
〔6〕《会员通讯》，《中华农学会丛刊》第60期，1928年2月，第4页。

素引入本土。此外，海外组织也为会员出国交流提供方便。故有称中华农学会迁沪以后是其“向外发展时期”。[1]

随着国民革命胜利推进，南方各省的中华农学会会员设立分会的热情高涨。9月8日，中华农学会为因应形势要求各省干事从速组织分会。[2]南北会员纷起响应。湖北会员提出在汉阳、夏口筹设分事务所，总会推举雷男、钱义璋会同吴焕炎，协力筹备。[3]12月，何忠桂、钟祝三、萧遂芸等人，筹备成立“中华农学会赣南分会”。[4]翌年9月29日，江西农业专门学校黄范孝介绍26人入会，请在赣设立分会。[5]1929年2月19日，江西分会正式设立。[6]1928年4月，过探先等人在农矿部开南京分会筹备会，推定过探先等5人为筹备委员。[7]22日，南京分会在农矿部正式成立。[8]同年，福建省地方干事杨铨筹划福建分会。[9]1929年5月，李寅恭等20余人联合发起成立安徽分会。[10]10月，杨景辉请在湖南设立分会。[11]皖省会员亦组织筹备会，次年3月，总会决定卢仲农、朱伯康、鲁权三、陈兆篆、俞海清、戴孝周、宫曙园、方载万、孙

〔1〕陈嵘：《中华农学会成立二十周年概况》，《中华农学会丛刊》第155期，1936年12月，第12页。

〔2〕《干事会议记要》，《中华农学会丛刊》第61期，1928年4月，第109页。

〔3〕《本会纪事》，《中华农学会丛刊》第54期，1927年4月，第37页。

〔4〕《会务日记摘要》，《中华农学会丛刊》第59期，1927年12月，第2页。

〔5〕《本会纪事》，《中华农学会丛刊》第64、65期合刊，1928年10月，第220页。

〔6〕《第二届执行委员会会议报告》，《中华农学会丛刊》第66期，1929年2月，第114页。

〔7〕《中华农学会南京分会筹备情形》，《申报》1928年4月19日第3张第11版。

〔8〕《本会一年间大事记》，《中华农学会丛刊》第64、65期合刊，1928年10月，第206页。

〔9〕《本会一年间概况》，《中华农学会报》1929年10月第70期，第121页。

〔10〕《第三届执行委员会议决案》，《中华农学会报》1929年6月第68期，第111页。

〔11〕《事务所日记摘要》，《中华农学会报》1930年1月第72期，第95页。

尚良等人，负责组织分会。[1] 1934 年，重庆分会在渝设立。[2] 其时，南方诸省分会随主会人事更迭而旋起旋灭，变动频繁，然因南方政治和学术氛围总体优于北方，能够旋灭旋起，能够保持会务的连续性。

相比南方，北方情况则显得异常凋零，除北京分会外，鲁、晋分会渐趋衰落。是时北方中华农学会会员亦图奋起，但因故没有大的起色。山西干事李秉权请立分会，因会员不足法定人数而未果。[3] 鲁省直到 1936 年，才有林秉正等提请建立分会。[4] 其他省份会员即便有心立会，但难以付诸实行。如 1932 年 6 月宁夏会员沈德仁有意开办宁夏分会而未果。[5] 相形之下，北京分会在许璇的全力整顿和苦心经营下，会务开展得颇具声色，堪称北方会务之中心。1926 年 12 月 20 日下午，北京事务所在欧美同学会开成立会，干事长许璇主席，陶昌善、黄艺锡、章祖纯、邓孝可、陈翰笙、虞振镛等 50 余人与会，讨论会务及农业问题。[6] 次年 2 月 16 日，许璇任干事长，董时进、章祖纯、朱凤美、吴宗栻、虞振镛、周汝沆为干事。[7] 2 月 28 日，许璇、陶昌善、黄艺锡、董时进、虞振镛、汤惠荪等议决：研究土地问题，各省会员调查各省情形；调查研究北京牲口税，提议改良；就英国庚款事，将会员意见形成议案；组织北京会员春季旅行考察团等。[8] 1927 年 9 月 8 日，中华农学会第二次干事会议

〔1〕《本会纪事》，《中华农学会报》1930 年 3 月第 74 期，第 85 页。
〔2〕《本会纪事》，《中华农学会报》1934 年 8 月第 126、127 期合刊，第 248 页。
〔3〕《第二届执行委员会会议报告》，《中华农学会丛刊》第 66 期，1929 年 2 月，第 114 页。
〔4〕《事务所日记摘要》，《中华农学会报》1936 年 6 月第 149 期，第 97 页。
〔5〕《事务所日记摘要》，《中华农学会报》1932 年 7 月第 101、102 期合刊，第 159 页。
〔6〕《中华农学会北京事务所成立》，《申报》1926 年 12 月 25 日第 3 张第 11 版。
〔7〕《本会纪事》，《中华农学会报》1927 年 4 月第 54 期，第 38 页。
〔8〕《中华农（学）会开干事会》，《天津益世报》1927 年 3 月 3 日第 2 张第 6 版。

将北京、广州事务所分别改称分会。[1]

随着海内外分会逐步拓展，中华农学会的组织机构由小而大，由简单而复杂。广州年会时曾拟议组织委员会，以适应会务的发展。[2]杭州年会时又对“组织”部分做出局部调整，在保持干事长—副干事长—干事三级制不变的同时，干事人数由原来的12人增至16人；另增“于必要时得设各种委员会，由干事会于全体会员中推定”一条。[3]7日，干事会议照此规定成立编辑委员会、基金委员会和推广委员会。[4]1928年8月2日，中华农学会在南京举行第十次干事会议，修改《章程》再次提上日程，重点恰是杭州年会上未有大改的“组织”部分。主要提议人黄枯桐因道远未至，由梁希代为阐发：干事改执行委员；干事长改委员长，由委员互选之；选举法用司选委员制，由会员通信选举。以上均获通过。[5]6日，《中华农学会会章》照此重订完毕，经第十一届年会大会通过。此次修订，以杭州新会章为基础进行，重点对第四章“组织”部分修订，余则不变。新会章正式确立两项重要制度：行政上采用执行委员会制，选举上采用司选委员会制。具体规定：（1）以执行委员会，为总理会务机关；额定19人，任期2年，连举连任；单年改选9人，双年改选10人，第一次改选用抽签法定之；设委员长、副委员长各1人，由执行委员全体互选之；设文书、会计各1人，以执行委员兼任并由其公推；执行委员会推各地方干事，协助进

---

〔1〕《干事会议记要》，《中华农学会丛刊》第61期，1928年4月，第109页。

〔2〕《本会纪事》，《中华农学会报》1926年11月第52期，第127页。

〔3〕《中华农学会会章》，《中华农学会丛刊》第58期，1927年12月，第6页。

〔4〕《干事会议记要》，《中华农学会丛刊》第61期，1928年4月，第108页。

〔5〕《本会一年间大事记》，《中华农学会丛刊》第64、65期合刊，1928年10月，第207—208页。

行；于必要时设各种委员会，由执行委员会就全体会员推定。关于其具体事项，另订《执行委员会会议规则》，共8条。（2）以司选委员会，办理初选事务；额定9人，年会时由全体会员公选；司选委员推定候选执行委员后，通告全体会员通信公选；司选委员为当然候选执行委员；会员对司选委员会提出之候选执行委员，如有异议可联合10人推举1名候选人，由全体会员投票选举。[1]

7日，干事及司选委员联席会议决定推梁希主持司选事务，并将司选委员推定候选执行委员名单，分寄会员，然后择期开票宣布选举结果。[2]10月9日上午10时，执行委员选举正式开票，收到选票221票，3票作废，许璇、陈嵘、过探先、吴觉农、汤惠荪、陈方济、梁希、陶昌善、吴桓如、吴庶晨、陈石民、沈宗瀚、陆费执、唐昌治、姚传法、黄枯桐、朱凤美、于矿、唐启宇19人当选执行委员，雷男、顾复等为候补执行委员。[3]11月11日，执行委员会第一届会议选举许璇、陈嵘为委员长、副委员长。12日，议决设立事业扩充委员会，[4]并推定各委员为邹秉文、谭熙鸿、葛敬恩、庄景仲、郑辟疆、曾济宽、邓植仪、王舜成、韩安、沈鹏飞、刘宝书、徐恺、董时进、钱天鹤、侯朝海；成立编辑委员会，由陈嵘、过探先、梁希、黄枯桐、陆费执组成；[5]增设会报编辑委员会，胡昌炽、沈宗瀚、丁颖、毛雝、朱凤美、李寅恭、吴耕民、侯朝海、徐澄、陈方济、梁希、许康祖、曾济宽、汤惠荪、彭家元、董时进、

〔1〕《中华农学会会章》，《中华农学会丛刊》第64、65期合刊，1928年10月，第215页。

〔2〕《本会一年间大事记》，《中华农学会丛刊》第64、65期合刊，1928年10月，第208页。

〔3〕《事务所日记摘要》，《中华农学会丛刊》第64、65期合刊，1928年10月，第219页。

〔4〕《本会纪事》，《中华农学会丛刊》第66期，1929年2月，第111、113页。

〔5〕《本会职员一览》，《中华农学会丛刊》第67期，1929年4月，封页。

杨邦杰、蔡邦华、顾蓥、卢守耕、冯泽芳、管家骥等为委员。[1]

过探先提议成立农业计划委员会，获得通过，许璇、过探先、姚传法、沈宗瀚、陈石民、徐澄、侯朝海为委员。旋即，“请组织农村计划委员会，共谋训政时期农林实施计划建议当局案”提交南京第十一届年会，审查认为：训政时期，“尚缺少有系统的严密的学术的计划，势将成为各省各自为政，农事难于平均发展”，提案应予补充下列各项：（1）农村计划委员会人数，应为11人，由农政、林业、畜牧、作物、蚕丝、园艺、水产、农村社会专家担任，由执行委员会就全体会员选任；（2）拟定计划后，具文呈请国民政府农矿部、建设委员会及有关系之各特别市政府、省政府、农矿厅或建设厅等。8月4日，此会更名为农林设计委员会，由陶昌善主持，旨在制定“适于三民主义之农林业实施计划”，推定专家，农业（包括作物、园艺、畜牧、蚕桑）：陶昌善、过探先、沈宗瀚、方悌、郑辟疆；森林：姚传法、韩安；农业经济：许璇、唐启宇；农业教育：唐昌治；水产：侯朝海。[2]

此外，每年年会时成立年会委员会，负责会议筹备及进行等事宜。至1928年，中华农学会建立起一套连接国内外会员的严密的组织体系和工作机构（见图3-2）。它包括学术与行政、规划与执行两个支系，为其在国家农业建设中发挥作用提供了组织保证。

二　学术论文演讲会

许璇长会以来，讲学之风大兴，每逢年会会员济济一堂，以

〔1〕《迁京七年间重要常务及其设施》，《中华农学会报》1936年12月第155期，第14页。

〔2〕《第十一届年会记事》，《中华农学会丛刊》第64、65期合刊，1928年10月，第196—197、200—201页。

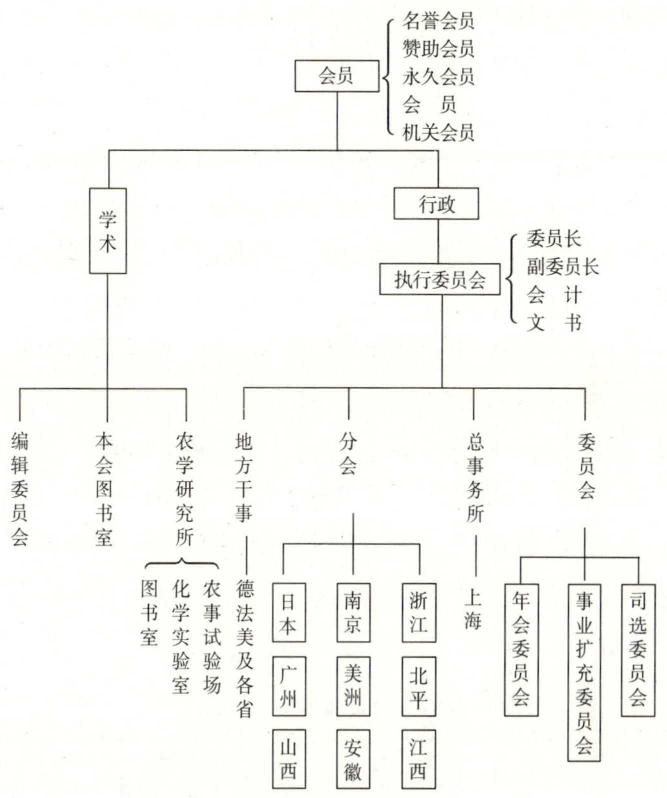

图 3-2　中华农学会组织系统图（1928 年）[1]

切磋农业学理，探讨农村问题出路。此期，学会同人研究成果渐多，年会时提交论文渐成定例。这为中国农业科学化进程注入了新动力。

1920 年代中期，农村和农政问题成为中华农学会关注重心，

〔1〕《本会一年间概况》，《中华农学会报》1929 年 10 月第 70 期，第 125 页。

会员演讲内容多与此切题。1925年8月8日，上海第八届年会首开研究会，演讲情况为，胡先骕：中国农业教育改造问题；于矿：农业政策与农业；汤惠荪：农村的实际改造运动；陈方济：化学肥料防止运动。[1] 1926年8月15日上午8时，广州第九届年会开第一次学术讲演会，日本农学博士山崎百治“中国之食粮问题与酒类”（陈方济口译），林侠农“四季栽桑与四季养蚕之经验”，唐启宇“中国之农业经济问题”，邓植仪“广东之农业问题”。16日上午8时，开第二次学术讲演会，吴庶晨“农业宣传之我见”，日本农学会代表桥本传左卫门“日本农家之金融问题”（汤惠荪译），徐澄代读沈宗瀚论文“早熟小麦的育种之商榷”。因时间问题，尚有多人未能演讲，大会决定改作论文发表于会报。[2] 以上讲题内容，除唐启宇“中国之农业经济问题”外，均发表于《中华农学会报》1926年11月第52期。1927年9月，杭州第十届年会学术演讲人数激增，两日内即达30人。

表3-4　1927年第十届年会学术讲演会一览表[3]

时　间	题　目	演讲者	需时（分钟）
4日下午2时起	浙江之农业计划	杜时化	15
	中国乡村借贷问题	徐　澄	20
	中国水产教育	侯朝海	10
	轮船拖网	张柱尊	10
	日本农艺生物化学之发达	奥田让	—
	土地与农业	袁　哲	20
	中国农业书籍问题	陆费执	10

〔1〕《中华农学会开会两日记》，《时事新报》1925年8月10日第4张第2版。

〔2〕《中华农学会在粤开会记》，《申报》1926年8月24日第3张第11版。

〔3〕《第十届年会记事》，《中华农学会丛刊》第58期，1927年12月，第4—5页。

续表

时　间	题　目	演讲者	需时（分钟）
4日下午 2时起	电耕机	彭师勤	10
	桑叶之化学的研究	陈方济	10
	中山的农民	陈雪尘	15
	重要花卉之花期及结实数	王亩仙	10
	孙总理纪念林计划	范　赉	10
	江浙皖蚕丝业	钱天鹤	10
	关税自主与农业	许　璇	10
	西湖之庭园问题	吴　炳	10
5日下午 2时起	广东农业之一般	吴庶晨	15
	平均地权	刘宝书	20
	绍兴酒	山崎百治	—
	蚕之品种改良	白泽干	—
	改造西湖	王希成	10
	行道树问题	吴桓如	20
	食用菌之研究	胡星若	15
	中国之农业教育	邹秉文	20
	植物之检疫	朱凤美	15
	华茶问题	吴觉农	10
	螟蝗问题	费耕雨	15
	碱性滩涂与黍作	包　容	15
	新昌之蚕业	陈宣昭	10
	北京的水稻	周汝沆	10
	都市的美化	陈　植	20

若从学术演讲者数量论，相比于杭州年会的盛况，1928年南京学术讲演会逊色得多。盖此次年会重在讨论审查农政、林政和蚕业行政诸案。但若从论文水准论，较前会毫不逊色。8月6日下午举行学术讲演会，陶昌善主席，报告情况为：管家骥“甘蓝

育种法”，唐志才“禾谷类分类检查法”，吴福桢“蝗虫习性及现状”，王绶“作物产量之研究”，姜苏民“松毛虫”，陈植“南京都市美增进之必要”，孙清波“作物成熟期之研究”，孙文郁“山东潍县临邑县及安徽宿县三处之农艺方式之比较”，陈嵘“南京森林植物带之变迁”等。[1]学术演讲与学术讨论相结合，即先由主讲人阐述主要内容，然后由旁听者发问，再由主讲人回应，双方反复论辩。

1929年8月18日上午，南通第十二届年会举行首场学术论文讲演会，由陈嵘主持，共有8位中外农学学者进行报告。情况如次，王金吾：南通之棉业情形；王善佺：棉的病理研究；佐藤宽次：日本产业组合运动之现状；宗正雄：家蚕之后天的免疫；大泽一卫：日本之桑；孙本忠：蚕消化器之细胞研究；宋涛：日本过去现在之畜产情形与将来畜产方针及关于我国畜产改良意见；陈世璨：中国产酵母菌之研究；陈世璨：黄河浊水的土壤学方面之利用。下午2时，举行第二场讲演，由吴桓如主持，共有6位中外农学学者进行报告。情况如次，中田觉五郎：植物病理学之发达与其在日本之现状；大槻茂雄：日本水产教育之现况；孙恩麐：江苏省之新棉区；孙本忠：江苏省之蚕桑；邹树文：浙江之虫害防治问题；陈世璨：二三化螟虫预防驱除运动后的一个报告。[2]

1930年8月24日至25日，青岛第十三届年会举行学术论文讲演会，中外多位农学学者发表演讲。内容如下：

---

〔1〕《第十一届年会记事》，《中华农学会丛刊》第64、65期合刊，1928年10月，第201页。

〔2〕《第十二届年会记事》，《中华农学会报》1929年10月第70期，第134页。

表 3-5　1930 年第十三届年会学术演讲一览表[1]

时间	演讲人	演讲人简介	题　目
24 日上午	菊池秋雄	日本京都帝国大学教授，农学博士	果树之分布带及森林植物之分布带
	田中贞治	日本东京帝国大学教授，农学博士	土地之农业的利用性
	铃木幸三	日本农林省畜产试验场技师，农学博士	动物体内 Carotinoids 之经路
	陈　嵘	金陵大学农林科教授	中国木本植物之特性
	杨邦杰	广州仲恺农工学校蚕科主任	利用纯系分离法则改良广东蚕种之二三实例
	曾济宽	国立中山大学农科教授	广东重要造林树种之一考察
24 日下午	吴福桢	江苏省昆虫局局长	害虫防治学近年来之进步
	胡昌炽	金陵大学教员	最近园艺学之进步报告
	唐启宇	南京中央政治学校教授	中国农业政策简论
	尹喆鼎	青岛商品检验局技师	冰粉子的化学成分
25 日上午	末松直次	日本东京帝国大学助理教授，农学博士	作物之耐病性
	野口尔吉	日本东京帝国大学助理教授，农学博士	关于稻育种的基础研究
	王金吾	南通大学农科教授	中棉与美棉之比较
	张福延	中央大学农学院副教授	中国森林史
	包　容	上海市立农事试验场场长	关于我国肥料之二大问题

〔1〕《第十三届年会记事录》，《中华农学会报》1930 年 8 月第 78、79 期合刊，第 137—138 页。

1931年8月21日至22日，北平第十四届年会举行学术论文讲演会，首日由王善佺主席，次日由崔廷瓒主席，具体如下表所列。

表3-6 1931年第十四届年会学术演讲一览表[1]

时 间	形 式	演讲人	题 目
21日上午	论文宣读	董时进	河北省二万五千户农家之经济概况调查
		汪厥明	农业试验误差之研究
		王 正	中国北部土壤内pH值之研究
		王善佺	中国棉作病理之研究
		陈宰均 陈朝玉	一种或然的新营养素缺乏病之研究
		卞晓亭	微菌杀蝗法之研究
		孙逢吉	芸薹传粉结实之研究
22日上午	学术演讲	邹秉文	中国农业衰落之主要原因
		刘 和	东北农垦实施计划
		郭葆琳	西北河套之垦务与民生
		王善佺	科学与农业
		蓝梦九	山东乡村建设之方针
		周 桢	飞机在林业上之价值
	学术报告	周建侯	农艺化学进步报告
		邹锺琳	昆虫学进步报告
		安徽省政府建设厅	安徽省林业进步报告

1932年8月30日上午9时起，无锡第十五届年会举行学术论文宣讲，具体如下表所列。

[1]《第十四届年会记事录》,《中华农学会报》1931年12月第94、95期合刊，第151—152页。

表 3-7　1932 年第十五届年会宣读论文一览表（共 19 篇）[1]

宣读人	任职机关	题　目
丁　颖	中山大学农学院	水稻吸肥时期之研究
杨邦杰	仲恺农工学校	蚕卵浸汤法之研究
夏振铎	中央大学农学院	家蚕之致死原因
乐天愚	河南大学农学院	树木耐阴性之研究及其新试验之报告
汪仲毅	浙江省昆虫局	螟害损失量之调查及二三化螟虫在白穗茎中之几种性状
童玉民	江苏实业厅	现代中国农村问题及其焦点
邹锺琳	江苏实业厅	今年江苏之蝗患
酆裕洹	中央大学农学院	仁果类之授粉研究
张君一 陈祝年	江苏省立渔业试验场	扬子江口外渔场最近一年间海洋调查报告
蒋德骐 吴华宝	金陵大学农学院	陕西农业调查报告
沈宗瀚	金陵大学农学院	灾后种麦误期之补救
胡昌炽	金陵大学农学院	园艺与职业问题
唐志才	江苏省立教育学院	麦稻育种之研究报告
胡昌炽	金陵大学农学院	东亚梨属植物之研究
陈　嵘	金陵大学农学院	竹类开花之周期性
叶元鼎 狄福豫	上海商品检验局	灵宝长绒美棉分级研究
陈舜耘	上海商品检验局	皮蛋之研究
唐启宇	中央政治学校	农业五年计划
张心一	金陵大学农学院	青海调查报告

〔1〕《第十五届年会记事录》,《中华农学会报》1931 年 12 月第 105、106 期合刊，第 181—182 页。

三　建言于国民党及国民政府

以广州年会为标志，中华农学会开始向国民政府建言农业建设。这次会上他们提出的建议有：（1）请国民党中央农民部令饬各地农会暨农民协会组织农品竞赛会案；（2）请国民政府制定产业合作社法，或由其发起联合各实业团体或机关共商起草，呈由政府核准施行案，议定只能建议政府早日制定产业合作社法公布；（3）请国民政府新颁布极严重之取缔茶商条例，以维茶业而增茶商信用案；（4）请广东省政府恢复广东省地方农林试验场案，议定由会函请广东省政府办理。[1]

以上均为事关农业改良的紧要问题，前两项关乎农村"组织"的建设。在会议闭幕之际，有会员对提案的落实充满信心又不无忧虑，其言：

> 闭会以后，能否把这些提案"实现"出来，还是问题。试看年来许多"工人大会""农民大会""学生大会"……开会时，何尝不是热热烈烈，什么"议决案""重要提案"，何尝不是惊人的多。可是，在闭会以后，能够"实行"的，便不多见了！这是因为中国人结合团体，只重"外名"，不重"实际"；中国人的一切集会，只注意在"开会时"的场面，而忽略"闭会后"的工作。这也许是中国一切不进步的重要原因之一吧！
>
> 农学会是"学术团体"；农学会的会员，差不多都是很有学问，很有抱负的农学专家。我们相信，决不像普通一般人

---

〔1〕《本届年会开会志略》，《中华农学会报》1926年11月第52期，第108—115页。

一样，把会开完了就算了事。在第九届年会闭会以后，至第十届年会以前，必能将此次通过的提案和规定的一切进行计划，都在事实上表现出来。这一点，至少作者个人敢有这种奢望！〔1〕

民间团体的建议转化为政府的决策绝非易事，不是“不重实际”能一语带过。应看到，中华农学会寄希望于国民政府的同时并没有完全放弃北京政府。8月14日，第一次干事会决定，由广州事务所、北京事务所分别办理建议于国民政府及国民党党部案件及建议于北京政府案件。〔2〕但其倾向性明显地偏向南方的国民政府，粤籍会员陆精治提出“令饬各地农会暨农民协会组织农品竞赛会案”，经审查通过后，制定农品竞赛会临时办法八条，中华农学会致函国民党中央农民部请予办理，称：

窃敝会本年在广州开第九届年会，由会员陆精治提议，以凡物有比较观摩，而后有改良进步。欧美先进诸国，其农产品之进步发达，虽多由于利用科学之功，然推广普及，则全在于展览与竞赛之力，故随时随地，莫不举行。盖农民终岁勤劳于田间，人之优处与己劣点无从知悉，虽政府与学者日有指导，而听者藐藐，终于无益。惟有以最显明之表证〔征〕，最确切之印象，使其互相观摩比较，以引起其研究优劣之兴味，乃能容易收效。且此种竞赛会之组织，甚形简便，

〔1〕蒲良柱：《中华农学会第九届年会闭幕以后》，《农声》第76期，1926年8月24日，第2—3页。

〔2〕《本会纪事》，《中华农学会报》1926年11月第52期，第127页。

仅系将收获之农品集于一室，随时可以实行。然我国之农民素无组织，并缺乏此种展览竞赛之观念，须有团体的指导之。今各地成立之农民协会，如风起云涌，应与旧有之农会通力合作，从速组织农品竞赛会，集中指导而提倡之，藉收改良农品之实效等语。

我国农业生产之劣，与收量之少，远逊于列国，且农民极富保守性，非直接观摩比较，殊难令其改良。现陆君精治提议本案，系为振兴农业起见，似应仿此办理。为此，函请贵部迅速令饬各地农会暨农民协会，切实遵照组织农品竞赛会，每逢五谷蔬果等项农品收获后，即举行之，使农产得藉此改进，农民生活亦可因之日趋向上，而革命之力量日趋固厚，实为公便。此致，中国国民党中央农民部部长甘。[1]

中华农学会启

1927年，南京国民政府成立之时，中华农学会的政治立场完全站到了国民政府一边，将其事业融入国民政府的建设大政，从而开启了其事业和宗旨实现的新途径——“国家”的管道，即“研究农业重要问题，以宣布社会，建议政府”。其第十届年会通过14项关于发展中国农业及农政的重要议案，其中11项建言国民政府，分别是：

请国民政府收回合众蚕桑改良会自办案；

---

〔1〕《中华农学会函请中央农部饬各地农会组织农品竞赛会》，《农声》第77期，1926年9月14日，第10—11页。

请国民政府选派蚕业专家参与万国蚕业大会案；

请国民政府制定病虫害防治法令案；

请国民政府应专设农林部主持全国农林事务；

请国民政府早日设立中央农民银行，以调剂农民金融；

请国民政府速制定合作社条例，以便实施；

请国民政府设立农产品检查所；

请国民政府划定国有林区及组织国有林管理机关案；

请国民政府划定每年田赋收入15%—20%，为办理地方农林事业及推广农民教育案；

请国民政府订立农村组织条例；

请国民政府设立病虫害检查所案。[1]

1928年5月25日，国民党中央执委会民众训练委员会函请中华农学会来宁举行年会。[2]这为中华农学会参与南京政府农林建设、发挥智囊作用提供了重大契机。晚清参照西方政治体制确立的中央新官制中始终未有专门的农业部之位置。民国肇建，短期内设有农林部，1913年12月农林部、工商部合并为农商部后，主管农业的行政部门降格为司一级，分为农林、渔牧二司。[3]中华农学会历来重视并主张设立农业专部，以示中央政府对农业的重视。陆费执早于1917年就详细考求美国农务部的历史、机构统系、执掌以及事业经费等情况。[4]此后，不少会员对日本的农林省

---

〔1〕《第十届年会记事》，《中华农学会丛刊》第58期，1927年12月，第3页。

〔2〕《事务所日记摘要》，《中华农学会丛刊》第62期，1928年6月，第96页。

〔3〕刘寿林编：《辛亥以后十七年职官年表》，北京：中华书局1966年，第83页。

〔4〕陆费执：《美国农务部考》，《大公报》1917年7月22日第3张第9版。

进行了详细考察，并想参照域外制度组建农业部，如1925年上海年会通过“请政府独立农部案”，北京政府未予采纳。[1]

1927年，中华农学会建议南京国民政府专设农林部，主持全国农林事务，同样未被采纳。其主要原因在于国民党内部各派系为争夺中央农林行政主导权各立统系，事权难期一致。1928年2月，南京国民政府设立农矿部，将农务与矿务行政合一。农矿部部长由“中法系”要员易培基出长，随即易培基发表训政时期施政纲领：农务方面，分为普通农业、垦荒、森林、畜牧等；农民方面，分为农民经济、农民生活及教育、农民组织。[2] 12月8日，《农矿部组织法》正式公布，分设总务司、农政司、林政司、矿政司，[3] 组织架构与旧制基本相同。[4] 同时，孙科在张静江、胡汉民、李石曾等11位中央委员的怂恿和支持下，主张改原建设部为建设委员会。2月2日，中央政治会议第27次会议经讨论决定将其隶于国民政府，孙科、陈立夫等为常务委员，蒋介石、谭延恺、蔡元培等人为委员，而实际为张静江所把持，其主要职能是“本总理三民主义建国方略及建国大纲之精神，研究筹备及实行关于全国之建设计划”，下设农业技术改良组、模范灌溉管理局、振兴农业实验区等。[5]

---

〔1〕《中华农学会开会两日记》,《时事新报》1925年8月10日第4张第2版。

〔2〕《农矿部之草案：训政时期施政纲领》,《天津益世报》1928年7月10、11日第2张第7版。

〔3〕《国民政府农矿部组织法》，国民政府法制局编：《国民政府颁行法令大全》，上海：商务印书馆1929年，第65—66页。

〔4〕1930年5月,《农矿部组织法》部分修订，其基本架构未作调整，经立法院第93次会议通过，6月9日公布。《修正农矿部组织法》，立法院秘书处编：《立法专刊》1931年第3辑，第180页。

〔5〕1938年1月，该委员会并入新成立的行政院经济部。《中央设立建设委员会》,《广州民国日报》1928年2月10日第7版。

翌年，建设委员会张静江与农矿部部长易培基联合发起全国农业建设委员会，并致函李石曾、萧瑜，请任筹备主任，谓：

> 石曾先生大鉴，萧子升兄来　拜读赐书，并聆悉北平教育学术之种种设施与计划，无任佩慰。农业建设，关系国本，至为重要，弟等筹商日久，所见与尊旨正同，拟即组织全国农业建设委员会计划，并进行全国农业建设事宜。凡关农业之兴革，农学之倡导，农会之组织，农民之扶助，以及凡此种种与农政之沟通贯串，均可并入此会工作范围之内。特请吾兄及子升兄为筹备主任，即将此会先行筹备，以期一面早日成立，一面趁时计划进行。弟等于此项事业，颇抱夙愿与奢望，有宜尽力之处，亦惟力是视也。专此，敬颂道安！[1]
>
> 弟　张人杰　易培基敬启

由上可见，张静江与“中法系”在南京政府初期染指并实际掌控中央农业行政。在此情形下，1931 年 11 月 15 日，蒋介石成立国民政府全国经济委员会，隶于行政院，作为全国最高经济设计机关，下设农业处、棉业统制委员会、蚕丝改良委员会、农村建设委员会等。[2]此会与建设委员会，虽共“为中央建设事业重心之所在”。[3]但因政见及利益纠葛，不免龃龉纷争。直至 1940 年，国民政府将原经济部农林司扩组为农林部，中央农业行政的事权基本统一。

---

〔1〕《党要目中之农业建设》，《天津益世报》1929 年 12 月 30 日第 1 张第 4 版。

〔2〕 全国经济委员会的建制与隶属关系屡有变动，但一直持续到 1948 年。

〔3〕 申报年鉴社编：《申报年鉴·政治建设》，第 268 页。

1928年8月，中华农学会第十一届年会设立农业专部再次成为讨论焦点。庄景仲认为，设置“专管官厅”是改革农业的根本问题，“查各国对于农业官厅：美国专设农务省；日本前设农商务省，现在把农林独立一省。我国民政府把农和矿合设一部，是中央已有专管的官厅了。但是各省里面，设置农矿厅的是很少。许多人的意思：省内农林事务，可由建设厅处理，而且省政府组织法里面，有‘省政府于必要时，得增设农矿厅’一条，语意在可有可无之间，于是大家便振振有词。其实，建设厅是管理道路建设等类的官厅，万万不能兼管农林事务的。所以，兄弟主张此后改革农业，应该速设专管官厅。”[1]为此，有与会人士提议“请中央划分农业行政权限”，并建议：（1）各县宜设立农务局案；（2）请速整理省有农林机关案；（3）请厘定农矿部关于农业行政组织案。大会审查认为：农务局虽属重要，然按照各县财政情形，似难实行，拟请保留；对于农矿部案审查认为“农民事业，为我国民生之基础，自应特设专部”，故将原案略加修改，另立“农林部”组织统系，具体包括“六司”：农务司、农民司、林务司、畜牧司、水产司、蚕丝司；“一局”：农林统计局；“五场”：中央农事试验场、中央林业试验场、中央畜牧试验场、中央水产试验场、中央蚕桑试验场；“两所”：检查所、农具制造所。另请建议中央党部及国民政府采择施行；同时，农林行政人员应任用专门人员。韩安、陶昌善、杨开道等人认为，司一级组织不过新政之一种，虽多设亦无补于事，不如多设各项强有力局、所，以专司其事，并委托许璇、陶昌善、

〔1〕《第十一届年会记事》，《中华农学会丛刊》第64、65期合刊，1928年10月，第194、198页。

过探先、韩安、姚传法、杨开道、唐启宇、方仲友、侯朝海等详加讨论。

同时，林业行政组提请国民政府速设立中央林务局案，大会审查认为："林业为百年大计，直接关系于国民经济，间接关系于水利卫生，非由政府设立专管机关，殊不能通盘筹算，详细计划，自宜呈请政府，从速设立中央林务局，以专责成。且原案所拟林务局组织，尤极详尽，拟请本会备文呈送国府，以期实行。"〔1〕

1930年，国民政府农业主管机关进行重大调整。12月4日，国民党中央政治会议决议将工商部与农矿部合并为实业部，隶于行政院。次年1月17日，国民政府公布《实业部组织法》，规定：实业部管理全国实业，包括工业、农业、矿业、商业、林业、渔牧业行政事务，设农业司，分三科掌理农业和蚕桑之试验、检查、改良及保护，农地之改良，病虫害之防除，农具、种子检查、改良、介绍及奖励，农业团体之监督，农田水利，农业知识增进，农业银行和合作社之促进，田租调查，农业和农村经济之调查和统计等。〔2〕5月10日，中华农学会第二届执委会会议议决，对于国民会议关于农业问题三项提案，即专设农林部，设立中央农民银行，请政府拨款补助关于农业学术团体及私立农业学校。〔3〕但此议仍未被当局采纳。

---

〔1〕《第十一届年会记事》，《中华农学会丛刊》第64、65期合刊，1928年10月，第198—199页。

〔2〕1937年12月，国防最高委员会议决裁撤实业部，改设经济部。经济部掌理全国工商、矿业、农林、水利行政事务，下设总务、农林、矿业、工业、商业、水利六司。1940年5月，农林、水利二司分出，分别组建农林部和水利部。1948年，经济部改称工商部。1949年3月，工商、农林、水利部及资源委员会合组经济部。

〔3〕《二十年度第二届执行委员会会议录》，《中华农学会报》1931年5月第88期，第63页。

1933年，中华农学会第十六届年会上提出之中央设立专部、以理农林行政案，议决保留，待全国国民代表大会召开时提交。[1]次年12月4日，李宗黄提议联合各学会向五中全会建议中央设立农林部案，推定唐启宇起草，由邹树文、钱天鹤、谭熙鸿审查。12月11日，呈请国民党第五届中央执监委员会，建议设立中央农林部，以“一政权而便施展”。[2]同年，《农业周报》发表署名社论，陈述中国历代农业行政及欧美各国农业行政状况，呼吁设立农林部，以“示与民图治之决心”。[3]1935年9月7日，中华农学会理事会再次议决由唐启宇拟具建议中央设立农林专部案呈文，准备于国民党六中全会时提出。[4]1937年2月7日，中华农学会第一届理事会议通过，建议国民党三中全会设立农林部案，推定唐启宇起草相关文书。[5]中华农学会几经努力，但农林专部成立遥遥无期。

总体而言，1926年中华农学会开始接近并建言于国民政府；1927年起，它努力融入国家建设，从农业教育、研究、推广、行政等方面，为国民政府研究制定农业农政蓝图；1926—1929年，其建言具有两个特点：第一，提案数量多，覆盖范围广，几乎涉及当时所有具体农业问题。第二，成立提案组，研究审查，专事专议。1928年设立农业行政组、林业行政组和蚕丝业行政组；次年设立农政组、林政组和农业教育组。1930年后，相关建言提案逐年递减，这种变化当与国民政府农业行政建设进程相关，初期百政待举，各项事业处于初创阶段，故提案亦多；此后，农业行

〔1〕《第十六届年会记事录》，《中华农学会报》1933年9月第116期，第125页。
〔2〕《事务所日记摘要》，《中华农学会报》1934年12月第131期，第91、93页。
〔3〕友：《设立农林部统一农业行政议》，《农业周报》第3卷第50期，1934年，第1页。
〔4〕《事务所日记摘要》，《中华农学会报》1935年12月第142、143期合刊，第218页。
〔5〕《本会纪事》，《中华农学会报》1937年4月第159期，第243页。

政架构基本奠定，故提案数量自然缩减。

表 3-8　1928 年第十一届年会提案及审查情况一览表[1]

提案名称	审查情况报告
请中央注重佃种问题研究并颁布佃种法案	查佃种问题，于农民利害至大。中央政府应早日颁布，以免地主与佃农之纠纷。惟兹事体大，且全国情形出入颇大，自应从长考虑，非仓促间所能议定。请执行委员会将原案分发会员，详加研究，汇集意见，或组佃制度研究委员会，妥议办法，再行呈送，采择施行
请中央划分农业行政权限案	前次教育会议时，讨论农业教育与农业行政分工合作办法，大学院预备会同农矿部合组农业教育委员会。自当将两方面权限商议划清，各省自可仿照办理，请将原案函送大学院及农矿部，以备合组农业教育委员会时参考
请政府将各地农林渔牧等试验场归并各学校案	
请政府通令各省设立农民银行案	由本会请中央政府颁布农民银行条例，令行各省，克日成立
请政府通行考试县长加列农业科目案	
各省宜恢复或设立农林蚕桑畜牧等试验场案	
建议政府，请速整理省农林机关案	

〔1〕《第十一届年会记事》，《中华农学会丛刊》第 64、65 期合刊，1928 年 10 月，第 196—199 页。

续表

提案名称	审查情况报告
请政府颁定农节案	
请政府及各级地方政府划定农林改良经费案	
每县应设农业指导员案	
各省、县每年开一次展览会案	
各省民政厅应颁布公墓例案	
请中央颁发东三省移民律案	
建设模范新村案（共两件）	新农村建设，极关重要，但办法须求切实严密，应请执行委员会妥拟具体办法，建议政府，采择施行
建议国府化学肥料营造案	请大会通过大意，另设委员会，拟具详细计划，建议政府，采择施行
请政府组织兵农委员会案	
乘裁兵机会，开发边区，请政府筹备案	
请农矿部设首都屠宰场案	
请政府明令寺有民有森林，须受省内机关监督指导案	
请国府速颁布森林法律案	
建议政府，各县宜设林务专员案	
请国府速定森林区划案	各省向不注重林业行政，拟择要设立造林场数处。造林场权限甚小，自不能尽量规划，林区之制，至极重要，拟由本会设专门委员会，拟就具体办法，建议政府，采择施行

续表

提案名称	审查情况报告
请国府速设造林传习所案	并入“请国府速设立中央林务局案”
请国府速设林业试验场案	由本会照原案请中央政府从速设立
请中央收回上海合众蚕桑改良会自办案	此案已由国民政府交建设委员会核办，即请原提案人切实调查，由本会依照调查情形，呈请建设委员会从速办理
请国府设蚕丝局案	由本会据情转呈
请农矿部设蚕丝试验场案	由本会据情转呈
为救济中国缫丝业失败之紧急提案	由本会据情转呈农矿部办理

表 3-9　1929 年第十二届年会提案及审查情况一览表[1]

组别	提案名称	审查情况报告
农政	请中央政府通令各省政府，改组各县实业局及增加经费案	将原案改为：请中央政府切实规定农林行政组织，通令各省政府增加农林经费案。大会通过
	呈请国府通令各县平均田赋案	大会通过
	指导农民改良作物案	大会否决
	请由本会援助生丝贸易，以利民生案	请山东省政府采纳施行，大会通过
	农业经济调查分工合作案	呈中央政府农矿部采纳施行，大会通过

〔1〕《第十二届年会记事》,《中华农学会报》1929 年 10 月第 70 期，第 135—136 页。

续表

组别	提案名称	审查情况报告
林政	函请当局从速实现总理之森林政策，以振兴中国林业案	以此六案为原则，作一总提案。请中央遵照总理遗训确定林业政策，划一林政系统案。讨论决定由陈嵘、陈植、康瀚、吴恺、黄希周5人组成委员会，制定林政原则，再由本会呈请中央
	实行兵工植树案	
	呈请各省当局注重民有林，以发展林业案	
	请中央确遵总理遗训规定，以造林为防止水旱灾根本办法案	
	拟请政府将各省建设全省林务局，以便划一林政系统案	
	统一全国林业系统案	
农业教育	请各省政府当局，对于本省农科大学或大学农科之常年经费，特别增加，并请官厅与学校互相联络案	本案应分二案：甲、请国民政府通令各省政府，对于省内专门以上农业学校经费，特别增加，或酌呈补助，以资发展案；乙、建议国民政府明确规定农业教育机关与农业行政机关之权限案，大会通过
	请国民政府指定庚款一部分，资助青年，赴国外研究农林学术案	请国民政府指拨庚款一部，交由教育部、国立大学及本会，选派专门人员，赴外国研究或考察农业案，大会通过。会务组“请本会选派专家，赴国际农院试验场实习一年案”并入办理
	拟请国内各农学院从速增建农业工程学科案	照原案，大会通过

表 3-10　1930—1931 年第十三、十四届年会提案及审查情况一览表[1]

年份	提案名称	审查情况
1930	请转呈教育部设立专门编译馆（刘家豪）	议决保留，但请该部奖励出版农业书籍
	请转咨中央大学从速恢复病虫害科（昆虫学会、植物病学会）	议决照办
1931	建议国府令各省拨定经费设立农民银行（安徽省建设厅农业推广处）	议决修正通过
	建议国府令各省设立改良农具制造所（安徽省建设厅农业推广处）	议决修正通过
	向国府建议乡间水灾救济办法（董时进）	议决致电国府行政院，陈述意见

四　参与国民政府农林建设

尤具象征意味的是，1928 年中华农学会到国民政府首都南京举行年会，并于次年与新中国农学会等社团将其会所从上海移至南京。他们发挥建设作用的方式，既有保持在野状态，以专家身份影响政治集团的农业施政者，如中华农学会提出"研究农业重要问题，以宣布社会，建议政府"；亦有直入政权系统，转化为政权之组成部分后，通过农业行政推行其建设理念与方案者。

国民党及国民政府重视"从基层建设做起，以实现三民主义的新中国"，为知识精英参与各地农业建设创造了机缘。1925 年秋，统一后的"两广"率先进入全面建设时期。为"建设新广东"，广州政治分会建设委员会任命梁漱溟、李济深等 5 人为常务委员，

〔1〕《第十三届年会记事录》，《中华农学会报》1930 年 8 月第 78、79 期合刊，第 138 页；《第十四届年会记事录》，《中华农学会报》1931 年 12 月第 94、95 期合刊，第 152 页。

聘任谢瀛洲以及德籍农林专家芬次尔等11人为专门委员，主持制定各种建设方案。[1]按照梁漱溟思路："不应枝枝节节无条理、无计划去做，要有条理、有计划，应先从调查统计上做功夫，有了调查统计的材料，才可以研究。"[2]意即要在实地调查的基础上，系统制订农林建设计划。中华农学会会员、稻作专家丁颖建议政府："国民军事革命将成功，广东一省，早入于训政时期，凡百建设，均须进行，而民生主义中之民食问题，窃以为非先谋解决不可。"为此，他在1926年制订了"改良广东稻作计划"，拟在广州附近及南路琼州和东西北江等区设置纯系育种场；1928年拟具"设置广州附近稻作试验田计划"，推动校长戴季陶以中山大学名义施行。[3]1929年年初，曾济宽拟定《广东农林建设之纲要》，整个建设分为四个步骤：一是制定法规，包括劳动、农业、森林法规及产业合作社法；二是设立机关，包括全省土地局、森林局、蚕桑局、农务局、昆虫局、农业金融机关及农业教育机关，除相应设置以上机关的下级机关外，筹设自治局、粮食管理局以及其他各种相关的机关和组织；三是筹划经费，包括整理田赋、增加关税、劝募公债和节省军费等；四是培养人才，以"高深学理作实地施业之指导"。农林建设具体事业：第一，经济政策。（甲）土地政策，包括测量土地、定地价、整理荒地、改良土地与整理耕地。（乙）劳力政策，包括清查户口、裁兵移民、应用机器等。（丙）金融政策，包括设立全省农民银行、实行农村合作运动、组织产业合作社等。（丁）交通政策，修道路、疏浚河川；第二，发展教育与增进技术。

〔1〕《建设委员会成立后之进行》，《广州民国日报》1928年3月21日第3版。
〔2〕《梁漱溟先生与本报记者之谈话》，《广州民国日报》1928年5月4日第3版。
〔3〕《中山大学改良稻作新计划》，《广州民国日报》1928年6月6日第4版。

（甲）教育设施，改进高等农林教育，适宜设置中等农林教育机关，在农林经营区酌设低级单科农林学校或讲习班，在自治区域筹办农业补习学校，发展农村社会教育与厉行平民识字运动，实施农村妇女家政教育。（乙）增进技术和推广事业：农事试验方面，设置水稻育种场及蚕桑、园艺试验场；森林经营方面，设立森林局及各分局、林业试验场、模范造林场及苗圃；推广方面，筹办全省农林产品展览会，奖励农林学会及各种农林团体。[1]

1928年2月10日，出任廉江县县长的陆精治制定《广东全省农业计划书》，[2]并在给广东省政府呈文中说："国以民为本，民以农为多，故总理三民主义之中，于民生独重。民生主义，以农务为先，诚以国家能扶植农民，改良农业，增进农利，立可置国家于富强。"[3]次年，广东省制订农业计划的官方活动就此展开。3月9日，建设厅召集广东农业建设计划起草委员会议，沈鹏飞、关乾甫、唐熙年、杨邦杰、丁颖、利寅、麦应端、陈颂硕、林亮东、张焯堃、傅保光、陈无涯、黄元彬、邝嵩龄等人与会，主要议题是审查并调整计划大纲。11日，建设厅聘定28位农业专家分任起草各种农业建设计划，主要有土地政策（陈颂硕），租税政策（黄元彬），粮食政策（麦应端、丁颖），蚕丝政策（傅保光），糖业政策（张焯堃、林亮东），渔业政策、水产试验场、农民劳动政策（沈鹏飞），农业经济政策（廖崇真），农村改良政策（麦应端），农务局（沈鹏飞、陈无涯），农事试验场（关乾甫），昆虫研究所（请沈鹏飞委托），

〔1〕曾济宽：《广东农林建设之纲要》，《广州民国日报》1929年1月1日"元旦特刊"第3、4版。

〔2〕广东省档案馆编：《民国时期广东省政府档案史料选编》十一，广州：广东省档案馆1989年，第353页。

〔3〕《省政府请中大审查全省农业计划书》，《广州民国日报》1928年5月28日第3版。

热带农事试验场（邝嵩龄），蚕丝试验场（杨邦杰），蚕业育种场（傅保光），蚕业检查所（沈鹏飞），畜产试验所（唐熙年、傅保光），水产试验场（费鸿年），动植物检查所（缓办），糖业试验场（古桂芬），生丝检查所（傅保光），兽疫研究所（缓办），农艺化学试验所（利寅、邝嵩龄）等。[1]同期还制订了《举办全省各县农业指导所计划》《沙田稻作试验场设置计划大纲》等一系列计划。[2]

其时，创设农林机关为推行农林建设要政。廖迪雍制定《改良及推广粤省蚕业计划》后，[3]又制订《广东农林建设计划书》。[4]后者实际是对曾济宽《纲要》中"建设程序"之第二、三部分的细化，即农林机关整理和筹划经费两项。[5]他主张省建设厅设立省、县农林局，省、县农林试验场，直属省建设厅统管。[6]这些文本可谓广东省设立农林局之先声。

1929年，在省主席陈铭枢力倡下，广东省政府设立森林局，建设厅长马超俊兼任局长，芬次尔任副局长，下设总务科长、技师兼土木科长各1人，技术人员若干人。同年9月，森林局改隶建设厅，组织体系改为总务与林务两科，侯过接任局长一职，芬次尔改任顾问。1930年7月，建设厅长邓彦华将森林局改组为农林

---

〔1〕《广东农业建设计划起草委员会议录》，《广州民国日报》1929年3月12日第4版。

〔2〕《计划》，《广东农林》"创刊号"，1931年，第1—9页。

〔3〕廖迪雍：《改良及推广粤省蚕业计划》，《广州民国日报》1929年7月2日，"新农林半月刊"第13期。

〔4〕廖迪雍：《广东农林建设计划书》，《广州民国日报》1929年9月22日，"新农林半月刊"第18期。

〔5〕筹划经费的主张与曾氏相同，即整理田赋与增加关税。廖迪雍：《广东农林建设计划书（续）》，《广州民国日报》1929年11月4日，"新农林半月刊"第20期，第1版。

〔6〕廖迪雍：《广东农林建设计划书（续）》，《广州民国日报》1929年10月15日，"新农林半月刊"第19期，第3版。

局，邓彦华自兼局长，廖崇真、侯过任副局长，组织规模及事业大为扩充，内设农业、林业、总务三科，附属机关除原有5处模范林场外，增设稻作试验场、园艺试验场、昆虫研究所、畜类血清制造所、农林改良稻作等区。后胡继贤继任局长，张焯堃、侯过为副局长，旋胡氏辞职，由侯过代理局长职。[1] 1931年11月，冯锐任局长，直至1936年7月因其“贪污”事发，被蒋介石法办。[2] 在此期间，因实际事务全由农学专家打理，亦因人事稳定、经费充足，故各类计划渐次落实，事业得以长足进展。

黄绍竑主政广西后，起用伍廷飏，力推桂省农务建设。伍氏于1926年任建设厅长，多方罗致人才，在农林建设方面尤多建树。次年春，始在柳州北郊设立省农事试验场、实业院，延揽中华农学会会员陈大宁、岑楼等人从事试验研究工作。[3] 同时筹设农业行政机关，在建设厅实业处设农林股。1929年年初，实业院改组为农务局，成为统管全省农林事务的专门机关，内设秘书、农艺、林垦、畜牧兽疫、蚕桑、农业工程、农业经济、农业推广和病虫害防治等十科。[4] 伍廷飏兼任局长，邹秉文、邓植仪任副局长。[5] 中华农学会会员赵连芳亦受聘为农艺部主任兼技师，主持稻作的试验与改进；[6] 汪启愚任畜牧技师等。[7] 旋因桂省内讧，李宗

---

〔1〕《抗战建国史料——农林建设（四）》，秦孝仪主编：《革命文献》第105辑，台北：国民党中央党史委员会1986年，第3—4页。

〔2〕李洁之：《关于冯锐之死》，《广东文史资料》第11辑，广州：广东人民出版社1963年，第135页。

〔3〕《伍廷飏事迹纪要》，《柳州文史资料选辑》第2辑，1983年，第174页。

〔4〕广西地方志编纂委员会编：《广西通志·农业志》，南宁：广西人民出版社1995年，第114页。

〔5〕《新广西物质建设要闻》，《广州民国日报》1929年3月23日第3版。

〔6〕樊荫南编纂：《当代中国名人录》，上海：良友图书印刷公司1931年，第373页。

〔7〕李伯嘉编：《读书指导·附录》第2辑，上海：商务印书馆1936年，第407页。

仁、黄绍竑一系被俞作柏、李明瑞所取代，农务局于1931年被取消，故有场地改为广西农林试验场，其场务由宋本荣负责。[1]

中华农学会会员对“两广”的农村组织均表关注，并以此为门径建设新农村。1931年，广东农林局的廖崇真强调“农村组织”之类“下层工作”的重要性，“改进农业，应提高农民智识，促进合作组织，然后技术才可增进，生产才可增加。这种下层工作，很是重要！还有关于农业的试验研究结果，农村组织和农民生活的改善，也是亟待推行到乡村去的”。他尤其推重合作组织，“要发展农业，改良农村，必先从事农村经济的建设，提倡合作事业组织，极力帮助他们的成功，使购买农用品和日用品，可以得廉价的便宜；对于出产品，因为有了合作组织，也可以不受中间人从中垄断，来操纵市价；对于免除高利的剥夺，得到资本的流通，更是现在合作组织里面的最大使命”。[2]与廖崇真强调组织的具体形式不同，谢申则凸显组织建设的整体性，其改良农村组织意在实现农村之自治。如其言：

> 诚以我国农村，向少组织，即令有之，亦多为封建势力所支配，适足为一般劣绅作威作福，藉以压迫农民之工具。故欲增进农民生活，非急速改造农村组织不可。改造之法，厥为实行农村自治，用全村之人力财力，以解决全村各项建设问题，其目的，是求全村公众之幸福，其办法，是互相合作，使完成一新农村。国民政府《建国大纲》规定，以“县为

〔1〕陈佚生：《生产科研两结合的广西农林试验场》，《鱼峰文史》第6、7辑合刊，1990年，第123页。

〔2〕廖崇真：《发展广东农业方针的商榷》，《广东农林》“创刊号”，1931年，第6—9页。

自治单位”，固甚精密，但无农村自治为基础，则地方自治之权能，仍不免落在少数人手内，而形成一新特殊阶级。所以，改良农村组织，实行农村自治，为训练农民，完成地方自治之基本要图。[1]

究其本意，“两广”特重组织是出于“建设政治下层工作”，建造模范村乃实现途径。[2] 1928年，广西“模范农村”实验工作渐次展开。时任柳庆垦荒局局长的陈大宁擘画了宏伟蓝图：先在罗城县前区设立模范农村，且亲自选定牛鼻的泗州寺为农村办事处，再在此一带建造市场，继而将它们连成一片，通过发展农、林、工商诸业，使之成就“伟大之实业区”。[3] 桂省镇南区行政督察委员在给省政府呈文中如是言：

窃维为政之道，当先整顿下层，使臻完美，然后一切实施始易推行。故美洲诸邦，特重农村组织，而国家于以日臻郅治。近者吾国山西，仿行村制，其成绩亦大有可观。由此观察，其整饬村乡行政，实为今日之要图也。[4]

1928年，“模范农村”实验工作在龙州、南宁、柳州、庆远、桂林等地逐次推开。其中，龙州第一模范村率先成立，它由16个村庄组织而成，开辟3处村有林，并设图书馆、通俗讲演所，实

〔1〕谢申：《广东农业建设谈》，《广东农林》“创刊号”，1931年，第21页。
〔2〕《镇南第一模范村计划》，《广州民国日报》1928年5月12日第5版。
〔3〕《柳州将有模范农村》，《广州民国日报》1928年5月1日第4版。
〔4〕《镇南第一模范村计划》，《广州民国日报》1928年5月12日第5版。

施识字运动，为全省工作的展开树立典范。[1]可见，桂省由组织入手的新农村建设并没有因农务局之取消而停废，反因中华农学会的介入而有所增强。

此外，分布于其他各省的中华农学会会员也以不同方式参与国民政府的农业建设。主浙后的张静江力邀沈宗瀚“共同建设”，因沈忙于培育小麦新品种，故荐钱天鹤任浙省农林局长，自己兼主任技师，协助设计与技术工作，每月去杭一次。[2]另有其人参与创建蒋介石倡导的浙江奉化县溪口镇武岭学校。1929年年初，南京中山陵园的傅焕光、江恒垣、过探先、沈宗瀚等人奉蒋命负责筹建，“以为乡村建设之基础”。他们详细考察了溪口镇的人文、地理及农业等情况，遂建议设立农业职业学校及农场，以训练乡镇子弟、改良农林园艺等。该校于1930年建成，蒋介石自兼校长，下设校务主任综理校务，办有幼稚园、小学部、农事试验场及医院，此后又陆续增设农职部、林场及民众教育馆等。中华农学会会员张恺被任命为农场主任、农职部主任及校务主任。该校农事试验场设有农艺、园艺、森林、畜牧、蚕桑及推广等股，主要与金陵大学、中央大学及浙江大学合作推进改良及推广事务。[3]

然而，中华农学会会员的任职多不固定，甚至变动频繁，由一省转至另一省，或由地方上调中央，或兼任中央相关部、委职务等情况屡见不鲜。农矿部成立后，首次聘定孙恩麐、韩安、李大猷、姚传法为农林设计委员，以技正之资留农务司办事。[4]第二次又聘

〔1〕《广西龙州模范村之概况》,《广州民国日报》1928年11月6日第3版。
〔2〕沈宗瀚:《我为何学农》,《沈宗瀚晚年文录》，第230页。
〔3〕沈宗瀚:《蒋总统早年倡导乡村建设记》,《沈宗瀚晚年文录》，第99—100页。
〔4〕《农部添聘设计委员》,《民国日报》1928年8月3日第2张第3版。

定林学专家姚传法、陈植、安事农，蚕业专家姚枏，水产专家何恢禹等人，姚传法为常务委员。后又续聘多名专门委员，渔牧：侯朝海；农业：许璇、沈宗瀚；农民：董时进、刘运筹；蚕桑：钱天鹤、何尚平；兽医：王承钧；棉业：张宗成；垦务：金永昌；农业经济：唐启宇。[1] 1930年代，随着国难日亟，包括中华农学会在内的农学社团的活动融入了国民政府农业"抗战建国"的事业中，因而出现了一个较大规模参与国家农业工作的局面，进入立法院、实业部、经委会等中央机关的人员日多。1933年左右，在中央各级农业机关及附属机关任职的中华农学会会员如下表：

表3-11　中央各国家机关的中华农学会会员名录[2]

机　关	姓　名	籍　贯	职　务
立法院	姚传法	浙江鄞县	经济委员会委员
	张心一[3]	甘肃临夏	统计处农业统计科科长
实业部	穆藕初	上　海	实业部次长
	谭熙鸿	江苏吴县	林垦署长
	徐廷瑚	河北蠡县	农业司司长
	章元善	江苏吴县	合作司司长
	陈振先	广东新会	农本局总经理

〔1〕《农矿部设计委员会成立》,《中央日报》1928年9月1日第2张第2版。

〔2〕据《全国经济界重要人名录》(1933年7月以前)，实业部中国经济年鉴编纂委员会编:《中国经济年鉴》，上海：商务印书馆1934年；中华农学会编:《中华农学会会员录》，1935年印行。

〔3〕1931年，统计处改称统计局，隶国民政府，张心一继续任职。张思温:《记农学家张心一》，政协甘肃文史资料和学习委员会编:《甘肃文史资料选辑》第47辑，兰州：甘肃人民出版社1997年，第10页；许国华:《农业经济学家张心一》,《张心一纪念集》，北京：中国土地学会1987年，第33页。

续表

机　关	姓　名	籍　贯	职　务
实业部	刘行骥	湖北黄陂	渔牧司司长，中央种畜场场长
	凌道扬	广东宝安	简任技正，中央模范林区管理局局长
	皮作琼	湖南沅江	简任技正
	姚　枏	上海江桥	简任技正
	于　矿	江苏吴县	技正
	蔡无忌	浙江绍兴	上海商品检验局局长

农矿部成立后，首先通过制订全国农业计划，加强对各省农业的中央集权。故此，1929 年 7 月 16 日至 20 日，农矿部召开全国垦务会议，通过了《全国垦务计划大纲决议案》《关于西北农垦计划大纲决议案》。[1] 9 月 2 日，全国林政会议在农矿部大礼堂开幕，农矿部长易培基、次长陈郁，朱祖翼、葛天民、谢嗣篯、余焕东、安事农、蒋蕙孙、卢东林、黄希周、郭兆兴、陈雪尘、皮作琼、康瀚、毛雝、王思荣、刘运筹、曾宪章、张百川、陈钟英、张远峰、阎智卿，内政部代表毛庆祥、刘汝璠、马绍先，编遣委员会代表廖家楠、任承统、沈学礼、贺文镜、凌道扬、李寅恭、张伯纶、陈嵘、郭须静、陈宪、张范村，建设委员会代表俞同奎、高秉坊等 38 人出席。刘运筹、庄松甫、陈嵘、凌道扬、任承统、梁希、高秉坊、林祜光、张远峰、皮作琼、毛雝、陈雪尘、郭须静、李寅恭、黄希周、康瀚等为审查委员，刘运筹为审查主任，[2] 议决通过保安

〔1〕中国第二历史档案馆编：《中华民国史档案资料汇编》第 5 辑第 1 编，“财政经济”（七），第 257、260 页。

〔2〕《农矿部林政会议开幕》，《申报》1929 年 9 月 3 日第 3 张第 11 版。

林、国有林、村有林、民有林及林业合作社等相关政策。[1]

9月，全国农政会议确定农民经济、农民教育、农业技术和改良渔牧等重要议题。[2]12月5日，会议在农矿部召开，共收到农政、农业以及农务提案94件，徐廷瑚等21人为提案审查委员，徐亦为审查主任。[3]大会通过关于农业合作、贷款、教育、统计、仓库以及农作物提案之审查报告10余件。[4]以上参会农业专家，绝大多数为中华农学会会员，所提案件也是此期他们共同关注并经集体讨论和研究而定。

其次，从农业建设路径考察，农矿部主张先由农事试验场和农业研究机关入手，从事研究和试验，再设立从中央到地方的各级推广机关。1928年，谭常恺出席全国教育会议提议“从速成立农林研究院”。[5]11月，易培基整顿各省农事试验场，拟在中央政府所在地设立规模宏大、设备完善的农事试验场，以为“全国之模范”，次在各省区设立，“俾衔接连贯，成一有机能之体系，务使中央与地方指导扶持”。[6]中央农事试验场的筹备工作随即展开，设正副场长各1人，分设八科。[7]同时筹设中央模范水产试验场、整理种畜场、整理国有林业试验场、筹设中央模范林区等。[8]1929年9月20日，农矿部令各省农矿厅、建设厅，转饬各县组织县农

[1]《林政会议议决森林政策》,《申报》1929年9月7日第3张第10版。
[2]《农部筹备农政会议》,《申报》1929年9月14日第3张第9版。
[3]《全国农政会议开幕》,《申报》1929年12月6日第2张第7版。
[4]《农政会议闭会》,《申报》1929年12月12日第2张第6版。
[5]《国府各部杂讯》,《申报》1928年4月18日第1张第4版。
[6]《农矿部拟设农事两机关》,《申报》1928年11月2日第3张第9版。
[7]《农部设农事试验场》,《申报》1928年11月17日第2张第7版。
[8]《农部设工作报告》,《申报》1929年3月16日第2张第8版。

事试验场。[1]

全国农政会议上，农事试验场和研究机关成为热议话题。其一，请农矿部即行设立全国农事试验场管理处，由中央农事试验场场长兼任处长，以统一全国农事试验事业，“指导及联络各省农事试验场各种试验工作”。其二，设立“中央农业研究所”决议案，在首都设立中央农业研究所，下设农业经济股、农业工程股、农业推广股、森林股、农艺股、畜牧股、蚕丝股、园艺股、昆虫股、植物病理股、兽疫股、垦殖股、农艺化学股等，分别聘请国内外专家主持；在各省区设分所。[2]这与中华农学会解决农业问题的基本理路不无一致性。

鉴于中国农业之不发达，“端在新知识、新技能之不能推广到民间去”，南京国民政府视农业推广为要政。1929年春，农矿部制定并公布施行《农业推广规程》，提议行政院组织中央农业推广委员会。12月24日下午3时，此委员会在农矿部大礼堂开成立大会，教育部代表周淦、钱天鹤、王善佺，内政部代表马铎、阎智卿，中央训练部代表刘秀生，农矿部代表徐廷瑚、谭当恺、皮作琼、陈蕴奇、毛雝出席。农矿部次长陈郁主持并致辞说：

> 农业重要，人所共知。惟中国农业，所以不能进展者，原因至为繁多，而农事机关所研究，与农业学者所发明，无法使之普及于农民，推行于农村，划为诸因中之主因。美国农学家白特斐来华考察，尝言农业政治家确为中国必不可少

---

〔1〕《首都纪闻》，《申报》1929年9月21日第2张第8版。

〔2〕《农政会议决议案汇录》，《中央日报》1929年12月16、18日第1张第4版。

> 的人才。盖中国农事新学识与农业技能，必待农业政治家，以政治的力量，普及农民，推行农村，而后可期农业之改进。农矿部于十八年一月，曾向政府提出农业推广规程，其意即欲使农事机关所研究，与农业学者所发明，随时藉手这般农矿政治家，以政治力量，普及农民，推引农村。嗣经内政、教育两部参加意见，遂于六月将规程公布，兹依据规程，成立本委员会。各委员均系当今适当之农业政治家，将来必有良好计划成绩，以副政府国民之望。[1]

《规程》特别说明国民政府农业推广之目的："为普及农业科学智识，增高农民技能，改进农业生产方法，改善农村组织、农民生活，及促进农民合作。"规定农业推广委员会由国立或省立专门以上农校与省农政主管机关，会同有关机关团体组织；国立或省立专门以上农校设农业推广处，省农政主管机关设立农业推广处（或委员会）。[2]依照《规程》，各省农政机关及各国立或省立农业学校相继设立农业推广机构，如中央大学、金陵大学农学院开办农业推广实验区，同时开展农村社会调查。

实业部取代农矿部后，出长部长的孔祥熙筹备成立中央农业研究所，以展开农业推广工作。1931年年初，实业部次长穆藕初为主任，钱天鹤为副主任，洛夫、邹秉文、谢家声、沈宗瀚、赵连芳、马耶思、卜凯等14人为筹备委员。后据戴季陶在中央政治会议的提议，将"研究"改为"实验"，以注重"实用"的"试验"，而不是

〔1〕《中央农业推广委员会昨在农部开成立会》，《中央日报》1929年12月25日第1张第4版。

〔2〕《农业推广规程》，《农业推广》"创刊号"，1930年4月，第2—3页。

“理论”的研究，易名为“中央农业实验所”，于1932年设立。是年冬，陈公博长部，穆、钱辞职，谭熙鸿继任所长，“所务无何进展”。1933年，陈公博自任所长，钱天鹤以副所长负责实际事务，并聘洛夫为总技师，“研究改良多收实效，树立中国农学研究的新作风”。[1]

许璇于1925年便提出农业推广应是中华农学会的重要事业，但未能推入实际。众多会员各以其他身份参与中央、地方以及各级学校的农业推广工作，但学会层面的工作与成效并不明显。一是，其机关刊物所载相关文字较少，仅见徐正铿《农业推广说略》（《中华农学会报》1923年8月第43期）、于矿《农业推广问题》（《中华农学会丛刊》第53期，1927年2月）。二是，历届年会较少相关建言。可见，国民政府强化中央集权、推进事权合一，一定程度上弱化了民间学术团体的作用。

第四节　他山之石：沟通域外农学界

近代中国农学与农业总体上与发达国家存在巨大差距，借鉴域外农学知识以及农业生产、经营新法，仍是中国农业现代化的必由之路。中华农学会积极沟通国外农学界，谋求建立双向联系，既多方邀请域外农学研究人员前来访问讲学，也设法走出去到国外参观考察，进行短期交流、研究、培训或留学深造。

一　技术与组织：首次赴日考察的观感

中华农学会与日本农学界来往由来已久。立会之初，若干

〔1〕 沈宗瀚：《中国农业科学化的初期》，《沈宗瀚晚年文录》，第92页。

位任职于北京政府农业机关的日本学者加入为正式会员。1921年5月，土屋峰吉入会；[1] 8月，宫地胜彦、山本喜誉司祁良入会；[2] 1922年9月，铃鹿昌一、谷口熊之助入会；[3] 1923年6月，日本东京帝国大学农学教授兼农场场长原熙，加入为永久会员，并一次性缴纳会费35元。[4] 许璇长会后，与海外农学界交流日益密切，与日本农学界的交往相比更为密集。

中华农学会对日学术交流被纳入日本退还庚款"对支文化事业"项目。1924年"汪—出渊协定"确定退还庚款举办日本对华文化事业，但附加条件苛刻，且资金的分配权被日本对华文化局操纵，规划三项事业：一是补助留日学生的学费；二是补助中日学生团往来旅费等；三是补助上海自然科学研究所、北京人文科学研究所以及保存清室古物等费用。[5] 中国学界视之为"文化侵略"，以"先争主权，后谈利用"相抗争，力争无附带条件全部退还。但日方态度强硬，"对支文化事业"各项逐渐展开。国立北京农业大学率先利用此款派员赴日考察农业。[6] 中华农学会则通过上海东亚同文书院农工科主任山崎百治居间争取款项。[7] 1914年9月，东亚同文书院增设农工科，下设第一、二部制造化学科、采矿冶金科。[8] 由于其担负日本调查中国经济资源特殊任务，山崎为推进农业调查工

〔1〕《新入会员录》,《中华农学会报》第2卷第7号，1921年5月，第2页。
〔2〕《新入会员录》,《中华农学会报》第2卷第10号，1921年8月，第92页。
〔3〕《新入会员录》,《中华农学会报》第3卷第12号，1922年9月，第105页。
〔4〕《本会纪事》,《中华农学会报》1923年6月第41期，第84—85页。
〔5〕《日本对华文化事业之计划》,《申报》1925年4月13日第3张第11版。
〔6〕《北京国立农大派员赴日考察》,《中华农学会报》1924年3月第46期，第56页。
〔7〕《干事会会议纪要》,《中华农学会报》1926年1月第49期，第103页。
〔8〕黄福庆:《近代日本在华文化及社会事业之研究》，台北:"中央研究院"近代史研究所1982年，第40—41页。

作，接近并与中华农学会建立联系，以促成其赴日交流事宜。

1926年1月29日，中华农学会第二次干事会在上海总部通过赴日参观案，定于本年4月间派员赴日参观，规定未缴会费者不得参与。[1]经吴觉农与山崎多方接洽，确定每年可派6人出席日本农学会年会，一切开销由日本退还庚款支付，日本农学会及农艺化学会随即发出邀请函。[2]第三次干事会决定改通信征求团员方法由干事公推预定额1倍人数，再抽签决定，最后确定考察人员为林植夫、朱凤美、汤惠荪、朱羲农、陈植、陈方济，林植夫任考察团团长。3月30日，中华农学会专门召集干事及团员联席会议，[3]确定此行任务及各机关会员委托事项：

（一）与文化局及日本农学会接洽事项

甲、分发日本文意见书

乙、筹设农业研究院

丙、请农学家到中国讲演

丁、增加旅行团名额

（二）各团体提出者

甲、东南大学：1. 日本在朝鲜改良推广棉作经过、计划、经费及现状；2. 日文植棉书籍名称、价格及发行处

乙、江苏一农：1. 两国农业上之提携；2. 庚款对于农业上之用途

丙、新学会社：1. 请查日本甲乙两种农校用书；2. 日本农业书社如何发展；3. 调查日本最新农业书籍及农业器具；4. 由庚款组织农业编译所及图书印刷所；5. 中日农业书社

〔1〕《干事会会议纪要》，《中华农学会报》1926年1月第49期，第103页。
〔2〕《会务报告》，《中华农学会报》1926年11月第49期，第103—104页。
〔3〕《赴日参观的经过》，《中华农学会报》1926年6月第51期，第106—109页。

合作及提携；6. 代索各类农学杂志

丁、杭州农业专门学校意见书：1. 中日农林机关应互相联络，发扬学术，共图东亚农业进步：(1) 关于农林研究试验报告交换；(2) 关于农林论文及著作交换；(3) 关于农林种苗交换。2. 日本各农科大学及农林研究机关，对于本会所特派研究人员应尽量容纳，并请文化局补助研究费。3. 日本退还庚款对于农业上之用途：(1) 稻麦种改良及驱除螟虫研究费；(2) 模范造林场。以上两项为中国农林业上，目前最要之事务，请文化局拨款补助，由本会筹办。4. 上海自然科学研究所内容，应注意农林业生产事项，其人选须由本会推出5人加入。5. 调查事项：(1) 调查日本最近农业组合实况；(2) 日本乡农会内容；(3) 模范农村之组织；(4) 向农林业各机关索取印刷物一份，寄交敝校教务处；(5) 最近年内日本输入吾国木材种类及数量。6. 请日本有名农林专家定期来华讲演

戊、过探先意见书

（三）与留日新旧同志接洽事项：

1. 组织东京事务所；2. 谋彼此联络办法；3. 介绍新会员并代收会费

4月2日9时，林植夫、朱凤美、朱羲农、陈植、陈方济及山崎百治，从上海乘船出发，5日晨9时，抵达东京，寓日华学会。[1]8日晨8时，汤惠荪抵日与诸人会合。[2]这是中华农学会首

〔1〕 陈植：《东游日记之一》，《中华农学会丛刊》第53期，1927年2月，第80页。
〔2〕 汤惠荪：《东游日记之二》，《中华农学会丛刊》第53期，1927年2月，第86页。

次组团到异国参访交流，行程安排紧凑，活动大约有三种，即实地参观考察、会见日本学人及学术讲演。对于此次交流活动，日方亦十分重视。4月3日，林植夫一行刚至长崎，日本的新闻记者早已迎候，稍后出发的汤惠荪在旅途中已阅到长崎《日日新闻》的相关报道；日本农学界诸多农学名家招待考察团，以表欢迎。

参加日本农学会年会活动

4月8日6时，日本外务省文化事务局冈部长景子爵，在芝公园红叶馆设宴招待考察团成员一行，日本农学界名流铃木梅太郎、麻生庆次郎、安腾广太郎，日华学会理事山井格太郎等出席，双方就中日文化交流与农业问题交换意见。[1]10日午后，考察团至明治神宫外苑日本青年会，出席日本农学会与日本农艺化学会联合大会。林植夫发表题为“中日两国农学界之提携”致辞，散发《告日本农学界诸彦》文，呼吁日本以退还庚款支持中国农业发展。晚间恳亲会，席间铃木、麻生、横井、佐藤等对中国农学界“各示好意”，对“庚款兴农”予以同情支持。[2]佐藤宽次认为：“日本退还庚款，办文化事业，而文化事业委员中无农界人士参加，致举办之文化事业计划中，无农业之设施，此为我两国农学界之遗憾，而亦由于农界人士乏于奋斗精神之所致。此后，两国农学界同人，须努力进行，一致呼吁，期达最后之目的”；山崎谓：“中日两国以时间空间论，农业之关系最为密切。以日本先进之农法改良中国之农业，俾人口中占八十以上之农民，蒙其实惠，则利孰甚焉。”[3]

---

〔1〕陈植：《东游日记之一》，《中华农学会丛刊》第53期，1927年2月，第83页。
〔2〕同上书，第84页。
〔3〕汤惠荪：《东游日记之二》，《中华农学会丛刊》第53期，1927年2月，第88页。

次日下午，考察团赴东京帝国大学农学部参加学术演讲会。陈植、汤惠荪、朱羲农在农学部第一会场，朱凤美在农学部第二会场，陈方济在农艺化学部第二会场。演讲题目为，陈植：中国之林业概况；汤惠荪：农村问题与中日两国农业之提携；朱羲农：中国之农业与日本经济之关系；陈方济：土性肥料研究之计划（汤惠荪记为：土性肥料试验所之计划）；朱凤美：我国植物病菌之所见（汤惠荪记为：麦锈病之研究）。

从陈植、汤惠荪各自日记可见，二人内心对于此次域外学术演讲之感觉迥异。陈氏认为这是中国农学进步的体现，“国人之在日本农林业学术演讲者，斯为破天荒，虽限于时间，未获充分发抒，深望继余侪东行而为农林视察者，不绝将心得发表，为祖国光焉”。汤氏则有感于中日农学之巨大落差：“夫日人均以积学深邃，继续研究，无或间断，故所发表之论文，乃多年研究之结晶物也。而联合会讲演席上，各抒意见，发为宏论，博听众之欢迎，而成绩斐然者，又岂偶然哉！以视吾国，兵连祸结，政治不修。国贫如洗，全国几无一处可以安心研究之机关，则欲期缀成论文，而发表为研究之结果者，又渺不可得也。余觇彼邦人之精神，不觉自惭无地矣！”[1]

考察高等农学教育与研究机关

7日，考察团全体赴驾笼町参观营养研究所、理化学研究所，了解其设立目的及组织构成。[2] 19日上午，全体赴京都大学农学

〔1〕陈植：《东游日记之一》，《中华农学会丛刊》第53期，1927年2月，第84页；汤惠荪：《东游日记之二》，《中华农学会丛刊》第53期，1927年2月，第88页。

〔2〕陈植：《东游日记之一》，《中华农学会丛刊》第53期，1927年2月，第81页。

部，由部长桥本传左卫门、铃木文助引导参观教室及研究室。该校“成立甫三年，然设备完美，有殊出人意表者”，组织与东京帝国大学不同，除纯粹之农学、林学外，其他科均冠以“农林”二字，共设农学、林学、农林化学、农林生物学、农林工学及农林经济学6科。[1]汤惠荪叹为“新颖之分科法”，且研究室不以学科为单位，而以研究之教授为标准，故教授都有各自的研究室。[2]午后，京都大学农学部举行恳亲会，该部教授及京都各农、蚕机关学者与会，共同探讨农林学术问题，汤惠荪与桥本就农村社会问题交流意见，桥本认为农村问题须先从农家经济调查入手，自己在大学“亦专实行其素志”而从事于调查。晚6时，京都大学举行欢迎宴会，大学总长荒木寅三郎、部长桥本传左卫门、中日文化事业委员会委员狩野直喜、高等蚕丝学校校长山田登太郎、专卖局长大石朋德及府立农业学校校长等，共40余人出席。宴会后，复有谈话会，双方广泛探讨了两国农林界联络方法、文化事业以及农学研究等。

次日，考察团至高等蚕丝学校参观。26日，往九州岛帝国大学农学部参观。前农学部长加藤茂苞为日本稻作泰斗，与汤惠荪私交甚好。在农学部长汤川、农学教授片山引导下，先后参观农学、林学及农艺化学教室。午餐会上，农学部林学科主任藤冈光长、土井藤平等教授出席，探讨农林学术问题。晚间，九州岛大学设欢迎晚宴，总长大工原银太郎及农学部教授20余人出席，包括庭园学专家永见健一。[3]

---

〔1〕陈植：《东游日记之一》，《中华农学会丛刊》第55期，1927年6月，第62页。
〔2〕汤惠荪：《东游日记之二》，《中华农学会丛刊》第57期，1927年10月，第71页。
〔3〕陈植：《东游日记之一》，《中华农学会丛刊》第55期，1927年6月，第62、66页；汤惠荪：《东游日记之二》，《中华农学会丛刊》第57期，1927年10月，第71—72、77页。

关注林业与林学

陈植、林植夫均为林学出身，陈植于1919年入东京帝国大学农学部造园研究室，专攻造林学与造园学。他们注重实地考察日本森林生产、经营和管理。4月3日，二人先至长崎，参观植物检查所，游览趣访公园。6日，他们会同朱羲农参观王子制纸会社及内阁直辖之印刷局抄纸部。同日午后，陈植参观帝室林野管理局，造访服务于此的同窗旧友唐仁原、小椋、中村等人；8日，赴农林省山林局参观，并晤林务课长入江魁，结识林业课长武井铃男、技师太田勇治郎、早尾丑麿等人。太田与早尾皆为造林学家，双方共同探讨松毛虫之防治，同时参观东京营林局。

9日上午，陈植、朱凤美至东京帝国大学理学部小石川植物园参观，晤园长早田未果，乃见松崎直支、中井猛之助，参观图书馆、标本室，“余颇以我国无广大植物园为憾。闻日本各著名大学及高等农林学校几无处无之。我国比年来，虽于科学渐见曙光，然设备阙如，人才寥落，欲与斯先进较，几望尘莫及，思之重可叹矣”！

12日，陈植至目黑，参观林业试验场；13日上午，至农林省山林局访入江课长，由长岛陪同至深川参观长岛制材所、志贺式防火及防腐工场；16日，参观木曾帝室林野管理支局、木曾山林学校，并作调查报告；[1]17日，陈植与林植夫搭乘森林火车至王泷出张所等地，参观斜面运材装置及造林地，又至赤泽伐木事业所。

〔1〕陈植：《木曾林业概况》，《中华农学会丛刊》第53期，1927年2月；第54期，1927年4月。

22—24日，至大阪农务课山林系、营林局参观。此后，又抵金刚寺峰山林课、高野营林署斫伐事业区参观。

参观之余，陈植与日本师友相聚。8日，陈植赴东京帝国大学拜访其老师原熙，并晤吉田永义，又访林科本多、诸户、田村等；次日，又与同窗唐仁原、小椋、松村、中村、深海、石冢等聚谈。[1]

关注农业组织与农村社会问题

汤惠荪实地考察日本农政设施、农村组织和农村社会研究机构。农林省为日本农业行政最高机关，分为农务、山林、水产、畜牧诸局，各局分设数科，其中农务局范围最广、分科最多，农政科即隶于此局，中华农学会提议国民政府设立之农林部即以此为范本，尤重“局”之设立。[2] 8日，汤惠荪偕林植夫、朱羲农到此参观，农政课小滨事务官负责接待，三人详询日本近年农政设施情况，并对其设施之完密深感钦佩。14日，汤惠荪偕陈方济赴农林省深入考察，首晤农产课课长间部彰、技师冈出幸，详细调查其农作物改良增殖政策；课长有働良夫引导参观耕地课，该课掌管日本全国耕地扩张及改良，至其事业范围最大、经费庞大、人员众多；至产业组合课，晤事务官松元都藏，该课每年派员赴地方指导监督；最后参观了解了农务局米谷课、蚕丝课、副业课、经理课等的情况。

此外，他们重视察访地方农业行政情形。汤惠荪先至东京米

---

〔1〕陈植：《东游日记之一》，《中华农学会丛刊》第53期，1927年2月，第82—83页；第55期，1927年6月，第59—64页。

〔2〕汤惠荪：《东游日记之二》，《中华农学会丛刊》第53期，1927年2月，第86页。

谷事务所察其“常平仓”制，此制在继承中国旧制基础上辅以现代贮藏技术，“纯系米谷贮藏之仓库”，起到了储粮备荒之实效；又到静冈县农务课考察农业行政情况。22日，他偕朱凤美先至大阪府肥料检查所，此所据“肥料取缔法”设立，防止肥料之滥制与劣质肥料输入；又至谷物检查所，此专为检定米谷品质，促进稻作改良而设立。[1]

汤惠荪等亦十分关注日本产业组合的发展。12日，汤惠荪偕朱羲农至饭田桥产业组合中央会未果，即至全国购买组合联合会，职员大贯将引导参观。此会由全国购买组合组织而成，附设各种工厂，制造日用品，分发各组合，再由组合分售于组合员——农民。汤惠荪感言：“以社会问题立论观之，则组合主义，不啻使生产者、消费者、资本家、劳动者完全合成一体，一切阶级均可从此打破。是则产业组合之圆滑运用，可以解决一切社会问题。”为图产业组合的普及、发达及联络，政府资助设立产业组合中央会，其负责人为日本产业组合研究泰斗佐藤宽次，著有《日本农业之特性与其改善》一书，谓救济农村要旨是要“养成农民之自动互助之精神”，产业组合乃“唯一之工具”。是日下午，汤惠荪等人至产业组合中央金库、帝国农会参访。[2]

18日，汤惠荪与陈方济、朱凤美西行至名古屋，实地了解了笠原村农组合之设立及运营情况。23—24日，汤惠荪与陈方济、朱凤美、朱羲农造访大原社会问题研究所、大原奖农会农业研究所，二者均由素以改良农业与解决社会问题为职志的大原私人创

---

〔1〕汤惠荪：《东游日记之二》，《中华农学会丛刊》第57期，1927年10月，第66—68、74页。

〔2〕汤惠荪：《东游日记之二》，《中华农学会丛刊》第53期，1927年2月，第89—90页。

办，前者专攻社会问题，尤重社会事业与劳动运动；后者为专门农业技术研究，有种艺、化学、病理与昆虫四门，各有研究员 1 人、助手数名。[1]以上参访活动不仅增加了会员个人的海外见闻，也对中华农学会会务发展产生了积极影响，如设立农学研究所、农事试验场等，皆与此次考察所积累的经验和知识有关。又如，中华农学会转从社会的角度入手，从“组织”切入作为解决农业问题的门径，与此亦有关联。

二 选派研究生与域外访学

中华农学会与日本农学会互派代表参加彼此年会形成定制，双方合作交流的形式逐渐趋于多元化。

1927 年 3 月 10 日，中华农学会推举蔡邦华、邹秉文、钱天鹤、董时进、陈石民赴日考察，由许璇率团。陈石民因西湖蚕校事务未去。4 月 2 日，许璇、蔡邦华、董时进由天津出发。[2]在京都帝国大学召开的日本农学会年会暨农林各学会联合大会上，许璇发表题为“中国农业生产之将来”的学术演讲。[3]同时，中华农学会认为更应有针对性地派遣会员赴日进行专门研究，“穷搜精讨，各究一门，其去也既有目标，其归也必有心得，一扫从前各省泛泛派人出洋之旧习”。[4]是年，学会派遣朱凤美赴日研究植物病理学，蔡邦华专研昆虫学。为使其形成长效机制，次年 3 月吴桓如代表中华农学会同日本外务省对外文化事业部接洽短期研究、长期研

---

〔1〕 汤惠荪:《东游日记之二》,《中华农学会丛刊》第 57 期，1927 年 10 月，第 70、75 页。
〔2〕《事务所日记摘要》,《中华农学会丛刊》第 56 期，1927 年 6 月，第 14—15 页。
〔3〕 许璇:《中国农业生产之将来》,《中华农学会丛刊》第 58 期，1927 年 12 月，第 1 页。
〔4〕《本会十一年小史》,《中华农学会丛刊》第 61 期，1928 年 4 月，第 108 页。

究及图书馆事，双方达成初步意向。[1]

4月29日，中华农学会第七次干事会议定《短期研究生办法》7条：（1）短期研究生须懂一国外语；（2）须提出研究问题详细节略；（3）预定研究期间及程序后，非有特别事故，不得中途折回；（4）本年暂不限定科目，但同一科目不得有2人，本年已经研究之科目，下年不再选派；（5）应选人须于津贴中捐纳特捐，其办法与参观团同；（6）归国后，须提出研究论文与调查研究日记；（7）研究时间由应选人自定，但须经学会通知日方布置研究地点及日期。所以，此次赴日考察团除学术交流、实地考察外，还须与日方就此进行协商。2月18日，中华农学会第五次干事会公推陶昌善为赴日代表，余则先由会员报名，再由通信选出。4月1日，第六次干事会正式确定赴日其他代表为于矿、刘宝书、吴庶晨、吴桓如、唐昌治。[2]唐昌治因事由包容递补。3日，考察团一行由沪出发，陶昌善则由北京先期出发；5日，考察团抵达东京，与陶昌善在日华学会会合。[3]

4月7日，日本农学会、农艺化学会、水产学会、畜产学会、农业经济学会、作物学会、土壤肥料学会等在东京溜池町三会堂召开联合大会，陶昌善发表题为"从农业上所观察之中日关系"的演讲。次日，在东京帝国大学农学部举行学术讲演会，于矿在园艺部，包容在农艺化学部，讲题为"海岸泥涂之含盐量对于草类棉作之关系"。[4]考察团与日本外务省文化事务部长冈部交涉派遣

[1]《本会一年间大事记》,《中华农学会丛刊》第64、65期合刊，1928年8月，第206页。
[2]《干事会议记要》,《中华农学会丛刊》第61期，1928年4月，第110—111页。
[3]《事务所日记摘要》,《中华农学会丛刊》第61期，1928年4月，第112页。
[4] 包容：《赴日考察日记》,《中华农学会丛刊》第66期，1929年2月，第81—82页。

研究生事宜，双方确定并当众宣布：（1）长期研究生，每年由中华农学会选派2人，月给学费70元，期限为2年；（2）短期研究生，每年由农学会选派3人，期限为3个月，旅费按时间分配，一月者500元，二月者700元，三月者800元；（3）学术报告，由日本文化部通知各大学随时寄赠中华农学会。

考察团此行深切感到，日方学者提交论文皆为积年研究成果，己方则多为“空泛之论”。两相对比，陶昌善等人均不免自惭形秽。但来自对方的信息并不一定全为负面，冈部对中华农学会语以“ガニヤッテル”（“真正做事”），恐非客套话。陶昌善向中华农学会建议：会员出席讲演必须“发表确有研究之结果，毋徒作空泛之言论”，而示以相当之成绩；长期研究生必须在本国对于农学上某一科素有研究，或有“疑难问题须彼解决”，方能得益，所以应先确定选派规则；短期研究生也须在前项规则内订明办法，不可稍有通融。总之，选派研究生务要“慎选真面目研究之人，以期毋损此佳誉”。[1]

5月3日，济南惨案突发，国内反日浪潮高涨，致使选派代表赴日访学一事中断。[2]次年待中日关系稍有缓和，4月，日本外务省文化事业部岩村来会，双方商讨决定自本年起，中华农学会每年选派2人，赴日进行3个月短期研究。随即，中华农学会发出短期研究员征集通告。[3]经过通信选举，林刚、吴觉农当选，王希

---

〔1〕陶昌善：《赴日考察团报告》，《中华农学会丛刊》第63期，1928年8月，第108—110页。

〔2〕关于赴日留学生事，“以济案尚未解决，暂为保留”，《干事执委联席会议及第一届执行委员会会议报告》，《中华农学会丛刊》第66期，1929年2月，第112页。

〔3〕《事务所日记摘要》，《中华农学会报》1929年6月第68期，第110页。

成、范赍为候补。[1]因吴觉农不能成行，由王希成递补。[2]同时，赴日考察团事宜得以继续。2月23日，钱樾孙被确定为本年赴日考察团团长；26日，陈儁人、虞宏正、李秉权、吴觉农、朱会芳当选，陈石民、唐志才、殷良弼、陈宰均为候补。后因钱樾孙、吴觉农辞，由陈宰均、陈石民递补。考察团于4月2日由上海出发。[3]1930年，日外务部对外文化事业部将每年的赴日考察人员名额缩减至5人，中华农学会先请日本农学会、日本驻上海总领事馆周旋，日本分会委员长刘信春也以分会名义力争，经此努力，日方决定照旧选派代表。最后，在先前确定的曾济宽、傅焕光、彭家元、李先闻基础上，增补张福延、王建中，曾济宽为团长。[4]这是中华农学会最后一次派员赴日考察，因中日关系日趋紧张，考察期间不免有不太和谐之音出现。

在学术方面，考察团照例首先参加首日的学术讲演会。4月12日上午，日本农学会联合大会开幕，中日农学家同台演讲，曾济宽的讲题为“广东省木材需要供给之状况”；下午，参与“适切于日本农村（包含土地产业全部）的副业种类及其奖励方法”的讨论会。翌日，举行分组讨论会，共有森林、园艺、作物、农艺化学等13个分会场，曾济宽、彭家元分别参加林学、土壤学组，林学组讨论题目为“日本林业教育的改善问题”。此次考察团注意从宏观视角考察日本国力强盛、欺凌周邻的内在要因，“前者系因他的工商农和海陆空军等事业发达，经济充足，所以国家自然会强

[1]《第四届执行委员会议决案》,《中华农学会报》1929年8月第69期，第132页。
[2]《本会一年间概况》,《中华农学会报》1930年8月第78、79期合刊，第139页。
[3]《事务所日记摘要》,《中华农学会报》1929年4月第67期，第98页。
[4]《事务所日记摘要》,《中华农学会报》1930年3月第74期，第83—84页。

盛起来，后者则因他有了强大的兵力、经济力，就利用这两种力量来肆行侵略我国了”。故此，考察团这次考察范围更广，包括农林、工业、土地调查与土壤改良以及政治文化。

期间，学术之外的政治因素隐然可见。中国农学家对日本学者学术主张背后的政治图谋洞若观火，并保持必要警惕。其中，尤以那须皓的“最近的人口问题”为代表，其实质是为日本大陆扩张政策寻求学理支点。曾济宽直言不讳：“他的意思，是因为日本的土地太狭小，人民太多了，实在没有再加努力的余地。而我国的土地太广，如满蒙地方人口又稀少。所以，他发这个议论，想引起他国人的注意，来解决他们的人口增加率减少和人口过剩问题，所以这种论调，也可以说是变态的经济侵略。”〔1〕

从“济案”始，中华农学会对日态度发生变化，致使赴日短期研究之事搁置。在中日关系恶化下，考察团在参访过程中深切感受到日本朝野上下弥漫的侵华气氛。国内反日民族主义浪潮随之高涨，并波及中华农学会对日交流。教育部令凡赴日调查及教育各学术团体或个人，一概不得领受日本文化事业部补助费。7月22日，此令由南京市教育局传达中华农学会遵照执行，并要求其重新登记备案。〔2〕这导致新选出的赴日短期留学生林刚、王希成未能按期成行，也导致对日交流日趋萎缩，唯有接洽东京出版协会赠书事宜，在陈植努力下才于年底办妥。〔3〕次年2月1日，中华农学会第一届执委会议决定停止与日本农学会互派代表，从而宣

〔1〕曾济宽、彭家元：《出席日本农学会年会记事》，《中华农学会报》1930年6月第77期，第101—104页。

〔2〕《事务所日记摘要》，《中华农学会报》1930年8月第78、79期合刊，第139、144页。

〔3〕《事务所日记摘要》，《中华农学会报》1930年8月第78、79期合刊，第143页；《事务所日记摘要》，《中华农学会报》1930年12月第82、83期合刊，第80页。

告持续5年的中日农学界定期交流就此终结。[1]

中华农学会内部对于把海外交流的重心放在日本，不无异议。1929年，曾义在第十二届年会上说："本会之历史，不过十余年，而会员则遍布国内外，自是很乐观的。但于国际农界之交换方面，则除日本外，欧美各邦，尚少联络。"[2]曾氏的有感而发源于他参加罗马国际农院大会的观感，以为西方代表对于中国农业情形的无知与隔膜，其原因在于国内农学界与欧美农学界缺乏必要的沟通。

罗马国际农院（The International Institute of Agriculture），亦译万国（或国际）农学会，时为国际上最大的政府间农业合作组织。[3]1905年，根据吕班（Lupin）建议，在罗马召集国际农业会议，各国订立协约创设之。[4]费耕雨对此早有注意，专门撰文予以介绍，该院创始会员国有43个，后增至71个，旨在协谋农业经济上、技术上之进步。中国加入为会员国，但"国人极少注意，未能收互助合作之效"。费氏还介绍了万国农学会编撰的《万国农学辞典》（*International Lexicon of Agriculture*）。[5]此外，曾氏还详述其历史、组织以及事业等情形，以及此院新近成立的国际农业委员会（The International Commission of Agriculture）。该组织是各国农学及农业团体组成的联合会，属于国际农学界的

[1]《二十年度第一届执行委员会议录》，《中华农学会报》1931年2月第85期，第118页。

[2] 曾义：《罗马国际农院之现况》，《中华农学会报》1929年10月第70期，第99页。

[3] 皮作琼在国立中央大学农学院曾解释其性质："国际农院这个名词，很足惹起一般人误解，以为它——国际农院——是合许多国的农会组织成的，其实这是个大错。国际农院，乃是一种正式国际上的机关，它的组织是纯粹以国家为单位的。"皮作琼：《国际农院问题》，《安徽农学会报》第3号，1934年8月，第16页。

[4] 曾义：《罗马国际农院之现况》，《中华农学会报》1929年10月第70期，第100页。

[5] 费耕雨：《万国农学会之出版物》，《中华农学会丛刊》第60期，1928年2月，第73—74页。

“自组织”。它于1922年成立，会址设于法国巴黎，会长为Le Marquis de Voque。曾氏选择在中华农学会年会之际推介国际农院，显然有唤起学会与之建立联系之意。关于此共有两件提案，即“加入国际农院科学顾问委员会协作案”与“请本会选派专家，赴国际农院试验场实习一年案”，议决由执行委员会办理。[1]

随着中日关系交恶，中华农学会对外交流重心相应地发生了自东而西的转移，与国际组织的联系渐增。1926年8月29日，第三次干事会公推沈宗瀚出席第三届泛太平洋学术会议（Third Pan-Pacific Science Congress）。[2] 10月22日，沈宗瀚乘“长崎丸号”客轮赴日。[3] 10月30日至11月11日，会议在日本东京帝国大学举行，海外科学家约150人与会。中方出席人员为翁文灏、秦汾、胡敦复、任鸿隽、薛德焴、竺可桢、胡步曾、陈焕镛、王一林、厉家福、沈宗瀚、魏嵒寿，分别来自中国地质学会、中华学艺社和中华农学会等学术社团。此会旨在集合太平洋地区诸国自然科学家共同研究该地区各种科学问题，增进该地区诸民族之繁华与幸福。[4]学术讨论分为物质科学部与生物科学部，包括天文学、地质学、植物学、农学、医学等组。沈宗瀚在农学组，提交论文为“我国棉作育种法之商榷”。闭会时，大会更名为太平洋科学会议（Pacific Science Association），凡沿太平洋诸国与附属地均可加入，但每国或每区均需由各该地国家科学研究院或相当之学术团体为代表，会中一切行政事务，由它们所举代表组成中央委

---

〔1〕《第十二届年会记事》,《中华农学会报》1929年10月第70期，第135页。

〔2〕《本会纪事》,《中华农学会报》1926年11月第52期，第129页。

〔3〕《会务日记摘要》,《中华农学会报》1926年11月第52期，第125页。

〔4〕 魏嵒寿:《第三届泛太平洋学术会议》,《科学》第12卷第4期，1927年4月，第544页。

员会执行。[1]

中国学术团体对于推举太平洋科学会议代表，各怀心事，各有计划。中华农学会本想由其打头联合其他专业学会建立统一的学术机关，“关于组织正式国家学术研究团体一项，本会刻已着手进行，预拟联合国内各学术团体，如中国科学社，如中国生物学会等，于今年择一适中地点，开一联席会议，专门讨论组织该项机关，终冀得于最短期成立一规模宏伟之国内唯一学术机关焉。”[2]但是，国民政府酝酿成立大学院和中央研究院，遂使民间组织的自发行为消歇。

1928 年全国教育会议上，大学院与中国科学社、中华农学会、中华学艺社、天文学会、气象学会、地质学会、工程学会讨论决定，先由各学会负责筹备会议事宜，将论文交由中央研究院审查，再定出席代表。[3]于是，中央研究院逐渐取代科学社，并在爪哇第四届大会上确立其主导地位。[4]7 月 28 日，中华农学会第九次干事会推定黄枯桐、梁希等人，出席太平洋科学会议。[5]由于二人请辞，由董时进、赵连芳接替。[6]最后实际成行的只有董时进一人。据载，此次与会中国代表共 13 人，农业组为 3 人，即董时进（北平大学农学院院长）、沈敦辉（中山大学农学院教授）和魏喦寿（上海

---

〔1〕《第三届泛太平洋学术会议消息摘要》,《中华农学会丛刊》第 53 期，1927 年 2 月，第 116 页。

〔2〕同上书，第 116 页。

〔3〕《太平洋学术会议将开幕》,《申报》1929 年 2 月 17 日第 5 张第 17 版。

〔4〕《太平洋科学会概况》,《申报》1929 年 6 月 18 日第 3 张第 11 版。

〔5〕《事务所日记摘要》,《中华农学会丛刊》第 63 期，1928 年 8 月，第 108 页。

〔6〕《干事执委联席会议及第一届执行委员会会议报告》,《中华农学会丛刊》第 66 期，1929 年 2 月，第 112 页。

中央卫生试验所技正，代表中华学艺社），[1] 反映了大学院和中研院介入并平衡各学术团体代表性的结果。魏喦寿提交论文《黄米研究》(《学艺》1929 年第 9 卷第 7 号)、《酱油中之结合酵母菌》，沈敦辉《蚕体发生上之定量研究》。[2]

1927 年，李秉权代表中华农学会出席在日本举行的第一届国际农学会，并作《中国之羊毛》的学术演讲。[3] 同年 5 月，第五届国际土壤学会大会（The Firth International Congress Soil Science）在美国华盛顿举行，在中国官方没有加入情况下，留美会员代表中华农学会出席。[4] 与民间学术团体积极参与的态度相反，政府态度异常淡漠，即便有所回应，亦属敷衍了事，如与巴黎国际农业委员会（The International Commission of Agriculture in Paris）联系即如是。譬如，由其发起的国际农业会议（International Congress of Agriculture）每隔两年举办一次，1931 年 6 月 5 日至 8 日第十五届会议在捷克布拉格（Prague）举行，国民政府破例就近派遣适在德国访学的汤惠荪出席，[5] 这是中华农学会会员首次参加欧美国家主导的国际农业会议。大会议题广泛，设立农政及农业经济组、农业教育及宣传组、农业合作组、植物生产组、动物生产组、农艺工业组和农村妇女组等，为中国代表了解国际农学界新动向提供了契机。中华农学会几经努力终未能加入，但新中国农学会凭借

---

〔1〕 魏喦寿：《第四次太平洋科学会议经过》，《学艺》1929 年第 9 卷第 7 号，第 1 页。

〔2〕 黄素封：《太平洋科学会议详记（十）》，《申报》1929 年 8 月 8 日第 3 张第 11 版。

〔3〕 白鹤文等主编：《中国近代农业科技史事纪要》，《中国近代农业科技史稿》，北京：中国农业科技出版社 1995 年，第 453 页。

〔4〕《第五届国际土壤学会将在美举行会议》，《中华农学会丛刊》第 53 期，1927 年 2 月，第 117 页。

〔5〕《汤惠荪参加农业会议》，《申报》1931 年 6 月 16 日第 2 张第 7 版。

与法国的特殊渊源，得以加入为会员，其代表齐雅堂与会。[1]

综上，中华农学会通过参与国际学术交流，眼界大为拓宽，不仅有助于了解国际农学的最新发展情形，也有助于鉴取域外的经验和做法，为解决中国自身的农业问题提供参照。

三　国外学者来会参观讲学

中华农学会在主动“走出去”，积极到国外进行交流和参访的同时，也重视开展“请进来”的工作，邀请世界农林人士来会参观指导。这两个层面工作几乎同时展开，形成域内外农学界双向互动的沟通机制。

从 1926 年始，中华农学会与日本农学会建立起定期交流机制，每年年会前夕邀请日本学者前来参观访问。是年 5 月，函请日本农学会派代表参会，“以资学术之研究和联络”，该会派遣其评议员、京都帝国大学农学部长、农业经济学专家、农学博士桥本传左卫门，评议员、上海东亚同文书院教授、农艺化学专家、农学博士山崎百治与会。[2] 8 月 14 日上午，桥本传左卫门、山崎百治及德人应伯利等外籍学者出席了广州第九届年会。山崎强调中日因地缘相接，合作研究十分重要，“中国与日本，空间时间，农作物之种类以及农业经济等等，类似之点甚多，因此两国协同研究，而以研究之结果，容易实地应用，故甚愿两国农学会之提护益进坚固，先谋两国间农业及农学上之进步与发达，更进图增

〔1〕汤惠荪:《出席第十五届国际农业会议记要》,《中华农学会报》1931 年 8 月第 91 期，第 1 页。

〔2〕《第九届年会情形》,《中华农学会报》1926 年 6 月第 51 期，第 110 页。

大世界人类之幸福”！[1]山崎等人此行，亦是日本农学会对中华农学会的首次回访。

对外交流中，中华农学会注意邀请域外蚕学专家前来指导蚕业改良。翌年3月，邀请日本著名蚕种改良专家田中义麿来华进行实地指导。[2]田中在全国一片蚕业改良声中访华，掀起不小舆论波澜，报纸对其履历以及此行目的、行程予以全面报道。1909年，他毕业于日本东北帝国大学农学科，1911年在该校任教授，1917年获农学博士学位，从英、法、德、美等国留学归国后，任九州岛帝国大学教授，尤以研究蚕种改良及遗传学享誉学界。[3]4月5日，中华农学会在沪大东酒楼欢宴田中。[4]旋由广州会员费鸿年、黄国华、丁颖、曾济宽等人陪同至粤地实地考察，在广州中山大学大礼堂讲演“中国蚕业问题”。他“依科学的系统的方法”，对蚕种改良问题逐一解说，认为粤地蚕种“因未应用科学的方法选种，以致品种日形退化。今后欲振兴蚕业，大有改良品种之必要，其改良步骤，当以造成优良之一代杂种为先”。[5]接下来，他在中山大学农科讲“蚕之一代杂种”“蚕之淘汰交杂突然变异及其改良问题”“日本蚕业设施及蚕业教育”，在仲恺农工学校讲“蚕种、桑及茧之冷藏”，粤人兴奋不已，甚至有人视其为粤蚕“唯一救星”，

〔1〕《本届年会开会志略》，《中华农学会报》第52期，1926年11月，第97—98页。

〔2〕《事务所日记摘要》，《中华农学会丛刊》第56期，1927年6月，第13页。

〔3〕《日本蚕学专家来华》，《申报》1927年4月4日第3张第11版。

〔4〕《中华农学会丛刊》第55期，1927年6月，在“本会纪事”栏的“欢宴田中博士”中误记为“1月5日”。对比会报第56期《事务所日记摘要》和《申报》1927年4月8日第3张第10版，所载《中华农学会欢宴田中博士记》等，可以确定应为“4月5日”。

〔5〕《日本蚕学专家田中博士来粤》，《广州民国日报》1927年4月8日第6版；《田中博士抵粤后消息》，《广州民国日报》1927年4月12日第6版。

每次讲演均听者云集，使其停留时日一直延至22日，始转道香港返沪。此时，田中对粤蚕丝提出批评并建议改进之法：粤地自然气候十分适宜蚕业发展，“惜蚕质粗恶，丝量极少，生丝纤度，极不整齐，类节又多”，解决以上诸弊需要养成高温饲育的品种，所以，蚕品种改良系粤蚕改良第一重要问题。具体做法是：一要于原蚕中，用淘汰法而行系统分种；二要在分离系统中，造成一代杂种；三要在中国和日本二化性中间，养成一代杂种、三元杂种、四元杂种。[1]

田中在沪重点参观了中国合众蚕桑改良会等地。24日，吴觉农、夏振铎陪其赴苏州、无锡一带考察。在浒墅关省立女蚕校，由校长郑辟疆及教员带其参观各部，双方讨论了蚕业紧要问题：（1）粤地蚕业经营对于江浙可资考镜处；（2）一代杂种为蚕种改良唯一办法；（3）白茧应用何种交配法最为相宜；（4）应用何种方法维持纤度遗传，世界新发明如何；（5）二化性与多化性交配后之结果。随后，他参观大有制种场，发表题为“蚕种改良之我见”的演讲，谓：一代杂种为近世各国应用于动植之最新方法，日本应用此法，收量增加1倍以上；欲使优良品种传播，应用法律手段，限制私人制造；欲使全国收量增加，则须延长饲育回数，即兼夏秋蚕。[2]田中返沪后，在宁波同乡会发表“中国丝业之改良”的演讲。[3]沪上教、实两界听者云集，计有殷良弼、朱羲农、沈鲁山、唐鉴生、朱枕梅、吴觉农，以及安利、三井、瀛华、怡和等各洋行丝绸部代表30余人，

---

〔1〕《蚕种改良专家田中博士由粤回沪》，《申报》1927年4月24日第3张第10版。

〔2〕《田中博士在苏指导蚕业纪》，《申报》1927年4月27日第2张第7版。

〔3〕此演讲稿收入《中华农学会丛刊》第56期时，题目更为《改良中国蚕丝业之我见》。

由何尚平主席，夏振铎翻译。[1]田中的演讲主要集中于四个方面：一是，改良蚕业应先行根本的有系统、有组织的调查；二是，政府应制定专门法律；三是，组织养蚕组合及蚕业联合会；四是，对于制丝界意见。[2]田中在粤、苏等地多强调“技术”变革，而此次则转至“组织”层面，侧重蚕业行政与蚕业组合两端。

1927年，日本另一蚕学专家白泽干两度来华。年初，他赴浒墅关考察江浙蚕业。1月10日，由申返国时顺访中华农学会，并由吴觉农介绍入会。[3]9月，白泽干同奥田让、山崎百治一同赴杭州参加中华农学会第十届年会，三人分别发表学术讲演，讲题依次为：蚕之品种改良、日本农艺生物化学之发达、绍兴酒。[4]1928年11月，日本九州岛帝国大学教授小出满二来沪，由吴觉农、雷男引导参观交流。[5]1929年7月19日，日本农林省技师、植物检查所所长桑名伊之吉来会访问。[6]8月，在南通第十二届年会上，五位日本农学家发表演讲，分别是佐藤宽次：日本产业组合运动之现状；宗正雄：家蚕之后天的免疫；大泽一卫：日本之桑；中田觉五郎：植物病理学之发达与日本之现状；大槻茂雄：日本水产教育之现况。[7]1930年8月，在青岛第十三届年会上，外国学者学术演讲情况：菊池秋雄（京都帝国大学教授，农学博士）：果树之分布带及森林植物之分布带；田中贞治（东京帝国大学教授，

---

〔1〕《日本田中义麿博士讲演记》,《申报》1927年4月29日第4张第15版。
〔2〕田中义麿:《改良中国蚕丝业之我见》,《中华农学会丛刊》第56期，1927年6月，第1—3页。
〔3〕《事务所日记摘要》,《中华农学会丛刊》第54期，1927年4月，第37页。
〔4〕《第十届年会记事》,《中华农学会丛刊》第58期，1927年12月，第4—5页。
〔5〕《事务所日记摘要》,《中华农学会丛刊》第64、65期合刊,1928年10月，第220页。
〔6〕《事务所日记摘要》,《中华农学会报》1929年8月第69期，第132页。
〔7〕《第十二届年会记事》,《中华农学会报》1929年10月第70期，第134页。

农学博士）：土地之农业的利用性；铃木幸三（日本农林省畜产试验场技师，农学博士）：动物体内 Carotinoids 之经路；末松直次（东京帝国大学助教授，农学博士）：作物之耐病性；野口尔吉（东京帝国大学助教授，农学博士）：关于稻育种的基础研究。[1]

同时，欧美农学人士亦应邀或主动申请来华考察访问，与中华农学会建立联系。1927 年 9 月，美国昆虫学大家、康奈尔大学教授尼丹应中华文化教育基金会之邀，来华访问。19 日下午 7 时，中华农学会在新新酒楼欢宴尼丹，与会 20 余人。[2]1929 年 5 月 27 日，中华农学会致函中国文化基金会，商请康奈尔大学病理学教授 Whetzl 来华演讲并协助防除病虫害。[3]

总而言之，许璇长会以来，既“走出去”到域外访学考察，主动汲取域外农学知识和成功经验；亦“请进来”邀约国际知名农业学者前来访学指导。通过以上双向交流管道，中华农学会建立并加强了与国际农学界的联系，对促进中国农学发展和农村改进起了积极作用。

---

〔1〕《第十三届年会记事录》，《中华农学会报》1930 年 8 月第 78、79 期合刊，第 137—138 页。

〔2〕《会务日记摘要》，《中华农学会丛刊》第 58 期，1927 年 12 月，第 1 页。

〔3〕《事务所日记摘要》，《中华农学会报》1929 年 6 月第 68 期，第 110 页。

第四章

中华农学会与乡村“组织实验”

1935年，金轮海描述道：“在资本帝国主义的侵略，苛捐杂税的繁重，封建阶级的剥削，天灾人祸的袭击底下的农村，演出空前崩溃的惨剧了。因此，一般热心人士及团体，不约而同地从事复兴农村，建设农村等工作。现在几乎把一切的社会、政治、经济、文化等的设施，都以农村为主要的对象。不论政府机关、学术团体、宗教会社、银行界以至人民，自动地都向着农村建设的工作上致力了。于是农村建设运动，就成为时代的中心运动了。”[1]农村“建设”与“改造”在当时几为同义语，江恒源因而认为“改造农村”已成一种“新兴事业”。[2]朝野逐渐走向以经济与组织为核心，整体推进中国农村社会改造，竞相实施新农村建设的方案。

乡村建设各派依附地方实力派，展开农村“组织实验”工作；国民政府则倡导并推进农村复兴运动、新农村建设。中华农学会从“组织”再造入手，协同各方推进新农村建设，探寻改造传统旧乡村、建设现代新农村的路径，一定程度参与朝野各方的建设活动。

---

〔1〕 金轮海：《农村建造》，上海：商务印书馆1937年，第1页。

〔2〕 金轮海：《农村建造》，“序”，第1页。

它将新农村蓝图的实施纳入国民政府事业序列，以研究与建言为主要参与方式，试图借助政治力量促进农村问题整体解决。但其毕竟为学术团体，事业重心仍在研究，侧重从技术、经济与组织等层面，全面推进农村问题之应用研究。此外，在国难之际将目光投向内陆与边疆，联络同道，合作调查，以拓展中华民族的生存空间。

第一节　“再造中国农村”：中华农学会与乡村建设运动

1920年代中后期，民间团体的乡村建设实验工作相继展开。他们入手工作互有差异，取径亦各有侧重，但殊途同归，终归于改进农村全体组织，再造中国新农村。中华农学会改变过去“专重技术”路线，在其《章程》宗旨一项中增列“改良农村组织”之内容，并将其落实于新农村建设研究与实践中。它不仅与乡村建设各派在人脉上互有勾连，在思想主张及事业上亦有联系。解析彼此关系及思想的渊源与内在联系，当可窥见其在近代乡村建设脉络中的位置和作用。

一　功能学派与“整个的”路径

1930年代，中国的农村问题愈趋严重，农业崩溃、农村破产、农民离村以及城乡对立均为其具体体现。朝野各方渐从农业问题转向关注农村问题及其出路，超越既往单纯的“技术”路径，代以“整个的观念”观照农村社会，以解决农村问题为突破口，解决中国社会整体问题。李景汉即言：“农村问题是中国社会问题的中心问题。中国以农立国，因此中国社会的基础是建筑在农村，农村社会是中国社会的重心。我们要想解决中国整个社会问题，必先解决中国农村问题。"[1]

在学理上，此种取向当渊源于美国文化人类学社区研究范式与英国结构—功能派社会人类学。李景汉、吴文藻服膺沟通社会学和人类学的芝加哥学派，进而将该派研究芝加哥城市社区范式移植而来，用于中国农村社区（Rural Community）研究。[2] 此学派把单独一个"村"作为一个社区，亦作为一个系统性和整体性社会单位。吴文藻以燕京大学清河镇实验区为例解释功能的观点："先认清社区是一个'整体'"——"一个统一体系的各部分"。要想正确了解社会生活的任何一方面，必须从这一方面与其他一切方面的关系来探索穷究。[3] 社区的选择不以行政区划为标准，而以能否形成独立的"自然的经济单位"或"明显的人文地理疆界"为转移，其交通、运输、市集等自然形成一个独立系统，这样它常跨越数个政治单位的疆界。[4]

功能派理论的直接影响是人们转从社会层面觅求救济农村的整体方案。1933 年 8 月，张宗麟在《中华教育界》第 21 卷第 2 期发表《中国乡村教育的危机》一文。他说："十几年来的黑路，已经有人摸出一线光明来了，就是中国的乡村运动，必须走下面三条路的一条。"一是，"从经济着手"，"增加农民的富力"；二是，"从组织农民着手"；三是，"经济与组织二者同时并进"。张氏所言，实际代表了一种"整体"解决中国农村问题的思路，一

〔1〕 李景汉：《中国农村问题》，第 118 页。

〔2〕《关于人类学在中国》，《费孝通文集》第 13 卷，北京：群言出版社 1999 年，第 21 页。

〔3〕 王庆仁等主编：《吴文藻纪念文集》，北京：中央民族大学出版社 1997 年，第 295—296 页。

〔4〕 许仕廉：《从农村组织观点论中国农村建设》，《农村复兴委员会会报》第 5 号，1933 年 10 月，第 137 页。

定程度反映出以往单纯的“技术”取径逐渐让位于社会视野下的整体取径。

千家驹对纯粹“技术”决定论的批判具有相当的代表性，其言：

> 时常有人问我们对于农业技术改良运动的态度怎样？他们说：你们是不是反对农业技术改良的？我在这里可以负责回答道，绝对不是的。事实上，除了最顽固无知的乡愚外，有谁能反对农业技术的改良呢？相信科学的我们，又有谁能否认改良技术的重要呢？要说我们反对农业技术改良，这不是一个天大的笑话吗？不过我们有与农业技术改良运动者根本不同的一点，即我们并不把农业技术改良，看做今日救济农村的对症良药，即不把改良技术视为解决中国今日农村问题之唯一的锁钥。相反的，我们认为技术改良只有在某种情形之下，才有可能，才有意义。换言之，即技术改良是有条件的，而不是无条件的。离开技术改良本身而存在的社会生产关系，便是决定技术实施改良是否可能的条件。
>
> 第二，技术改良运动者把中国今日的问题，仅视为一个“生产落后”的问题，因而把“技术改良”视为是救济中国农村之唯一的良方；或者强调了农业技术改良的作用，以为中国农民之穷困与破产，是由于他们耕作技术的“墨守陈法，不求进步”。这种论调，是为数十年前的“维新派”所主张，现在一部分落伍的学者及国联专家拉西曼博士辈所支持的。我们认为，这种理论不仅是错误，而且是有意地蒙蔽事实。我们应不客气地加以无情的批判。许多人误会我们是反对技术改良运动，大概是由此而来的。
>
> 第三，在中国整个的农村未有解决办法之前，先做一点

技术改良的工作，即我们先指导农民做一点选择种子、改良农具及施肥的工作。这我们并不反对，而且在某种限度内认为是应该做的。但我们同时必须认定，这种枝枝节节的生产改良工作之有限度的意义。因为这种无原则，无前提的农村技术改良，根本是不会收很大效果的。

第四，在什么条件下农业技术改良才有充分的，广大的发展前途呢？这只有在社会生产关系已经根本变革了的社会，即当社会生产关系不再成为社会生产力之束缚时。……社会生产关系将不再成为生产力之桎梏……这时的中心问题便将是如何日新月异地提高生产力，亦即如何提高人民的生活程度及减缩人民的工作时间。到那时，“技术改良”将成为至高无上的生产原则，但这离着现在的中国却还是远着呢！

简单地说，我们是绝对主张技术改良的，我们是科学万能的信徒。然而，我们绝不以为中国今日农村之危机，是由于“生产落后”或“技术不精”所造成，因而我们也根本否认“提高生产”或“改良技术”，在今日中国农村中是一服对症的良药。把中国农村危机视为一个单纯的技术问题，是有意地蒙蔽事实的，我们要给它以无情的批判，虽然我们不反对在现状下做局部的技术改良工作，但做这种工作的人，却不可不自觉地认识他的工作之局部的意义。[1]

他反对农业问题是“单纯的技术问题”，技术只是“局部的工

〔1〕千家驹：《我们对于农业技术改良运动的态度》，《中国农村》第2卷第7期，1936年7月，第17—18、22页。

作”，具有“局部的意义”。换言之，在技术之外，有着更为重要的社会因素决定农村的运命。作为“中国农村”派主将，尽管其话语具有特定背景和政治内涵，但仍能反映时代认知的转向。1931年，陈际云批评“乡村教育”派的片面与狭隘，他说：“我觉得现在的一般办理乡村教育的同志们，都在学校本身方面着想，对于乡村种种不良急待改革的事体，还是不能发生直接关系的，因而乡村教育的大根基，也就未曾真正建筑。”他倡导从事的“乡村运动”，具体包括农村生产、农村经济、农村组织、农村卫生、农村娱乐的实际改良与进展。[1]金轮海提出“建造农村的整个方案”，包括农村组织、农村经济、农村土地、农业统制与经营、农村教育、农村迷信改革、农村卫生以及农民觉醒等。[2]

中华农学会建设新农村和解决农业问题的方案，显然地由“专重技术”调整为从技术、经济和组织等层面综合着力。叶度提出从“整个的观念”出发，从“根本上彻底改革”，抓住政治制度改革、水利之兴修、肥料之补充“根本问题”，其言：

> 中国农业问题之解决，须以整个的观念，从根本上彻底改革，各自为政，各执一端，而谋其改进，虽或小有裨益，究属无补于大体。譬之设立乡村改进实验区，集中省县之人力财力，以求一乡一区道路之改进，社教事业之发达，自易睹其成功，然而以改进实验之办法，进而求全国各乡村之向上发展，以为逐一改进，夫然后而整个之中国农村，可以发

〔1〕陈际云：《请大家一致努力乡村运动》，《民国日报》1931年7月24日第3张第3版。
〔2〕金轮海：《农村建造》，第1页。

达者，是缘木求鱼也。盖集中人力财力于一隅，以求其发展，此谓之揠苗助长，非出之于自然，试问以中国农村若是之众多，安有如许之财力耶？回忆往昔主张联省自治之人，以为中国各省各个改进，夫然后而整个之中国可以发达。中山先生反对之，曾有言曰，“未有心腹溃烂，而四肢能完好者”。斯言也，应用于中国农业问题，亦至允当。整个的中国农业问题之解决，岂稻也，麦也，蚕桑也，畜牧也，推而至于农民银行，农村合作，各各改良，各各提倡，不求根本问题之改善，所可以收效者哉。根本问题，即政治制度改革，水利之兴修，肥料之补充是也。[1]

与此相类，汤惠荪主张“整个的”解决之道，并专门论述技术问题与社会经济问题之辩证关系：

改进农业，决不是一个片面的、局部的技术问题，而是一个整个的社会经济问题。我并不是说技术问题是不重要，而只说社会经济问题的重要。我是因为感觉到许多的专家们，只是在技术问题里面，求农业之改进，而忘却了在技术问题之外，还套着一个社会经济的问题。社会经济问题不解决，技术问题也没有改进的可能性。所以，我以为改进农业，要把这些社会经济问题和技术问题，来整个地联成一个体系去解决。社会经济问题，没有正当的途径去解决，任凭你有怎

〔1〕叶度：《中国农学界之屈抑及解决中国农业问题之管见》，《中华农学会报》1934年9月第128期，第182页。

> 样优良的技术，其改进农业的效果，是微乎其微。反之，社会经济问题，虽然是解决了，但是如果没有优良的技术方法去生产，农业也是无法改进的。我的结论就是，改进农业要经济问题和技术问题，联成一个体系，整个的谋解决之道，才有进展的出路。[1]

是时整体解决思路几成朝野上下之共识。国民政府农村复兴委员会和全国乡村建设协进会成立后，有时评指出：“技术问题，在农业上固极重要。然而，在今日之中国，欲对此破落不堪之农业，加以新的技术，为建设乡村之具，必具有先决两条件”，即政治问题和经济问题之解决。[2] 1933 年 8 月，浙江省建设厅认识到欲增进农人生活，提高农人智识，“非改良农村组织不为功。而旧有农村组织，多不合宜，故局部改革，亦难尽善”，应以科学方法“组织新农村，为改良旧农村之模范”。该厅制定新农村标准，通令各市县在交通便利地点择定公地或官荒办理，设置农业合作社、学校、医院、书报处、娱乐场和公厕等公共场所，附近田亩划为新农村耕种。[3] 1936 年，湖北省主席杨永泰主导湖北农业改进，将农业、农村和农民问题连为一体，施行农业科学化、农业工业化；农村保甲化、农村合作化，此为推进农业科学化、农业工业化之组织保障，在政治上编组保甲，在经济上创办各种合作社，是为农村“最重要之两大组织”；农民集团化、农民训

---

〔1〕汤惠荪：《改进农业上几个重要问题》，《中央日报》1935 年 3 月 27 日第 2 张第 4 版。

〔2〕康：《为全国乡村建设协进会进一解》，《申报》1933 年 7 月 16 日第 3 张第 9 版。

〔3〕《浙省筹设新农村》，《大公报》1933 年 8 月 19 日第 2 张第 6 版。

练化。[1]

“整体”解决农业问题，必然统筹兼顾社会各种因素。1929年年初，黄炎培宣称中华职业教育社将由“农民教育问题，推而至于全部的农村问题”，以求农村之改进。[2]他认同“乡村是整个的问题”，“教育是一种的方法，把乡村做对象，不应该单从教育着手，即如乡村经济，在头脑简单的农友们眼光里，怕要占第一位，他们总想学堂是有了饭吃的人才得进去，要是我们没有法子，在他们的生活上，尤其是生产上，增加些利益——至少减少些损害，随你讲多么好听的话，全不中用，所以想把全部农村改进的事务，统统包在我们责任范围以内，而不愿限于教育”。[3]同年，在江苏省兴办乡村师范闻名的中华农学会会员顾倬，同样鼓吹乡村改进应以政治、教育和生产并举之方，而“不容枝枝节节以为之”。[4]

国家政权不在场的情况下，社会有限力量各专一端、各谋一域，似也合乎中国实情。但要完成整个社会改造，唯有社会集团“联合协进”，乃可合局部以成整体。1931年12月31日，中国社会教育社在南京成立时便提出全国乡村工作大联合议题。[5]翌年1月，中华职教社镇江黄墟乡村改进实验区再次倡议，但山东乡村建设研究院以“时机尚不成熟”为由拒之。7月，中华职教社福州年会拟开“全国农村改进机关联合会”，亦未实现。可见，各派在

---

〔1〕《杨永泰谈鄂省复兴农村办法》，《申报》1936年9月12日第3张第10版。

〔2〕黄炎培：《我来整理整理职业教育的理论和方法》，中华职业教育社编：《黄炎培教育文集》第2卷，第451页。

〔3〕黄炎培：《与安亭青年合作社谈乡村事业》，《教育与职业》第103期，1929年4月，第1017页。

〔4〕顾倬：《改造乡村之我见》，《教育与职业》第103期，1929年4月，第1003页。

〔5〕茹春浦：《乡村建设大联合》，《大公报》1933年7月15日第1张第3版。

有可能出现主导权之争问题上，难期一致。是年年底，山东乡村建设研究院的梁耀祖、梁漱溟、王怡柯，定县中华平民教育促进会的晏阳初、李景汉，无锡江苏省立教育学院的高阳等人在南京第二次全国内政会议期间，就全国乡村建设“精神的团结”达成共识。[1]从而，由山东乡村建设研究院牵头发起“全国乡村建设协进会”，黄炎培、江问渔、章元善、许仕廉等人亦加入，全国各团体代表和个人30余人响应。茹春浦自道其两年前曾有此主张，但时机未成熟，此次“完全是有了事业的基础，才有自然联合的需要，不是凭空别有所为而成立的团体。有了根的东西，是会自然发育滋长的”。[2]但第二次会议通知将其变更为“学术意见之交换”讨论会，也即梁漱溟后来澄清“是聚会而不是议会”。[3]

乡村建设各派谋求“大联合”，引起南北各社会舆论广泛关注。[4]天津《大公报》的社评颇具代表性：

> 盖乡村破产，万方同慨，其状岌岌，立待施救。然而，讨论其事者，大抵皆安居都会，偶作空言，其真能不辞劳苦，实行投入乡村生活者，实属少数。而今日开会之二十余团体，

---

〔1〕宋恩荣主编：《晏阳初全集》第1卷，长沙：湖南教育出版社1989年，第374页。

〔2〕茹春浦：《乡村建设大联合》，《大公报》1933年7月15日第1张第3版。

〔3〕《乡村工作讨论会集会缘起及目的》，章元善、许仕廉编：《乡村建设实验》第1集，第6、18页。

〔4〕1933年7月14、15日，《世界日报》连续发表社论《所望于全国乡建协进会者》《乡建首要培植民众武力》，前篇希望该会“应以改变现状为乡建最近不移之总目标”，而非“在现状之下，请求政府减轻人民负担，辅助乡建运动”，否则，“绝对是空日白话，无有是处”，变为“现状之点缀品”；后者建议乡建工作“首为民众武力之培植”，以解除民众之倒悬、改变中国之现状、屏去列强之压迫。16、17日，该报又连发《乡建尤须注重民众政治训练》《亟应扩大乡建运动》两篇社论，对其进一步施加影响。

即此可贵之少数实行家也。此各团体者，其理论方法，与工作重点，不必尽同，且各地环境各异，虽同一事业，其工作亦不必一致。故明日之聚会一堂，各据其理论经验，交换意见，诚乡村运动之新纪元。而到会诸君之贤劳，更可感矣！

吾人兹先保留参加讨论该会诸项问题之内容。惟以为有最要一点，应先请求全国各界，尤其政府诸公注意者，则发展乡村运动之总前提，在减除不当之捐税，安定人民之生活。此而不能，则任何理论之乡村运动，皆为徒劳，虽千百热心学者梁漱溟，亦无济于事也。[1]

1933年7月14日上午8时半，全国乡村建设协进会成立大会暨第一次大会在山东邹平召开。此次会议增进了各派对乡村工作整体性的认识，“乡村建设，不能偏重一方面，须方方面面合作，以整个社会为对象，方有整个之办法”。[2]李石曾公然质疑各派工作的“偏锋”，并指示门径：

努力农村工作的，其注意点不外教育、经济、自治等数方面。但是，理论上虽然总是说三者并重，可是事实上慢慢地总要发生偏重一方面的弊害。偏重了教育，往往可以叫短衣的农民都化为长衫的农民；偏重了自治，则往往因为要叫政治农村化，反而倒把农村政治了；偏重经济，也有扶东倒西的不便。所以，兄弟主张不偏重任何一方，而注意于平均发展。[3]

---

〔1〕《乡村建设协进会之成立》，《大公报》1933年7月13日第1张第2版。

〔2〕 章元善、许仕廉编：《乡村建设实验》第1集，“序”，第6页。

〔3〕《邹平的盛会：全国乡运大联合》，《大公报》1933年7月17日第1张第4版。

李石曾认同全国乡村运动都应本着“建设怎么样一个农村”原则，采用“整个方针”，而且应先做必要的“预备”和“试验”工作，达到“相当的程度”时，拿出“整个的计划”，由局部而整体地“推行到外边去”。江问渔总结徐公桥改进区经验，“经济、教育及组织三方面，必须联合发展”。次年，他又调整为“经济、文化、政治三者连锁合一——就是富教政合一——来改进农民整个生活”。[1]山东乡村建设研究院认同乡村改进“须利用行政力量去推行”，将其与县政改革一体化考虑，即“政、教、富、卫合一”，以邹平、菏泽两县为中心展开实验。[2]

此次会议增进了乡村建设各派之间的联络与沟通，但在理论与实践中的分歧与利益纠葛仍难以排除。晏阳初说：“事实上，此种集会又并非正式协会性质，不过是对于乡村运动有经验的各个人（不代表团体）聚在一起谈谈话，报告各人所属团体的工作。所以协进会的名称，不大适宜。”[3] 16 日上午，主席团决议将“乡村建设协进会”更名为“乡村工作讨论会”，以副其实，并定每年举行一次，以加强彼此联络，互通信息，深化认知。社会对其仍寄予厚望，“这是中国社会改造运动新方向的开始，我们敬祝乡村建设前途无疆，给中国开出一个新的社会组织”。[4] 1934、1935 年，该会分别在定县平教会、无锡江苏省立教育学院举行第二、三次

〔1〕《中华职业教育社之农村工作》，章元善、许仕廉编：《乡村建设实验》第 1 集，第 50 页；《中华职业教育社农村工作报告》，章元善、许仕廉编：《乡村建设实验》第 2 集，上海中华书局 1935 年版，第 249 页。

〔2〕《中华职业教育社农村工作报告》《山东乡村建设研究院及邹平实验县工作报告》，章元善、许仕廉编：《乡村建设实验》第 2 集，第 249、179 页。

〔3〕《乡运会议闭幕（续）》，《大公报》1933 年 7 月 20 日第 1 张第 4 版。

〔4〕公竹川：《为“以建设求统一”进一解》，《大公报》1933 年 7 月 22 日第 3 张第 11 版。

大会，探讨乡村建设相关问题。[1]

许仕廉认为青年教育、乡农学校、卫生、武装自卫、农村手工业、垦殖等入手方法，“都说得很有理，很切实”，但与农村整个的“组织”建设仍有距离，他总结道：

> 大家都认定农村建设，不是一方面的问题。农村是一个复杂的社会，社会是整个的。要改造农村社会，当然需要农业、工业、卫生、教育、自卫、道路、种种技术。但是，要运用这些技术，不能不有坚强而适合实际生活的农村组织，所以“技术”而“组织”，是一而二，二而一东西。而农村建设问题，变到农村组织问题。简单地说，各种农业问题、垦殖问题、手工业问题、合作问题、卫生问题、教育问题等等，是农村社会问题的各方面。这社会问题，是整个的，不是零散的。
>
> 但是讲到农村组织，差不多没有人有实际的经验和科学的技术，每每很好的农业方法、卫生方法、合作方法、家庭工艺和武装自卫方法，因缺乏农村组织，不能运用到农村里去，不能有高的效率。所以，不少同志认定，“农村复兴”最急切的问题，与其是技术的实验，毋宁说是组织的实验，至少技术与组织，要相提并重的。[2]

据观察，各派组织建设取向各具特点，并不一致。定县侧重

---

〔1〕章元善、许仕廉编：《乡村建设实验》第2集，第490页。

〔2〕许仕廉：《从农村组织观点论中国农村建设》，《农村复兴委员会会报》第5号，1933年10月，第136—137页。

县政府组织、乡镇自治组织、县政府与乡镇间关系组织、民众组织，注重基层，上下一贯，以“培养民力，组织民力，运用民力，提挈全县人民的总力量，共同建设，以达到一个全县人民总动员的机构”；邹平农村组织以“乡农学校”为中心；镇平以“自卫”团体为中心；广西以“民团”组织为中心。此外，还有以合作社、小学、宗教团体等为中心组织的。李景汉认为，这些中心组织必然演进到农村各方面的“事业组织”，终达到“分工合作”的“整个的全村组织”。[1]许仕廉所言的农村“组织”，实际等同于“农村社会”，相当于杨开道所谓的农村“普通组织”中之“全村组织”（Rural Community Organization），也就是李景汉言说中的“整个的全村组织”。改造农村的“整个的”路径与农村全体组织构建相通。许仕廉从社区理论出发，表明“农村建设是整个的”观念：

> 在这农村建设程序上，任何片面着手法，都不能得到完满的结果。一个社区或一个经济区域的生活，多少是一个复式的整体，单是农业改良，或单是学校改革，或单是医院的建设，或单是道德改良，都不足以转变整个文化的复体。一个单独的技术改良，除非是和全盘的文化复体互相配合，它是不会真正地被吸收到农村社会的本体里去的，所以就有了从社区各部一齐着手的需要。[2]

晏阳初解释“组织的实验”说：“当时同人的意思，是拿定县

---

〔1〕李景汉：《中国农村问题》，第89、93页。

〔2〕许仕廉：《从农村组织观点论中国农村建设》，《农村复兴委员会会报》第5号，1933年10月，第138—139页。

做一个研究室、实验室，去身临其境地体察真正的农村问题。外界以为平教同人想把定县办成一个模范区，那是错误的，因为那不是我们的立场。"[1]"实验"与"模范"内涵分别甚大，他把定县比喻为"实验室"，显然意在回应外界对其偏重"教育"的诘难，以舒缓舆论批评压力。他自己不反对，甚至亦持整个的理路，只是教育居于优先发展的"重要地位"。他在邹平表明心迹："我们觉得仅教农民认识文字取得求知识工具而不能使他们有用这套工具的机会，对于农民是没有直接效用的。所以从那时候起，我们更进一步觉悟，在乡村办教育若不去干建设工作，是没有用的。换句话说，在农村办教育，固然是重要的，可是破产的农村，非同时谋整个的建设不可。不谋建设的教育，是会落空的，是无补于目前中国农村社会的。"[2]同年，平教会本着政、教合作原则，与河北省县政研究院合作推进定县乡村建设和县政改革综合实验工作。1935年，他又强调"整个的农村建设，当然要从政治、文化、经济、卫生种种方面着眼，同时并进，不容稍事偏颇"。[3]即便着眼于农民亦须观照整体，"农民整个生活，是连带而有互相牵制的复杂关系，绝不是零碎的改善所能有济的"。[4]他将乡村建设放大为"整

〔1〕《乡运会议闭幕》,《大公报》1933年7月19日第1张第4版。

〔2〕晏阳初:《中华平民教育促进会定县工作大概》，宋恩荣主编:《晏阳初全集》第1卷，第246页。1988年4月，晏阳初在IIRR国际乡村改造研讨会上特别声明，乡村改造"不是零零碎碎，而是整个体系"，"我们多年从事乡村改造事业的一个基本认识，即乡村改造是一个完整的系统工程"，所以，"不是枝枝节节，而是统盘筹划"，"我们不希望人们单纯地从教育或其他的立场看待我们的事业，教育只是我们事业中的一个主要环节，不是我们事业的全部"。《乡村改造运动十大信条》，宋恩荣主编:《晏阳初全集》第2卷，第565—566页。

〔3〕中华平民教育促进会编:《定县的实验》，定县：中华平民教育促进会1935年，第23页。

〔4〕《全国乡村工作讨论会第三次大会经过》，江问渔、梁漱溟编:《乡村建设实验》第3集，第23页。

个中国社会之建设”，[1]而且是一个大的系统工程，将经济、政治、心理、习俗、文化环境、人口素质（“六大整体建设”）诸方面进行综合治理和重建。这是生活系统和社会有机统一的观点，亦为“实施综合整体性的社会基层改造”。[2]

总体而言，从中华农学会到其他民间社团、社会人士以及国民政府，在理论上对乡村改造整体性的认知日趋一致。但在实践中，各派工作的切入点或重心互有歧异，乃至将局部放大为整体者，亦不在少数。诸如梁漱溟、晏阳初等人仍将“教育”置于各项事业的中枢位置。如晏阳初强调：“各种建设的成功，自须经过一个教育阶段。教育成功，一切建设才有希望。所以‘教育建设’，在整个农村建设工作中，占了比较重要的地位。以教育的总动员，引发并开展其他方面的工作。同时，‘政治建设’‘经济建设’‘卫生建设’均与‘教育建设’有不可分性存乎其间。”[3]

二　中华农学会与乡村建设各派

1937 年 7 月 7 日，中华农学会第二十届年会召开之际，《中央日报》社评评点乡村建设各派，并对中华农学会探求新农村建设的理论与方法提出希望：

> 中国以农立国，垂数千年，国计民生，于焉托命。迄于今日，农民人数尚占总人口百分之八十以上，地方税收仍以

〔1〕《十年来的中国乡村建设》，宋恩荣主编：《晏阳初全集》第 1 卷，第 561 页。
〔2〕宋恩荣主编：《晏阳初全集》第 1 卷，“序言”，第 16、19 页。
〔3〕中华平民教育促进会编：《定县的实验》，第 23 页。

田赋为大宗，至于国际贸易，在出口方面，尤全恃农产品以为贸迁之资。立国于二十世纪之时代，工商业之振兴，固属当务之急，然与生活资料最有关系之农业，亦何可漠然视之？欧战以后，各国对于农业之讲求，殆无不竭其全力，勤恳从事，以期能达到自给自足之目的。矧在我国，于农业方面，具有悠久之历史，抑且地大物博，最适于农业之发展，又安可不继续努力，而坐令农业日趋衰落，转增国家民族之忧？是以国民政府成立以来，对于农村建设极为注意，在最近数年中，尤不惜支出巨大款项，作有实力之推动，计民国二十二年曾支出国币一千零七十三万余元，二十三年支出二千七百零六万余元，二十四年支出三千六百三十七万余元，二十五年更增至五千三百十一万余元。关于农业技术之改良以及水利兴修诸方面，亦罔不惟力是视。蒋委员长于前日在庐山发表谈话，曾力言农村建设之重要，其最警策之语云："我们的农村和农民生活，如果一天不改善，我们的革命，我们复兴民族的工作，便一天不能算完成，所以农村的建设，是各种建设事业中最重要之基础。"由此可知，建设农村与复兴农村经济，不独早为政府过去所特别注意，抑且将成为未来施政之重要方针。惟此种工作，必赖人民齐心协力，始能于最短期间收到预期之效果。中华农学会会员类皆具有专门研究，且为农学界及农业界领袖人物，在此方向所负之责任，自极为重大。

关于农村建设，其入手方法如何，论者主张颇不一致，如定县平教会，尝分析中国经济之病源，为愚、穷、弱、私四者，而主张从教育农民入手；如中华职业教育社，则将愚、穷、弱、

> 私，改为贫、愚、弱、散，而主张从改良农业技术，提高农民收入入手；如邹平乡村建设学院，则以为农村崩溃之致命伤，乃在固有礼教精华之减退，而主张从恢复中国固有之伦理教化入手，如梁漱溟先生，则认定破坏乡村之力量，有政治的、经济的、文化的三方面，而主张从组织民众入手。自吾人观之，以上各种主张，皆有所偏，必须冶为一炉，同时并进，始能完成中国之农村建设。盖今日农村之危机，除受外来之经济侵略而外，其在精神方面，则农民知识幼稚，迷信甚深，而公德心亦极薄弱；其在物质方面，则技能拙劣，陷于奇穷，而天灾人祸又从而困扼之，使不能安居乐业。补救之道，自应对症下药，由教育方向灌输以现代之智识，训练其必要之技能，培养其服务之道德；由政治方面，减轻其苛杂之负担，解除其所受兵匪骚扰之痛苦；由经济方面，贷以低利之资金，助其发展农村副业及手工业，并便利其农产物之运销。凡此诸端，均无后先缓急之可言，而必须同时并举者。此次中华农学会开会时，盼能对各种建设农村之理论与方法详加探究，厘定一切实可行之方案，上以贡献政府，下以领导农民。[1]

国民政府与民间团体虽各为系统，但双方之路向均倾向于整体解决。可见，国民党打压民间组织与其寄望以执政党的强势主导全国乡村建设运动的政治意图分不开。总体而言，民间团体、社会人士以及国民政府在理论上对农村问题及其解决之道整体性

〔1〕《如何建设农村——为中华农学会第二十届年会作》，《中央日报》1937年7月7日第1张第3版。

的认知日趋一致。但各派工作的切入点或重心互有歧异，于是产生各派理论与实践的背离。王悦将乡村建设理论家分为十派，即孙中山、沈玄庐的“国民党的农民运动”，梁漱溟的“村治派”，赵叔愚、陶行知的“晓庄派”，晏阳初的“平民教育会派”，汪精卫的“农村复兴委员会”，江问渔的“中华职业教育社”，高阳的“无锡教育学院”，冯和法等“中国的社会主义者”，雷沛鸿等“广西的国民基础教育者”，以及庄(泽宣)、崔(载阳)、古楳、子钵、千家驹、杨开道等“普通大学教授”。姜琦在此基础上增补以大夏大学教授邰爽秋为代表的“念二社派”，共十一派。〔1〕以上派系及其相互关系构成中华农学会新农村工作的总体环境。

中华农学会内不少会员同为以上各派成员，通过人脉及事业等建立彼此联系。中华职教社成立初期，邹秉文、王舜成等人加入为会员，邹秉文则进入其领导层，任评议部评议员。〔2〕中华职教社事业“顺着自然的演化和适应社会的需求，不知不觉的，竟形成了四大主干：一是职业学校教育，二是职业补习教育，三是职业指导，四是农村改进”。〔3〕其中最后一项成为此期工作之重心，乃“鉴于近今教育事业大都偏向大都市，又其设施限于学校，不获使社会成为教育化，爰拟从农村入手，划定区域，从事实验，期以教育之力，改进农村一般生活，以立全社会革新之基”。〔4〕江恒源于1929年提出农村改进的“富教合一主义”，他系统阐释“农村改进”就是“广义的农村教育”，也是“完成农村自治的惟一方法”，

---

〔1〕姜琦：《乡村教育的动向》，《教育杂志》第25卷第11号，1935年11月，第55—56页。

〔2〕《本社现任职员录》，《中华职业教育社一览》，1934年，第22页。

〔3〕江恒源：《农村改进的理论与实际·序》，上海：生活书店1935年，第2页。

〔4〕中华职业教育社：《实验农村改进计划》，《农村教育丛辑》(1)，1926年，第4页。

其事业应“以文化、经济、政治为三大主干，并且此三项要连锁进行，混合推动”，其工作原则：一要简便易行，二要普遍，三要经济，四要促起农民自动。[1]其言：

> 农村改进，是就一个农村或数个农村划成一个适当的区域，依照理想的、能实现的预定计划，用最完美的、最经济的方法、技术，以化导训练本区以内的一切农民，使全区农民整个生活，逐渐改进，由自给自立以达于自治，俾完成农村的整个建设。
>
> 农村改进，原是中国一种特殊方法，它是适应着中国农村特殊需要而产生的。因为，农村人民愚的太厉害，穷的太厉害，既愚且穷，当然身体不能健康，团体不能团结，真正自治事业还能说得上么？不能得着真正自治，便是农村永无完成建设的希望。[2]

中华职教社为“改进农民整个生活”，以经济、文化和政治三者“连锁合一”，建立江苏徐公桥农村改进试验区。[3]1925年5月，中华教育改进社、中华平民教育促进会总会、东南大学教育科和农科等加入共同开办。该试验区初立时，面积约14平方里，446户，1990人，到1934年7月，面积扩至40平方里，住户735户，人口3597人。[4]

---

〔1〕江恒源：《农村改进的理论与实际·序》，第3页。

〔2〕江恒源：《农村改进的理论与实际》，第3—4页。

〔3〕金轮海：《农村建造·农村建设运动的发展及其动向》，第6页。

〔4〕黄炎培：《六年半的徐公桥得到改进乡村的小小经验》，中华职业教育社编：《黄炎培教育文集》第3卷，北京：中国文史出版社1994年，第232页。

1928年2月，江苏大学初在苏州筹办民众教育学校，俞庆棠任校长，后迁至无锡荣巷，改称中央大学区立民众教育院，赵叔愚任院长。是年10月，高阳继任院长。12月，创办劳农学院，高阳任院长。1929年8月，两院改隶江苏省教育厅，名为江苏省立民众教育院、江苏省立劳农学院。1930年6月，两院合并为江苏省立教育学院，下设民众教育和农事教育两系，前者分为乡村教育、工人教育、图书馆教育、社会教育行政等组，后者分为作物、园艺、畜牧、农业经济等组，均四年毕业，并设研究实验部。[1]俞庆棠采取“兼收并蓄，学术自由”办学方针，先后罗致孟宪承、雷沛鸿、古楳、童润之、赵步霞、陈礼江、俞颂华、孙怀仁、孙师毅、张锡昌、马祖武、顾复、薛乃鹏、孙逢吉、李静安、刘同圻、钱俊瑞、郭影秋、秦柳方、胡耐秋、茅仲英、张照等，从事教学及实验工作。[2]李蒸、孟宪承、傅葆琛、雷沛鸿、俞庆棠、甘豫源、周德之、周葆儒等人先后担任各部正副主任，编辑发行《教育与民众》月刊。[3]

俞庆棠阐明民众教育实验的旨趣与方法：一是“希望使政治、经济、社会生活打成一片，而教育或一切社会的新制度，真正建筑于民众现实生活之上”；二是“希望新制度必以农民迫切需要为基本，其研究和实施必以科学方法为依归”；三是“所实验的事业，不仅供给一个区域的需要，还要能够依据科学方法，表示显著的成效，成立明显的原则，以供全国农村的应用”。[4]基于此，他们

〔1〕 黄旭朗:《江苏省立教育学院简介》,《无锡文史资料》第25辑,1991年版，第1—2页。
〔2〕 徐为裳:《江苏省立教育学院的研究实验事业——从创建到抗日战争爆发》,《无锡文史资料》第9辑，1984年版，第104页。
〔3〕 黄旭朗:《江苏省立教育学院简介》,《无锡文史资料》第25辑，第2页。
〔4〕 俞庆棠:《普及教育与民众教育》,《教育杂志》第25卷第3号，1935年3月10日，第56页。

创办黄巷试验区、惠山民众教育试验区、北夏普及民众教育试验区，还在各地举办试验农场，实施送书下乡等。[1]顾复、孙逢吉、傅葆琛等中华农学会会员在其中发挥了重要作用，如傅葆琛直接参与其实验工作，顾、孙二人则侧重日常教学与研究。

蓝梦九、杨开道、章元善等中华农学会会员与山东乡村建设研究院关系亦很密切。1929年，梁漱溟应河南省主席韩复榘之邀，到辉县百泉村协助彭禹亭、梁耀祖办理“村治学院”。同年6月，梁漱溟至北京主编由王鸿一、彭禹亭合办的《村治》月刊，以荟萃全国各地乡村运动信息。如言：“近年来，从事于乡村自治运动，乡村教育运动，农民合作运动，以及其他一切乡村改进运动，或农民运动者，各省地方所在多有。顾南北道路修阻，彼此消息每不相闻。本刊同人愿以本刊作为我各地同志互通消息，彼此得资考镜之机关。”[2]在其作者群中不乏中华农学会会员，1930年7月第1卷第3期始连续刊发冯锐长篇文章《从合作主义以创造中国新经济制度》，蓝梦九《苏俄土地法研究》（1930年第2卷第1期），邹树文《生银借款之用途商榷》（1930年第1卷第11、12期）、《用商业眼光调查农村经济》（1931年第2卷第6期），杨开道《吕氏乡约的考证》（1932年第3卷第1期）、《中国乡约制度》（1933年第3卷第2、3期合刊）、《吕氏乡约的分析》（1933年第3卷第4期）、《吕氏乡约的增损》（1933年第3卷第5期）等。

1930年10月，韩复榘调任山东省主席，梁漱溟亦于次年年初随其至邹平创办“山东乡村建设研究院”，下设研究部、训练部、

〔1〕徐为裳：《江苏省立教育学院的研究实验事业——从创建到抗日战争爆发》，《无锡文史资料》第9辑，第104—109页。

〔2〕《本刊征求特约通讯启事》，《村治》1930年6月第1卷第1期，第1—2页。

邹平实验县以及实验农场。梁耀祖任院长，孙则让任副院长，梁漱溟任研究部主任，陈亚三为训练部主任，叶云表任总务长，王冠军为军事主任，蓝梦九、徐晶岩、时霁云、裴雪峰、武绍文、高赞非等分任班主任，梁秉琨、朱桂山、徐树人等先后任邹平实验县县长，鲁溪为农场主任。〔1〕蓝梦九为其重要成员，杨开道、章元善为《乡村建设》主要撰稿人。邹平路径有别于定县之“平民教育”，它侧重从“组织农民”入手改进农村，时人肯定其进步性说：“梁先生从组织农民入手来建设乡村的办法，是比平教会之从平民教育入手改造农村，要前进到一万步的。”〔2〕

中华农学会会员的活动并不局限于某个特定团体，相反具有较大的流动性，甚至进行跨会活动。平教会系统中骨干成员有傅葆琛、冯锐、刘拓等。傅葆琛（1893—1984），四川华阳人，1916年夏从北京青海学校高等科赴美留学，自俄勒冈州立农科大学森林学院毕业后，赴法参加服务华工工作，因此结识晏阳初，返美后入读耶鲁大学森林研究院、康奈尔大学农业研究院农村教育系，1924年获得博士学位，应晏阳初之邀至定县办理平民教育事业。〔3〕傅葆琛的加盟，壮大了晏阳初的班底，开始自立体系，开展以“平民教育”为核心的活动，也直接导致与陶行知关系的全面崩解。冯锐（1897—1936），广东番禺人，金陵大学毕业后入康奈尔大学攻读育种学、农业经济学，获得博士学位，归国后任东南大学教授，

〔1〕高二音：《梁漱溟的“乡村建设运动”》，王维礼主编：《中国现代史大事纪事本末》，哈尔滨：黑龙江人民出版社1987年，第549页。

〔2〕千家驹：《中国农村的出路在那里》，《中国农村》第2卷第1期，1936年1月，第21页。

〔3〕《傅葆琛先生生平和著作年表》，陈侠、傅启群：《傅葆琛教育论著选》，北京：人民教育出版社1994年，第425页；傅葆琛：《我与平教会》，《河北文史资料选辑》第11辑，石家庄：河北人民出版社1983年，第63—64页。

1925年夏加入平教会总会。[1]刘拓，湖北人，毕业于美国爱荷华大学，北京师范大学教授，1926年加入负责农具改良试验，主持农业工程技术普及研究。[2]以上三人皆以农学家身份，参与定县农村社会调查及其他乡村建设实验活动。

民间团体依附地方实力派，但所得经费仍不敷实验与建设所需。1932年春，邹秉文以商业银行投资农业以“济中国农业之改进”，以足为上海商业储蓄银行“赢得更大的声誉”，说动陈光甫，设置农业合作贷款部，自任经理，并邀中华农学会会员徐澄助其办理合作贷款，双方以此为纽带建立联系。1933年，该部改名为农业贷款部，业务范围更为扩大。邹秉文亦任上海银行商业银行总行副总经理。[3]1932年11月20日，晏阳初向邹氏求援，原函谓：

> 秉文吾兄左右：
>
> 惠教拜悉。前次吾兄到定，招待不周，至深歉仄。而多时不晤，得以畅谈农村金融之根本建设办法，不胜欣慰。关于合作放款等事，光甫先生已有函来，兹将弟处复函录副寄呈。对于此事意见略具于此，当希察阅。此间研究情形及工作原则，兄所洞悉，尚希力为赞助，俾能实现，为恳为盼，敬复。即颂大安！[4]
>
> 弟　晏阳初　拜启

---

〔1〕冼子恩：《关于冯锐史料的补充》，《广东文史资料》第17辑，广州：广东人民出版社1964年，第187页。

〔2〕晏东升：《晏阳初年谱》，巴中文史资料委员会编：《平民教育家晏阳初》，成都：四川大学出版社1991年，第287页。

〔3〕恽宝润：《邹秉文对谈录》，华恕主编：《邹秉文纪念集》，第163—164页。

〔4〕《致邹秉文》，宋恩荣主编：《晏阳初全集》第3卷，长沙：湖南教育出版社1992年，第334页。

邹秉文曾亲赴定县考察平民教育事业，与晏阳初有过直接接触。邹氏也曾撰文评价平教会关于农村问题是“愚、穷、弱、私”的分析，与中华职教社的“贫、愚、弱、散”相去不远。[1]双方就合作放款事建立关系。

1933年，陈翰笙、钱俊瑞、孙冶方、薛暮桥等中共地下党员在上海发起中国农村经济研究会（以下简称“农研会”）。关于此会缘起，据称：其一，本在中央研究院做农村社会调查的陈翰笙、孙冶方等人，因受王世杰“刁难排挤”而另立组织；[2]其二，为驳斥资产阶级专家和“托派”理论家，反击国民党对中共土地革命的污蔑，用实地调查材料证明旧中国是半封建半殖民地社会性质。[3]陈翰笙、吴觉农、冯和法为中华农学会会员，陈翰笙、吴觉农分别担任理事长和常务理事长，既是创始人也是领导者，冯和法为理事。吴觉农的作用颇为关键。1985年3月12日，陈翰笙回忆道：“1934年……同吴觉农讨论要组织‘中国农村经济研究会’，并且编辑《中国农村》月刊，目的是使我们曾经在中央研究院工作过的人离开那里后能继续工作。吴觉农是茶叶专家，曾是中华农学

〔1〕邹秉文：《解决中国农村问题之途径》，《东方杂志》第32卷第1号，1935年1月1日，第18页。

〔2〕1929—1930年，陈翰笙负责中研院社会科学研究所社会组，王寅生、钱俊瑞、薛暮桥、张锡昌、刘端生、陈洪进，共同开展农村社会调查。他们在中共地下党负责人张稼夫的领导下工作，农研会成立后则受中共“左翼文化总同盟”领导。陈翰笙等人的活动引起国民政府注意，九一八事变后，该所由沪迁宁，傅斯年对所中工作“横加干涉限制，陈翰笙处境日形困难。由于陈翰笙声望高，他们一时不敢排挤，而其他的同志则一个个被他们挤掉”，后陈翰笙“愤而辞职”。为团结乡村工作者，依靠群众力量进行农村调查和研究，决定成立合法的民间学术团体。钱俊瑞：《中国农村经济研究会成立前后》，陈翰笙等编：《解放前的中国农村》第2辑，北京：中国展望出版社1987年，第18—21页。

〔3〕冯和法：《孙冶方和中国农村经济研究会》，陈雪：《孙冶方颂》，北京：光明日报出版社1983年，第78页。

会的组织者之一，他同意帮助我们发起这个组织，并由他为我们到上海有关机关去登记。……我离开上海后，由他代理理事长。”[1]农研会发行《中国农村》月刊后，对外工作主要由孙晓村、冯和法出面。集中于开展中国农村社会性质论战，批判以卜凯为代表的抹杀农村阶级矛盾的资产阶级农村经济研究方法等。[2]他们服膺马克思主义阶级分析法，用以分析农村社会生产关系，作为农村改进的基本方法和理论。

综上，在风起云涌的乡村建设潮流中，中华农学会虽为学术团体，但亦受此风浸染参与其中。

三　社会经济取向：中华农学会建设新农村的理想与活动

乡村运动人士加入中华农学会扩增其影响，有助于推动中华农学会路线的调整。国民党及社会人士亦寄望它能够研究制定出切实可行的农村工作方案，以推进实际工作。中华农学会的工作方式主要是通过向政府建言献策，使其转变为国家政策和国家行为，从而实现“新村”目标，这从历年的提案可见一斑。

1927年杭州年会有三件提案涉及于此：（1）请国民政府速制定合作社条例；（2）请国民政府划定每年田赋收入15%—20%，为办理地方农林事业及推广农民教育案；（3）请国民政府订立农村组织条例。[3]1928年南京年会亦有两件，即请政府“建设新农村，以树模范案”，经审查认为：“新农村建设，极关重要，但办法须求切实

〔1〕陈翰笙等编：《解放前的中国农村》第2辑，第18页。

〔2〕钱俊瑞：《中国农村经济研究会成立前后》，陈翰笙等编：《解放前的中国农村》第2辑，第20页。

〔3〕《第十届年会记事》，《中华农学会丛刊》第58期，1927年12月，第5页。

严密，应请执行委员会妥拟具体办法，建议政府，采择施行。”[1]

童玉民身为国民党员，对沟通中华农学会与国民政府关系，加强彼此合作，发挥了积极而有效的作用。童玉民（1897—2006），浙江慈溪人，1912年赴日先后入冈山县立甲种农业学校、鹿儿岛高等农林学校就读，1919年获农学士后归国，先后任教于江西公立农业专门学校、浙江大学农学院，1926年经许璇举荐赴康奈尔大学进修，以论文《美国开国时期的土地制度》获农业科学硕士学位，1928年始任江苏省农矿厅合作事业指导委员会委员，兼合作指导员养成所教员。此间，他主持编辑“合作小丛书”，包括《信用合作提要》《购买合作提要》等。1932年，农矿厅改组实业厅后，童氏任技正，先后出版《桃树园艺》《农学概论》和《合作概论》等著作。[2]江苏省农矿厅先计划调查镇江新丰乡，将其改建新村，[3]后改在盐垦区、淳化镇、长沟村、黄墟、十家墩等地兴建，并列入1929年度预算，但因省库支绌，收缩至黄墟一地展开，1930年10月成立黄墟农村改进试验区委员会，开展工作。睢宁县十家墩难民代表鲁钝呈请建设新农村，农矿厅会同建设厅议定拨17000元无息赈款，由其指导规划具体建筑事项。从此，由江苏省政府主导的新农村建设推开。[4]童玉民不仅躬身参与苏省新农村建设，还积极推进中华农学会参与其中，1932年致函执委会，请其与江苏省农矿厅建立合作关系。[5]6

[1]《第十一届年会记事》，《中华农学会丛刊》第64、65期合刊，1928年10月，第198、200页。

[2] 童玉民：《童玉民自传》，慈溪政协文史资料委员会编：《慈溪文史资料》第12辑，1997年，第1—4页。

[3]《苏农矿厅十八年七八九三个月行政计划》，《中央日报》1929年9月1日第2张第1版。

[4]《江苏新农村运动消息》，《村治》1930年7月第1卷第3期，第12页。

[5]《本会一年间概况》，《中华农学会报》1932年10月第105、106期合刊，第184页。

月 20 日，执行委员会同意并请其负责接洽，订出详细计划。[1]

中华农学会参与各民间团体的活动，主要借助于“年会”进行。1931 年 8 月，中华农学会在北平举行年会，蓝梦九代表山东乡村建设研究院与会并致辞。[2]他说：“中国要解决中国农业问题，非从乡村立基础不可，乡村农民非农业专家不可。中国由卅万农村组成，所靠生产品皆农业生产品，已有五千年之历史，若必欲将外法施之中国，势必格格不入，且农业不发达影响工商业不能进展，何能抵抗外国经济政策！”蓝氏实要借以表达以中华农学会为代表的农业技术系统加入乡村建设行列对于解决中国农业问题的重要意义。换言之，中华农学会与山东乡村建设研究院有加强联络和合作的必要。22 日，蓝氏专门演讲《山东乡村建设之方针》。[3]这是双方首次正式交流。1932 年 8 月，中华农学会决定在江苏省立教育学院举行年会，函聘高阳为本届年会名誉主席。[4]30 日，高阳在中华农学会第十五届年会致辞，谓江苏教育学院“以教育为方法，乡村改进为目的”，着力于乡村地方自治之组织、农业经济之调剂以及乡村教育工作之开展，希望与农业专家合作，获得“农业解决乡村改进之效果”。[5]此外，中华农学会与平教会在具体事务上亦有一定联络。[6]此次会上，关于新农村建设的言论及议题格外突出。许璇作为大会主席亦指出：“农业问题为农业生产、消费、

〔1〕《执行委员谈话会纪录》,《中华农学会报》1932 年 7 月第 101、102 期合刊，第 161 页。

〔2〕蓝梦九就此行写成报告《本院参加中华农学会第十四届年会之经过》，刊于《乡村建设》“创刊号”，收入该院所编《乡村建设旬刊汇要》第 1 集。

〔3〕《第十四届年会记事录》,《中华农学会报》1931 年 12 月第 94、95 期合刊，第 150、152 页。

〔4〕《事务所日记摘要》,《中华农学会报》1932 年 8 月第 103 期，第 121 页。

〔5〕《第十五届年会记事录》,《中华农学会报》1932 年 10 月第 105、106 期合刊，第 181 页。

〔6〕《事务所日记摘要》,《中华农学会报》1932 年 8 月第 155 期，第 121 页。

分配之总称，欲解决此问题，希望我们农业专门人才，分门别类研究解决之，故农业问题不是局部的，乃是整个的问题。”[1]言外之意，农业问题不是农业生产部门的单独问题以及通过技术所能全部解决，新农村建设需要综合考虑农村社会的各个方面。

童玉民首先阐明他以“实地调查与文献考核”方法，综合考察农村建设问题，亦从整体性出发进行分析。如言：“欲明了农村问题之本质，不可囿于该问题固有范围之内，贵乎详察一般社会之转移，时势之趋向，进而窥农民社会进化之模样，然后方可阐明其庐山真面目。否则，坐井观天，捕风捉影，其所得结果，何有价值之可言！”研究农村问题，必“先之以地方的观察，进而为全国的观察；先之以部分的研究，进而为全般的研究”。他认为，农村问题为“讲究关于农村住民富力之增进，生活之向上之一切问题及其相对方策”，属于社会问题之一，其成因是“农村生活之现实与其理想迥相悬殊，吾人对此有所不满”。通常将农村问题分为农业生产问题、农村生活问题两类，其他都是由此衍生出来的分支问题。[2]

他将农村问题划分为四类：（1）农业生产问题，即以生产为主体的问题，如土地、劳动、资本、技术、经营管理、分配等；（2）农

〔1〕《第十五届年会记事录》，《中华农学会报》1932年10月第105、106期合刊，第180页。

〔2〕如农业土地问题、农业劳动问题、农业资本问题、租税问题、自作农及佃农问题、耕地整理问题、天灾防治问题、病虫害防除问题、肥料问题、农具问题、农用动植物品种改良问题、农业技术问题、农业组织问题、农业经营问题、农用材料购买问题、米谷问题、农产物贮藏问题、农产物售卖问题、农产物价格问题、农业保险问题、农家负担减轻问题；农村政治问题、农村自治问题、农村财政问题、农村教育问题、农村救济问题、农村劝业问题、农村合作问题、农村公有林问题、农村水利问题、农村治安问题、农村消防问题、农村风俗问题、农村娱乐问题、农村风景问题、农村古迹保存问题；农民移殖问题、农家生计问题、农家住宅问题、农民卫生问题、农民思想问题、农民科学问题、农民文艺问题、农民艺术问题、农民体育问题等。

贷销售问题，即以销售为主体的问题，如农产物品质、贮藏、包装、运输、售卖及保险等；（3）农人生活问题，即以个人为主体的问题，如衣食住用、卫生、知识、艺术、嗜好及道德信仰等；（4）农村社会问题，即以社会为主体的问题，如农村自治、农村教育、农村风化、农村救济、农村备荒、农村经济、农村卫生、农村交通、农村娱乐、农村思想和文艺等。他认为农村问题之焦点为“佃农问题”，其原因是：佃农及佃农兼自耕农约占全国农民半数，且处境恶劣；业佃纠纷已久，国家应以法规避免业佃冲突；使佃农有田，安定生活，此为治国急务；佃农多贫农，易铤而走险，非匪即盗，救济不容或缓。所以，解决此问题为“振兴农村之根本方策”，解决之道有：党政妥善指导、组织合作社、设立金融机关、实行农垦移民、保存长期契约、改良农耕技术。[1]此外，他向大会提交“请创办新村试验区以资试验而利推行案”，经大会审查通过，交由执委会“设法办理”。[2]这标志着中华农学会对于新农村建设由倡言走向行动。

服膺欧美功能学派理论者主张以单独的村、市镇或县为单位从事整体改造和建设。许仕廉即认为“农村是一个复杂的社会，社会是整个的”，而社会问题也“是整个的，不是零散的”，因此，“农村建设是整个的”，在“农村建设程序上，任何片面着手法，都不能得到完满的结果。一个社区或一个经济区域的生活，多少是一个复式的整体，单是农业改良，或单是学校改革，或单是医院的建设，或单是道德改良，都不足以转变整个文化的复体。一个

〔1〕童玉民：《现代我国农村问题及其焦点》，《中华农学会报》1932年10月第105、106期合刊，第136—140页。

〔2〕《中华农学会年会闭幕》，《时事新报》1932年9月1日第3张第3版。

单独的技术改良，除非是和全盘的文化复体互相配合，它是不会真正地被吸收到农村社会的本体里去的。所以，就有了从社区各部一齐着手的需要"。他最后将农村建设问题归结到"农村组织问题"，农业、工业、卫生、教育、自卫、道路等种种技术的运用，都不能不依赖于"坚强而适合实际生活的农村组织"。[1]许氏所言的农村"组织"相当于杨开道所谓的农村"普通组织"中之"全村组织"（Rural Community Organization）。[2]李景汉提出，应以乡农学校、自卫、民团、合作社、小学、宗教团体等农村各方面的事业性中心组织，演进到最后阶段的"整个的全村组织"。[3]就此论，亦为费孝通提出从"社会完整"性出发，进而对"以往只在技术上求发明，而忽略各社会组织上求进步和配合"之缺失的积极矫治。[4]

1930年代，朝野对于改进及建设农村取径的认知，渐趋"社会的与经济的"路向。钱毬孙在《中国农村崩坏之诸相》（*The Break-Down Movement of Chinese Rural Villages*）"译者志"中说："今日资本主义澎湃之世，欲解决农业问题，专赖区区技术方面改良，其效甚微，自非由农业经济的见地作坚实彻底之对策不为功。"[5]张农、黄枯桐在中山大学农学院共同发起"农政研究会"，进行"农业社会科学"之研究，提出农业问题的"社会的与经济的"解决方策。他们认为："中国农村之急激崩溃，中国农业之极度衰落，

〔1〕许仕廉：《从农村组织观点论中国农村建设》，《农村复兴委员会会报》第5号，1933年10月，第136—139页。

〔2〕杨开道将"农村社会"亦称作"全村组织"，实将二者等量齐观。参见杨开道：《农村组织》，第20页。

〔3〕李景汉：《中国农村问题》，第89、93页。

〔4〕费孝通：《乡土重建》，上海：上海书店影印本1991年，第14页。

〔5〕《中华农学会报》第82、83期合刊，1930年12月第59页。

其因子固多，但属之于社会的与经济的，敢谓占其大部而居重要地位。若不从此方加以研究，以为技术之得改良，中国农产便可增进，中国农村便可复兴，中国农业便可发达，则殊未敢赞同也！”[1]不独南粤同人如此，许璇、汤惠荪、童玉民等人持论亦然。[2]

中华农学会试图从农村经济入手找寻改进农村社会的“妙诀”。邹秉文思想理路与中华农学会宗旨原则一致，1935年年初，他阐发说“农村经济问题”即为改进农村的“中心问题”和“原动力”，故“增进农民生活，当以发展经济为先”。[3]中华农学会推定汤惠荪、吴觉农、乔启明、刘伯量、唐启宇编辑“农业经济专号”，集中探讨中国农村社会经济问题，于1936年11月正式出版。

中华农学会中留日农村经济学者侧重从租佃关系探求出路。以许璇为首的留日农村经济学家，诸如童玉民、汤惠荪、黄枯桐、吴觉农等人，认同农村问题“不是单元的问题，是个多元的问题”，亦以“佃户问题”为农村的中心问题。[4]先行解决这一问题将直

---

〔1〕张农、翟克：《农政研究特辑之一·编者之言》，《农声》第181、182期合刊，1935年2月，第1页。

〔2〕有主张农村复兴宜以“乡教运动为中心”“经济建设为目的”（金轮海：《农村复兴与乡教运动》，上海：商务印书馆1934年，第1页）。他又说：“几年来的经验告诉我们，一般热心农运的教育家、政治家和农业家，都没有把握到农村崩溃的真实动向。文字教育决不能医治农民的饥饿，公民训练也不能解除农民的压迫，生产技能的介绍，更不能减轻农民的负担。”总之，“过去一切的农运，找不出中国农民解救的出路。”农村建设首在农村经济建设，但在建设中资本主义是“不能运用的”，社会主义也是“此路不通”，只有“运用三民主义民生主义的经济建设政策，以合作运动的统制经济，统制经济的合作运动底方法，来建立民生主义的农村经济的新机构”。金轮海：《中国农村经济研究·自序》，上海：中华书局1937年，第1、4页。

〔3〕邹秉文：《解决中国农村问题之途径》，《东方杂志》第32卷第1号，1935年1月1日，第15、17—19页。

〔4〕黄枯桐：《农村建设问题》，《中华农学会报》1936年11月第154期，第4页。

接关乎中国农村的最终出路，亦为振兴中国农村的根本方策。[1]他们服膺日本沢村康“自耕农创定”论，[2]以“导佃户而趋于自耕农”为理想解决之道，[3]尽管各人在采用土地私有制还是公有制问题上存有分歧，但一般都同意采取以下措施：农垦移民，以有效增加实际耕地面积；长期契约，通过获取永佃权而确保对土地的稳定经营；再辅以组织合作社、设立金融机关以及改良农耕技术。[4]由此扩展而论，该团体在“社会”视角下考察农村问题，改变既往专重“技术”一端而热衷于解决农业问题的套路。

唐启宇指出：“农业经济在农学上之价值，初不下于农业技术。中国农业品种之恶劣，农具之粗笨，肥料之鲜用，病虫害之不能防除，为从事农业技术者，所引为亟待改进之点。抑岂知关于土地之细分碎割，经营之旷日费时，资金之缺乏，交通之困难，关税壁垒之不严密等等经济状况，其待解决或且有过之也。”[5]其中之主打论文为黄枯桐的《农村建设问题》，它是此前所撰《中国农村往何处去》[6]一文之续篇。黄文引发学界持续商榷性讨论，崔载阳在《新宇宙》第1卷第3期发表《中国农村往这里去》，翟克在《农声》第181、182期合刊发表《中

---

〔1〕童玉民：《现代我国农村问题及其焦点》，《中华农学会报》1932年10月第105、106期合刊，第140页。

〔2〕沢村康：《小作法と自作農創定法》，东京：改造社1927年版；沢村康：《中欧諸国の土地制度及土地政策》，东京：改造社1930年。

〔3〕汤惠荪：《中国之佃户问题》，《中华农学会丛刊》第54期，1927年4月，第12页。

〔4〕唐启宇：《中国佃租制度及其改良方法》，太平洋书店编：《中国农村问题——佃农问题·农民负担》，上海：太平洋书店1933年，第41页。

〔5〕唐启宇：《农业经济专号·弁言》，《中华农学会报》1936年11月第154期，第2页。

〔6〕此文载《新宇宙》1935年1月16日第1卷第2期，亦载《农声》第181、182期合刊，1935年2月。

国农村仍无去路》。黄枯桐基于农村问题“多元性”认识，强调它与内外诸因素之连通性，如言：

农村问题，不是单元的问题，是个多元的问题，这谁也能够认识的吧！那么，所谓农村建设问题，不消说也是个多元的问题了。换句话说：农村问题，虽具着种种的特殊性，然此只在其问题底具体的表象上看来，是属于“农村的”而已。如果进一步去探究其问题底因果的规律，而把握它的抽象的合法则性，便得认识这个问题，绝非局限于“农村的”，而是属于“国家的”或“世界的”了。肯定了这点，则于农村问题底探讨，才免陷入观念论底泥坑，才免为形式逻辑所迷惑。从而农村建设问题，它的理论底根据和它的实践底途轨，才得正确地把握到，免致弄成漆黑一团！[1]

正因如此，农村问题之造成与解决都不应忽略内外各种因素，特别是对摧残中国农村内外消极因素必须同时“解消”，如其谓：

中国的农村，绝非能够局限在中国一国之内的。换言之：中国的农村是和世界的农村，有如电流交感着的了。今姑不必拉到这么远大，只就中国来说，中国的农村亦早已和中国的都市（或说农村和农村以外的一切），有如电流的交感着。农村之所以崩溃，决非尽由于农村本身孤独的作用使之然。既如上面所说，是受着内在的和外铄的两种摧残作用的

〔1〕黄枯桐：《农村建设问题》，《中华农学会报》1936年11月第154期，第3页。

呢！假如止〔只〕除去了内在的摧残作用，而外铄的摧残作用依然存在甚或加厉，则所谓农村建设，岂不是又落空了吗？所以，这两种摧残的作用，非同时把它解消不可，这是应当注意的消极的一面；而农村建设和都市建设，则宜同骖并进，不容厚此薄彼，轻重失权，务能达到两者并存共荣的境地，这是应当注意的积极的另一面。如果要待到个个农民都是不愚不穷不弱不私，农村亦健全起来，那时候才来解消外铄的摧残作用（或许有人说，到那时候，外铄的摧残作用会自然地解消！），才来矫正都市膨胀的弊病，恐怕是金丹炼就日，沧海变桑田了！若把帝国主义的势力联系着设想时，更加令人觉得这样子的办法（孤立地建设农村），不免有幻灭之感啊！

所以，我总以为这内在的和外铄的两种摧残作用，非先行解消不可，而农村和都市，亦非同时建设不可。简约地举示出来，则一切贪污土劣军阀等等的摧残作用，非解消不可，帝国主义的压迫，非解消不可。倘若无法或不能把它解消，则不免要讲一句勿识相的话，就是在此等摧残的作用高压的势力之下，农村建设，在我看来，无异于操豚蹄祝满车，殊无多大的希望啊！然而，问题的焦点，却不止于是，要在于如何才能解消这等摧残的作用，高压的势力。说到这里，就不免发生种种的疑虑。[1]

黄枯桐主要针对定县、邹平等乡村建设各派立论，批评他们“不

〔1〕 黄枯桐：《中国农村往何处去》，《农声》第181、182期合刊，1935年2月，第7—8页。

免有偏重教育这个方策底情势（固然没有‘为教育而教育’的毛病），而对于农村内在的矛盾和外铄的关系等项，亦不免有回避底情态”，但要明白农村建设并非“以农村为出发点，且以农村为归结点底一种简单的玩意”，所以，“不能亦不容许拿一种单纯的方策去建设农村，便得把农村建设起来”。[1]他认为：“农村建设，不外乎是整个国家建设上的一环，离开了整个国家的立场，而言农村建设，何异于只看见树木，不看见森林，进一步还须看见世界才行呢。所以我反对孤立地建设农村，就是绝对不赞成关起农村的大门来，讲求农村自治或实行农村建设。”以国家或世界的眼光审视之，黄枯桐之视野确较其他各派宽阔。他不赞成梁漱溟先发展农业后发展工商业或由农业启发工业之论，抑或农工商有所偏重，主张农工商业同时建设、农村与都市均衡发展。同时，“政治”亦得上“轨道”。总之，新农村建设不仅要关注农村生产关系和土地分配等重要问题，亦要消除各种阻碍进程的政治、经济“魔障”。

从农村问题出发，强调农村社会组织意味着关注对象是农村社会各个组成部分及其相互关联，凸显经济并不说明无视其他因素的作用。[2]以“教育”为例，许璇两次代表教育部参加中华农学

---

〔1〕时对定县、邹平等批评最烈的是“中国农村”派，千家驹：《中国农村建设之路何在——评定县平教会的实验运动》，《申报月刊》第3卷第10号，1934年10月；《中国的歧路——评邹平乡村建设运动》，《中国农村》第1卷第7期，1935年4月1日；庄泽宣：《邹平乡村建设的近况及其动向》，《东方杂志》第32卷第1号，1935年1月1日。

〔2〕有从“农村社会”的整体视角，关注农村组织改造的。农村社会受地域、产业等因素支配，农村自治、农村领袖（包括行政领袖、精神领袖和技术领袖）和农村保卫对改造农村组织十分重要，达到自治之目的，“使农村的农民，个个能自己管理自己，用自己的力量，去开拓生路，用自己的智能，去发展农村，使整个的农村，得以无限止地向上”。金轮海：《农村组织与农村改造》，《东方杂志》第32卷第1号，1935年1月1日，第93页。

会年会，均谈农村教育问题。1929 年 8 月，他在第十二届年会上指出：在三民主义时代，贯彻民生主义，要从学术方面着手，学术系于教育，故农业教育“尤其重要”，但是不可偏于一方面，“必须最高的农业教育与最低的农村教育，同时并进”，才助于革新农业、改良农村。[1] 在次年年会上，他重点强调农村教育重要性，高等农业教育固宜特别注意，“然若低级的农村教育不发达，则欲用科学方法改良农业，恐知识薄弱之农民不能接受，所以农村教育非常重要。中华农学会会员从事于高等农业教育及农事试验者正多，希望对于农村教育极力提倡，设法扩充，于是则农业教育得以首尾相应，收效较速”。[2] 黄枯桐则批评一般的乡村建设者之“教育”目标不明，并不能解决农村社会的出路问题，如言：“我并不反对所谓教育农民、训练农民、组织农民等等，然而要讨究的，是在教育、训练、组织成怎样的农民？进而建设成怎样的农村？先问要建设成怎样的农村，封建主义的农村？资本主义的农村？抑为社会主义的农村？三者必居其一，不容无意识地去建设成一种非驴非马的农村。”[3]

第二节　谋求国内农学社团的统一

1925 年以来，南北人士各树旗帜，成立众多农学团体，以便从事农村问题研究及其破解活动。中华农学会本想合组统一的“中

〔1〕《中华农学会年会第一日》,《时事新报》1929 年 8 月 19 日第 2 张第 4 版;《第十二届年会记事》,《中华农学会报》1929 年 10 月第 70 期，第 133—134 页。

〔2〕《第十三届年会记事录》,《中华农学会报》1930 年 8 月第 78、79 期合刊，第 136—137 页。

〔3〕黄枯桐:《农村建设问题》,《中华农学会报》1936 年 11 月第 154 期，第 7 页。

国农学会”，终因派系之分与人事纠葛未果。这恰说明，中国农学界既有融合统一的一面，亦有分化多元的另一面。1930年以后，中华农学会为推进各项新事业，其自身会务亦有调整和改进。

一　走向分裂：“科学救乡”与农学界派系格局

欧美留学生在加入中华农学会的同时，亦谋自立统系，自我发展。中国学群农科会员除加入中华农学会外，另将农学研究会改组为新中国农学会。关于其发起时间、地点等情况的记载各有不同版本：其一，该会缘起于旅欧农学研究会，于1924年改为新中国农学会，会址在法国朗西；[1]其二，该会成立于1926年，由蔡无忌等人在巴叙阿伯发起；[2]其三，认为是在1926年的法国巴黎。[3]综合比对诸版本，可以确定1924年较为可靠。[4]该会初期会址“随总书记为转移”，故发起地点、首届年会地点与最后的总会所在地并不同指一处，如皮作琼在1926年3月给内务部的报呈备案中明确指出总会地点在里昂。1926年，学会重心逐渐移至国内，先在北京设立驻京临时办事处，又在上海、杭州设立总会办事处。南京国民政府成立后，总会遂于1929年回迁南京。[5]

《新中国农学会简章》规定，以“联络农业同志，研究介绍新

〔1〕教育部编：《教育年鉴·丙编》“教育概况”，南京：开明书店1934年，第1139页。

〔2〕《新中国农学会第六届年会记》，《中央日报》1930年7月17日第3张第4版。但有记录显示1924年蔡无忌、刘厚、莫定森等人在巴叙阿伯发起，《新中国农学会将在京开第三次会议》，《中央日报》1928年7月27日第2张第2版。

〔3〕《新中国农学会概况》，《中华农学会通讯》第79、80期合刊，1947年11月，第21页。

〔4〕刘慎谔于1924年在朗西加入此会，担任植物病理组干事，并参加蚕学组活动。刘慎谔：《刘慎谔文集》，北京：科学出版社1985年，第1—2页。

〔5〕《京师警察厅抄报皮作琼等组织新中国农学会致内务部备案呈》，《中华民国史档案资料汇编》第3辑“文化”，南京：江苏古籍出版社1991年，第679页。

农业学术及改进中国农业”为宗旨；会务分为提倡农业教育、推广农事试验场、刊行农学杂志、编译农学丛书及审查农学名词，调查国内外农业教育、农事组织、农民生活状况及农业经济情形等，组织农业宣讲团，提倡农业合作社，设法普及农业银行及农业保险，答复国内各农业机关之咨询，设立邮传图书社等项。组织与人事：设立事务部与专门部，事务部设立总书记处、总会计处和总编辑处，总书记处总、副书记各一人，综理一切会务，总会计处总、副会计各一人，专理收支及购买书报等事，总编辑处总、副编辑各一人，负责征集专门部文稿及编辑出版工作；专门部设立农学组、农业化学组、农业工艺组、农业地质组、农业气象学组、农业工程及机械组、农业经济组、农业昆虫及寄生物组、蚕学组、畜产及兽医组、殖禽组、养蜂组、水产动物组、森林学组、园艺学组、应用植物组和植物病理组等17组，各组均设干事一人，负责介绍本组学术及审查本组一切文字。会员以旅法人士为中坚，但回迁国内后大为扩展，分为实行会员和名誉会员，蔡元培、李石曾、吴稚晖等均为名誉会员。是年其组织与人事架构为：总书记刘厚，副总书记莫定森，候补总书记蔡无忌；总会计张玺，副总会计汪呈因，候补总会计韩琦；总编辑张天翼，副总编辑林镕，候补总编辑盛成；国内全权代表皮作琼；垦殖委员会委员长韩琦，委员韩少奇、龚贤明；新农业实习学校筹备主任蔡无忌，筹备员黄人俊、冯子刚，事务员黄人俊。〔1〕

蔡无忌、谭熙鸿二人对于此会的创立发展至关重要，堪称灵魂人物。谭熙鸿虽然出生于平民家庭，但因缘际会加入同盟会，结

〔1〕《新中国农学会简章》,《中华民国史档案资料汇编》第3辑“文化”，第680—683页。

识孙中山、黄兴、蔡元培、李石曾等人，并一度处于蔡元培、李石曾之间的特殊位置。1912年，谭被公费派往欧美各国留学，后经李石曾引荐，辗转赴法国学农；"二次革命"后，与蔡元培、吴稚晖等人同船返回法国，先后入巴黎大学、都鲁士大学，专攻生物学和农业科学，于1919年获生物学硕士学位。旅法期间，谭熙鸿与蔡元培、张静江、李石曾、汪精卫、褚民谊等人建立良好私谊，而且对年纪尚小的蔡元培次子蔡无忌颇多照顾。〔1〕盖受谭氏平日之濡染，蔡无忌也选择农学为专攻，就读于法国国立格里农学院。1921年，谭熙鸿应时任北京大学校长的蔡元培聘请，出任北大教授；蔡无忌则入法国国立阿尔福兽医学校学习，并获兽医博士学位。到1924年左右，蔡无忌成为留法农学界的领袖人物。留法一系对农业学术团体的控制，主要通过两条路径，一是加入中华农学会等学术团体，并在法国建立留法通讯处，二是直接创立留法人士主导的新中国农学会，作为留法一系的大本营，欲以合并其他，执全国农学界之牛耳。

不独留法学人如此，留美学人亦复如此。1927年，东南大学、金陵大学农科教职员在宁创立中国农学社，会员构成以留美生为主体。〔2〕其宗旨为联络同志，研究农学，调查农产，指导农民，共谋中国农业之发展。社务包括：办理研究场所或模范农场、农村，发行农业刊物，办理农业调查，拟订农业计划，办理农业工程设计及其他农业技术事项，代购种子苗木，答复农业咨询。从

〔1〕谭伯鲁、谭幼竑：《一个老同盟会员走过的道路——回忆父亲谭熙鸿》，《文史资料选编》第28辑，北京：北京出版社1986年，第75—78页。

〔2〕刘运筹：《联合国内各农学会为一会之创议》，《国立中央大学农学院旬刊》第80期，1931年10月，第2页。

1929年始，编辑发行《农业周报》，至1931年4月共发行80期，其作者群也以留美生为主体，如杨开道、唐启宇等人。[1]这是留美生创立的首个全国性农学社团，尽管会员数量不多，但全为留美精英，其树立美国一派农学的学术旨趣显而易见，地位不容小觑。

相较之下，金陵大学自办的综合性农学社团成立时间较晚。1928年8月，章之汶创办金陵大学农林科农林研究会，宗旨为“改良农业，解决民生，增进人民幸福”。1930年，李醒愚长会时，将其更名为金陵大学农学院农林研究会，宗旨为：联络农林同志，研究探讨，以促进农林事业之改良与发展；备有志归农而缺乏农林学识与经验者的咨询和研究，辅导其成功，以增加生产。会员分为普通会员和永久会员，至1932年年底，入会者有普通会员3229人，永久会员63个（包括政府机关、公共团体、学校和个人），分布于全国23个省，及日本、法国、古巴、暹罗等国。[2]约同时，金陵大学农学院学生发起农林学会，以“砥砺学行，服务农民，及谋本院事业之发展”为宗旨。学会设执行委员7人，分任学术股、中英文秘书股、交际股、农村服务股、庶务股及会计股；设主席一职，由各委员轮流担任。1929年秋，开第一次执委会推定主席一人。次年9月6日，戴松恩任学术股，陈伟任农村服务股，仇元任中文秘书股，潘嘉玙任英文秘书股，俞斯健任会计股，牛春山任庶务股，顾贞祥任交际股兼任主席。[3]

农林学会与中国农学社不仅人事方面具有先后承继关系，而且发起旨趣一脉相承，即“要到田间去做农民的导师，实行解决

---

〔1〕《中国农学社章程》,《农业周报》“创刊号”，1929年10月。

〔2〕 李醒愚编:《农林新报三百期》，金陵大学农学院农林新报社印行，第11—16页。

〔3〕《农林学会本季工作报告》,《农林汇刊》第3号，1930年12月，第119页。

民生问题”，并将首要工作定为“借文字做宣传、研究和讨论学术的工具”，故编辑发行《农林汇刊》。[1]此刊由金陵大学农学院师生共同参与，委员会由委员长、委员组成，魏景超、张恺、黄培肇、杨蔚、张汝俭等人分任编辑、经理、会计和广告事宜。[2]此会与上会之区别主要体现在会员来源（或构成）的差异上，前者多注意吸收国内外机关团体和个人会员，更具开放性；后者因是学生自发组织的交流性团体，会员仅限于在读的农科生。

各地方农学会纷涌而起，呈一时之盛，原因约有其三：一是农业、农民和农村问题益形突出，各种团体组织各思其道，以求破解；二是各地学人建立在“爱乡”情愫及“以科学救乡”[3]观念上的集团意识增强，如安徽农学会会员尹良莹所言：本省籍农界同志，每因不能互相认识，致素无联络。而一省农业兴革，一人力量有限，使志于农者常陷于悲观。成立农学会，诸同志当可互通音讯，既探讨农业学理，互相辅助，又同负农业改进重任，于农业新建设大有裨益；[4]三是中华农学会地方会务渐趋凋零，给各地自立组织释放了空间，如杨铨曾申请在福建设立中华农学会分会而未果，闽省农林界人士转而自立门户。1929 年 8 月，林汶民、林礼铨和沈觐冕等人开始筹备福建农学会，并于次年 3 月 30 日宣布成立。[5]

1933 年，在全国一片“救济农村”声中，南北川籍学人重振

---

〔1〕 莫甘霖：《发刊词》，《农林汇刊》“创刊号”，1929 年 2 月，第 2 页。

〔2〕《农林汇刊委员会职员录》，《农林汇刊》第 2 号，1929 年 7 月，封页。

〔3〕 李寅恭：《弁言》，《安徽农学会报》“创刊号”，1931 年 8 月。

〔4〕《本会成立大会纪要》，《安徽农学会报》“创刊号”，1931 年 8 月，第 108—109 页。

〔5〕 忠恂：《福建农学会成立会的报告和演说辞》，《农话》第 2 卷第 9 期，1930 年 4 月，第 9—12 页。

蜀农学会，以联合同乡，推进学术研究，用以“报国报乡”。先是中央大学学生魏文元、管相桓、王开汉，金陵大学学生王至培、李世材等人复兴南京蜀农学会。5月5日，开成立大会，通过会章，规定以“敦笃友谊，砥砺学行，共期发展四川农业”为宗旨，[1]选举杨叔咸、李世材、王至培、王开汉、魏文元、管相桓、汪维瑛为新一届执行委员，确定初期的会务为调查社友、出版《蜀农会报》、开办农场等。[2]经过西进北上的组织扩展，杭州、南通、重庆及成都分会相继设立。[3]

受此影响，北京的川人组织再度被激活。是年9月26日，四川农学会遂易名为蜀农学会，重订章程，以“联络川籍学农人士，共谋本省农林业之革新，农村之改进”为宗旨，着眼于农业与农村问题。次年4月15日，在召开的春季大会上，刘运筹当选总干事，傅葆琛任副干事，陈文敬任总务主任干事，李正才、蒋永炳任干事；王谟任文书主任干事，王善佺任交际主任干事，周建侯任出版主任干事。[4]其关注点前后也有不小分别，周建侯自道，此前则“以科学方法致力于吾蜀农业之改良”，而后第一主张为“与当道协力谋新农村之建设”，第二标榜即“劝告知识分子之归农”，第三标榜即“农业学理的研究报告”。[5]致变要因除去时势转移外，与傅葆琛等“乡村建设”派主将的加盟不无关系。1936年，南北组织融合，北平蜀农学会改为北平分会。[6]

---

〔1〕《蜀农学会总会简章》,《蜀农学会会刊》“创刊号”，1934年9月，第234页。
〔2〕《会务报告》,《蜀农学会会刊》“创刊号”，1934年9月，第234页。
〔3〕 陈克新:《会务报告》,《蜀农》“创刊号”，1936年3月，第163—164页。
〔4〕《会务纪要》,《蜀农季刊》第2期，1934年10月，第132页。
〔5〕 周建侯:《告蜀农学会诸子》,《蜀农季刊》“创刊号”，1934年1月，第3—6页。
〔6〕《本会启事》,《蜀农季刊》第3期，1936年5月，封底。

约同时，安徽学人在宁发起本省农学团体。1930年3月，中央大学农学院安徽同学会改组为安徽农学会，推定尹良莹、何庆云、熊同和、韦启先、杨逸农为筹备委员。5月5日上午9时，成立大会在中央大学农学院大礼堂举行，来自中央大学、金陵大学农学院及京内外农业机关等处会员约数十人参加，通过会章，选举职员，李寅恭、谢家声、唐仰虞为评议员，李寅恭为评议部主席，尹良莹、何庆云、张家政、杨逸农、张锦云、杨任农、管琛、张继先、谢家声为干事部干事。此会提出从农业教育入手，振兴安徽农业，故《会章》规定，“本互助精神，集合同志以研究农业学理，发展安徽农学教育及振兴安徽农业”，确定四项会务：编辑方面，审定农学名词、译著农学丛书、刊行定期杂志；调查方面，调查安徽农业教育及农业状况，以研究促进而改良之；研究方面，创设农学研究室、农学图书馆；交际方面，联络省内外农业人才及各农业学术等机关。〔1〕

两湖农学界人士亦不落人后。1930年，袁家海、尹崇熙、陈熹、刘宝书、姚舜生等人，在长沙发起湖南农学会，倡导以“农村组织”为进路解决农村问题，致力于“研究农学，改善农村组织，增进农民智识，发展农民经济”，规划进行诸项事业：刊行杂志报告、调查农业及农民状况、研究农业重要问题、公开学术讲演、答复农事咨询、推广农业教育及农业新法、介绍农业技术人才等。〔2〕至1934年年初，武冈、桃源、衡山、邵阳、湘潭、衡阳、安化、沅

〔1〕《安徽农学会会章》，《安徽农学会报》“创刊号”，1931年8月，第111—112页。
〔2〕《湖南农学会会章》，《导农》第3期，1933年10月，第12—13页。

江等县相继成立分会，[1]会员达120余人。[2]

1931年，邵惕公、张信民、彭绍茂、高光道、宋绍郊、郑昌明等人在武昌发起湖北农学会，并发行《湖北农学会报》。[3]1933年8月，唐贻荪、闻惕生、张济民、李育民、吴涵等，在武昌发起中国农学社，公推张济民任事务员，处理日常社务，其余社员分别担任各项专门研究。[4]从学会名称及会章看，其意在建立全国性农学团体。《简章》规定，以“研究农学，发展农业”为宗旨，凡赞成本社宗旨者，皆可为社员。确定其会务为：调查农林经济、农林物产、农林事业及农村文化教育现状，采集农学书报、标本、化石、仪器、机械等，编译农学书籍，制造农业用品，发刊“农学通讯”及调查研究报告，设立农林图书博物馆，整理古代中国农学，研究近代各国农学。[5]1934年，中国农学社在报刊广为刊发征集社员启事，从中盖可窥其立社旨趣，谓：“征求对农学抱有热烈兴趣，坚毅志愿，而又富于科学精神，肯以农事为终身职业者为社员，互相勉励，共同努力；并往各地农村，做实际调查，以求农学与农业之发展。”[6]

同一时期，北方各省，如山西、绥远等地亦有农学会发起，还刊行《山西农学会刊》《寒圃》等杂志。[7]除中国人创办农学会外，外籍在华人士也成立类似社团。1933年，农业专家及旅华德籍工

---

〔1〕《本会会务》，《导农》第6、7期合刊，1934年2月，第21页。

〔2〕《湖南农学会启事二》，《导农》第6、7期合刊，1934年2月，封页一。

〔3〕《本会消息》，《湖北农学会报》“创刊号”，1933年3月，第11页。

〔4〕《中国农学社征求同志》，《益世报》1934年6月3日第3张第9版。

〔5〕《中国农学社简章》，《益世报》1934年6月3日第3张第9版。

〔6〕《中国农学社征求社员启事》，《科学时报》第1卷第2号，1934年11月1日。

〔7〕张巨伯：《民国二十三年研究部工作概述》，《浙江省昆虫局年刊》第4期，1935年，第310页。

程家魏悌斯[1]等数十人，在天津发起中国农业协会，以“采用晚近工业化农事科学方法，协助农民，增加国家经济为目的”，会员不限国籍。[2]3月3日，该会决定先以北宁铁路沿线属地为试验区，设置农业试验场，以试验所得指导附近农民，改良种植方法；以北平为中心区，第一次在附近50里半径内指导，俟有成效后，再推广50里，逐步发展，及于各县。[3]同时，日本人秋元真次郎在北京主导成立华北农学会。总体来看，北方团体从数量、会务的活跃程度以及成效等方面，都要逊色于南方。

除了综合性农学团体以外，还有数量众多、一定程度上超越党派政治与籍贯分野的各农学分支学会。以农艺化学、林学、农业经济学为例，1926年3月，国立北京农业大学农业化学系学生罗登义、侯先炯等人重新组织农艺化学会，旨在“研究农艺化学上之一切问题，并交换智识，联络感情，谋中国农业之改良”，发展会员50余人，成立研究股，分为讨论组（讨论农业上一切问题）、翻译组（介绍欧美最新化学学说）、共读组（分组阅读最有价值书籍）、合购组（合资购买最有价值书籍），[4]组织翻译《有机化学》一书。[5]同年6月，森林系学生章桂森、王贞纪、李荣培等30余人发起森林学会，以“研究林学，发展林业，联络感情，交换智识”为宗旨，会务分为学术研究、实地调查、学术讲演和发行刊物四项。[6]1929

---

〔1〕有译为“魏悌锡”，《中外专家组织中国农业协会》，《时事月报》第8卷4月号，1933年，第177页。

〔2〕《中国农业协会在津试验农垦机》，《中央日报》1933年5月16日第2张第2版。

〔3〕《中外专家组织中国农业协会》，《时事月报》第8卷4月号，1933年4月，第177页。

〔4〕《农大化学会之工作》，《世界日报》1926年10月21日第7版。

〔5〕《农艺化学会之进行》，《晨报》1926年10月21日第6版。

〔6〕《森林学会成立志盛》，《世界日报》1926年6月21日第7版；《晨报》1926年6月21日第6版，载《森林学会已成立》，报道成立时间为18日午后2时。

年4月，国立北平大学农学院李肃先发起农业经济学会，以“研究关于农业经济学之理论及其应用”为宗旨，确定开展学术研究、学术讲演、实地调查与发行刊物四项事业。[1] 1937年5月，唐启宇、汤惠荪、毛雝、黄通、董时进、徐仲迪、李适生、赵葆全、张心一、孙文郁、乔启明、万国鼎等人，在南京发起中国农业经济学社，旨在“研究农业经济之学理，探讨我国农村经济之现状，觅致改善之途径，厘定农业经济建设方案，俾供当局采纳”。[2] 此外，植棉、蚕业、稻作、农垦、园艺、植物病理、水利工程、作物改良、微生物、地政、土壤、畜牧等领域，都有专门学术团体出现，几乎囊括农学的各个分支学科。但须指出的是，地方类、学校类及专业性农学团体虽然数量众多，但旋起旋灭者为数不少，有的仅为“挂名”组织，并无实际会务。

二 难期归一：合组“中国农学会”的努力与难局

中华农学会、新中国农学会与中国农学社形成鼎立之势，但各自立会旨趣、事业分别并不大，会员亦互有交叉。实际上，后立的新中国农学会和中国农学社成员，多来自中华农学会。所以，当时的农学界呈现一种既“统”又“分”的诡异状态，即各派既互为联络，共存同一组织，又自我放大，各立系统。将以上三个学术社团统一为“中国农学会”的活动，首先由新中国农学会倡导发起，继由中华农学会响应推动。新中国农学会背后显然以中法系为台柱，暗含留法一系夺取全国农学界领导权的深意。1930年7

〔1〕《本会沿革》，《农业经济学会会刊》第1期，1929年，第4页。

〔2〕《中国农业经济学社定今日举行成立大会》，《中央日报》1937年5月2日第2张第3版。

月 15 日，蔡无忌、皮作琼、何尚平、常宗会、张农等人在新中国农学会第六届年会上，正式提出“倡全国农业学术团体之统一运动”案。[1]作为中华农学会与新中国农学会会员的刘运筹，是推进这一运动的中坚人物。刘运筹（1893—1960），四川巴县人，1920年毕业于国立北京农业专门学校，后赴英国爱丁堡大学及德国柏林大学研究部深造。在北农“东洋派”与“西洋派”竞争中，尚在求学的刘运筹与时任校长的留美派人物金邦正交恶，并险些被金“斥退”，导致金派留美教授离校，引起校中以沈宗瀚为代表的支持校长一派学生的恶感，因此很难进入英美阵营。[2]相反，具有国民党籍的刘运筹与法日一派过往颇密，在北农便与留日前辈许璇等人结缘。刘氏能够出任南京国民政府农矿部林政司司长，并长期在北京农业大学（或国立北平大学农学院）、国立中央大学农学院任教或长院，与留法一系的特殊渊源以及眷顾提挈不无关系。有此因缘，刘运筹竭力为法日一派取得农学界领导权而摇旗呐喊。

1931 年，刘运筹响应新中国农学会同人倡议，发表《联合国内各农学会为一会之创议》。其言：

> 现在国内的农学会，数目一定是很多的。据我所知，很有几个会是以省为单位，如湖南、四川、安徽、河南、湖北等省，俱有此类名目，但是划地自封，会务无从发达，有几个早无形解体。又有西南农垦协会者，为少数西南人士所创办，三年以前，在四川西部曾作扩大的宣传，然不久也就销声匿迹。总之，

〔1〕《新中国农学会第六届年会记（二）》，《中央日报》1930 年 7 月 18 日第 3 张第 4 版。
〔2〕沈宗瀚：《克难苦学记》，第 39—40 页。

> 这些会都是地方色彩太重，更说不上有历史。至于规模较大，历史较久，且综合全国而不偏重于地方主义的农学会，则有中华农学会、新中国农学会与中国农学社三个。[1]

他从组织宗旨、事业、研究分科与发行刊物等方面详细考察三学会之异同，以为“大同小异，没有多大的出入”，各行其是只能削弱各自力量。科学“无国界”，一个国度内的同性质的学术团体，不应有所界限，且“凡事合则易举，分则难成”，如果能“合并为一”，对于学术与事业的贡献“一定比现在各自分立的情态之下，容易达到发扬光大的境界”。首先，集中力量可以推进各会会章所列事业；其次，团结一致俾于合力解决农业问题，分化则陷入各自为战而俱不能战状态；再次，联合可以泯除派别界限，互相切磋。8月22日，刘运筹在新中国农学会第七届常年大会上倡议中华农学会、新中国农学会和中国农学社“合并为中国农学会”，另有“责成本会执行委员会切实联合全国各农学团体以谋吾国农业农学之改进及发展案”与之呼应。何尚平亦回应：“建设事业，经纬万端，各学术团体……更应通力合作，联络研究，以解决一切困难。缘是本会本届年会，有与其他学术团体合作之决议，尚平于此，自当追随诸同志之后，努力奉行，尤愿海内各学术团体，本此精神，一致主张，俾能早日实现，庶其殊途同归，学术救国之说为不虚也！”[2] 11月16日至18日，刘运筹以中央大学农学院

---

〔1〕 刘运筹：《联合国内各农学会为一会之创议》，《国立中央大学农学院旬刊》第80期，1931年10月，第2页。

〔2〕 何尚平：《对于本会第七届年会之感想》，《新农通讯》第2卷第6期，1931年9月，第1页；《本会第七届常年大会经过情形》，《新农通讯》第2卷第6期，1931年9月，第11、12页。

名义召集南京各农学团体，讨论各学会的合作问题。刘运筹、曾济宽代表中华农学会出席。[1]会议结束后，此案随即提上中华农学会议事日程。翌年1月23日，许璇、胡昌炽、钱天鹤、刘运筹、曾济宽和沈宗瀚等人召开执委会谈话会，专门商议“联合国内各农学会为一会案”。会议推举刘运筹为代表，先行与新中国农学会非正式接洽。[2]未几，刘运筹转任北平大学农学院院长，因院务缠身，接洽之事亦无实质进展。直至1933年7月，刘氏又旧事重提，在中华农学会第十六届年会上提议应“合并全国同性质之农业学术团体为一个组织”，即“中国农学会”。[3]11月，刘运筹在《中国建设》杂志阐释说，“合并”决不是某会吞并某会，而是一种精诚团结的表现。可将中华农学会的“华”字改为“国”字，新中国农学会的“新”字取消，中国农学社的“社”字改为“会”字，易名为“中国农学会”，而各会均无损失。他进而强调：“各农学会的中坚分子首该化除成见，促成农学会之统一，使其成为一个实力雄厚的学术团体，如有主张，即成功一种完美健全的国策，足供政府的采纳；如有论著，当可左右学术界之思想；对外在国际上也足以代表中华民国的农学团体。”[4]其实，各社团并非仅着眼于表面名称之争，而更关心合并所带来实际权势的转移问题。

刘运筹等人居间沟通，使中华农学会和新中国农学会之间在学会层面的互动渐有起色。中华农学会1934年8月5日发函邀请

---

〔1〕《事务所日记摘要》，《中华农学会报》1931年12月第94、95期合刊，第159页。

〔2〕《执行委员会谈话会记录》，《中华农学会报》1932年2月第96、97期合刊，第91页。

〔3〕《中华农学会第十六届年会记事录》，《中华农学会报》1933年9月第116期，第124页。

〔4〕刘运筹：《农业部农学会农学院与农村复兴》，《中国建设》第8卷第5期，1933年11月，第60页。

新中国农学会出席第十七届年会。[1]25日，新中国农学会派皮作琼出席。[2]会上，邹树文强调农学机关和团体，应力谋互相联络，以收分工合作之效。中央农业实验所所长陈公博附议，深望各农学团体能“联合一气，共同研究”。[3]这是中华农学会与新中国农学会首次正式的年会交流，并确立为定制，一直到1937年抗日战争全面爆发。互派代表参加年会，虽然标志两会的沟通与合作迈出重要一步，但多流于表面形式，组织整合并无突破性进展。此外，中国农学社对此始终没有正面回应。刘运筹规划设计的“中国农学会”蓝图，也只停留于口头书面，实际工作裹足不前。[4]解析内在要因，基于学术背景的派别分野，以及各自所属统系之扞格产生的利益格局应为症结所在。对此，刘运筹自然心领神会：

> 界限，我们露骨点说，也可说他是派别。不过说到派别，也许有很多人不承认有这回事？而且上面所举的三个学会里，也没有那一个标明他是某派人所组织，同时也不曾限制非某派人不能入会。不过，我们如果细细的考察，拿不矫饰的态度来批评，那无形中不免有显然的痕迹。中国以前的文人，门户之见，本来很深，入主出奴，聚讼靡已。虽说现在科学，自有他的真理，不曾有那种现象。但是科学无国界，已成了今日不刊之律，而我国学于某国的人，又何必专奉某国为圭臬，囿于成见，形成派别呢？况且，农业这个东西，他的关

---

〔1〕《事务所日记摘要》,《中华农学会报》1934年8月第126、127期合刊，第247页。

〔2〕《本会第十七届年会大事记》,《中华农学会报》1934年9月第128期，第200页。

〔3〕《中华农学会年会》,《新民报》1934年8月27日第6版。

〔4〕1937年7月，有人在中华农学会第二十届年会上提出“组织中华各农业学术团体联合会”案。《农学会年会昨晨开会》,《大光报》1937年7月9日第2张第6版。

> 联的方面太多，我们治农学的人，只在择取众长，补己之短，绝没有说把一国的农学，能整个儿地搬到中国来应用。这样看起来，派别只是减少了共同努力互相切磋的机会，阻止了学术的进步。我们又何贵乎要它存在？泯除派别的办法，最好是联合为一，取消界限。[1]

刘运筹道明农学界内部派系分野的本相，可谓一语中的，击中要害。受教育界法日留学生结盟的影响，一般而言中华农学会和新中国农学会合作与联合较易，但合并之事毕竟牵扯双方的利益分配，反而不易实现。[2]前者因成立较早，实际已取得农学界领导权，面对后者后来居上的勃勃雄心，显然心存芥蒂，但鉴于留法一系在政、学两界的影响力，不得不表明立场，明确态度。中华农学会倡导联合合并之举，难免有取悦他人，故作姿态之嫌。有人因此认为，教育界系派之分与教育学上的思想、见解、主义俱无关，而以中国从事教育者的地域、学校和领袖人物为派别。[3]或如斯言：“抑中国学界过去往往有门户之见，如留学国籍或出身校

---

〔1〕刘运筹：《联合国内各农学会为一会之创议》，《国立中央大学农学院旬刊》第80期，1931年10月，第3—4页。

〔2〕将思想还原为历史，随着近代中国集团力量的兴起，学人借助人际网络组结形成集团力量与学术权势，统领学界，渗透社会，影响政治，因渊源有别，各成系统，自然具有一定的排他性。中华农学会、中国农学社、新中国农学会分别为留日生、留美生以及留法生主导掌控，成为实现各自学术及社会理想的知识性工具。新中国农学会与“中法系”渊源甚深，国民党元老李石曾、吴稚晖、蔡元培等均是其名誉会员，李石曾力主留法农学家“执掌农业行政”，谭熙鸿为最佳人选，1932年经其运作实业部“因人设事”，增设“林垦署”，由谭熙鸿出任署长。因此，陈布雷将谭熙鸿归入“中法系”。《陈布雷回忆录》，台北：传记文学出版社1981年，第80页。

〔3〕《教育上的系派与学潮》，《天津益世报》1932年6月13日第1张第2版。

籍，有时竟成派别，横生轧轹。”[1]

新中国农学会的“新”字，颇耐人寻味，似有意要标新立异，以别于既往及其他。其立言对象与“新”之内涵，时人多有揣测。若自我立言，意味着指向往昔之“旧”；若相对立言，又意味着指向同期他人之“旧”。新中国农学会同人表述也有所不同。何尚平解释道：“社会上有少数人对于本会名称，颇多误解。实则新中国农学会之新字，应该连气读下去，不应于新字之下一顿。”[2]何氏表述为“新中国”的农学会之意涵，在南京国民政府治下应不成问题，但显然为后来的解读，未免失之牵强。皮作琼对此的阐发，盖最为接近其本意。他强调“新”的时空相对性，即新的意义“是暂时的，而非永久的；是比较的，而非绝对的”，亦即“今时此地”。由此可见，新中国农学会之“新”的内涵是变化演进的，且与中国具体实际相关联。

皮作琼认为，“新农”是同期的“农业建设”和“农业革命”等口号的“呼声”或是“和声”。但他认为这些做法不免有“畸轻畸重的地方”，而新中国农学会的“新农工作”，是“希望大家集中力量，向下面的两条道路冲锋前进”。第一，应加快马力改进农业的技术，实现“农业科学化”；第二，应使快刀斩乱麻的手段，解除农民的痛苦，“谋农村的安定”。并将这两条等量齐观，双管齐下，不分伯仲地同时均等发力。[3]新中国农学会“新”字当头，恐并不止于皮氏公然所言，盖背后潜藏隐晦之义，难以表诸公众。求新与图变是近代中国农学界的思想主潮，并非新中国农学会所

〔1〕《七科学团体联合年会闭幕》，《大公报》1936年8月21日第1张第2版。

〔2〕《本会第七届常年大会经过情形》，《新农通讯》第2卷第6期，1931年9月，第10页。

〔3〕皮作琼：《新农之路》，《新农通讯》第1卷第1期，1930年9月，第3—4页。

独有。另外，皮氏所解读的“新农之路”，其实与同期其他团体的主张并无大异。这显示时势驱动之下，各团体思想与活动表现出趋同的一面。这恰好说明，近代对于农业问题的认知已经颇为深化，由技术问题逐渐上升为涵盖技术、经济，甚至上层建筑系统的综合性社会问题，也正可印证此前刘运筹的三个学会“大同小异”的断言。“新”之内涵既不能区别时人，则标举“新”之大旗，反证其背后的系派纷争之实。质言之，其用意盖为婉转表达树立法国一系的独立诉求，以别于同一时空下的美、日两系，名为“标新”，实为“立异”，以争夺学术话语权。

有此因缘，合组统一的“中国农学会”的活动无疾而终，一定程度上削弱了整体力量。各地农学团体竞起，中国农学界呈现各派共存、齐头并进的态势，显示了民元以来农学界联合统一与分化多元相交融的复杂面相。学术团体各自放大，互为争胜，又牵扯政治派系纷争，单靠学界一己之力很难实现农学界的一统天下。

三　反求诸己：学术事业的新进展

此期，中华农学会注重自身建设，推进学术事业新发展。1931年5月10日，第二届执委会议决三件重要事项：一是募集奖学基金；二是设立年会论文委员会，推定唐启宇、彭家元、吴福桢、董时进、孙恩麐为委员，唐启宇为主席；三是发行农学丛书。[1]次年12月18日，新旧执委联席会议推定：会报编辑委员会委员胡昌炽、沈宗瀚，丛书编著委员会委员唐启宇、汤惠荪，图书管理委

---

〔1〕《二十年度第二届执行委员会会议录》，《中华农学会报》1931年5月第88期，第63—64页。

员会委员陈嵘、朱会芳，奖学基金委员会委员陈方济、朱凤美。[1]

1931 年，出席国民代表大会的庄景仲等人就会务发展基金联合向蒋介石呈请。[2] 国民政府口头允准拨付 50000 元补助金，但因财政困顿，财政部终未能兑现。[3] 依靠政府补助无望，只有反求诸己。适费耕雨、许璇相继逝去，为纪念二氏设立“费耕雨奖学基金”“许叔玑纪念基金”，接受社会募捐，以支撑征文活动照常开展。陈嵘指出：“本会近年所发展事业中最足为吾人所欣慰者，厥为奖金征文。”[4]

费耕雨（1897—1932），浙江海宁人，少喜理化新学，1912 年入读江苏省立第二农校，毕业留校任教，1919 年赴日留学，归国后任浙江省实业厅评议员、浙江昆虫局局长、浙江省政府农业生产讨论委员会委员等。[5] 费氏潜心向学，尤以昆虫学研究为志业，著有《治蝇要览》《稻虫考查录》等书，搜罗古今昆虫书籍建成“费耕雨文库”；在事业方面，重视农村教育及其设施，开创并主持浙江省的昆虫事业；作为中华农学会创始会员，威信亦高，王历农赞其“英才高迈，秉性不凡，童年便有大志”。他生前将其平生积蓄 4100 元悉数捐赠于会，充作奖学基金。[6] 中华农学会表彰其学术嘉行道：“君之为学，穷搜远讨，析及微芒，高蝉鸣螿，蛣蜣螳螂，物品之

---

〔1〕《本会纪事》，《中华农学会报》1932 年 12 月第 107 期，第 112 页。

〔2〕《二十年度第二届执行委员会会议录》，《中华农学会报》1931 年 5 月第 88 期，第 63 页。

〔3〕《二十年度第三四届执行委员会会议录》，《中华农学会报》1931 年 12 月第 94、95 期合刊，第 161 页。

〔4〕陈嵘：《中华农学会成立二十周年概况》，《中华农学会丛刊》第 155 期，1936 年 12 月，第 10 页。

〔5〕费穀和：《费耕雨先生年谱》，《中华农学会报》1933 年 12 月第 119 期，第 1—3 页。

〔6〕王历农：《费耕雨先生事略》，《中华农学会报》1933 年 12 月第 119 期，第 4—7 页。

属，悉登书仓。节衣缩食，毕世无一日之逸豫。而崇奖后进，临终慷慨以解囊。君始受书，乃在此堂，同人来集，共荐馨香。”[1] 12月18日，新旧执委联席会议拟定费氏奖学金用途及办法，规定此基金用于征集论文及印刷纪念刊，每年以利息之2/5存入基金；确定立碑、发行纪念专号、募集纪念捐、举行追悼会四种纪念形式；成立耕雨奖学基金保管委员会，由钱天鹤（主任）、沈宗瀚、梁希、朱凤美组成；成立耕雨奖学金委员会，由陈方济、朱凤美、邹树文、王舜成、吴福桢组成。[2] 翌年年底，“费耕雨先生纪念专号”刊出。

中华农学会发出“耕雨奖学基金募捐启”，[3] 全文如下：

> 敬启者，本会故会员费耕雨先生，于民国二十一年十月八日卒于硖石故里。遗命以生平所蓄四千一百元，悉数捐助本会，作为奖学基金之用。费会员研究昆虫学造诣极深，清门寒士，生平月薪所入，为数极微，仰事俯畜，萃于一身，节衣缩食，集此成数，诚非容易。为提倡学术起见，慷慨解囊，尤足以廉顽立懦。本会为学术团体，倘无以恢宏斯旨，恐难副此厚贶。愿仗各位同志之努力，凑足万金之巨款。诸同志崇奖学术决不后人，集腋成裘易于反掌，或捐鹤俸，或出余赀，则农学之进步，后生之提携，皆义粟仁浆之所沾被矣！是为启。
>
> 中华农学会奖学基金委员会启
>
> 1933年5月

〔1〕中华农学会：《祭费耕雨先生文》，《中华农学会报》1933年12月第119期，第12页。
〔2〕《本会纪事》，《中华农学会报》1932年12月第107期，第112页。
〔3〕《中华农学会报》1933年3月第110期，封页。

奖金征文主要是出于倡导并鼓励青年研究农学之意。4月23日，中华农学会第一届执委会议定征文办法，共七条，规定征文时间为每年1—8月等。[1] 奖学基金委员会在此基础上，制定《“费耕雨先生纪念奖金”征文办法》，共八条，暂定每年提取利息100元，征文一次，定额一名，颁发奖金100元，赠学会奖章一枚；征文题目由理事会就农林学范围轮流择定，交由奖金委员会办理；凡国内农学院、农林专科学校肄业学生及毕业后未满三年均可投稿；应征者就规定科目提交研究论文一篇，字数3000字以上，材料真确新颖，为自己研究心得；当选论文即在会报发表等。[2] 首次征文确定为1933年12月1日至1934年6月30日，题目范围为“植物病虫害学科”。[3] 这次征文结果并不佳，收到的六篇征文经评审均未合格，为鼓励研究起见，理事会决定浙江省立实验农业学校昆虫技师汪仲毅《中国昆虫学文献索引》、金陵大学农学院学生郑乃涛《鱼藤及其经济价值》入选，各奖50元与一枚奖章。[4] 1935年年底，第二次论文征集选题定为“植物病理学”与“作物育种学”，收到征文六篇，由沈宗瀚、朱凤美召集审查。[5] 1936年3月，第二次征文活动结果揭晓，植物病理征文不合格，“作物育种”部分择优录取二名，即中央农业实验所奚元龄《亚洲棉异品种间杂种势之研

---

〔1〕《本年第一届执委会议记录》，《中华农学会报》1933年5月第112期，第116页。

〔2〕《本会“费耕雨先生纪念奖金”征文办法》，《中华农学会报》1933年9月第116期，封页。

〔3〕《本会费耕雨先生纪念奖金民国二十二年份征文通告》，《中华农学会报》1933年9月第116期，封页。

〔4〕《本会一年间会务纪要》，《中华农学会报》1935年10月第140、141期合刊，第161页。

〔5〕《事务所日记摘要》，《中华农学会报》1936年2月第145期，第97页。

究》、张绍钫《胡麻之研究》，分别奖励 60 元、40 元及奖章一枚。[1]

许璇主持中华农学会近十年，于 1934 年 11 月 9 日在北平寓所溘然长逝。[2] 12 月 4 日，中华农学会理事会专门商讨纪念办法：决定召开追悼会；编辑纪念专刊；募集许叔玑先生纪念基金，作为奖学基金及图书馆建设费；推定周作民、陶昌善、黄艺锡、王舜成、葛敬恩、殷汝耕、陈觉生、叶道渊、邓植仪、彭家元、董时进、葛敬应、何玉书、吴庶晨、于矿、刘宝书、方希立、李承振、赵连芳、沈鹏飞、徐廷瑚、葛敬中、傅焕光、汪厥明、周桢、王金吾、吴恺、周建侯、孙信、吴耕民、王绍云、陈仪、陈石民、王聪之、周汝沆、李红、吴桓如、萧铮、戴任、孙从周、侯朝海、高维巍、郑辟疆、金邦正为纪念基金募集委员会委员，梁希为主任委员，以小组形式募捐，每人担任 1—2 组，每组 200 元。[3] 中华农学会向全国农林界发出募捐启事，原文如下：

> 敬启者，瑞安许叔玑先生学窖先河，士林硕望，精研农植，乐育菁莪，迭长北京农大、北平农院、浙江农院兼主本会，启迪殷勤，桃李遍于海内，掌蹠高远，声誉腾于域中。近年常往来南北，为兴农救国之图，今夏复殚心著述，陈足食裕民之策，卒因贤劳致违，调护以致捐馆旧都，曷胜轸悼。同人等或志契苔岑，推送襟抱，或躬受训诲，夙列门墙，念此硕儒，应为世范，惟恐后学莫睹先型，爰拟广征友好，募集巨资，藉充纪念奖学基金，及兴建纪念图书馆之用。伏念

[1]《本会纪事》，《中华农学会报》1936 年 5 月第 148 期，第 149 页。
[2]《农学专家许璇病故》，《申报》1934 年 11 月 13 日第 4 张第 13 版。
[3]《本会纪事》，《中华农学会报》1934 年 12 月第 131 期，第 92 页。

大君子宏奖学术，义薄云天，应怀赠纻之思，咸抱脱骖之感，定能慨为输募，蚤睹厥成，斯不廑同人铭感五中，抑亦追念贤哲之所宜尔者矣！[1]

1935年2月15日，中华农学会理事会议通过“基金保管委员会原则”，推定钱天鹤、沈宗瀚、吴觉农、周作民、邹树文、陈嵘、曾济宽担任基金保管委员会委员，钱天鹤任主任，曾济宽任副主任。[2]7月13日，钱天鹤、梁希、汤惠荪拟定基金保管委员会规则，共四条，分设中华农学会基金保管委员会、耕雨奖学基金保管委员会、叔玑纪念基金保管委员会三种。决定先行组织叔玑奖学金委员会，梁希、邹树文、陈嵘、沈宗瀚、汤惠荪任委员。[3]1935年9月7日，理事会议通过“许叔玑先生奖学金征文办法草案”规定：每年提取该项基金利息150元，征文一次，定额两名，各颁奖金100元、50元及奖章一枚；征文题目范围限于农林研究及调查；应征人员包括中学教员、大学助教、研究试验机关技士及技术助理、其他有相当资格人员。[4]至10月10日，募得基金8000余元。[5]

次年，征文活动正式开始。1月12日，中华农学会理事会决定许叔玑纪念奖金征文范围为“农业经济”，唐启宇、黄通、汤惠荪、乔启明、刘运筹、王益滔为审查委员。[6]12月，第一次征文结果

---

〔1〕《本会筹设许叔玑先生纪念图书馆 奖学金等募捐启》,《中华农学会报》1934年12月第131期，封页。

〔2〕《本会纪事》,《中华农学会报》1935年2月第133期，第152—153页。

〔3〕《本会基金保管委员会规则》,《中华农学会报》1935年10月第140、141期合刊，第167—168页。

〔4〕《本会纪事》,《中华农学会报》1935年12月第142、143期合刊，第220—221页。

〔5〕《事务所日记摘要》,《中华农学会报》1935年12月第142、143期合刊，第219页。

〔6〕《本会纪事》,《中华农学会报》1936年4月第146、147期合刊，第206页。

揭晓，第一名蒋杰《京郊农村社会调查》，第二名空缺。[1] 1937年2月7日，理事会议决定本年度征文范围为“中国粮食问题”，审查委员为胡昌炽、朱凤美、蔡邦华、邹树文、吴福桢。[2]同时，为纪念已故会员黄聘珍，设立聘珍奖学基金，由陈嵘（主任）、邹树文、曾济宽、吴觉农组成基金保管委员会，曾济宽、刘宝书、雷男组成奖学金委员会。1936年年底，该项基金募得500余元。[3]

“农学丛书”之编撰发行。1931年5月10日，中华农学会执委会决定启动这项活动，相关事宜由各执委分头实施。翌年8月30日，通过“农学丛书简章”。[4]同年底，先行确定编著21种书目，其他亦在征求中。[5] 1932年1月23日，决定组织丛书出版委员会，由曾济宽主持。[6] 1933年丛书编著委员会正式组成，唐启宇、汤惠荪、黄通、雷男、陈方济、邹锺琳、吴福桢、蔡邦华、唐志才、沈宗瀚、顾复、陈植、胡昌炽、刘运筹、陈嵘、张福延、曾济宽、梁希、童玉民任委员。[7] 1933年1—2月，唐启宇《农业经济学》、陈嵘《造林学概要》入选。[8] 3月23日，农学丛书定由商务印书馆出版发行，唐启宇、汤惠荪为丛书委员会正、副委员

---

〔1〕《本会许叔玑先生纪念奖学金第一次征文揭晓》，《中华农学会报》1937年3月第158期，封页。

〔2〕《本会纪事》，《中华农学会报》1937年4月第159期，第242页。

〔3〕《迁京七年间重要常务及其设施》，《中华农学会报》1936年12月第155期，第14、19页。

〔4〕《二十年度第三四届执行委员会议录》，《中华农学会报》1931年12月第94、95期合刊，第163页；《第一二届执行委员会议纪录》，《中华农学会报》1932年8月第103期，第122页。

〔5〕《本会迁京两年来会务纪要》，《中华农学会报》1932年7月第101、102期合刊，第11—12页。

〔6〕《执行委员会谈话会记录》，《中华农学会报》1932年2月第96、97期合刊，第91页。

〔7〕《迁京七年间重要常务及其设施》，《中华农学会报》1936年12月第155期，第14页。

〔8〕《事务所日记摘要》，《中华农学会报》1933年3月第110期，第151页。

长。[1] 4 月，唐志才《高等农作物学》在无锡付印。[2] 9 月，陈嵘之《造林学各论》正式出版。[3] 入选四种丛书，均呈内政部审查。[4] 1934 年 4 月 17 日，陈植《造园学概论》、李积新《垦殖学》交由商务印书馆出版。[5] 10 月 17 日，许璇《粮食问题》入选，由商务印书馆印行。[6] 1936 年 2 月 4 日，邹锺琳《普通昆虫学》入选。[7] 至此，发行或在印丛书有八种。农学丛书印行以来，行销良好，1933 年 2 月至 1936 年 6 月，累计售出 3147 册，价值 4535.5 元。此外，会中还代会员寄售著作，此期共售书 2212 册，价值 2101.895 元。[8] 农学丛书编辑出版情况如下：

表 4-1　中华农学会农学丛书一览表（1933—1936 年）[9]

分　类	书　名	著　者	出版社及版次	备　考
农业经济类	农业经济学	唐启宇	南京中华农学会，1926 年初版，1933 年再版	已出版
	农业经营学	汤惠荪		编辑中
	农业经济学	黄通		编辑中
	农业合作论	童玉民		同上
	土地问题	曾济宽		同上
	内地殖民论	雷男		同上
	农村社会学	童玉民		同上

〔1〕《事务所日记摘要》,《中华农学会报》1933 年 4 月第 111 期，第 83—84 页。
〔2〕《事务所日记摘要》,《中华农学会报》1933 年 5 月第 112 期，第 114 页。
〔3〕《事务所日记摘要》,《中华农学会报》1933 年 10 月第 117 期，第 116 页。
〔4〕《本会一年间会务纪要》,《中华农学会报》1934 年 9 月第 128 期，第 209 页。
〔5〕《事务所日记摘要》,《中华农学会报》1934 年 4 月第 123 期，第 87 页。
〔6〕《事务所日记摘要》,《中华农学会报》1934 年 11 月第 129、130 期合刊，第 279 页。
〔7〕《事务所日记摘要》,《中华农学会报》1936 年 5 月第 148 期，第 144 页。
〔8〕《本会一年间会务纪要》,《中华农学会报》1936 年 10 月第 153 期，第 163 页。
〔9〕《中华农学会成立二十周年概况》,《中华农学会报》1936 年 12 月第 155 期，第 9 页。

续表

分　类	书　名	著　者	出版社及版次	备　考
农业经济类	粮食问题	许璇	上海商务印书馆，1935年初版，1938年3版	已出版
	垦殖学	李积新	上海商务印书馆，1935年初版	已出版
农艺化学类	土壤学	陈方济		编辑中
	肥料学	陈方济		同上
农业生物类	普通昆虫学	邹锺琳	已付印，中华书局发行	审定中
	经济昆虫学	吴福桢		编辑中
	昆虫学	蔡邦华		同上
	植物病理学	朱凤美		同上
作物园艺类	高等农作物学	唐志才		已绝版
	造园学概论	陈植	上海商务印书馆，1935年版	已出版
	作物育种学	沈宗瀚		编辑中
	果树园艺学	胡昌炽		同上
	果树学泛论	胡昌炽		同上
畜牧兽医类	家畜饲养学	刘运筹		编辑中
森林类	造林学概要	陈嵘	南京中华农学会，1933年版	已出版
	造林学各论	陈嵘	南京中华农学会，1933年初版	已出版
	森林利用学	梁希		编辑中
	森林计算学	张福延	南京中华农学会，约1937年版	同上
	中国树木分类学	陈嵘		审定中
	森林经理学	曾济宽		编辑中
	林学大意	曾济宽 张福延		同上
	林业经济学	曾济宽		同上
	林业政策	曾济宽		同上

中华农学会借鉴日本农学会经验，重视年会论文发表，专门成立论文委员会负责征集事宜，并在年会时设立论文股，专司其事。会员个体亦图奋起，提交论文多为积年研究心得，水准亦有提升。1933—1936年，年会论文逐年递增，1933年6篇，1934年32篇，1935年66篇，1936年106篇，1937年因时局缘由骤降至18篇。单论数量，年会论文已取得长足进展；从质量论，专门研究渐增，泛泛而论渐减。1933年7月，苏州第十六届年会共提交六篇论文，分别为彭家元《广东土壤肥沃度指数》；杨邦杰、桂应祥《家蚕之品种、性、体量与成熟速度之关系》；王善佺《棉作试验新法之商榷》；童玉民《农业仓库之经营与推行》；廖崇真《广东蚕丝业复兴之途》；杜时化《从农业生产研究到利用稻草造纸工业》。[1] 1934年8月，南京第十七届年会，提交论文跃升至32篇，土壤肥料4篇，作物及育种10篇，园艺及植物5篇，森林6篇，昆虫3篇，蚕桑、水产、茶业、农政各一篇。[2] 1935年7月，杭州第十八届年会，提交论文比上年增加一倍，研究领域遍及农、林、牧、副、渔、蚕桑等部门。[3] 1936年8月，镇江第十九届年会，提交论文高达106篇，农业经济20篇，森林14篇，作物及育种20篇，园艺7篇，特用作物5篇，农艺化学18篇，蚕桑13篇，畜牧兽医1篇，昆虫与植病8篇。[4]

图书事业亦得长足发展。1932年，中华农学会执委会决定增设图书管理委员会，朱会芳、张福延、陈嵘任委员。次年1月1日，

---

〔1〕《中华农学会第十六届年会记事录》，《中华农学会报》1933年9月第116期，第124页。

〔2〕《本会第十七届年会大事记》，《中华农学会报》1934年9月第128期，第202—204页。

〔3〕《第十八届年会纪要》，《中华农学会报》1935年8月第139期，第66—69页。

〔4〕《本会第十九届年会大事记》，《中华农学会报》1936年10月第153期，第146—150页。

该委员会正式成立，朱会芳管理西文图书，张福延管理日文图书，陈嵘管理中文图书并兼总务。其首要工作即检查旧存书刊，将其登记造册，按部类制成目录，以便检索取阅。[1]经此努力，图书之种类和数量均有增长，其大体情况如下所列：

表 4-2　中华农学会图书统计表（至 1936 年年底）[2]

种类＼文种	中　文	日　文	英　文	德　文	俄　文	合　计
书　籍	350 册	170 册	60 册	—	2 册	582 册
杂　志	120 种 约 3700 册	25 种 约 780 册	15 种 约 1200 册	2 种 300 册	3 种 5 册	165 种 约 5985 册
报　告	55 种 约 820 册	10 种 约 120 册	8 种 约 800 册	—	—	73 种 约 1740 册
丛　刊	25 种 约 480 册	5 种 约 100 册	7 种 约 1000 册	—	—	37 种 约 1580 册

表 4-3　中华农学会标本仪器一览

谷类标本	森林种子标本	昆虫标本	肥料标本	油类标本	化学仪器
93 种	62 种	5 盒	17 种	17 种	8 箱

与此同时，中华农学会组织及规模亦有发展变化。1933 年 7 月 16 日，中华农学会执委会决定将“执行委员会”改为“理事会”，人数照旧，原正、副委员长改称正、副理事长。[3]组织规模进一步

〔1〕《本会图书委员会第一次报告》，《中华农学会报》1933 年 7 月第 114 期，第 229 页。

〔2〕陈嵘：《中华农学会成立二十周年概况》，《中华农学会丛刊》第 155 期，1936 年 12 月，第 19 页。

〔3〕《本会纪事》，《中华农学会报》1933 年 8 月第 115 期，第 124 页。

扩大，1937年年初机关会员147处，永久会员182人，普通会员2598人，[1]还有日本、广州、重庆等地设分会，国内苏、浙、皖、赣、湘、鄂、川、桂、陕、晋、汴、鲁等省设地方干事，国外美、英、德、丹麦等国亦设地方干事。[2]国内重要农业行政和研究机关加入为会员，诸如经济委员会农业处、中央棉产改进所、浙江省蚕丝统制委员会以及浙江省土壤研究所等，为事业的发展提供了必要的经济和政治保障，推进了与政府的联络与合作。

第三节　目光向外：与其他社团联合举事的活动

中华农学会重视并加强与国内外学术团体的联系与合作。一方面与国内各社团建立联系，合作开展活动，共同推进事业进展；另一方面增强与国际农学界交流与合作，改变专重日本的倾向，加强与欧美国家农学界往来。

一　走向边疆：参与东北、西北开发

中华农学会重视边地开发，此前多从解决食粮问题立论，此期则着眼于农村经济之改善。1925年8月召开的上海年会和干事会，通过东北、西北移民屯垦，筹办垦殖大学案。[3]虞振镛强调移

---

〔1〕亦有统计显示：至1936年10月30日，会员总数2911人，其中名誉会员3人，赞助会员9人，永久会员179人，普通会员2573人，机关会员147处。陈嵘：《中华农学会成立二十周年概况》，《中华农学会丛刊》第155期，1936年12月，第1页。

〔2〕《本会1937年第一届理事会议报告》（2月7日），藏于中国第二历史档案馆，档案号：75-13（1937）。

〔3〕《中华农学会开会第一日》，《申报》1925年8月9日第3张第9版；《中华农学会之干事会议》，《时事新报》1925年8月11日第4张第2版。

民垦殖之重要，主张将内地人口迁至西北，以发展农业；邓孝可提议，“欲解决国民生计问题，非先解决西北问题不可，本会须着手调查，指示方针，以期开发西北”。[1]随着外敌入侵，国内民族主义情绪高涨，朝野几乎一致主张开发东北与西北边地，以拓展生存空间，解决民生之困。

中国东北为远东要冲，物产丰盈，地缘政治特殊，历来为帝国主义争夺之对象。1920年代中后期，列强在尚待开发的“北满”明争暗斗，展开投资竞争。1929年7月“中东路事件”爆发，舆论有称东北已成“东方之巴尔干”，第二次世界大战“将因满洲问题而爆发”。[2]东北文化界之东北学社、东北文化社、东北新建设社、海事编译局等团体，纷纷呼吁以国家力量开发和建设东北。[3]国民党江苏省党部呈请中央党部，提倡东北旅行，并饬铁道、交通和教育三部，拟具东北参观旅行免费办法。[4]

中华农学会对东北之关注态度亦然。一是，《会报》刊载东北农业调查稿件。如1927年第55、57期刊出东省铁路经济调查局《上年北满农业状况》《东三省之麻业调查》《东三省荒地调查》；1929年刊发钱稼孙《关外农业之概况》调查报告，概述奉天、吉林、黑龙江、内蒙古东部土性、气候、作物收量及种类、农具、栽培法等。[5]黄枯桐翻译南满铁道株式会社农务课长板内壬五郎《满蒙农业大观》，唤起国人从政治、经济两方面关注东北，并疾呼“当努力开

[1]《农学会设京事务所》,《天津益世报》1926年12月21日第1张第4版。
[2]《日俄拓殖杂讯》,《东北新建设杂志》1929年第12期，第7页。
[3]《沈阳与新陪都之意义》，张其昀编:《人地学论丛》第1集，南京：钟山书局1932年，第220页。
[4]《苏省党部请提倡东北旅行》,《申报》1930年2月10日第3张第9版。
[5]《中华农学会报》1929年4月第67期，第5页。

发我们的满蒙宝库，毋令外人任意侵蚀，致这个宝库形同瓯脱”。[1]二是，加入东北农业调查行列。1929年6月12日，东北新建设社函请中华农学会加入东北实业考察团。[2]8月，贾成章加入考察，历时三周，遍历“北满”、中东、“南满”、吉长、吉敦、四洮等铁路沿线地区，以及松花江、牡丹江流域，撰成《北满农林状况视察谈》《东北农林业之调查》，内容包括公主岭南满农事试验场，吉敦路及沿线森林与木材经济，吉长、吉敦路运输材种及运费，吉林、黑龙江农林业之改进，吉林木税局，东省路局地亩处组织，哈尔滨胶合木工厂等的情况。[3]杨开道《垦区组织工作》，刊发于东北新建设社编辑《东北新建设》月刊1929年第7期。

1930年春，中华农学会日本分会提请设立东北讨论会并在东北举行年会，由于时局骤变而未果。[4]翌年，垦务、东北问题与西北问题成为第十四届年会讨论的焦点。8月19日，许璇向媒体记者表示，此次年会最为关注水灾救济和垦务问题。他说：“垦务问题，亦极重要，未便草草决议……且垦务与救灾，极有关系，若东北及西北垦务，早于十年前充分实行，则此次东南水灾，以东北及西北之余粮，救济灾民，当无不足，故发展垦务，亦为预防将来灾害之法。”会上，与会会员围绕“今后垦务应如何办理能提高效率减少流弊”议题展开讨论；学术讲演亦有涉及此题者，如刘和“东北农垦实施计划”、郭葆琳“西北河套之垦

---

〔1〕黄枯桐：《满蒙农业大观·附志》，《中华农学会报》1929年10月第70期，第83页。

〔2〕《事务所日记摘要》，《中华农学会报》1929年8月第69期，第131页。

〔3〕《东北新建设杂志》1929年第12期；《中华农学会报》1930年5月第75、76期合刊。

〔4〕《十八年度第三届执行委员会议决案》，《中华农学会报》1930年3月第74期，第85页；《本会一年间概况》，《中华农学会报》1930年8月第78、79期合刊，第140页。

务与民生”。此外，郭葆琳提交“组织垦务调查团”议案，议决通过，推刘和、郭葆琳和崔廷瓒详拟计划，交执委会办理。[1]

1932年，许璇发表《东北问题与中国农业前途》一文，详论东三省对中国农产品输出、农业生产、农村人口调节以及整个农业经济之影响。东北之经济战略地位，在于“东三省原为天然的农业地方，善开发之，当成为世界的谷仓，日人数十年来，觊觎东三省，必欲得之而后快者，其目的固在领土之扩张，而欲藉此获得丰富之原料与食料，亦为其主因之一。日人既占领东三省，将来必予农业生产上力求增加，因之我国内部农产物之输出，将不胜其竞争，而日以减退。我国之主要农产物，在世界市场受日本农产物之压迫，因之输出大减者，中外贸易史上已证明之”。东北沦陷之经济后果：不仅使该地农产物直接被日侵夺，也对中国整个农产物输出造成恶劣影响。就农业论，东三省农业生产之前途“实无涯涘”，并足以影响中国内部各省农业之比例，以致改写中国农业经济格局。因为，中国内部农业生产的增减，“亦将视东三省之存亡为转移”，在伪满农业与中国农业已成“对峙之形”情况下，19世纪中叶后“欧洲农业恐慌之事实，势必发生于中国”。中国之现实情况：人口逐年增加，未开垦土地开发“不能随而俱进”，佃农问题日重，已成中国农业发展之阻障，而振兴农业之途则要设法拓殖，如其言：“小农之无土地者，争相承佃，惟恐后人，遂酿成佃农充斥，耕地分割之现象，而其结果，足为农业进步之一大障碍。欲矫正此弊，以期改进农业，加增农产，非使农民扩充耕

〔1〕《第十四届年会记事录》，《中华农学会报》1931年12月第94、95期合刊，第151—154页。

地面积不可。顾欲达此目的，又非大兴开垦事业不可。”〔1〕

九一八事变爆发后，中华农学会等团体的东北考察与拓殖之路被阻断。时人遂将目光转向西北，大唱“到西北去”。1931 年，天津《益世报》相继发表《开发西北之重要》《西北建设之途径》两篇社论。〔2〕西北屯垦团应时成立，订定办法。〔3〕受东北沦陷刺激，朝野骤然兴起一股开发西北之风。如言：

> 由于东北之沦亡，益足以证明我国边疆问题之严重。东北在日人肘腋之下，今已俨然树立傀儡式之政权。在失地尚未收复之前，吾人虽欲研究，亦不可复得。抑且热河方面，今已警报频传，危机四伏，阴象环生，是则谁又敢断言明年此际西北边疆不至爆发与去年九一八同样之惨变。惩过去之失，为亡羊补牢之计，吾人今又敢呼吁国人急起研究西北，更进而亟谋开发西北。〔4〕

1931 年 9 月，褚民谊等组团赴西北考察，带动研究西北团体兴起。〔5〕汪扬、高君实、吕信博在上海发起中国殖边社，马相伯、叶楚伧、胡朴安、聂云台、翁文灏等社会名流赞助。〔6〕次年 6 月 5 日，开发西北协会在南京成立。〔7〕7 月 24 日，胡庶华、查良钊、

〔1〕《中华农学会报》1932 年 7 月第 101、102 期合刊，第 16—25 页。
〔2〕《天津益世报》1931 年 5 月 20 日、1931 年 7 月 2 日第 1 张第 2 版。
〔3〕《到西北去》，《民国日报》1931 年 7 月 24 日第 3 张第 3 版。
〔4〕《研究西北开发西北》，《申报》1932 年 7 月 22 日 第 1 张第 3 版。
〔5〕《褚民谊报告西北考察经过（续）》，《申报》1931 年 9 月 10 日第 3 张第 11 版。
〔6〕《高君实等发起中国殖边社》，《申报》1931 年 9 月 28 日第 3 张第 11 版。
〔7〕1936 年 8 月西安第三届年会，改名为“西北建设协会”，抗战爆发迁渝办公，刊行《开发西北》月刊。

殷铸夫、潘公展、郭维屏、潘仰尧、黄警顽、蒋颖初、严子端等人发起西北问题研究会，旨在唤醒国人视听，从事实地调查，注意科学研究，集中海内人才，促进西北开发。〔1〕以上民间团体的勃兴推动了国民政府的行为，9月20日，内政部、财政部、实业部、教育部联席会议通过河套、宁夏垦殖调查团组织章程。所以，有评论说：“开发西北四字，在近数月中，声浪甚高，各团体组织调查团，参加者甚踊跃，政府亦极注意于此。”〔2〕

1932年6月20日，中华农学会在举国开发西北声中加入上海工商界发起的陕西实业考察团，推举曾济宽作为代表前往，〔3〕曾氏因事未能成行。〔4〕作为机关会员的中央大学农学院、北平大学农学院、金陵大学农学院、南通农学院均参与考察。〔5〕金陵大学农学院蒋德骐、吴华宝撰成《陕西农业调查报告》，并在中华农学会第

〔1〕《西北问题研究会筹备讯》，《申报》1932年7月19日第3张第10版；《西北问题研究会开会》，《申报》1932年7月28日第4张第14版。

〔2〕浩然：《开发西北》，《新闻报》1932年9月21日第1张第4版。

〔3〕《执行委员谈话会纪录》，《中华农学会报》1932年7月第101、102期合刊，第161页。

〔4〕《本会一年间概况》，《中华农学会报》1932年10月第105、106期合刊，第184页。

〔5〕顾执中作为随团记者所记成员名单，先后版本差异颇大。其一，《西行记》记载，学术团体代表有曾济宽（中华农学会）、周仁（中国科学社）、朱其清（中国工程学会）、黄伯达（中华矿学社）、胡庶华（中国矿冶工程学会）、沈逸千（中华工业联合会），《申报》1932年8月18日第3张第11版；其二，为事后追忆文本《采访偶忆——参加陕西考察团》载：1932年夏，陇海铁路局局长钱宗泽发起对陕西全省的考察，希望国人注意西北富饶地区，使陇海线向西延长，经陕入甘。考察团成员来自上海银行业公会、日报公会、汉口银行业公会、苏浙皖内地面粉厂公会、南通大生纱厂、中央大学农学院、燕京大学皮革学系、北京大学地质学系、浙江大学工学院、金陵大学农学院、暨南大学教育学院、北平大学工学院农学院、清华大学经济系、南通农学院、焦作工学院、交通大学、北平铁道管理学院、中国科学院、中国工程学会、中华矿学会、中国工业联合会、开发西北协会、西北问题研究会、天津大公报社、南京中央日报社、郑州日报社，铁道部、实业部、交通部、陕西省建设厅等，人数五六十人。顾执中编：《报人生涯：一个新闻工作者的自述》，南京：江苏古籍出版社1991年，第404页。

十五届年会交流。[1] 1933 年 3 月，教育部训令中华农学会会同新中国农学会，选派代表考察宁夏、河套地区，借此整合各团体以促成联合行事。在教育部推动下，开发西北协会邀请中华农学会、新中国农学会以及中国水利工程协会，共商考察西北代表事宜。[2] 4 月 23 日，中华农学会执委会决定选派雷男随团前往考察，并正式加入为赞助会员。[3] 9 月 18 日，教育部指令雷男征集西北资料。[4] 是年，雷男等首途前往实地考察。[5]翌年 2 月，雷氏归来报告考察经过后再赴西北，介绍西北农学界任承宪、杨守绅等 5 人加入中华农学会。[6]

中华农学会还积极参与开发西北协会其他活动。1933 年 7 月，派员出席此会在南京举行的首届年会。[7] 1934 年，其第二届年会地点原定绥远，后因交通阻隔，改为察哈尔省会张垣。[8] 8 月 4 日，此次年会在察省府东礼堂举行，各界 300 余人与会。[9] 张福延、唐启宇、王益滔、周桢、蔡邦华、夏树人、朱凤美、任承统代表中华农学会参会。[10] 唐启宇当选为候补理事。[11] 他们提出一

---

〔1〕《第十五届年会记事录》，《中华农学会报》1932 年 10 月第 105、106 期合刊，第 181 页。

〔2〕《事务所日记摘要》，《中华农学会报》1933 年 4 月第 111 期，第 83 页。

〔3〕《本年第一届执委会议记录》，《中华农学会报》1933 年 5 月第 112 期，第 115—116 页。

〔4〕《事务所日记摘要》，《中华农学会报》1933 年 10 月第 117 期，第 116 页。

〔5〕《本会一年间会务纪要》，《中华农学会报》1934 年 9 月第 128 期，第 213 页。

〔6〕《事务所日记摘要》，《中华农学会报》1935 年 2 月第 133 期，第 150 页；《中华农学会报》1935 年 6 月第 137 期，第 119 页。

〔7〕《事务所日记摘要》，《中华农学会报》1933 年 8 月第 115 期，第 123 页；《开发西北协会年会》，《申报》1933 年 7 月 4 日第 3 张第 11 版。

〔8〕《开发西北协会会员今日在平会齐》，《申报》1934 年 7 月 29 日第 2 张第 7 版。

〔9〕《开发西北协会第二届年会开幕》，《申报》1934 年 8 月 5 日第 2 张第 8 版。

〔10〕《年会出席会员姓名录》，《开发西北》第 2 卷第 3 期，1934 年 9 月，第 111 页。

〔11〕《开发西北协会闭幕》，《申报》1934 年 8 月 6 日第 2 张第 7 版。

系列建议及议案：请本会各种专家，组织义务巡回指导团案；请西北各省府，从速选定一处或数处，建设模范村及模范县，以为全省之楷模案；请西北各省府筹设垦殖实验区，从事畜牧、农垦、森林、水利、园艺、病虫、工艺、农具、工具及各种合作社等专门问题之研究改良案；请中央从速派员拨款，在绥远筹办血清制造所，以防兽疫案；建议平绥路，在旗下营车站之东北，沿黑河上游，筹设保安林，以图根本防治水灾之冲刷路轨，而兼收枕木之就近供给案；建议绥省府，从速在灰腾梁筹办模范畜牧场案；改良西北畜牧事业案等。〔1〕此外，赵连芳借赴陕规划全国经济委员会畜牧改良厂之机与会。〔2〕

中华农学会将改进和开发西北农业作为一项重要事业。李寅恭认为，“东北从今纠纷不已，尚余西北一片干净土”，而其林牧之利不可限量，“欲启发天然富藏，非下研究功夫绝不足以致用”。〔3〕此前，会员对于西北农垦工作已有提示，如绥远萨县新农试验场主任任承统发表《西北农垦工作之一——压青》，介绍西北气候、水文等自然条件，认为此地农垦的特殊工作：一为“开种地力未用之荒地”；二为休闲制，即每种一二年后，将该地停种一年以资修养。压青是实施这两种工作之途径，即当伏暑青草昌茂之际，用犁耕地，将青草翻入土中，而以底土压于青草之上。〔4〕此文对于压青目的、季节、选地及实施等环节，详细阐释，颇为实用。1934年8月，中华农学会第十七届年会重点围绕“改进西北农业

〔1〕《开发西北协会第二届年会报告》，《开发西北》第2卷第3期，1934年9月，第51—52、55页。

〔2〕《全国经委会救济西北农村》，《中央日报》1934年7月18日第1张第3版。

〔3〕李寅恭：《对于西北发展林牧之拟议》，《中华农学会报》1933年8月第115期，第6页。

〔4〕《中华农学会报》1932年8月第103期，第4—10页。

之意见”进行讨论。[1]会员观点见仁见智，李寅恭主张西北应以林牧同时并举，“牧不害林”，“林牧互益”，如此西北民众衣食住行“将恃林牧乃可解决”。[2]邓植仪提议采用“最经济合理之原则，而计划整个发展农业之方案，分步推进”西北农业发展，具体办法：设立西北农业研究总机关；举行气候观测及土壤调查，研究气候与土性关系以定其利用；决定西北将来应发展之农业生产；整理交通以辅助当地可发展农地；整理水利以适应当地农业、土壤情形之需要；改善农民经济；筹备由发展农业而发生之工业。[3]

开发西北声浪虽高，落实却困难重重。究其原因，各方利益错综冲突，难以调和，掣肘了实际工作开展。如言：“数十年来，办开垦事业者多矣，而不致失败者甚少。考其原因，皆由人地生疏，情形既多隔阂，而当地人士，则视开垦者为一种外来之侵略，积憾愈深，窒碍愈甚，安得不失败？私人举办，尚有此种困难，官办则愈见隔阂。”[4]由此可见此项事业受阻背后之主因，中华农学会作为民间学术团体自难发挥实效。

二　相与论学：沟通国内学术团体

中华农学会积极联络国内其他学术团体，以增进交流，相互切磋，共同传播农业知识，推进农业科学研究以及农业农村问题之解决。

1935年，南京各学术团体筹组中国学术团体联合会，中华农

〔1〕《本会第十七届年会大事记》，《中华农学会报》1934年9月第128期，第205页。
〔2〕李寅恭：《对于西北发展林牧之拟议》，《中华农学会报》1933年8月第115期，第2页。
〔3〕邓植仪：《发展我国西北农业之管见》，《中华农学会报》1935年8月第139期，第2—3页。
〔4〕浩然：《开发西北》，《新闻报》1932年9月21日第1张第4版。

学会派汤惠荪参与工作。[1]7月13日，中华农学会理事会决定正式加入此会，汤惠荪、梁希、钱天鹤等为筹备委员参与工作，并承诺450元会所建筑费。[2]后调整为认领150元建筑费，所派代表也减为汤惠荪1人。[3]中国学术团体联合会的筹备工作，主要是向各成员单位募集会所建筑费，以建设新会所。翌年6月，该会函催中华农学会认定办公室房间，以便统一建筑。14日，中华农学会理事会回复“本会自有会所，不必另建”。[4]直至1937年6月，中国学术团体联合会工作仅限于此，其他无所进展。[5]旋因日军逼近南京，此会工作亦告结束。中华农学会参与该会没有收到预期效果，但在一定程度上加强了与其他学术团体之联系。1935年，为“增加民众国防智识”起见，南京各学术机关发起冬令讲学会。[6]12月24日，中山文化教育馆等17个学术团体致函中华农学会，邀其加入“冬令学术讲演会”。[7]翌年年初，中华农学会派钱天鹤作为代表，主讲“中国农业问题”。[8]

这一时期，中华农学会对外合作的显著成果是促成相关专业学术团体的成立。1928年8月，会中林科人士利用中华农学会举行年会之际，本着“森林救国”之旨，谋求“复活”中华森林会，

〔1〕《事务所日记摘要》,《中华农学会报》1935年8月第139期，第71页。
〔2〕《本会纪事》,《中华农学会报》1935年10月第140、141期合刊，第167页。
〔3〕《事务所日记摘要》,《中华农学会报》1935年12月第142、143期合刊，第219—220页。
〔4〕《本会纪事》,《中华农学会报》1936年8月第150、151期合刊，第186、188页。
〔5〕《事务所日记摘要》,《中华农学会报》1937年8月第163期，第96页。
〔6〕《本会一年间会务纪要》,《中华农学会报》1936年10月第153期，第168页。
〔7〕《事务所日记摘要》,《中华农学会报》1936年2月第145期，第98页。
〔8〕《事务所日记摘要》,《中华农学会报》1936年4月第146、147期合刊，第203页。

定名为中华林学会。[1]4日下午4时，该会成立大会在金陵大学礼堂举行，陈嵘主席，选举陈嵘、梁希、姚传法、陈植、康瀚、凌道扬、黄希周、李寅恭、陈雪尘、吴桓如、邵均11人为理事。[2]7日上午，姚传法当选理事长，黄希周、陈雪尘为总务部正、副主任，凌道扬、康瀚为林政部正、副主任，梁希、陈植为林学部正、副主任，李寅恭、邵均为林业部正、副主任。[3]《会章》规定，中华林学会宗旨是“集合同志，研究林学，建议林政，促进林业”。[4]中华林学会与中华农学会渊源甚深，从会员构成看，其会员主要来源于后者之林科人士。换言之，中华林学会是从中华农学会分离出来的支系之一。而且，两团体相互参加各自年会，保持了良好合作关系。

中华农学会部分成员参与创立中华棉产改进会及中华棉业统计会。1931年3月15日，华商纱厂联合会联合产棉12省省立农、棉场及棉业机关，举行中国棉产改进统计会议，与会代表发起中华棉产改进会、中华棉业统计会。[5]21日下午，两团体举行成立典礼，中华棉产改进会选举执行委员：方希立（浙江省立棉业改良场）、冯肇传（中央大学农学院）、荣宗敬（华商纱厂联合会）、陈燕山（金陵大学农学院）、聂潞生（华商纱厂联合会）、蒋迪先（华商纱厂联合会）、杨显东（湖北棉作改良委员会）、陆费执（江苏省农矿厅）、王金吾（浙江大学农学院）、孙恩麐（中央大学农学院）、李永振（南通大学农科）、袁辉（湖南省立棉业试验场）、叶元鼎（实业部上海商品检验局）、沈宗瀚（金陵大学农学院）、李国桢（陕西

[1] 姚传法:《林学·序》,《林学》“创刊号”，1929年10月，第1—2页。
[2]《中华林学会之成立会》,《新闻报》1928年8月8日第3张第9版。
[3]《中华林学会消息》,《时事新报》1928年8月9日第3张第4版。
[4]《中华林学会会章》,《林学》“创刊号”，1929年10月，第137页。
[5]《全国棉产会议第四日纪》,《申报》1931年3月20日第3张第9版。

省立农棉试验场）；临时执行委员会推举方希立、聂潞生、孙恩麐为常务委员。[1]

3月22日，中华棉产改进会举行第一次常务委员会，推举蒋迪先兼任总干事，聂潞生为文书经济委员。6月29日，第二次常务委员会推定各省及驻美、法等地干事。9月27日，第一次执行委员会会议推定方希立、孙恩麐、冯肇传、陈燕山、叶元鼎为编辑委员。[2]中华棉产改进会旨在“筹划全国棉产之改进”，规划事业：促进棉作试验、提倡棉质研究、训练植棉人才、协助植棉推广、辅助棉产统计、推进原棉运销、鼓励棉病虫害研究、编辑棉业刊物、辅助其他棉业改进事业等。[3]中华棉产改进会通过方希立、孙恩麐、沈宗瀚、李永振、叶元鼎、陈燕山、陆费执、王金吾、袁辉、杨显东、冯肇传等人居间沟通，加强与中华农学会的联系。

中国植物病理学会、中国土壤肥料学会与中华农学会既有人脉勾连，亦有活动相系。1929年5月，邹秉文、戴芳澜发起中国植物病理学会，以“联络同志，增进植物病理学识，共图中国植物病理事业之合作与发展”为宗旨，戴芳澜任首任会长，会员10余人均为中华农学会会员，每年定期开年会，会员济济一堂，宣读论文，讨论植病问题。[4]1936年8月，此会借中华农学会成立20周年纪念大会之际，在镇江正式成立。23日上午8时，成立会在

〔1〕《本会职员》，《中华棉产改进会月刊》第1卷第2、3期合刊，1931年11月，第68页。

〔2〕《会务纪录》，《中华棉产改进会月刊》第1卷第2、3期合刊，1931年11月，第70—71页。

〔3〕《中华棉产改进会章程》，《中华棉产改进会月刊》第1卷第2、3期合刊，1931年11月，第65—66页。

〔4〕《中国植物病理学会简史》，《中华农学会通讯》第79、80号合刊，1947年11月，第23页。

伯先公园五卅纪念堂开幕，梁希主席并致辞："中国土壤肥料学会及中国植物病理学会，即于本会本届年会中举行成立大会，二会之宗旨，与本会相同，今二会加入本会，同时举行成立大会，藉此可以沟通学术，交换智识，在中国农业界为一可喜之事。"〔1〕这两个团体借中华农学会纪念大会之东风开会，一是其会员大半系中华农学会会员，便于双方沟通联系；二是可以节省时间，节约开支，这都说明它们之间关系十分紧密。故铁明谓："中华农学会犹如人身的躯干，而土壤肥料学会与植物病理学会犹如人的四肢，以后必须互相合作，才能使农学进步。"〔2〕

关于中国土壤肥料学会缘起，有报道称：中华农学会在杭州举行第十八届年会时，会上诸人深感土壤肥料为国际新兴科学，亦为改良农业基本，为便于互相研究，遂发起中国土壤肥料学会。〔3〕据马寿征记载：中华农学会年会闭会后，马寿征、铁明、彭家元、陈方济、包容等聚于西子湖畔，彭家元首倡此会，众人响应，在灵隐寺飞来峰推定彭家元、铁明、陈方济、包容、马寿征、周昌芸、蓝梦九为筹备委员。〔4〕筹备以来，各省土壤肥料专家加入者计有80余人。〔5〕《会章》规定，本会定名为"中华土壤肥料学会"，〔6〕以"联络同志，研究土壤肥料问题，共谋本国农业之发展"为宗旨。

〔1〕《本会第十九届年会大事记》,《中华农学会报》1936年10月第153期，第144页。

〔2〕《中华土壤肥料学会成立大会纪录》,《土壤与肥料》第1卷第1期，1937年，第168—169页。

〔3〕《中国土壤肥料学会在镇开成立大会》,《新江苏报》1936年8月23日第2张第5版。

〔4〕《筹备中之中国土壤肥料学会》,《土壤与肥料》第1卷第5、6号合刊,1935年10月，第1—5页。

〔5〕《中华农学会今日在伯先公园举行第十九届年会》,《苏报》1936年8月23日第2张第6版。

〔6〕后将会名中之"华"字改为"国"字，易名为"中国土壤肥料学会"。

确立七项事业：发行会刊、编辑丛书报告、研究土壤肥料问题、研究与土壤肥料有关之各种问题、与国外土壤肥料机关联络、筹备土壤肥料研究机关、答复土壤肥料咨询。[1]此会的成立对于中国土壤肥料学界而言，可谓具有分水岭的重要意义，“从今以后，中国土壤肥料问题的研究，将划分为绝对不同的两大时期：在灵隐会议之前，土壤肥料问题的研究，是分散无组织而一团散沙的单调发展；此后则变为合作有组织而同心共力的集体前进。”[2]

1936年7月30日，中国土壤肥料学会与中华农学会沟通在对方举行年会时开成立大会。[3]铁明主持成立大会并阐明立会意义。第一，“现在各种农业科学日有进步，而土壤肥料在农业上的重要，尤其是人人知道的，所以我们学农的人对于土壤肥料的研究不独感觉莫大的兴趣，并且时时刻刻互相砥砺谋作实际上最大的努力，我们为适应这种土壤肥料学研究推进上之需要，所以有本会的组织”。第二，“过去因为很少有人提倡和研究，以致土壤肥料学在农学界里未能引起普遍的注意，现在我们既已知其重要，进一步作提倡的工作，将研究的成绩实际上帮助解决，改进我国农业的问题，社会人士自然就会对土壤肥料学加以注意。因为有了这种注意，土壤肥料学也能对中国的农业科学作更大的贡献”。第三，“我们和中华农学会以及其他学会有手足相依的关系，再由此次论文篇数来看，除关于作物者外即以关于土壤肥料的为最多，可知在事实上土壤肥料学上种种问题，对于整个农业改进上的重

---

〔1〕《中华土壤肥料学会会章》，《土壤与肥料》第1卷第1期，1937年，第1—2页。

〔2〕余皓：《中国土壤肥料学会之我感》，《土壤与肥料》第1卷第5、6号合刊，1935年10月，第14页。

〔3〕《事务所日记摘要》，《中华农学会报》1936年9月第152期，第88页。

要了”。曾济宽、邹树文、周昌芸、蓝梦九等相继发言。蓝梦九、铁明、陈方济当选司选委员，决定接办浙江省化学肥料管理处所办《土壤与肥料》。11月21日，邓植仪、彭家元、陈方济、铁明、马寿征当选第一届理事，何尚平、周昌芸为候补理事，邓植仪当选理事长，铁明为副理事长，马寿征、彭家元、陈方济分任文书、编辑和会计。[1]

三 自东徂西：国际学术交流重心的转移

中日交恶导致中华农学会与日本农学界定期交流机制终结。1935年12月18日至1937年2月7日，日本农学会先后三次函请派员出席年会，中华农学会理事会均以“会务整顿”为由谢绝。[2]他们转将目光投向西方，加强与欧美农学界的沟通与联系，亦使留美人士地位日渐抬升，标志着“亲美”时代的开启。

与美国农学界之交流。因有美国分会和康奈尔大学绮色佳分会开展活动，中华农学会渐为美国农学界熟悉。1933年9月24日，美国明尼苏达大学、美国科学博物馆（The Science Museum）来函，请求交换刊物报纸。[3]稍后，中华农学会又与美国自然理事博物院（The American Museum of Natural History）互赠刊物，并达成长期合作意向。[4]1937年1月25日，国立北平图书馆为纽约华

---

〔1〕《中国土壤肥料学会成立大会记录》,《土壤与肥料》第1卷第1期，1937年，第168—171页。

〔2〕《本会纪事》,《中华农学会报》1936年4月第146、147期合刊，第206页；《事务所日记摘要》,《中华农学会报》1936年5月第148期，第145页；《本会纪事》,《中华农学会报》1937年4月第159期，第242页。

〔3〕《事务所日记摘要》,《中华农学会报》1933年10月第117期，第116页。

〔4〕《事务所日记摘要》,《中华农学会报》1933年12月第119期，第93页。

美协进社，致函征集会报，借以宣传中国学术，中华农学会欣然同意。[1]此外，双方人事上亦互有一定沟通，如1933年4月福州会员陈振铎介绍美国人练善农入会；[2]会员到美国从事短期研究，1935年8月孙逢吉赴美研究棉作。[3]

与欧洲各国的学术交往。欧洲大陆尤其是法国为新中国农学会农学知识的源头，也是其海外活动的大本营。中华农学会渐重欧洲农业学术，并通过各种渠道建立彼此联系。1933年，德国种畜社牲口出口部柏拉斯博士致函称，德国新品种白猪名为Germany Dand Pig，为制造火腿最佳猪种，若与中国猪种交配必有良好结果。[4]中华农学会向机关会员及其他农事机关发函并附照片，介绍德国改良猪种。[5]同时主动与欧洲农学界联系。1935年10月4日，学会函托章文才就近与英国East Malling Research Station接触，初步建立会报交换联系。26日，英国剑桥Imperial Bureau of Plant Genetics来函，请求与中华农学会交换刊物。[6]1936年12月3日，日内瓦中国国际图书馆来函请长期赠送《中华农学会报》。以上均得其正面回应。[7]人员交流方面，1935年8月4日，Mr. Karl Remmele与Mr. Ernst Schuster分别捐赠纪念金巨款。[8]此期，中华农学会开始实地考察欧洲农业情形。1935年7月至次年2月20日，

---

〔1〕《事务所日记摘要》，《中华农学会报》1937年3月第158期，第104页。
〔2〕《事务所日记摘要》，《中华农学会报》1933年5月第112期，第114页。
〔3〕《事务所日记摘要》，《中华农学会报》1935年10月第140、141期合刊，第166页。
〔4〕《本会一年间会务纪要》，《中华农学会报》1934年9月第128期，第213页。
〔5〕《事务所日记摘要》，《中华农学会报》1933年5月第112期，第114页。
〔6〕《事务所日记摘要》，《中华农学会报》1935年12月第142、143期合刊，第219—220页。
〔7〕《事务所日记摘要》，《中华农学会报》1937年2月第157期，第115页。
〔8〕《事务所日记摘要》，《中华农学会报》1935年10月第140、141期合刊，第165页。

吴觉农被派遣赴国外产茶名区考察，整个历程经日本、印度、锡兰、爪哇后入英、法等国，进行重点考察，后自西伯利亚返回。[1]

参与国际组织及国际学术会议等活动。1930年代以来，中华农学会参与国际农学组织及国际农业相关会议逐渐增多。1934年1月16日，教育部训令其征集第十届国际牛乳业会议论文，理事会决定转请机关会员中央大学农学院办理。[2]1935年5月12日，邓植仪奉派赴英国出席第三次国际土壤学会及国际教育大会，并考察欧洲各国农业。[3]7月12日至19日，陈恩凤参加国际土壤学会德国克尼堡第四次大会。[4]1937年2月，国际农业专家联合会邀请中华农学会加入为会员，并委托调查中国农学杂志。[5]4月14日，经唐启宇、沈宗瀚、朱凤美调查后，理事会复函同意加入。[6]随着世界局势的恶化，中华农学会经济状况日窘，国际交流方面不得不有所选择。5月24日，实业部转万国农学委员会函，邀其参加海牙第十七届万国农学大会，同时发表《拥护世界和平宣言》。[7]6月12日，经议函复实业部称，因经济拮据，不克参加，请部派员出席。此后，罗马第十一次国际农业出版物会议、东京世界教育联合会第七届万国教育会议等邀其出席，均未能派员参加。[8]

---

〔1〕《事务所日记摘要》,《中华农学会报》1936年5月第148期，第145页。

〔2〕《事务所日记摘要》,《中华农学会报》1934年1月第120期，第139页;《本会纪事》,《中华农学会报》1934年2月第121期，第176页。

〔3〕《校闻》,《农声》第184、185期合刊，1935年5月，第1页。

〔4〕《国际土壤学会第四组会议讨论纲要》,《中华农学会报》1937年7月第162期，第86页。

〔5〕《事务所日记摘要》,《中华农学会报》1937年4月第159期，第239—240页。

〔6〕《事务所日记摘要》,《中华农学会报》1937年6月第161期，第70页。

〔7〕《事务所日记摘要》,《中华农学会报》1937年7月第162期，第92页。

〔8〕《事务所日记摘要》,《中华农学会报》1937年8月第163期，第94—95页。

1936年2月、8月，教育部高等教育司函送两项国际征文。一是意大利桑利玛永久奖金委员会（Comitatopermanente Premi San Remo）征集意大利历史上、科学上及文艺上进化著作；[1]二是埃及王家农业会征集“预防棉叶害虫药品”，并附“防除棉叶虫药品发明人奖金办法（译文）”。[2]学会专门向会员征集著作及药品说明书。[3]中华农学会将目光投向西方，既有扩大国际农业学术交流范围的需要，也是国内国际局势变换的客观选择。总体看，此期与西方的交流依然处于初级阶段，交流次数少，规模亦不大，而且因经济窘迫不得已收缩活动范围，但毕竟显示了中华农学会沟通内外，加强与欧美农学界联系的努力。

---

〔1〕《事务所日记摘要》，《中华农学会报》1936年5月第148期，第146页。

〔2〕《事务所日记摘要》，《中华农学会报》1936年10月第153期，第169页。

〔3〕《意国奖学金通告》，《中华农学会报》1936年5月第148期，封页；《埃及国王家农业会奖金通告》，《中华农学会报》1936年10月第153期，封页。

第五章

1930年代技术、经济和组织并进的解决趋势

1930年代，中国朝野不约而同认识到实现民族复兴，“先须谋农村复兴为入手”。[1]农村复兴委员会之设立，标志着国民党以中央政府身份介入乡村建设，从技术、经济和组织层面入手，拉开复兴农村运动的大幕。中华农学会一面参与农村复兴运动工作，建言献策，影响政府决策，见之于行事；另一面则针对实际问题，多方探讨，深入研究。然而在国民政府的强势下，其参与范围及成效有限，使其自觉不自觉地回到侧重技术科学的旧路。

第一节　人事与主张：农村复兴机构中的中华农学会会员

1931年以来，国民党统治危机日重，外有日本帝国主义入侵，内有工农暴动。农村破败，农业衰微，农民流离失所，成为革命的最大诱因。南京政府复兴农村意在政治破局，既有向乡村社会渗透的考量，亦有纾缓统治危机的用意。内政部、实业部以及豫

---

〔1〕杨幼炯：《今后农村复兴之前路》，《中国农村问题》，上海：中国社会科学会出版部1934年，第2页。

鄂皖三省剿共司令部等，制定推行所谓救济复兴农村方案，实行效果不佳。汪精卫认为原因有二：一是缺乏统一机关，二是人民和政府没有切实合作。[1]他提议成立统一机关以总其成，至少有抗日、剿共与争权三重考虑。

1933年4月25日，汪精卫在致农村复兴委员会委员来京开会电中已有表露。原电称：

> 我国农村凋敝，产物衰微，赣鄂则匪患连绵，陕甘则赤地千里，沟壑辗转，惨不忍言。以此抗日，则实力不济；以此剿匪，则滋蔓难图。兹拟于行政院设立农村复兴委员会，集中朝野力量，筹集巨款，分途救济，充实金融，改良技术，发展交通，调剂粮食，期于抗日为巩固后方之图，于剿匪收釜底抽薪之效。于本日行政院会议决定敦聘先生等为委员，并定于五月五日在南京开第一次会议，务望高轩不我遐弃，届时惠然肯临，共筹治本之方，以求沦胥之迫，敢为国民再拜以请。[2]

公开通电显得陈义甚高，冠冕堂皇，文字背后却另有深意。[3]

---

〔1〕《农村复兴委员会第一次会议汪委员长开会词》，《农村复兴委员会会报》第1号，1933年6月，第5页。

〔2〕《汪院长邀请各委员来京开会电》，《农村复兴委员会会报》第1号，1933年6月，第3页。

〔3〕1930年汪精卫酝酿发展农业的方策：农业所有制以“耕者有其田”为目标，先用法律规定土地所有的最大限度，防止少数人独占，为入手第一步；广设农业银行，以代农村高利信用；奖励农村合作事业；国家创办大规模应用科学知识和机器的模范农场；注重农村教育及文化设施，改良农村生活，防止都市畸形发展。《汪精卫发表经济财政政策提案》，《天津益世报》1930年9月4日第1张第2版。

民元以迄南京国民政府建立，农林、水利部门事权一直未能划一，各省实力派不仅掌控地方农林、水利实权，且与民间团体互为渊源，割据一方，如山东省倚重“村治派”推进乡村建设，广西省模范“新村”建设均含此意。换言之，国民党欲借抗日剿共名义，向地方扩张影响。但其内部派系之争由来已久，据称农村复兴委员会之设立与汪精卫和宋子文争夺美国“棉麦贷款”大有关联。[1]

4 月 11 日，汪精卫在行政院第 96 次会议提出“救济农村案”，经实业部长陈公博、内政部长甘乃光、政务处长彭学沛会商成立农村救济委员会，隶属行政院，由院长兼任委员长，各部部长、委员会委员长为当然委员，职责为农村救济之设计；由院长聘任若干工商界人士为委员；主要筹划农业金融、农业技术、粮食调剂和水利。行政院第 97 次会议将“农村救济委员会”改称“农村复兴委员会”（以下简称“农复会”）。[2]汪精卫掌控的行政院借此总揽农村经济大权，倚重社会名流壮其声威，但社会舆论不少批评所谓社会名流缺乏专门知识，并非万能等。[3]鉴于此，农复会始在委员会中增加农林专家名额，当选委员共 67 人，其中穆藕初、谭熙

〔1〕美国“棉麦贷款”名为“救济中国农村，挽救农村经济崩溃之用”，实为“倾销过剩物资，来控制中国经济”。国民党却视为“肥肉”，各山头争夺不休，宋子文组织全国经济委员会，罗致沈宗瀚、赵连芳设立农业处将款拿去。汪精卫“发急了”，由彭学沛出面，吸收邹秉文、邹树文、陈翰笙等成立“农村复兴委员会”，直属行政院，要求分润“棉麦贷款”，宋子文“分文不给，一口独吞”。孙晓村：《中国农村经济研究会与农村复兴委员会——回忆土地革命时期农村问题两条道路的斗争》，《文史资料选辑》第 84 辑，北京：文史资料出版社 1982 年，第 33 页。

〔2〕《本会设立之经过》，《农村复兴委员会会报》第 1 号，1933 年 6 月，第 1 页。

〔3〕《一个有常识的政府——社会名流不是万能》，《天津益世报》1933 年 4 月 27 日第 1 张第 1 版。

鸿、邹树文、葛敬中、谢家声、章元善、陈翰笙、姚传法、邹秉文等为中华农学会会员。[1] 5月5日，农复会举行第一次大会，谢家声、陈翰笙、章元善、邹树文、谭熙鸿、葛敬中、邹秉文、姚传法等参加，委员会分为经济、技术和组织三组，中华农学会会员分列前两组，经济组有章元善、陈翰笙，技术组有葛敬中、谭熙鸿、邹树文、谢家声。可见，农村经济、技术和组织为其工作重心：经济方面，集中于农村金融问题，如合作社、农业仓库与农民银行；技术方面，重在改良农产品、增进生产，拟设立作物、土壤肥料、农具、农田水利、病虫害、森林园艺、畜牧兽医、蚕丝与农村副业等各专门委员会，以供给农业技术需要，“应用科学方法，创立新农业区”，重点在家畜防疫、灾荒区域种子供给、华北掘井灌溉、推广合作灌溉、巩固堤防与疏浚沟渠池塘、改良及制造农具、利用风力、移民垦殖等问题；组织方面，农村组织侧重推进农村自治，事业包括教育（国民教育、民众教育与训练民众相结合）、保卫、卫生、水利、土地整理、救济、组织合作社、农村娱乐等。[2]

农复会成立后，以中华农学会会员为主体的浙江乡村建设研究会迅速因应。5月13日，在杭州青年会举行的农村经济组第八次会议，马寅初报告行政院召开农村复兴委员会经过，与会会员寿毅成、程振基、许璇、雷男、王世颖、吴庶晨、孔涤庵、蔡炳贤、韩祖德、朱其传等，集中讨论“今后复兴农村之动向”。他们认为，欲改造农村社会，复兴农村经济，必须走以下途径：一是须有健全之组织，而且应以合作社为中心；二是须有人格高尚之最高领

[1]《委员题名录》，《农村复兴委员会会报》第1号，1933年6月，第100—105页。

[2]《第一次大会纪录》，《农村复兴委员会会报》第1号，1933年6月，第6—13页。

袖，由具备地方的、设计的、实施的条件，且对农村事业有兴趣的“知识分子”担任；三是中国农民生产退化根本问题，源于经济方面之“穷”，教育方面之“愚”，欲彻底改良农村，尤盼有宗教化合作家，合作化的教育家普为教化。[1]

15日，许璇、黄枯桐、汤惠荪、黄通等均发表意见。许璇主张复兴农村应实行以农民为“主脉”的农村经济政策，如其言：

> 现在我国农业状况，渐趋于衰颓，确立种种之农业政策，以改良之，斯固然矣，然农业非能自为改良也。经营农业者为农民，不先维持农民之生活而安定之，而欲望其以终日辛劳不得一饱之身改良农业，其能之乎？我国农村，向为国富之策源地，亦即为社会之基础。而近年以来，衰落之象，与日俱增，日非速谋振兴不可，然农村非能自振兴也。组织农村者为农民，不先改善农民之经济状态，令其安居乐业，不至见异思迁，离乡以去，而欲望农村之繁荣，是亦缘木求鱼也。故欲确定或施行农业政策，或农村振兴计划，均须随时随地，以农民为主脉。[2]

农村之大病为“穷”，故欲医农村之病，必先救农村之“穷”，确立“为农民着想”之农业金融政策为“救穷之道”；生产落后为“最严重”之农村问题，应确立“以农民为本位”的生产政策和调节政策，以提高其经济地位，从而实现复兴农村目标。黄通专论

[1]《浙乡村建设研究会讨论农村复兴问题》，《中央日报》1933年5月18日第2张第2版。
[2] 许璇：《农村复兴与农民之关系》，《申报》1933年5月15日第5张第18版。

农业高利贷问题，认为农村高利贷之跋扈系因农村金融困难；农村资金缺乏的主因是“资金之加速度的都市集中”，积极救济之道为广设农业金融机关；消极救济则由国家规定最高利率。但在私产社会制度下，应谋积极的解决方法，以新兴农业银行、农村信用合作社代替旧式钱庄、典质和合会。[1]

黄枯桐、汤惠荪从分析造成农村破产的内外要因入手寻求解决之道。黄氏认为，内在因素是整个的政治、经济以及封建势力的作用，外在因素是帝国主义使中国殖民地化的作用。所以，复兴农村首在“除害”，“兴利”尚在其次。“除害”主要针对内在因素，意即“内政”；外在因素则要用“反帝”破解。[2]欧美农业恐慌大都由于农业技术发达与生产过剩，农业内在的原因居多；中国则大半因兵灾匪患、苛税重役等外在原因，“与半封建式的生产关系之内在的原因而起”，不同于欧美的纯经济问题。[3]因此，二氏解决之道均主张首要改变农村生产关系，解决土地问题。

以上诸人在阐明各自复兴农村意见之时，或隐或显透露出对农复会取径的态度。许璇委婉表示复兴农村政策如不当，“虽日言农村复兴，吾恐长夜漫漫，不知何时得见东方之白”。黄枯桐、汤惠荪则直指农复会方案为“旧调重弹”，没有“多大新奇”，但又认为“旧调重弹并非错误”，“表示问题的益见深刻”。汤惠荪对其实施情况及成效持保留、观望甚至怀疑态度，相比黄通认为是“盛事”，值得“感奋”，破败垂毙农村有复兴之望，积极乐观之态溢于言表。以上不同倾向一定程度上显示中华农学会内部以至农学界

〔1〕 黄通：《复兴农村与农业高利贷问题》，《申报》1933年5月15日第5张第18版。

〔2〕 黄枯桐：《农村复兴问题》，《申报》1933年5月15日第5张第18版。

〔3〕 汤惠荪：《关于农村复兴之管见》，《申报》1933年5月15日第5张第18版。

对农复会态度的分歧。

7月15日，这种分歧在中华农学会第十六届年会上表现得尤为突出。刘运筹等人批评其“甚少专门人才”，组织又“不健全”，故“难望有显著之成效”；另有部分会员则抱有期待，并提出建设性意见以乐见其成。由会员提出并经大会议决通过向国民政府及行政院呈请复兴农村提案有：（1）请行政院尽量支拨美国棉麦借款复兴农村案；（2）请求政府迅速拨款振兴中国甘蔗糖业及发展琼崖热带农作物案；（3）建议中央设立大规模国营或省营农场，应用最新技术设备及方法以增加农业生产案；（4）由本会推举专员起草各级农业教育课程标准以供政府采择案；（5）由本会建议实业部通饬各农事试验场添设农艺训练班案；（6）拟请确定各省农林机关组织及系统以免纷歧而期实效案等。而且专门议决通过一案：请行政院改定农复会某省分会名称为某某省农村复兴委员会，并通令各省转令各县于必要时，分别组织县、区、乡农村复兴委员会案。[1]尽管会员内部存有歧见，但中华农学会最终表达了对农复会较为积极的支持和参与的态度。

中华农学会参与农复会工作的主要途径或形式是拟具各种计划。有建议认为复兴农村首要之事是制订“整个之计划”与“施行之步骤”。[2]此恰是农复会施政要项，中华农学会的支持配合促其实际展开。中央社7月25日电，农复会邀请谢家声、邹秉文、洛夫等30余人讨论农业问题，分为稻麦、棉茶、森林、园艺、植物、虫害防治、畜牧、蚕丝、农业经济等组，通过议案编印为“改

〔1〕《第十六届年会记事录》，《中华农学会报》1933年9月第116期，第123—125页。

〔2〕寂：《吾人对于农村复兴之希望》，《申报》1933年5月6日第2张第6版。

良我国农业计划书”。[1]陈嵘记为：是年 8 月，中华农学会应农复会之邀，赴宁制订全国农业改良计划达数十件。[2]农复会资料印证陈氏所记。实际情况是，早于 6 月美籍会员洛夫、德籍会员芬次尔（Fenzel）和吴觉农为其分别草就《关于改良农业技术之预算》《西北农林研究所暨西北农林专门学校计划》与《茶业复兴设计工作说明书》。[3]陈嵘所记“全国农业改良计划”实为《改进中国农业计划》。据农复会《改进中国农业计划起草之经过》载：

> 农业改良之计划，中外专家，迭有发表，然或则专于一问题，或则简述大要。社会人士有志研究及实行，每苦无整个简明之计划，以作南针；政府方面亦迄未颁布计划，致各项农政进行，每失于枝枝节节，而非有整个计划，循序渐进，按程计功。然按诸中国现状，倘不树立整个计划，兼程并进，并期人力财力之经济，则旷日持久，河清难俟。必也中央立定计划，朝野合作，一气呵成，方可拯救贫困危急之现状。
>
> 本会有鉴于此，故数月来分向各专家商议，期能迅速将整个计划造就，然后一面努力实行，一面继续研究与修正。适中国〔华〕农学会于七月二十二日在苏州开会，本会遂托邹秉文先生专赴苏州，邀请到京商议。农学会诸君，以系多年夙愿，欣然允诺，联袂晋京。由汪院长招待谈话后，即着手起草。参加起草者为：洛夫、邹秉文、谢家声、钱天鹤、蔡邦华、

---

〔1〕《改良农业计划》，《天津益世报》1933 年 7 月 26 日第 1 张第 2 版。

〔2〕陈嵘：《中华农学会成立二十周年概况》，《中华农学会报》1936 年 12 月第 155 期，第 11 页。

〔3〕《农村复兴委员会会报》第 2 号，1933 年 7 月，第 34—63 页。

> 吴觉农、赵连芳、孙本忠、汤惠荪、吴福桢、梁希、吴耕民、周桢、程绍迥、陈燕山、袁辉、酆裕洹、沈鹏飞、孙恩麐等诸先生。因平日研究有素，故于一星期之内，即已分别草竣，然后由洛夫顾问及谢家声、钱天鹤诸先生加以整理，于八月十五日全部完成。[1]

以上即为中华农学会参与起草工作的大致经过。从参加人员看，除早先之邹秉文、谢家声外，余则均为新增人员，邹秉文是沟通农复会和中华农学会的中间人。8月16日，农复会邀请实业部长陈公博、次长郭春涛，全国经济委员会秘书长秦汾，国防设计委员会秘书长钱昌照，以及谢家声、钱天鹤、梁定蜀、董时进等，详加讨论，决定将草案分送四机关审核。草案初稿分为上、下两编，上编：改进中国农业计划大纲，包括引言、宗旨、方法、办法、组织、训练人才、经费、结论八个部分；下编：改进中国农业计划书各论，分别为中国稻麦改进计划、中国棉作改进计划、中国蚕丝改进计划、中国茶业改进计划、中国畜产改进计划（附牲畜防疫计划）、中国园艺改进计划、中国森林改进计划、中国植物病虫害防治计划、中国农村经济改进计划。[2]此计划大纲系据洛夫《发展中国全国农业计划》所列各种改进计划而成，被列入“行政院农村复兴委员会丛书”，定名《中国农业之改进》，于1934年4月由上海商务印书馆初版，5月印第3版。[3]此后中华农学会会员制订相关计

〔1〕《农村复兴委员会会报》第3号，1933年8月，第7页。

〔2〕《计划》,《农村复兴委员会会报》第3号，1933年8月，第8—9页。

〔3〕洛夫系康奈尔大学农学院教授，1931年由国民政府实业部、江浙两省政府合聘来华指导改良农作事宜，任实业部农业顾问及江苏、浙江农作物改良总技师。行政院农村复兴委员会编:《中国农业之改进》，上海：商务印书馆1934年，第44页。

划有：王枕心、吴恺《江西农村建设计划纲要》，陈隽人《调查山东省小麦产运销状况计划》《调查华北棉花产运销状况计划》，[1]汤惠荪《对于洋米征税之意见》，吴觉农、胡浩川《祁门红茶复兴计划》等。[2]

中华农学会参与农复会分会与专门委员会工作。农复会设立米麦棉丝茶改良保护计划专门委员会，委员有张伯庄、张心一、董时进、赵连芳、薛蔡萱、何廉、方显廷、邹秉文、沈宗瀚、吴觉农、盛俊、资耀华、孙恩麐、徐澄、陈隽人、冯柳堂、顾复、李干、朱庭祜等。[3]除张伯庄、何廉、薛蔡萱、盛俊、资耀华、冯柳堂、李干外，余则皆为中华农学会会员。1934年，农复会北平分会成立，中华农学会会员章元善、刘运筹、许璇、周建侯、汪厥明、杨开道等人被聘为委员。[4]其他各省的中华农学会会员，也不同程度地参与了所在省的农复会工作。

与此同时，全国经济委员会也介入农村建设。1931年11月15日，蒋介石一系设立全国经济委员会为最高经济设计机关，隶于行政院，立其于“咨询与建议地位”。[5]该会先后设置公路、工程、卫生、教育、农村建设5个专门委员会，以及公路处、工程处、中央卫生设施试验处等机构。时为行政院长的蒋介石亲任委

〔1〕《农村复兴委员会会报》第4号，1933年9月，第29、49、51页。

〔2〕《农村复兴委员会会报》第5号，1933年10月；第7号，1933年12月，第142、7页。

〔3〕《米麦棉丝茶改良保护计划专门委员会委员录》，《农村复兴委员会会报》第2号，1933年7月，第97—98页。

〔4〕《农村复兴委员会北平分会委员名单》，《农村复兴委员会会报》第2卷第1号，1934年6月，第137页。

〔5〕《财政经济两委员会决定提携进行》，《申报》1931年11月15日第3张第10版；《财政经济两委员会分别开会成立》，《申报》1931年11月16日第2张第7版。

员长，副院长兼财政部长宋子文为副委员长。[1]蒋汪之争，引发国民党内权力结构重整，1932年蒋汪分权协议达成，蒋介石主持军事，汪精卫主持中央行政。汪精卫上台后，一面以农复会全面掌控全国农村经济工作，另一面则以国民政府全国经济委员会代替原机构，于1933年10月4日将其改隶国民政府，改委员长制为常务委员制，将宋子文降为和其本人及孙科同层级的常务委员。经此改组，经委会不仅机构扩充，而且权力激增，实际处于统制全国经济的总枢纽位置。有社评指出，“组织之大，权限之广，迥非昔比，谓之为经济的参谋本部，亦无不可”，堪比苏联“国家经济设计委员会”（Gosplen）、美国“复兴政务会议”。[2]蒋介石对经委会的扩张大为不满，于是年年底同与孔祥熙跻身常委行列，以牵制汪精卫独掌全国经济命脉。其下设农村建设专门委员会（后去掉“专门”二字），侧重农村经济、合作社以及农赈。[3]1934年2月，添设农业处，统盘筹划全国农业救济及农村复兴，并有意合并农复会。[4]

经委会亦重视延揽中华农学会会员加入其中。秘书处唐启宇为简任技正；农业处赵连芳任处长，许仕廉任副处长；蚕丝改良委员会陈光甫任主任委员，谭熙鸿、葛敬中、何尚平任常务委员；各省政府经委会亦然，如甘肃省之张心一。[5]棉业统制委员会邹

〔1〕《全国经济委员会之过去工作及未来方针》，《农村复兴委员会会报》第6号，1933年11月，第142页。

〔2〕《经委会之前程》，《中央日报》1933年9月27日第1张第2版。

〔3〕《全国经济委员会之过去工作及未来方针》，《农村复兴委员会会报》第6号，1933年11月，第144、146页。

〔4〕《经委会添设农业处》，《中央日报》1934年2月2日“夜报”，第1版。

〔5〕《全国经济委员会委员名单》，《中华民国史档案资料汇编》第5辑第1编“财政经济（一）”，第95—96页。

秉文任常务委员，孙恩麐、穆藕初为委员。[1]可见，经委会较为关键的部门均有中华农学会会员参与。农村建设专门委员会成员：穆藕初（实业部次长）、谭熙鸿（实业部林垦署长）、徐廷瑚（实业部农业司长）、郑震宇（内政部土地司长）、邹树文（中央大学农学院院长）、谢家声（金陵大学农学院院长）、钱天鹤（中央研究院历史博物馆馆长）、洛夫（金陵大学农学院教授）、邹秉文等。[2]1934年11月，经委会农业处选派中华农学会会员徐方干赴日见习制茶并考察，历时1年，返回即留任该处。[3]

经委会设立相关机关，吸收中华农学会会员推进统制经济政策的研究。1933年10月，经委会设立棉业统制委员会。[4]次年4月，其下设立中央棉产改进所，分为总务室、检验系、棉业经济系、植棉系，职能为推进全国棉产改进事业、研究棉作各项问题并兼办江苏省棉产改进事业。[5]1935年，设立全国稻麦改进所，掌管全国稻麦改良，“使其超然独立，另组一监委会统治之”，即归行政院全国稻麦改进监理委员会统辖，[6]后改隶经委会，谢家声、钱天鹤分任所长、副所长，赵连芳、沈宗瀚负责具体事宜，沈骊英任麦

〔1〕《棉业统制委员会委员录》，《农村复兴委员会会报》第6号，1933年11月，第159—160页。

〔2〕《农村建设专门委员会昨开首次会议》，《中央日报》1933年3月21日第2张第3版。

〔3〕《事务所日记摘要》，《中华农学会报》1934年11月第129、130期合刊，第280页；《事务所日记摘要》，《中华农学会报》1936年8月第150、151期合刊，第182页。

〔4〕《全国经济委员会棉业统制委员会工作报告及事业进行步骤》，《中华民国史档案资料汇编》第5辑第1编“财政经济（六）”，第50页。

〔5〕《棉业统制委员会所属各种棉产改进机关概况》《中央棉产改进所过去状况与今后计划》，《中华民国史档案资料汇编》第5辑第1编“财政经济（七）”，第437、440—441页。

〔6〕英：《统一主管农业机关》，《农业周报》第5卷第4期，1936年，第76页。

作系技正，戴松恩、马保之任细胞遗传、生物统计研究等。[1]以上机关实由同一班人办事，且多数是中华农学会会员，如中央农业实验所所长、副所长亦兼全国稻麦改进所所长、副所长，中央棉产改进所副所长冯泽芳兼中央农业实验所棉作技正，全国稻麦改进所稻作组主任赵连芳兼全国稻米检验监理处处长，沈宗瀚任全国稻麦改进所麦作组主任并兼全国小麦检验监理处处长。[2]此外，中华农学会会员参与各省经委会农业组工作。1933年，国民党江苏省党部遵照中央党部明令成立农村经济委员会，委员16人，中华农学会会员，有邹秉文、傅焕光、廖家楠、童玉民等。[3]

中华农学会重视农业金融，先后数次建议国民政府设立中央及地方农民银行，以解决农村借贷问题。1927年，杭州年会"请国民政府早日设立中央农民银行，以调剂农民金融"。[4]1928年，南京年会决定"拟由本会请中央政府颁布农民银行条例，并令行各省，克日成立"。[5]1931年5月，曾济宽等人参加国民会议时，再提"设立中央农民银行案"。[6]同年年会上，安徽省建设厅农业推广处提出"建议国府令各省拨定经费设立农民银行"案。[7]在中华农学会力推下，1930年7月农矿部拟先筹设中央农民银行，再

---

〔1〕《全国稻麦改进所就成立一年来推进农业改良实况致实业部呈》,《中华民国史档案资料汇编》第5辑第1编"财政经济（七）",第405页。

〔2〕沈宗瀚:《中国农业科学化的初期》,《沈宗瀚晚年文录》,第92—93页。

〔3〕《苏省党部聘定农村经济委员》,《中央日报》1933年4月13日第2张第2版。

〔4〕《第十届年会记事》,《中华农学会丛刊》第58期，1927年12月，第5页。

〔5〕《第十一届年会记事》,《中华农学会丛刊》第64、65期合刊，1928年10月，第198页。

〔6〕《二十年度第二届执行委员会议录》,《中华农学会报》1931年5月第88期，第63页。

〔7〕《第十四届年会记事录》,《中华农学会报》1931年12月第94、95期合刊，第152页。

由各省市府筹办乡村农民银行，以调剂农民经济。[1]农矿部计划分期举办，在10年内各省市农民银行完全成立。[2]但实际工作进展迟缓，直至1933年4月，才据蒋介石手令在国民党“剿总”农村金融救济处基础上，成立豫鄂皖赣四省农民银行，总行设于汉口。1935年4月，此行改组为中国农民银行，总行迁至南京，各分行陆续设立。农民银行以办理农民借贷和农业建设投资为主业，成为国民政府建设农村的金融支柱。

总体观之，中华农学会参与国民政府农村复兴运动，以参与以上机关活动为主，侧重于建言献策，为政府决策提供依据和参考。1934年8月，中华农学会第十七届年会通过相关议案：提议省立农事试验场之设立及各部门之增置应规定适当经费额数以利进行案；建议政府令铁道部减轻粮食运输价格以利民食案；建议政府定每年11月11日为“农民节”案等。[3]1936年8月，中华农学会会员在第十九届年会上分组讨论农业问题多项，其中农作物改良组、农村经济组因分歧甚大未形成决议。蚕丝组8个提案，形成两项决议：一是宜速行桑业统计调查案；二是请各省政府积极提倡荒山废地栽桑案，议决：荒山废地，应提倡植桑，河堤行道树栽植时应加考虑。森林组议决多项：（1）苏北盐垦区域造林问题案：推广问题，以防风林为目标。保护问题：（甲）责成佃农保护，（乙）各县造林经费内抽出津贴，由地方公安局派警保护；（2）建议政府通饬保育野生树案；（3）呈请政府通饬各省对于林业用人，务以用如所学为原则案；

〔1〕《农部筹设农民银行》，《申报》1930年7月22日第2张第6版。
〔2〕《中央分期举办农行》，《申报》1930年10月5日第3张第9版。
〔3〕《本会第十七届年会大事记》，《中华农学会报》1934年9月第128期，第204—205页。

（4）建议全国各水利机关注意水源培养森林案；（5）关于《森林法》实际施行问题案，议决呈请司法行政部转令各级法院处理危害森林案件应照《森林法》办理等。大会还通过三项重要议案：一是会内“附设全国农业讨论会，以资技术合作案”。二是“本届国大选举，请政府注意农业人选案”：以大会名义电请国民政府尽量圈定候选人中真正农业人才；以大会名义请各大报馆转请各省政府对于候选人中真正农业人才多予注意，宣传民众，唤起国人注意。[1]原电内容为：

中央党部

国民政府

国民代表大会选举总事务所　钧鉴

国民代表大会关系国计民生至深且巨，窃以农业为我国立国之本，农民占全国国民百分之八十以上，故为农民之代表者，应择能为此最大多数之国民谋最大幸福之人才充任。此项人才必应深入民间，洞悉农情，贡献其精神能力，为农业服务及农学研究。盖以此项人才充任农民代表，始克顾及整个农民利益，及代表真正农民意旨也。兹以国民代表选举近在眉睫，本会第十九届年会全体出席会员佥以国民代表关系重要，一致公决建议贵部、钧府、贵所，对于本届国民大会农会代表之选举，务期遵照《选举法》第三章第二十一条之规定。关于是项代表候选人之选定，必以服务各该职业满三年以上，及对于农学上富有学识暨卓著成绩者为合格标准，俾

〔1〕《第十九届年会大事记》，《中华农学会报》1936年10月第153期，第151—152页。

农会代表对于农民疾苦及农业上各项问题得按实际情形有所建议，而资兴革用符。《选举法》中规定是项候选人应具之资格，及中央召集国民代表大会之本旨，国家前途，实深利赖，临电迫切，不胜待命之至。[1]

中华农学会第十九届年会　叩敬

9 月 12 日，国民代表大会选举总事务所批示，对所请事宜，“准予依法办理”。[2]三是针对广西政局而建言。广西名义上统一，但政局一直未稳，加之天灾连绵，农村情势岌岌可危。1936 年，广西省政府邀请中华农学会至广西举行年会，考察农村状况，参与制订全省农林计划。[3]中华农学会欣然同意，1 月 24 日，理事会决定第十九届年会筹备委员名单，总会方面为邹树文、梁希、朱凤美、沈宗瀚、胡昌炽、唐启宇、孙恩麐、陈方济、陈嵘、汤惠荪、蔡邦华、钱天鹤、谢家声、谭熙鸿等，广西方面由马君武、盘珠祁、陈大宁负责。[4]广西方面后改由陈大宁、蓝梦九、廖斗光担任，另加推邓植仪、吴觉农和马保之协助筹备。[5]4 月 23 日，请经委会派员与会。[6]未久，李宗仁、白崇禧开战，广西政局生乱，此次年会不得不易地镇江举行。[7]大会通过决议，以学会名义致李、白电，如下：

〔1〕《快邮代电》（1936），藏于中国第二历史档案馆，档案号：75-34。
〔2〕《事务所日记摘要》，《中华农学会报》1936 年 11 月第 154 期，第 154 页。
〔3〕《中华农学会启事》（1936），藏于中国第二历史档案馆，档案号：75-34。
〔4〕《本年第一届理事会议议决案》（1936），藏于中国第二历史档案馆，档案号：75-34。
〔5〕《梁希给陈大宁函》（1936），藏于中国第二历史档案馆，档案号：75-34。
〔6〕《给唐启宇函》（1936），藏于中国第二历史档案馆，档案号：75-34。
〔7〕《中华农学会启事》（1936），藏于中国第二历史档案馆，档案号：75-34。

> 广西南宁李德邻、白健生两先生英鉴：今日全民族生死问题，已达最后关头，苛杂奇灾，尤使农村破产，陷全国农民于绝对不能舒息之地步，苟生战衅，为祸更烈。两公贤明，当不忍行此下策，万恳悬崖勒马，勿启鱼糜肉烂之局。本会谨代表全国垂危之三万七千万农民请命，哀矜农民，即复兴民族之伟业丰功也。若蒙牺牲小己，予以嘉纳，不胜切祷。中华农学会第十九届年会全体会员叩漾！[1]

中华农学会与国民政府及其相关部委就复兴农村事业互有往还。1934年2月24日，王历耘在理事会上提议以学会名义呈请实业部订定“农业专利法”，经大会通过并先行起草。[2]国民政府亦就专门问题征询其意见。1935年6月23日，立法院就“蚕种制造取缔条例”征询意见，由总会指定孙本忠签发意见。[3]7月，中华农学会就此函复经委会暨法制委员会意见数条。[4]1937年1月27日，国民经济建设运动委员会来函征求农村副业意见。[5]是年4月23日，内政、财政与实业三部会函请派员出席“垦殖法草案”会议。[6]

1935年，马中定建议政府要“与农民发生关联”，效法丹麦创设“民众学院”，培养农村“中坚人员”，“以为改革人心，复兴农村与夫复兴民族之先锋”。他阐释创设民众学院的必要性：

---

〔1〕《第十九届年会大事记》，《中华农学会报》1936年10月第153期，第152页。
〔2〕《第一届理事会议决议案》，《中华农学会报》1934年2月第121期，第176页。
〔3〕《事务所日记摘要》，《中华农学会报》1935年8月第139期，第72页。
〔4〕《事务所日记摘要》，《中华农学会报》1935年10月第140、141期合刊，第163页。
〔5〕《事务所日记摘要》，《中华农学会报》1937年3月第158期，第105页。
〔6〕《事务所日记摘要》，《中华农学会报》1937年6月第161期，第71页。

我国以农立国，政治经济之基础建筑于农村。今乃农村破产，国本动摇，朝野上下，莫不大声疾呼“救济农村”“复兴农村”。行政院以职责所在，亦有农村复兴委员会之组织，网罗专家名流，集思广益，颇多讨论，而所以推进之，实现之者。要非自中央以迄各省县村镇，分别各置专责之组织不可，若中央以行政院长主之，类推而省以省主席主之，县以县长主之，区以区长主之，性质非不适当，系统非不俨然。然究其实际，首当其冲之区长，必以经费无着，民智鄙〔闭〕塞，施行为难，结果只见几道官样文章，非但无补农村，且将增加农民之负担。吾以为复兴农村，固非大量之经费与详密之计划不可，而事先养成大批中坚分子，使其置身农村，接受科学方法，改善农业经营，并以健全之思想与纪律之生活，振作倚赖幸进虚荣文弱散漫之颓风，尤感必要。……设立民众学院，造成大批能说能行之健全青年，作复兴农村之先锋队，必能收事半功倍之效！

他接着阐述民众学院设置“农科”乃让农民掌握“科学自然学”之必需：

我国农业衰落，论者每归咎于农民墨守旧规，不知改良，此实大谬。因农民之所以应用旧法，实由于无试验之能力，无改良之机会故也！彼专家之研究试验，有经数十年而始能发明，或贡献于社会者，况不学无术之农民乎？我国自设置农事试验机关以来，已数十年矣，其间虽经专家之试验研究，但其增加生产，改良品种之科学方法，尚未传授于农民。推其原因，固由于改良机关本身实力之不足，但传授农民者之无人，亦为主要原因之一！因此科学自科学，与农民无与也！[1]

民众学院旨在“养成健全之思想，科学之头脑，有组织、有纪律之中坚人员，深入农村，实际经营农业，指导农民，使农业科学化，达到增加生产，改良品种之目的”，故其主要任务是思想及道德训练、智识及技术训练、修养精神及日常生活训练，其中之“智识及技术”是核心。[2]本科招收年龄17—25岁的高小毕业生，专修科招收初中毕业生，本科毕业可升入专修科。学校与毕业学生“永远联络”，在院为“讲求学理期间”或称“前期”；毕业后至死亡为“实习期间”或称“后期”，在此称其为“在乡实习生”，接受“终身社会训练”。[3]

---

〔1〕马中定：《复兴农村与创设民众学院》，《中华农学会报》1935年3月第134期，第2—4页。

〔2〕必修科目：甲、自然生活基础，如博物、人类、物理、化学、数学、测量；乙、社会生活基础，如国语、英语、历史、社会学、一般法制学、宪法、国民经济学、政治学、统计学、地理学；丙、世界之认识与世界之说明，如哲学、文化学、教育、宗教；丁、艺术，如诗、音乐、造型美术；戊、陶冶精神及锻炼体格，如游戏、唱歌、体操、军事训练。专门学科：甲、农科科目，植物学、动物学、作物通论、土壤学、肥料学、园艺学、稻作学、麦作学、养蚕学、造林学、作物病虫害、畜产学、水产学、农艺化学、农具、农业经营学、农业经济学、农村问题、农村教育、合作及农业仓库经营论、农家簿记、农业法规、卫生救急法；乙、移殖民科，殖民政策、内地殖民、海外殖民、各国民族心理、各国殖民史、西北农业概况、西北农民风俗、西北地理、东四省农业在中国之地位、苏俄集产农场概况、机械农具；丙、家事科，家事大意、应用理科、卫生、缝纫、烹饪洗涤、家事经济、簿记、珠算、美术、食料营养学、儿童心理学、教育儿童、看护儿童、养老、送学常识、农业大意、商业大意、养蚕学、作物病虫害防治、社会问题、教育原理、音乐、儿童管理法。

〔3〕马中定：《复兴农村与创设民众学院》，《中华农学会报》1935年3月第134期，第13—14页。

第二节　创建"中国独立之农学"

南京国民政府以技术、经济和组织为主轴，救济农业，复兴农村。中华农学会关注组织革新，向往新的农村样式，但"技术"工作仍为其会务重心，以谋求创建"中国独立之农学"。

一　"科学化"与"合理化"

1932年6月，有感于"中国社会之未能科学化，实由于科学之尚未社会化"，陈果夫、陈立夫联络政、学两界的吴承洛、张其昀、邹树文、胡博渊、张北海、顾毓瑔、陈有丰、余井塘、徐恩曾、谭熙鸿、魏学仁、张道藩、吴保丰、李学清等，在南京发起中国科学化运动协会。该会于11月4日开成立大会并组织董事会，次年1月1日创刊《科学的中国》半月刊。[1]该会宣扬以"促进中国科学教养"为旨趣："我们集合了许多研究自然科学和实用科学的人，想把科学知识［散播］到民间去，使它成为一般人民的共同智慧，更希冀这种智识散播到民间之后，能够发生强烈的力量，来延续我们已经到了生死关头的民族寿命，复兴我们日渐衰退的中华文化。"从中可见其鲜明的现实针对性，通过"科学社会化""社会科学化"达到复兴中国文化之目的。其言：

我们鉴于以往的陈迹，知道过去西方文化输入的途径，

〔1〕《中国科学化运动协会发起旨趣及成立经过》，《中央日报》1933年2月25、26日第2张第3版。

太迂回浪费。所以要另觅较敏捷的途径，决定较经济的路线。我们不要以远处的理想而发动，却要从眼前的问题而迈进。我们眼前的问题，是社会的“贫”“陋”，与人民的“愚”“拙”。换句话讲，我们的目的，在解决中国的经济问题、政治问题、教育问题、文化问题。不但我们在进行中感到工具上的困难，我们的问题，原来就在一般工具的缺乏与窳败，也原来就在科学知识的浅薄，在科学知识只有国内绝对少数的科学家所领有，而未尝普遍化、社会化，未尝在社会上发生过强烈的力量。

所以，我们坚决地相信科学在今日文化上，占着重要地位。尤其坚决地承认，科学在今日中国社会的演变上，占着无上重要的位置。知识就是能力，而科学是系统的知识，所以科学也就是有组织的能力。只有社会进于有组织的能力，而后精神与物质的力量，乃直接总操于社会，间接分操于社会各个分子，如是才可免除一切祸患，求得一切福利；亦惟有如是，然后“贫”“陋”可去，“愚”“拙”可祛。所以我们底目标，简单地说，只有十个大字，即“科学社会化，社会科学化”。〔1〕

中国科学化运动协会成为CC派号令学术文化界，服务于其政见的外围团体。邹树文、谭熙鸿加入为会员，邹莅会演讲“中国农业衰败的原因就不是科学化”。〔2〕各省分会渐次设立，11月，杭

〔1〕《中国科学化运动协会发起旨趣及成立经过》，《中央日报》1933年2月26日第2张第3版。

〔2〕《科学化协会广播演讲》，《中央日报》1933年9月14日第2张第3版。

州分会成立并举行科学化运动宣传周，计划开展扶助农村复兴等工作。[1]到1935年，全国大部分省份设立分会。[2]CC派发起的另一个揭橥科学化旗帜的团体为科学建设促进社，陈果夫、朱家骅联络蔡元培、吴铁城、王世杰、吴醒亚、潘公展、吴开先、余井塘、曾养甫、陶百川、陆京士等发起，旨在“由科学化以进图社会科学化”，先从普及科学知识，造就实用科学人才入手。[3]同年，科学社在重庆第十八届年会提议组织农业委员会，用科学方法改良中国农业，建立中国的“科学农业”。阐释理由为：“中国以农立国，数千年来经营农业，自具相当经验，惟不知应用科学方法，所以改进之效甚少，若与欧美应用科学，以改进农业之国家比较，相差远甚。近来外国农产物输入我国，与年俱增，漏卮浩大，益足表现中国农业落伍之事实，亦影响农村社会国家经济，有莫大之关系。现在谈救国者，皆以改进农业、复兴农村为维系国家生存之要素。此项任务，中国科学社自负有相当使命。”[4]

钱天鹤于1932年主持中央农业实验所后，特别强调“农业问题，即科学问题”，解决农业问题，“非从科学入手不可”。过去农业“尚未走上轨道”，故缺少成绩，“如肯努力精进，前途自无限量”。[5]他对比中、美、日等国农业，认为中外之差在于“他人能知研究科学，利用科学，以科学方法发展农业，藉科学知识来解

〔1〕《杭市科学化运动》,《中央日报》1933年11月14日第1张第3版。

〔2〕《中国科学化运动协会昨日开会务会议》,《中央日报》1935年1月25日第2张第4版。

〔3〕《蔡元培等发起科学建设促进社》,《中央日报》1934年12月6日第2张第4版。

〔4〕《中国科学社年会中重要提案》,《大公报》1933年8月26日第1张第4版。

〔5〕《科学与农业实验——1935年5月6日在中央农业实验所纪念周演讲》,《钱天鹤文集》，北京：中国农业科技出版社1997年，第211页。

决农业问题，而我则不能，实为最大原因之一”。[1]他强调必须用科学改造中国农业，而且不可“徒事抄袭”，应从实际出发实现农业生产和经营的“科学化”“现代化”。不同于美国、苏联大农制、机械化、集体化生产经营模式，他试图把科学转化为技术来解决农业生产问题。

“生产合理化”在近代西方资本主义国家广为推行，以其改进生产方法，提高生产效率，增加竞争力，实现市场垄断。在中土论域中，“合理化”与“科学化”有着复杂纠葛。蒋同庆指出世界合理化思潮的变化，在世界经济恐慌以前，主要指“生产技术”及“经营管理”合理化，此后则新增“产业组织”之“全体合理化”。[2]吴觉农早于1929年就论及农业生产合理化，涵盖生产、经营与组织各层面，既将“合理化”与“科学化”并列，又指出合理化是“利用科学的方法，整理其业务，改良其组织，并尽力地提高劳动者的能力，节减生产费的消耗”。[3]从中发现，合理化包含“科学”与“组织”，或“科学知识”与“经营方法”两个层面。顾青虹认为，产业合理化乃“本经济学的原则，力谋减少生产费之浪费”。[4]蒋同庆亦以为：“凡百企业，无不竞求生产费的节减，以求合理化”。[5]可见，时人追求合理化意在提高生产效率、降低生产成本。故此，许璇就华丝业问题言道：“丝厂经营之合理化，最为

---

〔1〕钱天鹤：《中国农业与科学——1935年11月22日在中央广播无线电台讲词》，《钱天鹤文集》，第233页。

〔2〕蒋同庆：《蚕业统制论》，《中华农学会报》1934年1月第120期，第76页。

〔3〕吴觉农：《救济农民的一条康庄大道》，上虞县政协文史工作委员会编：《上虞文史资料》第5辑“纪念吴觉农选辑”，1990年，第187—188页。

〔4〕顾青虹：《我国蚕丝业之救济方案》，《中华农学会报》1932年12月第107期，第34页。

〔5〕蒋同庆：《蚕业统制论》，《中华农学会报》1934年1月第120期，第102页。

重要。”[1]

1930年，天津《益世报》发表《农学为农业政策基础》社论已论及农业合理化。第一次世界大战后欧美各国极为注重“农业之合理化”，美、德两国为其发源地；日本从1924年实行“合理化之计划”，即合理利用土地策、合理利用资本策与合理利用劳力策，收效颇著，而其农业合理化效果是建立在“日本农学”的建立和普及上的，“断非不学无术靠天吃饭之乡农，所能望其肩背”。[2]因此，邓植仪主张农业科学化即“农业生产合理化”。1934年，他在《农业行政与农业科学化》演讲中，阐释科学化、农业科学化内涵。他说：“所谓科学化，无非是对事对物，有系统的方法来应付，使其就自己的范围，再本着自己的意志推动，使其达自己的理想而已”；农业科学化，就是把农业“依我们的理想，用自己有系统的知识，将之推动，使其达到我们的目的，换言之，就是使农业生产合理化”。他从土地、资本和劳动力三个生产要素合理化，论述农业行政与农业科学化之关系，如其言：

> 农业行政的最终目的是农业生产合理化，换言之，即是农业科学化。农业行政怎样才能使农业科学化？是否有组织、有权责、有政策……就可以做到？不，倘若没有科学做后盾，决不能使农业科学化！试看中国的农业，几千年来都是一样的，没有多少进步，不是因为没有农业行政，实因没有科学相助，有以致之！是故农业行政，不可离开农业科学。盖因

---

〔1〕许璇：《对于蚕丝业问题之我感》，《中华农学会报》1935年7月第138期，第101页。

〔2〕《天津益世报》1930年4月27日第1张第2版。

农业行政，不是单简的行政，除了人为的法律之外，还要有科学的法律，来应付天然的压迫和侵害故也。由此看来，就可以知道农业科学是农业进化的原动力，是农业行政的资源。是故农业科学必充分发挥，而后才有资料供给农业行政；农业行政能充分地运用此等资料，而后农业才能日日进步。现代农业发达的国家，其农业行政与农业科学的研究，都是打成一片的，而我国则反是。[1]

邓植仪揭示“行政”与“科学”之关联，以凸显“农业科学”在整个农业系统中的地位。他虽从农业经济学角度阐发，但农业科学化外延并不限于农业生产三要素，而技术的科学化亦为应有之义，当时各方人士认知以此为基点而前后伸缩。1936年，蜀农学会杭州分会莫定森指出“农业科学化为今日救济农村崩溃之根本方法”，其言：

为今之计，救济农村之根本方法，实在改良农业之自身，即增加产量与改进品质是也。欲达此目的，实非我国墨守陈法之农人所能胜任，故以占全国人口百分之八十之农民，分布于辽阔之地域，终岁勤苦，而仅换得农产分量日低，品质日劣之结果。视世界后进农国，转有逊色，竟使丝业被夺于日本，茶业被侵于英国，棉业则不足望美国之后尘，此其故安在？凡关切农业者，能勿深长思欤！原夫我国农人，以墨守

〔1〕邓植仪讲，龙超记：《农业行政与农业科学化》，《农声》第176、177期合刊，1934年5月，第2—3页。

> 经验之农业技术，在交通发达时代与列强科学改良之农业技术相搏击于经济竞争之舞台，其与以卵投石何异！？今于创深痛剧之中，欲求一线生路，惟有急追列强之后，将中国农业科学化，虽推进艰难，而收效实大。[1]

莫氏强调从“改良农业之自身”入手救济农村，具体路径即为农业科学化，或谓之农业的科学技术化，将最新科学技术成果应用于中国农业实际，尤重种子与栽培方法改进，以步欧美发达农业之后尘。同样，国民政府对农业与科学关系也有论及，但前后表述及侧重点有所不同。1931年6月1日，国民会议《中华民国训政时期约法》第34条规定：为发展农村经济，改善农民生活，增进佃农福利，国家应积极实施五项事业，其中第四项涉及于此，即“发展农业教育，注重科学实验。厉行农业推广，增加农业生产”。[2] 1936年5月5日颁布的《中华民国宪法草案》（“五五宪草”）第126条规定：“国家为谋农业之发展及农民之福利，应充裕农村经济，改善农村生活，并以科学方法提高农民耕作效能。”[3]它以《中华民国训政时期约法》第34条为底本，篇幅有所缩减，不列细目，而以应用科学改进农村的思路明晰。时任立法院宪法草案起草委员会纂修的金鸣盛对之详加解读，主张从“农业本身”出发，实现“农业科学化”，其言道：

---

〔1〕莫定森：《科学化与农业》，《蜀农》第2号，1936年9月，第5—6页。

〔2〕五项事业为：垦殖全国荒地，开发农田水利；设立农业金融机关，奖励农村合作事业；实施仓储制度，预防灾荒，充裕民食；发展农业教育，注重科学实验，厉行农业推广，增加农业生产；奖励地方兴筑农村道路，便利物产运输。《中华民国史档案资料汇编》第5辑第1编“政治（一）”，第271页。

〔3〕《中华民国史档案资料汇编》第5辑第1编“政治（一）”，第286页。

农村之改进，除环境之改良外，尤要者则为农业本身之改良，即“农业科学化”是也。农业之科学化，包括农业生产技术之科学化，与农业企业组织之科学化。二者而言，前者如农业机械之利用，化学肥料之讲求，植物病虫害之科学的防制〔治〕，农产品之科学的精制等是；后者则指集团农场之组织而言。耕种技术一经改进，则小单位之农耕方法已不适用，而大规模之农场，则非一人一家之力所能独办，势须集合多数农民合力经营之。此种合力经营之农场，即集团农场，其土地或为国有，或为地方团体之所有，或为集团内之农民所共有；其农产除向公家缴纳地租或地税外，亦归集团内之农民所共有；集团农场之经营，应由国家或地方团体分别提倡，或由农业合作机关得公家之许可而为组织。此种企业组织，实为土地公有制度之模楷。集团农场日益加多，则小农制度范围日就缩小。此即由耕者有其田，以进入于土地公有之过渡的办法也。

农业生产技术科学化后，如仍由私人资本雇用农民而为经营，其结果虽足提高农业生产，而其所得利益则大部分必仍落于资本家之手，适足造成农业上之另一资本主义方式。其弊害视地主之榨取地租为尤甚，而离土地公有之原则且益远，此则农业科学化之歧途，不可不辨。故技术之科学化，必有组织之科学化以继之，方足使农业之工业化，一面仍不致形成农业上之资产阶级。〔1〕

〔1〕 金鸣盛:《国民政府宣布中华民国宪法草案释义》，上海：世界书局1936年，第290—291页。

其中所言“农业科学化”亦含“农业生产技术”与“农业企业组织”两个层面，且有递进关系。前者所指与其他团体及人士主张无异，后者则特指集团农场，针对的是世界资本主义农业经营方式和土地制度，既要以科学化实现农业生产方式和经营方式变革，又要避免资本主义之弊病。

二　“中国独立之农学”

因而后创，学术独立，是近代中国学术界面临的一个时代大课题。1930 年代，中国学界学术独立的自觉意识不断增强，罗家伦认为“中国若要有科学，科学应当先说中国话”。[1]戴季陶指出：“中国学术无论那一科——医，农，工，理，文——学术独立之境尚远。现在中国学校——无论国立，私立大学，专门——不要说去学术独立之境还远，就是各校对于学术之设备，尚差得远。”[2]法学界亦有居正与中华民国法学会鼓吹“重建中国法系”，以“革命的立法，进取创造，为中国法系争取一个新的生命，开辟一个新的纪元”。[3]

农学界谋求中国农学之独立，主要体现为本土农业研究日益受到重视，相关学术研究机关团体大量涌现。这说明此前“抄袭”西法、依样葫芦、人云亦云、“不肯用心研究”情形正在发生变化。[4]

---

〔1〕罗家伦：《中国若要有科学，科学应当先说中国话》，《图书评论》第 1 卷第 3 期，1932 年 11 月，第 1 页。

〔2〕戴季陶：《发展农林事业为发展农林科学之前驱》，《广州民国日报》1929 年 8 月 2 日第 1 版。

〔3〕居正：《为什么要重建中国法系》，上海：大东书局 1946 年，第 89 页。

〔4〕钱天鹤：《中国农业与科学——1935 年 11 月 22 日在中央广播无线电台讲词》，《钱天鹤文集》，第 233 页。

钱天鹤主持的中央农业实验所正是致力于此的专门机构，就此言，它与中华农学会亦为同道。这反映出中国近代农业科学化逐步深入，从偏重单纯移植域外农学变为以己为主的本土研究，进而开创独立的农学知识体系。据统计，至1934年全国农事机关较此前大为增加，具体如下：

表5-1 1934年全国农业机关及团体一览表[1] （单位：个）

设立性质	各种农事机关数目							
	农业教育	农民教育	农业研究	农业行政	农业金融	农业团体	其他	合计
国立	5	—	32	14	1	—	—	52
省立	55	7	131	133	24	—	6	356
县立	18	35	61	50	8	—	2	174
私立	19	—	47	3	1	—	6	76
团体	1	1	7	10	—	14	—	33
总计	98	43	278	210	34	14	14	691

1933年4月，行政院政务处长彭学沛在江苏省府指出农村“急迫问题”为农村金融、农业技术和农村交通，复兴农村的办法应基于此。[2]为此，江苏省专门发起全省农业技术讨论会，各农业机关团体相关人员探讨稻、麦、棉、丝、茶、林、垦、畜牧兽医、植物病虫害以及农业经济等改进问题，赵连芳在会上倡导农业技术合作，以改进中国农业。[3]可见，“技术”仍被视为复兴农村最

〔1〕赵连芳：《全国农业建设技术合作运动》，《中华农学会报》1935年8月第139期，第12页。

〔2〕《彭学沛昨在市府讲演复兴农村问题》，《中央日报》1933年4月25日第2张第3版。

〔3〕赵连芳：《全国农业建设技术合作运动》，《中华农学会报》1935年8月第139期，第10—11页。

为紧迫的工作之一。

中华农学会之志业及主业为农业科学研究，创立“中国独立之农学”亦为其使命所在。而且，政府及社会舆论对其寄予同样期待。1931年8月，中华农学会第十四届年会在北平召开时，《世界日报》专门配发社评指出：

> 中国以农立国，而事实上，我国近年之农村经济不仅不能立国，且已濒于完全破产之危险。此种破产之原因虽多，而最大者不外下列之两种：（一）即帝国主义之侵略与国内战争，（二）即技术之不进步是也。
>
> 中国农村经济之整个生产力，因为技术之不发达，日形退步，尤为明显之事实。至农业教育，虽教出许多富于农业知识之学生，亦多不肯深入农村，作真实之工作；又大多缺乏组织，缺乏资本，亦不能从事实用。农学与农业完全分离，农村经济与农业教育并不一致。如何使中国以农立国之精神复兴，及打倒帝国主义之侵略，固然非简单的农学上之问题，而今日从事研究农学者之应特别注意，则可断言。此愿提供于中华农学会者也。[1]

此社评从农村经济之生产力角度，着重点出技术问题的重要性。换言之，它提示了从“技术”层面入手解决农村经济问题的路径。对此南北舆论颇为一致，1935年7月，中华农学会第十八届年会召开时值江河泛滥、浙灾畸重之时，杭州《东南日报》社

〔1〕《中华农学会开幕》，《世界日报》1931年8月20日第2版。

论论调异曲同工，其言：

近年以来，我国外受帝国主义者日渐加紧之经济侵略，内受接踵而来之天灾匪祸，全国农村，宣告破产，岁稔则谷贱伤农；岁歉则饿莩遍野。政府虽尝致力于各项赈济及农村放款等，效仅及于燃眉，而根本大计，尚有待于专家之研讨。今兹莅会诸君，胥属国内农业之专门学者，一堂研讨，广益集思，其必有以嘉惠我垂敝之农村，为农民开一线之生路，殆为必然之事，无可疑者。而吾人一言及此，乃觉对于农会诸君，不禁愈殷其属望之忱，而甚盼于本届年会中，能就学理事实，兼顾并筹，而共拟一切实可行之方案，庶乎治标治本，面面顾全，而对于未来农业之复兴，整个农村之救济，乃可得而言也。

则所望于诸君子者：即一、如何以科学防灾之知识，灌输于民众之脑筋，俾对于当局之种种设施，咸能尽力赞助，而无有怀疑。同时属农民本身力量之所及，尤当群起以图，努力设备，而不作“靠天吃饭”之谬想；二、如何以改良种植之方法，普晓于整个之农村，俾今后农家之产物，得尽量扩展，而无有意外之损害。此二者，皆今日标本兼施之救农要道，固不仅以理论学说，启示于人者。吾人固知农会诸君，对于农事探讨，农业研究，皆能坐言起行，决不同于高谈玄理，而时艰蒿目，饥馑洊臻，悄悄忧心，不能自已。[1]

〔1〕《欢迎中华农学会诸君》，《东南日报》1935年7月15日第1张第2版。

这篇社论从救济灾荒立论，以凸显农学研究之重要性，尤望中华农学会能将科学知识以及改良种植方法普及于民间，并视其为标本兼施的救农之策。1936年8月，中华农学会第十九届年会在江苏镇江举行，《苏报》与其他报纸做法不同，其社论有意刊发于会议结束之后，显然为观察后的评判。该评论对中华农学会将工作重心集中于“技术”的做法深表赞同，如其谓：

> 我国自古以农立国，现尚淹滞于农业经济时代，故农业实为我国之命脉。国人向以“地大物博”自诩骄人，实则我国每人平均所得耕地面积，不过二三华亩，大农之农场不过数十亩或一二百亩；小农则一二十亩，甚至数亩而已，与世界各农业国家比较，实为最低。加以农民智识低下，工作技术，泥于旧法，水旱虫灾，诿诸天命，致号称以农立国之我国，形成农村破产，民困于野之现象。中国〔华〕农学会，为国内农业人才之集团，实负改进农业，挽回危困之艰巨使命。我国耕地零割，已如上述，更以资本缺乏之故，是以利用机器大规模合理化之“广耕”办法，一时尚不可能。今后我国农业适当之出路，除开辟垦地而外，当在尽力发展“深耕”。故品种之如何选择，肥料之如何施用，虫害之如何防治，气候土质之如何能因应适宜，均为目前迫不待缓之工作。农学会此次年会分四组讨论，首重农作物改良问题，实为对症之药石。农村经济组则侧重于农产品价格与出口问题，及设立仓库办法，自为当今救济农村之切要方策，而亟须研究设施者也。[1]

〔1〕《中国〔华〕农学会第十九届年会闭幕》，《苏报》1936年8月25日第1张第2版。

它认为中华农学会负有“改进农业”之责，提示从耕地面积及经营方式实际出发，中国适宜走“深耕”即精耕细作的集约化之路。依靠技术改进，实现单产边际效应最大化，应为着力之处。但吴觉农、冯和法等对此颇难以认同。在镇江年会上，与会会员就农业经济学性质、任务等产生分歧。以冯紫岗为代表的多数人认为，农业经济学是“技术性”科学，其中心是生产力而非生产关系，“农业经济既把农业放在前面，自应以农业生产为主，经济科学为辅。”冯和法等则以为，农业经济学是“社会科学”，主要研究社会生产关系，所以应改用“农村经济”（Rural Economics）不用“农业经济”（Agricultural Economics）。[1]1937年4月，天津《益世报》社论指出，“中国目前农业技术，还未现代化，中国目前农业，还是在阡陌制度下用人力以事生产”，“倘中国的农业技术上不能改良，不能立即现代化，即或‘耕者各有其田’，而农人的生活，依然不能圆满解决”，所以，“改进农业技术”才为“农人生活问题的真实解决”。[2]可见，在时势转移下“组织实验”大行其道，但革新技术仍为朝野及社会舆论认为是复兴农村的当务之急。

中华农学会并未因关注“农村组织”问题，而疏忽技术研究工作。相反，这项工作不断向纵深推进，触及“中国的农学”之建立的深层次问题。皮作琼认为，“农业限于天然与习惯，事实上必求其在我，日本化不可，欧美化亦不可”；农业教育之责任不过“本近世科学农业的方法，以促进农业在生产与经济上之进步和改善，决不能引日本或欧美之农业，以代替中国故有之农业”，中国

---

〔1〕冯和法：《中国农村经济研究会漫忆》，全国政协文史资料委员会编：《文史资料选辑》第84辑，北京：中国文史出版社，1986年，第67页。

〔2〕《谈“耕者有其田”》，《天津益世报》1937年4月6日第1张第4版。

农业教育失败源于反其道而行：

> 湖南农业教育失败之症结果安在哉？曰：在强不可能为可能，欲引日本或欧美之农业以代替中国之农业是也。谓予不信，请一试翻阅各级农校平日所凭藉之教材，必能立见其端。盖教员之自日本或欧美归者，其所用之教材，通常无非资之于日本或欧美。最可怪者，常有同一种之讲义，适用于专门，适用于甲种，同时亦适用于乙种。此种教材，无论其来源自东自西，要非为湖南而编制所可断言。是湖南历年费巨金所办之农业教育，实则非为湖南而办，乃为日本或欧美而办。换而言之，即不啻欲日本化或欧美化湖南之农业也。是揆之于农业教育之原则，根本已不可通。故其结果，教育自教育，农业自农业。再恳切言之，湖南以前之农业教育，实非社会所需，其通盘的、全部的失败原因在此，其制〔致〕命伤亦在此。循此以往，即再办百年，增设千校，要不过陈陈相因，终必归于失败无疑也！〔1〕

1928年，曾济宽说："经济基础的农林事业，更遇着科学昌明的现代，不能不起革新运动。这的确是中国今后农林界一大问题。不过我们所谓的'革新'，绝不是完全步欧美各国的后尘，重演他们产业革命后的覆辙。我们所需要的，是欧美新近的科学组织和方法，本吾国固有的良轨，吸收欧美进步的文明，融会为适合于中国新时代所需要的农林学术，造就新社会的基础，完成三民主

---

〔1〕皮作琼：《改革湖南农业教育刍议》，长沙《大公报》1926年8月18日第3版。

义的国家建设。”[1]如此转变实则深受外来因素影响，而日本的经验及做法尤为关键。日本从引进“洋学”，创建“国营科学”，直至本土大学成立，实现从“日本科学”到“日本的科学”的转换，重要因素是大学和学会的建立与建设，以及职业科学家阶层的形成。[2]大学和学会之创立与职业科学家之养成，又互为因果。[3]农学方面，19世纪中后期日本输入英国农学失策后，转而本其国情摄取德国农学，终获成功。[4]传统的“老农精神”让位于西洋农学，但其“偏重经验”“力行勤俭”精神仍不乏现代价值，所以到明治末“地方改良运动”，“老农精神”开始复活。[5]

1928年8月，日本九州岛帝国大学教授、农学博士汤川又夫参照中日两国情形，提醒中华农学会致力于“创造中华民国之农学”。他介绍日本农学演化情形：

> 农业既以各种科学为基础，则研究之对象自然复杂，往往于一结果之中，尚含有种种小结果。而欲研究此种结果，必先一一条分缕析，分析之后，再行总括，然后可以实地应

---

〔1〕曾济宽：《新农林半月刊·发刊词》，《广州民国日报》1928年12月29日第1期，第1页。

〔2〕杉本勋著，郑彭年译：《日本科学史》，第343—345、354页。

〔3〕从明治以至昭和初年，日本接触西方农学以来，现代农学教育建立和演变的历程和特质：第一阶段首创农林学校，聘请欧人教授，以学理教授和研究为主；第二阶段东京帝国大学农科、东北帝国大学农林科成立，同时举办官立高等农业学校，本国农业高级学术人才养成，渐次辞退外国教授，以“学术共实际并重”为风格；第三阶段开办农民道场、农士学校，则为带有农业性质之一般社会教育，以充实农民知识。光毅：《谈谈日本农业教育》，《留东学报》第2卷第4期，1936年，第107—108页。

〔4〕斎藤之男：《日本農学史：近代農学形成期の研究》，东京：大成出版社1968年，第143、157页。

〔5〕高山昭夫著，刘秉臣等译：《日本农业教育史》，重庆：科学技术文献出版社重庆分社1989年，第157页。

用。或曰学问与实验，往往背道而驰，若专恃学说，则不啻纸上谈兵，曰此非学说之咎也，乃学说不彻底之咎耳。回忆四五十年以前，日本正值应用农学之初期，万事万物，模仿泰西，泰西所有研究成绩，径用之于日本。于是，结果或适得其反，而世人遂嘲农学家之不务实际。农学家遭此打击以后，乃锐意钻研，精密讨论，遂成今日独立之农学，农业亦因此发达。

日本采择西方农学，从不加分析，全部照办，到因地制宜，有所别择，变通创新，终确立日本独立的农学。中国亦复如何，他又谓：

农学固为世界共通学科，然诸君为中华民国之农学家，尤当创造中华民国之农学。夫农学岂尽属高尚深邃之理哉，眼前一草一木，皆足供吾人研究。初无待于精密之设备，亦无待乎贵重之器具也，惟理论与实际上之互相联络，则不可不费苦心耳。[1]

汤川所言“理论与实际上之互相联络”一句，恰是日本建立独立农学的经验之谈，亦足可为中国之借鉴。科学在不同国度的具体应用，从而生发新的变异形态，也说明“农业以科学为基础”的至论。从日本经验看，以农学改进农业主要体现在品种改良、奖

〔1〕汤川又夫讲，梁希译：《农学与农业》，《中华农学会丛刊》第64、65期合刊，1928年10月，第24页。

励肥料、耕地整理与土地改良、园艺品增收法、蚕桑研究、畜产及其制造品改良、农业经济及农业政策研究、农村设备改进等方面。[1]随后，天津《益世报》刊文提请中国农学界汲取日本经验和教训："近代农业以国情与土地为转移，如作物异种，畜牧异类，农业之粗放与周约又异法。凡此种类，即所以表示农界之分业发展，农民既入于分业范围，则固有技能必不敷应用，非从农学设想不可。日本在四五十年以前，即应用农学，万事万物，模仿泰西，泰西所有研究成绩，径用于日本，但结果适得其反，世人遂以为农学家不务实。农学家自受此刺戟〔激〕以后，乃努力研究，精密讨论，遂成今日独立之农学，农业因此亦发达。"[2]

中华农学会对"造成中国独立之农学"亦有明显自觉。有会员在中西对照的基础上归结中国农业的特质，表达吸取传统之优长的意见：中国文明为农业文明，国家基础亦建立于农村，中国农业为以人生为本位的"人生农业"，中国农法得力于善能利用废物以及人工熟练。他认为这四项"根深柢固，由来已久，无论如何，一时不能变的。既不能变，则不得不将就它，且进一步去学习它"。换言之，"学农者不得不先有中国农业的素养……再进一层来研究近世科学去解决水利、防灾、备荒、除虫、防病、改良品种与农具及组织合作社等问题"，亦即既有"中国农业的确实素养"，又有"解决各问题的科学智识"。据此，他提出挽救中国农村恶局，应向以下三条大路走：精研学术，此为解决中国农业上问题"唯一指针"；进入农村直接为农民服务；向外发展，开垦边疆

〔1〕汤川又夫讲，梁希译：《农学与农业》，《中华农学会丛刊》第64、65期合刊，1928年10月，第25—29页。

〔2〕《各国改良农业近况（续）》，《天津益世报》1929年12月19日第4张第13版。

荒地。[1]以上所言体现了改进中国农业“变”与“不变”的辩证统一，既要秉持固有的农业精神和切用农法，也要引入现代农学以改变不合时宜的传统。金陵大学农学院学人亦不乏类似主张：“现在我们看了老农的情形，知道完全用旧法子去种田，是不对的。但是若尽用外国新法则去种，也是不行。因为中国农林业的情形和外国不同，最好的法子，是取了人家的长处，而且这种长处是合乎我国的，来补我国农林业的短处。”[2]

1930年8月23日，许璇在中华农学会第十三届年会上就此发表专门意见，天津《益世报》以《造成中国独立之农学》为题予以报道。许璇指出：

> 中国现在农业退化，工商业更谈不到。本应农工商并重，但工业幼稚，毫无基础，与列强相去甚远，即用全力发展工业，亦难与外国抗衡；又商权全操于外人之手，与外人直接交易者寥寥无几，海外贸易因之不振。故此时若能振兴自产工业品，以抵制舶来工业品，并将国内外商权在外人之手者，设法取回，已觉不易。如欲以中国工商业与外国工商业并驾而驰，恐不可能。至于农业，则为中国固有之产业，发达较易。所以，现在情形一面固应提倡工商，一面应以竭力发展农业为急务。惟欲图农业改良发达，势非由科学入手不可，所以农学最为重要。吾国虽以农立国，但对于农学实不足道。查德、美、法、日等国，对于农学各有其各该国之特质；而吾

〔1〕庸人：《中西农业之异同及中国农学家应有之觉悟》，《中华农学会报》1929年6月第68期，第21—22页。

〔2〕《农林界的朋友们请注意》，《中华农学会报》1930年2月第73期，第10页。

国则否，如农校所用教材，大都翻译外国材料，而于本国农业绝少研究，此实无可讳言。希望本会同人，此后对于本国农业之各种情形，分门别类，特别研究，俾成为中国独立之农学，则农业之改良发达，可跂足而待矣！〔1〕

蔡元培予以正面响应："吾国东北、西北面积广大，宜于大农，应由政府设法开垦；东南各省人稠地密，宜于小农，应以合作的方法设法改良，但无论大农小农，均须应用科学方法，并须如许主席所谓，成为中国独立之农学，然后乃达目的。"其他会员更倾向于"农业科学化"提法，刘运筹认为："中国数千年来，虽号称以农立国，考其实际，除人足家给而外，实无所谓农业。现因海禁大开，受世界经济变迁影响，始知农为企业之一。然农民墨守成法，非科学化之农业也。本会为农学唯一团体，是欲农业科学化，实非本会莫属，敢请本会同人特别努力。"〔2〕1934 年 8 月 26 日，邹树文在中华农学会第十七届年会上强调应该"促成农业科学化，希望新农学能切实应用于农作"。〔3〕1935 年 7 月 14 日，钱天鹤在中华农学会第十八届年会上说"农业问题为科学问题"，中国农业进步得益于"科学研究之结果"，更应根据农业的地域性，"分途研究，共策改进"。〔4〕

亦有会员从传统的士农关系角度，揭示农学与农业相结合的重要性。杨绍西指出，中国古代士农并非绝对分开，自晚清新式

〔1〕《造成中国独立之农学》，《天津益世报》1930 年 8 月 29 日第 3 张第 10 版。
〔2〕《第十三届年会记事录》，《中华农学会报》1930 年 8 月第 78、79 期合刊，第 136 页。
〔3〕《第十七届年会大事记》，《中华农学会报》1934 年 9 月第 128 期，第 200 页。
〔4〕《第十八届年会大事记》，《中华农学会报》1935 年 10 月第 140、141 期合刊，第 144 页。

学校采用资本主义教育制度后，学校与农民相离，农学生与农事相离，学校内学生、教师与农事互相分离，以致农学不能普及于民间。克服以上弊端，必然要解决以下问题：（1）如何使初级至农业大学学生之脑与手与机器相联络；（2）如何使农林科学普及民间，农校与农民发生关联；（3）如何使农事、农政、农学联合，打破劳心劳力阶级划分。[1]曾济宽与此心颇相通之，他发挥古之“士农耕读为一”精神，主张应继承固有精神并光大之，“使士农打成一片”，化除同行相轻相妒恶习，共谋中国农业发展。[2]

第三节　“使科学还之民生”：复兴农村实际问题研究

1933 年 8 月，天津《大公报》发表社评说：“一般学者，业经变更眼光，从学理冥想，转到实际社会，注意于事实问题之解决，由此切磋推阐，即可发挥学术之功用，此吾人所为重视此项新风气。”[3] 这一时期，中华农学会在救济与复兴农村环境中展开切实研究，试图找出应对之方，建言政府，普及民间，具体办法有：一是农业问题研讨，每至年会时先由总会确定需要解决的问题，个体研究，集体研讨，群策群力，推进解决；二是发表年会论文成为定制；三是就某一问题分途进行研究，将研究成果辑成专刊；四是《会报》刊载稿件向实际研究倾斜，以“富有研究性之论文”充实之。[4] 下文按照专题分门阐述其具体研究活动及成果。

---

〔1〕《第十七届年会大事记》，《中华农学会报》1934 年 9 月第 128 期，第 201 页。
〔2〕《第十八届年会大事记》，《中华农学会报》1935 年 10 月第 140、141 期合刊，第 144 页。
〔3〕《学术界团结之新风气》，《大公报》1933 年 8 月 28 日第 1 张第 2 版。
〔4〕《事务所日记摘要》，《中华农学会报》1936 年 8 月第 150、151 期合刊，第 183 页。

一 农业化学与粮食自给

粮食问题历来是中华农学会最为关注的民生问题之一，并从农业行政、技术以及经济方面研究解决。1929年年初，董时进认为进入建设时期“农事之建设为最急且要，盖不解决民食问题，则他种建设无从说起”。[1]1930年，《时事新报》连续发表《食米问题》《再论民食》两篇社评以及曹裕民《民食问题》等文章，引起朝野关注。[2]中华农学会主张开掘国内潜能，实现粮食自给。1934年8月，许璇指出：

> 我国近十余年来，每年输入大量之米谷、小麦及面粉，国人多以为粮食前途，至为可危，斯诚忧国忧民之言也！然在实际上，自外国进口之米麦，与我国米麦之生产额及消费额相较，其比例尚小。且现在我国土地之生产力，尚有余裕，耕地面积之扩张，亦甚有望，故粮食自给之可能性颇强。现在粮食问题所当引以为忧者，不在粮食之不足自给，而在不知利用其自给之可能性，设法以解决之。倘我国政府，能急起直追，于粮食之生产政策，关税政策及统制政策，兼程并进，务底于成，则中国最近将来，粮食当可完全自给。否则，因循苟且，不为未雨绸缪之计，但为临渴掘井之谋，恐年复一年，将来人口日增，或国民生活程度上进，而生产仍如故，

[1] 董时进：《发刊农学·周刊旨趣》，《世界日报·农学周刊》1929年1月6日第1期，第1页。

[2]《时事新报》1930年6月30日、1930年7月1日、1930年9月24日第1张第2版。

或且衰退，则粮食不足之程度，后将益深，而莫能就药。[1]

开发粮食自给的“可能性”涉及面颇广，但在特定社会政治环境下，技术仍为关键所在。陆精治认为“应用学理之困难”与“技术进步之迟缓”是增加农产的主要障碍，胡汉民因此在给其书《中国民食论》作序时写道，“使科学还之民生”。[2] 1929年8月中华农学会第十二届年会期间，许璇、孙恩麐、顾复、吴觉农、周汝沆、江汉罗、徐方干等举行食粮专题讨论会，议决设立国立省立粮食调查委员会、栽培方法改良、施肥改良、品种改良、农具改良、振兴水利、奖励杂粮增收、调剂国内粮食畅销及免除厘捐、改订食粮输入税则、仓库设立及改良、节减消费、病虫害防除，并向政府呈请。[3] 1930年中华农学会第十三届年会上，吴福桢报告“害虫防治学近年来之进步”，与会会员进行专题研讨。[4] 1932年中华农学会第十五届年会上，农政及粮食组研讨或议决：呈请实业部设立各省农业改良示范区案；转呈中央明令增加农产品价格以济农村经济案（保留）；呈请实业部通令各省建设厅设立化学肥料管理局监督经售化学肥料各商店营业及指导农民施用化学肥料适当方法案，议决由会呈请实业部通令各省实业厅或建设厅酌量情形设置肥料检验技术人员，于必要时设立肥料管理所取缔化学肥料，提倡天然肥料。[5] 1935、1936年，中华农学会连续两届年会成立

〔1〕许璇：《粮食问题·序言》，上海：商务印书馆1935年，第1页。
〔2〕陆精治：《中国民食论》，上海：启智书局1931年，第1、53页。
〔3〕《第十二届年会记事》，《中华农学会报》1929年10月第70期，第134—135页。
〔4〕《第十三届年会记事录》，《中华农学会报》1930年8月第78、79期合刊，第137页。
〔5〕《第十五届年会记事录》，《中华农学会报》1932年10月第105、106期合刊，第182页。

农作物改良组，冯泽芳、金善宝、沈宗瀚、孙逢吉、张灏、王至培、毛云程、吕允福、孙祥复等20余人参与研讨，涉及田地盖砂、碱土改良、栽培冬小麦、海水可否作为灌溉水源，以及改良品种最后试验于普通高级试验外，是否应对土肥及栽培方法反应等再做复杂试验等问题。[1]

1930年，董时进发表《中国粮食问题之性质及其解决方法之商榷》一文。[2]次年，沈宗瀚、吴觉农分别发表相关文章，各自代表了解决中国粮食问题的“技术”和“政策”两个向度。沈宗瀚深谙现代育种技术，力主以育种增农产，“育种是一种技术。晚近三十年来，由遗传学之进步，而此艺术日精。遗传学是研究遗传及变异之科学，亦即育种学之基础，改良品种即改良其遗传物质。凡为育种方法，所改良之物质，皆有永久存在之价值。作物育种学能增进作物之产量，改良品质，使作物驯适其生长环境，而增进抵抗病害、冷热、水旱、冰雹、暴风等能力，故育种学在农业改良上占重要地位，实科学之一大贡献”。据估算，科学应用此法每年可增产粮食20%。[3]吴觉农质疑进口粮食免税政策，认为此只适于以工商立国国家，而作为以农立国的中国“绝对的应该自给自足”，这既是独立国家的原则，也是国民经济上最切要的训条，否则，“国内农业无从复兴”，就此论应撤除免税政策。[4]

---

〔1〕《第十八届年会记事录》,《中华农学会报》1935年10月第140、141期合刊，第148—149页；《第十九届年会记事录》,《中华农学会报》1936年10月第153期，第151页。

〔2〕《大公报》1930年8月23日第1张第4版。

〔3〕沈宗瀚:《改进品种以增进中国之粮食》,《中华农学会报》1931年7月第90期，第1、6页。

〔4〕吴觉农:《中国的食粮进口与免税政策》,《中华农学会报》1931年7月第90期，第16、21页。

中华农学会会员注重赴国外研究农作，以为国内农作改进之借鉴。1930年9月，冯泽芳入康奈尔大学研究院，以植物育种为主，植物生理和细胞学为辅，集中研究棉作育种，第一年研究题目为“棉作比较试验之技术”（Technic Involved in Comparative Tests of Cotton），第二年研究题目为“亚洲与美洲棉杂种不孕性之遗传学及细胞学的研究”（A Genetical and Cytological Study of Sterility of Asiatic-American Cotton Hyfrids），并作《江苏省立棉作试验场现今所行之鸡脚棉育种法》，翻译《印度棉之染色体数目》。[1]同期，金善宝先后在康奈尔大学农学院、明尼苏达大学农学院研究植物生理学、遗传学；马保之入康奈尔大学农学院研究植物育种；[2]孙逢吉赴美研究棉作。[3]1932年7月，为推进农作研究，管家骥、冯肇传、沈宗瀚、赵连芳、郝钦铭、沈寿铨、周承鑰、金善宝、卢守耕、马保之、冯泽芳发起中华作物改良学会。[4]其宗旨为“联合同志，研究作物改良之学术，以促进中国作物改良之事业”。[5]此会之“农作”系指凡直接以作物为对象，从事改良及研究者皆属之，如遗传、育种、试验技术以至良种良法推行；“作物”不仅指农艺作物，亦包括园艺作物。次年1月14日，该会第一届年会在中央农业实验所举行，管家骥、冯泽芳、卢守耕、钱天鹤、徐天锡、沈宗瀚、赵连芳、蒋涤旧、孙逢吉、王绶等人与会，宣读学术研究论文9篇，

〔1〕《冯泽芳先生由美国来函》，《中华农学会报》1931年2月第85期，第123页。
〔2〕《中华作物改良学会缘起及旨趣》，《中华农学会报》1932年8月第103期，第118页。
〔3〕《事务所日记摘要》，《中华农学会报》1935年10月第140、141期合刊，第166页。
〔4〕《中华作物改良学会缘起及旨趣》，《中华农学会报》1932年8月第103期，第116—117页。
〔5〕《中华作物改良学会章程》，《中华农学会报》1932年8月第103期，第118页。

卢守耕、沈宗瀚、冯肇传审查遗传及作物育种科学名词。[1]

中华农学会专门编辑“作物育种专号”“植物病虫害专号”和“农艺化学专号”，汇集农作相关研究成果。1933年，赵连芳主持“作物育种专号”，共收研究论文7篇，分别为赵连芳《水稻育种之理论与实施》，萧辅《棉作田间技术研究》，沈宗瀚《高粱育种法》，孙逢吉《绿麻田间技术研究》，李先闻《人工引变与育种》，涂治《植物抗病育种》，丁颖《广东野生稻及由野稻育成之新种》；报告《江苏省立麦作试验场棉作育种事业概况》，涉及农作物主要有水稻、棉、麦、麻、高粱等。赵连芳阐释粮食作物生产之重要：“人情饥则思食，寒则思衣，故衣食自古即为历代君王之所关心，宜乎国民政府引为当今急务也。我国自古以农立国，而其所谓农者，盖大半指五谷生产而言。即以现在国情而论，全国人口至少百分之七十五为农民，而农民之衣食大半出自农作物，此增加作物生产之所以急不容缓也。”增加农产的方法途径不外扩充生产面积、整顿农田水利、改良栽培方法、运用适当肥料、防除虫灾病害、改良品种等，而改良农作种子较之“简而易举，其收效既速，费资亦少”，便于推广。

是时育种新法不断引入，除此前常用纯系选种法外，还有进种法、选种法（包含混合选种、纯系选种）、杂交育种法（包含品种杂交及自交系之杂交种利用法）、人工引变法等，且操作程序亦有较大进步。赵连芳认为：

彼善于育种者，应斟酌情形，而定以上各法运用之步骤。

---

〔1〕《中华作物改良会第一届年会纪》，《中央日报》1934年1月16日第2张第3版。

自原则言之，凡先进各国或各省对于某项作物，已有改良品种可以适合本地之用，则采用进种法，自为第一步骤；如外处改良种不合本地风土，则就本地种植最普遍而最优良之品种中运用纯系选种法，以分离优良纯系，自为不二法门；迨纯系选种已进行至相当程度时，或天然原种中难以选出某项因子式（genotype）以应急需时，则斟酌人才设备之情形，采用杂交育种法，利用天然之品种配合优良，以期育成优良之新组合，自当为第三步应有之工作；至人才与设备两全之际，或选种及杂交将尽其能事之秋，则本天演进化之原则，利用变异与遗传之可能现象，实施各种科学手术，以期创造突变，而供选择或交杂之用，乃育种者最后之步骤与希望也！[1]

病害防治、土性肥料与育种有重要关联。是年11月，中华农学会编辑“植物病虫害专号”，刊发相关研究论文、调查报告共12篇，分别由张巨伯、朱凤美、蔡邦华、杨行良、邹锺琳、陈同素、汪仲毅、王善佺、薛万鹏、徐国栋、朱学曾、徐方干等撰述。1936年3月，中华农学会编辑“农艺化学专号”，刊发相关论著及研究报告13篇、译述3篇，撰（译）述者有王兆澄、彭家元、王正、魏嵒寿、詹忠箓、杨守珍、孙云沛、陈振铎、叶荫浓、戴以坚、蓝梦九、钟兴正、志耕、吴春生、徐方干、马保之、范福仁等。王兆澄阐释农业化学研究旨趣说：

农业化学除去基础研究，犹有三方面之学问：其一属于

〔1〕《编者言》，《中华农学会报》1933年7月第114期，第1—2页。

> 生产者，有土壤学等；其二属于变形者，有农产制造学等；其三属于利用者，有营养学及食品学等。是乃鼎立三足，缺一不可，何得谓为杂而不纯，其不思之甚矣。今日不言农业化学则已……若用或者之言，则支离灭裂，既无统系之可言，又何能谋之有功乎？农业化学之体系创自Liebig氏，其思虑之周密，犹为扼腕，发辉光大，数十年于兹，其有功于农业，既重且大。我国创立农业化学，为时非暂，或偏于生产学，或偏于利用学。欲求其三面俱到，适合国情，吾人及时努力，未敢后人。
>
> 目下我国农业，亟需应用农学，尤当谋农业化学之发展，可使种、植、牧、畜，改进有所根据，毫无疑义。吾人努力基础工作，向三方面平均发展，树立农业化学之伟业，推进农学，改进农业，处国家社会，如磐石之安，其在斯乎！[1]

王兆澄已将农业化学提升至发展农学、改进农业的高度看待。综合看，中华农学会会员因各自学术背景、观察视角不同，解决粮食问题之道亦有区分。但其主体思路依然是“技术”路线，通过现代科学改良作物品种以增加农产。

二 造林与治水

1931年，南北各地洪灾肆虐，全国农村经济益加困顿。8月，森林与治水成为中华农学会第十四届年会的重要议题。21日下午

---

〔1〕王兆澄：《农业化学之使命》，《中华农学会报》1936年4月第146、147期合刊，第1—2页。

2时，在陈宰均主持下研讨“水灾之农业的救济办法”“北方荒山造林应如何促成”。董时进提议以学会名义向国民政府电致乡间水灾救济办法，原文谓：“南京国民政府行政院钧鉴，本会第十四届年会一致议决，恳请钧院对于乡村水灾特别注意，从速筹买种子、农具、牲畜，发给灾农，俾农业得恢复，并尽量从国内购买赈粮，以资救济。中华农学会叩。”〔1〕

森林防治水灾其益既巨且大，但属长效机制，缓不济急。许璇主张临时性与长远性方案齐下的“根本的救济”之道：“一面以简捷的方法，速发赈粮；一面为未雨绸缪之计，由政府筹购种子、农具、牲畜，发给灾农，俾受破坏之农村，速恢复其工作，庶今年冬作及明年农作，可望丰收。盖灾民之目前的生命，尤宜维持，而其将来的生命，尤宜预为保全也。否则，仅救一时之危，而不为未来着想，万一数年内再遭灾害，将若之何？”他对国民政府从美国购进小麦的借助外力的应对方式表示异议，认为“为救急计，未始不可，但俟交涉妥协，颇需时日，恐美麦未入境，而灾民已填沟壑，似应先从本国设法讲有无相通之道，但能豁免运费，并于运输上，予以种种便利，则灾区获得赈粮当较易，万一不敷，再向外国输入粮食，若专恃外国粮食，恐非永久之道，亦非发达本国农业之本旨。”〔2〕许璇、吴觉农均认为依靠外援只是权宜之计，根本解决还在于自给自足，二氏针对粮食进口建议采取一种“有弹性的自由伸缩的进口税”，并请上海市社会局转呈市府及行政院，

〔1〕《第十四届年会记事录》，《中华农学会报》1931年12月第94、95期合刊，第151—153页。

〔2〕《农学院长许璇谈中华农学会救济水灾问题》，《京报》1931年8月25日第7版。

但终未能改变国民政府的免税政策。[1]许璇亦提出边疆垦殖不失为救治乡村水灾的重要途径，因此垦务对于救灾具有重要意义。

李寅恭力倡“造林防水”，他援引法国工程师舒赫遏制山洪流沙“根本治法在营林”论，以及林学家孟德斯“救水患，非理水防沙造保安林不可”之说，认为森林与水利“无往而不带相互关系”，但在中国“保安林无闻，于何言水利，殊不合于论理学。平日沿江省份率有水利局之设，沿黄河、运河省份，辄又置管辖河工事务之官吏，究竟职司何事，令人大惑不解”。保安林除治水功效外，亦能防风防沙、防海啸，各地应视形势需要而加以推进，其程序为：（1）调查，此为治林先决问题，包括土性与深度、风向风力及本产树类等；（2）测绘，包括清丈收买土地，登记官荒与制定预算；（3）施业案，分年限定栽植量，厘定管理程序等。[2]

1932年中华农学会第十五届年会上关于造林防水的工作力度加大，森林组研讨并议决多项提案：建议政府严令各省从速清理荒山荒地境界，厉行强迫造林案；建议政府厉行民众造林运动案；建议全国水利机关在水源地荒山施行防沙工程，实行造林以蓄水源而防灾害案。[3]1934年中华农学会第十七届年会，冯泽芳、汤惠荪召集讨论荒废过度山地造林问题。[4]1935年中华农学会第十八届年会森林组研讨造林及保护问题，李寅恭、杨靖孚主持，梁希、曾济宽、林熊祥、朱大猷、索景炎、张静甫等参加，提议造

〔1〕吴觉农：《中国的食粮进口与免税政策》，《中华农学会报》1931年7月第90期，第20页。

〔2〕李寅恭：《森林与水利》，《民国日报》1931年8月30日第2张第2版。

〔3〕《第十五届年会记事录》，《中华农学会报》1932年10月第105、106期合刊，第182页。

〔4〕《第十七届年会大事记》，《中华农学会报》1934年9月第128期，第205页。

林植树当选乡土树种并有经济价值者，如无乡土树种，须先行试验，取适当者种植；保护应从合作入手，务使人民共同育苗，共同造林，共同保护，此为促进民林最佳办法；森林地带关系水源，主管机关尤应特别保护。[1]

此外，会员个体的森林研究不断推进。廖崇真就农产造林旨趣、意义、方法及程序进行研究。他指出："森林不独为人民衣食住行原料之所产生，而且为国家命脉所寄托。无如近年以来，吾国政治杌陧不安，干戈扰攘，造林垦荒等之根本建设，多搁置不提，纵或提倡，不过为一种点缀之宣传，间或有一二之森林机关之设立，然类多侧重局部之研究片面之设施，至于普遍之植林政策，有系统之植林推广等组织，则罕有注意及之者。"他考察森林与民生、森林与水灾、森林与农业之关系，指出："夫森林之利益，不独限于供给原料，预防水灾，而于农田水利，与及土壤之肥沃，均有莫大之关系。"因此，"大规模之植林事业，实急不容缓"，推行村有林制度，是植林事业的重要举措。何谓村有林制度，其言道：

吾国谚云，官山民田，其意谓山地属于公有，而田土则属于私人也。今村有林之制度，即由政府规定，将各县之官山，尽行发放于附近之村落，凡属与某村毗连之山场，某村即有优先领取之权（每村应得多少，将来由各省农林机关审察地方情形酌定之），并规定其造林之年限。如逾期不种，政府得收回之，而让与邻村。如某村领得荒山，村人合作共同

---

〔1〕《第十八届年会记事录》，《中华农学会报》1935 年 10 月第 140、141 期合刊，第 149 页。

> 造林，将来林长成，即属村中公有林，人民共享。换言之，村有林之制度，即由各县政府将各县之官荒山，将其所有权，移让于毗连之村落，责令其自行造林是也。[1]

廖崇真“村有林”观念源于康奈尔大学教授Hosner的影响。1931年，他出长广东农林局时将此付诸实践，在番禺、鹿步司、横沙乡创办村有林。其核心是通过村有林的“公有性”解决森林所有权问题和保护问题，以提高民众植林的积极性和主动性，进而带动植林事业发展。

1934年11月，中华农学会集合会员力量，编辑“森林专号”，分为六个部分：（1）国内外林业新设施：傅思杰《广东试行兵工造林第一年之纪述》，凌道扬《一九三三年美国林业之新设施》；（2）造林：陈嵘《树木开叶落叶之时期与移植工作之关系》，李寅恭《松栎混交林之危险性》《各种森林作业法之比较观》，王正《油松之幼林（Pinus tubulaeformis）骤失其郁闭后之翌年其所受影响的试验》，齐敬鑫《针叶树同类树木中各种“气候种”生理上之分别借温度对其种子发芽之影响而表现之》，栗耀岐《针叶树类子叶数之观察》，蒋蕙荪《松毛虫与造林树种问题》；（3）利用：朱会芳、陆志鸿《中国中部木材之强度试验》，沈鹏飞《论我国木业商人应联合组织木业会社以谋木材商业之发展》，贾成章《对于我国铁路枕木之研究》，梁希《松脂试验》；（4）经理：周桢《北平农院演习林生长之一瞥》，栗蔚岐《山西所产几种重

---

〔1〕廖崇真：《农村复兴运动声中村有林之研究》，《中华农学会报》1934年2月第121期，第7—13页。

要树之树干的解析》;(5)调查及意见书:任承统《绥远之森林》,林刚《参观日本沙防林之感想及对于我国江河上游建造保安林刍议》,苏甲熏《广西三江县森林调查概况》,戴渊等《南京上新河木材贸易状况》,索景炎《两年来林业界》,万康民《草拟黄河水利委员会林垦组初步工作计划大纲》;(6)译述:范际霖译《土壤反应与森林之关系及其简便测验法》。

1936 年,陈嵘条陈造林三大要政:一是中央政府应致力于荒废地区造林,挽回山崩河塞颓势,为国土保安长久大计;二是省政府应集中经济人才,在境内名胜筹设大规模实验林场,使林业现代化,养成人民重林思想;三是县政府应多设种苗场,以从事推广造林。[1]这三条代表中华农学会对政府造林事业总的立场和观点。

三 振兴丝茶业

许璇说:"中国蚕丝事业,有数千年之历史,生丝在世界市场中,久占最优越之地位。而自入二十世纪以来,日本蚕丝业进步神速,有一日千里之势,华丝逐渐为其所凌轹,而莫由自振。"[2]王益滔认为,中国欲恢复世界一等蚕丝生产国在最近与将来均为"梦想",即便维持茧丝正规状态也有"不可为力之势"。[3]改进并振兴丝茶传统行业,对于复兴农村影响巨大。时人把丝业衰落归结为国内技术不良以及国外同行竞争加剧等内外因素,中国蚕丝出口

[1] 陈嵘:《中国造林事业之商榷》,《中华农学会报》1936 年 12 月第 155 期,第 68—71 页。

[2] 许璇:《对于蚕丝业问题之我感》,《中华农学会报》1935 年 7 月第 138 期,第 101 页。

[3] 王益滔:《吾国蚕丝业今后之唯一出路》,《中华农学会报》1932 年 2 月第 96、97 期合刊,第 9 页。

“向为全世界冠”，但因“外受日丝、人造丝的竞争，内以连年灾祸的影响”，茧量歉收，丝质不佳，以致蚕丝事业一落千丈。[1]

1934年，《申报》发表时评检讨华丝业衰落缘由，表述尤为明确：

> 这几年来，我国丝业的崩溃，已无容讳言，其间的原因何在，值得我们检讨。有些人将丝业衰败归咎于银钱业投资方针的错误，说经营公债和地产，就是妨碍实业进步，漠视农村经济的主要原因。这就未免忽略华丝技术方面的退步，世界的不景气，和日本人的倾销政策了。我们知道，国丝的出口额，已由一九二八年二万八千二百万元，降至一九三三年的九千三百万元，计惨落百分之六十七。可是同时期内，天然丝在世界市场上的销路，并没有同比例的降落。这就完全证明，国内丝业的迅速崩溃，颇受其他产丝国生产力扩张，尤其是日丝倾销的影响。在目前世界经济恐慌声中，生产力进步的国家，竭力企图世界市场的独占，品质不如人的华丝，当然只有失败的份儿。[2]

以上将华丝业衰败归为自身技术不良与外来倾销压力，即技术、经济两个层面，救济之道亦须由此入手，两相兼顾。杨春绿提出两条办法：一是设试验场，以研究促技术改进，以提高丝质；二是实行关税保护政策，免征生丝出口税附加，对进口人造丝课

〔1〕杨春绿：《从国际贸易上观察中国丝业的衰败及其救济》，《申报》1933年7月22日第5张第19版。

〔2〕彤：《丝业的救急办法》，《申报》1934年8月9日第2张第6版。

以重税。[1]

1932年8月，夏振铎主持中华农学会第十五届年会蚕桑讨论会，议决案有：规定茧价应请政府及机关各法团顾及农民成本，俾丝厂农民共存共荣，以谋蚕业进展案；拟请政府规定推广蚕种改进农民育蚕技能，应由各方通力合作，力矫歧视及区域主义之弊案；拟请政府从速将丝业公债应用于蚕业治本方面，俾丝厂农民皆蒙其利案；建议中央扩充蚕桑区域，增加生产，奖励输出案等。[2] 1935年中华农学会第十八届年会，孙本忠、夏振铎主持蚕桑问题研讨会，夏道湘、汤锡祥、曹贻孙、顾青虹等20余人集中讨论复兴蚕业办法，议定以减轻成本，提高品质，增加生产，推广销路为复兴目的；方法应由中央政府统筹全国蚕业行政、蚕业试验和蚕业教育，以迅速达到目的。[3] 以上措施从解决农村问题整体着眼，着重平衡丝厂与农民利益，以调动双方改进技术的积极性。

中华农学会解决华丝业问题是以技术为核心，辅以农、工、商诸因素的整体思路，具体手段是生产科学化、组织与经营合理化。许璇指出：

> 现在蚕丝业，不论其为农、为工或商的各方面，均危机四伏，几濒于亡。似应急起直追，以挽颓势，而图改进。更须合农、工、商各方面，互相策应，联为一体。而凡各方面利害

〔1〕杨春绿：《从国际贸易上观察中国丝业的衰败及其救济》，《申报》1933年7月22日第5张第19版。

〔2〕《第十五届年会记事录》，《中华农学会报》1932年10月第105、106期合刊，第183页。

〔3〕《第十八届年会记事录》，《中华农学会报》1935年10月第140、141期合刊，第149页。

> 不同之点，尤宜力谋调和，共图发展。否则，制种者、养蚕者、制丝者及经营生丝贸易者，各自为谋，秦越相视，则蚕丝业漫无统制，益将限于穷境，且同归于尽矣！
>
> 蚕丝业各部，如形影之相随，声响之相应，融合之，则共存共荣；分离之，则彼此不相顾，其结果必同受其害。故欲救济蚕丝业，宜就栽桑、制种、养蚕、制丝及生丝贸易各方面，统筹全局，以确定一整个之根本计划，循序进行。[1]

王益滔将华丝败落归结为技术、经营与税收三点，“夫以吾国育蚕技术之如是拙劣，制丝经营之若是粗放，而又加以贩卖制度之无条理，税收之苛敛诛求，是则蚕丝业各方沉闷苦痛之声，固非无因而至者。是故救济之道，亦应由此着手，育蚕技术应如何讲求，制丝事业应如何改良，贩卖制度应如何组织，是皆荦荦大端。”他认为，蚕丝业根本问题是“七农三工”的利益冲突，因此欲“收实益而速见效”，应将这些措施“熔之于一炉”，使之相助相辅，“不致互相对立”，同时“市场行市，操之在吾”。达此目的“唯一出路”即是“合作制丝”，农、工双方在“共荣共存主义”之下，消灭“七农三工”的对立，如此方可促进改良。[2]顾青虹从遵从“不因循”“谋治本”原则，提出六条挽救措施：统一蚕业行政；注重学术研究，“为改进事业之基础”；以技术、管理实现生产合理化，降低丝茧生产费；提倡蚕业合作社；统一蚕之品种；提倡蚕丝直

〔1〕许璇：《对于蚕丝业问题之我感》,《中华农学会报》1935年7月第138期，第103、106页。

〔2〕王益滔：《吾国蚕丝业今后之唯一出路》,《中华农学会报》1932年2月第96、97期合刊，第13—15页。

接贸易，摆脱外商操纵。[1]胡载之认为树立“华丝竞进永久之固基”，不仅在改良蚕儿品种、产出优良丝茧、增进工作效能、减低生产消费，亦须注重官民合作统筹整个改进计划，以及国民心理素质，纠正改良的“投机幸进之自绝心理”。[2]

广东系中国丝业重镇，粤省会员热心研究振兴本地丝业，以使其挽回颓势，进而一跃为“世界一新兴之蚕丝重心区域”。桂应祥、杨邦杰考察撰成《关于广东蚕及蚕业初步考察》，提出改良挽救办法。[3]他们提出从“技术—学理”与“行政”两方面谋划改良，前者包括蚕品种及桑之改良、蚕病预防与驱除；后者包括蚕业取缔、召集蚕业技术会议、谋蚕业智识启发以及召开品评会等。[4]廖崇真分析粤丝衰落原因：一是世界经济恐慌，销路受阻；二是粤丝不知改良，质与量均不佳；三是外来人造丝充斥市面。他建议借鉴日本“利用科学方法，锐意改良”：“查日本丝业兴盛之原因，无非利用科学方法，使蚕丝生产合理化，技术科学化。其政府对于蚕种改进、缫丝改良、对外贸易、蚕业组合等，事事均予蚕农丝商以经济学术之援助。”因此，救济途径在于选制优良蚕种、建设新式缫丝厂、推广国外贸易、增加国内消费、举办蚕丝业低利借贷、普及蚕丝教育等。[5]

同期，华茶的处境与丝业类同，难免衰败之命运。蔡无忌分

[1] 顾青虹：《我国蚕丝业之救济方案》，《中华农学会报》1932年12月第107期，第33—36页。

[2] 胡载之：《改良华丝生产法之商榷》，《中华农学会报》1932年2月第96、97期合刊，第31、36页。

[3]《中华农学会报》1932年2月第96、97期合刊，第18—21页。

[4] 桂应祥、杨邦杰：《改良广东蚕业之管见》，《中华农学会报》1932年2月第96、97期合刊，第22—29页。

[5] 廖崇真：《广东蚕丝业复兴之途》，《中华农学会报》1933年9月第116期，第82页。

析认为华茶衰落原因是生产者缺乏协同组织、栽培不用科学方法、税则繁重、政治不安以及外部竞争激烈等，相应解决方案：调查考察各省栽培制造状况，进行试验研究，对茶户及制造家进行宣传指导，并制定保护奖励措施等。[1]当时官方在各产茶区设置试验场，推进茶叶栽培、烘干等各环节的技术改进，参与其工作的徐廷瑚却认为，“徒恃官方设立试验场”，改良只能限于试验范围而不能普及，根本救济办法应从“种茶人民着手”。[2]徐方干在日本茶叶会社研究茶的发酵，归来致力于绿茶机械制造及中外茶叶生产与贸易调查，撰写《近年中国茶业界》《近五年外茶入华数量》《静冈茶之海外雄飞》《近五年来世界主要产茶国输出统计》《晚近日本茶业之趋势》《中国红茶产销经济状况》等10余篇专文。[3]1933年，他东渡期间研究复兴华茶之策。他认为：

> 我国自前清末季，思革新茶业迄今，垂有三十载，而其成效一无所有。诚以昔日多言之于口，而不见诸于行也。今夫国难之中，万百事业，莫不呈萎缩之状，故非振兴产业，谋海外之发展，则不足以充足经济之能力，而巩固立国之邦本。夷考华茶对外贸易，民国初年，虽曾有发展之气象，然华商多外强中干，加以品劣而价高，货则弃于市，是以实际远不及日茶之猛进。最近数年，华茶对外贸易，更形落伍，外销既不能振，而内需势将仰求与〔于〕人。此种倒悬之事实，

〔1〕《救济华茶步骤》,《申报》1933年6月6日第3张第11版。

〔2〕《改良华茶在进行中》,《申报》1933年6月11日第2张第8版。

〔3〕《中华农学会报》1933年2月第109期，第60页；1933年10月第117期，第112、113、114页；1934年9月第128期，第184页；1936年1月第144期，第81页。

无论国家经济与国民经济，俱有绝大之危机。在今日复兴茶业之际，救济华茶对外贸易及拒绝进口之基，乃为求实业伸长而达于国民，得以自立与国体稳固之先决问题。秉承总理之遗训，此复兴华茶之所以不可忽视也。[1]

徐方干所言“治本之道”为栽培、制造与人才三端。在茶树栽培方面，分设中央和处立茶业试验场。他建议将全国产茶区划分为四大茶区以管辖茶务，分别为：苏、浙、皖、赣、闽为东南区；两广、云、桂为西南区；两湖、豫、川为中部区；鲁、晋、陕、甘为扩充区。设立六个试验处以行研究，分别为：苏、浙、闽为第一处；皖、赣为第二处；两湖、川为第三处；云、桂、两广为第四处；甘、陕、豫为第五处；鲁、晋等为第六处。处立茶业试验场主要负责启发茶农、改良茶园、技术试验等；中央政府在茶业腹地设立中央茶业试验场，意在“统率各处试验场技术与指导及行高等试验”。徐之本意，在于以中央驭地方，消除门户分歧、各自立灶、脉络不通之弊。相应制茶工场亦分为“国营”与“处营”两种形式。在人才培养方面，他主张在各省农学院和农林学校中分设高等、中等茶业教育，前者“本茶业上之学术、理论及应用，并考究其底蕴而造就研究人才”，毕业后充为试验场或制茶场技术或研究人员；后者则需明了茶之“技术及理论”，毕业后赴各产茶地指导茶户或为自营者。[2]他还开展实验研究，撰写《种茶实验法辑要》，翻译山本亮《红茶之色素》（*The Xanthophyll of Black Tea*）等

〔1〕 徐方干：《复兴华茶意见书》，《中华农学会报》1934年2月第121期，第31页。
〔2〕 徐方干：《浙西茶业问题》，《中华农学会报》1934年4月第123期，第68页。

论文。[1] 徐氏《意见书》经驻日留学生监督处转呈农村复兴委员会。此外，吴觉农、胡浩川合著《中国茶业复兴计划》亦入列“行政院农村复兴委员会丛书”，他们主张复兴华茶措施，如划定区域详查内容，设立茶业研究机构、技术设施以及培养专才外，较有新意的是提倡国家统制政策与组织茶农等。[2]

四 农业经济学

中华农学会对于农业经济的重视，背后有着深刻的农业（村）经济学（Agricultural Economics or Rural Economics）关怀。有观点认为，关于农业、农民的社会科学为农业经济学，其学术地位“日见隆重”，表现为世界各国较为完善的法政学校、农业学校大都设有此学科或学系，专门研究机关和团体亦复不少，专业著作汗牛充栋，欧战后出版尤多，作为农业国家的中国“近来也颇有人注意农业经济及农村社会问题”。[3]

从中华农学会会员的学术构成看，以农业经济学为主业者不在少数，诸如许璇、汤惠荪、童玉民、唐启宇、黄通等皆为此领域研究翘楚。而其农业问题解决路径，与纯粹技术科学观点迥然不同。从农学范畴自身论，技术层面的学理易于为普罗大众接受，而农业经济学则存在一定的学科认同问题，故专门学者不时强调它在整个农学体系中的独特位置，以正其“科学”之名。1932 年 9 月，冯紫岗描述农业经济学在中国学界之境遇：“农业经济学的产

〔1〕《中华农学会报》1935 年 5 月第 136 期，第 73 页；1936 年 4 月第 146、147 期合刊，第 176 页。

〔2〕吴觉农、胡浩川：《中国茶业复兴计划》，上海：商务印书馆 1935 年，第 3—4 页。

〔3〕隐农：《介绍一个学农业经济的地方》，《大公报》1931 年 7 月 28 日第 3 张第 11 版。

生时期，比较的新近，故在一切皆落人后，科学尚不发达之中国，研究农业经济学的人，自然很少，而明了农业经济学之意义的人，亦不甚多。甚至有农学专家，尚不知此种科学之性质及其用途。且有学过农业经济学之大学生，尚为农业经济、农场管理、农业经营、农业政策等等名词所混淆，而未辨其中之关系。”他以为，中国学界对农业经济学的认知尚且幼稚，遑论研究与应用。约同时，唐启宇将著述数量作为衡量学术进展的重要标志，对中国农业经济学进展的评价却持一种肯定态度：“十年以来中国农业经济之研究已有日渐增加之势，论文著述汗牛充栋，足见我国人士对于农业经济问题之注意。”〔1〕

冯紫岗自命启蒙国人农业经济学学理角色，强调农学中除去自然科学学理外，尚有经济科学学理。他阐明农学内涵：

> 农学（Agronomie）是以应用为目的之混成科学。直言之，农学并非自成一种纯正科学，乃应用物理化学、地质、气象、动物、植物等自然科学及经济科学等之混成科学。研究此各科学之原理及其相互的关系，由其中寻出规律，俾农业者依此规律（Regles），实施生产的增多，与企业经营之有利的组织。
>
> 农学之研究，依其学科所含之各局部的性质，有于〔与〕耕种相关之气候、土壤、肥料、植物营养、栽培法等之研究；有于〔与〕畜牧相关之饲料、繁殖及管理法等之研究。在此，耕种、饲畜生产事业两方面之上，更有所谓如何为有利的经

〔1〕 唐启宇：《农业经济专号·弁言》，《中华农学会报》1936年11月第154期，第2页。

营，如何可致农业之繁荣之研究。[1]

他认为农学是“自然科学”与“经济科学”的“混成科学”，进而将其细分为耕种学、畜牧学和农业经济学三部类。随着分科日益细密化，诸如农产制造学、农业土木学、农业机械学、农业建筑学、植物病理学、昆虫学、兽医学等分头并进，它们在农学中虽有“相当地位”，但也居于“辅助学科”而非“基本的学科”；耕种学、作物学、畜牧学皆偏重于生产方面研究，故可概称农业生产学。如此，农学谱系实由农业生产学、农业经济学构成，如下图所示：

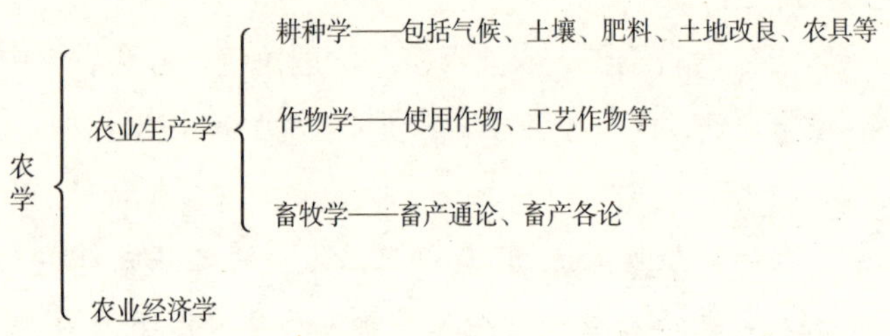

图 5-1 农学谱系图

冯紫岗综合欧美及日本学者观点，认为农业经济学为“应用经济学之原理原则，以谋农业企业之繁荣”的学科，其“范围有大小”，而“意义亦有广狭”。广义而言，它分为农业政策学和狭义农业经济学或农业经营学；狭义而言，其研究范围主要为：农业种类自然的、社会的及个人的环境；农业生产要素，如土地、资本及劳力；农事企业组织及农场管理；农业评价及农业簿记。他着重

〔1〕冯紫岗：《农业经济学在农学中之地位及研究农业经济之必要》，《中华农学会报》1932年9月第104期，第1—2页。

从学理层面阐明农业经济学对于解决农村问题的必要性和重要性，其言：

> 农村问题现在成为世界之大问题，而农业经济问题，为近代农村问题之中心。鸦片战争之后，欧美及日本之资本主义渐次侵入中国内部，打破吾国数千年来因袭传统之自给自足的农业。而农民尚不能进行适应新时代之农业经营法，国家及地方政府，尚无谋农家生活安定之政策，社会尚少人注意农业合理化与社会化之研究与指导，农业教育、农业试验各机关之有名无实者固无论已。其上焉者，亦只兢兢于育种及栽培机〔技〕术之生产改进方面，而忽略了以如何的方法，始能作有利的生产之问题。如此，农业日益衰落，农村经济日益破产，土匪、兵匪、军阀、共产党以起，造成中国现时绝大的危机。
>
> 农校学生应研究农业经济，因为其自各种技术科学（农业生产学）所学得之知识，皆于农业经济学综合之利用之，始能发生实际之效用，并能实证其理论之真伪。〔1〕

冯氏从解决农村中心问题角度，道出农业经济学相比于技术科学有其无可替代之作用，因而农业经济学的学理、方法和角度成为解决中国农村问题所不可或缺的思想资源。如其言：“中国农业经济能得适当的发展，则全社会经济建设之基础以立，各种社会

〔1〕冯紫岗：《农业经济学在农学中之地位及研究农业经济之必要》，《中华农学会报》1932年9月第104期，第14—16页。

问题、文化问题之解决，都可相关进行，前途将有希望！”童玉民则从学理行诸实际理路阐发二者之关联。农复会成立不久，他撰写《农村复兴运动与农村经济之发展》一文，于1933年5月19日至22日连载于《苏报》，后经修订发表于《中华农学会报》。他指出，农村复兴运动，“已由胚胎时期，演进于萌芽时期；已由呼喊时期，递入于厉行时期”，但当局的推进方式和方法则值得商榷，如言：

如何改进农村，使在最短期间，跻于安宁、富裕、优美、高尚之域，为首先应提出之问题。将百废同时齐举乎，恐政力、治力、财力、智力，有所弗逮，徒有普遍周密之策划，不分先后，不别缓急，以适应乎目前最迫切之需要，解决其目前最重大之问题，诚何补于实际？吾人固知农村复兴运动，可包含保甲运动，治水运动，筑路运动，造林运动，合作运动，节约运动，耕地整理运动，新农具使用运动，新品种使用运动，副业普及运动，减租运动，科学智识普及运动，娱乐改良运动，以及风俗改良运动等等，千头万绪，不遑枚举。然与其枝枝节节而为之，本月一运动，次月一运动，本周一办法，次周一办法，曷若决定方针，确立政策之为愈。是可知农村复兴运动之核心何在，乃最有讨论价值者也。

童氏委婉表达对官方的批评意见，不赞成不分主次以及轻重缓急的笼统做法，力主抓住具有决定性作用的重大问题。其言：

农村复兴运动之核心运动，吾以为系农村经济复兴运动，何以言之？我国各地农村，外受帝国主义式、资本主义式，经济力、经济物（商品）之压迫，内受土劣之渔夺，贪污之侵牟，天灾之流行，人祸之蹂躏，大好农村，悄悄然显露总崩溃状态。非设法完密农村经济组织，调剂其金融，合理其消费，并减少其生产费，改良其生产品，增加其生产力，改善其生产物，以增进其富力，优裕其生计，则无以导农人受相当教育，无以使农人享良美生活。且也农村经济果能图其发展，则人尽其才，地尽其力，物尽其用。盗贼、流氓、乞丐之徒，自见绝迹，对于治安，洵可受良好影响。[1]

童玉民主张应以“农村经济复兴运动”为农村复兴运动核心。与此相应，党政设施应由“官僚本位之行政”一变为“农民本位之行政”，并采用“最摩登化、科学化、合理化、具体化”统制政策，全国总动员将其见之于行事。童氏还专门研究其中农业仓库特性、利益、业务以及推行等方面内容，并制定详细施行方案。[2]

许璇是农业经济学研究的领军人物，著述颇丰，除已出版专著及已刊文章，未刊著述甚多。许氏逝世后，汤惠荪整理其遗稿，选取近期著述《最近世界各国农业状况及变迁》《中国之农地价格》《中国农业经营之集约度》《中国农业经营之大小问题》《中国佃种制度之利弊及改革问题》《农产物价格之调节》《中国合作事业之现在及将来》《对于蚕丝业问题之我感》《中国农业金融问题》《论

〔1〕童玉民：《农村复兴运动与农村经济之发展》，《中华农学会报》1933年10月第117期，第2—3页。

〔2〕童玉民：《农业仓库之经营与推行》，《中华农学会报》1933年9月第116期，第73—77页。

中国关税制度与农业之关系》，共计 10 篇，收录于中华农学会编《许叔玑先生纪念刊》，谓为“中国目下农业经济上稀有之宏著”。[1]此外，汤惠荪专门就农业经营方式问题，介绍德国农业经济学家秋能（Johann Heinrich von Thunen，1783—1850）农业经营集约度理论，阐述其理论核心农业集约经营程度受农产物和农业生产要素间价格关系支配。[2]1936 年 11 月，中华农学会编辑“农业经济专号”，共收录研究论文 7 篇，计有黄枯桐《农村建设问题》、王益滔《论商业银行之农村放款》、杜修昌《中国农业商品生产之发展条件》、冯紫岗《农产品生产费计算之效用及其方法》、傅葆琛《中国农村人口的出路》、杨铭荣《中国农村经济问题之检讨》、徐壮怀《最近六年来中国主要农产品之输出与输入》。以上从农村经济不同层面分别研究，试图为解决农业经济问题开出一剂之方。

就形式论，除个体与集众研究外，尚有年会的问题研讨。1930 年，中华农学会第十三届年会农业问题研讨会上，唐启宇报告《中国农业政策简论》，然后由会员探讨。[3]1931 年，第十四届年会农业问题研讨会，集中讨论农业金融机关及农业合作应如何推广。[4]1932 年，刘运筹主持第十五届年会农政及粮食组讨论“拟请本会转呈中央明令增加农产品价格以济农村经济案”，议决保留。[5]1933 年，第十六届年会向上海金融界建议“酌提各银行储

〔1〕《汤惠荪志》，《中华农学会报》1935 年 7 月第 138 期，第 12 页。

〔2〕汤惠荪：《从秋能氏孤立国的理论观察欧洲几个农业国农业经营的集约度》，《中华农学会报》1933 年 6 月第 113 期，第 1—2 页。

〔3〕《第十三届年会记事录》，《中华农学会报》1930 年 8 月第 78、79 期合刊，第 137 页。

〔4〕《第十三届年会记事录》，《中华农学会报》1931 年 12 月第 94、95 期合刊，第 151 页。

〔5〕《第十五届年会记事录》，《中华农学会报》1932 年 10 月第 105、106 期合刊，第 182 页。

蓄长期存款兴办模范盐垦区以增生产案"，议决保留交理事会参考；"由本会推举起草员拟订小农联合借款简易合作社组织法"案，经大会修正通过；"呈请实业部采择施行以便小农得经济上之援助而收复兴农村实效"案，经议决保留，交理事会参考。〔1〕1934年，第十七届年会上，冯泽芳、康瀚、汤惠荪等共同讨论棉产统制方案。〔2〕1935年7月15日，汤惠荪、冯紫岗主持第十八届年会农业问题讨论会农业经济组，梁庆椿、包容、童玉民、沈蕙英、李剑农、温端莘等与会，讨论"村户分类"，一致以为此问题在农业经济上研究意义重大，中国之村户分类标准应取"概况"及"富于弹性"原则，即村户精详分类应视各地情形而定，不能"执一以绳之"。〔3〕1936年8月23日，黄通、吴铸人主持第十九届年会农业问题研讨会农村经济问题组，讨论"国人与政府对于禁止小麦出口问题"，会员意见分歧较大，未予表决。〔4〕

总之，在国民政府农村复兴运动中，中华农学会工作重心仍在农业学术研究，关注点则偏于"技术"与"经济"两端，但不同于此前解决农业问题的思路，在于从"整体解决"路径出发，在重视"农业自身"及"技术"问题之同时，将其放入政治、经济和社会的广阔视域中审视，试图开出一条不同以往的解决之道。

---

〔1〕《第十六届年会记事录》，《中华农学会报》1933年9月第116期，第124—125页。

〔2〕《第十七届年会大事记》，《中华农学会报》1934年9月第128期，第205页。

〔3〕《第十八届年会记事录》，《中华农学会报》1935年10月第140、141期合刊，第149页。

〔4〕《第十九届年会大事记》，《中华农学会报》1936年10月第153期，第151页。

第六章

中华农学会反思资本主义与变革社会制度的愿景

中华农学会从1917年正式创立至1937年辗转西迁重庆，已经走过20年风雨历程，在这期间它随中国社会变动而发展演进。以上各章全面探讨该团体的组织、人事、活动与影响等内容，重现其组织演变、活动重心转换以及认识变化。下文着重考察在工业化和资本主义冲击下，中华农学会与各党派社团对农业农村问题的社会解决取径，延伸探讨农业工业化、乡村都市化、农民的政治参与、革命与改良等相关重要问题，以及朝野各方围绕这些问题的探讨与论争。阐释它在不同政治背景下的角色担当以及与变革社会制度的关联，并略述1937年以后的组织走向。

第一节 “创造农村文明”与启发农民之“觉悟”

18世纪以降，在工业革命冲击下，农业文明逐渐让位于工业文明，由此造成农村劳动力大量流入城市，城市化加速带动都市文明勃兴。同时，资本与科技下乡又引发一场“农业革命”——农业工业化，使农业融入资本主义经济循环体系。随着西方资本主义全球化扩张，中国广大农村腹地成为西方资本主义构建的世界经济体系的重要一环，中国农业社会独立、自足和封闭的状态随之解体，农村人口的“离村运动”导致“市与野争民”现象，亦使农业农村问题日趋严重。中国开港以来引入的现代文明大多集中于新兴都会，它们与内地旧式乡村形成截然不同的两个世界。便捷而舒适的现代都市生活，对于久居乡下的人们充满诱惑。无论出于对都市文明好奇或向往的主动行为，还是由于天灾人祸的被动出走，离乡后的人口绝大多数流入都市，一方面突破都市自身的合理承载限度；另一方面致使农村经济因劳动力和资本短缺加速破产，从而激起世人对再造农村文明的吁求。

一　农业工业化

近代历史进程表明，工业化尽管催生了繁华的都市文明，但也造成了城乡社会发展失衡。第一次世界大战后，世界范围内出现了一股强劲的反思、重估和批判资本主义物质文明的思潮，尤其对都市与乡村的功能和地位进行重新定位，典型者如英国“复兴农业”的勃兴，转变 18 世纪以来的以“商工立国”方针。受此影响，中国朝野在反思西方工业文明得失基础上，激发出空前的“重农”思潮，知识界认为，“欧战”宣告西方工业文明“破产”，唯有农业文明才能“救济中国”，甚至“救济世界”，以纠正晚清以降“重工”“重商”而农业地位无形下降的偏颇。中华农学会就是在这样的国内及国际背景下创立，如其言“我国学术未昌，民生凋疲已达极点，如再不觉悟共趋于实业一途，而徒为无意之党争，国将何以为国，此则本会同人等所组织斯会之本意”。[1]

〔1〕《本会年会记事》,《中华农林会报》1919 年 10 月第 5 集，第 4 页。

1922年7月，梁启超在济南“全国农业讨论会”成立大会上发表“为农业与将来之社会”演讲。他指出：

> 诸君当知“欧战”后，全欧社会，尽处于风雨飘摇之中。吾人细究其故，盖由于百年前工业革命而起。自机器发达以来，大工业勃兴，制造能率遂霁时增加，徒手工作者，遂不能与敌。且营此大工业者，不过千万人中之一人耳。致演成富者愈富，贫者愈贫之现象。农业遂全归废弃，国家乃日濒于危险。欧西大战中，德国之甘为众敌而封锁各国者，亦知各国农业式微，欲绝量〔粮〕食耳。吾非倡反对工业之论，工业故宜提倡，不过因提倡工业而置农业于工商业下，则不可也。中国历史上，农业之智识至深且厚，亦非提倡不可。且中国农产丰富，对世界能有至大之贡献。况无论何种工业原料品，悉系农产物。若以我国农产品输出，且可以发展国民经济，提高经济的地位。农业对于世界之第二大贡献，即为调和贫富不均之现象。盖偏重工商，往往成贫富悬殊之问题，其结果纯致不可收拾，而演出社会革命。俄国劳农政府之现象，可为一例。吾国慎勿入重工轻农之歧途，而仍以保持农业国之态度为要。盖农业必以相当之劳力，得相当之利益，不致生贫富不均之问题也。更如欧美都市人口，每年增加，农村日趋荒芜。人民以不能生活而趋至都市，但工厂一倒闭，仍不能生活。且身体之康健，及道德之完全，都市农村又至不同。……故吾人切望大家，返于农业，而以工商业副之。吾人并觉中国对于世界负至大之责任，在二十世纪中可为完全之人类社会者，简直说，除中国外，无他人矣。诸君能抱

至坚之精神与毅力，以发展此农业，斯为吾人今日第一之希望也！[1]

这是国内最早对第一次世界大战后的这股世界思潮做出的回应。其中心主旨是，农业问题因近代工业革命而起，中国应吸取西方教训认清自己的国情及发展之路。他并不是排斥工业，但坚持以农业为“主”，工商为“副”。因为，发达农业既可增进国民经济，亦可规避贫富差距引发“社会革命”。同年10月，章士钊提出农业、工业无等差“平均的注重论”。他说：“现在中国，不独不注重农业，反鄙视之，以为下等所为。把不应注重的工业，反死死力图发展。”[2]看似无等差性的“平均的注重论”，将农业提升至与工业同等位置，无意中对工业的地位有所弱化。次年8月，章士钊在中华农学会第六届年会讲演“农村立国”，如言：

昔在外国留学所得之政治法政知识，回国应用辄生困难，始知东西洋之政治不适用于中国。因东西各国以工商立国，而中国则以农立国，惟中国之农业现在殊无进步。但以中国现状，无论设施何种政治，均已绝望。而以地大物博之关系比较的，惟有农业尚可救国，且农业国之地位较之工商国似为稳固。因工商国之所恃者，为工作出品，若遇销路不畅，必受打击。征之德、法、日本商业现状，可知农业国则可避免此种危险。故主张农村立国，而造成一种业治之势力。此种

〔1〕《梁任公先生演讲辞》,《中华农学会报》第3卷第10号，1922年7月，第71—72页。
〔2〕章士钊：《注重农村生活》,《章士钊全集》第4集，上海：文汇出版社2000年，第151页。

业治势力成立后，则政治势力将无形消灭。届时即可组织一强固正大之团体，而研究农村立国之方法。故希望贵会具坚毅之精神，以底于成。[1]

章士钊此举被政敌攻击为政客谈农，用心不纯。章氏名为言农，却意在论政，乃借助中华农学会传播其“业治”政见，以扩张政治影响力，但毕竟可以从中提示中国思想界的新动向。12月12—13日，章士钊在上海《新闻报》连续发表《业治与农——告中华农学会》一文，阐释中国不可行“工业立国”之内外缘由：“吾艺术之不进，资本之不充，组织力之不坚，欲其兴工业以建国，谈何容易？即曰能之，当世工业国所贻于人民之苦痛何若，昭哉可观。彼正航于断港绝潢而不得出，吾扬帆以穷追之，毋乃与于不智之甚。世界真工业制之已崩坏难于收拾也如彼，吾国伪工业病之复洪胀不可终日也如此。”中国立国大道是农业，一是古往今来，“文化治制，一切始基于农”，二是“政治二字，已归腐烂，非立业治，不足以实事求是，以乱兴邦”，所以“吾国当确定国是，以农立国”，“立业治以代政治”。他寄望中华农学会“对于吾国农业兴革事宜立一全体崭新计划，而将实施此项计划之责，全课之也”，实现“以农治农”。[2]随后，杨杏佛为该报撰写社论《中国能长为农国乎？》予以批驳，章氏撰文《农国辨》应战。[3]

中西国情殊异，欧美国家提倡工农调和，主要基于反思工业化畸形发展导致农业停滞或崩坏，酿成社会问题情形；中国农业

〔1〕《本会纪事》，《中华农学会报》1923年7月第42期，第91页。
〔2〕章士钊：《业治与农——告中华农学会》，《章士钊全集》第4集，第201—206页。
〔3〕章士钊：《农国辨》，《章士钊全集》第4集，第266页。

问题恶化，正值工业化起步阶段，远非简单追慕西风所能化解。其时，卷入这场农工关系大论辩的中华农学会会员的主张并非单纯重视农业而排斥工业。〔1〕杨开道认为“农业革命”将紧随“工业革命”，其结果是“机器替代人工”“农业科学化”“农业商业化”。所以，工业进化是近代“天然趋势”，若人为抗争，恐怕“代价太大”，“结果太少”。〔2〕换言之，工业革命为农业工业化开辟了道路。于矿阐释农工关系说：“农业工业本有联络关系，不可偏倾于一方者。偏倾农业，不兼谋工业之相当的发展，在昔闭关时代，或可我守我素，在今中西交通之际，土制之劣货，断不能抵制舶来品之输入。况外人之于内地设厂经营，尤无防止之方法，然物品由农而工，由工而商，为自然进行上必经之程序。工业原料，大都取给于农，偏倾工业，而不先谋农业之发展，则工业亦不巩固。在农业无可发展之国家或不得已而偏于工商，在农业大有发展之中国则农业实为工业之基础。”〔3〕可见，于氏主张农工兼顾，而农为工先，农为工之基础。

董时进多被归为单纯的重农论者，其实不免误解。他之所以说中国不宜工业化，原因是在主权不独立情况下，很容易招致外人染指等“危险”。〔4〕他在理论上阐明农工为“互助”关系，二者“相倚为用”，“欲发展工业，亦宜扶助农业之发展”。〔5〕此前，唐志才称引西人“农工调和论”（Industry Combined with Agriculture）、“经

〔1〕关于农工关系的论争一直持续至1930年代，参与人士非常广泛，所论及问题宽泛且深入。

〔2〕杨开道：《农村问题》，第14、19页。

〔3〕于矿：《农业为中国立国之基础论》，《中华农学会报》1923年8月第43期，第1页。

〔4〕董时进：《论中国不宜工业化》，《申报》1923年10月25日第1张第3版。

〔5〕董时进：《与工程师讨论农业问题》，《中华农学会报》1926年6月第51期，第5页。

济调和”（Economic Harmonies），明示：“我国今日之大患，在农村与都市之不能平均发达，农业与工业之不能互相调和。农业不改良，是以制造业不能随之而兴。”进而提出“当使农工两得其全，以跻于经济调和完全发达之域”。[1] 以上论者均不约而同由分析经济问题而及于社会问题，以发展农业调剂片面工业化带来的社会偏弊，以免阶级分化与社会对立，酿成社会革命之“惨剧”。

由上可知，反思并矫正工业化的不良社会后果，与发展工业自身本不相抵牾，甚至农业工业化为创造农村文明的重要一环。通过调整工农业的空间分布，达到城乡共时性发展成为时人较为一致的思路。这将工农关系的探讨推进一步，即在承认农业基础性地位基础上，通过现代工业力量“以工补农”，推进农业发展。借助“科学”与“机械”改进农业生产始自晚清，1920年代以来衍生为两条路径：一是农业的工业化，采用科学和机器，即“脑与手与机器相联络”，采行集约化的大农经营；二是在乡村直接发展工业和副业。吴觉农甚为赞同“农村的工业化或电气化说”，认为电气化“更是促进农村使合于近代的惟一的方法”。[2] 杜修昌则认为，农业工业化是调和城市与农村的路径之一，他说：“我们虽不是单纯的重农论者，然总觉得一国的农工商业，须互相提携，互相促进，至少也须并行不悖。”国家应以“工业化”力量，为“农业技术的设备”；以“机械化”及“化学的农业”为基础，以求农业增产。而且，他较早提出设立农村工业区域，从事农产品制造，

---

〔1〕唐志才：《我之所谓农工调和论》，《中华农学会报》1923年9月第44期，第6页。
〔2〕吴觉农：《浙江农业的特性与合作运动》，《中华农学会报》1929年12月第71期，第65页。

吸收都市失业工人从事农业劳动。[1] 1933年，方显廷著成《中国之乡村工业》（南开大学经济学院工业丛刊之一）一书，专论乡村发展工业的重要性，他指出乡村工业的重要性是“使得乡村居民有一种更充实的生活，阻止乡村人民向城市中心转移，解决现代工业制度的几个问题”。[2] 所以，王任重说近代工业和农业握手了，复兴中国农村经济“农业要工业化”，且“工业农业化”。[3]

1934年，浙江省积极提倡农村副业工业化，为农业工业化奠定基础。据载：

> 浙省府以发展农业生产，实为救济农村衰落之要图，最切合于本省农村现况。与农民经济□量者，莫如提倡农村副业之工业化。今日各经济学家，盛倡农业工业化与农场集体化之说，以冀根本发展农业生产，其计划非不伟大，见解非不精确。但二者非俟资本发展与政治易体，则均感有理论而不切实际之苦。今日如欲实现农业工业化之计划，则宜提倡农村副业，而以副业工业化为实现农业工业化之基础。盖提倡农村副业工业化后，农村副业必更发达，由手工业进而为简单之机器工业。此后，农业逐渐趋于工业化，自可预期。农业生产亦必随之有长足之发展，此其一。农村副业工业化后，农村生产方法渐趋集体，农村散漫精神渐趋团结，农民与农民生产合作之方式，将必大有进展，农民亦可模仿欧美

〔1〕杜修昌：《农村与都市之关系》，《中华农学会报》1932年7月第101、102期合刊，第102页。

〔2〕方显廷：《中国乡村工业与乡村建设》，《大公报》1933年8月9日第3张第11版。

〔3〕王任重：《中国农村复兴的研究》，广州：东成印务局1934年，第132页。

农家，以机器从事于农业之生产方式，此其二。[1]

同期亦有人提出要区分农村主业与副业，农村工业化只是“农村副业之工业化”，且为“农村工业之根干”，并不是“农村改为工业地带”，“农村大规模的发展工业”和“使村民放弃农业，趋向工业”。它重在利用农村剩余劳动力或过剩人口，经营“副业之工业”，而“农村之主业仍为主业，并不受若何影响”。[2]农业工业化相当程度上是实现农业机械化。唐启宇以为，机械工具缺乏是中国农业落后一大原因，应大量购置机械设备以增产农业。[3]罗虔英亦认为，要发展中国农业生产，繁荣中国农村经济，必须实施农业机械化，采用新式农业生产工具。[4]1936年4月30日，傅葆琛指出，发展中国农业需要“科学化”与“机械化”并行。[5]是年7月，陶孟和将现代农业的特点归结为“应用科学”，它表现为三个方面：一是“农业工作的机械化”；二是“农业程序几乎完全受了人工的支配”；三是“化学的进步”，这应为制定新农业政策的基本依据。如其言：“以中国古老的耕种方法与农业组织来与这里所说的新农业相对立，我们如何能有生存的机会”，当务之急是要“勇猛地与旁的国家一同踏入这个农业革命的大路”，“根据新农业的性质，做出整个的计划”。[6]

---

〔1〕《浙省提倡农村副业工业化》，《中央日报》1934年7月8日第1张第3版。

〔2〕亨：《农村工业化》，《天津益世报》1935年1月23日第1张第3版。

〔3〕唐启宇：《棉麦借款与农村复兴》，《中国建设》第8卷第5期，1933年11月，第8页。

〔4〕罗虔英：《中国农业机械化与土地耕种合作》，《中央日报》1935年7月7日第3张第3版。

〔5〕傅葆琛：《中国农村人口的出路》，《中华农学会报》1936年11月第154期，第60页。

〔6〕陶孟和：《要采行一个新农业政策》，《大公报》1936年7月12日第1张第2版。

这些言论尽管有所侧重，但不免落入以上两条路径，均属于创造“农村文明”物质文明层面，由此盖可透视时人探讨工业化与农业问题出路之关联。

二　乡村都市化

近代谋“都市与乡村平衡”发展，其路径和前途是走向乡村都市化。18 世纪中叶以还，西方资本主义国家相继发生工业革命，都市化随之空前提速，都市文明勃兴的同时，乡村日益走向没落。从世界历史进程看，如何协调城乡发展是现代文明生发以来的全球性问题。中国情形的特异性在于，农业问题在工业化起步阶段即日趋严重，农村经济因内外夹击走向崩解，加之，开港以来城市趋于畸形发展。中华农学会会员对都市与乡村关系的认知，相当程度上受日本学者那须皓“农村问题”为“文明问题”思想之影响。童玉民认为此种观念即西人所谓广义的农村问题概念，“农村之一切本质问题外，凡一般国民经济问题、文化问题、宗教问题、政治问题，其表现于农村内者，均包含焉”（problems of rural life； problems of village life； rural problem）。[1]

1925 年，吴觉农翻译的那须皓代表作《农村问题与社会理想》（全书后由刘钧译毕并付梓）第一章“现代文明与农业政策”刊发，其核心论点是“农村问题即为文明问题”。他“立在文明批评家的见地”，从社会心理、政治及经济根源等层面，剖析由工业革命造成的都市弊病与农村问题，认为农村问题不单是“经济问题”，综

---

〔1〕 童玉民：《现代我国农村问题及其焦点》，《中华农学会报》1932 年 10 月第 105、106 期合刊，第 138 页。

合看是“文明问题”。基于此，国家政策与地方行政必须优先考虑国民的文明生活及与一般文化之关系。[1]这为中国知识界从学理上讨论农村与都市关系，从人类文明或比较文明角度反思以都市为中心的文明，进而为整体构造中国乡村改造蓝图提供了依据。是年8月，许璇在中华农学会第八届年会上将“农村文化的发展问题”列为全会应予关注的重大问题。[2]

1927年年底，吴觉农更为完整地阐释了近世“文明的都市化”现象及其根源：

> 近世的所谓文明，是一种都市文明，无论教育、经济、政治、艺术、宗教、娱乐，没有一种不集中在都市。各种文明上的设备装置，无不以都市为中心。电气、自来水、煤气、图书馆、博物院、研究院、试验所，以及病院、养育院无论矣。便是铁路、电报、电话等，虽然接通乡间，而装设的目的，也为甲都市与乙都市的便利，决不是以农村为本位的。所以，现在的文明，是都市独占的文明。农村依然是数千年以来的农村，而农民的生活，则受资本主义的压迫，是数千年以来未经尝试过的生活。[3]

近代都市文明的膨胀造成了“都市病”与“农村空虚”的双重社会后果，导致农村破败与经济难局。唯有从文明平衡发展角度，

---

〔1〕那须皓：《现代文明与农业政策》，《中华农学会报》1925年11月第48期，第36—38、42页。

〔2〕《中华农学会开会两日记》，《时事新报》1925年8月10日第4张第2版。

〔3〕吴觉农：《农村文明的创造》，《中华农学会丛刊》第59期，1927年12月，第7页。

大力从事“农村文明的建设”，才有可能达到农村与城市协同发展，才能改变农村“空虚化”（Folk Depletion）状态。如言：

> 农村的荒废，都市文明的集中，营利本位的工商业经济的继续，现在固然是不可避免的事。但是，从一般的社会生活上及社会全体经济的健实上来说，决不能轻易放任的，如其听农村的衰颓而不设法加以救济，则中国的农业与农村，非到灭亡不可。农业亡，不但一般的经济亡，即工商业经济亦必随之而灭亡。资本主义的工商业经济组织的寿终正寝，固不必容我们惋惜，而社会组织也必随之而变迁了。
>
> 我们从产业的组织上来说，或从防止恶化的社会革命来说，或者从精神文明的见地上来说，对于农业当然该加以注意；对于农民的生活，农村的组织，当然该予以改善。但是，要图农村的发展，要农民生活的改善的根本问题是什么？第一，须打倒都市中心的文明；第二，该维持农村的经济。要打倒都市中心，维持农村经济，我们须得创造农村的文明！[1]

他疾呼：“创造农村的文明，是救济中国，救济世界的一条康庄大道。我们该集合起来，大家往这条路上走。”他主张农村文明建设的内涵包括：工业向地方分散，工、农合作，推进农业机械化和电气化；教育与文化由都市集中向各地的转移和分散；改革盈利主义的经济组织；制订农村建设计划，循序渐进，逐次推进。

---

〔1〕吴觉农：《农村文明的创造》,《中华农学会丛刊》第59期，1927年12月，第10—12页。

黄枯桐立足于国家建设全局，提出乡村和都市需要“同时建设”，“务能达到两者并存共荣的境地”。[1]黄培肇长期致力于农村经济调查和研究，提出改进农村社会的办法：增加耕地；推广他种职业，增进农民收入；提倡合作组织；组织农民自卫团，维护农村治安；设立农民协会，负责农村教育事业、改良农民生活、提高农民政治地位。他认为，改善农民经济生活、普及教育是改进农村社会的根本问题，应首先解决。改良农村社会旨在促进社会文化进步，使都市与乡村平衡发展。因为，国家文化的进步是整个社会的现象，不是局部的发展，然而农村物质环境、教育机关和农民思想习惯与都市相差悬殊，所以要想促进整个社会文化发展，舍弃农村的改革而无由；农村连年遭受兵、匪、水、旱、病、虫之害，迫使农民离村向都市聚集，结果造成都市失业率增加，产生新的社会矛盾，唯有建设新的农村社会，使都市与乡村平衡发展，方可解决农村和都市问题。[2]

霍桑指出，单纯的经济繁荣并不能涵盖生活全体，还需取得农村教育、精神、社交等领域的全面发展，繁荣经济的最终目的是提高乡村生活中的社会及文化标准，以使乡村生活更为文明高尚。[3]中华农学会亦认识到精神层面的城乡均衡发展不可或缺：其农村改造方案即强调文化进步是一个综合概念，而非指某个或几个具体领域或要素。要想促进整个社会文化发展，舍弃农村的改革而无由。[4]因而，农村文化建设成为中华农学会会员关注的重

---

〔1〕黄枯桐:《中国农村往何处去？》,《农声》第181、182期合刊，1935年2月，第7页。

〔2〕黄培肇:《改良农村社会之我见》,《中华农学会报》1929年6月第68期，第9—14页。

〔3〕H. B. Hawthorn著，杨懋春译:《社会化与乡村问题》,《乡村建设》第6卷第3期，1936年9月，第1页。

〔4〕黄培肇:《改良农村社会之我见》,《中华农学会报》1929年6月第68期，第14页。

要问题之一。1932 年 7 月，杜修昌比较中外学理及事实，从农村与城市人口的转移与集中视角，分析农村之出路，认为离村农民群集都市，造成传统伦理观念和宗法制度式微，大家族制度趋于崩解，并使都市与乡村日益对立。解决之道首先应增加农业投资使之振兴，降低农民离村率；其次，农业的工业化，国家应以工业化力量供给农业技术设备，通过机械、化学手段增加农业生产，并吸收都市失业工人，借此途径调节都市与乡村人口比例，以使彼此协调平衡发展。〔1〕吴觉农甚至认为，“建设新农村的新文化”是建设农村文明的一个“根本的步骤”。〔2〕邹树文则提议“力谋都市文化之输入农村，以免都市农村之分化”。〔3〕从增进农村社会生活效能的视角看，农村生活的“城市化”需要与“社会化”并驾齐驱，而城市的社会理想和适宜风俗也应持续有效地向乡间传播，适应健全的乡间生活的建构，且与“鸡犬之声相闻邻里之性相习”的社会意识不相抵牾，如此实则步入广义的农村社会化进程。〔4〕

乡村医疗卫生事业建设是新农村建设的重要方面。1931 年，于矿在柏林中国医学会发表专门演讲指出，“中国果欲谋文明进步，此项乡下医生的事业，亦非办不可”，既可仿照德国 Krankenkasse，兴办市乡医院，一市乡为一区，设立一所市乡医院；也可让师范学生、农学生、兽疫学生等下乡推广医学知识、倡导乡间卫生；还可仿德国 Wenter Schulle 程式，让市乡医院医生在

〔1〕杜修昌：《农村与都市之关系》，《中华农学会报》1932 年 7 月第 101、102 期合刊，第 102 页。

〔2〕吴觉农：《农村文明的创造》，《中华农学会丛刊》第 59 期，1927 年 12 月，第 12 页。

〔3〕《第十七届年会大事记》，《中华农学会报》1934 年 9 月第 128 期，第 200 页。

〔4〕李安宅：《乡村的城市化和社会化》，《燕大月刊》第 4 卷第 2 期，1929 年 4 月，第 38 页。

冬季农闲时巡回乡间，或在乡间组织卫生赛会，进行实地指导。[1]

综上，新农村事业包括各项社会公共事业建设，实际为“整个农村社会生活的建设”，用科学化、机械化和组织化等现代文化手段，推进农村的经济、教育、组织、卫生等方面的全面进步。[2]

三 “政治”是农民“应做事业”

杨开道曾言，近代农村和都市有两条共同的道路，一条是“物质文明的进化”，另一条是“精神文明的改组”。[3]通过工业化力量发展农村生产力，平衡城乡关系，只是道路之一。关于创造“农村文明”各项工作，包括中华农学会会员主张在内的探讨相当宽泛，涵盖物质文明、精神文明（如农村文化与娱乐等）和制度文明（农村组织形式）的各个层面。[4]这些如要逐一落实到农村的改造和建设中去，农人的素质特别是他们参与农村社会变革的“自觉性”尤为关键。

诸多人士不约而同地认识到，农村问题的最终解决要靠农民自身觉悟和行动，通过参与政治运动解放自身。1921年，汤惠荪引用斯宾塞（Spencer）“社会有机体”（Social Organism）学说，谓

---

〔1〕 于矿:《乡间医生之必要》,《中华农学会报》1931年3月第86期，第40—41页。

〔2〕 孙本文:《现代中国社会问题》第3册，重庆：商务印书馆1943年，第95页。

〔3〕 杨开道:《农村问题》，第16页。

〔4〕 有人主张改进农村不但要改良农业、增加农人收入，使其有“优越的经济地位”，而且还有如卫生（医院）、娱乐、教育和交通等刻不容缓之急务（季君勉:《目下中国农村所需要的四件事》,《新社会》第3卷第10号，1932年11月，第229页）。亦有观点认为“农村改造”包括“农村改良”与“农村建设”，即消极方面的“除弊”与积极方面的“布新”两面。前者主要针对生产、消费以及经济组织方面；后者包括政治建设、社会建设、文化建设和家庭建设。邵晓堡:《农村改造与农村教育》,《新社会》第3卷第10号，第234—235页。

农村是“构成国家之一自治体”，论证农民与社会之关系，进而提出农民自觉性问题。他说：“农村直可视为社会有机体之一，而构成此有机体之细胞，即为农民。夫具强固之细胞，有机体乃能繁荣，有健全之农民，农村方能发达，故农村之兴衰，直视农民以为断。”所以，“增高农民之程度与诱发其自觉心，为急要之图也”。一方面政府对于农民“须有真理解、真同情之觉悟”，另一方面农民“应觉醒其身心”。归根结底，“农村问题之解决，有待于农民自身之觉悟”。[1]因此，唐昌治把启发农民觉悟列为改进农业的四个要素之一。[2]唐志才则赋予“农工调和”政治意涵，即“农民有政治之了解”，并能“与工人合作，不趋过激”。[3]所以，他希望农民能与工人合作，双方在政治上达成一致，既能协调农工经济发展，又能消弭阶级对抗和社会革命。

近代中国由“革命崇拜”进入“革命行动”，并迅速演成“革命战争”。国民党将农民的精神启蒙融入政治动员，宣传并组织农民，借以扶助国民革命。受时势影响，中华农学会内谈“政治”的人逐渐增多，他们总体赞成国民革命以及国民党农民运动方针，但各人观点及主张又不甚相同。吴觉农直言，政治的发展“非有觉悟有知识的农民不可”。[4]林骙感叹：“在别国可以‘在农言农’，在中国不论是那一门的人，都非研究研究政治的问题不可”，农学家应“引率农民起来造反”，“我们学农的人，与其埋头去研究农

〔1〕汤惠荪：《农村之振兴与农民之自觉》，《中华农学会报》第3卷第3号，1921年12月，第4、7、14页。

〔2〕治：《改进农业须有四种要素》，《中华农学会报》1923年5月第40期，第1—2页。

〔3〕唐志才：《我之所谓农工调和论》，《中华农学会报》1923年9月第44期，第5页。

〔4〕吴觉农：《农民运动的意义与方针》，《中华农学会丛刊》第54期，1927年4月，第4页。

学，不如就这样先到农间去，利用我们的农学智识去与农民接近，能够即时引率农民起来造反，自是最妙不过，即不然而能够灌输一些政治智识与农民，养成几个将来陈涉、吴广”。[1]

董时进详述其农民与政治主张：一是农民参政的必要性，“无论政治是如何龌龊，如何卑污，如何的不生产，吾人都不能不过问它。……我们不是为政治而管政治，乃是为士农工商可以各安其业而管政治，为人民得过安乐的生活而管政治。政治虽不能生产，然而政治不良好，各种生活事业都要停顿”；二是政治是农民“应做事业”，“现时国内各大城镇的工商界，已渐表示要干预政治的意思。他们已经有团体的组织，一旦战争平息，要组织正式政府的时候，我相信工商界必将有政治的活动。只有这三万万的农民，还在那儿酣睡，梦见真命天子。然而农民占国民的一大半，农民一天不参与政治，中国一天不能成为真正的共和国”；三是要指导农民政治运动，“学农的和〔对〕农民表同情的智识阶级，除关于技术外，对于农民的政治活动，也负有指导之责任”，所以农学家“亦不可不具有政治的眼光和政治的训练”。[2]

中华农学会与国民党关于“农民运动”的主张也有很大一致性。吴觉农认为，农民运动是“拥扶农民自己的权利，增进自己的地位，改善社会组织，并在合理的社会方针之下，作政治的、经济的及技术的一种团体运动”。它是一种“不平之鸣”，“占全人类最大多数的农民，长期间屈服在不平之下，这是社会进化上一个最大的障碍，也是人类间一个最大的污点。所以，占全人类最大多

〔1〕林骙：《农学家应有的觉悟——考察日本农业以后的感想》，《中华农学会丛刊》第53期，1927年2月，第17页。

〔2〕董时进：《农民与政治》，《中华农学会丛刊》第55期，1927年6月，第1—3页。

数的农民，能够自己觉悟，能够自己起来，作经济、政治、技术的运动，即使不去尽力地帮助，也应该鼓舞着欢迎了”。他们认为此时国民党是革命的，特别在组织和动员农民方面“有策略”“有方法”，中国农民运动“不能不以中国国民党为其唯一的依托的所在”。农民运动也富有经济、政治与文化上的多元化诉求，如土地收回运动、资本改善运动、打倒贪官土豪、农产物联合贩卖以及教育及技术改良。〔1〕

农民政治运动很大程度上系因租佃关系矛盾激化所致，亦可谓抗租运动。中华农学会会员对世界范围的农民运动特别关注。汤惠荪重视中国佃户问题，尤其是佃户抗租运动研究。〔2〕他从宏观上认为国内佃户问题多属于“抗租运动”，即“农民团体向地主团体要求减租之运动”，又个案考察了1925年苏州吴江县发生的农民团体抗租运动，以佃户收支、劳动工资等调查数据，分析抗租事件发生的深层经济原因。1926年4月，他就此与日本学者交流心得。〔3〕包寅将目光投向域外，考察欧美及日本佃农与地主各自的结盟运动情形，认为：“农业劳动者之团体与农业全体团体之分离，为自然之趋势。欧洲方面已有显著之痕迹，将来地主之对待佃农之反抗，两者之纷争，必愈出愈奇。而金融之紧迫，生产报酬之递减，亦为势所必至之现象。”〔4〕

---

〔1〕吴觉农：《农民运动的意义与方针》，《中华农学会丛刊》第54期，1927年4月，第1、7页。

〔2〕美国学者K.伯恩哈特考察了1840—1950年中国长江下游地区的租税与农民反抗情形。Kathryn Bernhardt, *Rents, Taxes and Peasant Resistance: The Lower Yangzi Region, 1840-1950*, Stanford: Stanford University Press, 1992.

〔3〕汤惠荪：《中国之佃户问题》，《中华农学会丛刊》第54期，1927年4月，第11页。

〔4〕包寅：《近世佃农之结盟运动》，《中华农学会丛刊》第58期，1927年12月，第12页。

此外，中华农学会也重视介绍西人相关著述，以为本国资鉴。1927年10月，其会刊登载介绍农民运动及土地问题参考书：一是西人斐瑞尔《绿的勃兴》（*The Green Rising*，W. B. Bizzell），专论欧美农民运动之状况，共12篇，上海商务印书馆印行；二是雪莱《英国两世纪间的农村劳动联盟》（*Village Trade Unions in Two Centuries*，Ernest Selley），分上、下两卷，共8章，专述英国农民运动滥觞、发展、顿挫及觉醒的历史。此书亦被日本农民组合译为日文，改名为《农民组合运动史》，日本著名社会运动家贺川丰彦作序；三是怀特编著《地价政策》（*Land Value Policy*，James Dindas White，1924），详尽搜集T. Spencer，W. Ogilvie，T. Paine，J. Mill，J. S. Mill，H. Spencer，P. E. Doree，E. Burgess，J. MacDonell，H. George等欧美学者关于土地政策的意见。[1]

第二节 "建成社会主义的农村"

第一次世界大战前后的苏俄工农革命以及东欧民族国家建立，引起世界思潮深刻变动。许璇注意到，是时世界政治、经济及国民思想呈现出"革新运动"。一是"资本主义之扫除"，如俄国的"农业革命"；二是"土地制度之修正"，如东欧国家的"农制改革"，[2]这两股"解放改造之思想，如燎原之火波及吾国"。[3] 1920年代以来中国社会改造的各种方案无不与此遥相呼应。在理想层面，包

〔1〕《农民运动及土地问题的参考书》，《中华农学会丛刊》第57期，1927年10月，第97—98页。

〔2〕许璇：《续刊会报感言》，《中华农学会报》1925年11月第48期，第2—3页。

〔3〕顾复：《新思想与农业（续）》，《中华农林会报》1920年7月第8集，第1—7页。

括中华农学会在内的知识界对资本主义保持高度警醒，避免中国重蹈资本主义国家覆辙；而试图根本变革土地制度，废除土地私有制后，走“农业社会主义”道路，“建成社会主义的农村”，具体途径则有“革命”与“改良”之分。

一　世界潮流的本土回应：反对农业资本主义化

苏俄工农革命后，中国知识界开始深刻反思资本主义制度存在的合理性问题：一是社会主义思潮空前流行，并向实践层面展开；二是中国共产党成立；三是国民党“拥抱”社会主义，并与三民主义贯通解释。

孙中山以社会主义改造并重新诠释三民主义内涵，相应调整国民党的政治纲领和路线。1919年，孙中山解释说“民生主义者，即社会主义也”，提出“定全国之地价”。[1]1924年，国民党“一大”确立了“联俄、联共、扶助农工”三大政策，将民生主义规定为“平均地权”“节制资本”。同时，孙中山在“关于民生主义之说明”中表示：“本党既服从民生主义，则所谓‘社会主义’‘共产主义’与‘集产主义’，均包括其中。”[2]同年，他在《三民主义》第三讲及农民讲习所第一届毕业典礼上，将“平均地权”解释为“耕者有其田”。他说：“民生主义真是达到目的，农民问题真是完全解决，是要‘耕者有其田’，那才算是我们对于农民问题的最终结果。”[3]可见，孙中山的本意是为规避资本主义及土地私有制弊

〔1〕广东省社会科学院历史研究室等编：《孙中山全集》第5卷，北京：中华书局1986年，第191、193页。

〔2〕广东省社会科学院历史研究室等编：《孙中山全集》第9卷，第112页。

〔3〕同上书，第399页。

病在中国重演。

国民党将土地问题纳入国民革命范畴，实际仍主张和平赎买的“改良”手段。北伐战争中，“二五减租”渐成国民党土地政纲。[1] 1926年10月，国民党第二届中央委员及各省、各特别市、市、海外各总支部代表联席会议上，浙江省代表提议“二五减租”，经大会表决写入《本党最近政纲决议案》，其中相关“农民”内容共22条，主要有：减轻佃农田租25%；统一土地税则，废除苛例；遇饥荒时，免付田租，并禁止先期收租等。[2] 国民党在国民革命中大力宣传“二五减租”及“耕者有其田”，成为获得农民支持之“利器”。“二五减租”只在浙江等地有限试行，但亦阻力甚大，未能推及全国。

中国共产党成立后主张通过革命手段，废除生产资料私有制，以实现“耕者有其田”。1920年11月，《中国共产党宣言》宣布关于经济方面的见解：“将生产工具——机器、工厂、原料、土地、交通机关等——收归社会共有，社会共用。”[3] 1921年，中共第一个纲领提出“消灭资本家私有制，没收机器、土地、厂房和半成品等生产资料，归社会公有”。[4] 以上两个文件表明中共对土地分配

---

〔1〕关于“二五减租”之由来：国民党浙江省负责人沈定一（字玄庐）在家乡萧山县西乡有颇多地产，于1922年在本地组织农会，令佃农加入，亲加训练，并告以三民主义意义。凡加入会者，均减租25%。此后“三七五减租”实为“二五减租”别名。萧铮：《中国人地关系史》，台湾商务印书馆1984年版，第270页。

〔2〕荣孟源主编：《中国国民党历次代表大会及中央全会资料》上册，北京：光明日报出版社1985年，第286页。

〔3〕彭明主编：《中国现代史资料选辑》第1册，北京：中国人民大学出版社1987年，第339—340页。

〔4〕中央档案馆编：《中共中央文件选集》第1册，北京：中共中央党校出版社1982年，第5页。

的“社会公有化”政策，而且要通过直接没收予以实现，由此可见国共路数之根本区别。次年6月15日，中共中央第一次对于时局主张更为明确地提出，“肃清军阀，没收军阀官僚的财产，将他们的田地分给贫苦农民”。[1]7月，中共“二大”将农民划分为富足的农民地主、独立耕种的小农、佃户和农业雇工三种，大会《宣言》指出“中国三万万的农民，乃是革命运动中的最大要素。……如果贫苦农民要除去穷困和痛苦的环境，那就非起来革命不可。而且那大量的贫苦农民能和工人握手革命，那时可以保证中国革命的成功”，所以提出“工人和贫农与小资产阶级建立民主主义的联合战线”，工人“预备与贫农联合组织苏维埃”。[2]共产国际推动中共“三大”通过“农民问题决议案”，确立“引导工人农民参加国民革命”为“中心工作”。[3]1925年，中共“四大”通过“农民运动决议案”。[4]国共两党此期尽管同处国民革命阵营，但对土地问题的解决方式及目标存在重大分歧。

知识界宣扬农业社会化者多以留日学人为中坚，他们受到了中外各种社会化理论以及国共两党相关主张的多方面的影响。1920年后农业社会化思潮渐次兴起，中华农学会内部对于解决农村问题出现“科学化”与“社会化”之分野。除受苏俄影响外，与日本传入

---

〔1〕中央档案馆编：《中共中央文件选集》第1册，第26页。

〔2〕同上书，第76—79页。

〔3〕大会通过《党纲草案》，其中“最小限度的党纲”共18条，涉及农民的内容共两条：一是实行“乡村自治”；二是农民利益的特别要求，共5项，分别是划一并减轻田赋、革除陋规，规定限制田租的法律、承认佃农协会有议租权，改良水利，改良种子地质、贫农由国家给发种子及农具，规定重要农产品价格的最小限度。中央档案馆编：《中共中央文件选集》第1册，第112—113、118、129页。

〔4〕中央档案馆编：《中共中央文件选集》第1册，第292页。

的农业社会化思潮以及留日学人引介鼓吹不无关系。[1]此期，数种汉译专著自日本转译过来，为中国农业社会化思潮勃兴提供了源头活水。吴觉农、黄枯桐先后翻译那须皓《农村问题与社会理想》、河田嗣郎《农业社会化运动》等著作，邹敬芳转译河西太一郎翻译俄国米留金（В. П. Милютин）《社会主义与农业问题》，邓毅将河西太一郎翻译德国考茨基（Karl Kautsky）《农业社会化论》、马希阿尼（Marchionini）《农业社会化策》合译为《农业的社会化》一书。

中华农学会会员不主张在农业中推行资本主义，对社会主义存有某种向往的成分，其中马克思主义的某些理论观点是从日本转借传入。早在1920年，留日学人顾复揭示经济问题之重要地位："现代之思想，虽千头万绪，推求其主干，实为经济问题，或曰今后下流社会（指无产阶级）将起执政，以经济流治天下。据吾人推想，此种改革，恐非二三十年间所能成之事。"[2]他不赞成农业"资本化"，如此既可"缓和阶级战争"，也可"调和激进运动"。对于"土地公有"问题，他一方面赞成随着"社会经济之变迁，人类道德之向上"，渐次改革土地私有制度，实现"国有"或"公有"，赋予农民土地"使用权"；另一方面又有"公有事物"易于滋生"懒惰浪费"之虞。综合而看，应以"创成自作中农为理想"。他引述马克思主义唯物史观，"社会一定之生产力与一定之社会组织相适

〔1〕相关东文著述有那须皓:《農村問題と社会理想》，东京岩波书店1924年版；河西太一郎编译:《農業の社会化》，东京同人社书店1925年版；河西太一郎译:《社会主義と農業問題》，东京同人社书店1925年版，原著者为俄国米留金，邹敬芳译为《社会主义与农业问题》，中国国民党中央执行委员会农民部1926年版；平野学:《農業と社会主義》，东京农村问题丛书刊行会1926年版；河田嗣郎:《農業社会化運動》，京都弘文堂书房1928年版。

〔2〕顾复:《新思想与农业》，《中华农林会报》1920年5月第7集，第2页。

应”之说，认为中国社会革命“时季之未至”，故应“采渐进之手段，从事根本的改良”，非诉诸“激进运动”。[1]因此制定“救济农村”之方，应着眼于农村娱乐、农民智识、农民生计、农业水利、选种与防治病虫害等方面。[2]他同时提出，农业“不能如工商业之资本化”，这是由农业与工商业迥然相异的特性决定的：农业应用机械的范围有限，且局限于美国等少数大农国家；工业生产为无机的，农业生产为有机的；工业受天候影响小，农业则反之；工业为集合的，农业为分散的；农业生产因季节更替有繁闲差别，工业则不然；农民智识固陋，购置机械、改进技术困难等。[3]凡此种种，共同制约农业不能如工商业那样走“资本化”之路。

中华农学会同人鉴于资本主义工业制度之劳资矛盾，转而关注农业劳动问题，触及社会基本经济制度。1921年10月25日，第三次国际劳动会议在瑞士日内瓦召开，各国政府、劳动者与雇主三方各派代表出席，因“农业劳动者运动之声浪日盛一日”，农业劳动问题亦为讨论主题，国民政府只象征性地派汪荣宝代表参会。[4]与政府的淡漠相对，童玉民、汤惠荪给予高度注意，撰文向国内介绍会议缘起、经过及议题等情形，意在唤起国人对于农业劳动问题的重视和研究兴味。童玉民对比中外不同态度：欧美及日本“孜孜然研究，兢兢焉讨论”；中国则“寂寂无声”，“政府傍观，国民漠视”。然而，“今日社会主义之声浪，已弥漫大陆矣！

---

〔1〕顾复：《新思想与农业（续）》，《中华农林会报》1920年7月第8集，第1—7页。

〔2〕顾复：《吾国农业之缺陷及其救济方法》，《中华农学会报》第2卷第10号，1921年8月，第1页。

〔3〕顾复：《新思想与农业》，《中华农林会报》1920年5月第7集，第2页。

〔4〕汤惠荪：《第三回国际劳动会议经过情形》，《中华农学会报》第3卷第3号，1921年12月，第76页。

资本家与劳动者之冲突，亦将实现于中原矣！则尔后农业劳动，不飙举云兴，成为问题者，吾不信也！”他呼吁“农业者，自宜潜心讨论，以宣布自己主张。否则，帖帖然听命于醉心‘社会主义’之一二政治学家及劳动者之指导者，并农业劳动者组合之代表者，哆口哓舌，以施其偏见，吾知其必贻害于一般矣！”〔1〕

他们认识到农业在性质和特点上不同于工业，所受资本主义影响相对较轻，各自所产生的劳动问题亦有差别。汤惠荪认为，劳动问题不起于农业固因其“不入资本主义旋涡”之故，中国农村劳动者处于“劣弱之苦境”，若长期“不图改善，则农业劳动问题，必继工业而起”，所以，“农村劳动之改善为农业劳动之先决问题”。他主张农民、雇主与政府三管齐下共谋解决：农民一方应“觉悟其畴昔之苦境”，制定“生活上及境遇上”的改良方针；而后“要求地主与雇主阶级之谅解”；政府亦宜制订计划，以改进劳动者地位。〔2〕他们又从不同角度批评指出资本主义不利于农业发展。1925年，童玉民认为，农业为“人生必要”之“基本的产业”，于“营利上”为“不适当的产业”。因是之故，农业“处资本主义制度之下，不能脱离渐带衰微的运命。今使资本主义的经济制度，永久有存续之可能，则其结果，农业非陷于衰灭不可”。在他看来，马克思主义的社会形态更替学说颇有“科学根据”。如言：

据马克斯〔思〕主义所云：资本主义的社会之灭亡，及社

〔1〕 童玉民：《农业劳动问题与世界之潮流》，《中华农学会报》第2卷第8号，1921年6月，第1、11页。

〔2〕 汤惠荪：《农村之振兴与农民之自觉》，《中华农学会报》第3卷第3号，1921年12月，第10—11页。

会主义的社会之出现，历史使然，莫可遁避。叩其立论，颇有科学根据。即因资本主义发展之故，便生三个事实：一为在资本主义经济下，无政府的生产之发展，其结果难免资本主义之灭亡，此即资本主义之自坏作用；二为在资本主义经济之生产行程中，社会化之发展，此为于将来社会秩序上经济的基础之准备及创造。上述二种事实，为资本主义的社会之灭亡，及社会主义的社会之出现之经济的基础条件；三为无产阶级意识之生长，与其团结之发展，此即资本主义之他坏作用。社会改革，基于斯焉。

童玉民研究发现欧洲资本主义制度下的大农、小农经营形态均出现衰微之象，两者之间“并无明显移动，却带两跨的状态”，其结论与马克思所言“大经营正在压倒小经营”或“小经营驱逐大经营”有所出入。而其“农业阶级构成之移动”的研究结果与马克思主义的论述“遥相对合”。他分析农村阶级构成情况：自作农与租作农（可分为大、中、小三种）阶级，二者为“半无产阶级”；地主阶级及资本主义的土地借出者或“公司阶级”。其结论是，资本主义是大农经营之障碍，故“资本主义制度倘能撤废，于农业发达，方无障碍，然后大农经营，自占优越，而农业技术，始有进步之望，农业生产乃得增添之利”。可见，发展大农经营的基本条件是撤废“资本主义”与“土地私有制”。他总结道：

除大农经营地方外，欲觅出农业社会化之经济的基础条件，甚属困难。且农业无产阶级之数，虽渐见增加，而其大都〔多〕数，仍充满土地私有之欲望。故农业制度之革新，尚

> 不能语于今日。将来经济状况与社会事情，实起变化，农业无产阶级，能对此采取适宜之计策，一面撤废资本主义，一面改善农业经营，并与工业无产阶级一致进行，使达全无产阶级解放之美果。农业至此，方克积极发达。[1]

童玉民认为在“资本主义之胚胎内，不能觅到农业社会化之基础”。他引述考茨基相关论说：资本主义制度下的私有财产制、赁银劳动制与商品生产制，在农业领域具体化为土地私有制，这是农业生产力不易发达的“根本原因”。由资本制度派生出自作经营与租作经营模式，均妨碍农业新技术、新机械的推广使用，是施行大农经营的天敌。因此，“资本主义为农业生产发达之桎梏”，振兴农业、实现农业社会化前提是完全废除资本主义、土地私有制以及赁银劳动制度。[2]在资本主义经济“大萧条”时代，他重申农业性质“本不适于资本主义化”。[3]吴觉农对帝国主义以及土地私有制大加挞伐，说：“在现代的社会之下，处帝国主义的资本制度之下，不但不能使农民有所发展，而且层层地在压迫着农民，使他们连呼吁都无从呼吁，怎能讲得到增进地位，与获得权利呢？”所以，欲谋农民生活社会化，首要任务是“土地的收回运动”，需先行变土地私有化为国有（或地方公有），实现“耕者有其田”，再行“资本的改善运

〔1〕 童玉民：《农业经营形态与农业阶级争斗》，《中华农学会报》1925 年 11 月第 48 期，第 19、24—26 页。

〔2〕 童玉民：《近代资本主义的社会下农业之发达与衰退观》，《中华农学会报》1926 年 6 月第 51 期，第 21—22、24、31 页。

〔3〕 童玉民：《重农简说》，《中华农学会报》1932 年 7 月第 101、102 期合刊，第 105 页。

动”。[1]资本主义经济体系是“经济集中”与“都市集中”的“惟一的原因”，都市成为工商业者“盈利主义的大本营”，导致“农村空虚”“荒废”与“经济难”。所以，“改革盈利主义的经济组织”是建造农村文明的重要一环。[2]反对农业资本主义的背后，实为发展农业社会主义。

1930年代，在“大萧条”蔓延全球、自由主义经济再遭重创的背景下，国家资本主义一度成为矫正自由资本主义弊病的不二法门。1933年7月，上海《申报月刊》发起“中国现代化当采取哪一个方式，个人主义的或社会主义的”大讨论，参与讨论的张良辅、樊仲云、李圣五、陈彬龢、郑学稼、戴蔼庐、谷春帆、罗吟圃、陶孟和、吴觉农、亦英、杨幸之12人，几乎一边倒地倾向走社会主义道路，或以社会主义为现代化的“终极目标”。[3]亦英说，“美国式的现代化”已是“绝路”，中国现代化不应是旧式资本主义道路。代之而起的新农业经济在建设之初不一定是社会主义，

〔1〕吴觉农：《农民运动的意义与方针》，《中华农学会丛刊》第54期，1927年4月，第1、7页。

〔2〕吴觉农：《农村文明的创造》，《中华农学会丛刊》第59期，1927年12月，第7、12页。

〔3〕相关征文辑录为“中国现代化问题号”特辑。多数学人认为个人主义的资本主义（Individualistic Capitalism）时代早已过去，甚至到了“第三期恐慌”，单纯主张采用个人主义或资本主义的观点已极少，只有唐庆增持此论。这些调查样本或许未必具有全国性意义，但至少在上海知识界，特别是留日学人和左翼知识社群中，社会主义倾向确有相当普遍性。与此热烈讨论形成鲜明对照的是，英美知识社群对此兴趣不大，其领袖人物胡适认为：“‘现代化’差不多只是一种很广泛的空谈，至今还没有确定的界说。既不能明定现代的目标，自然不能有一致的步骤与程序。”中国几十年来无论是改良运动，还是革命工作，都犯了一个“大毛病”，就是“太偏重主义，而忽略了用主义来帮助解决的问题”，“现代化”也只是一个问题（胡适：《建国问题引论》，《独立评论》第77号，1933年11月19日，第4—5页）。

但也“决不是发展资本经济”，前景必然是“社会主义的经济”。[1]杨幸之和吴觉农认定社会主义是中国农业现代化道路的必然选择。杨幸之侧重分配制度改善、社会制度彻底改革；[2]吴觉农所言现代化农业完全是组织化、集团化的，并且只能走社会主义道路，决不能采用改良主义的个人方式。他从农业和土地性质、劳力、技术、机械、利润等要素，分析农业资本主义化的困境以及农业社会主义的必然性，认为在封建制度或资本主义社会形态之下的个人主义的农业经营，已经“无法谋进步了”，“农业的资本主义式的现代化在中国的现状下，是无法走的一条远路”。[3]以上诸人，既从理论上阐明农业不适宜资本主义化，又从事实上佐证资本主义妨害农业进步，所得结论与马希阿尼的农业与“私的盈利关系”不合，而与“社会的必要关系”契合的意见相一致。[4]反之，实现农业可持续发展，必然要以遏抑资本主义化为前提，把农业从“盈利本位生产”转变为“必要本位生产”。[5]可见，20世纪中国思想界主流观点认同农业不同于工商业，其本质上并不适于资本主义化。

二　改造农村社会的途辙：“革命”与“改良”之争

大多数中华农学会会员反对激进的暴力革命，试图通过拒斥农业的资本主义化，避免将来“社会革命”之发生。换言之，他们认同通过渐进改良或实现农村社会的新旧更新，这与孙中山及国民党的路径更为趋近。国民革命时期，中华农学会等学术文化团

〔1〕亦英：《现代化的正路与歧路》，《申报月刊》第2卷第7号，1933年7月，第78页。
〔2〕杨幸之：《论中国现代化》，《申报月刊》第2卷第7号，1933年7月，第66页。
〔3〕吴觉农：《中国农业的现代化》，《申报月刊》第2卷第7号，1933年7月，第76页。
〔4〕考茨基、马希阿尼：《农业的社会化》，第213页。
〔5〕那须皓：《农村问题与社会理想》，第134页。

体因应时流，融入反帝反封建主流政治话语，大谈社会变革等宏大问题。国民党掌握政权后，即以三民主义意识形态为基准，弹压种种“过激”言论，加紧控制学术文化界，在此背景下知识界关于农村社会变革的言论受到规范和约束。

汤惠荪相关主张或可提示个体思想与时局影响之间关系。他主张，在近代资本主义状态下，经由“合作”实现农村“经济组织之改造”，促进“农业之发达进步”。[1]他解释自己赞同社会改良之原因说：

> 劳资争斗问题的发生，为推翻资本主义而起的社会革命运动。这种运动又分为急进、缓进两派，急进的就是社会主义运动，缓进的就是社会改良运动。社会主义运动，在各国已非常盛行，理论上也觉得很好。但是，在实际上做去，究竟有无危险？在最近的现在，究竟能否成功？我们不敢断定。所以，我个人觉得此种运动，不如社会改良运动之较为妥善。

汤惠荪之论与克鲁泡特金（Kropotkin）“互助论”声气相通，视“合作主义”为解决民生问题唯一道路，也是“推翻资本主义的最稳健的办法”，它“可以使小资产者或无产阶级，通力合作，不为资本家所剥夺，并且还可以使大资产阶级日见崩坏”。[2]同时将农民联络的“共同经营事业”达到“集中形态”，乃至于“综合的

---

〔1〕汤惠荪：《土地制度与农业之社会化》，《中华农学会报》1925年11月第48期，第12页。

〔2〕汤惠荪：《现代思潮与合作主义》，《中华农学会丛刊》第53期，1927年2月，第8、13页。

合作制度的经济组织的形态”。[1]但他希望在资本主义与社会主义之外辟出“第三条道路”，并非“实行共产主义”。[2]他另主张通过“导佃户而趋于自耕农”，解决佃农无地问题。[3]唐启宇则提出改良中国佃租制度办法，首在施行农垦移民政策。[4]黄培肇亦大倡农村社会改良，并视之为解决民生问题的根本办法，提出综合性方案，以“拯救在危险中的中国”。[5]吴觉农说，近代形成资产阶级与无产阶级两个壁垒，“阶级斗争，也便在这时候笑逐颜开地登场了”。合作社组织是产业革命后一个“重大的发明”，成为20世纪“缓和阶级斗争的一个极大的利器”。他进一步指出：“在三民主义统治下的中国，一方是要泯除阶级的意识，一方更要保护着劳苦的农工，同时因了国外的帝国主义与大资本家尽力的从外面的压迫进来，内地的资产阶级与新兴的实业，也在蠢蠢思动。在这内忧外患的重叠中，合作社便是解放农工阶级及弱小资产家的一个福音了。”所以，合作社作为“优良的组织”，也是“救济农民的一条康庄大道”。[6]多数中华农学会会员在思想上多主张“改良”农村社会，在行动上参与各地农林建设，对于革命等问题多持回避态度。

---

〔1〕汤惠荪：《从农业垂直的集中形态论农村合作社在国民经济上的意义》，《中华农学会报》1929年12月第71期，第15页。

〔2〕汤惠荪：《农村之振兴与农民之自觉》，《中华农学会报》第3卷第3号，1921年12月，第14页。

〔3〕汤惠荪：《中国之佃户问题》，《中华农学会报》1927年4月第54期，第12页。

〔4〕唐启宇：《中国佃租制度及其改良方法》，《中国农村问题——佃农问题·农民负担》，第41页。

〔5〕黄培肇：《改良农村社会之我见》，《中华农学会报》1929年6月第68期，第14页。

〔6〕吴觉农：《救济农民的一条康庄大道》，《社会月刊》第1卷第5号，1929年5月，第2、10页。

国共两党分裂后，关于中国农村社会的出路出现“工农革命”（或“土地革命”）与“农村改良”（或“乡村建设”）分野。[1]因土地问题是“中国社会间之中心问题”，[2]故双方争持的焦点亦集中于此。[3]陈翰笙揭示，国共分裂以及武汉政权垮台“根源在于土地政策的分歧”，此后国民党用减租代替土地重新分配，作为改善农民生活之手段。[4]至此朝野关于土地问题的解决逐步形成并长期处于“改良”与“革命”两条政治路线并立争锋局面。[5]掌握政权后的国民党尽力回避国民革命期间向农民做出的获得土地的承诺。[6]1928年

---

〔1〕有观点认为，1930年代乡村建设各派之为其实质是“三民主义”，与国民党的农民运动相一致。“在表面上看来，他们似乎是互相差异的，但是在骨子里面看来，他们并没有多大的差异，即使有些差异，也可以互相综合的。具体地说，他们各派的理论，虽则有些是用政、教合一及经济合作，有些是用工、学、团，有些是用政、教、富，有些是用救贫、救愚、救私、救弱等等来做它的中心与根据，然而这只是名词上的差别及其排列的不同，至于它们的内容还是一样的。再具体地说，他们各派所采用的种种标语，若把它归纳起来，实际不外乎是三民主义。因此，它们与中国国民党农民运动理无二致。”姜琦：《乡村教育的动向》，《教育杂志》第25卷第11号，1935年11月，第56页。

〔2〕蒋杰：《中国农业土地问题及其解决方法》，《农林汇刊》第4号，1934年3月，第222页。

〔3〕其时解决中国土地问题约有两种主张：一是以农民暴动没收土地后，设法收归国有，此为中共、第三党“土地革命”主张；二是以政治力量先加限制，以后逐渐收买，或以其他方法转移归国有，此为国民党所主张。太平洋书店编：《中国农村问题——土地问题》，第36页。

〔4〕陈翰笙：《合作社是治中国病的万应灵药吗？》，《陈翰笙文集》，第215页。

〔5〕关于“革命”的概念与内涵历来见仁见智，众说纷纭，并不一定特指暴力革命。如言：“中国乡村所须要的不是小革命，是大革命。我们平常不说乡村革命，仅因为‘革命’二字在国人的头脑里，总是含着杀人放火的意思；而乡村革命之对象——穷、愚、私——不是杀人放火所能打倒的。”蒋廷黻：《跋燕先生的论文》，《独立评论》第74号，1933年10月29日，第8页。

〔6〕蒋介石专就土地问题表态：“凡号称土地政策者，其着眼至少有二，一为分配问题，一为经营及整理问题。诸同志须知，今日中国之土地，不患缺乏，并不患地主把持。……中正对于土地政策，认为经营及整理问题，实更急于分配问题”，在手段上，应“以和平途径使耕者有其田”。《蒋委员长对解决土地问题意见》，《中央日报》1933年12月25日第2张第2版。

后南京国民政府陆续颁布《土地法》《〈土地法〉施行法》等法规，但都仅限于减租，规定地租不得超过耕地正产物收获总额的37.5%。即便如此，由于地方势力抗拒而未能有效贯彻，致使以上法令成为一纸空文。[1]随即，一场以官方推行的合作运动在全国范围内推行，“南京的政治领袖们就明智地用合作运动代替了减租”。[2]

相比之下，中共领导的“土地革命”顺势展开。1927年8月，毛泽东在《湘南运动大纲》中正式提出“土地革命”，同年中共“五大”通过《土地问题议决案》宣布“共产党将领导农民从事于平均地权的斗争，向着土地国有、取消私有制度的方向，而努力进行”。[3]“八七会议”随之提出没收大地主及中地主的土地，分土地给佃农及无地农民。[4]1928年12月，中共制定《井冈山土地法》规定，“没收一切土地归苏维埃政府所有”，再分配给农民个别耕种、共同耕种或组织模范农场耕种。同年，中共“六大”《土地问题议决案》只规定“无代价地立即没收豪绅地主阶级的财产土地，没收的土地归农民代表会议（苏维埃）处理，分配给无地及少地农民使用”。[5]这是毛泽东1929年制定《兴国县土地法》的基本依据。此后，中共又陆续制定其他一系列土地政策，旨在解决农民

---

〔1〕国民党具体土地政策计有：颁布土地法规、设立土地行政机关、实施土地测量、办理土地登记、实行征收地价税、举办地价申报、办理土地陈报、统制土地使用、建立土地金融制度、改良佃租制度、开垦荒地等。朱子爽：《中国国民党土地政策》，重庆：国民图书出版社1943年，第69页。

〔2〕陈翰笙：《合作社是治中国病的万应灵药吗？》，《陈翰笙文集》，第216页。

〔3〕中央档案馆编：《中共中央文件选集》第3册，北京：中共中央党校出版社1983年，第52页。

〔4〕同上书，第225页。

〔5〕中央档案馆编：《中共中央文件选集》第4册，北京：中共中央党校出版社1989年，第352页。

土地问题，调动其参加工农革命的积极性。以上文本表明，土地所有权变革成为中共土地革命的本旨，“土地革命论走上了政治的舞台，于是国内在同一时间，就发生了民族运动和阶级斗争两种革命”。[1]国共两党在政治斗争之外，分别创立学术团体，展开思想理论战线争夺，论证各自土地政策和路线的合理性。

国民党CC派笼络中华农学会会员成立学术研究团体，设立专门机构，借以与中共理论家争胜并攫取解决土地问题话语权。1932年12月18日，在陈立夫、陈果夫授意下，CC派干将萧铮召集万国鼎、孙文郁、李积新、唐启宇、高信、邹序儒、张淼、谢承瑞、姚祖舜、洪季川、鲍德澄、庄强华、伍受真、王滨海、王祺、郑震宇、吴永铭、李直夫、西门宗华等，举行“土地问题讨论会”。次年1月8日，中国地政学会正式成立，[2]《会章》规定以“研究土地问题，促进土地改革”为宗旨，主要会务为研究并“策进土地改革运动”。[3]推选萧铮、王祺、万国鼎、郑震宇、李直夫为理事，中华农学会会员万国鼎、李积新、唐启宇、曾济宽为其骨干成员。[4]陈果夫为表重视，于翌年年初亲临镇江年会指导。[5]8月2日，由陈立夫把持并出任委员长的土地委员会遂告成立，高秉坊、甘乃光为委员，唐启宇为秘书。[6]二者主体思想均宣扬在“现存社会体系”下，用“和平手段”改革租佃制度，如“税去地主”“买去地主”等，其内在精神理路与国民党政纲相表里。[7]换言之，在既

---

〔1〕亦凡：《中国农村问题——土地问题·弁言》，上海：太平洋书店1933年，第1页。
〔2〕《中国地政学会成立》，《申报》1933年1月14日第2张第8版。
〔3〕《中国地政学会简章》，《地政月刊》第1卷第1期，1933年1月，第147、149页。
〔4〕《本会理事会纪录》，《地政月刊》第1卷第1期，1933年1月，第144页。
〔5〕《地政学会年会》，《申报》1934年1月14日第3张第9版。
〔6〕《土地委员会成立》，《申报》1934年8月3日第1张第3版。
〔7〕益圃：《中国地政学会的土地政策》，《中国农村》第3卷第5期，1937年5月，第29页。

存法律、政治和社会秩序前提下，以“和平的”“渐进的”手法，“有计划、有步骤”地实现“平均地权”和“耕者有其田”。他们反对苏俄政府把地主所有田地一概拿来分给贫民的“急进办法”，指责中共抹杀中国国情，“抄袭苏俄十月革命的旧套”。[1]可见，地政学会充当国民党与中共进行学术论战的“马前卒”。

同年，陈翰笙、薛暮桥、钱俊瑞、孙冶方等一批马克思主义学者，成立中国农村经济研究会，他们以《中国农村》月刊为阵地，运用马克思主义经典作家理论剖析中国农村社会经济关系。其学术工作有着强烈的现实针对性，那就是，反击国民党理论家、地主阶级“江南无封建”以及“托派”之“中国已是资本主义社会”论，“揭露帝国主义在农村中的掠夺和农村中的封建剥削关系”，“说明中国社会的性质，证明当时党领导的土地革命的正确性和必要性”。[2]他们的主要批判对象是国民党的土地政策，认为国民政府所宣传的“二五减租”等“绝无诚意”实行。所以，解决土地问题只有两条路可走：要么是推翻国民党政府，完成土地革命；要么是继续在国民党统治下缴纳50%以上地租，中间“改良政策”终无实现可能。[3]中华农学会内亦有类似认知：改善租佃关系只是“过渡时期”的“最低限度”之策，这仅能使农民具有农业改良“能

[1] 朱子爽：《中国国民党土地政策》，第94页。

[2] 钱俊瑞：《中国农村经济研究会成立前后》，陈翰笙等编：《解放前的中国农村》第2辑，第18—19页。

[3] 薛暮桥：《给刘少奇同志写的报告》，陈翰笙等编：《解放前的中国农村》第2辑，第10页。

力”。[1]观念契合为双方沟通提供了基础。随着国共合作抗战局面形成，“中国农村”派工作重心亦转向“乡村工作统一战线运动”，使农政学会等“国民党最有权威的学术研究团体”以及中华农学会、平教会等“有势力、有地位”的团体“不得不倾听我们的意见”，以“建立非正式的联系”或将势力打进去，以便从言论和行动上施加影响。[2]

时人观察到，把土地问题当作一个“政治根本问题”来破解可有两条路径：一是“改良土地”，使其“有生产力上的增加”；二是“分配土地”，使其“最适于民生的改进”，而“政府所需要的，决不是土地所有权的革命”。[3]这实际揭示了技术变革和制度变革路径的不同选择，在实际取向上，中共和“中国农村”派将生产力改进和生产关系变革合而为一，以革命方式加以根本解决；国民党及地政学会则将二者分开，着力于前者。国民党避重就轻的路数招致社会舆论多方批评，一定程度为中共土地革命理论提供了舆论支点。[4]据冯和法回忆，1936 年春末参加地政学会年会时，听到的多为“土地丈量”“土地税制”等言论，“根本没有提到土地制度的变革，连‘耕者有其田’也被回避了”。[5]4 月 6 日，他以“农”为笔名撰文指出，土地问题“至今仍未丝毫解决”，“平均地

〔1〕黄枯桐：《农村建设问题》，《中华农学会报》1936 年 11 月第 154 期，第 5 页。

〔2〕薛暮桥：《给刘少奇同志写的报告》，陈翰笙等编：《解放前的中国农村》第 2 辑，第 13 页。

〔3〕力：《举办地政》（时评），《申报》1936 年 5 月 13 日第 2 张第 6 版。

〔4〕舆论批评国民党“不提示”土地问题解决方法的农村复兴工作并不能复兴农村。他们认为土地关系是“农村问题之核心”与“农业经营之基础”，它是解决农村问题的“先决要件”，如其不能适当解决，其他农村一切问题皆无从说起。《复兴农村会议以后》，《申报》1933 年 5 月 8 日第 2 张第 6 版。

〔5〕冯和法：《中国农村经济研究会漫忆》，《文史资料选辑》第 84 辑，第 67 页。

权”终极目标并不是“整理土地”，而是“土地制度之彻底改革”，实现“耕者有其田”，再辅之以解决土地使用问题，厉行“集体化”，以集体耕作制度促进农耕技术进步。[1]

此后他又在《中国农村》月刊连续发表《中国地政学会怎样改革租佃制度》（第 2 卷第 5 期）、《中国地政学会的土地政策》、《平均地权与土地所有问题》（第 3 卷第 5 期）等文章，形成较为系统的认识：第一，明确提出土地国有化问题，将土地问题探讨深入至所有权与经营权划分层面。即土地问题由“改良的阶段”臻于“彻底的解决”，基本原则是废除土地私有制，把土地收归国有。[2]第二，提出中国农业的两条出路：一是在资本主义经济支配下，发展大规模的“地主经营”和“富农经营”；二是在社会主义支配下，发展大规模的“集体农场”，反对农政学会“第三条道路”——“创制自耕农场”。[3]第三，反对“先谈生产，后谈分配”的“分别解决”论调，主张土地“分配问题”与“生产问题”合一解决。因为，最彻底的办法就是“土地国有”和“农民的集体耕作”，这样可以肃清一切封建残渣以及资本主义束缚，取得农业生产的“最自由

[1] 农：《为中国地政学会进一言——对于第三届年会之希望》，《申报》1936 年 4 月 6 日第 4 张第 15 版。

[2] 冯和法：《平均地权与土地所有问题》，《中国农村》第 3 卷第 5 期，1937 年 5 月，第 24 页。

[3] 地政学会在《申报·经济专刊》第 220 期（1937 年 4 月 5 日第 4 张第 13 版）专版刊载关于“创设自耕农”言论，有陈立夫《中国地政学会对中国土地问题的讨论和决定》、万国鼎《创设标准自耕农政策》、李庆麐《自耕农场的标准面积》等。万国鼎认为，扶植自耕农为东西国家通例，中国欲求农村繁荣，非根本改造农业不可。“改造之道，首在扩大每一农家之经营单位。不仅须耕者有其田，且须自耕农均能合于一定标准，其耕地至少须达某种最低限度面积，便于经营，水旱鲜虑。然后辅以农业技术之改进，金融产销之统筹，使每年生产有相当剩余，足以维持五口至八口之家之小康生活。”据此，他提出创设及维护标准自耕农的方法。

的发展前途”。[1]朝野各方对待土地及农村问题态度以及解决路径，日益分化为“三民主义”与“马克思主义”、“改良”与“革命”两大阵营。[2]双方的根本分歧在于，是否彻底解决土地重新分配问题，是否根本改造社会制度。

几乎所有持改良观点者均在“中国农村”派批判之列。1936年，他们与“托派”展开中国农村社会性质论战后，又展开“批评乡村改良运动”，把影响“打入乡村改良主义团体”中去。因此，薛暮桥说农研会成为“与各乡村改良主义团体对立着的一个重要力量”，即“革命路线与改良主义路线的对立”。他们强调农村经济研究主要对象是农村生产关系，其核心是土地所有制问题，还意在反击“中国经济”派王宜昌、张志澄、王景波之流——中国农村经济中资本主义经济占有优势地位、农村基本问题不是土地问题而是资本和生产技术问题论调，以揭示中国农村半殖民地、半封建的社会经济结构。

薛暮桥批评大多数农村经济学者“被自身的利害关系所蒙蔽”，不能扭住“农村问题底中心”。首先，马尔萨斯“人口论”者将中国农村破产归因于“人口过剩”与“耕地不足”等自然条件；实际是农村“大批劳力和大批土地因受现存生产关系阻碍，无法

〔1〕益圃：《中国地政学会的土地政策》，《中国农村》第3卷第5期，1937年5月，第34页。

〔2〕孙晓村认为，土地革命时期国内解决农村问题有两条道路：一是中国共产党及农研会的革命道路；二是国民政府及其他乡村建设派的改良道路（孙晓村：《中国农村经济研究会与农村复兴委员会——回忆土地革命时期农村问题两条道路的斗争》，《文史资料选辑》第84辑，第37页）。美国学者基廷认为，中共在陕北领导开展的“乡村建设”和“合作会运动”是两种不同形式的革命。Pauline B., Keating, *Two Revolutions: Village Reconstruction and the Cooperative Movement in Northern Shanxi 1934-1945*, Stanford: Stanford University Press, 1997.

配合起来”。其次，卜凯把“生产技术”落后视为农村破产的主因，仅看到人类同自然之间的“技术关系”，根本忽视人同人之间的“社会关系”；除非“根本改革社会关系”，否则“生产技术绝难继续前进”。再次，把封建剥削作为主要研究对象虽有所前进，但仍未能把握到问题的“全面”，因为它在帝国主义经济统制下，已变成“帝国主义经济侵略底工具”，“离开了帝国主义底经济侵略专讲封建剥削，忽视整个经济结构，枝枝节节地来谈农村问题，结果必然陷入改良主义底泥潭”。最后，把“农产商品化程度”作为主要研究对象的学者，认为资本主义生产方式已在中国农业中占“支配地位”，但其忽视了“农村经济结构底本身底腐朽”和“农村内部的封建残余”。科学而合乎中国农村实际的做法，“必须进而研究中国农村社会底复杂的经济结构，以及直接间接支配着中国农民的整个经济体系”。[1]

钱俊瑞更进一层指出，“现阶段的农村经济研究，其总的任务乃在对于中国的农村生产关系，在其发生、成长和没落上面去探讨，从而规定一种新的，能使生产力更进一步发展的社会形态”。这种研究有别于其他研究的特点：一是其出发点是农村生产关系的彻底改造，其他乃从旧秩序的持续和局部改良出发；二是其研究对象是农村社会生产关系，其他则着重于生产力的技术分析（并非生产力发展的社会形态）；三是它从农村生产关系与生产力相互适应和矛盾的过程中，全面地把握其本质与归趋，而其他则把事物的片段孤立起来，仅从事于静止的观察。最后，它所关注的“中

〔1〕 薛暮桥：《怎样研究中国农村经济》，《中国农村》“创刊号”，1934年10月，第28—32页。

心问题”是“土地问题”而非“农耕技术”。〔1〕不久，钱氏针对王宜昌论点开宗明义地指出，中国农业经济的研究对象“是中国农村的生产关系，或是在农业生产、交换和分配过程之中人与人间的社会关系，而不是别的”，而且“土地问题是中国农村问题的核心”。〔2〕

“中国农村”派对国民政府以政治力量推进合作运动提出根本质疑。冯和法引述陈公博的话说，中国的农村合作社是由“政府和党”这两种“力量所制造出来的产物”。它们仅是信用合作而非生产合作，其作用仅限于“替代农村中原来的高利贷资本之一部分的机能”，其“本身根本不是一种和资本主义相水火的经济体系”，不过是“对资本主义大企业的一种修正”的“商业方法”，结果沦为“资本主义的附庸”。因此，不能将其价值估计过高，即便有“充分的作用”，也无法解决“中国的农村经济问题”。〔3〕陈翰笙指出，中国民间人士最初将合作视为“把社会底层组织起来以影响上层的最可靠也最基本的方法”。但因为“政治的介入”，国民党出于政治而非经济目的推行合作运动，建立“自上而下的组织”，使其变成了“中国经济制度所固有的各种社会病症的牺牲品”“银行的投资领域”，而农民处境更为悲惨。从其自身而言，它不是“经济体系中一个独立形态”，“它们的全部历史证明它们一直是资本主义或社会主义发展的一种工具”，更不可能是“治中国病的万应

〔1〕钱俊瑞：《评陈翰笙先生著〈现今中国的土地问题〉》，《中国农村》第1卷第5期，1935年2月，第97—98页。

〔2〕钱俊瑞：《现阶段中国农村经济研究的任务——兼论王宜昌韩德章两先生农村经济研究的“转向”》，《中国农村》第1卷第6期，1935年3月，第1、3页。

〔3〕冯南江：《中国今日的农村合作运动》，《中国农村》第1卷第9期，1935年6月，第13、16、18—21页。

灵药”。[1]

“中国农村”派批评乡村建设团体奉行的改良路线自身充满矛盾。1934年8月，千家驹认为定县、邹平的乡村实验工作有着自身难以克服的矛盾：“他们想不谈中国社会之政治的经济的根本问题，但他们所要解决的却正是这些根本问题。他们不敢正视促使中国国民经济破产、农村破产的真正原因，但他们所要救济的却正是由这些原因所造成的国民经济破产与农村破产。”如果不从帝国主义及封建残余之剥削这些基本问题着眼，“结果岂止实验自实验，破产自破产，而且有一天破产的浪潮会把实验的一点点基础，也打击得粉碎”。[2]他进而指出定县、邹平模式“决不是中国农村的出路”，而肃清帝国主义、封建残余才是“农村建设的第一步”。[3]李紫翔甚至说，农村改良不仅不能根本解决问题，反而是为帝国主义、封建势力“效忠尽力”，因为“一切农村改良主义的哲学家和实行者……因为害怕真理的实现，害怕中国农村问题的彻底解决，所以有意无意地躲藏在温情的改良主义的幌子下，而为帝国主义和封建势力做了续命的忠臣了”。所以，“枝枝节节的农村改良，决不能够挽救农村的破产”。[4]

在西方资本主义世界发生“大萧条”、日本帝国主义大举侵华的背景下，中华农学会对于帝国主义和封建势力的漠视是造成农

---

〔1〕陈翰笙：《合作社是治中国病的万应灵药吗？》，《陈翰笙文集》，第213—216页。

〔2〕千家驹：《中国农村建设之路何在——评定县平教会的实验运动》，《申报月刊》第3卷第10号，1934年10月15日，第46页；千家驹：《中国的歧路——评邹平乡村建设运动》，《中国农村》第1卷第7期，1935年4月，第4页。

〔3〕千家驹：《中国农村的出路在那里》，《中国农村》第2卷第1期，1936年1月，第20、23页。

〔4〕李紫翔：《农村建设运动应有的转变》，《中国农村》第2卷第4期，1936年4月，第26页。

村经济破产、农民穷困的根本原因，中国农村寻求出路之前提为反帝反封建大体形成共识，但实现途径有别于中共主张。吴觉农批判道：资本主义支配下的世界，生产与分配“永远不能调和”；被帝国主义侵略的中国，一切的经济无法复兴。所以，“国际的资本主义不打倒，中国的民族决无法复兴，中国的农民经济不改善，一切的改良工作，决不能作实际的应用”。〔1〕1936年，他发文唤起广大茶农的反帝热情：“茶业统制的结果是，茶业受了帝国主义金融资本与茶栈的统制，贫苦的茶农因之而被统制于死地。反帝反封建的戏剧，本应当轰轰烈烈演下去，然而因为反帝反封建的主角——茶农——被压在舞台之下，因此演不到半幕便匆匆地收场了。”〔2〕期间，吴觉农与侯厚培等合编《日本帝国主义对华经济侵略》（上海黎明书局1931年版）、《日本帝国主义的危机》（日本问题研究会1933年编印）。

杨幼炯以为，农村问题“不仅是一个经济问题，而且是一个重要的政治问题，同时又是一个迫切的社会问题”，症结在于帝国主义侵略、封建势力剥削与土地分配不均。复兴农村的“治本方策”，在于去除帝国主义加于农村的经济枷锁，铲除农村封建势力，发达农村生产，解决土地问题，由私有制渐趋向于土地公有。〔3〕冯紫岗将中国自给自足农业经济的破坏归因为资本主义之侵入，农民生活穷迫，军阀利用农民巩固势力，贪官污吏横行无忌，不断

〔1〕吴觉农：《世界农业恐慌中吾人应有之认识》，《中华农学会报》1932年7月第101、102期合刊，第46页。

〔2〕施克刚：《反帝反封建的半幕剧——皖赣“茶业统制”的检讨》，《中国农村》第2卷第6期，1936年6月，第15页。

〔3〕杨幼炯：《今后农村复兴之前路》，《中国农村问题》，上海：中国社会科学会出版部1934年，第3—17页。

增加的苛捐杂税、土匪与军队，外侮内患无法解决，这些都是造成农村破产的重要因素，但土地问题为“中国革命进程中之最严重的问题”，应引起社会运动者、革命者关注。[1]同样，董汝舟认为农民离村问题之肇因为资本帝国主义对农村经济的破坏、军阀土劣对农民的榨取。[2]

杜修昌运用马克思主义理论解析中国农村经济关系变动，认为中国农民商品生产的条件和过程都直接或间接受“资本主义之促成或支配”，而不是中国“本身经济发展”的结果。因而，是“被动的”“强制的”，并非“主动的”和“自然的”。所以，中国农村商品生产的形成，是“国外资本经济的侵略，破坏了农用品和日用品的自给，以及国内残余封建势力的剥削，使农村经济濒于破产的一种‘穷迫商品生产’而已”。[3]杨铭崇分析造成中国农村经济问题的四大要因：一是帝国主义的经济侵略；二是封建势力的蔓延，武人匪徒割据滋扰、军阀官僚重征暴敛以及土豪地主剥削；三是金融组织腐败；四是天灾虫害环攻。其中，“外铄的帝国主义之侵略”与“内发的封建残余势力之剥削”促成农村经济“激进之崩溃”。救济之方首要摆脱帝国主义桎梏与肃清封建残余势力，其次才是解决土地问题、改良农业生产技术以及改善农村金融制度。[4]黄枯桐亦认为，加诸乡村“内在的和外铄的两种摧残作用，非先

〔1〕冯紫岗：《农业经济学在农学中之地位及研究农业经济之必要》，《中华农学会报》1932年9月第104期，第15页。

〔2〕董汝舟：《中国农民离村问题之检讨》，钱亦石等著：《中国农村问题》，上海：中华书局1935年，第69—70页。

〔3〕杜修昌：《中国农业商品生产之发展条件》，《中华农学会报》1936年11月第154期，第46页。

〔4〕杨铭崇：《中国农村经济问题之检讨》，《中华农学会报》1936年11月第154期，第68、104—110页。

行解消不可”，意即“一切贪污土劣军阀等等的摧残作用，非解消不可；帝国主义的压迫，非解消不可”。否则，农村建设“殊无多大的希望”。〔1〕在他看来，这是农村建设之前提。

1935年，黄枯桐从农村生产关系、土地问题以及农村建设趋向等方面深入探讨，并与许璇探讨“农业资本主义”和“农业社会主义”问题。许氏回应说：“现在的一切，尽管是胡里胡涂，随它去吧；社会不待人，总是向前进的，慢慢看下去吧！”〔2〕黄枯桐农村建设的思路更为明确具体：首当注意农村生产关系，中国农村是一种半封建生产关系，加之内忧外患，农村破产愈见加速，所以唯有与整个国家以及帝国主义相联系，才可能导引出农村建设“理论的体系”与“建设的途轨”。其次，由“土地改革”至于“土地革命”，如“徒具着新农业的理想或新农村的理想，而不把土地问题解决，做到‘耕者有其田’的初步形态，则于农业生产力底增进一事，可谓没有多大的希望”，在过渡时期最低限度应改善租佃关系。再次，在建成的农村的社会性质方面，“不容无意识地去建设成一种非驴非马的农村”，在殖民地化日益深刻的情况下“不容许”也“不能够”向后回到封建主义时代；而资本主义在“没落的深渊破灭的前宵”，断然不可能走资本主义的路，因此“只有社会主义的一条路可走了”，“农村建设是要建成社会主义的农村”。为此，需要先行解消一切贪污土劣军阀的摧残与帝国主义的压迫，培育出适应社会主义农村建设的条件。〔3〕

综上，中华农学会与各党派社团围绕农村变革的论争，折射

〔1〕黄枯桐：《中国农村往何处去？》，《农声》第181、182期合刊，1935年2月，第8页。
〔2〕黄枯桐：《叔玑追怀录》，《中华农学会报》1935年7月第138期，第146—147页。
〔3〕黄枯桐：《农村建设问题》，《中华农学会报》1936年11月第154期，第5—9页。

出近代中国社会变革“向何处去”以及“走什么路”的各色光谱，超越技术单一问题而与整个社会改造以及新的社会制度构造相联系，显示了他们关注视野的广度和探讨问题的深度。

第三节 革命者、策士与民族战士：国难之际社会角色演变

中华农学会除专业学会身份之外，还不同程度担当一定社会角色，而且随着时代主题替嬗而演变，在国难之际经历了由革命者、策士向抗战志士的转变。在外患未除、内乱频仍的严酷现实中，中华农学会农业科学化之梦终究难以实现。因此，“革命派”认为只有扫除军阀统治和帝国主义势力，才能使中国步入真正意义上的“国家建设”时代。1924 年，杨幼炯疾呼“不有破坏，何能建设”，中国若“不先脱除国际帝国主义的羁绊，和推翻国内武人政治，简直谈不到别的事情”，“不革命而谋建设”主张已遭到“时代的淘汰”，而能“树立一旌旗为中国谋真正的建设的，只有国民党所主张的国民革命，才是合于中国现在的需要，才是将来建设的真正企图”，“将来革命成功日，就是诸君努力建设时”。〔1〕

中华农学会顺应革命潮流，坚定反帝、反封建和反军阀政治立场，广州年会为其由学术转向革命之界标。1927 年 1 月 3 日，英国水兵在汉口制造“一三惨案”，激起举国讨伐声浪。24 日，中华农学会加入上海反帝学术团体大联合，议决四项要求：（1）反对英国帝国主义调集军舰闯入中国国境；（2）英政府应负赔偿、惩凶、

〔1〕 杨幼炯：《谨告有志于中国建设事业者》，《广州民国日报》1924 年 11 月 20、22 日第 1 版。

道歉等责；（3）收回各地英租界，并废除中英间一切不平等条约；（4）通告世界各国，勿为英国宣传政策蒙蔽，彻底改变对华政策，以谋国际永久和平。[1]在全国舆论声讨的压力下，英国政府被迫在《关于汉口英租界之协定》上签字，将汉口租界正式交还中国。可见，在“革命”成为时代重心之时，中华农学会不同程度地扮演了“革命者”角色。

国民革命后的时代重心渐“由破坏以趋于建设”，[2]中华农学会亦由“革命”转向“建设”，通过建言献策，充当“策士”与“谏官”角色，以影响官方决策；国民党则加强对教育及学术团体的引导和控制，既为其所用又不违背“三民主义”精神原则。CC派借助人事安插，在教育学术界培植势力，他们打着“浙人治浙”旗号拉拢浙籍人士。1929年，时任浙江大学农学院森林系主任的梁希，成为陈果夫、朱家骅共同争取的重要对象。陈果夫、朱家骅与梁希均有同乡之谊，皆为浙江吴兴（今湖州）人，且陈果夫是梁氏兄长之门生，二氏借以拉近与梁之关系。1931年，朱家骅出任中央大学校长，以晚辈身份延请梁希出任农学院院长，被梁希婉拒。[3]1933年，陈果夫宴请梁希，筹划在浙江大学农学院设立“火腿系”，但被该院院长许璇坚决抵制，触怒陈果夫。[4]陈果夫指使校长郭任远排许，但许不畏强权，愤然辞职。[5]陈果夫本打算以梁希取代

〔1〕《事务所日记摘要》，《中华农学会丛刊》第54期，1927年4月，第37页。

〔2〕《建设委员会成立》，《时事新报》1928年2月20日“社评”，第1张第3版。

〔3〕张楚宝：《梁希先生年谱》，《梁希纪念集》，第156页。

〔4〕中国林学会编：《中国林业的杰出开拓者——梁希》，北京：中国林业出版社1997年，第27—28页。

〔5〕据称：许璇小事糊涂，大事不糊涂，对于“重大事体”，即便是挚友也不肯放松，因而人称“外圆内方”，有时候“外圆”变成“外方”，如为会务事曾与生平“最亲密的挚友”梁希也“闹了好几次”（汤惠荪：《叔玑先生的追忆》，《中华农（转下页）

许璇，不想梁与许共进退，事态扩大导致梁希、金善宝、蔡邦华等60余人辞职。[1]课业停顿，学生公愤，酿成"驱郭挽许"风潮。[2]陈果夫迁怒郭任远，郭任远被迫下台，由竺可桢接任。

国民党直接发号施令，干预中华农学会会务发展。根据当局规定，中华农学会同时受中央与所在地党务和行政部门交叉管理。为加强学术团体控制，南京国民政府规定文化团体资格审查制度，1929年4月，中华农学会据此呈请教育、农矿两部立案并获批准，同时亦到会所所在地上海特别市教育局登记备案。[3]12月3日，教育部令其设立科学咨询处，以加强业务管理和指导。[4]1930年会所迁至南京后，它又受南京市党部和市教育局双重管理。6月，在南京市教育局登记，[5]7月26日又令其重新填送登记表；[6]10月21

（接上页）学会报》1935年7月第138期，第152页）。梁希讲道："许髯从民国十一年起，独来独往，老气横秋，没遮拦的舞了几年大刀。他的作风，比众不同，非必不得已不干，干要干个彻底；不能彻底就走，一丝一毫也不肯迁就的。"梁希：《黄垆旧话》，《中华农学会报》1935年7月第138期，第154页。

〔1〕黄枯桐回顾说，许璇在浙江大学期间，"经历了不少的咸、酸、苦、辣、甜，尤其是在那最后的一年最后的一个月，叔玑受不了学校当局无理的压迫，愤而辞职，我们一般'饭桶教员'为了同情心和学术的良知底命令，也跟着一同辞职。那时的情形，真是悲壮苍凉得可观极了。学生们也都个个怒发冲冠似的想和'夫巳氏'过不去，然而叔玑却春风满面柔声静气地劝学生们好好地念书，这是多么宽大的风度啊！我常常说：教育界——缩小来说则学校里——只能应用学术，绝对不可施用权术，虽则商品化了的教育，充满着权术的氛围气，然而归根结底，学术终胜于权术；回想叔玑辞职当时的情形，便得证明我的话没有说错；并且在叔玑死后，以前施用权术去压迫他的人们，也居然参加追悼会，向着叔玑的遗容鞠起躬来了！这固然像'猫哭老鼠'，但亦不妨说是慑于学术的权威，受着良知的驱策罢了。"黄枯桐：《叔玑追怀录》，《中华农学会报》1935年7月第138期，第145—146页。

〔2〕张楚宝：《梁希先生年谱》，《梁希纪念集》，第157—158页。

〔3〕《事务所日记摘要》，《中华农学会报》1929年6月第68期，第109页。

〔4〕《事务所日记摘要》，《中华农学会报》1930年1月第72期，第95—96页。

〔5〕《事务所日记摘要》，《中华农学会报》1930年6月第77期，第108页。

〔6〕《事务所日记摘要》，《中华农学会报》1930年8月第78、79期合刊，第144页。

日，训令执行委员就职应举行宣誓典礼，并要有党部派员监督。[1] 11月4日，南京市党部统计处派员莅会征询农林事项。[2] 1931年2月21日，中华农学会依照市教育局训令呈请南京市党部备案并请发登记许可证；[3] 市党部批复要求按照《文化团体组织大纲》修正《会章》，印模亦须按照规定式样重刻。对此，中华农学会以拖延为对策，直到12月12日第三四届执行委员会才讨论，先予修正再议。[4] 次年12月18日，新旧执委联席会决定“缓办”此事。[5] 此外，来自这两个部门的例行公事还有呈送会员名录、汇报会务、调查会务以及其他事务。[6] 同时，中华农学会奉命在南京市社会局备案。[7] 当局通过以上各种具体制度和措施，加强对中华农学会的规范、约束和管控。

客观而言，南京国民政府从民生主义出发，重视农业发展和新农村建设。但其农业行政混乱，机构重复设置，彼此掣肘，频繁变动，致使政出多门、行政效能低下以及事业不能一贯，行政院“调整各部会重复冲突之工作”未能奏效。这种乱象反映了国民党内部分裂、派系纷争之实质，引发朝野整理农业行政之呼声。[8] 中华农学会多次建议设立农林部以统辖全国农林行政未果，遂将关

[1]《事务所日记摘要》,《中华农学会报》1930年10月第80、81期合刊，第100页。

[2]《事务所日记摘要》,《中华农学会报》1930年12月第82、83期合刊，第79页。

[3]《事务所日记摘要》,《中华农学会报》1931年2月第85期，第112页。

[4]《二十年度第三四届执行委员会议录》,《中华农学会报》1931年12月第94、95期合刊，第163页。

[5]《本会纪事》,《中华农学会报》1932年12月第107期，第113页。

[6]《事务所日记摘要》,《中华农学会报》1931年12月第94、95期合刊，第160页；《事务所日记摘要》,《中华农学会报》1932年4月第98、99期合刊，第162页；《本会纪事》,《中华农学会报》1933年2月第109期，第92页。

[7]《事务所日记摘要》,《中华农学会报》1932年4月第98、99期合刊，第162页。

[8]《行政院统一农业机关》,《申报》1936年2月5日第3张第9版。

注重心移往地方农业行政。1932年，江苏省欲变动省立昆虫局名称，中华农学会致函该省实业厅请其慎重考虑。[1]同年，中央大学整委会欲合并农学院蚕桑科，该院蚕桑学会请其主持公道。[2]12月12日，江苏省酝酿裁撤实业厅，激起江苏省农林界联合抗争，江苏农学会、养鸡学会、养蜂学会、畜产学会、江北盐垦促进会、垦殖研究社、江苏农村改进会联合向中政会、行政院及实业部等申诉。[3]郑辟疆函请向中央呈报"苏省非法撤并实业厅"，18日，中华农学会新旧执委联席会议推定邹树文、陈方济，拟定援助办法。23日，致函江苏省政府表明"仍请维持"立场，"俾试验工作仍可继续研究"。[4]

1937年3月5日，中华农学会在京理事梁希、陈嵘、胡昌炽、邹树文、唐启宇、陈方济、朱凤美、汤惠荪、沈宗瀚（朱凤美代）召集会议，决定第二十届年会农业讨论问题为"地方农业行政组织"。[5]同时拟具《关于中国地方农业行政组织讨论案》，原文为：

查我国自民十六年以来，地方农业行政组织颇多变异。各省地方因各自为谋，不相联系，即一省之内，经历星霜不逾十载，而有变更至四五度以上者。事业之分合，人才之聚散，经费之张弛，其影响于行政组织之效率，及事业前途之

[1]《事务所日记摘要》，《中华农学会报》1932年2月第96、97期合刊，第91页。

[2]《第一二届执行委员会议纪录》，《中华农学会报》1932年7月第103期，第123页。

[3]《农学会等各团体反对苏省裁撤实厅》，《申报》1932年12月12日第3张第12版。揆诸史料，"江苏农学会"并不存在。比照中华农学会会务日记，郑辟疆的求援函时间系当月12日，此时呈文已见报，据此推断，郑辟疆在没有得到确切答复前迫于形势擅将其名号列上，但在名称上做了必要技术性处理。

[4]《本会纪事》，《中华农学会报》1932年12月第107期，第111、114页。

[5]《在京理事会议决议案》（1937），藏于中国第二历史档案馆，档案号：75-13。

成败者，宁可数计。今之呈现于吾人之前者，有直隶省府而农教合一组织之农业院，有附设于省建设厅之农业管理委员会，有设农林局，有设农林总场者，有设专科者。县之农业行政组织，亦复多歧，更难一一为之毕举，形形色色，其道不一。本会同人等，服务各省，见闻较周，于其利害得失，必有深感，统筹调整，当在素怀。特提出地方农业行政组织问题，公诸讨论，敬希各本所知，贡献意见，庶几集思广益，拟订合理之行政组织，可供今后农业行政方面之参考。[1]

提案人　本会理事会

旋因时局紧张，中华农学会年会讨论大受影响，但其介入政治的程度不断加深，如对蒋介石及其所倡的“服务农村”予以积极响应。“西安事变”爆发后，中华农学会与中华学艺社、中国经济学社等近 80 家学术团体共同致电张学良，箴劝和平解决。[2] 1936 年 12 月 19 日，由以上团体共同签名的《告国人书》《致张逆电》发表，呼吁全国同胞“共伸正义，拥护中枢”，规劝张学良“悔过图功”，“服从舆情，幡然改计，立奉蒋公回京”。[3]

蒋介石重视对青年学生思想的政治引导与塑造，将此纳入农村“新生活运动”与复兴农村运动轨道，以造成民族复兴之基。[4] 1934 年 6 月 2 日，蒋要求养成青年学生“济世合群之美德”与“服务公众之习惯”，为此，“全国公私立中学以上学生，均宜利

〔1〕《关于中国地方农业行政组织讨论案》(1937)，藏于中国第二历史档案馆，档案号：75-13。

〔2〕《事务所日记摘要》，《中华农学会报》1937 年 2 月第 157 期，第 116 页。

〔3〕《全国文化团体告国人书》，《申报》1936 年 12 月 19 日第 3 张第 9 版。

〔4〕 1996 年，俄罗斯学者皮萨列夫撰有《蒋介石与农村改造的问题》一文。

用假期各就其家乡为种种实际之服务，无论为清洁、为卫生、为公共场所或私人家庭，以及其他改革陋习，有益乡村之工作，均可由学生认定项目，以和蔼、诚恳、切实之态度，用劝导考查之步骤，分头服务，以期感动社会，万变风气”。[1]接着，蒋介石在训勉江西学生的谈话中要求青年学生，要“立定救人济世志愿”，“为社会国家而服务”。[2]1936年6月1日，他在出席首都讲演会训话中正式要求学生“利用暑假服务社会”。[3]翌年6月15日，蒋介石在江西牯岭对暑期农村服务生发表题为“暑假期间，对于救国最有效的工作是什么”谈话，涉及学生到农村服务的意义、新生活运动总会大学生暑期农村服务团工作等内容。他指出：

> 我们要救国，要复兴民族，必先要提倡精神建设，恢复我们民族固有的道德，来改革过去一切自私怯懦、虚伪纷乱的习惯，而成为一个互相团结、忠勇整齐的民族。这样重大的工作，决非一朝一夕所能做到的，必须要有长时期的努力和百折不挠的精神，才能达到我们的目的。这样的工作，到底应当由谁负担起来呢？我认为这是全民族的责任，就是每一个国民都先要有这个觉悟，才能够“群策群力”来做成功复兴民族的工作。但是，要使全体国民有这样彻底的觉悟，必须要有一班人以身作则地来做“发聩振聋”的领导工作。这种领导群众的事业，是一班青年人，尤其是一班青年学生的重大使命。……所以，今日中国的大中学生在求学时代：

〔1〕《蒋电各教育当局学生应服务社会》，《天津益世报》1934年6月8日第2张第6版。
〔2〕《蒋训勉江西学生立志为学与服务》，《天津益世报》1934年6月17日第1张第2版。
〔3〕《蒋院长昨在首都讲演会训话》，《天津益世报》1936年6月2日第1张第2版。

第一，必须建立一个正确的人生观；第二，必须认识中国社会实际生活及其病态与缺点，来尽心尽力的研究；第三，必须利用余暇来学习生产技能和改造社会、建设农村的工作。……谈到建设事业，中国到处都有迫切的需要。我们因物质文明非常落伍，所以必须要迎头赶上，才能与列强各国并驾齐驱。看到近年来我们各种建设事业，也有相当的成绩。但是，如果走到农村去看一看，我们便可以明了农村经济是怎样破产，农民生活是怎样困苦。我们的农村和农民生活，如果一天不改善，我们的革命，我们复兴民族的工作，便一天不能算完成，所以农村的建设是各种建设事业中之最重要的基础。我们应当认识，农村服务是做建设事业的出发点。

各位不要认为农村服务的工作，事情很细碎，很困难，但是我们实施服务的意义，是很深长伟大。……我们中国的农村，破产到这样的田地，如果我们在闲暇的时候还不尽力去救济他们，那末，帝国主义者直不用费一颗子弹，我们中国就会亡了。我们要认清，服务农村就是救国。……尤其是大学生，是国家的智识分子，是国家的基本人物。中国有这样多的大学生，如果真能刻苦耐劳为社会服务，怎会不强盛呢？所以，只要每个大学生人人都能参加农村服务，锻炼出一种刻苦耐劳的精神，这拯救危亡复兴民族的责任，方能担任起来。所以，有许多青年问我说："现在暑假余暇，做什么工作最有益于救国？"我很简单的回复说："救国的工作莫过于救民，救民的工作莫过于到农村去服务。"去年的农村服务，已经有相当的成绩，希望今年有更好的效果。最后我希望，全国大学生总动员，皆能到农村去服务！[1]

6月28日，蒋介石在九江发表《通告农村服务诸生书》，补充讲话。[2]蒋介石谈话对知识界产生广泛影响，平津学生界率先响应。北平“新学生团体联合会”电呈蒋介石表示即日组织暑假农村服务团，国民党中央宣传部拟订工作计划，秦德纯、蒋梦麟、胡适、陶希圣等人为指导员和讲演员。[3]随后，天津“业余教学团”筹设农民暑假短期学校8所，添设识字班9处；北洋女师等五校学生组成“天津学生暑期农村旅行剧团”下乡演剧。[4]7月9日，中华农学会在汉口举行第二十届年会，通过“请以大会名义，致电蒋院长响应暑假农村服务案”，电文如下：

> （前略）钧座提倡学生暑期农村服务以来，同人等指导学生切实奉行，为时未久，成效已著，南北各省农民，同深感戴。除同人等，此后仍加紧奉行外，谨详陈事实，专电奉慰，伏乞垂鉴。[5]

随着中国进入全民族抗战时期，中华农学会逐步融入“抗战建国”的政治主流。南京陷落后，国民政府迁都重庆，大量农业机关、学术团体随之西迁。9月，中华农学会先迁至湖南长沙，再由

[1]《蒋委员长训勉青年利用暑假到农村去》，《中央日报》1937年6月16日第1张第3版。
[2]《农村服务诸生应注意几点》，《天津益世报》1937年6月29日第1张第3版。
[3]《平学生团体请组织暑假农村服务团》，《天津益世报》1937年6月23日第1张第3版。
[4]《津学生团体利用暑假到农村去》，《天津益世报》1937年6月29日第2张第6版。
[5]《农学会年会昨以大会名义电蒋响应农村服务主张》，《中央日报》1937年7月10日第2张第4版。

湘入川，落脚重庆，建筑会所，开展会务。[1]会所西迁，标志着其会务由平常进入战时，但其活动非但没有因此而削弱，反围绕“农业抗战建国”主题有了新的进展。

9月12日，中华农学会理事会成员梁希、邹树文、姚传法、钱天鹤、唐启宇、陈嵘、陈方济、沈宗瀚（陈方济代）召集战时农业问题讨论会联席会议，商议战时农业方法，推姚传法、邹树文、钱天鹤、唐启宇起草，姚传法整理。[2]随后，制定《战时农业政策讨论纲要》。[3]根据抗战建国需要，中华农学会事业重心亦进行调整，主要集中于：（1）推进国防建设；（2）革新各种积习；（3）安定农民生活；（4）树立建国大计。[4]1940年，梁希在中华农学会第二十三届年会发表开会词：“今年这次年会，表现了农学、农业和农政渐渐打成一片。本来，学术跟着事业发展，事业又跟着政治前进，农学和农政照理是不可分的。我们不管政治，政治还是要来管我们。这仿佛似玻璃窗外的月亮，关了窗，月光还是要射进来的。”[5]抗战期间，中华农学会与国民政府围绕“农业抗战建国”进行较为密切合作，他们通过规划农业计划、强化研究、推进具体问题解决，为抗战时期农业生产开展以及保障战时物质需求做出了独有贡献。

---

〔1〕《战时农业机关变迁及本会会员移动情况》，《中华农学会报》1938年8月第164期，第55—56页。

〔2〕《在京理事会暨战时农业问题讨论会联席会议议决案》（1937），藏于中国第二历史档案馆，档案号：75-13。

〔3〕《战时农业政策讨论纲要》，《中华农学会报》1938年12月第166期，第159页。

〔4〕编者：《欢迎本会二十三届年会会友——论抗战以来的农业问题》，《中华农学会通讯》第2号，1940年6月，第2—3页。

〔5〕梁希：《中华农学会第二十三届年会开会词》，《中华农学会通讯》第3号，1940年7月，第2页。

及至抗战后期，国共合作关系瓦解，进而演变为直接的军事对决。在新的政治格局下，中华农学会内部以党派为分野重新分化组合，部分会员接近或加入中共；已是中共党员的乐天宇等远赴延安，同李世俊、陈凌风、方悴农等发起"中国农学会"；董时进等人则另组中国农民党；钱天鹤、汤惠荪、沈宗瀚、赵连芳等追随国民党远走台湾，会合台北会员另组"中华农学会"活动至今。随着中华人民共和国成立，1950 年 11 月，梁希、杨显东、王绶、金善宝、吴觉农、陈凤桐、乐天宇等 41 人为筹备委员会委员，整合延安的中国农学会、上海的中国农业科学研究社，在北京合组成立新的"中国农学会"，并呈报中央人民政府内务部，1951 年 4 月经核准备案。[1]中国农学会的成立，从组织层面言，宣告中华农学会历史正式终结，但从建设社会主义新农村角度言，意味着中华农学会进入了一个新的发展时期。

---

〔1〕《建国后继往开来的中国农学会》，华恕主编：《中国农学会 66 周年纪念刊——我国农业学术团体之沿革与现状》，中国农学会内部发行，1985 年，第 18 页。

结　语

自强、求富与改造传统社会，是近代中国历史的主题。至于实现路径与入手工作，各党派团体及个人观念和方案千差万别，分歧极大。由于中国特有的农业国国情，“改造农村，就是改造国家”，[1]由农业问题入手改造整个国家和社会的思路，渐被时人认同，并具体化为朝野行动，中华农学会即为其中一支重要力量。但近代中国始终处于乱局，内外各种政治势力“你方唱罢我登场”，致使改造方案难以全盘展开以收实效；“破坏”与“建设”，“革命”与“改良”，互为争衡，僵持不下，在辨明真理之时亦使整体力量削弱。五四新文化运动后期，中国问题逐渐走上一条政治解决的道路，“革命崇拜”成为时代重心。国民党人亦认同，“军阀”之争与“帝国主义势力”是乡村社会最大的破坏因素，必须要用“革命的破坏工作”——武力扫除之，为将来的建设事业开辟道路。国民革命后，中共发动工农革命，以寻求中国问题的根本、彻底和全面解决。在这样的时代背景下，本以学术为志业的中华农学会

〔1〕邵晓堡：《农村改造与农村教育》，《新社会》第3卷第10号，1932年11月，第234页。

也因应时势，响应革命，调整路线方针。

同时，它对农业农村问题出路的探寻，渐次与整个社会改造发生联系。所以，它关于解决农业问题路径的前后转换，是自身认知变更和外部因素作用两方面互动的结果。值得注意的是，中华农学会毕竟不是纯粹的政治团体和革命派，目的并非进行上层建筑革命，而是为近代的农业找出路，解决国计民生，以促进农业发展与农民自身解放，再造文明富足的新农村。然而，在乱象频至的年代，相关思想主张终未能有效落实，取得实质成功。

中国农村问题与国内政治、经济、文化诸端互为牵连，且受资本主义世界体系进程的牵引和制约，进而与世界政治、经济和文化演进纽结相系，亦可谓各种社会力量和社会矛盾错综复杂，国家（或政治）与社会纠结缠绕的深层原因。北伐战争后，国民政府开始广泛关注社会问题，聚焦于新农村建设。由于国民政府的介入，乡村运动在逻辑和事实上形成政权力量和民间团体两个系统。取径于社会运动，采取自下而上的方式从事农村改造事业，与利用政权力量推进新农村建设的路径迥异。1935 年，江恒源就县政实验发表感言：南方江宁、兰溪纯以政府为立场；北方定县、邹平及菏泽纯以社会为立场。进而推论：北方不重形式，不求速效；南方善用方法，力求速效。江宁县长梅思平、兰溪县长胡次威现身说法，推广其采用“由上而下”方式实行大规模农村改进的要诀。[1]梁漱溟对此回应说，乡村运动有两大难处或两大危机：其一，高谈社会改造而依附政权；其二，号称乡村运动而乡村不动，也就

〔1〕《参加第二次乡村工作讨论会后感想》《江宁实验县工作报告》《兰溪实验县工作报告》，章元善、许仕廉编：《乡村建设实验》第 2 集，第 486—487、301、307 页。

是与政府应分而不分、与农民应合而合不来、彼此也不能合而为一。[1]问题的关键在于，引领农民完成现代社会改造的主导力量应该是谁？是政权，还是社会？理论上，梁漱溟完全持社会本位立场，“始终不直操政权”，“严彼我之界”，守在在野营垒而与社会为一家，在不违三民主义前提下，“自成系统，不同于人”，唯有如此，才能“始终保持其社会运动的立场，而不变为国家的或地方的一种行政，乃得完成使命”。[2]事实上，邹平、菏泽等地乡村改造及县政改革没有和政治完全脱节，甚至“走上了一个站在政府一边来改造农民，而不是站在农民一边来改造政府的道路。……则我们与农民处于对立的地位，他们是被改造的，我们要改造他”。[3]中华职教社认为“若无政治权力，困难极大”，随即提出“政治力量利用问题”。[4]平教会也意识到“抛开政治而专讲学术”，难以将研究实验推行全国，转而寻求“学术与政治合作”，以期“学术事业化”“政治学术化”两相得。[5]但是，由于政治的强势、对资源的垄断以及广泛的人脉，在野社会力量沦为政治力量的配角亦属常态，无可避免地产生“以救济乡村而损害乡村”的负面效应。

乡村运动欲取得成功，需要政治与社会有效沟通，良性互动；

---

〔1〕《我们的两大难处》，中国文化书院学术委员会编：《梁漱溟全集》第2卷，济南：山东人民出版社1990年，第573、576—577页。

〔2〕《广西国民基础教育与乡村建设运动》，中国文化书院学术委员会编：《梁漱溟全集》第5卷，济南：山东人民出版社1992年，第636页。

〔3〕《我们的两大难处》，中国文化书院学术委员会编：《梁漱溟全集》第2卷，第580—581页。

〔4〕《中华职业教育社之农村工作》《乡村工作讨论会第二次集会经过》，章元善、许仕廉编：《乡村建设实验》第1、2集，第50、22页。

〔5〕《中华平民教育促进会定县实验工作报告》，章元善、许仕廉编：《乡村建设实验》第2集，第89—90页。

农村问题的“总解决”仰赖于国家政权力量自上而下的推行。但近代以来，内政淆乱，外患日亟，统一的民族国家始终未立，国难之际的梁漱溟痛陈“国家的国权尚未建立”，“没有总组织，没有一种最高力量”能够担当全国乡村改进任务。[1]在国家权威不具备情况下，社会集团各立系统，醉心于区域化改造，为维系各自本位利益依附地方实权派，虽然可收局部之效，但对于全国整体而言，反有加剧朝野裂痕和改造的碎片化之虞。国民政府虽然介入其间，但以急迫心态对乡村进行政治渗透，树立独掌的合法性权威，借以排斥异己，实现党权、政权合一，反将其引向旷日持久的党际舆论和政治的角逐场，难以从根本上通盘理性地权衡解决内外诸多棘手问题，从而为乡村改造和民族复兴奠定精神和物质上的基础。朝野两个系统、两股力量之间虽有妥协与合作，但激烈的竞争与博弈，致使宜于社会改造的建设性“政治—社会”关系无由确立，同时极大消解了社会改造的整体性力量，终使其成为一场近代未能完成的社会运动。

中华农学会以及各党派社团引介域外农业现代性因素，推进中国农业农村问题解决的历史进程表明，革命的破坏工作尽管以急风骤雨之势，颠覆旧有政治秩序，但农业问题的彻底解决，并非如此简单。着眼中国近百年乡村改造和建设进程，以历史眼光辩证地审视各派理论及实践，可得以下结论：其一，各派囿于自身视野、立场和阶级属性，名为“改造”实为“改良”，这与中共土地革命路线高扬的根本解决、彻底改造有着本质区别。毛泽东于1919年提出“模

---

〔1〕《乡村建设运动中的三大问题》，中国文化书院学术委员会编：《梁漱溟全集》第5卷，第629、632页。

范村”“社会主义能否实施”等重要问题；[1]1921年指出“改良是补缀办法，应主张大规模改造”，以“改造中国与世界”为宗旨，路径“主用俄式”，这是“诸路皆走不通了新发明的一条路”。[2]历史证明，改良在中国是行不通的。其二，混同“改造”与“建设”，或以“建设”替代“改造”的做法，既不科学也不现实。毛泽东于1920年提出“建设”首先且“唯有从‘根本改造’下手”，[3]在实践中得出先取得新民主主义革命胜利，改变农村的半殖民地半封建状态，完成社会化改造任务，才能为全面现代化建设开辟广阔前景。

当首要的革命工作完成之后，农业改造和建设的庞大工程才得以全面展开，至今很难说已得到完满解决。当代关注“三农”问题，进行“社会主义新农村”建设，正可印证解决农业问题并非一蹴而就，一劳永逸。它涉及广泛，牵一发而动全身，不仅要通盘考量，整体协调，且需要时间检验其成败得失。1928年，过探先曾指出农业问题实包括“农民、农业、农村”三项，“农业、农民、农村之问题，有相互连带之关系”，不可“执其一端”。[4]当今“三农”问题等相关观念与探讨，并非截断历史横空而出，确有远源可寻。与此相关联，中华农学会提出农村建造应以技术、组织和经济为核心展开整体性方案，以及探讨农业经营样式的“分”与“合”等，对于当下进行的农业和农村建设，可能会提供一定参考和借鉴，尤值得今人深层探究，以便于更好地认识往昔，开创未来。

---

〔1〕中共中央文献研究室、中共湖南省委《毛泽东早期文稿》编辑组编:《毛泽东早期文稿》，长沙：湖南人民出版社2008年，第363、366页。

〔2〕中共中央文献研究室编:《毛泽东文集》第1卷，北京：人民出版社1993年，第1—2页。

〔3〕中共中央文献研究室、中共湖南省委《毛泽东早期文稿》编辑组编:《毛泽东早期文稿》，第610页。

〔4〕过探先:《中国之农业问题》,《农林汇刊》第2号，1929年7月，第23页。

附录一　中华农学会历任长会人名录

年　度	职　务	负责人
1917—1918	会　长	王舜成
	副会长	余　乘
1918—1919	会　长	陈　嵘
	副会长	王舜成
	编辑部长	过探先
1919—1920	事务部长	陈　嵘
	干　事	邹秉文　曾济宽　唐昌治　过探先
	学艺部主任	周　清
1920—1922	总干事长	陈　嵘
	总干事	顾　复　曾济宽　唐昌治　余　乘　盛建勋　王舜成　袁希洛　梁　希　周　清　钱槎孙　许　璇　过探先　吴宗栻　邹秉文　陶昌善　郭葆琳　谢恩隆
1922—1925	总干事长	王舜成
	总干事	邹秉文　陶昌善　王舜成　过探先　唐昌治　许　璇　陈　嵘　钱槎孙　李寅恭　郭葆琳　汪德章　唐有恒　潘赞化　黄艺锡　周　清　曾济宽　高维巍

续表

年　度	职　务	负责人
1925—1928	干事长	许　璇
	副干事长	王舜成　唐昌治（1925—1927）陈　嵘 吴庶晨（1927—1928）
1928—1934	委员长	许　璇
	副委员长	陈　嵘（1928—1931）钱天鹤（1931—1932） 邹树文（1932—1934）
1934—1935	理事长	许　璇
	副理事长	邹树文
1935—1942	理事长	梁　希
	副理事长	邹树文
1942—1948	理事长	邹秉文
	副理事长	梁　希（1942—1944）
	总干事	陈方济（1943—1948）

附录二　中华农学会历届年会一览表

年度	届　数	地点	会　场	会　期	人　数	论文数（篇）
1916	筹备会	苏州			30余人	
1917	成立大会	上海	江苏省教育会	1月30日	20余人	
1918	第一届	上海	江苏省教育会	8月24日	20余人	
1919	第二届	杭州	浙江省教育会	8月15日—9月15日	40余人	
1920	第三届	无锡	江苏省立第三师范	8月25日	40余人	
1921	第四届	北京	中央公园	9月9日	30余人	
1922	第五届	济南	山东省教育会	7月7—10日	80余人	
1923	第六届	苏州	江苏省立第二农校	8月6—8日	200余人	
1924	第七届	安庆	安徽省立第一农校	7月5—6日	40余人	
1925	第八届	上海	江苏省教育会	8月8—9日	50余人	
1926	第九届	广州	中山大学农学院	8月14—18日	48人	

续表

年度	届　数	地点	会　场	会　期	人　数	论文数（篇）
1927	第十届	杭州	浙江省教育会	9月4—7日	80余人	
1928	第十一届	南京	金陵大学	8月3—7日	400余人	17
1929	第十二届	南通	南通大学农科	8月16—20日	165人	12
1930	第十三届	青岛	青岛大学	8月22—26日	52人	15
1931	第十四届	北平	北平大学法学院	8月19—23日	56人	9
1932	第十五届	无锡	江苏省立教育学院	8月29—31日	72人	19
1933	第十六届	苏州	江苏省立苏州农校	7月15—17日	92人	6
1934	第十七届	南京	中央农业实验所	8月25—27日	117人	32
1935	第十八届	杭州	浙江大学农学院	7月13—16日	162人	66
1936	第十九届	镇江	镇江伯先公园	8月22—24日	143人	106
1937	第二十届	武昌	中华大学	7月7—10日	108人	18
1938	第二十一届	成都	四川大学	8月27—29日	93人	37
1939	第二十二届	重庆	中央大学	9月3日	77人	66
1940	第二十三届	重庆	留法比瑞同学会	6月5—7日	176人	81

续表

年度	届　数	地点	会　场	会　期	人　数	论文数（篇）
1941	第二十四届	重庆	四川省立教育学院	3月16日	167人	47
1942	第二十五届	重庆	沧山纪念堂	10月7—8日	327人	61
1947	第二十六届〔1〕	南京	励志社大礼堂	11月26日—12月1日	652人	52

〔1〕全名为“中华农学会第二十六届年会暨农业界各专门学会联合年会”。

征引文献

一　档案

（一）中华农学会档案（中国第二历史档案馆）

《本会1937年第一届理事会议报告》，1937，档案号：75-13

《本年第一届理事会议议决案》，1936，档案号：75-34

《给唐启宇函》，1936，档案号：75-34

《关于十九届年会筹备事项》，1936，档案号：75-34

《快邮代电》，1936，档案号：75-34

《理事会议录》，1937，档案号：75-50

《在京理事会议决议案》，1937，档案号：75-13

《在京理事会暨战时农业问题讨论会联席会议议决案》，1937，档案号：75-13

《中华农学会会务函》，1936，档案号：75-27

《中华农学会启事》，1936，档案号：75-34

《中华农学会选举事项》，1936，档案号：75-29

《中华农学会会员调查表》，1937，档案号：75-37

（二）其他档案

广东省档案馆编：《民国时期广东省政府档案史料选编》十一，广东省档

案馆 1989 年版

吉林省档案馆等编:《清代吉林档案史料选编》, 吉林省档案馆 1981 年版

中国第二历史档案馆编:《中华民国史档案资料汇编》第 3 辑“文化”“教育”, 江苏古籍出版社 1991 年版

中国第二历史档案馆编:《中华民国史档案资料汇编》第 5 辑第 1 编“财政经济”, 江苏古籍出版社 1994 年版

中国第二历史档案馆编:《中华民国史档案资料丛刊》上册, 江苏古籍出版社 1986 年版

中国第二历史档案馆编:《中华民国史档案资料汇编》第 4 辑, 江苏古籍出版社 1991 年版

中国第二历史档案馆编:《中华民国史档案资料汇编》第 5 辑第 1 编“财政经济(一)”

中国第二历史档案馆编:《中华民国史档案资料汇编》第 5 辑第 1 编“政治(一)”

中国第一历史档案馆编:《光绪三十三年留学生史料》,《历史档案》1998 年第 1 期

中国第一历史档案馆编:《宣统二年归国留学生史料》,《历史档案》1997 年第 2 期

中国第一历史档案馆编:《宣统二年归国留学生史料续编》,《历史档案》1997 年第 4 期

二 报刊

《安徽教育月刊》;《安徽农学会报》;《长沙大公报》;《晨报》;《村治》;《大光报》;《大公报》;《导农》;《地政月刊》;《东北新建设杂志》;《东方杂志》;《东南日报》;《湖北农学会报》;《湖北省农会农报》;《湖南农学会会刊》;《江苏省立第一农业学校校友会杂志》;《国立北京农业专门学校丛刊》;《教育公报》;《教育与职业》;《教育杂志》;《民权报》;《农林公报》;《农林汇

刊》;《农林新报》;《农学》(东南大学);《广东农林》;《广东农林季刊》;《广东农林月报》;《广州民国日报》;《国立北京农业专门学校校友会杂志》;《国立北平研究院院务汇报》;《国立中央大学农学院旬刊》;《湖南教育杂志》;《江苏旬刊》;《近代史研究》;《京报》;《开发西北》;《科学》;《科学时报》;《立法专刊》;《历史研究》;《林学》;《岭南大学农学季报》;《留东学报》;《留美学生年报》;《留美学生季报》;《民国日报》(上海);《南大农学特号》;《农村复兴委员会会报》;《农村教育丛集》;《农话》;《农声》;《农学报》;《农学丛刊》;《农学杂志》(商务印书馆);《农业丛刊》;《农业经济学会会刊》;《农业推广》;《农业周报》;《农智年刊》;《农智月刊》;《人地学论丛》;《山西实业报》;《森林》;《申报》;《申报月刊》;《神州日报》;《生命》;《四川农学会会刊》;《时报》;《世界日报》;《时事新报》;《时事月报》;《时务报》;《社会月刊》;《苏报》;《蜀农》;《蜀农季刊》;《蜀农学会会刊》;《顺天时报》;《天铎报》;《土壤与肥料》;《图书评论》;《乡村建设》;《新江苏报》;《新民报》;《新农通讯》;《新农业》(国立北京农业专门学校);《新青年》;《新社会》;《新申报》;《新闻报》;《醒农》;《学部官报》;《学艺》;《益世报》;《殖产协会报》;《知新报》;《浙江省昆虫局年刊》;《中国农民》;《中国农史》;《中国社会科学》;《中华棉产改进会月刊》;《中华农林会报》;《中华农学会报》;《中华农学会丛刊》;《中华农学会通讯》;《中华新报》;《中国建设》;《中国农村》;《中国日报》(北京);《中央日报》

三　论著资料

安吉县政协文史资料委员会编:《纪念陈嵘先生诞辰一百周年》, 内部发行, 1988 年版

巴中县政协文史资料委员会等编:《平民教育家晏阳初》, 四川大学出版社 1990 年版

白鹤文等主编:《中国近代农业科技史稿》, 中国农业科技出版社 1996 年版

北京林业大学校史编辑部:《北京林业大学校史》,中国林业出版社 1992 年版

《北京农业专门学校一览》,1917 年

Broadwin Julie Ann, *Intertwining Threads: Silkworm Goddesses, Sericulture Workers and Reformers in Jiangnan, 1880s-1930s*, San Diego University of California,1999

弁纳才一:《20 世紀前半中国におけるアメリカ棉種の導入について》,《历史学研究》1997 年 3 月第 695 号

弁纳才一:《南京国民政府の合作社政策——農業政策の一環として》,《东洋学报》1989 年 12 月第 1 号

弁纳才一:《抗日戦争前における浙江省の稲麦改良事業について》,《史学研究》1996 年 10 月第 214 号

弁纳才一:《1930 年代における浙江省の棉花改良事业について》,《社会经济史学》1997 年 1 月第 62 卷第 5 号

弁纳才一:《中国の農業近代化に対する抵抗——1920—1930 年代浙江省の蚕種改良事業に見る》,《社会经济史学》1993 年 7 月第 59 卷第 2 号

陈翰笙:《陈翰笙文集》,商务印书馆 1999 年版

陈翰笙等编:《解放前的中国农村》第 2 辑,中国展望出版社 1987 年版

陈青之:《中国教育史》第 3 册,商务印书馆 1936 年版

陈侠、傅启群编:《傅葆琛教育论著选》,人民教育出版社 1994 年版

陈锡祺主编:《孙中山年谱长编》上册,中华书局 1991 年版

陈雪:《孙冶方颂》,光明日报出版社 1983 年版

陈学恂主编:《中国近代教育大事记》,上海教育出版社 1981 年版

陈学恂主编:《中国近代教育史教学参考资料》中册,人民教育出版社 1987 年版

陈学恂、田正平编:《中国近代教育史资料汇编·留学教育》,上海教育出版社 1991 年版

陈寅恪:《金明馆丛稿二编》,生活·读书·新知三联书店 2001 年版

慈溪市政协文史资料委员会编:《慈溪文史资料》第12辑，1997年版

大隈重信:《日本开国五十年史》下册，上海社会科学院出版社2007年版

董光璧主编:《中国近代科学技术史》，湖南教育出版社1997年版

樊荫南编纂:《当代中国名人录》，上海良友图书印刷公司1931年版

饭塚靖:《南京国民政府の農業政策と農業技术专门家》,《近きに在りて》1992年11月第22号

饭塚靖:《中国国民政府と農村社会：農業金融·合作社政策の展開》，东京汲古书院2005年版

费孝通:《费孝通文集》第13卷，群言出版社1999年版

费孝通:《乡土重建》，上海书店影印本1991年版

费旭等编:《南京农业大学志（1919—1988）》，内部发行，1994年版

费正清编:《剑桥中国晚清史》下卷，中国社会科学出版社1985年版

冯和法:《农村社会学大纲》，黎明书局1931年版

甘肃政协文史资料和学习委员会编:《甘肃文史资料选辑》第47辑，1997年版

高平叔编:《蔡元培全集》第2卷，中华书局1984年版

高山昭夫著，刘秉臣等译:《日本农业教育史》，科学技术文献出版社重庆分社1989年版

高时良编:《近代教育史资料汇编·洋务运动时期教育》，上海教育出版社1992年版

顾复:《农村教育》，商务印书馆1923年初版

顾执中编:《报人生涯：一个新闻工作者的自述》，江苏古籍出版社1991年版

广东省社会科学院历史研究室等编:《孙中山全集》第1—9卷，中华书局1981年版

广东政协文史资料研究委员会编:《广东文史资料》第11、17辑，广东人民出版社1963、1964年版

广西地方志编纂委员会:《广西通志·农业志》，广西人民出版社1995年版

《国立北平大学一览》，1932 年

国民政府法制局编：《国民政府颁行法令大全》，商务印书馆 1929 年版

郭建荣、杨慕学编著：《北大的学子们》，中国经济出版社 2006 年版

杭州市教育委员会编纂：《杭州教育志》，浙江教育出版社 1994 年版

Hayford, Charles W., *To the People: James Yen and Village China*, New York: Columbia University Press, 1990

河北政协文史资料委员会编：《河北文史资料选辑》第 11 辑，河北人民出版社 1983 年版

胡适：《留学日记》上，安徽教育出版社 1999 年版

华恕主编：《邹秉文纪念集》，农业出版社 1993 年版

华恕主编：《中国农学会 66 周年纪念刊——我国农业学术团体之沿革与现状》，中国农学会内部发行，1985 年版

华中师范学院教育科学研究所主编：《陶行知全集》第 1—12 卷，湖南教育出版社 1984 年版

黄福庆：《近代日本在华文化及社会事业之研究》，台北“中央研究院”近代史研究所 1982 年版

黄俊杰编：《面对历史的挑战：沈宗瀚与我国农业现代化的历程》，台北幼狮文化事业公司 1984 年版

黄义祥编：《中山大学校史稿：1924—1949》，中山大学出版社 1999 年版

黄义祥、易汉文主编：《中山大学大事记：1924—1996》（征求意见稿），中山大学出版社 1999 年版

淮阴市政协文史资料委员会编：《淮阴文史资料》第 6 辑，1987 年版

吉田浤一：《近現代中国の土地制度改革》，《静冈大学教育学部研究报告》（人文·社会科学篇）1996 年 3 月第 46 卷

江恒源：《农村改进的理论与实际》，生活书店 1935 年版

江宁县政协委员会编：《江宁人物·现代篇》，1999 年版

江苏省地方志编撰委员会编：《江苏省志·教育志》（上），江苏古籍出版

社 2000 年版

江问渔、梁漱溟编:《乡村建设实验》第 3 集，中华书局 1937 年版

姜义华、张荣华编校:《康有为全集》第 4 集，中国人民大学出版社 2007 年版

姜义华主编:《胡适学术文集·教育》，中华书局 1998 年版

蒋致远主编:《第一次中国教育年鉴》，台北：宗青图书公司 1991 年版

教育部中国教育年鉴编审委员会编:《第一次中国教育年鉴·教育概况》，开明书店 1934 年版

金轮海:《农村复兴与乡教运动》，商务印书馆 1934 年版

金轮海:《农村建造》，商务印书馆 1937 年版

金轮海:《中国农村经济研究》，中华书局 1937 年版

金鸣盛:《国民政府宣布中华民国宪法草案释义》，世界书局 1936 年版

居正:《为什么要重建中国法系》，大东书局 1946 年版

Keating, Pauline B., *Two Revolutions: Village Reconstruction and the Cooperative Movement in Northern Shanxi 1934-1945*, Stanford: Stanford University Press, 1997

李伯嘉编:《读书指导》第 2 辑，商务印书馆 1936 年版

李德龙等主编:《历代日记丛钞》第 149 册，学苑出版社 2006 年版

李桂林编:《中国现代教育史教学参考资料》，人民教育出版社 1987 年版

李景汉:《中国农村问题》，商务印书馆 1937 年版

李文治编:《中国近代农业史资料》第 1 辑，生活·读书·新知三联书店 1957 年版

李喜所等著:《近代中国的留美教育》，天津古籍出版社 2000 年版

李醒愚编:《农林新报三百期》，金陵大学农学院农林新报社 1933 年印行

李勇、张仲田:《蒋介石年谱》，中共党史出版社 1995 年版

李永芳:《近代中国农会研究》，社科文献出版社 2008 年版

李之生:《文学史视野中的文学社团研究》，《中华读书报》2003 年 6 月 18 日

梁波:《技术与帝国主义研究》，山东教育出版社 2006 年版

梁启超:《饮冰室合集·专集之二十二》，中华书局 1989 年版

梁启超:《饮冰室合集·文集》第 1、6 册，中华书局 1989 年版

梁山等:《中山大学校史：1924—1949》，上海教育出版社 1983 年版

《梁希纪念集》编写组编:《梁希纪念集》，中国林业出版社 1983 年版

廖一中、罗真容整理:《袁世凯奏议》中册，天津古籍出版社 1985 年版

林庆元:《林则徐评传》，南京大学出版社 2000 年版

凌道扬:《森林学大意》，商务印书馆 1916 年初版

刘国铭主编:《中国国民党百年人物全书》下册，团结出版社 2005 年版

刘绍唐主编:《民国人物小传》第 2 辑第 14 册，台北传记文学出版社 1991 年版

刘慎谔:《刘慎谔文集》，科学出版社 1985 年版

刘寿林编:《辛亥以后十七年职官年表》，中华书局 1966 年版

刘真、王焕琛编:《留学教育——中国留学教育史料》第 1 册，台北“国立”编译馆 1980 年版

柳州市政协文史资料委员会编:《柳州文史资料选辑》第 2 辑，1983 年版

柳州市政协鱼峰区文史研究委员会编:《鱼峰文史》第 6、7 辑合刊，1990 年版

陆精治:《中国民食论》，启智书局 1931 年版

鲁益国:《罗振玉与农学会》，中国社会科学院，2009 年，硕士学位论文

罗志田:《再造文明的尝试：胡适传（1891—1929）》，中华书局 2006 年版

吕顺长:《清末における浙江省留日学生の帰国後の活躍》，神奈川大学人文学会编:《中国人日本留学史研究の現段階》，东京御茶の水书房 2002 年版

马祖圣编著:《历年出国 / 回国科技人员总览（1840—1949）》，社会科学文献出版社 2007 年版

穆家修等编著:《穆藕初先生年谱》,上海古籍出版社 2006 年版

那须皓著,刘钧译:《农村问题与社会理想》,神州国光社 1930 年版

《南大百年实录》编辑组编 :《中央大学史料选》中卷,南京大学出版社 2002 年版

Pan, Ming-te, *Rural Credit Market and the Peasant Economy 1600-1949: The State, Elite, Peasant and "Usury"*, Irvine: University of California, 1994

潘懋元、刘海峰编:《中国近代教育史资料汇编·高等教育》,上海教育出版社 1993 年版

彭明主编:《中国现代史资料选辑》第 1 册,中国人民大学出版社 1987 年版

全国农业学校长协会编:《日本農学発達史》,东京农业图书刊行会 1943 年版

全国政协文史资料委员会编:《文史资料选辑》第 84、88、115 辑,文史资料出版社 1982、1983、1988 年版

钱天鹤:《钱天鹤文集》,中国农业科技出版社 1997 年版

钱亦石等著:《中国农村问题》,中华书局 1935 年版

秦孝仪主编:《革命人物志索引》第 21 集,中央文物供应社 1982 年版

秦孝仪主编:《革命文献》第 105 辑,国民党中央党史委员会 1986 年版

清华大学校史研究室编:《清华大学史料选编》第 1 卷,清华大学出版社 1991 年版

璩鑫圭等编:《中国近代教育史资料汇编·学制演变》,上海教育出版社 1991 年版

璩鑫圭等编:《中国近代教育史资料汇编:实业教育·师范教育》,上海教育出版社 1994 年版

Robert Morrison Maciver, *Community, A Sociological Study: Being an Attempt to Set Out the Nature and Fundamental Laws of Social Life*(1920), London: Macmillan Company, 1917

容闳:《西学东渐记》,湖南人民出版社 1981 年版

荣孟源主编:《中国国民党历次代表大会及中央全会资料》上册,光明日报出版社 1985 年版

杉本勋编，郑彭年译：《日本科学史》，商务印书馆 1999 年版

桑兵、关晓红主编：《先因后创与不破不立：近代中国学术流派研究》，生活·读书·新知三联书店 2007 年版

上虞县政协文史工作委员会编：《上虞文史资料》第 5 辑“纪念吴觉农选辑”，1990 年版

沈桐生纂：《光绪政要》第 27 卷，台北文海出版社 1971 年版

沈云龙主编：《近代中国史料丛刊正编》第 1 辑，台北文海出版社 1973 年版

沈云龙主编：《近代中国史料丛刊三编》第 80 辑，台北文海出版社 1989 年版

沈宗瀚：《克难苦学记》，科学出版社 1990 年版

沈宗瀚：《沈宗瀚自述·中年自述》，台北传记文学出版社 1984 年版

沈宗瀚：《沈宗瀚晚年文录》，台北传记文学出版社 1979 年版

沈宗瀚、赵雅书等编：《中华农业史——论集》，台北商务印书馆 1979 年版

四川大学校史编写组编：《四川大学校史》，四川大学出版社 1985 年版

《私立金陵大学六十周年校庆纪念册》，1948 年

实藤惠秀：《中国人留学日本史》，生活·读书·新知三联书店 1983 年版

实业部中国经济年鉴编纂委员会编：《中国经济年鉴》，商务印书馆 1934 年版

舒新城：《中国近代教育史资料》下册，人民教育出版社 1981 年版

舒新城：《近代中国留学史》，上海文化出版社 1989 年版

舒新城：《中国新教育概况》，中华书局 1928 年版

孙大权：《中国经济学的成长——中国经济学社研究（1923—1953）》上海三联书店 2006 年版

孙怒潮编：《注释国文副读本》中册，中华书局 1935 年版

宋恩荣主编：《晏阳初全集》第 1—3 卷，湖南教育出版社 1989、1992 年版

太平洋书店编：《中国农村问题——佃农问题·农民负担》，太平洋书店

1933 年版

太平洋书店编:《中国农村问题——土地问题》, 太平洋书店 1933 年版

邰爽秋等合撰:《乡村教育之理论与实际》(教育参考资料选辑第三种), 教育编译馆 1935 年版

汤志钧编:《康有为政论集》上册, 中华书局 1981 年版

陶昌善编:《全国农会联合会第一次纪事》, 台北文海出版社 1973 年版

笹川裕史:《萧铮と中国地政学会——もキラーっの中国土地改革の轨迹》,《中国近代化》1997 年版

田正平:《留学生与中国教育近代化》, 广东教育出版社 1996 年版

田中恭子:《土地と権力: 中国の農村革命》, 名古屋大学出版会 1996 年版

Vermeer, Eduard B. (ed.), *Cooperative and Collective in China's Rural Development: Between State and Private Interests*, M. E. Sharpe, 1998. Rev. by Unger Jonathan, *The China Journal*, No. 41

Walker, Kathy Le Mons, *Chinese Modernity and the Peasant Path: Semi-colonialism in the Northern Yangzi Delta*, Stanford: Stanford University Press, 1999

王步峥、杨滔主编:《中国农业大学史料汇编》上册, 中国农业大学出版社 2005 年版

王步峥、杨滔:《北京农业大学校史(1905—1949)》, 北京农业大学出版社 1990 年版

王笛:《清末民初我国农业教育的兴起和发展》,《中国农史》1987 年第 1 期

王尔敏:《晚清政治思想史论》, 广西师范大学出版社 2005 年版

王尔敏:《中国近代思想史论》, 社会科学文献出版社 2003 年版

王桂等编:《中日教育关系史》, 山东教育出版社 1993 年版

王国席:《清末农学留学生人数与省籍考略》,《历史档案》2002 年第 2 期

王红谊、章楷等编著:《中国近代农业改进史略》，中国农业科技出版社2001年版

王庆仁等主编:《吴文藻纪念文集》，中央民族大学出版社1997年版

王任重:《中国农村复兴的研究》，东成印务局1934年版

王维礼主编:《中国现代史大事纪事本末》，黑龙江人民出版社1987年版

王学珍、郭建荣主编:《北京大学史料》第1卷，北京大学出版社2000年版

《中国科技史料》编委会编:《中国科技史料》第1—4辑，科学普及出版社1980年版

王晓秋:《近代中日文化交流史》，中华书局1992年版

《文史资料选辑》编辑部编:《文史资料精选》第5卷第19辑，中国文史出版社1990年版

吴椿等主编:《师范群英光耀中华》第11卷上册，陕西人民教育出版社1994年版

吴德才:《从牧童到博士——农业科学家杨显东传》，中国青年出版社1995年版

吴觉农、胡浩川:《中国茶业复兴计划》，商务印书馆1935年版

无锡市政协文史资料委员会编:《无锡文史资料》第9、25、29辑，1984、1991、1994年版

吴县地方志编纂委员会编:《吴县志》第24卷“教育”，上海古籍出版社1994年版

校史编写组:《河南农业大学校史》，大象出版社2003年版

萧铮:《中国人地关系史》，台湾商务印书馆1984年版

夏东元编:《郑观应集》上册，上海人民出版社1982年版

谢俊美:《政治制度与近代中国》增补本，上海人民出版社2000年版

行政院农村复兴委员会编:《中国农业之改进》，商务印书馆1934年初版

许璇:《粮食问题》，商务印书馆 1935 年版

《宣统元年分第三次教育统计图表》，宣统二年学部总务司编印刊行

严耕望:《治史经验谈》，台湾商务印书馆 1981 年版

杨开道:《农村问题》，世界书局 1930 年版

杨开道:《农村组织》，世界书局 1930 年版

杨瑞:《北伐前后中华农学会的政治立场与事业转向》,《学术月刊》2014 年第 7 期

杨瑞:《近代中国农科的早期发展及其美国化趋向》,《史学月刊》2017 年第 12 期

杨瑞:《近代中国乡村改造之社会转向》,《中国社会科学》2017 年第 2 期

杨瑞:《民国学界合组中国农学会的努力与难局》,《广东社会科学》2011 年第 3 期

杨瑞:《南京政府成立前后农业党化与大学农科之重组》，载闻黎明、肖雄主编:《现代中国的历史转型》，云南民族出版社 2017 年版

杨瑞:《1920 年代知识界社团与农业教育革新运动》,《广东社会科学》2013 年第 4 期

杨瑞:《政治、实业与农学新知：民国农业农学社团的源流与活动》,《暨南学报》2012 年第 9 期

杨瑞:《中华农学会成立初期的史实考述》,《中国农学通报》2007 年第 10 期

杨瑞:《中华农学会的早期组织演化与宗旨歧变》,《史学月刊》2009 年第 3 期

杨瑞:《中华农学会与现代农学研究机构的创设》,《学术研究》2011 年第 5 期

杨幼炯主编:《中国农村问题》，中国社会科学会出版部 1934 年版

袁英光、刘寅生编著:《王国维年谱长编（1877—1927）》，天津人民出版社 1996 年版

沢村康:《小作法と自作農創定法》，东京改造社 1927 年版

沢村康:《中欧諸国の土地制度及土地政策》，东京改造社 1930 年版

翟克:《中国农村问题之研究》，国立中山大学出版部 1933 年版

斎藤之男:《日本農学史：近代農学形成期の研究》，东京大成出版社 1968 年版

章开沅、罗福惠:《比较中的审视：中国早期现代化研究》，浙江人民出版社 1993 年版

章士钊:《章士钊全集》第 1—4 集，文汇出版社 2000 年版

章元善、许仕廉编:《乡村建设实验》第 1—2 集，中华书局 1934、1935 年版

张其昀编:《人地学论丛》第 1 集，钟山书局 1932 年版

赵德馨主编，吴剑杰等点校:《张之洞全集》，武汉出版社 2008 年版

赵方田、杨军主编:《中国农学会史》，上海交通大学出版社 2008 年版

赵靖主编:《穆藕初文集》，北京大学出版社 1995 年版

赵靖等编:《中国近代经济思想资料选辑》，中华书局 1982 年版

赵树贵、曾丽雅编:《陈炽集》，中华书局 1997 年版

郑大华:《民国乡村建设运动》，社会科学文献出版社 2000 年版

中共中央文献研究室编:《毛泽东文集》第 1 卷，人民出版社 1993 年版

中共中央文献研究室、中共湖南省委《毛泽东早期文稿》编辑组编:《毛泽东早期文稿》，湖南人民出版社 2008 年版

中华职业教育社编:《黄炎培教育文集》第 1—3 卷，中国文史出版社 1994 年版

中华职业教育社编:《全国职业学校概况》，商务印书馆 1934 年版

中华职业教育社编:《十六年来之中华职业教育社》，中华职业教育社 1933 年印行

中华职业教育社编:《中华职业教育社一览》，1934 年

中华教育改进社编:《中华教育改进社同社录》，1924 年

中华农学会编:《中华农学会会员录》，中华农学会 1935 年印行

中共北京农业大学委员会党史资料征集小组编:《中国共产党北京农业

大学组织史（1921—1937）》，内部资料，1990年版

中国林学会编:《陈嵘纪念集》，中国林业出版社1987年版

中国林学会主编:《中国林学会成立70周年纪念专集》，中国林业出版社1987年版

中国科学技术协会编:《中国科学技术专家传略·农学编》，中国农业科技出版社1996年版

中国社会科学院近代史研究所整理:《黄炎培日记》第1—2卷，华文出版社2008年版

中国史学会编:《中国近代史资料丛刊·戊戌变法》第2册，上海人民出版社1957年版

中国土地学会编:《张心一纪念集》，中国土地学会1987年版

中国文化书院学术委员会编:《梁漱溟全集》第2、5卷，山东人民出版社1990、1992年版

中央档案馆编:《中共中央文件选集》第1、3、4册，中共中央党校出版社1982、1983年版

周邦任、费旭编:《中国近代高等农业教育史》，中国农业出版社1994年版

周尧、王思明等著:《二十世纪中国的昆虫学》，世界图书出版公司2004年版

周云青编纂:《吴稚晖先生文存》，医学书局1925年版

朱寿朋编:《光绪朝东华录》第4、5册，中华书局1958年版

朱维铮编:《马相伯集》，复旦大学出版社1996年版

朱英:《辛亥革命时期新式商人社团研究》，中国人民大学出版社1991年版

朱有瓛等编:《中国近代教育史资料汇编·教育行政机构及教育团体》，上海教育出版社1993年版

朱有瓛主编:《中国近代学制史料》第1、3辑，华东师范大学出版社1987年版

朱泽甫编著:《陶行知年谱》，安徽教育出版社1985年版

朱子爽:《中国国民党土地政策》，国民图书出版社1943年版